객체지향
파이썬
프로그래밍 2/e

객체지향 파이썬 프로그래밍 2/e

객체지향 디자인 패턴을 활용한 파이썬 코드 재사용

심지현 옮김   스티븐 로트 지음

i!i
에이콘

에이콘출판의 기틀을 마련하신 故 정완재 선생님 (1935-2004)

| 옮긴이 소개 |

심지현(shimnyangi@naver.com)

이화여대 컴퓨터공학과를 졸업하고 카이스트^{KAIST} 대학원 전산과에서 데이터베이스 전공으로 석사 학위를 취득했다. DB 외에 온톨로지, 개인화 검색 등을 연구했으며, 졸업 후 네이버에서 검색 서버 설계 및 개발 실무 경험을 쌓다가 현재는 검색 연구실에서 검색 모델링과 추천 시스템 관련 연구 중이다.

훌륭한 애플리케이션은 훌륭한 디자인으로부터 시작된다. 하나의 예술 작품처럼 개발도 뼈대를 세우고 살을 붙여 가는 과정을 거친다. 개발자가 첫 번째로 해야 할 일은 여러 디자인 대안을 수립하고 그중 무엇이 더 나은지 평가하는 것이다. 이 단계를 생략하면 허점투성이에다 손대기도 어려운 결과물이 나온다.

이 책은 강력한 파이썬 프로그램을 개발하는 데 꼭 필요한 객체지향 디자인 패턴을 소개한다. 파이썬이 제공하는 다양한 객체지향 요소를 적재적소에 활용하도록 돕고, 디자인 대안 간 성능도 비교해본다. 어떤 문제를 해결하느냐에 따라 올바른 디자인의 정의도 달라지므로 문제에 적합한 디자인을 어떻게 가려내는지도 알려준다.

1부에서는 객체지향 프로그래밍 기법을 비롯해 스페셜 메서드로 파이썬 내장 클래스를 활용하는 방법을 다룬다. 초기화, 속성, 추상 기반 클래스, 컨텍스트, 컨테이너, 수, 장식자 등 파이썬의 기본적인 객체지향 요소를 하나씩 설명한다. 2부에서는 저장소에 객체를 지속시키는 방법을 다룬다. JSON, shelve, ORM 등으로 파일이나 데이터베이스에 다양한 형태의 객체를 지속시켜본다. 3부에서는 객체지향 방식으로 테스트하고 디버깅하는 방법을 소개하고 SOLID 디자인 원칙을 살펴본다.

1판과 달라진 점은 크게 두 가지다. 첫째, 전반적으로 예제가 더 풍부하고 자연스러워 실전에 활용하기 쉬워졌다. 둘째, SOLID 디자인을 소개하는 15장, '디자인 원칙과 패턴' 장이 새롭게 추가됐다. 좋은 디자인을 고르려면 항상 정해진 디자인 원칙을 고수해야 한다는 점에서 1판을 읽었더라도 한 번쯤 들여다볼 만하다.

이 책은 디자인 패턴을 다루는 책도, 그렇다고 객체지향 프로그래밍을 다루는 책도 아니다. 활용이나 응용, 심화와 같은 단어가 어울린다. 평범한 프로그래머에서 탁월한 프로그래머로 거듭나고 싶은 열정적인 개발자에게 좋은 디딤돌이 돼 줄 것이다.

| 지은이 소개 |

스티븐 로트 Steven F. Lott

컴퓨터가 거대하고 값비싸고 귀했던 1970년대에 프로그래밍을 시작했다. 계약직 소프트웨어 개발자이자 설계자로서 크고 작은 수백여 건의 프로젝트에 참여해왔다. 10년 넘게 파이썬을 사용해 비즈니스 문제를 해결 중이다. 팩트출판사에서 『유쾌한 파이썬』(에이콘, 2015), 『Python for Secret Agents II』(2015), 『Python Essentials』(2015), 『Functional Python Programming, 3/e』(2022), 『객체지향 파이썬 프로그래밍』(에이콘, 2017) 등을 출간했다. 현재 미국 동부 해안을 돌아다니며 업계에 머물고 있다. 트위터는 @s_lott이다.

| 기술 감수자 소개 |

코디 잭슨 Cody Jackson

상이군인이자 미국 샌안토니오에 있는 IT와 비즈니스 매니지먼트 컨설팅 회사인 소시어스 컨설팅Socius Consulting의 창립자이며 톱 멘 테크놀로지의 공동 창립자다. 현재 CACI 인터내셔널에서 ICS/SCADA 모델링과 시뮬레이션 책임 엔지니어로 근무하고 있다. 1994년 핵 화학자이자 방사선 관리 기술자로 해군에 입대해 기술 산업에 몸담기 시작했다. CACI 전에는 ECPI대학에서 컴퓨터 정보 시스템 부교수로 재직했다. 파이썬을 독학으로 배운 프로그래머이자 팩트출판사에서 출간한 『Learning to Program Using Python』(2018), 『Secret Recipes of the Python Ninja』(2018)의 저자다. 이학 학사 학위와 이학 석사 학위를 취득했다.

휴고 솔리스 Hugo Solis

코스타리카대학교 물리학과 부교수다. 현재 계산 우주론과 복잡도, 암호학, 수소가 물질 속성에 미치는 영향 등에 관심을 가지고 연구 중이다. 과학 프로그래밍에 쓰이는 C/C++와 파이썬을 비롯해 여러 언어를 폭넓게 경험해왔다. 무료 소프트웨어 재단의 일원으로 몇몇 무료 소프트웨어 프로젝트의 코드에 기여했다. 『Hands-On Qt for Python Developers』(2019)와 『Learning Object-Oriented Programming』(2015)의 기술 감수를 맡았으며 『Kivy Cookbook』(2015)의 저자다. 현재 다방면에 물리학을 적용하는 코스타리카의 과학 비영리 조직인 IFT(http://iftucr.org)를 이끌고 있다.

"사랑하는 어머니 캐티 산체스Katty Sanchez의 지원과 선구적 사고에 감사드립니다."

| 차례 |

1부 ─ 스페셜 메서드를 통한 보다 강력한 통합

1장   준비, 도구, 기법   041

7장   컨테이너와 컬렉션 생성   249

2부 — 객체 직렬화와 지속성

10장 직렬화와 저장: JSON, YAML, Pickle, CSV, XML   365

11장   셀브를 통한 객체 저장과 추출   429

14장   설정 파일과 지속성

3부 — 객체지향 테스트와 디버깅

15장   디자인 원칙과 패턴   619

18장   명령줄 처리 741

19장   모듈과 패키지 디자인

20장 품질과 설명서

| 들어가며 |

이 책은 파이썬 프로그래밍 언어의 여러 고급 기능을 소개하는 책이다. 목표는 최대한 높은 품질의 파이썬 프로그램을 개발하는 것이다. 이렇게 하려면 여러 디자인 대안을 찾아 어떤 디자인이 풀고 있는 문제에 가장 적합하며 성능이 좋은지 알아야 한다.

대부분 주어진 디자인의 여러 대안을 살펴보는 일로 구성돼 있다. 어떤 대안은 성능이 더 뛰어나고, 또 어떤 대안은 더 단순하거나 문제 도메인에 더 적합하다. 컴퓨터 프로세싱을 최소화하며 최대한 많은 가치를 내는 가장 좋은 알고리듬과 최선의 데이터 구조를 찾아야 한다. 다시 말해 시간이 곧 돈이고, 시간을 아껴주는 프로그램이 사용자에게 더 많은 가치를 창출한다. 파이썬은 애플리케이션 프로그램이 파이썬의 여러 내부 기능을 바로 사용할 수 있도록 돕는다. 즉, 프로그램을 기존 파이썬 요소와 밀접하게 통합시켜 준다. 수많은 파이썬 요소를 활용하면 사용자의 객체지향 디자인과 매끄럽게 통합시킬 수 있다.

다양한 알고리듬과 데이터 구조를 살펴보며 메모리와 성능 대안들을 알아보자. 최종 애플리케이션을 올바르게 최적화하려면 여러 가지 솔루션을 제대로 검토할 수 있는 객체지향 디자인 실력이 필수다. 이 책이 전하고자 하는 가장 중요한 메시지 중 하나는 어떤 문제든 유일한 정답은 없다는 것이다.

예제에서 최대한 완전한 타입 힌트를 제공하고자 노력했다. 표준 라이브러리가 아닌 외부 패키지를 이용하는 일부 예제는 타입 힌트가 없거나 불완전하다. 타입이 일관되게 쓰였는지 알려면 mypy 도구로 예제를 검사해야 한다.

객체지향 파이썬을 정복하기 위해 긴 시간을 투자해 다양한 소스의 파이썬 코드를 살펴본다. 심지어 파이썬 표준 라이브러리 모듈조차 광범위한 다양성을 지니기 때문에,

예제를 완벽히 일관되게 표현하는 대신 일부러 약간의 불일치를 택했다. 일관성이 부족한 코드를 읽어보는 것도 실제로 다양한 오픈소스 프로젝트의 코드를 읽을 때 도움이 될 것이다.

⁘ 이 책의 대상 독자

고급 파이썬을 사용하므로 파이썬 3에 능숙한 독자를 대상으로 한다. 문제 해결을 위해 프로그래밍 언어를 배워야 할 때 유용할 것이다.

이 책은 문법이나 기본적인 개념은 다루지 않는다. 다른 언어에 익숙한 프로그래머라면 파이썬으로 옮길 때 상당히 도움이 될 것이다.

파이썬 2 프로그래머가 파이썬 3를 배울 때 특히 유용하다. (버전 2에서 3로 변환하는 도구 등의) 변환 유틸리티나 six 모듈 같은 병립coexistence 라이브러리는 다루지 않는다. 이 책은 온전히 파이썬 3로만 할 수 있는 새로운 개발에 집중한다.

⁘ 이 책에서 다루는 내용

이 책은 고급 파이썬 주제를 크게 세 영역으로 나눠 다룬다. 또한 각 주제를 몇몇 장으로 나눠 세부적으로 다양하게 들여다본다.

1부, 스페셜 메서드를 통한 좀 더 강력한 통합에서는 객체지향 프로그래밍 기법을 자세히 살펴보고 애플리케이션 클래스 정의와 파이썬 내장 기능을 밀접하게 통합시키는 방법을 알아본다. 총 9개의 장으로 구성된다.

- **1장, 준비, 도구, 기법** unittest와 doctest, docstring 같은 미리 알아야 할 주제와 스페셜 메서드명 몇 가지를 다룬다.

- **2장, __init__() 메서드** _init_() 메서드를 자세히 설명하고 구현한다. 단순 객체를 초기화하는 여러 형태를 살펴보고, 컬렉션과 컨테이너를 포함하는 보다 복잡한 객체도 알아본다.

- **3장, 매끄러운 통합: 기초 스페셜 메서드** 간단한 클래스 정의를 확장해 스페셜 메서드를 추가하는 법을 자세히 설명한다. 객체로부터 상속받은 기본 동작을 알아야 무엇을 오버라이드해야 하고 언제 실제로 해야 하는지 알 수 있다.

- **4장, 속성 접근과 프로퍼티, 디스크립터** 기본 처리가 어떻게 동작하는지 자세히 살펴본다. 언제 어디서 기본 동작을 오버라이드할지 알아내는 법을 배운다. 또한 디스크립터를 비롯해 파이썬의 내부 동작 방식을 알아본다.

- **5장, 일관된 디자인의 추상 기반 클래스** collections.abc 모듈의 추상 기반 클래스를 알아본다. 수정하거나 확장할 다양한 컨테이너와 컬렉션의 일반적인 개념을 살펴본다. 비슷하게 구현하는 수^{number} 개념도 살펴본다.

- **6장, 콜러블과 컨텍스트** contextlib의 도구를 사용해 컨텍스트 매니저를 생성하는 몇 가지 방법을 알아본다. 콜러블 객체의 여러 디자인 변형도 보인다. 이 과정에서 스테이트풀 콜러블 객체가 왜 단순한 함수보다 더 유용한지 설명한다. 바로 사용자 컨텍스트 매니저를 작성할 것이 아니라 기존 파이썬 컨텍스트 매니저를 사용하는 방법부터 알아본다.

- **7장, 컨테이너와 컬렉션 생성** 컨테이너 클래스의 기초를 설명한다. 컨테이너와 컨테이너가 제공하는 다양한 기능을 생성하는 여러 스페셜 메서드도 다시 살펴본다. 내장 컨테이너를 확장해 기능을 추가하는 방법도 논한다. 또한 내장 컨테이너를 래핑하고 그 래퍼로 메서드를 하위 컨테이너에 위임하는 방법도 소개한다.

- **8장, 수 생성** +, -, *, /, //, %, ** 같은 필수 산술 연산자를 다룬다. 또한 <, >, <=, >=, ==, != 같은 비교 연산자도 알아본다.

- **9장, 장식자와 믹스인: 횡단 관심사** 간단한 함수 장식자와 인자를 갖는 함수 장식자, 클래스 장식자, 메서드 장식자를 알아본다.

2부, 객체 직렬화와 지속성에서는 저장소 매체에 직렬화하는 지속 객체를 알아본다. 주로 JSON으로 변환해 파일시스템에 작성한다. ORM 계층은 객체를 데이터베이스에 저장할 수 있다. 2부에서는 지속성을 처리하는 여러 방법을 살펴본다. 5개의 장으로 구성된다.

- **10장, 직렬화와 저장: JSON, YAML, Pickle, CSV, XML** JSON과 YAML, Pickle, CSV, XML과 같은 다양한 데이터 표현에 특화된 라이브러리를 사용하는 간단한 지속성을 다룬다.

- **11장, 셸브를 통한 객체 저장과 추출** shelve(와 dbm) 같은 파이썬 모듈로 수행하는 기초 데이터베이스 연산을 설명한다.

- **12장, SQLite를 통한 객체 저장과 추출** SQL과 관계형 데이터베이스라는 보다 복잡한 주제를 다룬다. SQL의 특징과 객체지향 프로그래밍의 특징은 서로 잘 맞지 않아 임피던스 불일치impedance mismatch 문제가 발생한다.

- **13장, 객체 전송과 공유** 객체 전송에 쓰이는 HTTP 프로토콜과 JSON, YAML, XML 표현을 알아본다.

- **14장, 설정 파일과 지속성** 설정 파일로 파이썬 애플리케이션을 동작시키는 다양한 방법을 알아본다.

3부, 객체지향 테스트와 디버깅에서는 데이터를 수집해 고성능 프로그램을 지원하고 디버깅하는 방법을 알아본다. 최대한 완벽하게 설명서를 생성해 지원에 따른 혼란과 복잡도를 줄이는 방법도 살펴본다. 다음의 6개 장을 포함한다.

- **15장, 디자인 원칙과 패턴** SOLID 디자인 원칙을 살펴본다. 몇 가지 모범 사례를 따르면 고품질의 유지 보수 가능한 파이썬 소프트웨어를 구성할 수 있다.

- **16장, 로깅과 경고 모듈** logging과 warning 모듈을 사용해 감사와 디버그 정보를 생성하는 법을 알아본다. print() 함수보다 한 단계 진화한 방법이다.

- **17장, 테스트 가능한 디자인** 테스트 가능한 디자인과 unittest, doctest의 사용법을 다룬다.

- **18장, 명령줄 처리** argparse 모듈로 옵션과 매개변수를 파싱하는 법을 알아본다. 또한 명령 디자인 패턴을 사용해 셸 스크립트를 작성하지 않고도 통합시키고 확장시킬 수 있는 프로그램 컴포넌트를 생성해본다.

- **19장, 모듈과 패키지 디자인** 모듈과 패키지 디자인을 다룬다. 모듈 내에 서로 연관된 클래스와 패키지 내에 서로 연관된 모듈을 살펴본다.
- **20장, 품질과 설명서** 소프트웨어가 올바르고 적절히 구현됐다는 신뢰를 구축하기 위해 디자인을 설명하는 방법을 알아본다.

⠿ 이 책을 활용하는 방법

이 책에 나오는 예제를 컴파일하고 실행하려면 다음 소프트웨어가 필요하다.

- 표준 라이브러리 묶음을 포함하는 파이썬 버전 3.7 또는 이상
- 다음과 같은 패키지도 추가로 알아본다.
  - PyYAML(http://pyyaml.org)
  - SQLAlchemy(http://www.sqlalchemy.org): 빌드할 때 설치 가이드를 주의 깊게 읽는다. 특히 http://docs.sqlalchemy.org/en/12/intro.html#installation-the-c-extensions 에서 C 확장을 비활성화해 설치를 간소화하는 방법을 알아본다.
  - 플라스크Flask(http://flask.pocoo.org)
  - 리퀘스츠Requests(https://2.python-requests.org/en/master/)
  - 진자Jinja(http://jinja.pocoo.org/)
  - 파이테스트PyTest(https://docs.pytest.org/en/latest/)
  - 스핑크스Sphinx(http://sphinx-doc.org)
- 필요에 따라 Black 도구로 코드를 일관되게 포매팅한다(https://black.readthedocs.io/en/stable/).
- 또한 이 책에 나오는 전체 테스트 코드 묶음은 tox 도구로 실행한다(https://tox.readthedocs.io/en/latest/).

예제 코드 다운로드

이 책의 예제 코드 파일은 www.packt.com에서 로그인한 뒤 다운로드할 수 있다. 이 책을 다른 곳에서 구입했다면 www.packt.com/support에 방문해 가입한 다음, 이메일로 직접 파일을 받는다.

다음의 단계에 따라 코드 파일을 다운로드한다.

1. www.packt.com에 로그인하거나 회원 가입한다.

2. **SUPPORT** 탭을 선택한다.

3. **Code Downloads & Errata**를 클릭한다.

4. **Search** 창에 책 제목을 입력하고 화면에 나오는 설명을 따른다.

파일을 다운로드한 후 아래 애플리케이션의 최신 버전을 사용해 폴더를 압축 해제하거나 추출한다.

- **윈도우**: WinRAR/7-Zip

- **맥**: Zipeg/iZip/UnRarX

- **리눅스**: 7-Zip/PeaZip

깃허브 https://github.com/PacktPublishing/Mastering-Object-Oriented-Python-Second-Edition에서도 이 책의 코드 파일을 받을 수 있다. 코드가 업데이트되면 기존 깃허브 저장소도 업데이트된다.

동일한 코드를 에이콘출판사 홈페이지(http://acornpub.co.kr/book/oop-python-2e)에서도 내려받을 수 있다.

코드 실행

코드 실행 방법은 다음 링크(http://bit.ly/2Xlu8Tk)에 방문해서 확인하자.

표기 방법

이 책은 다양한 문장 표기를 사용한다.

문장 내 코드, 데이터베이스 테이블명, 폴더명, 파일명, 파일 확장자, 경로명, 더미 URL, 사용자 입력, 트위터 핸들은 CodeInText:로 표기한다. 예를 들어 "다운로드한 WebStrom-10*.dmg 디스크 이미지 파일을 시스템 내 또 다른 디스크로 마운트하자"처럼 표기한다.

코드 블록은 다음과 같이 표기한다.

```
def F(n: int) -> int:
  if n in (0, 1):
    return 1
  else:
    return F(n-1) + F(n-2)
```

코드의 특정 부분을 강조할 때는 해당 줄이나 항목을 굵게 표시한다.

```
def factorial(n: int) -> int:
  """Compute n! recursively.

  :param n: an integer >= 0
  :returns: n!

  Because of Python's stack limitation, this won't
  compute a value larger than about 1000!.

  >>> factorial(5)
  120
  """
```

명령줄 입력이나 출력은 다음과 같이 표기한다.

```
$ python3 -m pip install --upgrade pip
$ python3 -m pip install black
```

새로운 용어나 중요 단어, 화면에 나오는 단어는 굵게 표기한다. 예를 들어 메뉴나 대화 상자에 나오는 단어는 문장에서 다음과 같이 표기한다. "**Administration** 패널에서 **System info**를 선택한다."

> **NOTE**
>
> 경고나 중요한 노트는 이러한 형태의 박스로 표현한다.

> **TIP**
>
> 팁과 트릭은 이렇게 표현한다.

⫶⫶ 문의

독자의 의견은 언제나 환영한다.

일반적인 피드백: 이 책에 대한 모든 질문은 제목에 책 제목을 넣어 customercare@packtpub.com으로 보내주길 바란다.

오탈자: 콘텐츠의 정확성에 항상 주의를 기울임에도 불구하고 실수는 생기기 마련이다. 책에서 발견한 실수를 알려주는 독자에게 깊이 감사한다. 이를 통해 다른 독자의 혼란을 막고, 다음에 출간할 버전을 개선할 수 있다. www.packt.com/submit-errata에 방문해 해당 책을 선택한 후, Errata Submission Form 링크를 눌러 자세한 오류 내용을 입력한다.

한국어판의 정오표는 에이콘출판사 홈페이지(http://acornpub.co.kr/book/oop-python-2e)에서 확인할 수 있다.

저작권 침해: 인터넷상에서 팩트의 책을 어떤 형태로든 불법적으로 복사한 자료를 발견했다면 주소나 웹사이트 이름을 보내주길 바란다. 자료의 링크를 copyright@packt.com으로 보내면 된다.

한국어판에 관해 질문이 있다면 에이콘출판사 편집팀(editor@acornpub.co.kr)이나 옮긴이의 이메일로 연락주길 바란다.

리뷰

리뷰를 꼭 남겨주길 바란다. 이 책을 읽어본 뒤 구입한 사이트에 리뷰를 남겨주면 좋겠다. 편견 없는 리뷰는 잠재적 독자의 구매 결정에 큰 도움을 준다. 팩트출판사는 출간한 책에 대한 독자의 생각을 알 수 있고 저자는 책에 대한 피드백을 얻을 수 있다. 미리 감사한다!

1부

스페셜 메서드를 통한 보다 강력한 통합

객체지향 프로그래밍의 핵심 기법을 확장해 파이썬의 다양한 기능으로 생성한 클래스 간 통합을 강화시켜보겠다.

1부에서 다룰 내용은 다음과 같다.

- 1장, 준비, 도구, 기법

- 2장, __init__() 메서드

- 3장, 매끄러운 통합: 기초 스페셜 메서드

- 4장, 속성 접근과 프로퍼티, 디스크립터

- 5장, 일관된 디자인의 추상 기반 클래스

- 6장, 콜러블과 컨텍스트

- 7장, 컨테이너와 컬렉션 생성

- 8장, 수 생성

- 9장, 장식자와 믹스인: 횡단 관심사

01

준비, 도구, 기법

이 책에서 다룰 디자인 이슈를 더욱 분명히 하려면 동기를 자극할 만한 문제를 살펴봐야 한다. 그중 하나가 객체지향 프로그래밍OOP, Object-Oriented Programming을 사용한 시뮬레이션이다. 시뮬레이션은 객체지향 프로그래밍 초창기에 다뤘던 문제 도메인의 하나다. 객체지향 프로그래밍 덕분에 더욱 정교하게 해결 가능하다.

비교적 단순한 문제 도메인인 블랙잭 게임 전략을 예제로 택했다. 도박을 홍보하려는 것이 아니라 오히려 약간의 분석으로 이 게임이 플레이어에게 얼마나 불리한지 보이겠다. 곧 알게 되겠지만 대부분의 카지노 도박은 수학에 소질이 없는 사람이 물어야 할 세금에 불과하다.

1장의 앞부분은 블랙잭 게임 규칙을 살펴본다. 뒤이어 1장 대부분에서는 완전한 파이썬 프로그램과 패키지 작성에 없어서는 안 될 도구에 대한 배경지식을 터득한다. 다음과 같은 개념을 알아보겠다.

- 파이썬 런타임 환경, 스페셜 메서드로 언어 기능을 구현하는 방법

- 통합 개발 환경IDE, Integrated Development Environment

- pylint 또는 black 도구로 균일한 스타일 생성

- 타입 힌트와 mypy 도구를 통한 함수와 클래스 변수의 올바른 사용

- timeit으로 성능 테스트

- unittest, doctest, pytest로 단위 테스트

- sphinx와 RST 기반 마크업으로 유용한 문서화 생성

위 도구 중 일부는 파이썬 표준 라이브러리에 들어 있으나 대부분은 라이브러리에 없다. 도구 설치는 파이썬 런타임을 전반적으로 설명하며 논하겠다.

이 책은 파이썬 객체지향 프로그래밍의 기초로 주제가 벗어나지 않도록 주의를 기울인다. 팩트의 파이썬 3 객체지향 프로그래밍을 이미 읽었다고 가정하겠다. 다른 교재에서 충분히 설명한 내용을 굳이 반복하지 않겠다. 이 책은 오로지 파이썬 3에만 집중한다.

일반적으로 쓰이는 다양한 객체지향 디자인 패턴을 참조하고 팩트의 파이썬 디자인 패턴 익히기에서 설명한 내용은 되도록 반복하지 않는다.

1장에서 다룰 주제는 다음과 같다.

- 블랙잭 게임 소개

- 파이썬 런타임과 스페셜 메서드

- 인터랙션, 스크립팅, 도구

- IDE 고르기

- 일관성과 스타일

- 타입 힌트와 mypy 프로그램

- 성능 – timeit 모듈

- 테스트 – unittest와 doctest

- 문서화 – sphinx와 RST 마크업

- 컴포넌트 설치

⁝⁝ 기술 요구 사항

1장의 코드 파일은 https://git.io/fj2UB에 있다.

⁝⁝ 블랙잭 게임 소개

이 책의 많은 예제는 그다지 복잡하지 않은 여러 가지 상태 변경을 포함하는 프로세스 시뮬레이션에 초점을 맞춘다. 블랙잭 카드 게임에는 몇 가지 규칙이 있고 게임 중 몇 가지 상태 변경이 일어난다. 블랙잭에 대해 잘 모를 수 있으니 개략적으로 설명하겠다.

게임의 목표는 딜러로부터 카드를 받아 플레이어의 핸드[1] 점수를 딜러의 점수와 21 사이의 값으로 만드는 것이다. 딜러의 핸드는 부분적으로만 알 수 있고 플레이어는 딜러의 총합이나 덱에서 어떤 카드가 나올지 모르는 채로 결정을 내려야 한다.

숫자 카드(2부터 10)의 점수는 그 숫자다. 페이스 카드(잭, 퀸, 킹)의 점수는 10이다. 에이스는 11점 또는 1점이 될 수 있다. 에이스를 11점으로 사용하면 핸드의 점수는 소프트soft다. 1점으로 사용하면 점수는 하드hard다.

따라서 핸드가 에이스와 7이라면 하드 점수는 8이고, 소프트 점수는 18이다. 이때 플레이어는 카드를 더 받을지 선택할 수 있다. 딜러가 페이스 카드를 내보이고 있으면 딜러가 20점을 획득할 가능성이 매우 높으니 플레이어는 카드를 더 받는 위험을 감수하고 싶지 않을 것이다.

---

1   핸드란 플레이어 또는 딜러가 갖는 카드 조합 – 옮긴이

카드 두 장으로 21점을 획득할 수 있는 조합은 총 4가지다. 잭은 그중 한 가지에만 들어 있으나 이 조합들을 블랙잭이라 부른다. 오직 4개뿐이라 이 조합에는 흔히 보너스가 딸려온다.

게임의 승패는 대부분 적절한 카드 선택에 달렸다. 물론 베팅 요소도 있다. 게임과 베팅 간 차이는 핸드를 두 개로 스플릿하는 규칙 때문에 더 복잡해진다. 플레이어가 가진 카드 두 장의 점수가 같으면 스플릿할 수 있다. 이 선택권은 이어지는 절에서 게임 방법을 설명하며 자세히 논하겠다.

게임 시작

게임 방법은 일반적으로 다음과 같다. 세부적으로 다를 수 있으나 뼈대는 비슷하다.

- 먼저 플레이어와 딜러가 각각 두 장의 카드를 받는다. 물론 플레이어는 자신의 카드 점수를 모두 안다. 카지노에서는 카드를 공개한다.

- 딜러는 카드 한 장을 플레이어에게 보여준다. 카드 앞면을 위로 놓는다. 따라서 플레이어는 딜러가 가진 핸드의 전부가 아니라 일부만 알 수 있다. 부분적인 정보만 알려지고 적절한 결정을 내리려면 통계적 모델링이 필요한 보다 복잡한 시뮬레이션의 전형이다.

- 딜러가 에이스를 보여줄 경우 플레이어는 보험 베팅insurance bet을 추가로 할 기회를 얻는다. 특수한 경우로서 예외가 발생하는 더욱 복잡한 시뮬레이션의 대표적 형태이다.

- 게임의 균형을 위해 플레이어는 카드를 받을지 혹은 멈출지 선택할 수 있다. 네 가지 선택이 가능하다.

  ○ 카드를 더 받으려고 히트hit할 수 있다.

  ○ 이미 받은 카드로 스탠드stand 또는 스탠드 팻stand pat할 수 있다.

  ○ 플레이어가 같은 점수의 카드를 가지고 있으면 스플릿split할 수 있다. 이는 추가

베팅이며, 두 핸드는 따로 플레이된다.

- 마지막 카드 한 장을 받기 전 베팅을 두 배로 늘릴 수 있다. 이를 더블 다운^{double} ^{down}이라 부른다.

핸드는 최종적으로 다음과 같이 판정한다.

- 플레이어 핸드가 21점보다 크면 핸드는 버스트^{bust}되고, 딜러가 뒤집어 놓은 카드에 상관없이 플레이어는 진다. 딜러에게 유리하다.

- 플레이어 핸드가 21점 이하일 경우 딜러는 정해진 간단한 규칙에 따라 카드를 받는다. 딜러는 핸드가 18점보다 적으면 히트해야 하고, 18점 이상이면 스탠드해야 한다.

- 딜러가 버스트되면 플레이어가 이긴다.

- 딜러와 플레이어 둘 다 21점 이하일 경우 핸드를 비교한다. 점수가 높은 쪽이 승자이다. 동점이면 게임은 승패가 없는 푸시^{push}이다. 플레이어가 21점으로 이기면 더 큰 금액, 대개 베팅금의 1.5배를 지급받는다.

규칙은 다양하게 바뀔 수 있다. 이러한 세부적 내용은 생략하고 시뮬레이션에 필요한 파이썬 코드에만 집중하겠다.

블랙잭 플레이어 전략

블랙잭에서 플레이어가 실제로 사용해야 할 전략은 크게 두 종류다.

- 게임 플레이 방식을 정하는 전략: 보험, 히트, 스탠드, 스플릿, 더블 다운 등

- 베팅금을 정하는 전략. 흔히 발생하는 통계적 착오로 인해 플레이어는 베팅금을 올리거나 내림으로써 게임에서 이기거나 손실을 최소화하려 한다. 이는 내부적 오류에도 불구하고 흥미로운 스테이트풀^{stateful} 알고리듬이다.

두 부류의 전략은 STRATEGY 디자인 패턴의 좋은 예다.

블랙잭 시뮬레이션을 위한 객체 디자인

플레이어와 핸드, 카드 같은 게임 요소를 사용해 객체 모델링 사례를 보이겠다. 전체 시뮬레이션은 디자인하지 않겠다. 게임 요소에만 집중하는 까닭은 서로 미묘하게 다르면서도 크게 복잡하지 않기 때문이다.

카드는 비교적 간단한 불변 객체다. 다양한 모델링 기법을 사용할 수 있다. 카드는 숫자카드, 페이스 카드, 에이스라는 간단한 클래스 계층 구조로 나뉜다. 카드 인스턴스로 된핸드를 포함하는 간단한 컨테이너와 카드 덱도 있다. 이들은 카드가 추가되고 제거되는스테이트풀 컬렉션이다. 이를 파이썬으로 구현하는 방법은 매우 다양하니 여러 대안을살펴보겠다. 또한 플레이어는 전체적인 관점에서 살펴봐야 한다. 플레이어는 핸드들의시퀀스일 뿐만 아니라 베팅 전략과 블랙잭 플레이 전략까지 포함한다. 플레이어는 훨씬더 복잡한 복합^{composite} 객체다.

⁙ 파이썬 런타임과 스페셜 메서드

객체지향 파이썬에 정통하려면 반드시 객체 메서드를 어떻게 구현하는지 알아야 한다.비교적 간단한 파이썬 인터랙션 하나를 살펴보자.

```
>>> f = [1, 1, 2, 3]
>>> f += [f[-1] + f[-2]]
>>> f
[1, 1, 2, 3, 5]
```

일련의 값들로 리스트 f를 생성했다. 이후 += 연산자를 사용해 새 값을 덧붙여 리스트를바꿨다. f[-1] + f[-2]라는 표현식에서 덧붙일 값을 계산한다.

f[-1] 값은 리스트 객체의 __getitem__() 메서드로 구현된다. 스페셜 메서드를 사용해간단한 연산자처럼 생긴 문법을 구현하는 것이 파이썬의 핵심 패턴이다. 이름 앞뒤에 __를 붙여 스페셜 메서드로 구분한다. 간단한 접두사와 접미사 문법이 가리키는 대상은아주 명백하다. f[-1]은 f.__getitem__(-1)로 구현된다.

덧붙이는 연산도 이와 유사하게 __add__() 스페셜 메서드로 구현된다. 이진 연산자일 경우 파이썬은 양 피연산자 중 어느 쪽이 스페셜 메서드를 제공하는지 모두 확인한다. 위예제에서 피연산자는 모두 정수이고 둘 다 적절한 구현을 제공한다. 서로 타입이 다르면 이진 연산자 구현에서 한쪽 값에 다른 타입을 강제할 수도 있다. 따라서 f[-1] + f[-2]은 f.__getitem__(-1).__add__(f.__getitem__(-2))로 구현된다.

+= 연산자로 f를 업데이트하는 연산은 __iadd__() 스페셜 메서드로 구현된다. 즉 f += [x]는 f.__iadd__([x])로 구현된다.

1장부터 8장까지는 스페셜 메서드를 비롯해 파이썬에 내장된 언어 기능과 더 강력하게 통합되는 클래스를 디자인하는 방법을 자세히 알아본다. 객체지향 파이썬에 정통하려면 기본적으로 스페셜 메서드를 완벽히 터득해야 한다.

∷ 인터랙션, 스크립팅, 도구

파이썬은 흔히 배터리 포함^{Batteries Included}[2] 프로그래밍으로 알려져 있다. 즉, 다운로드한 번으로 필요한 모든 것을 즉시 사용할 수 있다. 런타임과 표준 라이브러리, IDLE 편집기가 간단한 개발 환경을 제공한다.

파이썬 3.7을 다운로드해 설치하고 데스크탑에서 대화형으로 실행하기는 아주 쉽다. 앞서 본 예제는 인터랙티브 파이썬에 쓰이는 >>> 프롬프트를 사용했다.

다음은 IPython 구현을 사용할 때 인터랙션이다.

```
In [1]: f = [1, 1, 2, 3]
In [3]: f += [f[-1] + f[-2]]
In [4]: f
Out[4]: [1, 1, 2, 3, 5]
```

---

2 그 자체만으로 모든 작업을 수행할 수 있다는 의미다. – 옮긴이

프롬프트는 조금 다르나 언어는 같다. 명령문은 파이썬에 입력할 때마다 각각 평가된다.

실험에는 이 방식이 편리하기도 하다. 하지만 궁극적으로 도구와 프레임워크, 애플리케이션을 개발해야 한다. 많은 예제를 인터랙티브 방식으로 보이겠으나 실제 프로그래밍은 대부분 스크립트 파일로 이뤄진다.

예제를 대화형으로 실행하면 아주 뛰어난 명령문을 만들 수 있다. 훌륭한 파이썬 코드는 명령행에서 실행할 수 있을 만큼 간단하다.

> **TIP**
>
> 훌륭한 파이썬 코드는 단순하다. >>> 프롬프트에서 디자인을 입증할 수 있어야 한다.

인터랙티브 방식은 이 책의 목적에 부합하지 않는다. >>> 프롬프트에서 코드를 실험하는 것은 복잡도를 측정하기 위한 하나의 품질 테스트다. >>> 프롬프트에서 실행할 수 없을 정도로 코드가 복잡하면 리팩터링해야 한다.

이 책은 완전한 스크립트, 모듈, 패키지, 애플리케이션을 생성하는 데 초점을 맞춘다. 인터랙티브 모드로 수행하는 예제도 있으나 어쨌든 목표는 파이썬 파일 생성이다. 스크립트 하나로 아주 간단할 수도 있고 웹 애플리케이션을 생성하는 다수의 파일로 된 디렉터리 하나로 복잡할 수도 있다.

파이썬 파일은 mypy, pytest, pylint 같은 도구와 잘 동작한다. 텍스트 편집기로도 스크립트 파일을 생성할 수 있다. 하지만 다양한 도구로 애플리케이션과 스크립트 개발을 지원하는 IDE에서 작업하는 것이 가장 좋다.

⠿ IDE 고르기

"파이썬 개발에 가장 적합한 IDE는 무엇일까?"라는 질문을 자주 받는다. 간단히 답하면 어떤 IDE를 사용하느냐는 전혀 중요하지 않다. 파이썬을 지원하는 개발 환경은 너무나 많고 모두 사용하기 쉽다. 구체적으로 답하려면 어떤 특징을 기준으로 IDE를 평가해야 하는지부터 논해야 한다.

스파이더 IDE는 아나콘다 배포판에 들어 있다. 아나콘다를 다운로드한 개발자라면 손쉽게 이용할 수 있다. 파이썬 배포판에 들어 있는 IDLE 편집기는 파이썬을 사용하고 스크립트를 개발할 수 있는 간단한 환경을 제공한다. 이 책의 예제를 만드는 데 쓰인 파이참PyCharm은 커뮤니티 에디션과 상용 라이선스를 둘 다 지원하고 아주 다양한 기능을 제공한다.

이 책은 편집기와 통합 파이썬 프롬프트, 단위 테스트 결과를 골고루 사용하는데, 모두 쉽게 접근할 수 있는 것들이다. 파이참은 conda 환경에서 가장 잘 동작하며 패키지 설치가 복잡하지 않다.

인터넷을 검색해 보면 이밖에도 도구가 많다. IDE 파이썬 위키 페이지(https://wiki.python.org/moin/IntegratedDevelopmentEnvironments)에서 다양하게 소개하고 있으니 참고하자.

⠿ 일관성과 스타일

일관된 서식을 위해 이 책의 모든 예제를 black 도구로 생성했다. 다만 인쇄 후 좁은 폭을 유지하기 위해 일부 수동으로 조정한 부분도 있다.

black 대신 pylint로 서식을 맞추는 방법도 일반적으로 쓰인다. 이렇게 하면 문제를 고쳐 나갈 수 있다. pylint 도구는 코드 품질을 상세히 분석할 뿐만 아니라 숫자로 품질 점수를 제공한다. 이 책에서는 일부 pylint 규칙을 비활성화했다. 예를 들어 우선순위가 맞지 않는 임포트가 일부 모듈에 있다. 어떤 모듈은 doctest 예제와 관련된 임포트를 포함하나 사용하지 않는다. 어떤 예제는 전역변수를 사용하고, 어떤 클래스 정의는 적절한 메서드 정의도 없이 스켈레톤만 제공한다.

pylint를 수행해 잠재적 문제를 반드시 찾아야 한다. 보통은 pylint 경고를 비활성화하는 편이 더 도움이 된다. 다음 예제에서는 전역변수로서 유효하지 않는 test_list 변수명에 대한 pylint 경고를 비활성화해야 한다.

```
# pylint: disable=invalid-name
test_list = """
  >>> f = [1, 1, 2, 3]
    >>> f += [f[-1] + f[-2]]
    >>> f
    [1, 1, 2, 3, 5]
  """

if __name__ == "__main__":
  import doctest
  __test__ = {name: value
    for name, value in locals().items()
      if name.startswith("test")}
  doctest.testmod(verbose=False)
```

pylint 경고는 일관된 스타일을 강제하는 역할 외에도 철자 오류와 일반적인 오류 목록를 찾아내는 데 유용하다. 이를테면 인스턴스 변수는 보통 self인데, pylint는 sefl 같은 철자 실수를 찾아낸다.

⁂ 타입 힌트와 mypy 프로그램

파이썬 3에는 타입 힌트를 사용할 수 있다. 힌트는 할당문, 함수, 클래스 정의에 사용한다. 이 힌트는 파이썬이 프로그램을 실행할 때 직접 쓰이지 않는다. 외부 도구에서 부적절하게 타입과 변수, 함수를 사용하지 않았는지 코드를 검사할 때 쓰인다. 다음은 타입 힌트를 사용하는 간단한 함수다.

```
def F(n: int) -> int:
  if n in (0, 1):
    return 1
  else:
    return F(n-1) + F(n-2)

print("Good Use", F(8))
print("Bad Use", F(355/113))
```

프로그램을 실행하면 다음과 같은 오류가 발생한다.

```
Chapter_1/ch01_ex3.py:23: error: Argument 1 to "F" has incompatible
type "float"; expected "int"
```

위 메시지는 Chapter_1/ch01_ex3.py라는 파일의 23번째 줄에서 오류가 발생했음을 알려준다. 설명을 읽어보면 함수 F에 부적절한 인수 값이 있음을 알 수 있다. 이러한 종류의 문제는 파악하기 까다롭다. 단위 테스트에서 놓치기도 하고 부적절한 타입의 데이터가 쓰일 수 있기 때문에 프로그램에서 미묘한 버그를 숨길 가능성도 높다.

⫸ 성능 - timeit 모듈

timeit 모듈을 사용해 다양한 객체지향 디자인과 파이썬 구조체의 실제 성능을 비교한다. timeit 모듈의 timeit() 함수를 주로 설명하겠다. 이 함수는 주어진 코드 블록의 실행 시간을 측정하는 Timer 객체를 생성한다. 약간의 준비 코드로 환경을 설정하기도 한다. 함수의 반환값은 주어진 코드 블록 실행에 걸린 시간이다.

timeit은 기본적으로 100,000번 수행한다. 측정 중에 컴퓨터 내 다른 OS단 동작을 충분히 평준화할 시간을 주기 위해서다. 복잡하거나 오래 걸리는 명령문이면 횟수를 낮추는 편이 현명할 것이다.

다음은 timeit과의 간단한 인터랙션이다.

```
>>> timeit.timeit( "obj.method()",
... """
... class SomeClass:
...     def method(self):
...         pass
... obj= SomeClass()
.. """)
0.1980541350058047
```

obj.method() 코드를 측정한다. 함수명을 timeit()에 문자열로 전달한다. 설정 코드 블록은 클래스 정의와 객체 생성^{construction}이다. 이 코드 블록도 마찬가지로 문자열로 전달한다. 보다시피 명령에 필요한 모든 요소가 설정에 들어 있어야 한다. 변수 정의와 객체 생성^{creation}, 임포트도 마찬가지다.

빈 메서드를 100,000번 호출하는 데 0.198초가 걸렸다.

⁑ 테스트 - unittest와 doctest

단위 테스트는 반드시 필요하다.

어떤 요소의 기능을 증명하는 자동 테스트가 없으면 사실상 그 기능이 없는 것과 마찬가지다. 즉 제대로 동작하는지 보이는 테스트를 만들 때까지 끝이 아니다.

테스트는 간단히 다루겠다. 객체지향 디자인 기능을 일일이 살피다가는 책이 두 배로 늘어날지도 모른다. 테스트를 자세히 설명하지 않으면 마치 좋은 단위 테스트를 만드는 것이 선택 사항처럼 여겨지는데, 절대 선택이 아니다.

> **TIP**
>
> **단위 테스트는 필수다**
> 의심이 들면 테스트를 먼저 디자인하자. 코드를 테스트 케이스에 맞추자.

파이썬에는 두 가지 내장 테스트 프레임워크가 있다. 대부분의 애플리케이션과 라이브러리는 둘 다 사용한다. 테스트에 주로 쓰이는 래퍼는 unittest 모듈이다. 그 밖에 많은 공개 API의 문서화 문자열은 doctest 모듈이 사용할 수 있는 예제를 포함한다. unittest가 doctest 모듈을 포함할 수도 있다.

pytest 도구는 테스트 케이스를 찾아 실행한다. 아주 유용한 도구임에도 파이썬의 다른 요소들과 별개로 설치해야 한다.

가장 이상적인 방법 중 하나는 모든 클래스와 함수에 적어도 하나의 단위 테스트를 두는 것이다. 중요하고 눈에 띄는 클래스와 함수, 모듈에도 주로 doctest가 존재한다.

100% 코드 커버리지와 100% 로직 패스 커버리지 등도 이상적이다.

실용적인 측면에서 테스트가 필요 없는 클래스도 있다. 예를 들어 typing.NamedTuple을 확장한 클래스에는 정교한 단위 테스트가 전혀 필요 없다. 표준 라이브러리에 있는 기능이 아니라 직접 작성한 클래스의 고유한 기능을 테스트하는 것이 중요하다.

일반적으로 테스트 케이스를 먼저 개발한 후 테스트 케이스에 맞는 코드를 작성한다. 테스트 케이스가 코드의 API를 형성한다. 이 책에서는 인터페이스가 동일한 코드를 작성하는 수많은 방법을 제시한다. 인터페이스를 정의한 후에도 여전히 그 인터페이스에 맞는 여러 구현을 찾아낼 수 있다. 테스트 집합 하나가 서로 다른 객체지향 디자인에 적용된다.

일반적으로 unittest와 pytest 도구를 사용할 때는 프로젝트에 다음과 같이 최소 셋 이상의 병렬 디렉터리를 생성한다.

- myproject: 이 디렉터리는 패키지나 애플리케이션의 lib/site-packages 안에 설치되는 최종 패키지다. __init__.py 파일을 포함한다. 추후 각 모듈을 위한 파일을 여기에 넣는다.

- test: 이 디렉터리는 테스트 스크립트를 포함한다. 스크립트에서 모듈을 병렬화할 때도 있다. 스크립트가 모듈 자체보다 더 크고 복잡할 때도 있다.

- doc: 이 디렉터리에는 다른 문서화가 들어 있다. 다음 절과 3부의 장에서 간단히 다루겠다.

여러 후보 클래스에 동일한 테스트 묶음을 실행해 동작 여부를 확인하고 싶은 경우도 있다. 실제 동작하지도 않는 코드에 timeit 비교를 수행할 이유가 없기 때문이다.

⁝⊹ 문서화 - sphinx와 RST 마크업

모든 파이썬 코드는 모듈과 클래스, 메서드 단에 문서화 문자열^{docstring}을 포함해야 한다. 메서드마다 문서화 문자열이 있어야 한다는 뜻은 아니다. 메서드명을 잘 고르면 부연 설명이 필요 없다. 하지만 대부분은 문서화가 있어야 명확해진다.

파이썬 문서화는 주로 RST^{ReStructured Text} 마크업으로 작성한다.

하지만 이 책의 코드 예제에서는 문서화 문자열을 생략한다. 그래야 책이 너무 길어지지 않는다. 그렇다고 문서화 문자열을 마치 선택 사항처럼 여길 수 있는데, 결코 그렇지 않다.

TIP

> 무척 중요하니 다시 한 번 강조하겠다. 문서화 문자열은 필수다.

파이썬은 다음과 같은 세 가지 방식으로 문서화 문자열을 사용한다.

- 내부 help() 함수에서 문서화 문자열을 표시한다.

- doctest 도구는 문서화 문자열 속 예제를 찾아 테스트 케이스로 수행한다.

- sphinx와 pydoc 같은 외부 도구는 문서화 문자열을 추출해 훌륭한 문서화를 만든다.

RST는 비교적 간단해서 상당히 쉽게 좋은 문서화 문자열을 작성할 수 있다. 문서화와 필요한 마크업은 18장에서 자세히 살펴보겠다. 우선은 문서화 문자열이 어떻게 생겼는지 간단한 예제로 살펴보자.

```python
def factorial(n: int) -> int:
    """
    n!을 재귀적으로 계산한다.

    :param n: an integer >= 0
    :returns: n!

    파이썬 스택 제한으로 인해 1000!보다 큰 값은 계산하지 못한다.

    >>> factorial(5)
    120
    """

    if n == 0:
```

```
    return 1
  return n*factorial(n-1)
```

위 코드에는 인자 n과 반환값을 설명하는 RST 마크업이 나온다. 제약 사항도 추가로 언급한다. 또한 doctest 도구로 구현의 유효성을 검증할 수 있도록 doctest 예제도 제공한다. sphinx 도구는 :param n:과 :return: 같은 텍스트를 인식해 해당 정보에 대한 적절한 서식과 인덱싱을 제공한다.

⫶ 컴포넌트 설치

필요한 도구 대부분을 파이썬 3.7 환경에 추가할 수 있다. 흔히 다음 두 방식을 따른다.

- pip로 전부 설치한다.

- conda로 환경을 생성한다. 이 책에서 설명하는 도구 대부분은 아나콘다 배포판에 들어 있다.

pip 설치는 명령어 하나다.

```
python3 -m pip install pyyaml sqlalchemy jinja2 pytest sphinx mypy
pylint black
```

위 명령은 필요한 모든 패키지와 도구를 현재 파이썬 환경에 설치한다.

conda 설치는 conda 환경을 생성해 이 책에 쓰이는 자료를 다른 프로젝트와 구분시킨다.

1. conda를 설치한다. 이미 아나콘다를 설치했으면 콘다 도구가 있으므로 별도로 할 일이 없다. 아나콘다가 아직 없으면 처음 시작할 때 가장 좋은 방식인 miniconda를 설치하자. https://conda.io/miniconda.html 사이트에 방문해 플랫폼에 맞는 적절한 conda 버전을 다운로드하자.

2. conda를 사용해 새 환경을 만들고 활성화한다.

3. 이후 pip를 업그레이드한다. 파이썬 3.7 환경의 기본 pip 설치는 주로 조금씩 버전이 뒤처지기 때문이다.

4. 끝으로 black을 설치한다. black은 현재 어떤 conda 배포판 채널에도 없기 때문에 별도로 해야 한다.

명령어는 다음과 같다.

```
$ conda create --name mastering python=3.7 pyyaml sqlalchemy jinja2
  pytest sphinx mypy pylint
$ conda activate mastering
$ python3 -m pip install --upgrade pip
$ python3 -m pip install black
```

위와 같은 도구 묶음(pytest, sphinx, mypy, pylint, black)은 고품질의 안정적 파이썬 프로그램을 생성하는 데 필수다. pyyaml, sqlalchemy, jinja2 같은 나머지 컴포넌트도 유용한 애플리케이션 개발에 큰 도움이 된다.

⁞⁝ 요약

1장에서는 블랙잭 카지노 게임을 살펴봤다. 블랙잭 규칙은 복잡도가 적당할 뿐만 아니라 시뮬레이션을 생성할 프레임워크도 제공한다. 시뮬레이션은 객체지향 프로그래밍에 처음 쓰인 분야 중 하나로, 언어와 라이브러리의 강점을 분명히 드러내는 풍부한 프로그래밍 문제의 원천이다.

1장에서는 파이썬 런타임이 어떻게 스페셜 메서드를 사용해 다양한 연산자를 구현하는지 소개했다. 이 책의 대부분은 다른 파이썬 기능과 매끄럽게 상호작용하는 객체를 생성하기 위해 스페셜 메서드를 어떻게 사용하는지 다룬다.

또한 수준 높은 파이썬 애플리케이션 개발에 필요할 많은 도구도 살펴봤다. IDE, 타입 힌트를 검사하는 mypy 프로그램, 일관된 스타일을 맞추는 black과 pylint 프로그램을 알아봤다. 또한 필수 성능과 기능을 테스트하는 timeit, unittest, doctest 모듈도 살펴 봤다. 프로젝트의 최종 문서화에는 sphinx를 설치하면 유용하다. 추가 컴포넌트는 pip 나 conda로 설치 가능하다. pip 도구는 파이썬에 있고, conda 도구를 사용하려면 다운로 드해야 한다.

2장에서는 클래스 정의를 다루며 파이썬 탐사를 시작하겠다. 특히 __init__() 스페셜 메서드로 객체를 어떻게 초기화하는지 중점적으로 살펴본다.

02

__init__() 메서드

__init__() 메서드는 파이썬 클래스 정의에서 아주 대단한 기능을 맡고 있는데, 크게 두 가지 측면이 있다. 첫째, 초기화는 객체 생명주기의 중요한 첫 단계이므로 모든 객체의 상태를 올바르게 초기화해야 한다. 둘째, __init__()의 인수값을 여러 형태로 받을 수 있다.

__init__()에 인수값을 전달하는 방법이 매우 다양한 만큼 객체 생성 유스 케이스도 상당히 많다. 그중 몇 가지를 살펴보겠다. 문제 도메인을 잘 특징짓고 객체 상태를 분명하게 결정하는 초기화를 정의해야 하므로 최대한 명확히 설명하겠다.

다만 __init__() 메서드를 배우기에 앞서 object라는 클래스를 간단히 훑어봄으로써 파이썬 내 암묵적 클래스 계층 구조를 한 번 살펴볼 필요가 있다. 그래야 object의 기본 동작과 사용자가 생성한 클래스에서 수행할 다른 종류의 동작을 비교해볼 기회가 생긴다.

2장에서는 단순 객체(예를 들어 카드 게임)의 다양한 초기화 유형을 알아본다. 이후 컬렉션을 포함하는 핸드와 전략과 상태를 포함하는 플레이어처럼 보다 복잡한 객체를 살펴본다. 예제에 타입 힌트를 넣음으로써 mypy가 코드를 검사하고 객체가 올바르게 쓰였는지 밝히는 방법을 설명하겠다.

2장에서 다룰 주제는 다음과 같다.

- 모든 파이썬 객체는 object 클래스라는 공통 부모의 하위 클래스이니 object 클래스부터 살펴본다.

- object 클래스를 위한 기본 __init__() 메서드가 어떻게 동작하는지 살펴본다.

- 가장 먼저 살펴볼 디자인 전략은 계층 구조의 모든 하위 클래스에 공통 __init__() 메서드를 사용하는 것이다. 객체를 올바르게 초기화하려면 __init__() 메서드와 분리된 팩토리함수를 사용해야 할 수 있다.

- 두 번째 디자인 전략은 __init__() 메서드를 복잡한 계층 구조의 개개 하위 클래스로 밀어 넣고 이로써 클래스 디자인이 어떻게 바뀌는지 보는 것이다.

- 다수의 클래스에 많은 __init__() 메서드를 사용하는 복합 객체 생성법을 살펴본다.

- 정교한 __init__() 메서드가 필요 없는 상태가 없는 객체stateless object도 살펴본다.

- 보다 복잡한 클래스단(혹은 정적) 초기화 용법 몇 가지와 유효하지 않은 객체를 생성하기 전에 미리 값을 검증하는 법을 살펴보며 2장을 마친다.

첫 번째 절에서는 모든 파이썬 객체의 최상위 클래스인 object 클래스를 알아본다.

기술 요구 사항

2장의 코드 파일은 https://git.io/fj2U0에서 구할 수 있다.

암묵적 최상위 클래스 - object

각 파이썬 클래스 정의에는 암묵적 최상위 클래스인 object가 있다. object는 거의 아무것도 하지 않는 아주 간단한 클래스 정의다.

object의 인스턴스를 생성할 수 있으나 대부분의 스페셜 메서드에서 예외를 발생시키기 때문에 할 수 있는 일이 많지 않다.

사용자가 정의하는 클래스의 최상위 클래스 역시 object다. 다음은 새로운 이름으로 간단히 object를 확장한 클래스 정의 예제다.

```
>>> class X:
>>>     pass
```

다음은 이 간단한 클래스와의 몇 가지 인터랙션이다.

```
>>> X.__class__
<class 'type'>
>>> X.__class__.__base__
<class 'object'>
```

클래스가 type이라는 클래스의 객체이고, 새로 생성한 클래스의 기반 클래스가 object 클래스임을 알 수 있다. 각 메서드를 살펴보며 object로부터 상속받은 기본 동작도 함께 알아보겠다. 최상위 클래스의 스페셜 메서드가 정확히 사용자가 원하는 대로 동작할 때가 있다. 하지만 때로는 스페셜 메서드의 동작을 오버라이딩해야 한다.

∷ 기반 클래스 객체의 __init__() 메서드

객체 생명주기의 핵심은 생성과 초기화, 소멸이다. 생성과 소멸은 3장에서 고급 스페셜 메서드와 함께 다루고 여기서는 초기화를 다루겠다. 초기화에서 객체의 초기 상태를 결정한다.

모든 클래스의 최상위 클래스인 object에는 pass 기능을 하는 기본 __init__() 구현이 있다. __init__()을 반드시 구현할 필요는 없다. 구현하지 않으면 객체를 생성할 때 인스턴스 변수가 만들어지지 않는다. 때로는 이러한 기본 동작으로 충분하다.

object의 하위 클래스 객체에는 속성을 추가할 수 있다. 다음 클래스에는 두 개의 인스턴스 변수가 필요하고 초기화는 하지 않는다.

```
class Rectangle:
  def area( self ):
    return self.length * self.width
```

Rectangle 클래스는 두 속성을 이용해 값을 반환하는 메서드를 포함한다. 클래스 정의 내 어디서도 속성을 초기화하지 않는다. 유효한 파이썬 코드이지만 명확하게 속성을 할당하지 않으니 다소 이상하다. 다음은 Rectangle 클래스와의 인터랙션이다.

```
>>> r= Rectangle()
>>> r.length, r.width = 13, 8
>>> r.area()
104
```

유효하지만 언젠가 혼란을 일으킬 수 있으니 이렇게 쓰지 말자. 예제처럼 속성값을 클래스 본문 밖에서 그때그때 할당하면 mypy의 타입 힌트 검사가 무용지물이 된다. 피해야 할 또 다른 이유다.

디자인이 다소 유연하기 때문에 __init__() 메서드의 모든 속성을 설정할 필요가 없을 때는 시간이 절약된다. 다만 상당한 주의를 요한다. 선택 속성이란 공식적으로 적절한 하위 클래스로 선언하지 않은 하위 클래스로 볼 수 있다. 다형성으로 인해 혼란이 발생하거나 매우 난해한 if문이 잘못 쓰일 수 있다. 초기화하지 않은 속성은 때로는 유용하나 때로는 잘못된 디자인의 근원이다.

팀 피터가 쓴 〈파이썬의 철학The Zen of Python〉에서는 다음과 같이 조언한다. 표준 라이브러리에도 있으니 import this를 통해 볼 수 있다.

> "명시적인 것이 내포된 것보다 낫다."

지난 몇 년 간 이 조언 덕분에 파이썬 프로그램은 단순성과 일관성을 잃지 않았다. 파이썬 개선 제안PEP, Python Enhancement Proposal 20에 있는 내용이다. 자세한 정보는 https://

www.python.org/dev/peps/pep-0020/을 참고한다.

__init__() 메서드에는 인스턴스 변수를 명시적으로 선언해야 한다.

최상위 클래스의 __init__() 구현

__init__() 메서드를 구현해 객체를 초기화한다. 객체를 생성할 때 파이썬은 먼저 빈 객체를 생성하고 새로 생성한 객체의 __init__() 메서드를 호출한다. 일반적으로 __init__() 메서드는 객체의 인스턴스 변수를 생성한 후 그 밖의 일회성 처리를 수행한다.

다음은 클래스 계층 구조를 정의하는 예제다. 최상위 클래스인 Card와 Card의 기본 테마를 변형한 세 개의 하위 클래스를 정의하고 있다. 두 인스턴스 변수는 인자값으로 직접 할당하고 나머지 두 변수는 초기화 메서드에서 계산한다.

```
from typing import Tuple
```

```python
class Card:

    def __init__(self, rank: str, suit: str) -> None:
        self.suit = suit
        self.rank = rank
        self.hard, self.soft = self._points()

    def _points(self) -> Tuple[int, int]:
        return int(self.rank), int(self.rank)

class AceCard(Card):

    def _points(self) -> Tuple[int, int]:
        return 1, 11

class FaceCard(Card):

    def _points(self) -> Tuple[int, int]:
        return 10, 10
```

위 예제는 __init__() 메서드를 최상위 클래스인 Card에 넣음으로써 최상위 클래스의 초기화를 세 개의 하위 클래스인 NumberCard, AceCard, FaceCard에 공통으로 적용했다.

또한 __init__() 메서드의 인자에 대한 타입 힌트를 제공했다. rank와 suit 인자 모두 str 타입 값이어야 한다. __init__() 메서드는 값을 반환하지 않으니 결과는 항상 None 이다. mypy 도구는 이러한 힌트를 검사해 클래스가 올바르게 쓰이는지 확인한다.

예제는 전형적인 다형성 디자인이다. 각 하위 클래스마다 고유한 _points() 메서드 구현을 제공한다. 다수의 _points() 메서드는 저마다 카드를 평가하는 다양한 방식으로 2-튜플을 반환한다. 하위 클래스의 서명은 모두 동일하다. 즉 메서드와 속성이 같다. 세 하위 클래스의 객체는 애플리케이션 내에서 호환된다.

이름 앞에 쓰이는 밑줄_를 통해 읽는 이는 _point() 메서드가 향후 구현에서 바뀔 상세 구현임을 알 수 있다. 이 접두사는 어떤 메서드가 공개 인터페이스에 속하고 어떤 메서드가 다른 클래스가 일반적으로 쓸 수 없는 상세 구현인지 분명하게 구분한다.

스위트[suit][1]에 해당하는 문자만으로 다음 코드처럼 Card 인스턴스를 생성할 수 있다.

```
cards = [AceCard('A', '♠'), Card('2','♠'), FaceCard('J','♠'),]
```

카드 세 장의 클래스, 랭크, 스위트를 하나의 리스트로 열거했다. 52장의 카드를 모두 열거하기에는 너무 길고 오류도 발생하기 쉬우므로 Card 인스턴스를 생성할 훨씬 똑똑한 팩토리함수가 어쨌든 필요하다. 팩토리함수를 설명하기 전에 몇 가지 이슈부터 살펴보자.

열거형 상수 생성

카드 스위트를 표현하는 클래스를 정의할 수 있다. 카드 게임의 스위트는 도메인을 하나하나 열거할 수 있는 타입 중 하나다. 값이 하나뿐인 None 타입과 값이 둘뿐인 bool 타입처럼 도메인이 아주 작은 타입도 있다.

카드 게임의 스위트는 상태가 바뀔 수 없는 불변 객체로 볼 수 있다. 파이썬에서는 간단하고 형식적인 메커니즘으로 객체를 불변으로 정의한다. 4장에서 불변성을 보장하는 기법을 알아보겠다. 스위트의 속성을 불변으로 만들어도 되지만 수고롭기만 하고 별달리 이득이 없다.

다음은 네 개의 매니페스트[manifest] 상수를 생성하는 클래스다.

```
from enum import Enum

class Suit(str, Enum):
    Club = "♣"
    Diamond = "♦"
    Heart = "♥"
    Spade = "♠"
```

---

1   스위트란 하트, 스페이드, 클로버, 다이아몬드 4개의 무늬를 말한다. – 옮긴이

Suit는 부모 클래스가 두 개인 클래스다. Suit 클래스의 네 값은 각각 문자열이면서 Enum 의 인스턴스다. 각 문자열은 한 글자짜리 유니코드 문자다. 열거형 값이 다른 객체와 충돌하지 않게 하려면 클래스명으로 한정해서 사용해야 한다.

다음은 위 클래스로 만든 열거형 상수의 하나다.

```
>>> Suit.Club
<Suit.Club: '♣'>
```

Enum 인스턴스의 표현에는 Enum 클래스 속 이름과 다른 부모 클래스로부터 할당받은 값이 함께 나온다. 값만 보려면 Suit.Heart.value라는 표현식을 사용하자.

이제 다음 코드처럼 cards를 생성할 수 있다.

```
cards = [AceCard('A', Suit.Spade), Card('2', Suit.Spade),
FaceCard('Q', Suit.Spade),]
```

예제처럼 개수가 적은 경우는 한 글자짜리 스위트 코드를 사용할 때에 비해 성능이 크게 향상되지 않는다. 값 도메인을 명시적으로 열거하면 매우 유용하다. list(Suit) 같은 표현식에서 사용 가능한 모든 객체를 제공한다.

단 이 객체가 엄밀히 말해 불변이 아님을 꼭 기억하자. Suit 객체에 속성을 추가로 할당할 수 있다. 속성은 추가할 수 있으나 value 속성은 바꿀 수 없다. 다음 예제와 같은 예외가 발생한다.

```
>>> Suit.Heart.value = 'H'
Traceback (most recent call last):
  File "<doctest __main__.__test__.test_suit_value[1]>", line 1,
in <module>
    Suit.Heart.value = 'H'
  File "/Users/slott/miniconda3/envs/py37/lib/python3.7/types.py",
line 175, in __set__
    raise AttributeError("can't set attribute")
AttributeError: can't set attribute
```

불변성은 고려하지 말자

불변성은 매력적이면서 골칫덩어리다. 실제 있지도 않은 어떤 '악의적인 프로그래머'가 애플리케이션의 상숫값을 변경할 수 있다는 이유로 정당화되기도 한다. 어리석게 불변성을 디자인 고려 사항에 넣지 말자. 그렇게 해도 가상의 악의적인 프로그래머는 막을 수 없다. 악의적인 프로그래머는 상수를 수정하는 코드를 작성하는 것만큼이나 쉽게 파이썬 소스에 접근해 수정할 수 있다.

4장에서 불변으로 가정했던 객체를 변경하려는 버그가 존재하는 프로그램을 적절히 진단하는 몇 가지 방법을 알아보겠다.

⫶ 팩토리함수로 __init__() 활용

팩토리함수로 완벽한 카드 덱을 만들 수 있다. 카드 52장을 전부 나열하는 방식보다 낫다. 파이썬에서 팩토리를 활용하는 방식은 일반적으로 다음 두 가지다.

- 필요한 클래스의 객체를 생성하는 함수를 정의한다.

- 객체 생성 메서드를 포함하는 클래스를 정의한다. 디자인 패턴 책에 나오듯이 이 방식은 완벽한 팩토리 디자인 패턴이다. 자바 같은 언어에서는 독립형 함수를 지원하지 않으니 팩토리 클래스 계층 구조가 있어야 한다.

파이썬에서는 클래스 없이도 객체 팩토리를 생성할 수 있으나 팩토리, 특히 복잡한 팩토리인 경우 이 방법이 좋다. 파이썬의 강점 중 하나는 간단한 함수만으로 잘 동작한다면 클래스 계층 구조가 필요 없다는 점이다.

NOTE

이 책은 객체지향 프로그래밍을 다루지만 함수로도 정말 충분하다. 함수는 흔히 쓰이는 관용적인 파이썬이다.

필요에 따라 언제든 함수를 적절한 콜러블 객체로 다시 작성할 수 있다. 콜러블 객체는 다시 팩토리를 위한 클래스 계층 구조로 리팩터링할 수 있다. 콜러블 객체는 5장에서 살펴본다.

클래스 정의의 대표적 장점은 상속을 통한 코드 재사용이다. 팩토리 클래스의 목적은 확장 가능하도록 객체 생성의 복잡도를 캡슐화하는 것이다. 팩토리 클래스가 있으면 타깃 클래스 계층 구조를 확장할 때 하위 클래스를 추가할 수 있다. 이로써 다형성을 지닌 팩토리 클래스가 생겨난다. 서로 다른 팩토리 클래스 정의에 같은 메서드 서명이 있을 수 있고 호환해서 쓸 수 있다(즉 동일한 메서드 서명을 갖는 서로 다른 팩토리 클래스 정의 간에 호환해서 사용할 수 있는 다형 팩토리 클래스가 된다).

실제로 팩토리 정의에서 어떤 코드도 재사용하지 않으면 팩토리 정의 클래스 계층 구조는 무용지물이다. 그저 같은 서명을 가진 함수를 사용하면 된다.

다음은 다양한 Card 하위 클래스를 위한 팩토리함수다.

```python
def card(rank: int, suit: Suit) -> Card:
  if rank == 1:
    return AceCard("A", suit)
  elif 2 <= rank < 11:
    return Card(str(rank), suit)
  elif 11 <= rank < 14:
    name = {11: "J", 12: "Q", 13: "K"}[rank]
    return FaceCard(name, suit)
  raise Exception("Design Failure")
```

위 함수는 숫자로 된 rank와 suit 객체를 받아 Card 클래스를 생성한다. 타입 힌트는 예상 인수값을 분명히 알 수 있다. -> Card 힌트는 함수의 결과로 Card 객체를 생성할 것임을 보여준다. 이제 좀 더 간단하게 Card 인스턴스를 생성할 수 있다. 클래스 계층 구조와 다형성 디자인을 정확히 몰라도 애플리케이션을 생성할 수 있도록 생성construction 문제를 하나의 팩토리함수로 캡슐화했다.

다음은 위 팩토리함수로 덱을 생성하는 예제다.

```python
deck = [card(rank, suit)
  for rank in range(1,14)
    for suit in iter(Suit)]
```

앞서 나온 코드는 모든 랭크와 스위트를 열거해 완벽한 52장짜리 카드 덱을 생성한다. Enum 하위 클래스가 열거형 값 리스트를 순회하므로 올바르게 동작한다.

iter(Suit)가 아니어도 된다. 앞서 봤던 생성자의 Suit를 사용해도 잘 동작한다. for suit in Suit 형식도 괜찮지만 mypy에서 오류를 내보낸다. list(Suit)나 iter(Suit)를 사용하면 의도가 명확하니 오류가 나지 않는다.

결함이 있는 팩토리 디자인과 모호한 else절

card() 함수의 if문 구조를 다시 살펴보자. 전부 뭉뚱그려 처리하는 else절 없이 예외를 발생시켰다. 아무거나 처리하는 else절은 하나의 논쟁거리다.

한쪽에서는 else절에 들어갈 조건을 명시하지 않으면 감지하기 어려운 디자인 오류가 감춰질 수 있으니 빈 채로 두어서는 안 된다고 주장한다. 이와 달리 else절의 조건이 아주 분명할 때도 있다. 모호한 else절은 쓰지 말아야 한다.

다음 함수에서는 앞서 봤던 팩토리함수의 정의를 살짝 바꿨다.

```python
def card2(rank: int, suit: Suit) -> Card:
    if rank == 1:
        return AceCard("A", suit)
    elif 2 <= rank < 11:
        return Card(str(rank), suit)
    else:
        name = {11: "J", 12: "Q", 13: "K"}[rank]
        return FaceCard(name, suit)
```

흔한 코드 유형이지만 else:절에 해당하는 조건이 무엇인지 완벽하게 이해되지 않는다.

다음은 유효한 덱을 만들 수 있을 것처럼 보이는 코드다.

```python
deck2 = [card2(rank, suit) for rank in range(13) for suit in iter(Suit))
```

위 코드는 기대대로 동작하지 않는다. 그런데도 FaceCard 인스턴스를 만들고자 하면 모호한 KeyError 오류가 발생한다.

if 조건이 더 복잡해지면 어떻게 될까? 어떤 프로그래머는 위 if문을 한눈에 이해하는 반면, 어떤 프로그래머는 모든 조건이 배타적으로 올바른지 알아내느라 고군분투한다.

읽는 이가 알아서 else절의 복잡한 조건을 유추하게 두지 말자. 초보자도 이해할 만큼 조건이 명백하지 않다면 명시적으로 밝히자.

TIP

> 뭉뚱그려 처리하는 else절은 되도록 지양하자. 조건이 명백할 경우에만 쓰자. 잘 모르겠을 때는 명시적으로 밝히고 else절에서 예외를 발생시킨다. 모호한 else절은 피한다.

elif 시퀀스를 이용한 단순화와 일관성

card() 팩토리함수에는 다음과 같은 아주 흔한 팩토리 디자인 패턴 두 가지가 섞여 있다.

- if-elif 시퀀스
- 매핑mapping

두 기법 중 하나만 사용해 단순화시키는 편이 낫다.

매핑은 항상 elif 조건으로 대체할 수 있다(언제나 그렇다. 하지만 그 반대는 성립하지 않아서 elif 조건을 매핑으로 변경하기는 까다롭다).

다음은 매핑이 없는 Card 팩토리다.

```
def card3(rank: int, suit: Suit) -> Card:
  if rank == 1:
    return AceCard("A", suit)
  elif 2 <= rank < 11:
    return Card(str(rank), suit)
  elif rank == 11:
```

```
    return FaceCard("J", suit)
elif rank == 12:
    return FaceCard("Q", suit)
elif rank == 13:
    return FaceCard("K", suit)
else:
    raise Exception("Rank out of range")
```

card() 팩토리함수를 다시 작성했다. 매핑은 elif절을 추가해 변환했다. 이 함수가 이전
버전보다 일관적이다.

매핑과 클래스 객체를 이용한 단순화

순차적인 elif 조건 대신 매핑이 가능한 경우가 있다. 조건이 너무 복잡하면 elif 조건
나열로 표현하는 방법 밖에 없다. 하지만 단순할 때는 매핑이 주로 더 나은 성능을 발휘
하고 읽기도 쉽다.

class는 일급first-class 클래스 객체이므로 rank 매개변수를 생성하는 클래스와 쉽게 매핑
할 수 있다.

다음은 매핑만 사용하는 Card 팩토리다.

```
def card4(rank: int, suit: Suit) -> Card:
    class_ = {1: AceCard, 11: FaceCard, 12: FaceCard,
      13: FaceCard}.get(rank, Card)
    return class_(str(rank), suit)
```

rank 객체를 클래스로 매핑했다. 뒤이어 클래스에 rank와 suit 값을 넘겨 최종 Card 인스
턴스를 만들었다.

하지만 card4() 함수에는 심각한 결함이 있다. 앞선 함수들과 달리 1을 A로, 13을 K로 변
환하지 못한다. 이 기능을 추가하려 하면 문제에 봉착한다.

Card 하위 클래스뿐 아니라 rank 객체의 문자열까지 함께 제공하도록 매핑을 변경해야 한다. 이렇게 두 개의 매핑을 만들 수 있을까? 일반적으로 아래 네 가지 방법을 사용한다.

- 두 개의 병렬 매핑parallel mapping을 수행한다. 권하지 않지만 무엇이 바람직하지 않은지 강조하기 위해 살펴보겠다.

- 2-튜플에 매핑한다. 이 방법도 단점이 있다.

- partial() 함수와 매핑한다. partial() 함수는 functools 모듈의 기능이다. 완벽한 해법은 아니며 람다 객체로 같은 목적을 달성해보겠다.

- 이러한 매핑 유형에 걸맞게 클래스 정의를 수정하는 방법도 있다. 다음 절에서 하위 클래스 정의에 __init__()을 넣는 법을 알아보며 함께 살펴보겠다.

이제 각 방법을 구체적인 예제와 함께 알아보자.

두 병렬 매핑

다음 예제는 두 병렬 매핑을 사용하는 기본적인 방법을 보여준다.

```
def card5(rank: int, suit: Suit) -> Card:
  class_ = {1: AceCard, 11: FaceCard, 12: FaceCard,
    13: FaceCard}.get(rank, Card)
  rank_str = {1: "A", 11: "J", 12: "Q",
    13: "K"}.get(rank, str(rank))
  return class_(rank_str, suit)
```

바람직하지 못한 방법이다. 매핑 키 1, 11, 12, 13의 시퀀스가 반복되기 때문이다. 소프트웨어의 업데이트 또는 개선 후에 병렬 구조가 바뀔 수 있으니 반복은 좋지 않다.

TIP

병렬 구조를 사용하지 말자

두 개의 병렬 구조는 튜플 혹은 다른 종류의 적절한 컬렉션으로 대체해야 한다.

튜플 값에 매핑

다음 예제는 2-튜플에 매핑하는 기본적인 방법을 보여준다.

```
def card6(rank: int, suit: Suit) -> Card:
  class_, rank_str = {
    1: (AceCard, "A"),
    11: (FaceCard, "J"),
    12: (FaceCard, "Q"),
    13: (FaceCard, "K")
  }.get(
    rank, (Card, str(rank))
  )
  return class_(rank_str, suit)
```

매핑이 간단하니 상당히 괜찮은 디자인이다. 카드 게임의 특수한 경우까지 적은 양의 코드로 해결한다. 향후 Card 클래스 계층 구조를 변경해 Card에 하위 클래스를 추가할 때 어떻게 위 코드를 수정하거나 확장하는지 보이겠다.

rank 값을 class 객체와 클래스의 두 초기화 매개변수 중 하나에 매핑하는 것이 다소 어색하다. 일부(전부는 아님) 매개변수만 어수선하게 제공하는 방식보다는 간단한 클래스나 함수 객체에 랭크를 매핑하는 방식이 더 낫다.

부분함수 방식

이전 방법에서는 랭크를 2-튜플 클래스와 인스턴스를 생성하는 인자 중 하나에 매핑 했다. 이때 class와 rank를 부분함수^{partial function}로 합칠 수 있다. 부분함수는 인자값을 가지며 최종 인자값을 기다린다. 많은 경우 functools 라이브러리의 partial() 함수를 사용해 class 객체와 rank 인자를 합치는 부분함수를 생성할 수 있다.

partial()은 객체 생성을 목적으로 디자인된 함수가 아니라서 이렇게 쓰이면 예외가 발생한다. 이럴 때는 부분함수 대신 lambda 객체를 생성한다. 가령 lambda suit: AceCard ("A", suit)라는 표현식은 suit값을 받아 완전한 Card를 생성하는 함수다.

다음처럼 rank와 lambda 객체 간 매핑을 사용해 Card 객체를 생성한다.

```
def card7(rank: int, suit: Suit) -> Card:
  class_rank = {
    1: lambda suit: AceCard("A", suit),
    11: lambda suit: FaceCard("J", suit),
    12: lambda suit: FaceCard("Q", suit),
    13: lambda suit: FaceCard("K", suit),
  }.get(
    rank, lambda suit: Card(str(rank), suit)
  )
  return class_rank(suit)
```

rank 객체와 클래스와 문자열을 포함하는 lambda 객체를 매핑했다. lambda 객체는 suit 객체를 받아 최종 Card 인스턴스를 생성하는 함수다.

함수형 프로그래밍에서는 이러한 partial() 함수 기법이 매우 흔하다. 여러 함수를 비슷한 방식으로 사용하게 함으로써 일종의 다형성을 지원하는 한 가지 방법이다.

하지만 대부분의 객체지향 프로그래밍에서는 부분함수가 대부분 쓸모없다. 복잡한 객체를 생성할 때는 흔히 점차적으로 인자를 받는 메서드를 정의한다. rank로 부분함수를 생성하는 것보다 rank와 suit를 설정하는 별개의 메서드를 사용하는 것이 보다 객체지향적인 접근 방식이다.

팩토리용 플루언트 API

파이썬에서는 self 인스턴스 변수를 반환하는 메서드를 생성해 플루언트 인터페이스를 만든다. 각 메서드는 객체의 상태 일부를 설정한다. self를 반환함으로써 함수가 서로 연결된다.

X.a().b()라는 객체 표기를 생각해보자. 이는 $b(a(X))$로 볼 수 있다. X.a() 함수는 b() 를 기다리는 일종의 partial() 함수다. 이 경우에는 X().a()를 인자값으로 다른 함수를 취하는 객체, 즉 $a_X(b)$로 볼 수 있다.

여기서 말하고자 하는 것은 파이썬에서 제공하는 두 가지 상태 초기화 방법이다. 모든 값을 __init__()에서 설정할 수도 있고, 별도의 여러 메서드에서 값을 설정할 수도 있다. 다음 예제에서는 self를 반환하는 플루언트 메서드로 rank 객체를 설정한다. suit 객체를 설정할 때 실제로 Card 인스턴스가 생성된다. 다음은 Card 플루언트 팩토리 클래스다. 인스턴스는 정해진 순서대로 두 개의 메서드함수를 사용해야 한다.

```python
class CardFactory:

    def rank(self, rank: int): -> "CardFactory":
        self.class_, self.rank_str = {
            1: (AceCard, "A"),
            11: (FaceCard, "J"),
            12: (FaceCard, "Q"),
            13: (FaceCard, "K"),
        }.get(
            rank, (Card, str(rank))
        )
        return self

    def suit(self, suit: Suit) -> Card:
        return self.class_(self.rank_str, suit)
```

rank() 메서드는 생성자의 상태를 업데이트하고, suit() 메서드는 실제로 최종 Card 객체를 생성한다. rank() 함수의 타입 힌트는 함수가 CardFactory 객체를 반환함을 보여준다. 완벽하게 정의된 클래스가 아니라 이름을 알 수 없으니 따옴표로 감싼 문자열을 사용해야 한다. mypy 도구는 문자열 타입명을 알아내 클래스에서 그 타입명으로의 순환참조circular reference를 생성한다.

위 팩토리 클래스를 다음과 같이 사용한다.

```python
card8 = CardFactory()
deck8 = [card8.rank(r + 1).suit(s) for r in range(13) for s in Suit]
```

먼저 팩토리 인스턴스를 생성한 후 그 인스턴스로 Card 인스턴스를 생성한다. 이렇게 해도 Card 클래스 계층 구조 내에서 __init__() 자체의 동작 방식은 실질적으로 바뀌지 않는다. 하지만 클라이언트 애플리케이션에서 객체를 생성하는 방식은 바뀐다.

각 하위 클래스에서 __init__() 구현

지금까지는 Card 객체를 생성하는 팩토리함수로 Card 클래스를 디자인하는 몇 가지 방법을 살펴봤다. Card 클래스에서 직접 랭크 값을 변환하도록 리팩터링하고 싶을 수 있다. 이렇게 하려면 각 하위 클래스에서 초기화를 수행해야 한다.

하위 클래스 초기화 외에 보통은 공통 상위 클래스 초기화도 필요하다. 이때 스스로를 반복하지 말라^{DRY, Don't Repeat Yourself} 원칙에 따라 각 하위 클래스로 코드를 복제하지 않는다.

다음 Card3 클래스는 각 하위 클래스에서 사용할 초기화를 최상위 클래스단에서 정의한다.

```python
class Card3:

    def __init__(
        self, rank: str, suit: Suit, hard: int, soft: int
    ) -> None:
        self.rank = rank
        self.suit = suit
        self.hard = hard
        self.soft = soft

class NumberCard3(Card3):

    def __init__(self, rank: int, suit: Suit) -> None:
        super().__init__(str(rank), suit, rank, rank)

class AceCard3(Card3):

    def __init__(self, rank: int, suit: Suit) -> None:
        super().__init__("A", suit, 1, 11)

class FaceCard3(Card3):

    def __init__(self, rank: int, suit: Suit) -> None:
```

```
    rank_str = {11: "J", 12: "Q", 13: "K"}[rank]
    super().__init__(rank_str, suit, 10, 10)
```

하위 클래스와 최상위 클래스 모두에 __init__()을 정의했다. 각 하위 클래스는 최상위 클래스의 __init__()을 찾기 위해 super() 함수를 사용한다. 최상위 클래스의 __init__()에는 하위 클래스 초기화에 없어도 될 매개변수가 많다.

이로써 다음 코드에서처럼 팩토리함수가 간소화되는 작은 이득을 얻는다.

```
def card10(rank: int, suit: Suit) -> Card3:
  if rank == 1:
    return AceCard3(rank, suit)
  elif 2 <= rank < 11:
    return NumberCard3(rank, suit)
  elif 11 <= rank < 14:
    return FaceCard3(rank, suit)
  else:
    raise Exception("Rank out of range")
```

이렇게 바꾸면 팩토리함수의 복잡도는 크게 줄지 않는 데 반해, __init__() 메서드는 훨씬 더 복잡해진다. 복잡도를 줄일 수 없으며 캡슐화만 가능하다. 정말 중요한 질문은 이러한 복잡도에 대한 책임을 어떻게 나눠 가져야 하는가다.

TIP

> **팩토리함수는 복잡도를 캡슐화한다**
>
> 정교한 __init__() 메서드와 팩토리함수 사이에는 트레이드오프가 있다. 생성자를 팩토리함수로 넣는 편이 주로 더 낫다. 팩토리함수는 생성을 별개로 분리하므로 초기 상태 전환이나 다른 프로세싱 이슈에 유리하다.

⁝⁝▶ 복합 객체

복합 객체composite object는 컨테이너container라고도 부른다. 카드 덱을 표현하는 단순 복합 객체를 살펴보자. 이 객체는 기초 컬렉션이다. 사실 너무 기본적이라 간단한 list를 덱으로 써도 된다.

새 클래스를 디자인하기 전에 간단한 list 객체를 써도 괜찮은지 생각해보자.

random.shuffle()로 덱을 셔플하고 deck.pop()으로 카드를 플레이어의 Hand로 나눠 줄 수 있다.

내장 클래스를 사용하는 것이 객체지향 디자인 원리에 위배된다고 생각해 바로 새 클래스를 정의하는 프로그래머도 있다. 다음은 새 클래스를 만들지 않는 코드다.

```
>>> d = [card(r + 1, s) for r in range(13) for s in iter(Suit)]
>>> random.shuffle(d)
>>> hand = [d.pop(), d.pop()]
>>> hand
[FaceCard(suit=<Suit.Club: '♣'>, rank='J'), Card(suit=<Suit.Spade:
'♠'>, rank='2')]
```

이렇게 간단한데 왜 굳이 새 클래스를 작성하는가?

클래스를 정의하면 구현과 무관한 간략한 인터페이스를 객체에 제공할 수 있다. 하지만 위 list 예제만 보면, Deck 클래스가 얼마나 더 간단해질 수 있는지 불분명하다.

덱에는 두 개의 유스 케이스가 있다. 클래스 정의로는 문제를 크게 단순화시키지 못한다. 물론 상세 구현을 숨기는 장점은 분명 있다. 하지만 세부 사항이 너무 당연해서 공개돼도 문제될 것이 없다.

지금까지 주로 __init__() 메서드에 집중했으니 이제 컬렉션을 생성하고 초기화하는 디자인 몇 가지를 살펴보겠다.

다음은 객체의 컬렉션을 디자인하는 일반적인 디자인 전략이다.

- **래핑**^{Wrapping}: 기존 컬렉션 정의를 간략한 인터페이스로 감싸는 디자인 전략이다. 보다 일반적인 퍼사드^{Façade} 디자인 패턴의 한 예다.

- **확장**^{Extend}: 기존 컬렉션 클래스로 시작해 기능을 추가하며 확장하는 디자인 패턴이다.

- **개발**[Invent]: 처음부터 전부 디자인한다. 7장에서 살펴본다.

위 세 개념은 객체지향 디자인의 핵심이다. 파이썬에는 언어 자체에 많은 기능이 내장돼 있으니 클래스를 디자인할 때 항상 위 셋 중 하나를 선택하자.

컬렉션 클래스 래핑

다음은 내부 컬렉션을 포함하는 래퍼 디자인이다.

```
class Deck:
  def __init__(self) -> None:
    self._cards = [card(r + 1, s)
      for r in range(13) for s in iter(Suit)]
    random.shuffle(self._cards)

  def pop(self) -> Card:
    return self._cards.pop()
```

내부 컬렉션으로 list 객체를 사용하는 Deck을 정의했다. Deck의 pop() 메서드는 래핑된 list 객체에 작업을 위임한다.

이제 다음 코드로 Hand 인스턴스를 생성할 수 있다.

```
d = Deck()
hand = [ d.pop(), d.pop() ]
```

일반적으로 퍼사드 디자인 패턴이나 래퍼 클래스에 포함된 메서드는 내부 구현 클래스에 작업을 위임한다. 기능이 많을 때는 위임도 많아질 수 있다. 복잡한 컬렉션은 다수의 메서드를 래핑된 객체에게 위임한다.

컬렉션 클래스 확장

래핑 대신 내장 클래스를 확장하는 방법도 있다. 이렇게 하면 pop() 메서드를 다시 구현하지 않고 단순히 상속받으니 편리하다.

pop() 메서드를 사용하면 긴 코드 없이 클래스를 생성할 수 있다. 다만 list 클래스를 확장하면 다음 예제처럼 실제 필요한 것보다 더 많은 함수를 제공해야 한다.

다음은 내장 list를 확장한 Deck2의 정의다.

```
class Deck2(list):

    def __init__(self) -> None:
        super().__init__(
            card(r + 1, s)
                for r in range(13) for s in iter(Suit))
        random.shuffle(self)
```

Card 인스턴스로 리스트를 초기화했다. super().__init__()은 최상위 클래스의 초기화를 사용해 최초의 싱글 카드 덱으로 list 객체를 생성한다. 리스트를 만든 후 카드를 셔플한다. pop() 메서드는 list에서 직접 상속받은 것이니 완벽하게 동작한다. list 클래스로부터 상속받은 다른 메서드 역시 잘 동작한다.

좀 더 간단하지만 delete()와 remove() 같은 메서드까지 쓸 수 있게 된다. 추가 기능을 원하지 않는다면 래핑된 객체가 더 나은 방법이다.

추가적인 요구 사항과 디자인 대안

카지노에서 카드는 주로 슈shoe[2]에서 배분되고 슈에는 6개의 카드 덱이 함께 섞여 있다. 이러한 복잡도까지 고려하려면 단순히 list 객체를 쓸 것이 아니라 Deck을 직접 구현해야 한다. 또한 카지노 슈는 전부 배분되지 않는다. 대신 마커 카드가 삽입된다. 마커 카

---

[2] 카드를 한 덱 이상 보유한 딜링 박스 – 옮긴이

드로 인해 일부 카드는 사실상 한쪽으로 밀려나 게임에 쓰이지 않는다. 이러한 카드를 번burned 카드라고 부른다.

다음은 52장의 카드 덱을 여러 개 포함하는 Deck3 클래스 정의이다.

```python
class Deck3(list):

    def __init__(self, decks: int = 1) -> None:
        super().__init__()
        for i in range(decks):
            self.extend(
            card(r + 1, s)
            for r in range(13) for s in iter(Suit)
            )
        random.shuffle(self)
        burn = random.randint(1, 52)
        for i in range(burn):
            self.pop()
```

최상위 클래스의 __init__() 메서드로 빈 컬렉션을 만들었다. 이후 self.extend()를 사용해 52장의 카드 덱 여러 개로 이 컬렉션을 확장했다. 위 클래스에는 오버라이딩 구현이 없으니 super().extend()도 쓸 수 있다.

또한 다음 코드처럼 더 깊이 중첩된 생성자 표현식을 사용하면 super(). __init__()으로 전체 작업을 수행할 수 있다.

```python
super().__init__(
  card(r + 1, s)
    for r in range(13)
      for s in iter(Suit)
        for d in range(decks)
  }
```

위 클래스는 슈에서 배분되는 카지노 블랙잭을 재현하는 데 사용할 Card 인스턴스 컬렉션을 제공한다.

⁝⁝ 복잡한 복합 객체

다음 예제는 게임 전략을 적절히 재현할 수 있는 블랙잭 Hand를 정의한다.

```
class Hand:

    def __init__(self, dealer_card: Card) -> None:
        self.dealer_card: Card = dealer_card
        self.cards: List[Card] = []

    def hard_total(self) -> int:
        return sum(c.hard for c in self.cards)

    def soft_total(self) -> int:
        return sum(c.soft for c in self.cards)

    def __repr__(self) -> str:
        return f"{self.__class__.__name__} {self.dealer_card} {self.cards}"
```

위 예제는 __init__() 메서드의 매개변수로 받은 값을 self.dealer_card 인스턴스 변수에 할당한다. 하지만 self.cards 인스턴스 변수는 매개변수로 값을 받지 않는다. 이러한 초기화 유형은 빈 컬렉션을 생성한다. self.cards 변수의 할당 부분에서 보듯이 self.cards 컬렉션에 무엇이 필요한지 mypy에게 알리기 위해 타입 힌트가 필요했다.

다음과 같은 코드로 Hand 인스턴스를 생성한다.

```
>>> d = Deck()
>>> h = Hand(d.pop())
>>> h.cards.append(d.pop())
>>> h.cards.append(d.pop())
```

Hand 객체 인스턴스 하나 만드는 데 필요한 명령문이 너무 많다. 이렇게 하면 Hand 객체를 직렬화한 후 이만큼 복잡한 초기화로 다시 생성하기가 상당히 어렵다. 명시적으로 클래스에 append() 메서드를 생성하더라도 컬렉션을 초기화하려면 여전히 여러 단계를 거쳐야 한다.

__repr__() 메서드를 정의할 때 문제가 드러난다. 객체를 다시 생성할 간단한 문자열 표현을 제공할 수 없다. __repr__()의 전형적인 용법은 파이썬 관점에서 객체의 상태를 생성하는 것인데, 이렇게 초기화가 복잡하면 간단하게 표현할 수 없다.

플루언트 인터페이스를 생성해도 문제는 간단해지지 않는다. Hand 객체를 생성하는 문법만 변할 뿐이다. 플루언트 인터페이스는 여전히 다수의 메서드를 평가해야 한다. 2부에서 객체의 직렬화를 다루면서 단일 클래스단 함수, 이상적으로는 클래스 생성자인 인터페이스를 사용하겠다. 10장에서 더 자세히 다룬다.

위 예제에서 또 한 가지 주목할 점은 하드와 소프트 점수를 구하는 메서드함수가 블랙잭 규칙을 완벽하게 지키지 않는다는 것이다. 이 문제는 3장에서 다시 살펴본다.

복합 객체 초기화

이상적으로 __init__() 초기화 메서드는 완전한 객체 인스턴스를 생성한다. 완전한 컨테이너 인스턴스를 생성하기는 조금 더 복잡한데, 내부 컬렉션으로 다른 객체를 포함하기 때문이다. 이같은 복합 객체를 한 번에 생성하는 법을 알아두면 좋다.

일반적으로 항목을 점차적으로 로드하는 메서드와 모든 항목을 한 번에 로드하는 초기화 스페셜 메서드를 둘 다 사용한다.

예를 들어 다음 코드와 같은 클래스를 만들 수 있다.

```python
class Hand2:

    def __init__(self, dealer_card: Card, *cards: Card) -> None:
        self.dealer_card = dealer_card
        self.cards = list(cards)

    def card_append(self, card: Card) -> None:
        self.cards.append(card)

    def hard_total(self) -> int:
        return sum(c.hard for c in self.cards)
```

```
    def soft_total(self) -> int:
        return sum(c.soft for c in self.cards)

    def __repr__(self) -> str:
        return f"{self.__class__.__name__}({self.dealer_card!r},
*{self.cards})"
```

초기화에서 모든 인스턴스 변수를 한 번에 설정한다. 나머지 메서드는 이전 클래스 정의와 동일하다. 첫 번째 인자값은 dealer_card 매개변수로 할당한다. cards 매개변수에 *를 붙였다는 것은 나머지 인자값 전부를 튜플 하나로 모아서 cards 매개변수에 할당한다는 뜻이다.

Hand2 객체를 생성하는 방법은 두 가지다. 첫째 다음 예제처럼 한 번에 한 장의 카드를 Hand2 객체로 로드한다.

```
d = Deck()
P = Hand2(d.pop())
p.cards.append(d.pop())
p.cards.append(d.pop())
```

둘째, 다음 예제처럼 *cards 매개변수를 사용해 Cards 클래스의 시퀀스를 한 번에 로드한다.

```
d = Deck()
h = Hand2(d.pop(), d.pop(), d.pop())
```

이렇게 하나의 명령문으로 복합 객체를 만들면 단위 테스트에 유용하다. 2부에서 살펴볼 직렬화 기법에도 한 번의 간단한 평가로 복합 객체를 만드는 방식이 도움이 된다.

⫶ __init__()이 필요 없는 상태가 없는(stateless) 객체

다음으로 __init__() 메서드가 필요 없는 퇴보^{degenerate} 클래스[3] 예제를 살펴보자. 퇴보 클래스는 전략^{Strategy} 객체의 일반적인 디자인 패턴이다. 전략 객체는 일종의 마스터 혹은 소유자 객체와 연결돼 알고리듬이나 결정을 구현한다. 전략 객체는 주로 마스터 객체 내 데이터에 의존하고 스스로는 어떤 데이터도 갖지 않는다. 플라이웨이트^{Flyweight} 디자인 패턴을 따르는 전략 객체를 디자인하면 전략 인스턴스 내에 내부 저장소가 생기지 않는다. 모든 값은 메서드 인자값으로 전략 객체에게 제공된다. 전략 객체에 상태가 없을 때도 있다. 이 경우에는 메서드함수의 컬렉션에 가깝다.

몇 가지 예제로 상태가 없는 전략 클래스와 스테이트풀 전략 클래스 정의를 모두 보이겠다. 우선 Hand 객체의 상태에 따라 플레이어가 결정을 내리는 전략부터 시작하자.

이럴 때는 Player 인스턴스를 위한 게임 결정을 제공해야 한다. 다음은 카드를 고르고 다른 베팅을 거절하는 ^(어리석은) 전략의 한 예다.

```python
class GameStrategy:

    def insurance(self, hand: Hand) -> bool:
        return False

    def split(self, hand: Hand) -> bool:
        return False

    def double(self, hand: Hand) -> bool:
        return False

    def hit(self, hand: Hand) -> bool:
        return sum(c.hard for c in hand.cards) <= 17
```

각 메서드마다 현재 Hand 객체를 인자값으로 받아야 한다. 결정은 가지고 있는 정보, 즉 딜러와 플레이어의 카드에 달렸다. 각 결정의 결과는 타입 힌트에서 보듯이 불리언 값

---

3   구조체 역할까지 하는 클래스 – 옮긴이

이다. 플레이어가 액션을 수행하기로 결정했다면 그 메서드는 True를 반환한다.

다음 코드로 다양한 Player 인스턴스가 사용할 하나의 전략 인스턴스를 만들 수 있다.

```
dumb = GameStrategy()
```

연관된 전략 클래스 패밀리도 만들 수 있다. 블랙잭에서 플레이어가 내리는 다양한 결정에 대해 클래스마다 규칙을 다르게 적용한다.

∷ 추가 클래스 정의

앞서 언급했듯이 플레이어는 베팅 전략과 핸드 플레이 전략, 둘 다 필요하다. 각 Player 인스턴스는 더 큰 시뮬레이션 엔진과의 인터랙션 시퀀스를 포함한다. 이 더 큰 엔진을 Table 클래스라 부르겠다.

Table 클래스에는 Player 인스턴스가 수행할 다음과 같은 이벤트 시퀀스가 있어야 한다.

1. 플레이어는 베팅 전략에 따라 최초의 혹은 앤티[ante] 베팅을 해야 한다.

2. 플레이어가 카드 핸드를 받는다.

3. 핸드를 스플릿할 수 있으면 플레이어는 게임 전략에 따라 스플릿 여부를 결정한다. 이로써 Hand 인스턴스가 추가로 만들어질 수 있다. 어떤 카지노에서는 추가한 핸드를 다시 스플릿할 수 있다.

4. 플레이어는 게임 전략에 따라 각 Hand 인스턴스의 히트나 더블, 스탠드를 결정한다.

5. 플레이어는 배당금을 받고, 승패에 따라 베팅 전략을 업데이트한다.

이처럼 Table 클래스는 베팅을 받고, Hand 객체를 생성하고, 스플릿을 수행하고, 각 핸드를 계산하고, 베팅한 만큼 돈을 지불하는 많은 API 메서드를 포함한다. Table 클래스는 Players 컬렉션의 게임 상태를 추적하는 더 큰 객체다.

다음은 베팅과 카드를 처리하는 Table 클래스의 앞부분이다.

```python
class Table:

    def __init__(self) -> None:
        self.deck = Deck()

    def place_bet(self, amount: int) -> None:
        print("Bet", amount)

    def get_hand(self) -> Hand2:
        try:
            self.hand = Hand2(self.deck.pop(), self.deck.pop(), self.deck.pop())
            self.hole_card = self.deck.pop()
        except IndexError:
            # 카드가 다 떨어졌으니 셔플한 후 다시 시도해야 한다.
            self.deck = Deck()
            return self.get_hand()
        print("Deal", self.hand)
        return self.hand

    def can_insure(self, hand: Hand) -> bool:
        return hand.dealer_card.insure
```

Player 클래스는 Table 클래스를 사용해 베팅하고, Hand 객체를 생성하고, 핸드에 보험 베팅이 가능한지 결정한다. 카드를 받고 배당금을 결정하는 메서드도 Player 클래스에 추가할 수 있다.

get_hand() 내 예외 처리는 카지노 게임을 정확히 표현해내지 못한다. 사소한 통계적 오류를 일으킬 수 있다. 보다 정확히 시뮬레이션하려면 예외를 발생시키는 대신, 덱이 비어 있을 때 다시 셔플하도록 개발해야 한다.

적절한 인터랙션과 현실적인 게임 플레이를 시뮬레이션하려면 Player 클래스에 베팅 전략을 넣어야 한다. 베팅 전략은 최초 베팅 수준을 결정하는 스테이트풀stateful 객체다. 베팅 전략은 대부분 게임의 승패에 따라 바뀐다.

이상적으로는 BettingStrategy 객체의 패밀리가 있으면 좋다. 파이썬에는 장식자를 포함하는 모듈이 있으니 장식자로 추상 최상위 클래스를 생성할 수 있다. 비공식적으로 전략 객체를 생성하는 방법은 하위 클래스 내 반드시 구현해야 하는 메서드에서 예외를 발생시키는 것이다.

다음 코드는 특정 하위 클래스와 함께 추상 최상위 클래스까지 정의함으로써 고른 베팅 전략을 정의한다.

```python
class BettingStrategy:

    def bet(self) -> int:
        raise NotImplementedError("No bet method")

    def record_win(self) -> None:
        pass

    def record_loss(self) -> None:
        pass

class Flat(BettingStrategy):

    def bet(self) -> int:
        return 1
```

최상위 클래스는 알맞은 기본값을 갖는 메서드를 정의한다. 추상 최상위 클래스 내 기본 bet() 메서드는 예외를 발생시킨다. bet() 메서드는 하위 클래스에서 오버라이딩해야 한다. 타입 힌트는 다양한 베팅 방법의 결과를 보여준다.

abc 모듈을 사용하면 추상 최상위 클래스 정의를 공식화할 수 있다. 다음 코드가 그 예다.

```python
import abc
from abc import abstractmethod

class BettingStrategy2(metaclass=abc.ABCMeta):

    @abstractmethod
    def bet(self) -> int:
        return 1

    def record_win(self):
        pass
```

```
def record_loss(self):
    pass
```

이렇게 하면 BettingStrategy2나 bet()을 제대로 구현하지 않은 하위 클래스의 인스턴스가 생성되지 못한다는 장점이 있다. 구현하지 않은 추상 메서드로 위 클래스의 인스턴스를 생성하려 하면 객체는 생성되지 않고 예외가 발생한다.

알다시피 추상 메서드에는 구현이 존재한다. super().bet()을 통해 구현에 접근할 수 있다. 이로써 하위 클래스는 원할 때마다 최상위 클래스의 구현을 사용할 수 있다.

⠿ 다중 전략 __init__()

객체가 생성되는 방법은 매우 다양하다. 예를 들어 메멘토^{memento} 생성의 일환으로 객체를 복제할 수도 있고, 딕셔너리의 키로 사용하거나 집합에 넣을 수 있게 객체를 동결^{freeze}할 수도 있다. 객체 동결은 set과 frozenset 내장 클래스의 핵심 개념이다.

여러 가지 방법으로 객체를 생성할 수 있는 두 가지 디자인 패턴을 알아보자. 첫 번째 디자인 패턴은 여러 가지 전략으로 초기화를 수행하는 복잡한 __init__() 메서드를 사용한다. 이 __init__() 메서드는 여러 개의 선택 매개변수를 포함하도록 디자인된다. 또하나의 일반적인 디자인 패턴은 서로 다른 정의를 지닌 여러 개의 정적 혹은 클래스단 메서드를 사용하는 것이다.

__init__() 메서드를 오버로딩해서 정의하면 매개변숫값 타입이 서로 다를 수 있어 mypy에 혼란을 준다. 이럴 때는 @overload 장식자를 통해 __init__() 매개변수에 어떤 타입이 할당되는지 설명하면 된다. 다양한 버전의 __init__()을 정의한 후 @overload로 장식하는 방식이다. 장식자가 없는 최종 버전에는 구현에 실제로 쓰이는 매개변수를 정의한다.

두 방법 중 하나로 생성할 수 있는 Hand3 객체 예제를 살펴보자.

```python
class Hand3:

    @overload
    def __init__(self, arg1: "Hand3") -> None:
        ...

    @overload
    def __init__(self, arg1: Card, arg2: Card, arg3: Card) -> None:
        ...

    def __init__(
        self,
        arg1: Union[Card, "Hand3"],
        arg2: Optional[Card] = None,
        arg3: Optional[Card] = None,
    ) -> None:
        self.dealer_card: Card
        self.cards: List[Card]

        if isinstance(arg1, Hand3) and not arg2 and not arg3:
            # 기존 핸드를 복제한다.
            self.dealer_card = arg1.dealer_card
            self.cards = arg1.cards
        elif (isinstance(arg1, Card)
            and isinstance(arg2, Card)
            and isinstance(arg3, Card)
        ):
            # 새 핸드를 생성한다.
            self.dealer_card = cast(Card, arg1)
            self.cards = [arg2, arg3]

    def __repr__(self) -> str:
        return f"{self.__class__.__name__}({self.dealer_card!r},
 *{self.cards})"
```

첫 번째 오버로딩한 __init__()은 기존 Hand3 객체로 Hand3 인스턴스를 생성했다. 두 번째에는 각 Card 인스턴스로 Hand3 객체를 생성했다. @overload 장식자는 두 가지 버전의 __init__() 메서드를 제공한다. mypy는 장식자를 이용해 생성자가 올바르게 쓰이고 있는지 확인한다. 장식자를 쓰지 않은 버전은 런타임에 쓰인다. 두 가지 오버로딩 정의를 결합한 형태다.

@overload 정의는 순전히 mypy의 타입 검사를 위해서다. 오버로딩하지 않은 __init__() 정의에서는 arg1이 Card 객체나 Hand3 객체와의 유니온이라는 힌트를 제공한다. isinstance() 함수로 두 인자값 타입 중 무엇이 제공되는지 알아낸다. 좀 더 강력하려면 if-elif문에 else:절이 있어야 하고, 여기서 ValueError 예외를 발생시켜야 한다.

위 디자인은 개개 항목이나 기존 set 객체로부터 frozenset 객체를 만드는 방식과 유사하다. 3장에서 불변 객체 생성에 대해 더 알아보겠다. 기존 Hand3 객체로 새 Hand3 객체를 생성하면 다음 코드와 같은 구조체로 Hand3 객체의 메멘토를 생성할 수 있다.

```
h = Hand3(deck.pop(), deck.pop(), deck.pop())
memento= Hand3(h)
```

Hand 객체를 memento 변수에 저장했다. 이 변수는 배분된 원래 핸드와 최종 핸드를 비교하거나 집합 또는 매핑에서 객체를 동결하는 데 쓰인다.

보다 복잡한 초기화

다중 전략 초기화를 작성할 때는 매개변수에 이름을 붙이지 않는 편이 더 유용할 수 있다. 명명된 인자만 취하려면 **kw 구조체를 사용해야 한다. 매우 유연한 디자인이지만 자동 타입 검사가 불가능한 것이 단점이다. 긴 설명서로 다양한 유스 케이스를 설명해야 한다.

** 구조체로 명명된 매개변수를 모으는 대신 * 구조체로 분리시키는 편이 보통은 더 유리하다. def f(a: int, b: int, *, c: int)라고 작성했으면 두 위치 인자값 뒤에 세 번째 값은 이름으로 제공해야 한다. 이 함수는 f(1, 2, c=3)처럼 쓰인다. 특수한 경우에 적용되는 명시적 이름을 허용하는 것이다.

Hand 객체를 스플릿하도록 초기화를 확장할 수 있다. Hand 객체를 스플릿한 결과는 단순히 또 다른 생성자다. 다음 코드에서 Hand 객체를 어떻게 스플릿하는지 보여준다.

```
class Hand4:
```

```python
    @overload
    def __init__(self, arg1: "Hand4") -> None:
        ...

    @overload
    def __init__(self, arg1: "Hand4", arg2: Card, *, split: int) -> None:
        ...

    @overload
    def __init__(self, arg1: Card, arg2: Card, arg3: Card) -> None:
        ...

    def __init__(
        self,
        arg1: Union["Hand4", Card],
        arg2: Optional[Card] = None,
        arg3: Optional[Card] = None,
        split: Optional[int] = None,
    ) -> None:
        self.dealer_card: Card
        self.cards: List[Card]
        if isinstance(arg1, Hand4):
            # 기존 핸드를 복제한다.
            self.dealer_card = arg1.dealer_card
            self.cards = arg1.cards

        elif isinstance(arg1, Hand4) and isinstance(arg2, Card) and
"split" is not None:
            # 기존 핸드를 스플릿한다.
            self.dealer_card = arg1.dealer_card
            self.cards = [arg1.cards[split], arg2]

        elif (
            isinstance(arg1, Card)
            and isinstance(arg2, Card)
            and isinstance(arg3, Card)
        ):
            # 세 카드로 새 핸드를 생성한다.
            self.dealer_card = arg1
            self.cards = [arg2, arg3]
        else:
            raise TypeError("Invalid constructor {arg1!r} {arg2!r} {arg3!r}")
```

```
def __str__(self) -> str:
  return ", ".join(map(str, self.cards))
```

위 디자인은 세 개의 서로 다른 유스 케이스를 보여준다.

- 기존 Hand4 객체로 Hand4 객체를 생성한다. 이때 arg1은 Hand4 타입이고 나머지 인자는 기본값인 None이다.

- Hand4 객체를 스플릿한다. 이때 원래 Hand4 객체 내 Card 클래스의 위치를 사용하는 split 키워드 인자값이 필요하다. 매개변수 목록에 포함시킨 *는 split 값을 키워드 인자값으로 제공해야 함을 보여준다.

- Card 인스턴스로 Hand4 객체를 생성한다. 이때 위치 매개변수 세 개는 모두 Card 타입이다.

@overload 장식자 정보는 mypy가 사용한다. mypy는 Hand4 클래스의 사용자에게 문서화를 제공한다. 런타임에는 전혀 영향이 없다.

다음 코드는 위 정의로 어떻게 핸드를 생성하고 스플릿하는지 보여준다.

```
d = Deck()
h = Hand4(d.pop(), d.pop(), d.pop())
s1 = Hand4(h, d.pop(), split=0)
s2 = Hand4(h, d.pop(), split=1)
```

Hand4의 최초 인스턴스인 h를 생성한 후 Hand4 인스턴스 두 개, s1과 s2로 스플릿하고 각각에 Card 클래스를 추가로 배분했다. 블랙잭 규칙에 따르면 최초 핸드에 동일한 랭크 카드 두 장이 들어 있을 때만 스플릿이 가능하다.

__init__() 메서드가 더 복잡해졌으나 대신 기존 집합으로부터 frozenset을 생성하는 방식과 유사해졌다. 장문의 문서화 문자열로 모든 변형을 설명해야 하는 것이 한 가지 단점이다.

정적 혹은 클래스단 메서드 초기화

여러 가지 방법으로 객체를 생성할 수 있을 때, 복잡한 __init__() 메서드보다 정적 메서드를 사용해 인스턴스를 생성하고 반환하는 편이 좀 더 명확할 수 있다.

정적은 다른 언어에서 차용한 용어다. 파이썬에서는 메서드함수를 세 가지 종류와 바인딩한다. 가장 기본은 메서드를 인스턴스와 바인딩하는 것이다. 이때 첫 번째 위치 매개변수는 인스턴스 변수 self다. 메서드를 클래스와 바인딩할 수도 있다. 이때는 @staticmethod 장식자를 써야 한다. 메서드를 클래스와 바인딩하되 첫 번째 위치 매개변수로 클래스를 받을 수도 있다. 이때는 @classmethod 장식자를 써야 한다.

Hand 객체를 동결하거나 스플릿할 경우 각각에 대해 새 정적 메서드를 생성하고 싶을 수 있다. 정적 메서드를 생성자로 쓰면 문법적으로 크게 바뀌지 않지만 코드 구성에 있어서는 커다란 이점이다.

아래 Hand 버전은 기존 Hand 인스턴스로부터 새 Hand 인스턴스를 생성하는 정적 메서드를 포함한다.

```python
class Hand5:

    def __init__(self, dealer_card: Card, *cards: Card) -> None:
        self.dealer_card = dealer_card
        self.cards = list(cards)

    @staticmethod
    def freeze(other) -> "Hand5":
        hand = Hand5(other.dealer_card, *other.cards)
        return hand

    @staticmethod
    def split(other, card0, card1) -> Tuple["Hand5", "Hand5"]:
        hand0 = Hand5(other.dealer_card, other.cards[0], card0)
        hand1 = Hand5(other.dealer_card, other.cards[1], card1)
        return hand0, hand1

    def __str__(self) -> str:
        return ", ".join(map(str, self.cards))
```

freeze() 메서드는 메멘토 버전을 동결하거나 생성한다. split() 메서드는 Hand5 인스턴스를 스플릿해서 Hand5의 새 자식 인스턴스 두 개를 생성한다. __init__() 메서드는 개개 Card 인스턴스로 핸드를 만든다.

위 버전이 훨씬 더 읽기 쉬운 데다 인터페이스를 설명하는 매개변수명도 그대로다. 클래스 정의에서 클래스명을 타입 힌트로 사용할 경우 클래스명을 문자열로 제공해야 함에 주목하자. class문을 모두 실행할 때까지는 클래스명이 존재하지 않는다. 타입 객체대신 문자열을 사용하면 아직 존재하지 않는 타입으로의 참조가 가능하다. mypy는 타입힌트를 평가할 때 문자열로부터 타입 객체를 알아낸다.

다음 코드는 위 클래스로 Hand5 인스턴스를 어떻게 스플릿하는지 보여준다.

```
d = Deck()
h = Hand5(d.pop(), d.pop(), d.pop())
s1, s2 = Hand5.split(h, d.pop(), d.pop())
```

Hand5의 최초 인스턴스인 h를 생성한 후 두 핸드인 s1과 s2로 스플릿하고 각각에 Card클래스를 추가로 배분했다. 정적 메서드 split()이 동일한 기능을 구현한 __init__()보다 훨씬 간단하다.

⁞⁞ 기타 __init__() 기법

고급 __init__() 기법을 좀 더 살펴보자. 앞서 설명했던 기법들만큼 아주 보편적으로 유용하지는 않다.

다음은 두 전략 객체와 하나의 table 객체를 사용하는 Player 클래스의 정의다. __init__() 메서드가 썩 보기 좋지 않다.

```
class Player:

    def __init__(
        self,
        table: Table,
```

```
      bet_strategy: BettingStrategy,
      game_strategy: GameStrategy
  ) -> None:
      self.bet_strategy = bet_strategy
      self.game_strategy = game_strategy
      self.table = table

  def game(self):
      self.table.place_bet(self.bet_strategy.bet())
      self.hand = self.table.get_hand()
      if self.table.can_insure(self.hand):
        if self.game_strategy.insurance(self.hand):
          self.table.insure(self.bet_strategy.bet())
      # 기타 (일단은 생략)
```

Player의 __init__() 메서드는 부기^{bookkeeping}나 마찬가지다. 명명된 매개변수를 단순히 같은 이름의 인스턴스 변수로 바꿨을 뿐이다. 대부분은 @dataclass 장식자로 간소화할 수 있다.

Player 클래스(와 관련된 객체)는 다음과 같이 사용한다.

```
  table = Table()
  flat_bet = Flat()
  dumb = GameStrategy()
  p = Player(table, flat_bet, dumb)
  p.game()
```

키워드 인자값을 내부 인스턴스 변수로 바꾸기만 해도 매우 짧고 유연한 초기화가 가능하다.

다음과 같이 키워드 인자값으로 Player 클래스를 만든다.

```
  class Player2(Player):

    def __init__(self, **kw) -> None:
      """table, bet_strategy, game_strategy을 제공해야 한다"""
      self.bet_strategy: BettingStrategy = kw["bet_strategy"]
      self.game_strategy: GameStrategy = kw["game_strategy"]
```

```
    self.table: Table = kw["table"]

  def game(self) -> None:
    self.table.place_bet(self.bet_strategy.bet())
    self.hand = self.table.get_hand()
```

명료하나 가독성이 크게 줄었다. 매개변수로는 어떤 정보도 알 수 없으니 개개 인스턴스 변수에 명시적으로 타입 힌트를 줘야 한다.

__init__() 메서드를 한 줄로 줄임으로써 메서드 내 반복이 어느 정도 사라졌다. 하지만 반복되던 부분이 개개 객체 생성자 표현식으로 바뀌었다. 실제로는 각 객체 초기화 표현식마다 타입 힌트와 매개변수명을 제공하는 셈이다.

필요한 매개변수는 다음 코드처럼 제공한다.

```
  p2 = Player2(table=table, bet_strategy=flat_bet, game_strategy=dumb)
```

Player 클래스에도 똑같은 문법이 통한다. 단 Player2 클래스에서는 필요조건이다. Player 클래스에서는 선택 사항이다.

** 구조체로 모든 키워드를 하나의 변수로 모으면 잠재적 이점이 하나 생긴다. 이렇게 클래스를 정의하면 확장하기 쉽다. 몇 가지 요소를 고려해야 하나 생성자에 키워드 매개변수를 추가할 수 있다.

Player2 정의를 확장한 예를 하나 살펴보자.

```
class Player2x(Player):

  def __init__(self, **kw) -> None:
    """table, bet_strategy, game_strategy를 제공해야 한다"""
    self.bet_strategy: BettingStrategy = kw["bet_strategy"]
    self.game_strategy: GameStrategy = kw["game_strategy"]
    self.table: Table = kw["table"]
    self.log_name: Optional[str] = kw.get("log_name")
```

클래스 정의는 그대로 두고 log_name 속성을 추가했다. log_name 속성은 광범위한 통계 분석의 일부로 쓰일 수 있다. 또는 로그나 수집된 데이터에 주석을 달 때 사용한다. 다른 초기화는 바뀌지 않았다.

한 가지 제약이 있다. 추가하려는 매개변수는 클래스에서 이미 사용 중인 이름과 충돌하지 않아야 한다. 클래스 구현에 대해 알고 있어야 이미 사용 중인 키워드셋과 겹치지 않게 하위 클래스를 생성할 수 있다. **kw 매개변수로는 얻을 수 있는 정보가 거의 없으므로 주의해서 읽어야 한다. 대부분 상세 구현을 검토하기보다는 이미 동작하는 클래스를 신뢰한다. 이 기법의 단점은 형식적으로 문서화하지 않은 모호한 매개변수명이다.

다음 코드처럼 위치 구현과 키워드 구현을 혼합할 수 있으며, 또 이렇게 해야 한다.

```
class Player3(Player):

    def __init__(
        self,
        table: Table,
        bet_strategy: BettingStrategy,
        game_strategy: GameStrategy,
        **extras,
    ) -> None:
        self.bet_strategy = bet_strategy
        self.game_strategy = game_strategy
        self.table = table
        self.log_name: str = extras.pop("log_name",
    self.__class__.__name__)
        if extras:
            raise TypeError(f"Extra arguments: {extras!r}")
```

전부 공개하는 정의보다 적절하다. 불필요한 매개변수는 키워드로 남겨 두고 필요한 매개변수만 위치 매개변수로 전달했다. 이로써 __init__() 메서드에서 어떤 키워드 인자를 추가로 사용하는지가 명확해진다.

알려진 매개변숫값을 extras 딕셔너리에서 꺼낸다. 다 꺼낸 후에도 extras에 매개변수명이 남아 있으면 타입 오류를 표시한다.

타입 검사를 포함하는 초기화

타입 검사는 알맞은 요구 사항이 아니다. 어떤 면에서는 파이썬을 제대로 이해하지 못한 것이라고도 볼 수 있다. 파이썬의 타입 시스템은 무수한 확장을 허용한다. 런타임 타입 검사는 이를 불가능하게 만든다. mypy는 런타임 오버헤드 없이 폭넓은 타입 검사를 지원한다.

런타임 검사는 모든 인자가 적절한 타입에 해당하는지 검증하는 것을 목표로 한다. 문제는 적절함의 정의가 종종 너무 제한적이라 현실성이 떨어진다는 것이다.

타입 검사는 어떤 타입의 범위와 도메인 검사와는 다르다. 예를 들어 런타임에 무한 루프에 빠지지 않으려면 수 범위 검사가 필수다.

__init__() 메서드에서 아래처럼 수행하면 문제가 생길 수 있다.

```python
class ValidPlayer:

    def __init__(self, table, bet_strategy, game_strategy):
        assert isinstance(table, Table)
        assert isinstance(bet_strategy, BettingStrategy)
        assert isinstance(game_strategy, GameStrategy)

        self.bet_strategy = bet_strategy
        self.game_strategy = game_strategy
        self.table = table
```

isinstance() 메서드 검사는 파이썬의 정상적인 덕 타이핑^{duck typing} 실행을 방해한다. isinstance() 검사에 의해 정의된 클래스 계층 구조를 엄격히 따르지 않고서는 인스턴스를 제공할 수 없다.

카지노 게임 시뮬레이션을 작성해 다양한 유형의 GameStrategy를 실험해보겠다. GameStrategy는 매우 간단해서(메서드 정의가 단 네 개) GameStrategy라는 최상위 클래스를 상속받아도 실질적으로 이득이 거의 없다. 전체 최상위 클래스를 참조하지 않고 클래스를 독립적으로 정의해도 된다.

예제의 초기화에서 수행한 오류 검사를 보면, 단지 런타임 오류 검사를 통과할 목적으로 하위 클래스를 만들게 강요한다. 추상 최상위 클래스에는 상속받을 만한 코드가 없다.

덕 타이핑의 가장 큰 이슈 하나가 수 타입이다. 수 타입에 따라 동작하는 맥락이 서로 다르다. 인자 타입을 검증하다가 알맞은 수 타입인데도 제대로 동작하지 못하게 막기도 한다. 파이썬에서 검증하는 방법은 다음 두 가지다.

- 비교적 좁은 범위의 타입 컬렉션을 허용하도록 검증한다. 제대로 동작했을 새 타입까지 금지하기 때문에 언젠가 코드가 고장난다.

- 넓은 범위의 타입 컬렉션을 허용하도록 되도록 검증하지 않는다. 제대로 동작하지 않는 타입이 허용되므로 언젠가 코드가 고장난다.

언젠가 코드가 고장난다는 점에서 본질적으로 둘은 같다. 적절한 타입인데도 쓰이지 못해서 고장나거나 정말 말도 안 되는 타입이 쓰여서 고장난다.

TIP

> **전부 허용하자**
> 사용할 수 있는 모든 데이터 타입을 허용하는 것이 일반적으로 더 나은 파이썬 스타일이다. 5장에서 다시 살펴보겠다.

여기서 질문 한 가지, 미래의 유스 케이스를 제한하는 런타임 타입 검사를 왜 넣어야 할까?

미래의 유스 케이스를 제한할 마땅한 이유가 없다면 런타임 타입 검사를 하지 말자.

합당하지만 예상하기 어려운 유스 케이스를 제한하기보다는, 타입 힌트를 제공해서 mypy로 힌트를 평가하자. 물론 여기에 단위 테스트와 디버깅, 로깅, 문서화까지 더해지면 처리할 타입의 제약 사항을 이해하는 데 유용하다.

몇몇 예제를 제외하고는 이 책의 모든 예제에 타입 힌트를 넣어 어떤 타입 값을 예상하고 생성하는지 보였다. mypy 유틸리티를 실행해 정의대로 쓰였는지 확인할 수 있다. 표준 라이브러리에도 대량의 타입 힌트가 있으나 모든 패키지마다 완벽하게 힌트가 제공되는 것은 아니다. 12장에서 사용할 SQLAlchemy 패키지 역시 완벽한 타입 힌트는 제공하지 않는다.

초기화, 캡슐화, 프라이버시

프라이버시에 대한 파이썬의 일반적인 정책은 한 문장으로 요약된다. 우리는 모두 성인이다.

객체지향 디자인은 인터페이스와 구현을 명확히 구분한다. 캡슐화 개념을 적용한 결과다. 클래스는 데이터 구조와 알고리듬, 외부 인터페이스, 기타 의미 있는 요소를 캡슐화한다. 캡슐을 사용해 클래스 기반 인터페이스를 상세 구현과 분리하는 방식이다.

하지만 어떤 프로그래밍 언어도 디자인의 미묘한 차이를 완벽히 표현해내지 못한다. 전형적으로 파이썬은 디자인 고려 사항 일체를 명시적인 코드로 구현하지 않는다.

코드로 완벽하게 재현할 수 없는 클래스 디자인 중 하나가 프라이빗^{private}(구현)과 퍼블릭^{public}(인터페이스) 메서드 간 혹은 객체의 속성 간 차이다. 이러한 속성이나 메서드를 지원하는 언어(가령 C++와 자바)에서는 프라이버시^{privacy}라는 개념부터가 이미 꽤 복잡하다. 이러한 언어에는 프라이빗, 프로텍티드, 퍼블릭 그리고 일종의 절반짜리 프라이빗인 '명시되지 않음' 같은 설정이 들어 있다. private 키워드는 종종 부정확하게 쓰여서 하위 클래스 정의를 쓸데없이 어렵게 만들곤 한다.

파이썬에서 프라이버시 개념은 다음과 같이 단순하다.

- 속성과 메서드는 기본적으로 모두 퍼블릭이다. 소스 코드를 사용할 수 있다. 우리는 모두 성인이다. 무엇도 완벽히 숨길 수 없다.

- 관례상 특정 이름은 덜 퍼블릭하게 취급한다. 보통은 예고 없이 바뀌는 상세 구현이 대상이지만 공식적으로 프라이빗 개념은 없다.

_로 시작하는 이름을 파이썬 일각에서는 덜 퍼블릭하게 여긴다. help() 함수는 일반적으로 이러한 메서드를 무시한다. 스핑크스^{Sphinx} 같은 도구는 설명서에서 이러한 이름을 뺀다.

파이썬 내부에 쓰이는 이름은 앞뒤에 종종 dunder라고 부르는 밑줄 두 개(_ _)가 붙는다. 그래서 __init__()을 dunder init이라고 부른다. _ _의 역할은 파이썬 내부와 다른 애플리케이션 기능이 충돌하지 못하게 막는 것이다. 내부 이름 컬렉션은 모두 언어 레퍼런스에서 정의한다. 게다가 사용자의 코드에서 정말 프라이빗한 속성이나 메서드를 생성하기 위해 _ _를 쓴다 해도 달리 이점이 없다. 새 파이썬 배포판에서 내부적으로 그 이름을 쓰기 시작할 수 있으니 잠재적 문제만 키울 뿐이다. 또한 이 이름에 해당하는 내부 이름 맹글링^{mangling}과 충돌하기 쉽다.

파이썬에서는 이름의 가시성을 위해 다음과 같은 규칙을 사용한다.

- 대부분의 이름은 퍼블릭이다.

- _로 시작하는 이름은 다소 덜 퍼블릭하다. 실제로 바뀔 수 있는 상세 구현에만 사용하자.

- _ _로 시작해서 끝나는 이름은 파이썬 내부에서 사용한다. 이렇게 만들지 말고 언어 레퍼런스에 정의된 이름만 사용하자.

일반적으로 파이썬은 메서드(또는 속성)의 의도를 설명할 때 문서화와 적절한 이름을 사용한다. 인터페이스 메서드는 되도록이면 doctest 예제를 포함시켜 자세히 문서화하는 반면, 구현 메서드는 더욱 축약된 형태로 문서화하고 doctest 예제를 포함하지 않을 수 있다.

파이썬을 처음 접하는 프로그래머는 프라이버시가 보다 널리 구현되지 않는다는 사실에 이따금 놀란다. 파이썬에 익숙한 프로그래머는 메서드명과 설명서만으로 의도가 명확히 전달되는 데 크게 유용하지도 않은 프라이빗과 퍼블릭 선언을 처리하느라 골머리를 앓는 데에 놀란다.

⠿ 요약

2장에서는 다양한 __init__() 메서드 디자인 방법을 알아봤다. __init__() 메서드는 객체를 생성하는 방법으로서 객체의 최초 상태를 설정한다.

모든 파이썬 객체가 어떻게 공통 부모인 object 클래스의 하위 클래스인지, object 클래스의 기본 __init__ 메서드가 어떻게 동작하는지 살폈다. 이러한 고려는 __init__() 메서드를 사용하는 두 가지 디자인 전략으로 이어진다.

- 계층 구조 내 모든 하위 클래스에 공통 __init__() 메서드를 정의할 수 있다. 객체를 올바르게 초기화하려면 __init__() 메서드와 별개로 팩토리함수를 사용해야 한다.

- 복잡한 계층 구조의 개개 하위 클래스에 __init__() 메서드를 넣을 수 있다. 이로써 클래스 디자인이 바뀐다.

개별 객체 생성에 대해 알아본 후 복합 객체 생성 방법을 살펴봤다. 여러 클래스의 __init__() 메서드를 다양하게 연관시켜 사용하는 방법을 다뤘다. 좀 더 고급 주제는 정교한 초기화를 요하지 않는 상태가 없는 객체 정의, 클래스단 ^(혹은 정적) 초기화 사용, 유효하지 않은 객체를 생성하기 전에 값 검증하는 방법이었다.

3장에서는 스페셜 메서드를 비롯해 몇 가지 고급 스페셜 메서드를 함께 다룬다.

03

매끄러운 통합: 기초 스페셜 메서드

사용자 클래스와 파이썬 내장 클래스를 매끄럽게 통합시켜주는 스페셜 메서드가 많다. 파이썬 표준 라이브러리에서는 이를 기초basic 스페셜 메서드라 부른다. 기본foundational 이나 필수essential 같은 용어가 더 맞을지도 모르겠다. 스페셜 메서드는 다른 파이썬 기능과 매끄럽게 통합되는 클래스를 만드는 기반이다.

주어진 객체 값을 문자열로 표현해야 한다고 가정하자. 기반 클래스인 object는 객체의 문자열 표현을 제공하는 __repr__()과 __str__()을 기본적으로 구현한다. 안타깝게도 이러한 기본 표현은 충분한 정보를 제공하지 못한다. 따라서 대부분의 경우 기본 정의 중 하나 혹은 둘 모두를 오버라이딩한다. 이외에도 용도는 비슷하나 훨씬 더 정교한 __format__()도 살펴보겠다.

다른 변환, 특히 __hash__()와 __bool__(), __bytes__()도 관찰한다. 이러한 메서드는 객체를 수, 참/거짓 값, 바이트 문자열로 변환한다. 가령 __bool__()을 구현하면 다음과 같이 if문 안에서 객체 x를 사용할 수 있다.

```
if x:
```

위 코드는 bool() 함수를 암묵적으로 사용하며, bool() 함수는 객체의 __bool__() 스페셜 메서드 구현을 따른다.

이어서 __lt__()와 __le__(), __eq__(), __ne__(), __gt__(), __ge__() 비교 연산자를 구현하는 스페셜 메서드를 알아본다.

이러한 기초 스페셜 메서드는 거의 모든 클래스 정의에 쓰인다.

마지막으로 유스 케이스가 상당히 복잡한 __new__()와 __del__() 메서드도 살펴보겠다. 두 메서드는 다른 기초 스페셜 메서드에 비해 자주 쓰이지 않는다.

간단한 클래스 정의를 확장해 스페셜 메서드를 추가하는 법도 자세히 알아본다. object 로부터 상속받는 두 가지 기본 동작을 알아야 어떤 오버라이딩이 필요하고 언제 필요한지 파악할 수 있다.

3장에서 다룰 주제는 다음과 같다.

- __repr__()과 __str__() 메서드

- __format__() 메서드

- __hash__() 메서드

- __bool__() 메서드

- __bytes__() 메서드

- comparison 연산자 메서드

- __del__() 메서드

- __new__() 메서드와 불변 객체

- __new__() 메서드와 메타클래스

⠿ 기술 요구 사항

3장의 코드 파일은 https://git.io/fj2UE에 있다.

⁛ __repr__()과 __str__() 메서드

파이썬은 두 가지 객체 문자열 표현을 지원한다. 내장함수인 repr()과 str(), print(), string.format() 메서드와 관련이 깊다.

- 일반적으로 객체의 str() 메서드 표현은 사람이 읽기 쉽다. 객체의 __str__() 메서드로부터 생성된다.

- repr() 메서드 표현은 더욱 기술적인, 객체 재생성이 가능한 완전한 파이썬 표현이라 할 수 있다. 파이썬 설명서(https://docs.python.org/3/reference/datamodel.html?highlight=__del__#object.__repr__)에서는 __repr__() 메서드를 다음과 같이 설명한다.

  > "(적절한 환경하에) 같은 값으로 객체를 다시 생성하는 데 쓰일 수 있는 유효한 파이썬 표현식 형태여야 한다."

- 객체의 __repr__() 메서드로부터 생성된다.

- print() 함수는 일반적으로 str()을 사용해 객체를 출력한다.

- 문자열의 format() 메서드도 위 메서드들에 접근할 수 있다. {x:d}이라는 문자열 포매팅을 사용하면 객체 x의 __format__() 메서드에 "d"를 매개변수로 제공한다는 뜻이다. {x!r}이나 {x!s} 포매팅을 사용하면 각각 __repr__()과 __str__()을 요청한다.

기본 구현부터 살펴보자. 다음은 간단한 클래스 계층 구조다.

```
class Card:

    def __init__(self, rank: str, suit: str) -> None:
        self.suit = suit
        self.rank = rank
        self.hard, self.soft = self._points()

    def _points(self) -> Tuple[int, int]:
        return int(self.rank), int(self.rank)
```

```
class AceCard(Card):

  def _points(self) -> Tuple[int, int]:
    return 1, 11

class FaceCard(Card):

  def _points(self) -> Tuple[int, int]:
    return 10, 10
```

각각 네 개의 속성을 갖는 세 개의 클래스를 정의했다.

위 클래스 중 하나로 생성한 객체와의 인터랙션을 살펴보자.

```
>>> x = Card('2','♠')
>>> str(x)
'<__main__.Card object at 0x1078d4518>'
>>> repr(x)
'<__main__.Card object at 0x1078d4518>'
>>> print(x)
<__main__.Card object at 0x1078d4518>
```

보다시피 __str__()과 __repr__()의 기본 구현으로는 정보가 충분하지 않다.

__str__()과 __repr__()을 오버라이딩할 때는 크게 다음 두 디자인 케이스를 고려하자.

- **단순 객체**: 단순 객체는 다른 객체들의 컬렉션을 포함하지 않으며, 일반적으로 아주 복잡한 포매팅도 포함하지 않는다.

- **컬렉션 객체**: 컬렉션을 포함하는 객체는 좀 더 복잡한 포매팅을 포함한다.

단순 __str__()과 __repr__()

앞서 살펴봤듯이 __str__()과 __repr__()의 출력 형태는 정보가 부족하다. 대부분 오버라이딩해야 한다. 컬렉션을 포함하지 않을 때는 다음과 같은 방식으로 __str__()과 __repr__()을 오버라이딩하자. 아래 메서드를 앞서 정의한 Card 클래스에 포함시킨다.

```
    def __repr__(self) -> str:
      return f"{self.__class__.__name__}(suit={self.suit!r},
rank={self.rank!r})"

    def __str__(self) -> str:
      return f"{self.rank}{self.suit}"
```

두 메서드는 f 문자열에 사용해 인스턴스의 값을 가져와 문자열 템플릿을 채운다. __repr__() 메서드는 클래스명과 suit, rank를 사용해 객체를 다시 만드는 데 쓰일 문자열을 생성한다. __str__() 메서드는 rank와 suit를 읽기 쉬운 형태로 표시한다.

템플릿 문자열은 두 종류의 포맷 명세를 사용한다.

- {self.__class__.__name__} 포맷 명세를 {sel.f__class__.__name__!s}로 써서 명시적으로 !s 포맷 명세를 포함시켜도 된다. 이는 기본 포맷으로서 str()으로 객체의 문자열 표현을 가져온다는 뜻이다.

- {self.suit!r}과 {self.rank!r} 명세 모두 !r 포맷을 사용해 repr() 함수로 속성값의 표현을 얻는다.

컬렉션 __str__()과 __repr__()

컬렉션을 포함하면 컬렉션 내 각 항목뿐만 아니라 항목들의 컨테이너도 포매팅해야 한다. 다음은 __str__()과 __repr__() 메서드를 모두 포함하는 단순 컬렉션이다.

```
class Hand:

    def __init__(self, dealer_card: Card, *cards: Card) -> None:
      self.dealer_card = dealer_card
      self.cards = list(cards)

    def __str__(self) -> str:
      return ", ".join(map(str, self.cards))
```

```
    def __repr__(self) -> str:
        cards_text = ', '.join(map(repr, self.cards))
        return f"{self.__class__.__name__}({self.dealer_card!r},
    {cards_text})"
```

__str__() 메서드는 전형적으로 아래처럼 컬렉션 내 항목에 str()을 적용한다.

1. str()을 컬렉션 내 각 항목과 매핑한다. 이로써 결과 문자열 값에 대한 반복자^{iterator}가 생성된다.

2. ", ".join()을 사용해 모든 항목 문자열을 하나의 긴 문자열로 병합한다.

__repr__() 메서드도 비슷하게 아래처럼 컬렉션 내 항목에 repr()을 적용한다.

1. repr()을 컬렉션 내 각 항목과 매핑한다. 결과 문자열 값에 대한 반복자가 생성된다.

2. ", ".join()을 사용해 모든 항목 문자열을 병합한다.

3. f"{self.__class__.__name__}({self.dealer_card!r}, {cards_text})"을 사용해 클래스명과 딜러 카드, 긴 문자열 항목 값을 하나로 합친다. 이 포맷은 dealer_card 속성에도 repr() 변환이 쓰이도록 !r 포매팅을 사용한다.

복잡한 객체의 표현을 생성할 때는 반드시 __str__()에서는 str()을, __repr__()에서는 repr()을 사용해야 한다. 이 단순한 일관성이 여러 계층으로 중첩된 매우 복잡한 객체가 일관된 문자열 결괏값을 갖도록 보장한다.

⸭ __format__() 메서드

__format__() 메서드는 f 문자열과 str.format() 그리고 format() 내장함수에 쓰인다. 세 인터페이스 모두 주어진 객체의 문자열 표현을 생성한다.

다음은 someobject 객체의 __format__() 메서드에 인자를 전달하는 두 가지 방법이다.

- someobject.__format__(""): 애플리케이션이 f"{someobject}" 같은 문자열이나 format(someobject) 같은 함수, "{0}".format(someobject) 같은 문자열 포매팅 메서드를 사용할 때 쓰인다. 포맷 명세에 콜론(:)이 없으므로 길이가 0인 기본 문자열이 인자값으로 제공된다. 이로써 기본 포맷이 생성된다.

- someobject.__format__(spec): 애플리케이션이 f"{someobject:spec}" 같은 문자열이나 format(someobject, spec) 같은 함수, "{0:spec}".format(someobject)와 동일한 작업을 할 때 쓰인다.

!r이 들어간 f 문자열 f"{item!r}"이나 "{0!r}".format(item) 포맷 메서드는 객체의 __format__() 메서드를 사용하지 않는다. ! 뒷부분은 변환 명세conversion specification이다.

변환 명세 !r은 일반적으로 객체의 __repr__() 메서드에 구현된 repr() 함수를 사용한다. 비슷하게 변환 명세 !s는 __str__() 메서드에 구현된 str() 함수를 사용한다. 변환 명세 !a는 ascii() 함수를 사용한다. ascii() 함수는 일반적으로 __repr__() 메서드에 의존해 내부 표현을 제공한다.

명세가 ""일 경우 타당한 구현은 return str(self)다. 그래야 다양한 객체 문자열 표현에 분명한 일관성이 생긴다.

__format__()에 인자값으로 제공되는 포맷 명세는 원래 포맷 문자열에서 ":" 이후에 나오는 텍스트다. 예를 들어 f"{value:06.4f}"에서 06.4f는 포매팅할 문자열에서 value에 적용되는 포맷 명세다.

파이썬 언어 참조Python Language Reference 2.4.3절을 보면 포매팅 문자열(f 문자열)을 미니 언어로 정의한다. 각 포맷 명세는 다음의 문법을 따른다.

```
[[fill]align][sign][#][0][width][grouping_option][.precision][type]
```

이렇게 복잡한 표준 명세를 다음 코드처럼 정규식RE, Regular Expression으로 파싱할 수 있다.

```
re.compile(
```

```
r"(?P<fill_align>.?[\<\>=\^])?"
r"(?P<sign>[-+ ])?"
r"(?P<alt>#)?"
r"(?P<padding>0)?"
r"(?P<width>\d*)"
r"(?P<grouping_option>,)?"
r"(?P<precision>\.\d*)?"
r"(?P<type>[bcdeEfFgGnosxX%])?)")
```

위 정규식은 명세를 8개의 그룹으로 나눈다. 첫 번째 그룹은 원래 명세의 fill과 align 필드를 포함한다. 이러한 그룹을 사용해 정의했던 클래스의 속성에 맞는 포매팅을 알아낼 수 있다.

하지만 이렇게 광범위한 포맷 명세 미니 언어는 정의한 클래스에 잘 적용되지 않을 수 있다. 따라서 포맷 명세 미니 언어를 정의한 후 맞춤화된 __format__() 메서드로 처리해야 한다.

문자 %r로 랭크^{rank}를 보여주고, 문자 %s로 Card 클래스 인스턴스의 스위트^{suit}를 보여주는 평범한 언어를 예로 살펴보자. %% 문자는 결과 문자열에서 %가 된다. 다른 모든 문자는 문자 그대로 반복된다.

다음은 포매팅을 넣어 Card 클래스를 확장한 코드다.

```python
def __format__(self, format_spec: str) -> str:
    if format_spec == "":
        return str(self)
    rs= (
        format_spec.replace("%r", self.rank)
                   .replace("%s", self.suit)
                   .replace("%%", "%")
    )
    return rs
```

위 정의는 포맷 명세를 확인한다. 명세가 없으면 str() 함수가 쓰인다. 명세가 있으면 포맷 명세에서 랭크와 스위트, % 문자로 바꾸는 일련의 치환을 수행해 출력 문자열을 만든다.

위 함수를 사용해 다음과 같이 카드를 포매팅할 수 있다.

```
print( "Dealer Has {0:%r of %s}".format( hand.dealer_card) )
```

("%r of %s") 포맷 명세는 앞서 정의한 __format__() 메서드에 format 매개변수로 전달된다. 이로써 정의한 클래스의 객체를 표현할 일관된 인터페이스가 마련된다.

또는 다음과 같이 정의할 수 있다.

```
default_format = "some specification"
def __str__(self) -> str:
  return self.__format__(self.default_format)
def __format__(self, format_spec: str) -> str:
  if format_spec == "":
    format_spec = self.default_format
  # format_spec을 사용해 처리한다.
```

이렇게 하면 문자열 표현을 __format__()과 __str__()에 모두 보낼 필요 없이 __format__() 메서드로만 보내면 된다. 한 가지 단점은 __format__()은 항상 구현하지 않아도 되지만, __str__()은 거의 항상 구현해야 한다는 것이다.

중첩 포맷 명세

string.format() 메서드는 중첩 인스턴스인 {}를 처리해 포맷 명세 내부에서 간단한 키워드 치환을 수행한다. 정의한 클래스의 __format__() 메서드에 넘길 최종 포맷 문자열을 생성하기 위해서다. 이러한 중첩 치환은 제네릭 명세를 매개변수화해서 비교적 복잡한 숫자 포매팅 유형을 간소화해준다.

다음 예제를 보면 format 매개변수에서 width를 쉽게 바꿀 수 있다.

```
width=6
for hand, count in statistics.items():
  print(f"{hand} {count:{width}d}")
```

f"{hand} {count:{width}d}"라는 제네릭 포맷을 정의했고 최종 포맷 명세를 생성하려면 width 매개변수를 채워야 한다. 예제에서 width는 6이므로 최종 포맷은 f"{hand} {count:6d}"다. 확장된 포맷 문자열인 "6d"는 기저 객체의 __format__() 메서드에 명세로 전달된다.

컬렉션과 포맷 명세 위임

컬렉션을 포함하는 복잡한 객체를 포매팅할 때는 전체 객체를 포매팅하는 방법과 컬렉션 내 항목을 포매팅하는 방법, 두 가지 이슈를 모두 다뤄야 한다. 예를 들어 Hand는 개개 Card 객체들의 컬렉션이다. Hand 컬렉션 내 각 Card 인스턴스에 Hand의 세부 포매팅 일부를 위임해보자.

다음은 Hand에 적용되는 __format__() 메서드다.

```python
def __format__(self, spec: str) -> str:
    if spec == "":
        return str(self)
    return ", ".join(f"{c:{spec}}" for c in self.cards)
```

spec 매개변수는 Hand 컬렉션 내 각 Card 인스턴스에 쓰인다. f 문자열인 f"{c:{spec}}"은 중첩 포맷 명세 기법을 사용해 spec 문자열로 포맷을 채운다. 이로써 각 Card 인스턴스에 적용될 최종 포맷이 만들어진다.

위 메서드로 Hand 객체인 player_hand를 다음과 같이 포매팅할 수 있다.

```python
>>> d = Deck()
>>> h = Hand(d.pop(), d.pop(), d.pop())
>>> print("Player: {hand:%r%s}".format(hand=h))
Player: K♦, 9♥
```

print() 함수 안에 문자열은 Hand 객체의 format() 메서드를 사용한다. Hand 객체의 각 Card 인스턴스마다 %r%s 포맷 명세를 전달해 핸드의 각 카드에 원하는 포매팅을 제공한다.

⠿ __hash__() 메서드

hash() 내장함수는 주어진 객체의 __hash__() 메서드를 호출한다. 이때 해시는 ^{(복잡할 수 있} ^{는)} 어떤 값을 작은 정수 값으로 줄이는 연산이다. 이상적으로 해시는 소스 값의 모든 비트를 반영해야 한다. 암호화에 쓰이는 해시 계산은 주로 매우 큰 값을 생성한다.

파이썬은 두 가지 hash 라이브러리를 제공한다. 먼저 hashlib에는 암호화 수준의 해시함수가 들어 있다. zlib 모듈에는 adler32()와 crc32()라는 두 개의 고속 해시함수가 들어 있다. 보통은 이러한 라이브러리 함수를 잘 쓰지 않는다. 매우 크고 복잡한 객체를 해싱할 때만 사용한다.

hash() 함수(그리고 연관된 __hash__() 메서드)는 주로 set과 frozenset, dict 같은 컬렉션에 필요한 작은 정수 키를 생성한다. 불변immutable 객체의 해시값을 사용해 이러한 컬렉션 내에서 객체의 위치를 빠르게 찾아낸다.

앞으로 많이 언급하겠지만 핵심은 불변성immutability이다. 불변 객체는 상태가 바뀌지 않는다. 예를 들어 숫자 3은 의미 있게 상태가 변할 수 없다. 이와 유사하게 더 복잡한 객체도 불변 상태가 가능하다. 파이썬 문자열이 바로 불변이다. 그래서 매핑과 집합의 키로 쓰인다.

객체로부터 상속을 받은 기본 __hash__() 구현은 객체의 내부 ID 값을 사용해 값을 반환한다. 이 값은 id() 함수로 확인할 수 있다.

```
>>> x = object()
>>> hash(x)
269741571
>>> id(x)
4315865136
>>> id(x) / 16
269741571.0
```

위 예제의 id 값은 시스템에 따라 다르다.

예제로 알 수 있듯이 저자의 시스템에서 해시값은 객체의 id에 16을 나눈 값이다. 세부 사항은 플랫폼에 따라 다르다.

핵심은 내부 ID와 기본 __hash__() 메서드 간 밀접한 상관관계다. 즉 값이 같은 객체라도 기본적으로 각 객체를 완벽히 구별해서 해싱할 수 있다.

값이 같은 서로 다른 객체를 하나의 해시 가능한 객체로 합치려면 코드를 수정해야 한다. 이어지는 절에서 하나의 Card 인스턴스로 만든 두 인스턴스를 마치 동일한 객체처럼 다루는 예제를 살펴보겠다.

해시 선택

모든 객체가 해시값을 제공하는 것은 아니다. 특히 스테이트풀stateful 가변mutable 객체의 클래스는 절대 해시값을 반환하지 않는다. __hash__() 메서드 구현 자체가 없다.

반면 불변 객체는 객체를 딕셔너리의 키나 집합의 멤버로 쓸 수 있도록 적절하게 해시값을 반환한다. 이때 해시값은 동등 비교와 유사하게 동작해야 한다. 객체가 서로 동등한데 해시값이 달라서는 안 된다. 역으로 해시값이 같더라도 객체가 실제로 동등하지 않아도 된다. 서로 다른 객체가 우연히 해시값이 겹칠 수 있다.

동등 비교에는 다음과 같은 세 계층이 있다.

- **같은 해시값**: 두 객체가 동등할 수 있다는 뜻이다. 동등 가능성을 해시값으로 간단히 확인할 수 있다. 해시값이 다르면 두 객체는 절대 동등하지 않으며 같은 객체가 아니다.

- **동등**: 해시값까지 동등해야 한다는 뜻이다. == 연산자의 정의다. 같은 객체일 수 있다.

- **같은 ID값**: 같은 객체라는 뜻이다. 동등하고 해시값도 같다. is 연산자의 정의다.

해시 기본법FLH, Fundamental Law of Hash은 다음 두 가지로 이뤄진다.

- 동등한 객체는 해시값이 같다.

- 해시값이 같은 객체라도 실제로 별개일 수 있고 동등이 아닐 수 있다.

해시 비교는 동등 테스트의 첫 단계다. 동등 검사를 더 해야 하는지 빠르게 결정을 내릴 수 있다.

'연산자 비교' 절에서 살펴볼 __eq__() 메서드는 해싱과 관련이 깊다. 오래 걸릴 수 있는 객체 간 필드 단위 비교를 제공한다.

다음 예제는 해시값이 같은 두 숫자 값을 보여준다.

```
>>> v1 = 123_456_789
>>> v2 = 2_305_843_009_337_150_740
>>> hash(v1)
123456789
>>> hash(v2)
123456789
>>> v2 == v1
False
```

정수 v1의 실제 값과 해시값은 똑같이 123,456,789이다. 전형적인 정수 해시 모듈러스다. 정수 v2는 해시값이 같지만 실제 값이 다르다.

위와 같은 해시 충돌이 충분히 가능하다. 해시 충돌은 집합이나 딕셔너리를 생성할 때 처리해야 할 오버헤드 중 하나다. 해시값이 같은데 동등하지 않은 객체가 우연히 생겨난다.

다음 세 가지 유스 케이스에 대해 __eq__()와 __hash__() 메서드함수로 동등 비교와 해시값을 정의한다.

- **불변 객체**: 튜플^{tuple}, 네임드 튜플^{namedtuple}, 프로즌셋^{frozenset}처럼 상태가 없는 객체 유형으로 업데이트가 불가능하다. 방법은 두 가지다.

  ○ __hash__()와 __eq__() 둘 다 정의하지 않는다. 즉, 무엇도 하지 않고 상속받은 정의를 그대로 사용한다. 이때 __hash__()는 객체의 ID 값을 반환하는 함수를 반환하고, __eq__()는 ID 값을 비교한다.

  ○ __hash__()와 __eq__() 둘 다 정의한다. 불변 객체라면 둘 다 정의하는 편이 좋다.

- **가변 객체**: 스테이트풀 객체로서 내부적으로 수정 가능하다. 디자인 방법은 딱 하나다.

  ○ __eq__()를 정의하되 __hash__는 None으로 설정한다. 이렇게 하면 dict의 키나 sets의 항목으로 사용할 수 없다.

애플리케이션에서 별개의 두 객체를 동등으로 봐야 할 때는 불변 객체의 기본 동작이 적절하지 못하다. 가령 두 개의 Card(1, Clubs) 인스턴스를 동등으로 비교하고 같은 해시값으로 계산하려면 기본 동작으로는 불가능하다. 이렇게 동작하려면 __hash__()와 __eq__() 메서드를 오버라이드해야 한다.

가능한 조합이 하나 더 있다. __hash__()를 정의하고, __eq__()의 기본 정의를 사용하는 방법이다. 기본적으로 __eq__() 메서드는 is 연산자와 동등하므로 쓸데없는 코드 낭비다. 기본 __hash__() 메서드를 사용하면 더 적은 양의 코드로 똑같이 동작하게 할 수 있다.

세 가지 유스 케이스를 하나씩 자세히 알아보자.

불변 객체 정의 상속

기본 정의가 어떻게 쓰이는지 보자. 다음은 기본 __hash__()와 __eq__()의 정의를 사용하는 간단한 class 계층 구조다.

```python
class Card:
    insure= False

    def __init__(self, rank: str, suit: "Suit", hard: int, soft: int)
-> None:
        self.rank = rank
        self.suit = suit
        self.hard = hard
        self.soft = soft

    def __repr__(self) -> str:
```

```
      return f"{self.__class__.__name__}(suit={self.suit!r},
rank={self.rank!r})"

   def __str__(self) -> str:
     return f"{self.rank}{self.suit}"


class NumberCard(Card):

   def __init__(self, rank: int, suit: "Suit") -> None:
     super().__init__(str(rank), suit, rank, rank)


class AceCard(Card):
   insure = True

   def __init__(self, rank: int, suit: "Suit") -> None:
     super().__init__("A", suit, 1, 11)


class FaceCard(Card):

   def __init__(self, rank: int, suit: "Suit") -> None:
     rank_str = {11: "J", 12: "Q", 13: "K"}[rank]
     super().__init__(rank_str, suit, 10, 10)
```

위 코드는 철학적으로 불변인 객체를 위한 class 계층 구조다. 속성 업데이트를 막는 스
페셜 메서드를 구현하지 않았기 때문이다. 속성 접근은 4장에서 살펴본다. 다음은 Suit
값을 열거한 클래스 정의다.

```
from enum import Enum
class Suit(str, Enum):
   Club = "\N{BLACK CLUB SUIT}"
   Diamond = "\N{BLACK DIAMOND SUIT}"
   Heart = "\N{BLACK HEART SUIT}"
   Spade = "\N{BLACK SPADE SUIT}"
```

위 class 계층 구조가 어떻게 동작하는지 알아보자.

```
>>> c1 = AceCard(1, Suit.Club)
>>> c2 = AceCard(1, Suit.Club)
```

같은 Card 인스턴스처럼 보이는 두 인스턴스를 정의했다. 다음 코드처럼 id() 값을 확인한다.

```
>>> id(c1), id(c2)
(4492886928, 4492887208)
```

id() 값이 서로 다르니 별개의 객체다. 원하던 대로 동작하고 있다.

다음 코드처럼 is 연산자를 써도 마찬가지인지 확인해보자.

```
>>> c1 is c2
False
```

is 비교는 id() 값에 근거하니 보다시피 두 객체는 정말 별개다.

해시값이 서로 다른지도 확인하자.

```
>>> hash(c1), hash(c2)
(-9223372036575077572, 279698247)
```

해시값은 id() 값으로 생성한다. 상속받은 메서드에 원하던 동작이다. 위 구현의 경우 다음 코드처럼 id() 함수로 해시를 계산할 수 있다.

```
>>> id(c1) / 16
268911077.0
>>> id(c2) / 16
268911061.0
```

해시값이 다르니 동등하지 않다. 해시와 동등의 정의에 부합하지만, 이 클래스의 인스턴스는 다르게 동작하기를 원했다.

속성이 같은 두 객체를 생성했다. 이제 동등인지 비교하자.

```
>>> c1 == c2
False
```

속성값이 같은데 두 객체는 동등이 아니다. 어떤 애플리케이션에서는 이러한 비교가 적합하지 않다. 예를 들어 딜러 카드의 통계를 누적할 때는 시뮬레이션에서 6개짜리 덱 슈를 사용했다고 하더라도 한 카드를 여섯 번 세지 않는다.

예제의 객체는 적절한 불변 객체다. 다음 예제처럼 이 객체를 집합에 넣을 수 있다.

```
>>> set([c1, c2])
{AceCard(suit=<Suit.Club: '♣'>, rank='A'), AceCard(suit=<Suit.Club:
'♣'>, rank='A')}
```

위는 표준 라이브러리 참조^{Standard Library Reference} 설명서에 나오는 동작 방식이다. 기본적으로 객체의 ID에 기반을 둔 __hash__() 메서드를 상속받으므로 각 인스턴스는 고유하다. 하지만 사용자는 다른 동작을 원할 수 있다.

불변 객체 정의 오버라이딩

다음은 __hash__()와 __eq__()를 정의한 간단한 클래스 계층 구조다.

```
import sys
class Card2:
  insure= False

  def __init__(self, rank: str, suit: "Suit", hard: int, soft: int)
-> None:
    self.rank= rank
    self.suit= suit
    self.hard= hard
    self.soft= soft

  def __repr__(self) -> str:
```

```
        return f"{self.__class__.__name__}(suit={self.suit!r},
rank={self.rank!r})"

    def __str__(self) -> str:
        return f"{self.rank}{self.suit}"

    def __eq__(self, other: Any) -> bool:
        return (
            self.suit == cast(Card2, other).suit
            and self.rank == cast(Card2, other).rank
        )

    def __hash__(self) -> int:
        return (hash(self.suit) + 4*hash(self.rank)) %
sys.hash_info.modulus

class AceCard2(Card2):
    insure = True

    def __init__(self, rank: int, suit: "Suit") -> None:
        super().__init__("A", suit, 1, 11)
```

위 객체는 이론상 불변이다. 불변 객체로 만드는 정해진 메커니즘은 없다. 속성값 변경을 막는 방법은 4장에서 알아본다.

또한 이전 예제와 크게 다르지 않은 하위 클래스인 FaceCard와 NumberCard는 생략했다.

__eq__() 메서드의 타입 힌트는 어떤 클래스의 객체와도 비교할 수 있으며 그 결과로 bool을 반환함을 보여준다. 구현에서는 cast() 함수를 사용해 other의 값이 항상 Card2의 인스턴스일 것이라는 힌트를 mypy에 제공하고, 아닐 경우 런타임 타입 오류가 발생한다. 이 함수에서는 필수 값인 suit와 rank를 비교한다. 하드와 소프트 점수는 rank로 알 수 있으니 비교하지 않아도 된다.

위 정의는 블랙잭 규칙에 다소 어긋난다. 사실 블랙잭에서 스위트는 중요하지 않다. 랭크만 비교해야 할까? 랭크만 비교하는 메서드를 추가로 정의해야 할까? 아니면 랭크를 올바르게 비교하는 애플리케이션이 필요할까? 정답은 없다. 디자인 트레이드오프만 있을 뿐이다.

__hash__() 메서드함수는 두 가지 필수 속성으로부터 고유한 값 패턴을 계산해낸다. 이 계산은 랭크와 스위트의 해시값을 사용한다. 랭크는 최상위 비트most significant bit를 차지하고 스위트는 최하위 비트least significant bit가 된다. 이는 카드가 정렬되는 방식, 즉 랭크가 스위트보다 더 중요한 규칙과 유사하다. 해시값은 sys.hash_info.modulus 값을 모듈러스로 사용해 계산해야 한다.

이제 예제 클래스들의 객체가 어떻게 동작하는지 보자. 객체는 동등해야 하며 집합과 딕셔너리에서 올바르게 동작해야 한다. 다음과 같은 두 객체가 있다.

```
>>> c1 = AceCard2(1, '♣')
>>> c2 = AceCard2(1, '♣')
```

같은 카드처럼 보이는 두 인스턴스를 정의했다. ID 값을 확인하면 별개의 객체인지 확실히 알 수 있다.

```
>>> id(c1), id(c2)
(4302577040, 4302577296)
>>> c1 is c2
False
```

id() 값이 서로 다르다. is 연산자로 비교해보니 별개의 객체다. 지금까지는 예상대로 동작하고 있다.

해시값을 비교해보자.

```
>>> hash(c1), hash(c2)
 (1259258073890, 1259258073890)
```

해시값이 동일하다. 동등할 수 있다는 뜻이다.

동등 연산자는 두 객체가 정말로 동등한지 보여준다.

```
>>> c1 == c2
True
```

위 객체에는 해시값이 있으므로 다음과 같이 집합 안에 넣을 수 있다.

```
>>> set([c1, c2])
{AceCard2(suit=<Suit.Club: '♣'>, rank='A')}
```

두 객체의 해시값이 같고 동등하므로 둘 다 같은 객체를 참조하는 것처럼 보인다. 둘 중하나만 집합에 들어간다. 이는 복합 불변 객체에 기대했던 동작과 정확히 일치한다. 두스페셜 메서드를 모두 오버라이딩해야 일관되고 유의미한 결과를 얻는다.

가변 객체 정의 오버라이딩

이어지는 예제에서도 계속해서 Cards 클래스를 사용하겠다. 가변 카드라는 개념은 다소어색하고, 어쩌면 잘못된 것일 수도 있다. 그래도 앞선 예제를 조금만 바꿔보자.

다음은 가변 객체에 어울리도록 __hash__()와 __eq__()를 정의한 간단한 클래스 계층구조다.

```
class Card3:
  insure= False

  def __init__(self, rank: str, suit: "Suit", hard: int, soft: int)
-> None:
    self.rank = rank
    self.suit = suit
    self.hard = hard
    self.soft = soft

  def __repr__(self) -> str:
    return f"{self.__class__.__name__}(suit={self.suit!r},
rank={self.rank!r})"

  def __str__(self) -> str:
    return f"{self.rank}{self.suit}"

  def __eq__(self, other: Any) -> bool:
    return (
```

```
    self.suit == cast(Card3, other).suit
    and self.rank == cast(Card3, other).rank
)
```

Card3 클래스의 하위 클래스 하나를 예로 들어보겠다.

```
class AceCard3(Card3):
    insure = True

    def __init__(self, rank: int, suit: "Suit") -> None:
        super().__init__("A", suit, 1, 11)
```

위 클래스들의 객체가 어떻게 동작하는지 알아보자. 객체는 서로 동등해야 하지만 집합 과 딕셔너리에는 쓰일 수 없어야 한다. 다음처럼 두 객체를 생성하자.

```
>>> c1 = AceCard3(1, '♣')
>>> c2 = AceCard3(1, '♣')
```

같은 카드처럼 보이는 두 인스턴스를 정의했다.

ID 값을 확인해서 정말 별개의 인스턴스인지 확인하자.

```
>>> id(c1), id(c2)
(4302577040, 4302577296)
```

예상대로다. 해시값이 나오는지 보자.

```
>>> hash(c1), hash(c2)
Traceback (most recent call last):
  File "<stdin>", line 1, in <module>
TypeError: unhashable type: 'AceCard3'
```

Card3 객체는 해싱할 수 없다. hash() 함수에 값을 제공하지 않는다. 원하던 동작이다. 하지만 다음 코드처럼 동등 비교는 가능하다.

```
>>> c1 == c2
True
```

동등 비교가 올바르게 동작하니 카드를 비교할 수 있다. 다만 집합에 삽입하거나 딕셔너리의 키로는 사용할 수 없다.

집합에 넣으려 하면 다음처럼 된다.

```
>>> set([c1, c2])
Traceback (most recent call last):
  File "<stdin>", line 1, in <module>
TypeError: unhashable type: 'AceCard3'
```

적절한 예외가 발생했다.

물론 위 정의는 카드처럼 현실적으로 불변인 객체에는 적절하지 않다. 핸드의 내용이 항상 변하는 Hand처럼 스테이트풀 객체에 더 적절하다. 다음 절에서 스테이트풀 객체의 또 다른 예를 알아보겠다.

가변 핸드로부터 프로즌 핸드 생성

특정 Hand 인스턴스의 통계 분석을 수행하고 싶을 때 Hand 인스턴스와 개수를 매핑하는 딕셔너리를 생성하고 싶을 수 있다. 가변 클래스인 Hand는 매핑의 키로 사용할 수 없다. 대신 set과 frozenset의 디자인을 병렬화해서 Hand와 FrozenHand라는 두 클래스를 생성할 수 있다. 이렇게 하면 FrozenHand를 통해 Hand 클래스를 프리즈freeze할 수 있다. 프로즌 버전은 불변이며, 딕셔너리에서 키로 사용할 수 있다.

다음은 간단한 Hand 정의다.

```
class Hand:

  def __init__(self, dealer_card: Card2, *cards: Card2) -> None:
    self.dealer_card = dealer_card
```

```
    self.cards = list(cards)

  def __str__(self) -> str:
    return ", ".join(map(str, self.cards))

  def __repr__(self) -> str:
    cards_text = ", ".join(map(repr, self.cards))
    return f"{self.__class__.__name__}({self.dealer_card!r},
{cards_text})"

  def __format__(self, spec: str) -> str:
    if spec == "":
      return str(self)
    return ", ".join(f"{c:{spec}}" for c in self.cards)

  def __eq__(self, other: Any) -> bool:
    if isinstance(other, int):
      return self.total() == cast(int, other)
    try:
      return (
        self.cards == cast(Hand, other).cards
        and self.dealer_card == cast(Hand, other).dealer_card
      )
    except AttributeError:
      return NotImplemented
```

가변 객체이므로 해시값을 계산하지 않고 집합이나 딕셔너리 키로 쓸 수 없다. 적절한
동등 비교로 두 핸드를 비교한다. 앞선 예제들처럼 __eq__() 메서드의 매개변수에 Any라
는 타입 힌트가 있으며 무엇도 하지 않는 cast() 함수는 mypy 프로그램에게 인자값이
항상 Hand 인스턴스일 것임을 알린다. 다음은 프로즌 버전의 Hand다.

```
import sys

class FrozenHand(Hand):

  def __init__(self, *args, **kw) -> None:
    if len(args) == 1 and isinstance(args[0], Hand):
      # 핸드 복제
      other = cast(Hand, args[0])
      self.dealer_card = other.dealer_card
```

```
        self.cards = other.cards
    else:
        # Card 인스턴스로 새로운 Hand 생성
        super().__init__(*args, **kw)

def __hash__(self) -> int:
    return sum(hash(c) for c in self.cards) % sys.hash_info.modulus
```

프로즌 버전에는 한 Hand 클래스를 또 다른 Hand 클래스로부터 생성하는 생성자가 있다.
sys.hash_info.modulus 값으로 한정해 해시값을 합하는 __hash__() 메서드도 정의했다.
대개 이 같은 모듈러스 기반 계산은 복합 객체의 해시를 계산할 때 상당히 잘 동작한다.
다음 코드처럼 위 클래스를 연산에 사용할 수 있다.

```
from collections import defaultdict
stats = defaultdict(int)

d = Deck()
h = Hand(d.pop(), d.pop(), d.pop())
h_f = FrozenHand(h)
stats[h_f] += 1
```

통계 딕셔너리인 stats를 정수의 개수를 모을 수 있는 defaultdict 딕셔너리로 초기화
했다. colletions.Counter 객체를 써도 된다.

Hand 클래스의 인스턴스를 동결했으니 해시를 계산하고 딕셔너리의 키로 사용할 수
있다. 이렇게 하면 실제로 배분된 각 핸드의 개수를 모으는 defaultdict를 생성하기
쉽다.

⁞⁞ __bool__() 메서드

파이썬에서는 거짓^{falsity}을 상세하게 정의한다. 참조 매뉴얼에 보면 False와 동등한 값이
매우 많다. False, 0, '', (), [], {} 등이다. 이 목록에 없는 객체는 True와 동등하다고
본다.

주로 다음과 같은 간단한 명령문으로 객체가 비어 있지 않은지[not empty] 확인한다.

```
if some_object:
    process(some_object)
```

내부적으로 이는 내장함수인 bool()의 역할이다. bool() 함수는 주어진 객체의 __bool__() 메서드를 사용한다.

기본 __bool__() 메서드는 True를 반환한다. 다음 코드로 알 수 있다.

```
>>> x = object()
>>> bool(x)
True
```

이러한 동작은 대부분의 클래스에서 전적으로 타당하다. 대부분의 객체는 False로 보지 않는다. 하지만 컬렉션이라면 이러한 기본 동작이 적절치 않다. 빈 컬렉션은 False와 동등해야 한다. 비어 있지 않은 컬렉션은 True를 반환해야 한다. Deck 객체에 이러한 기능을 하는 메서드를 추가해보자.

리스트 래핑을 포함하는 컬렉션 구현이라면 아마 다음 코드와 같을 것이다.

```
def __bool__(self):
    return bool(self._cards)
```

위 함수는 불리언 함수에게 내부 self._cards 컬렉션을 위임한다.

리스트를 확장했다면 다음과 같을 것이다.

```
def __bool__(self):
    return super().__bool__(self)
```

위 함수는 __bool__() 함수의 최상위 클래스 정의에 위임한다.

두 경우 모두 불리언 비교를 명시적으로 위임한다. 래핑 예에서는 컬렉션에 위임한다.

확장 예에서는 최상위 클래스에 위임한다. 래핑이든 확장이든 빈 컬렉션은 False다. 이러한 방법으로 Deck 객체를 완전히 배분해서 비어 있는지 확인할 수 있다.

다음 코드처럼 할 수도 있다.

```
d = Deck()
while d:
  card= d.pop()
  # 카드를 처리한다.
```

위 루프는 덱이 비었을 때 IndexError 예외를 일으키지 않고 카드를 처리한다.

⁂ __bytes__() 메서드

객체를 바이트로 변환해야 하는 경우는 비교적 드물다. 바이트 표현은 지속적 저장이나 전송을 위해 객체를 직렬화할 때 쓰인다. 10장에서 14장까지 이 내용을 자세히 살펴본다.

대부분의 일반적인 상황에서 애플리케이션은 문자열 표현을 생성할 수 있고, 파이썬 IO 클래스의 내장 인코딩 기능으로 문자열을 바이트로 바꿀 수 있다. 대부분의 상황에서 완벽하게 동작하는 방식이다. 큰 예외는 새로운 종류의 문자열을 정의할 때다. 이때는 문자열의 인코딩을 정의해야 한다.

bytes() 함수는 인자에 따라 기능이 다양하다.

- bytes(integer): 주어진 수를 0x00 값으로 표현한 불변 바이트 객체를 반환한다.

- bytes(string): 주어진 문자열을 바이트로 인코딩한다. 인코딩과 오류 처리 매개변수를 추가해 인코딩 프로세스를 상세히 정의한다.

- bytes(something): something.__bytes__()를 호출해 바이트 객체를 생성한다. 오류 인자 인코딩은 사용하지 않는다.

기반 클래스인 object는 __bytes__()를 정의하지 않는다. 즉 예제에서 정의한 클래스는 기본적으로 __bytes__() 메서드를 제공하지 않는다.

예외적으로 파일에 쓰기 전에 직접 바이트로 인코딩해야 하는 객체가 있을 수 있다. 문자열이면 인코딩이 보통 더 간단하고 str 타입이면 바이트를 만들 수 있다. 바이트를 다룰 때는 파일이나 인터페이스로부터 쉽게 바이트로 디코딩할 수 없음을 기억하자. 내장 bytes 클래스는 문자열만 디코딩하며, 예제에서 새롭게 정의한 고유한 객체는 디코딩하지 못한다. 즉 바이트로부터 디코딩된 문자열을 파싱해야 한다. 혹은 struct 모듈을 사용해 명시적으로 바이트를 파싱한 후 이 값으로 고유한 객체를 생성해야 한다.

Card2 인스턴스를 바이트로 인코딩하고 디코딩하는 방법을 알아보자. 카드 값이 52개뿐이므로 각 카드를 한 바이트에 넣을 수 있다. 하지만 suit를 나타내는 문자 하나와 rank를 나타내는 문자 하나도 써야 한다. 또한 다음을 추가적으로 인코딩하려면 Card2의 하위 클래스를 적절히 다시 만들어야 한다.

- Card2의 하위 클래스(AceCard2, NumberCard2, FaceCard2)

- 하위 클래스에서 정의한 __init__() 메서드의 매개변수

새로 정의한 __init__() 메서드는 숫자로 된 랭크를 문자열로 변환하고 원래의 숫자 값은 버린다. 역으로 바이트 인코딩이 목적이라면 원래의 숫자 랭크 값을 다시 생성해야 한다.

다음의 __bytes__() 구현은 Card2 하위 클래스의 이름과 rank, suit를 utf-8로 인코딩해서 반환한다.

```
def __bytes__(self) -> bytes:
  class_code = self.__class__.__name__[0]
  rank_number_str = {"A": "1", "J": "11", "Q": "12", "K": "13"}.get(
    self.rank, self.rank
  )
  string = f"({' '.join([class_code, rank_number_str, self.suit])})"
  return bytes(string, encoding="utf-8")
```

위 함수는 Card2 객체의 문자열 표현을 생성함으로써 올바르게 동작한다. 이 표현은 () 객체를 사용해 공백 세 개로 구분된 값을 감싼다. 각 값은 클래스를 나타내는 코드, 랭크와 스위트를 나타내는 문자열이다. 이후 문자열을 바이트로 인코딩한다.

다음의 코드로 바이트 표현을 확인할 수 있다.

```
>>> c1 = AceCard2(1, Suit.Club)
>>> bytes(c1)
b'(A 1 \xe2\x99\xa3)'
```

바이트가 주어지면 문자열로 디코딩한 후 그 문자열을 새 Card2 객체로 파싱할 수 있다. 다음은 바이트로부터 Card2 객체를 생성할 때 사용할 메서드다.

```
def card_from_bytes(buffer: bytes) -> Card2:
    string = buffer.decode("utf8")
    try:
        if not (string[0] == "(" and string[-1] == ")"):
            raise ValueError
        code, rank_number, suit_value = string[1:-1].split()
        if int(rank_number) not in range(1, 14):
            raise ValueError
        class_ = {"A": AceCard2, "N": NumberCard2, "F":
FaceCard2}[code]
        return class_(int(rank_number), Suit(suit_value))
    except (IndexError, KeyError, ValueError) as ex:
        raise ValueError(f"{buffer!r} isn't a Card2 instance")
```

위 코드는 바이트를 문자열로 디코딩한다. 문자열에 ()이 있는지 확인한다. string[:-1].split()을 이용해 문자열을 세 개의 값으로 파싱한다. 각 값에 대해 랭크를 유효한 범위의 정수로 변환하고 클래스를 찾아 원래의 Card2 객체를 생성한다.

다음과 같이 바이트 스트림으로부터 Card2 객체를 다시 생성할 수 있다.

```
>>> data = b'(N 5 \xe2\x99\xa5)'
>>> c2 = card_from_bytes(data)
>>> c2
NumberCard2(suit=<Suit.Heart: '♥'>, rank='5')
```

외부 바이트 표현은 디자인하기 어려울 때가 많다는 사실을 알아두자. 어떤 경우든 바이트는 객체의 상태 표현이다. 파이썬에는 이미 다양한 클래스 정의에서 잘 동작하는 표현이 많다.

낮은 수준의 객체 바이트 표현을 만들어내기보다 pickle이나 json 모듈을 사용하는 편이 주로 더 낫다. 이 주제는 10장에서 다룬다.

⁞⁞ 비교 연산자 메서드

파이썬에는 여섯 개의 비교 연산자가 있다. 연산자마다 스페셜 메서드 구현이 있다. 설명서에 따르면 다음과 같이 연결된다.

- x<y는 x.__lt__(y)가 구현한다.

- x<=y는 x.__le__(y)가 구현한다.

- x==y는 x.__eq__(y)가 구현한다.

- x!=y는 x.__ne__(y)가 구현한다.

- x>y는 x.__gt__(y)가 구현한다.

- x>=y는 x.__ge__(y)가 구현한다.

비교 연산자는 수를 다루는 8장에서 다시 설명한다.

여기서는 실제 어떤 연산자를 구현하는지에 관한 규칙을 다룬다. 기본 규칙은 연산자 좌항에 놓인 객체의 클래스가 필요한 스페셜 메서드를 정의한다는 것이다. 아니라면 파이썬은 순서를 바꿔 연산자 우항에 놓인 객체로 다르게 연산해본다.

> **TIP**
>
> **두 가지 기본 규칙**
>
> 첫째, 연산자 좌항의 피연산자에 구현이 있는지 확인한다. A < B는 A.__lt__(B)를 뜻한다.
>
> 둘째, 연산자 우항의 피연산자에 역구현이 있는지 확인한다. A < B는 B.__gt__(A)를 뜻한다.

> 우항의 피연산자가 좌항의 피연산자의 하위 클래스이면 드물게 예외가 발생하므로 하위 클래스가
> 상위 클래스를 오버라이딩하도록 우항의 피연산자를 먼저 확인한다.

정의한 연산자 중 딱 하나만 포함하는 클래스를 정의한 후 다른 연산에 사용해봄으로써
어떻게 동작하는지 알아보자.

다음과 같은 부분^{partial} 클래스를 사용할 수 있다.

```python
class BlackJackCard_p:

  def __init__(self, rank: int, suit: Suit) -> None:
    self.rank = rank
    self.suit = suit

  def __lt__(self, other: Any) -> bool:
    print(f"Compare {self} < {other}")
    return self.rank < cast(BlackJackCard_p, other).rank

  def __str__(self) -> str:
    return f"{self.rank}{self.suit}"
```

위 클래스는 스위트를 고려하지 않고 오로지 랭크로만 카드를 비교하는 블랙잭 비교 규
칙을 따른다. 연산자가 없을 때 파이썬이 어떻게 동작하는지 보기 위해 비교 메서드 하
나를 제외하고 모두 생략했다. 위 클래스로 < 비교를 수행할 수 있다. 또한 파이썬은 인
자 순서를 바꿈으로써 > 비교도 수행할 수 있다. 즉 $x < y \equiv y > x$다. 이를 거울 반
사 규칙^{mirror reflection rule}이라 부르며 8장에서 다시 살펴보겠다.

다양한 비교 연산을 평가해보면 동작 방식을 알게 된다. 두 개의 BlackJackCard_p 인스
턴스를 만들어 다음 코드처럼 다양한 방법으로 비교해보자.

```
>>> two = BlackJackCard_p(2, Suit.Spade)
>>> three = BlackJackCard_p(3, Suit.Spade)
>>> two < three
Compare 2♠ < 3♠
True
>>> two > three
```

```
Compare 3♠ < 2♠
False
>>> two == three
False
```

보다시피 < 연산자를 사용한 비교는 예상대로 정의된 __lt__() 메서드에서 구현한다. > 연산자를 사용해도 마찬가지로 __lt__() 메서드가 쓰이는데, 다만 피연산자가 뒤바뀐다.

<= 같은 연산자를 쓰면 어떻게 될까? 다음에서처럼 예외가 발생한다.

```
>>> two <= three
Traceback (most recent call last):
 File "/Users/slott/miniconda3/envs/py37/lib/python3.7/doctest.py",
line 1329, in __run
compileflags, 1), test.globs)
 File "<doctest __main__.__test__.test_blackjackcard_partial[5]>",
line 1, in <module>
 print("{0} <= {1} :: {2!r}".format(two, three, two <= three)) #
doctest: +IGNORE_EXCEPTION_DETAIL
TypeError: '<=' not supported between instances of 'BlackJackCard_p'
and 'BlackJackCard_p'
```

two < three는 two.__lt__(three)와 매핑된다.

하지만 two > three에 대해서는 __gt__() 메서드를 정의하지 않았으니 파이썬은 대비책으로서 three.__lt__(two)를 사용한다.

기본적으로 __eq__() 메서드는 object로부터 상속받는다. 기본 구현에서는 객체 ID를 비교하고 고유한 객체는 동등하지 않다는 점을 상기하자. == 비교를 수행하면 다음과 같다.

```
>>> two_c = BlackJackCard_p(2, Suit.Club)
>>> two_c == BlackJackCard_p(2, Suit.Club)
False
```

기대했던 결과가 아니다. 이처럼 기본 __eq__() 구현을 오버라이딩해야 할 때가 종종
있다.

또한 연산자 간 논리적 관련성이 없다. 수학적으로는 비교 연산자 두 개만으로 모든 비
교를 유도할 수 있다. 하지만 파이썬은 자동으로 못한다. 대신 기본적으로 다음과 같은
간단한 네 가지 합동을 처리한다.

$$x < y \equiv y > x$$
$$x \leq y \equiv y \geq x$$
$$x = y \equiv y = x$$
$$x \neq y \equiv y \neq x$$

즉 최소한 각 합동 규칙에 대해 함수 하나씩 제공해야 한다는 뜻이다. 가령 __eq__(), __
ne__(), __lt__(), __le__()를 제공할 수 있다.

@functools.total_ordering 장식자는 이러한 기본 제한 없이 __lt__(), __le__(), __
gt__(), __ge__() 중 하나와 __eq__()만으로 나머지 비교를 추론한다. 필요한 비교를 모
두 제공한다. 8장에서 다시 살펴보겠다.

비교 디자인

비교 연산자를 디자인할 때는 두 가지를 고려해야 한다.

- 같은 클래스의 두 객체를 어떻게 비교할 것이냐는 쉬운 문제
- 서로 다른 클래스의 두 객체를 어떻게 비교할 것이냐는 더욱 어려운 문제

속성이 여러 개인 클래스의 비교 연산자를 살펴보면 상당히 모호할 때가 많다. 어떤 속
성을 비교해야 하는지 불명확할 수 있다.

카드 게임을 (다시) 생각해보자. card1 == card2라는 표현은 분명 rank와 suit를 비교하
겠다는 뜻이다. 맞는가? 항상 그러한가? 사실 suit는 블랙잭에서 중요하지 않다.

Hand 객체를 스플릿할 수 있는지 결정하려면 스플릿 연산이 유효한지부터 알아내야
한다. 블랙잭에서 핸드는 두 카드의 랭크가 같아야 스플릿할 수 있다. 어떤 구현으로 동
등 비교를 하느냐에 따라 핸드 스플릿 규칙을 구현하는 방법도 달라진다.

몇 가지 대안이 있다. 랭크를 암묵적으로 사용하는 방법과 랭크를 명시적으로 사용하는
방법으로 나뉜다. 다음은 랭크를 비교하는 첫 번째 코드다.

```
if hand.cards[0] == hand.cards[1]
```

다음은 랭크를 비교하는 두 번째 코드다.

```
if hand.cards[0].rank == hand.cards[1].rank
```

전자가 더 짧으나 간결성이 항상 최선은 아니다. rank만 고려하도록 동등을 정의하면 단
위 테스트를 만들기 까다롭다. 단위 테스트에서는 정확히 같은 카드인지 가려내야 하는
데 랭크만 사용하면 assert expectedCard == actualCard가 다양한 종류의 카드를 허용
하게 된다.

card1 <= 7 같은 표현은 당연히 rank를 비교하기 위함이다. 비교 연산자는 동등 비교와
시맨틱이 조금 달라야 할까?

랭크만 비교할 때 생기는 트레이드오프는 그 외에도 더 있다. suit 속성을 비교에 사용
하지 않으면 어떻게 suit로 카드를 정렬할까?

뿐만 아니라 동등 검사는 해시 계산과 상응해야 한다. 해시에 여러 속성을 포함시켰으
면 동등 비교에도 포함시켜야 한다. 예제에서는 rank와 suit를 모두 사용해 Card 값을
해싱했으니 카드 간 동등(과 부등) 역시 모든 Card 비교를 사용해야 한다.

하지만 Card를 비교할 때는 rank만 사용해도 된다. 유사하게 정수 비교도 rank만 해도
된다. 특수하게 스플릿을 결정하는 경우에도 유효한 스플릿 규칙임을 명시하기 위해
hand.cards[0].rank == hand.cards[1].rank를 사용할 수 있다.

같은 클래스의 객체 비교 구현

좀 더 완전한 BlackJackCard 클래스를 사용해 같은 클래스 간 비교를 간단히 살펴보자.

```python
class BlackJackCard:

    def __init__(self, rank: int, suit: Suit, hard: int, soft: int) -> None:
        self.rank = rank
        self.suit = suit
        self.hard = hard
        self.soft = soft

    def __lt__(self, other: Any) -> bool:
        if not isinstance(other, BlackJackCard):
            return NotImplemented
        return self.rank < other.rank

    def __le__(self, other: Any) -> bool:
        try:
            return self.rank <= cast(BlackJackCard, other).rank
        except AttributeError:
            return NotImplemented

    def __gt__(self, other: Any) -> bool:
        if not isinstance(other, BlackJackCard):
            return NotImplemented
        return self.rank > other.rank

    def __ge__(self, other: Any) -> bool:
        try:
            return self.rank >= cast(BlackJackCard, other).rank
        except AttributeError:
            return NotImplemented

    def __eq__(self, other: Any) -> bool:
        if not isinstance(other, BlackJackCard):
            return NotImplemented
        return (self.rank == other.rank and self.suit == other.suit)

    def __ne__(self, other: Any) -> bool:
        if not isinstance(other, BlackJackCard):
            return NotImplemented
```

```
        return (self.rank != other.rank or self.suit != other.suit)

    def __str__(self) -> str:
        return f"{self.rank}{self.suit}"

    def __repr__(self) -> str:
        return (f"{self.__class__.__name__}"
                f"(rank={self.rank!r}, suit={self.suit!r}, "
                f"hard={self.hard!r}, soft={self.soft!r})")
```

비교 연산자 여섯 개를 모두 정의했다.

다양한 비교 메서드는 클래스^{class}와 프로토콜^{protocol}이라는 두 종류의 타입 검사를 사용한다.

- 클래스 기반 타입 검사는 isinstance()를 사용해 객체의 클래스 멤버십을 검사한다. 검사에 통과하지 못하면 메서드는 특수한 NotImplemented 값을 반환한다. 이로써 나머지 피연산자에서 비교를 구현하게 된다. 또한 isinstance() 검사는 표현식에 명명된 객체의 타입 제약^{type constraint}을 mypy에게 알린다.

- 프로토콜 기반 타입 검사는 덕 타이핑^{duck typing} 원칙을 따른다. 객체가 적절한 프로토콜을 지원하면 필요한 속성이 들어 있는 것이다. __le__()와 __ge__() 메서드 구현이 여기에 해당한다.
  try: 블록으로 시도를 감싸서 객체에서 해당 프로토콜을 쓸 수 없으면 유용한 NotImplemented 값을 제공한다. 이때 cast() 함수를 사용해 정해진 클래스 프로토콜로 된 객체만 런타임에 사용할 것임을 mypy에게 알린다.

클래스 멤버십 대신 주어진 프로토콜을 지원하는지를 검사하면 개념상 작은 이점이 따른다. 연산에 쓸데없이 과도한 제약이 가해지지 않는다. BlackJackCard 프로토콜을 따르면서 BlackJackCard의 적절한 하위 클래스로 정의되지 않은 카드 변형이 만들어질 가능성이 충분하다. isinstance() 검사는 유효하지 않은 클래스가 올바르게 동작하지 않도록 막는다.

try: 블록으로 프로토콜을 검사하면 우연히 rank 속성이 들어 있는 클래스를 허용할 수 있다. 다행히 클래스가 이 밖의 다른 애플리케이션에서는 실패할 가능성이 높으니 해결하기 어려운 문제로 변질될 위험은 없다. 대체 누가 랭크 비교 속성을 가진 재무 모델링 애플리케이션의 클래스와 Card 인스턴스를 비교하겠는가.

이후에 나올 예제들은 주로 try: 블록을 사용하는 프로토콜 기반 비교를 따른다. 이로써 보다 유연해진다. 유연성이 필요 없으면 isinstance()로 검사해도 된다.

예제에서는 비교할 때 cast(BlackJackCard, other)을 사용해 mypy에게 other 변수가 BlackJackCard 프로토콜을 따름을 알렸다. 복잡한 클래스에는 대부분 다양한 종류의 믹스인으로 정의된 프로토콜이 많고 cast() 함수는 전체 클래스가 아닌 핵심 믹스인에 초점을 맞춘다.

비교 메서드는 명시적으로 NotImplemented를 반환해 이 연산자가 데이터 타입에 맞게 구현되지 않았음을 파이썬에게 알렸다. 파이썬은 인자 순서를 바꿔 나머지 피연산자가 구현을 제공하는지 확인한다. 유효한 연산자를 찾을 수 없으면 TypeError 예외를 발생시킨다.

세 하위 클래스 정의와 팩토리함수 card21()은 생략했다. 연습 문제로 남겨두겠다.

또한 클래스 간 비교도 생략했다. 다음 절에서 설명한다. 클래스로도 충분히 카드를 비교할 수 있다. 이어지는 예제는 카드 세 개를 생성해 비교한다.

```
>>> two = card21(2, "♠")
>>> three = card21(3, "♠")
>>> two_c = card21(2, "♣")
```

BlackJackCard 인스턴스 세 개가 주어졌으니 다음 코드처럼 다양하게 비교해볼 수 있다.

```
>>> f"{two} == {three} is {two == three}"
2♠ == 3♠ is False
>>> two.rank == two_c.rank
True
>>> f"{two} < {three} is {two < three}"
2♠ < 3♠ is True
```

위 정의는 원하던 대로 동작하는 듯 보인다.

서로 다른 클래스의 객체 비교 구현

BlackJackCard 클래스를 예제로 사용해 서로 다른 클래스의 두 피연산자를 어떻게 비교하는지 살펴보자.

다음은 int 값을 비교할 수 있는 Card 인스턴스다.

```
>>> two = card21(2, "♠")
>>> two < 2
Traceback (most recent call last):
  File "<stdin>", line 1, in <module>
TypeError: unorderable types: Number21Card() < int()
>>> two > 2
Traceback (most recent call last):
  File "<stdin>", line 1, in <module>
TypeError: unorderable types: Number21Card() > int()
```

예상대로다. BlackJackCard의 하위 클래스인 Number21Card는 정수 간 비교를 구현하는 스페셜 메서드를 제공하지 않으니 TypeError 예외가 발생한다. 하지만 다음 두 예제를 보자.

```
>>> two == 2
False
>>> 2 == two
False
```

왜 이렇게 나올까? 파이썬은 NotImplemented 값을 받으면 피연산자의 순서를 바꾼다. 정수값 2는 예기치 않은 클래스의 객체를 허용하는 int. __eq__() 메서드를 정의한다.

하드 점수와 소프트 점수 그리고 다형성

두 클래스가 같은 속성과 메서드를 공유하면 다형이다. 대표적인 예가 int와 float 클래스의 객체다. 둘 다 + 연산자를 __add__() 메서드로 구현한다. 대부분의 컬렉션에서 len() 함수를 __len__() 메서드로 구현한다는 점도 또 다른 예다. 세부 구현에 따라 결과를 다르게 생성한다.

Hand의 하위 클래스 간에 의미 있는 비교가 가능하도록 Hand를 정의해보자. 같은 클래스 간 비교에서처럼 정확히 무엇을 비교할지 정해야 한다. 다음 세 가지 경우를 살펴보자.

- Hand 인스턴스 간 동등을 비교하려면 컬렉션 내 모든 카드를 비교해야 한다. 카드가 모두 같아야 두 핸드가 동등하다.

- Hand 인스턴스 간 순서를 비교하려면 각 Hand 객체의 속성을 비교해야 한다. 블랙잭에서는 핸드의 하드 점수 혹은 소프트 점수를 비교한다.

- int 값의 동등을 비교하려면 int 값과 Hand 객체의 점수를 비교해야 한다. 총점을 계산하려면 블랙잭 게임의 하드 점수와 소프트 점수 간 미묘한 차이를 구별해내야 한다.

핸드에 에이스가 있으면 총점은 다음 둘 중 하나다.

- 소프트 점수는 에이스를 11로 계산한다.

- 하드 점수는 에이스를 1로 계산한다. 소프트 점수가 21이 넘으면 게임에서 하드 점수만 고려한다.

결국 핸드의 총점은 단순히 카드의 합이 아니다.

먼저 핸드에 에이스가 있는지 알아낸다. 있으면 _(21 이하인) 유효한 소프트 점수가 있는지 찾아낸다. 없으면 하드 점수를 취한다.

isinstance()로 하위 클래스 멤버십을 알아내는 것은 좋지 못한 다형성^{Pretty Poor Polymorphism}의 한 예다. 일반적으로 캡슐화와 클래스 디자인에 담긴 기본 개념에 어긋난다.

제대로 정의한 다형 하위 클래스라면 메서드 서명이 모두 같고 완벽히 동등하다. 이상적으로는 클래스 정의가 겉으로 드러나지 않으므로 클래스 정의 내부 역시 살펴보지 않아도 된다. 좋지 못한 다형 클래스에서는 isinstance() 클래스 검사를 너무 흔하게 사용한다.

파이썬에서 isinstance() 함수는 다음과 같은 상황에 쓰인다. 우선 내장 클래스를 사용할 때다. 메서드함수를 내장 클래스까지 거슬러 올라가 추가할 수 없기 때문이며 다형 헬퍼 메서드를 추가하기 위해 내장 클래스의 하위 클래스를 굳이 만들 이유가 없을 수도 있다.

어떤 스페셜 메서드에는 상속 계층 구조가 복잡한 클래스들의 객체 간 연산을 구현하기 위해 isinstance() 함수를 사용해야 한다. 이어지는 절에서 연관 없는 클래스 간에 관용적으로 쓰이는 isinstance()를 알아보겠다.

예제의 cards 클래스 계층 구조는 isinstance() 없이 에이스를 찾아낼 수 있는 메서드(또는 속성)가 필요하다. 메서드나 속성을 잘 디자인하면 다양한 클래스를 적절히 다형적으로 만들 수 있다. 다형성이란 클래스에 따라 다른 특이한 속성값이나 메서드 구현을 제공하는 것이다.

다형성을 지원하는 일반적인 디자인 방법은 다음 두 가지다.

- 연관된 모든 클래스에 별개의 값을 갖는 클래스단 속성 정의
- 모든 클래스에 별개의 동작을 갖는 메서드 정의

카드의 하드 점수와 소프트 점수가 10만큼 차이가 난다면 적어도 에이스 하나가 핸드에 들어 있다는 뜻이다. 굳이 클래스 멤버십을 검사해 캡슐화를 위반하지 않아도 된다. 속성값으로 필요한 모든 정보를 얻는다.

card.soft != card.hard면 핸드의 하드 점수와 소프트 점수 간 차이가 있음을 알아내기 충분한 정보다. AceCard의 존재만 암시하는 것이 아니라 하드와 소프트 점수 간 정확한 차이도 제공한다.

아래 total 메서드는 소프트와 하드의 차이인 delta 값을 이용한다.

```python
def total(self) -> int:
    delta_soft = max(c.soft - c.hard for c in self.cards)
    hard = sum(c.hard for c in self.cards)
    if hard + delta_soft <= 21:
        return hard + delta_soft
    return hard
```

핸드 속 각 카드의 하드와 소프트 점수 간 차이 중 가장 큰 값을 delta_soft로 계산했다. 대부분의 카드에서 차이는 0이다. 에이스면 차이는 0이 아니다.

하드 점수와 delta_soft가 주어지면 최종적으로 어떤 점수를 반환할지 정할 수 있다. hard+delta_soft가 21 이하라면 소프트 점수를 반환한다. 소프트 점수가 21보다 크면 하드 점수를 반환한다.

서로 다른 클래스 비교 예제

Hand 객체의 점수를 정의했으니 Hand 인스턴스 간 비교와 Hand와 int 간 비교를 유의미하게 정의할 수 있다. 단 어느 쪽을 비교해야 할지 알려면 isinstance()를 쓰는 수밖에 없다.

비교를 포함하는 Hand 정의 일부를 살펴보자. 우선 앞부분은 다음과 같다.

```python
class Hand:

    def __init__(self, dealer_card: Card2, *cards: Card2) -> None:
        self.dealer_card = dealer_card
        self.cards = list(cards)

    def __str__(self) -> str:
        return ", ".join(map(str, self.cards))

    def __repr__(self) -> str:
        cards_text = ", ".join(map(repr, self.cards))
        return f"{self.__class__.__name__}({self.dealer_card!r}, {cards_text})"
```

다음은 비교 메서드를 강조한 두 번째 부분이다.

```python
def __eq__(self, other: Any) -> bool:
    if isinstance(other, int):
        return self.total() == other
    try:
        return (
            self.cards == cast(Hand, other).cards
            and self.dealer_card == cast(Hand, other).dealer_card
        )
    except AttributeError:
        return NotImplemented

def __lt__(self, other: Any) -> bool:
    if isinstance(other, int):
        return self.total() < cast(int, other)
    try:
        return self.total() < cast(Hand, other).total()
    except AttributeError:
        return NotImplemented

def __le__(self, other: Any) -> bool:
    if isinstance(other, int):
        return self.total() <= cast(int, other)
    try:
        return self.total() <= cast(Hand, other).total()
    except AttributeError:
        return NotImplemented

def total(self) -> int:
    delta_soft = max(c.soft - c.hard for c in self.cards)
    hard = sum(c.hard for c in self.cards)
    if hard + delta_soft <= 21:
        return hard + delta_soft
    return hard
```

비교 연산자 여섯 개 중 세 개만 정의했다. 나머지 연산은 파이썬의 기본 동작으로 해결한다. 타입마다 달라지는 특수한 규칙으로 인해 기본 동작만으로는 충분하지 않음을 곧보이겠다.

Hand와 인터랙션하려면 Card 객체가 몇 개 필요하다.

```
>>> two = card21(2, '♣')
>>> three = card21(3, '♣')
>>> two_c = card21(2, '♠')
>>> ace = card21(1, '♠')
>>> cards = [ace, two, two_c, three]
```

위 카드들을 사용해 서로 다른 두 hand 인스턴스를 보이겠다.

첫 번째 Hand 객체는 점수와 상관없는 딜러의 Card 객체 하나와 앞서 생성한 카드 네 개 짜리 집합인 cards로 생성한다. 이 중 한 Card 객체가 에이스다.

```
>>> h = Hand(card21(10,'♣'), *cards)
>>> print(h)
A♠, 2♣, 2♠, 3♣
>>> h.total()
18
```

에이스를 11점으로 계산하니 소프트 점수는 18이다. 하드 점수는 8이다.

다음은 Card 객체를 하나 더 갖는 두 번째 Hand 객체다.

```
>>> h2 = Hand(card21(10,'♣'), card21(5,'♣'), *cards)
>>> print(h2)
5♣, A♠, 2♣, 2♠, 3♣
>>> h2.total()
13
```

이 핸드의 점수는 13이다. 바로 하드 점수다. 소프트 점수는 21을 초과하므로 무시된다.

다음의 코드에서 보듯이 Hand 간 비교가 매우 잘 동작한다.

```
>>> h < h2
False
>>> h > h2
True
```

이러한 비교가 가능하다는 것은 비교 연산자를 써서 Hand의 순서를 정할 수 있다는 뜻이다. 또한 다음과 같이 Hand를 정수와 비교할 수도 있다.

```
>>> h == 18
True
>>> h < 19
True
>>> h > 17
Traceback (most recent call last):
  File "<stdin>", line 1, in <module>
TypeError: unorderable types: Hand() > int()
```

파이썬에게 폴백을 시도하라고 하지 않는 이상 정수 비교는 잘 동작한다. h > 17 예제는 __gt__() 메서드가 없을 때 어떻게 동작하는지 보여준다. 파이썬은 피연산자를 바꿔서 확인하는데, 정수 17에도 Hand를 비교할 적절한 __lt__() 메서드가 없다.

Hand를 정수와 올바르게 비교하려면 __gt__()와 __ge__() 함수를 추가해야 한다. 이 두 가지 비교를 구현하는 코드는 연습 문제로 남겨두겠다.

⁙ __del__() 메서드

__del__() 메서드의 유스 케이스는 상당히 모호하다.

__del__() 메서드의 목적은 객체를 메모리에서 삭제하기 전에 객체에게 해제^{cleanup} 혹은 소멸^{finalization} 기회를 주는 것이다. 이 유스 케이스는 컨텍스트 관리자 객체와 with문을 사용하면 훨씬 더 명확하게 처리할 수 있다. 6장에서 다루겠다. 컨텍스트 생성이 __del__()을 통한 처리나 파이썬 가비지 컬렉션 알고리듬보다 훨씬 더 명백하다.

파이썬 객체에서 OS 자원을 사용했다면 파이썬 애플리케이션에서 자원을 깨끗이 해제할 마지막 기회가 바로 __del__() 메서드다. 개방 파일^{open file}이나 장착된 장치^{mounted device}, 혹은 자식 하위 프로세스를 숨기는 파이썬 객체라면 자원 해제를 __del__()에서 처리하는 편이 매우 유용하다.

__del__() 메서드가 호출되는 시점은 쉽게 예상하기 어렵다. del문으로 객체를 제거한다거나 네임스페이스를 제거한다고 해서 항상 호출되는 것이 아니다. __del__() 메서드의 설명서는 이러한 상황을 위태롭게 묘사하면서 다음과 같이 예외를 처리하라고 조언한다. 실행 중에 발생하는 예외는 무시하고, 대신 sys.stderr에 경고를 출력하라. 자세한 경고는 https://docs.python.org/3/reference/datamodel.html?highlight=__del__#object.__del__를 참고한다.

이러한 이유로 __del__() 구현보다 일반적으로 컨텍스트 관리자를 선호한다.

참조 계수와 소멸

CPython 구현에서는 객체가 참조 계수reference count를 포함한다. 계수는 객체를 변수에 할당할 때마다 증가하고 변수를 제거할 때마다 감소한다. 참조 계수가 0이면 객체는 더 이상 쓸모가 없으니 소멸시켜도 된다. 단순 객체라면 __del__()이 호출되고 객체가 제거된다.

객체 간 순환 참조가 존재하는 복잡한 객체라면 참조 계수가 영원히 0이 되지 않을 수 있어 __del__()이 호출되기 어려울 수 있다. 어떻게 되는지 다음 클래스로 알아보자.

```
class Noisy:

    def __del__(self) -> None:
        print(f"Removing {id(self)}")
```

다음과 같이 위 객체를 생성(하고 제거를 확인)할 수 있다.

```
>>> x= Noisy()
>>> del x
Removing 4313946640
```

Noisy 객체를 생성하고 삭제하는 즉시 __del__() 메서드로부터 메시지를 받는다. 메시지는 x 변수를 삭제했을 때 참조 계수가 0이 됐음을 보여준다. 변수가 사라지면 더 이상

누구도 Noisy 인스턴스를 참조하지 않으니 Noisy를 제거할 수 있다. 다음은 종종 만들어지는 얕은 복사^{shallow copy}가 일어나는 흔한 상황이다.

```
>>> ln = [Noisy(), Noisy()]
>>> ln2= ln[:]
>>> del ln
```

del문에 응답이 없다. Noisy 객체의 참조 계수는 아직 0이 되지 않았고 다음의 코드처럼 어딘가에서 참조되고 있다.

```
>>> del ln2
Removing 4313920336
Removing 4313920208
```

ln2 변수는 ln 리스트의 얕은 복사다. 두 리스트에서 Noisy 객체를 참조한다. 두 리스트를 모두 제거해 참조 계수를 0으로 감소시키기 전까지는 Noisy 인스턴스를 소멸시킬 수 없다.

얕은 복사는 여러 가지 방법으로 생성된다. 다음과 같은 방법으로 만들어진다.

```
a = b = Noisy()
c = [Noisy()] * 2
```

파이썬에서 얕은 복사는 너무 흔해서 어딘가 존재하는 객체로의 참조 계수 때문에 자주 헷갈린다.

순환 참조와 가비지 컬렉션

다음은 순환이 발생하는 일반적인 상황이다. Parent 클래스는 자식들의 컬렉션을 포함한다. 각 Child 인스턴스는 Parent 클래스로의 참조를 포함한다. 이 두 클래스로 순환 참조를 살펴보자.

```
class Parent:

    def __init__(self, *children: 'Child') -> None:
        for child in children:
            child.parent = self
        self.children = {c.id: c for c in children}

    def __del__(self) -> None:
        print(
            f"Removing {self.__class__.__name__} {id(self):d}"
        )

class Child:

    def __init__(self, id: str) -> None:
        self.id = id
        self.parent: Parent = cast(Parent, None)

    def __del__(self) -> None:
        print(
            f"Removing {self.__class__.__name__} {id(self):d}"
        )
```

Parent 인스턴스에 자식 컬렉션이 단순 dict 형태로 들어 있다. 매개변수값인 *children 의 타입 힌트가 'Child'임에 주목하자. Child 클래스는 아직 정의되지 않았다. 타입 힌트를 제공하기 위해 mypy는 문자열을 같은 모듈 내 어딘가에 정의된 타입으로 변화시킨다. 전방^{forward} 참조 혹은 순환^{circular} 참조가 가능하려면 아직 정의되지 않은 타입 대신 문자열을 사용해야 한다.

각 Child 인스턴스는 자신이 포함된 Parent 클래스를 참조한다. 자식이 부모의 내부 컬렉션으로 삽입되는 초기화 중에 참조가 만들어진다.

두 클래스 모두 객체를 제거하면서 메시지를 출력하도록 했다. 다음처럼 수행된다.

```
>>> p = Parent(Child('a'), Child('b'))
>>> del p
```

Parent와 최초 Child 인스턴스 두 개는 제거할 수 없다. 서로 참조하기 때문이다. del문을 수행하기 전에 Parent 객체로의 참조가 세 개 생긴다. 일단 p 변수가 참조를 하나 포함한다. 각 child 객체 역시 참조를 하나씩 포함한다. del문에서 p 변수를 제거하면 parent 인스턴스의 참조 계수가 하나 줄어든다. 계수가 0이 아니니 객체는 사용되지 못한 채로 메모리에 남는다. 이를 메모리 누수memory leak라 부른다.

다음의 코드처럼 자식이 없는 Parent 인스턴스를 만들어보자.

```
>>> p_0 = Parent()
>>> id(p_0)
4313921744
>>> del p_0
Removing Parent 4313921744
```

예상대로 객체가 즉시 제거된다.

상호 또는 순환 참조로 인해 Parent 인스턴스와 그 Child 인스턴스 리스트는 메모리에서 제거되지 못한다. 가비지 컬렉터garbage collector 인터페이스인 gc를 임포트하면 제거 불가능한 객체를 모아서 볼 수 있다.

다음의 코드처럼 gc.collect() 메서드를 사용해 __del__() 메서드를 포함하는 삭제 불가능한 객체를 모두 모아보자.

```
>>> import gc
>>> gc.collect()
Removing Child 4536680176
Removing Child 4536680232
Removing Parent 4536679952
30
```

가비지 컬렉터를 직접 수행해 Parent 객체를 제거했다. collect() 함수는 접근할 수 없는 객체를 찾아 순환 참조가 있는지 알아낸 후 강제로 삭제한다.

__del__() 메서드에 코드를 넣어도 순환은 깨지지 않는다. __del__() 메서드는 순환이 깨져야 호출되고 이때 참조 계수는 이미 0이다. 순환 참조가 생기면 간단한 파이썬 참조

계수 계산으로는 사용되지 않는 객체를 메모리에서 비워낼 수 없다. 명시적으로 순환을 깨거나 가비지 컬렉션을 허용하는 weakref 참조를 사용해야 한다.

순환 참조와 weakref 모듈

순환 참조가 불가피하고 __del__()은 제대로 동작해야 한다면 약한 참조^{weak reference}를 사용하면 된다. 순환 참조가 쓰이는 일반적인 유스 케이스는 부모가 자식들의 컬렉션을 포함하고 각 자식이 다시 부모를 참조하는 상호 참조일 때다. Player 클래스에 핸드가 여러 개면 Hand 객체마다 Player 클래스에 대한 참조를 두는 편이 좋다.

기본 객체 참조를 강한 참조^{strong reference}라 부르는데, 직접 참조^{direct reference}가 보다 나은 표현이다. 강한 참조는 파이썬의 참조 계수 계산 메커니즘에 쓰이며 무시할 수 없다.

다음 명령문을 생각해보자.

```
a = B()
```

변수 a는 먼저 생성된 클래스 B의 객체를 직접 참조한다. 변수 a가 참조하니 B의 인스턴스의 참조 계수는 최소 1이다.

약한 참조는 연결된 객체를 찾을 때 두 단계를 거친다. 약한 참조는 x.parent()를 사용하고 x.parent()는 약한 참조를 콜러블 객체로 호출해 실제 부모 객체를 찾아낸다. 이렇게 두 단계를 거치기 때문에 참조 계수 계산이나 가비지 컬렉션에서 약한 참조는 제외하고 참조된 객체를 지울 수 있다.

weakref 모듈은 강한 참조 대신 약한 참조를 사용하는 많은 컬렉션을 정의한다. 예를 들어 weakref 모듈을 사용해 사용되지 않는 객체의 가비지 컬렉션을 허용하는 딕셔너리를 생성할 수 있다.

예제의 Parent와 Child 클래스에서 Child가 Parent로 약한 참조를 하도록 수정하면 사용되지 않는 객체를 더 간단히 소멸시킬 수 있다.

다음은 Child가 Parent로 약한 참조를 하게 수정한 클래스다.

```python
from weakref import ref


class Parent2:

  def __init__(self, *children: 'Child2') -> None:
    for child in children:
      child.parent = ref(self)
    self.children = {c.id: c for c in children}

  def __del__(self) -> None:
    print(
      f"Removing {self.__class__.__name__} {id(self):d}"
    )

class Child2:

  def __init__(self, id: str) -> None:
    self.id = id
    self.parent: ref[Parent2] = cast(ref[Parent2], None)

  def __del__(self) -> None:
    print(
      f"Removing {self.__class__.__name__} {id(self):d}"
    )
```

child에서 parent로의 참조를 간단한 직접 참조 대신 weakref 객체 참조로 변경했다.

두 단계 연산을 사용해 Child 클래스 내부부터 parent 객체를 찾는다.

```python
p = self.parent()
if p is not None:
  # Parent 인스턴스인 p를 처리한다.
else:
  # 부모 인스턴스가 가비지로 수집됐다.
```

참조된 객체를 찾았는지 명시적으로 확인할 수 있다. 약한 참조를 가진 객체는 약한 참조를 그대로 둔 체 제거 가능하다. 약한 참조는 더 이상 메모리에서 객체를 참조하지 않는다. 이때 가능한 대응 몇 가지를 다음에서 살펴보겠다.

새로 정의한 Parent2 클래스를 사용하면 del이 참조 계수를 0으로 만들기 때문에 객체 가 즉시 제거된다.

```
>>> p = Parent2(Child(), Child())
>>> del p
Removing Parent2 4303253584
Removing Child 4303256464
Removing Child 4303043344
```

(참조가 소멸됐으니) weakref 참조가 그대로 남을 경우 가능한 대응은 다음 세 가지 중 하나다.

* 참조를 다시 생성한다. 데이터베이스에서 참조를 다시 로딩할 수도 있다.

* 가비지 컬렉터가 예기치 않게 객체를 제거해 성능 저하 모드로 계속 진행되는 메모리 부족 상황이면, warnings 모듈로 디버깅 정보를 기록한다.

* 무시한다.

변수가 범위 밖이거나 네임스페이스가 더 이상 쓰이지 않거나 애플리케이션이 멈추는 등의 아주 합리적인 이유로 객체가 제거됐다면, 일반적으로 weakref 참조는 그대로 남는다. 이러한 이유라면 세 번째 대응이 가장 일반적이다. 참조를 생성하려던 객체는 아마 곧 제거될 것이다.

__del__()과 close() 메서드

__del__()은 파일을 닫아야 할 때 가장 흔히 쓰인다.

파일을 여는 클래스 정의에는 일반적으로 다음과 같은 코드가 들어 있다.

```
__del__ = close
```

이렇게 하면 __del__() 메서드가 close() 메서드가 된다. 객체가 더 이상 쓰이지 않으면 파일은 닫히고 모든 운영체제 자원을 해제할 수 있다.

이보다 복잡한 경우는 컨텍스트 관리자가 더욱 잘 처리한다. 컨텍스트 관리자에 대한 자세한 정보는 6장을 참고한다.

⁜ __new__() 메서드와 불변 객체

__new__() 메서드의 한 가지 유스 케이스는 불변 객체의 초기화다. __init__() 메서드가 객체의 속성값을 설정하기 앞서 __new__() 메서드에서 초기화하지 않은 객체를 생성한다.

__init__() 메서드를 사용하지 않는 불변 클래스를 확장하려면 반드시 __new__() 메서드를 오버라이딩해야 한다.

다음은 동작하지 않는 클래스다. 단위 정보를 저장하는 float을 정의한다.

```
class Float_Fail(float):

  def __init__(self, value: float, unit: str) -> None:
    super().__init__(value)
    self.unit = unit
```

(부적절하게) 불변 객체를 초기화하려 한다. 불변 객체는 상태를 바꿀 수 없으므로 __init__() 메서드가 의미가 없고 쓰이지도 않는다.

위 클래스 정의를 사용하려 하면 다음과 같은 메시지가 나온다.

```
>>> s2 = Float_Fail(6.5, "knots")
Traceback (most recent call last):
  File "<stdin>", line 1, in <module>
TypeError: float expected at most 1 arguments, got 2
```

보다시피 내장 불변 float 클래스의 __init__() 메서드는 오버라이딩할 수 없다. 다른 모든 불변 클래스도 마찬가지다. 불변이라는 정의대로 불변 객체인 self에는 속성값을 할당할 수 없다. 속성값은 객체를 생성할 때만 할당할 수 있다. __new__() 메서드에서 이러한 처리를 지원한다.

__new__() 메서드는 클래스 메서드라서 class 객체를 첫 인자값으로 받는다. @classmethod 장식자를 사용하지 않아도 그렇다. 결과적으로 self 변수에 할당될 객체를 생성해야 하므로 self 변수는 사용하지 않는다.

어떤 클래스를 정의하든 __new__()의 기본 구현은 부모 클래스로부터 상속 받는다. 암묵적으로 class 객체는 모든 클래스의 부모다. object.__new__() 메서드는 요청을 받은 클래스의 빈 단순 객체를 만든다. __new__()로 전달된 인자와 키워드는 cls 매개변수를 제외하고는 표준 파이썬 동작의 일환으로 __init__()에게 전달된다.

다음은 이러한 기본 동작으로 충분하지 않은 경우다.

- 불변 클래스 정의를 하위 클래스화하고 싶을 때. 뒤이어 자세히 알아보겠다.

- 메타클래스를 생성해야 할 때. 불변 객체의 생성과 근본적으로 다르기 때문에 다음 절에서 다룬다.

내장 불변 타입의 하위 클래스를 생성하려면 __init__()을 오버라이딩하는 대신 __new__()를 오버라이딩해서 객체 생성과 수정을 동시에 해야 한다. 다음의 클래스 정의 예제는 float을 적절히 확장하는 방법을 보여준다.

```python
class Float_Units(float):

    def __new__(cls, value, unit):
        obj = super().__new__(cls, float(value))
        obj.unit = unit
        return obj
```

__new__() 구현은 두 가지 일을 한다. 먼저 float 값으로 새 Float_Units 객체를 생성한다. 이어서 생성한 인스턴스에 unit 속성을 추가로 넣는다.

__new__()를 이렇게 사용하면 적절한 타입 힌트를 제공하기 어렵다.

다음의 코드는 단위 정보가 딸린 부동소수점 값을 제공한다.

```
>>> speed = Float_Units(6.8, "knots")
>>> speed*2
13.6
>>> speed.unit
'knots'
```

speed * 2 같은 표현식은 Float_Units 객체를 생성하지 않는다. 위 클래스 정의는 float 로부터 연산자 스페셜 메서드를 전부 상속을 받는다. float 산술 스페셜 메서드는 항상 float 객체를 생성한다. Float_Units 객체 생성은 8장에서 다루겠다.

⠿ __new__() 메서드와 메타클래스

__new__() 메서드가 쓰이는 또 다른 유스 케이스는 클래스 정의를 만드는 방법을 제어 하는 메타클래스를 생성할 때다. 이렇게 __new__()로 class 객체를 만드는 것은 앞서 살 펴본 __new__()로 새 불변 객체를 만드는 것과 관련이 깊다. 두 경우 모두 __init__()이 적절하지 않은 상황에서 __new__()를 통해 약간의 수정 기회를 얻는다.

메타클래스는 클래스를 만드는 데 쓰인다. class 객체가 만들어지면 이를 사용해 ins tance 객체를 만든다. 모든 클래스 정의의 메타클래스는 type이다. type() 함수는 애플 리케이션에서 class 객체를 생성한다. 또한 객체의 클래스를 알아내는 데에도 쓰인다.

다음은 type()을 직접 생성자로 사용해 새롭지만 거의 쓸모가 없는 클래스를 장난삼아 만드는 예제다.

```
Useless= type("Useless", (), {})
```

type() 함수에 클래스의 문자열 이름과 최상위 클래스의 튜플, 모든 class 변수를 초기 화하는 데 쓰이는 딕셔너리를 제공해 새 클래스를 생성한다. 반환값은 class 값이다. 이렇게 클래스를 생성하면 Useless 클래스의 객체를 생성할 수 있다. 하지만 객체에 메서드나 속성이 없으니 하는 일이 거의 없다.

어쨌든 간에 새로 만든 Useless 클래스를 사용해 객체를 생성할 수 있다. 예제로 살펴보자.

```
>>> Useless = type("Useless", (), {})
>>> u = Useless()
>>> u.attribute = 1
>>> dir(u)
['__class__', '__delattr__', '__dict__', '__dir__', '__doc__',
 '__eq__', '__format__', '__ge__', '__getattribute__', '__gt__',
 '__hash__', '__init__', '__init_subclass__', '__le__', '__lt__',
 '__module__', '__ne__', '__new__', '__reduce__', '__reduce_ex__',
 '__repr__', '__setattr__', '__sizeof__', '__str__',
 '__subclasshook__', '__weakref__', 'attribute']
```

예제에서는 Useless의 인스턴스 u를 생성했다. u.attribute로 할당해 쉽게 객체에 속성을 추가한다.

아래처럼 미니멀minimal 클래스를 정의하는 것과 거의 동일하다.

```
from types import SimpleNamespace
Useless2 = SimpleNamespace

class Useless3: pass
```

Useless2의 정의는 types 모듈에 있는 SimpleNamespace 클래스다. Useless3의 정의는 파이썬 문법으로 object의 기본 구현을 따르는 클래스를 생성한다.

여기서 중요한 질문을 하나 던지겠다. 애초에 클래스 정의 방식을 왜 바꿔야 하는가?

정답은 일부 극단적인 상황에서 클래스의 기본 기능이 완벽하게 동작하지 않기 때문이다. 다음의 세 가지 상황에서 메타클래스를 고려한다.

- 클래스에 속성이나 메서드를 추가할 때 메타클래스를 사용한다. 클래스의 인스턴스

가 아닌 클래스 자체에 추가할 때를 말한다. 메타클래스를 쓰는 이유는 비슷한 대량의 클래스를 간편하게 생성하기 위해서다. 메타클래스 생성은 메서드에 @classmethod 장식자를 붙이는 것과 많은 면에서 유사하다.

- 4장부터 7장까지 살펴볼 추상 기반 클래스^{ABC, Abstract Base Classes}를 생성할 때 메타클래스를 사용한다. 추상 기반 클래스는 메타클래스의 __new__() 메서드를 통해 구체 하위 클래스가 완전한지 확인한다. 5장에서 다루겠다.

- 객체 직렬화의 한 측면을 간소화할 때 메타클래스를 사용한다. 10장에서 살펴본다. 대량의 클래스가 전부 비슷한 직렬화 기법을 사용할 때 메타클래스는 모든 애플리케이션 클래스가 공통 직렬화 측면을 갖게 돕는다.

mypy 도구로서는 납득하기 어렵겠지만 메타클래스로 할 수 있는 좋은 일이 일반적으로 꽤 많다. 항상 메타클래스의 세부 정의를 이해하려 애쓰지 않아도 된다.

메타클래스 예제: 클래스단 로거

대량의 클래스에 모두 로거가 필요하면 그 기능을 하나의 정의로 중앙화하는 편이 편리할 수 있다. 방법은 여러 가지인데, 그중 하나가 메타클래스 정의로 클래스의 모든 인스턴스가 공유하는 클래스단 로거를 생성하는 것이다.

방법은 세 단계로 이뤄진다.

1. 메타클래스를 생성한다. 메타클래스의 __new__() 함수는 생성된 클래스 정의에 속성을 추가한다.

2. 메타클래스에 기반을 둔 추상 최상위 클래스를 생성한다. 이 추상 클래스는 애플리케이션 클래스의 상속을 간소화한다.

3. 메타클래스의 장점을 취한 추상 최상위 클래스의 하위 클래스를 생성한다.

다음은 클래스 정의에 로거를 삽입하는 메타클래스 예제다.

```python
import logging

class LoggedMeta(type):

    def __new__(
        cls: Type,
        name: str,
        bases: Tuple[Type, ...],
        namespace: Dict[str, Any]
    ) -> 'Logged':
        result = cast('Logged', super().__new__(cls, name, bases, namespace))
        result.logger = logging.getLogger(name)
        return result

class Logged(metaclass=LoggedMeta):
    logger: logging.Logger
```

LoggedMeta 클래스는 새 버전의 __new__()로 내장 기본 메타클래스인 type을 확장한다.

__new__() 메타클래스 메서드는 클래스 본문 부분을 네임스페이스에 추가한 후 실행된다. 인자값은 메타클래스와 만들어지는 새 클래스명, 최상위 클래스의 튜플, 새 클래스를 초기화하는 데 쓰이는 모든 클래스 항목이 딸린 네임스페이스다. 위 코드는 __new__()의 실제 작업을 super()로 최상위 클래스에 위임하는 전형적인 예제다. 메타클래스의 최상위 클래스는 내장 type 클래스다.

또한 예제의 __new__() 메서드는 클래스 정의에 logger 속성을 추가한다. 이 속성은 클래스를 작성할 때 제공되지 않았으나 이 메타클래스를 사용하는 모든 클래스에서 사용 가능하다.

새 추상 최상위 클래스인 Logged를 정의할 때 메타클래스를 사용해야 한다. 코드에서 보듯이 최상위 클래스는 logger 속성으로의 참조를 포함하고 메타클래스에서 이 속성을 삽입한다. 삽입된 속성을 mypy에게 알리려면 반드시 이러한 정보가 필요하다.

이제 위 추상 클래스를 모든 새 클래스의 상위 클래스로 사용할 수 있다.

```python
class SomeApplicationClass(Logged):
```

```
def __init__(self, v1: int, v2: int) -> None:
    self.logger.info("v1=%r, v2=%r", v1, v2)
    self.v1 = v1
    self.v2 = v2
    self.v3 = v1*v2
    self.logger.info("product=%r", self.v3)
```

SomeApplication의 __init__() 메서드는 클래스 정의에 있는 logger 속성에 의존한다.
메타클래스에서 클래스명에 기반한 이름으로 logger 속성을 추가했다. 추가적인 초기
화나 설정 없이 Logged의 모든 하위 클래스가 logger 속성을 갖게 된다.

⠿ 요약

클래스 디자인의 필수 요소인 기초 스페셜 메서드를 살펴봤다. 기초 스페셜 메서드는
모든 클래스에 기본적으로 들어 있으나 객체로부터 상속 받는 기본 동작이 사용자의 처
리 요구 사항과 다를 수 있다.

__repr__()와 __str__(), __format__()은 대부분 오버라이딩해야 한다. 기본 구현은 거
의 쓸모가 없다.

사용자만의 컬렉션을 작성하지 않는 한, __bool__()을 오버라이딩할 일은 거의 없다.
7장에서 다루겠다.

비교와 __hash__() 메서드는 대개 오버라이딩해야 한다. 단순 불변 객체에는 정의가 알
맞지만 가변 객체에는 전혀 그렇지 않다. 모든 비교 연산자를 다시 작성할 필요는 없다.
9장에서 @functools.total_ordering 장식자를 알아보겠다.

또 다른 기초 스페셜 메서드인 __new__()와 __del__()은 보다 특수한 목적으로 쓰인다.
__new__()로 불변 클래스를 확장하는 것이 가장 일반적인 유스 케이스다.

__init__()과 마찬가지로 기초 스페셜 메서드는 사용자가 작성할 거의 모든 클래스 정
의에 쓰인다. 나머지 스페셜 메서드는 좀 더 특수하게 쓰이며 다음의 여섯 카테고리 중
하나다.

- **속성 접근**: 표현식의 object.attribute와 할당문 좌항의 object.attribute, del문의 object.attribute를 구현한다.

- **콜러블**: 내장 len() 함수처럼 매개변수에 적용되는 함수를 구현한다.

- **컬렉션**: 컬렉션의 수많은 기능을 구현한다. sequence [index]와 mapping[key], set | set 등을 포함한다.

- **수**: 산술 연산자와 비교 연산자를 제공한다. 이러한 메서드로 파이썬에서 동작하는 수 도메인을 확장할 수 있다.

- **컨텍스트**: 두 개의 스페셜 메서드를 사용해 with문과 동작하는 컨텍스트 관리자를 구현한다.

- **반복자**: 스페셜 메서드로 반복자를 정의한다. 생성자 함수가 이 기능을 매우 정교하게 수행하니 필수는 아니다. 하지만 사용자만의 반복자를 디자인하는 방법을 알아보겠다.

4장에서는 속성과 프로퍼티, 디스크립터를 다룬다.

04

속성 접근과 프로퍼티, 디스크립터

객체는 메서드와 속성을 포함하는 여러 요소들의 컬렉션이다. object 클래스는 명명된 속성의 할당, 조회, 삭제라는 기본 동작을 허용한다. 종종 이러한 동작을 수정해 객체의 속성을 변경해야 한다.

4장에서는 속성 접근을 다섯 계층으로 나눠 살펴본다.

- 내장 속성 처리를 알아본다.

- @property 장식자를 다시 살펴본다. 메서드함수에 속성 처리를 정의한 후 프로퍼티로 포함시킴으로써 속성의 개념을 확장한다.

- 속성 접근을 제어하는 하단의 스페셜 메서드인 __getattr__()와 __setattr__(), __delattr__()의 사용법을 알아본다. 이러한 스페셜 메서드는 더욱 정교하게 속성을 처리한다.

- 속성을 좀 더 세분화해서 제어하는 __getattribute__() 메서드를 살펴본다. 이 메서드로 매우 특수한 속성 처리를 작성할 수 있다.

- 디스크립터도 살펴본다. 디스크립터 객체는 속성 접근을 중재한다. 따라서 다소 복잡한 디자인 결정을 요한다. 디스크립터는 프로퍼티와 정적 메서드, 클래스 메서드를 구현하는 기반 구조다.

4장에서는 기본 처리가 어떻게 동작하는지 자세히 알아본다. 이를 토대로 언제 어디서 기본 동작을 오버라이딩해야 할지 정할 수 있다. 속성에 인스턴스 변수 이상의 역할을 기대할 수 있다. 혹은 속성 추가를 막고 싶을 수 있다. 훨씬 더 복잡하게 동작하는 속성이 필요할 수도 있다.

디스크립터를 알아볼 때도 파이썬의 내부 동작 방식을 훨씬 더 자세히 들여다본다. 대개 디스크립터는 명시적으로 사용하지 않아도 된다. 디스크립터는 수많은 파이썬 기능을 구현하는 메커니즘이므로 주로 암묵적으로 사용한다.

파이썬에서 타입 힌트를 쓸 수 있게 됐으니 mypy 같은 도구가 적절한 타입의 객체가 쓰였는지 확인할 수 있도록 속성과 프로퍼티를 설명하는 법도 알아보겠다.

끝으로 새로 추가된 dataclasses 모듈과 이 모듈로 어떻게 클래스 정의를 단순화하는지 알아본다.

4장에서 다룰 주제는 다음과 같다.

- 기본 속성 처리

- 프로퍼티 생성

- 스페셜 메서드로 속성 접근

- getattribute_() 메서드

- 디스크립터 생성

- 속성과 프로퍼티에 타입 힌트 사용하기

- dataclasses 모듈 사용하기

기술 요구 사항

4장의 코드 파일은 https://git.io/fj2Uu에 있다.

기본 속성 처리

사용자가 생성하는 모든 클래스는 기본적으로 속성에 다음과 같은 네 가지 동작을 허용한다.

- 새 속성 생성과 값 할당

- 기존 속성에 값 할당

- 속성값 조회

- 속성 삭제

다음과 같은 간단한 코드로 위 동작을 직접 확인해 볼 수 있다. 간단한 제네릭 클래스와 그 클래스의 객체를 생성해보자.

```
>>> class Generic:
... pass
...
>>> g= Generic()
```

이제 속성의 생성과 할당, 삭제가 가능하다. 간단하게 속성을 생성하고 조회할 수 있다. 다음은 그 예다.

```
>>> g.attribute= "value"
>>> g.attribute
'value'
>>> g.unset
Traceback (most recent call last):
  File "<stdin>", line 1, in <module>
```

```
AttributeError: 'Generic' object has no attribute 'unset'
>>> del g.attribute
>>> g.attribute
Traceback (most recent call last):
  File "<stdin>", line 1, in <module>
AttributeError: 'Generic' object has no attribute 'attribute'
```

위 예제는 속성의 추가, 변경, 삭제를 보여준다. 할당되지 않은 속성을 조회하거나 존재하지 않는 속성을 삭제하려고 하면 예외가 발생한다.

조금 더 나은 방법은 types.SimpleNamespace 클래스의 인스턴스를 사용하는 것이다. 기능은 같으나 클래스를 추가로 정의하지 않아도 된다. 다음과 같이 SimpleNamespace 클래스의 객체를 생성한다.

```
>>> import types
>>> n = types.SimpleNamespace()
```

다음 코드에서 보듯이 같은 유스 케이스가 SimpleNamespace 클래스에도 동작한다.

```
>>> n.attribute= "value"
>>> n.attribute
'value'
>>> del n.attribute
>>> n.attribute
Traceback (most recent call last):
  File "<stdin>", line 1, in <module>
AttributeError: 'namespace' object has no attribute 'attribute'
```

인스턴스 n의 속성을 만들 수 있다. 정의되지 않은 속성을 사용하면 예외가 발생한다.

SimpleNamespace 클래스의 인스턴스는 object 클래스의 인스턴스를 생성했을 때와 다르게 동작한다. object 클래스의 인스턴스는 새 속성의 생성을 허용하지 않는데, 파이썬이 속성과 값을 저장할 내부 __dict__ 구조체가 없기 때문이다.

166

속성과 __init__() 메서드

초기 속성 컬렉션은 대부분 클래스의 __init__() 메서드에서 생성한다. 이상적으로 모든 속성의 이름과 기본값을 __init__()에서 제공해야 한다.

꼭 __init__() 메서드에서 모든 속성을 제공할 필요는 없으나 mypy는 __init__() 메서드를 검사해 객체의 속성을 예측하고 목록을 만든다. 선택 속성$^{optional\ attribute}$은 객체의 상태를 나타내는 한 가지 방법이지만 속성의 부재를 유효한 객체 상태로 보기는 어렵다.

또한 선택 속성은 클래스 정의의 경계를 허물어뜨린다. 클래스는 고유한 속성 컬렉션으로 정의된다. 속성은 하위 클래스나 상위 클래스 정의를 생성할 때 가장 분명하게 추가된다(또는 제거된다). 속성이 동적으로 바뀌면 비단 사용자뿐만 아니라 mypy 같은 도구 입장에서도 혼란스럽다.

일반적으로 선택 속성은 숨겨진 혹은 형식에 어긋난 하위 클래스 관계를 암시한다. 따라서 선택 속성을 사용하면 좋지 못한 다형성$^{Pretty\ Poor\ Polymorphism}$ 문제에 부딪힌다. 선택 속성보다는 다수의 다형 하위 클래스로 구현하는 편이 주로 더 낫다.

스플릿을 딱 한 번만 허용하는 블랙잭 게임을 떠올려보자. 한 번 핸드를 스플릿하면 다시 스플릿할 수 없다. 다음과 같은 방법으로 이러한 제약을 모델링한다.

- Hand.split() 메서드로 하위 클래스인 SplitHand의 인스턴스를 생성한다. 자세한 설명은 생략하겠다. Hand의 하위 클래스인 SplitHand에 예외를 일으키도록 split()을 구현한다. Hand를 스플릿해 두 SplitHand 인스턴스를 생성하면 다시는 스플릿할 수 없다.

- Hand 객체에 상태 속성을 생성한다. 이 속성은 Hand.split() 메서드에서 생성된다. 불리언 값이 이상적이지만 선택 속성으로도 구현할 수 있다.

다음처럼 Hand.split()을 구현하면 선택 속성인 self.split_blocker로 핸드를 스플릿할 수 있는지 알아낼 수 있다.

```
def split(self, deck):
    assert self.cards[0].rank == self.cards[1].rank
    try:
        self.split_blocker
        raise CannotResplit
    except AttributeError:
        h0 = Hand(self.dealer_card, self.cards[0], deck.pop())
        h1 = Hand(self.dealer_card, self.cards[1], deck.pop())
        h0.split_blocker = h1.split_blocker = True
        return h0, h1
```

split() 메서드는 split_blocker 속성이 있는지 확인한다. 속성이 존재하면 스플릿할 수 없으므로 메서드는 맞춤형 CannotReSplit 예외를 발생시킨다. split_blocker 속성이 존재하지 않으면 스플릿을 허용한다. 생성된 각 객체에는 향후 스플릿을 방지하는 선택 속성이 들어 있다.

선택 속성을 상태 플래그로 사용하면 __init__() 메서드가 비교적 깔끔해진다. 하지만 객체 상태 측면에서는 모호해진다. 뿐만 아니라 mypy 프로그램은 __init__()에서 초기화하지 않은 속성 참조를 절대 알지 못한다. 선택 속성으로 객체 상태를 관리하려면 주의 깊게 사용하자.

⠶ 프로퍼티 생성

프로퍼티는 (문법적으로) 간단한 속성처럼 보이는 메서드함수다. 속성값을 할당하고 조회하고 삭제했던 문법과 동일하게 프로퍼티 값을 할당하고 조회하고 삭제할 수 있다. 하지만 크게 다른 점이 있다. 프로퍼티는 사실상 메서드함수라 단순히 다른 객체로의 참조를 저장하는 것 외에 여러 가지를 처리할 수 있다.

기교적 차이와 더불어 프로퍼티와 속성 간 또 다른 차이는 프로퍼티는 객체에 쉽게 추가할 수 있으나 동적 속성은 쉽게 추가할 수 없다는 점이다. 이러한 면에서 프로퍼티는 단순 속성과 다르다.

프로퍼티는 두 가지 방법으로 생성한다. @property 장식자를 쓰거나 property() 함수를 쓴다. 온전히 구문적으로만 다르다. 장식자를 중점적으로 설명하겠다.

프로퍼티의 기본 디자인 패턴 두 가지를 살펴보자.

- **즉시 계산**^{eager calculation}: 이 디자인 패턴에서는 프로퍼티로 값을 할당할 때 다른 속성도 계산한다.

- **지연 계산**^{lazy calculation}: 이 디자인 패턴에서는 프로퍼티로 요청이 들어올 때까지 계산을 미룬다.

두 가지 프로퍼티 패턴을 비교하기 위해 Hand 객체의 공통 기능을 다음과 같이 추상 상위 클래스로 분리하자.

```python
class Hand:

    def __init__(
        self,
        dealer_card: BlackJackCard,
        *cards: BlackJackCard
    ) -> None:
        self.dealer_card = dealer_card
        self._cards = list(cards)

    def __str__(self) -> str:
        return ", ".join(map(str, self.card))

    def __repr__(self) -> str:
        return (
            f"{self.__class__.__name__}"
            f"({self.dealer_card!r}, "
            f"{', '.join(map(repr, self.card))})"
        )
```

실제로 어떤 일도 하지 않는 객체 초기화 메서드를 정의했다. 이어서 문자열 표현 메서드 두 개를 제공했다. Hand 클래스는 내부 카드 목록을 _cards라는 인스턴스 변수에 저장하는 래퍼다. 인스턴스 변수 앞에 _를 붙여 바뀔 수 있는 세부 구현임을 상기시켰다.

mypy는 __init__()에서 인스턴스 변수명과 타입 힌트 정보를 얻는다. 위와 같은 유형의 추상 클래스 정의에서 기본값으로 None을 사용하는 것은 타입 힌트 위반이다. dealer_card 속성은 BlackJackCard 인스턴스여야 한다. 이 변수의 초깃값이 None이려면 타입 힌트는 Optional[BlackJackCard]여야 하고 모든 변수 참조를 if문으로 감싸 그 값이 None인지 확인해야 한다.

다음은 Hand의 하위 클래스로 이때 total은 요청이 있을 때만 계산하는 지연 프로퍼티lazy property다.

```
class Hand_Lazy(Hand):

    @property
    def total(self) -> int:
        delta_soft = max(c.soft - c.hard for c in self._cards)
        hard_total = sum(c.hard for c in self._cards)
        if hard_total + delta_soft <= 21:
            return hard_total + delta_soft
        return hard_total

    @property
    def card(self) -> List[BlackJackCard]:
        return self._cards

    @card.setter
    def card(self, aCard: BlackJackCard) -> None:
        self._cards.append(aCard)

    @card.deleter
    def card(self) -> None:
        self._cards.pop(-1)
```

Hand_Lazy 클래스는 dealer_card와 _cards 인스턴스 변수에 값을 할당한다. total 프로퍼티는 요청이 있을 때만 점수를 계산하는 메서드다. 또한 핸드 내 카드 컬렉션을 업데이트하는 프로퍼티도 정의했다. card 프로퍼티는 핸드 내 카드를 조회하고 할당하고 삭제할 수 있다. 이러한 프로퍼티는 'setter와 deleter 프로퍼티' 절에서 살펴보겠다.

이제 Hand_Lazy 객체를 생성해보자. total은 단순 속성이다.

```
>>> d = Deck()
>>> h = Hand_Lazy(d.pop(), d.pop(), d.pop())
>>> h.total
19
>>> h.card = d.pop()
>>> h.total
29
```

점수를 요청할 때마다 핸드의 카드를 다시 읽어 점수를 지연 계산한다. 단순 BlackJack
Card 인스턴스라면 비교적 비용이 적은 계산이다. 다른 항목에서는 오버헤드가 상당히
클 수 있다.

즉시 계산 프로퍼티

다음은 Hand의 하위 클래스로, 이때 total은 매 카드를 추가할 때마다 점수를 즉시 계산
하는 단순 속성이다.

```python
class Hand_Eager(Hand):

    def __init__(
        self,
        dealer_card: BlackJackCard,
        *cards: BlackJackCard
    ) -> None:
        self.dealer_card = dealer_card
        self.total = 0
        self._delta_soft = 0
        self._hard_total = 0
        self._cards:List[BlackJackCard] = list()
        for c in cards:
            # mypy는 setter의 타입을 식별하지 못한다.
            # https://github.com/python/mypy/issues/4167
            self.card = c

    @property
    def card(self) -> List[BlackJackCard]:
        return self._cards
```

```
    @card.setter
    def card(self, aCard: BlackJackCard) -> None:
      self._cards.append(aCard)
      self._delta_soft = max(aCard.soft-aCard.hard, self._delta_soft)
      self._hard_total = self._hard_total + aCard.hard
      self._set_total()

    @card.deleter
    def card(self) -> None:
      removed= self._cards.pop(-1)
      self._hard_total -= removed.hard
      # 이슈: 이것이 유일한 에이스였는가?
      self._delta_soft = max(c.soft - c.hard for c in self._cards )
      self._set_total()

    def _set_total(self) -> None:
      if self._hard_total + self._delta_soft <= 21:
        self.total = self._hard_total + self._delta_soft
      else:
        self.total = self._hard_total
```

Hand_Eager 클래스의 __init__() 메서드는 즉시 계산하는 total을 0으로 초기화한다. 또 다른 인스턴스 변수인 _delta_soft와 _hard_total은 핸드 내 에이스 카드의 상태를 추적한다. 핸드에 각 카드를 넣을 때마다 total이 업데이트된다.

self.card를 이렇게 사용하니 마치 속성처럼 보인다. 그러나 실제로는 @card.setter로 장식한 프로퍼티 메서드에 대한 참조다. 이 메서드의 매개변수인 aCard가 할당문(=) 우항 값으로 쓰인다.

카드의 setter 프로퍼티로 카드를 추가할 때마다 total 속성이 업데이트된다.

@card.deleter로 장식된 또 다른 card 프로퍼티는 카드를 제거할 때마다 total 속성을 즉시 업데이트한다. deleter는 다음 절에서 자세히 알아보겠다.

클라이언트가 보는 Hand의 두 하위 클래스(Hand_Lazy()와 Hand_Eager())의 문법은 동일하다.

```
d = Deck()
```

```
h1= Hand_Lazy(d.pop(), d.pop(), d.pop())
print(h1.total)
h2= Hand_Eager(d.pop(), d.pop(), d.pop())
print(h2.total)
```

두 경우 모두 클라이언트 소프트웨어는 total 속성을 사용하기만 한다. 지연 구현에서
는 필요할 때까지 점수 계산을 미루되 매번 다시 계산한다. 즉시 구현은 점수를 즉시 계
산하고 핸드가 바뀔 때만 다시 계산한다. 어떻게 절충할 것인가가 소프트웨어 공학적으
로 중요한 질문이고, 최종 선택은 애플리케이션 전반에서 total 속성을 사용하는 방식
에 따라 달라진다.

프로퍼티를 사용하면 구현이 바뀌어도 문법이 바뀌지 않는다. getter/setter 메서드함
수도 비슷하다고 말할 수 있다. 하지만 getter/setter 메서드함수는 크게 유용하거나 유
익하지도 않은 문법을 더 포함한다. 다음의 예제에서 하나는 setter 메서드를, 다른 하
나는 할당 연산자를 사용한다.

```
obj.set_something(value)
obj.something = value
```

할당 연산자(=)를 쓰면 의도가 명확해진다. 많은 프로그래머가 setter 메서드함수보다
할당문을 더 쉽게 이해한다.

setter와 deleter 프로퍼티

앞선 예제에서는 card 프로퍼티를 정의해 Hand 클래스의 객체에 카드를 추가했다.

setter(와 deleter) 프로퍼티는 getter 프로퍼티로 생성하므로 항상 다음과 같은 코드로
getter 프로퍼티를 먼저 정의해야 한다.

```
@property
def card(self) -> List[BlackJackCard]:
  return self._cards
```

```
@card.setter
def card(self, aCard: BlackJackCard) -> None:
    self._cards.append(aCard)

@card.deleter
def card(self) -> None:
    self._cards.pop(-1)
```

이렇게 해야 다음과 같은 간단한 명령문으로 핸드에 카드를 추가할 수 있다.

```
h.card = d.pop()
```

문제는 위 할당문이 마치 전체 카드를 하나의 카드로 대체하는 것처럼 보인다는 것이다. 한편으로는 간단한 할당문으로 가변 객체의 상태를 업데이트한다는 장점도 있다. __iadd__()라는 스페셜 메서드를 사용하면 조금 더 간결해진다. 그러나 스페셜 메서드에 대한 소개는 8장으로 미루겠다.

다음의 코드처럼 동작하는 split() 메서드를 생각해보자.

```
def split(self, deck: Deck) -> "Hand":
    """핸드를 업데이트해서 새 핸드를 반환한다."""
    assert self._cards[0].rank == self._cards[1].rank
    c1 = self._cards[-1]
    del self.card
    self.card = deck.pop()
    h_new = self.__class__(self.dealer_card, c1, deck.pop())
    return h_new
```

위 메서드는 주어진 Hand 인스턴스를 업데이트해서 새 Hand 객체를 반환한다. Hand 클래스 정의에 포함된 메서드인데 클래스를 아직 완전히 정의하지 않았으니 클래스명을 문자열로 나타내야 한다.

del문은 현재 핸드에서 마지막 카드를 제거한다. @card.deleter 프로퍼티에서 카드 삭제 작업을 수행한다. 지연 핸드^{lazy hand}라면 더 할 일은 없다. 즉시 핸드라면 점수를 업데이트한다. del문 앞 할당문은 로컬 변수 c1에 마지막 카드를 저장하는 데 쓰인다.

다음은 핸드 스플릿 예제다.

```
>>> d = Deck()
>>> c = d.pop()
>>> h = Hand_Lazy(d.pop(), c, c)  # 스플릿 가능한 핸드를 생성한다
>>> h2 = h.split(d)
>>> print(h)
2♠, 10♠
>>> print(h2)
2♠, A♠
```

같은 카드가 두 장이니 split()으로 두 번째 핸드를 만들 수 있다. 처음 핸드에서 카드한 장을 제거해 결과 핸드를 생성했다.

위 split() 함수는 확실히 잘 동작한다. 하지만 새로운 두 Hand 객체를 반환하는 split() 메서드가 조금 더 나아 보인다. 스플릿 전의 Hand 인스턴스를 기록으로 저장해 감사나통계 분석이 가능하기 때문이다.

스페셜 메서드로 속성 접근

지금부터 속성 접근에 쓰이는 표준 스페셜 메서드인 __getattr__()와 __setattr__(), __delattr__()를 알아보겠다. 더불어 속성명을 알아내는 __dir__() 메서드도 알아본다. __getattribute__()는 다음 절에서 설명한다.

여기서는 다음과 같은 기본 동작을 설명한다.

- __setattr__() 메서드는 속성을 생성하고 할당한다.

- __getattr__() 메서드는 속성이 정의되지 않았을 때를 대비한 메서드다. 속성명이 객체의 인스턴스 변수에 없을 때 __getattr__()를 사용한다. 기본적으로는 Attribute Error 예외를 발생시킨다. 예외를 일으키는 대신 의미 있는 결과를 반환하도록 오버라이딩할 수 있다.

- __delattr__() 메서드는 속성을 삭제한다.

- __dir__() 메서드는 속성명 리스트를 반환한다. 주로 __getattr__()와 함께 쓰여 동적으로 계산되는 속성에 매끄러운 인터페이스를 제공한다.

__getattr__() 메서드함수는 더 큰 처리 과정의 한 단계일 뿐이다. 속성명을 모를 때 사용한다. 속성명을 알면 __getattr__() 메서드를 사용하지 않는다.

속성 접근을 제어하는 디자인은 매우 다양하다. 그중 몇 가지를 소개하겠다.

- 내부 __dict__를 __slots__로 대체한다. 이렇게 하면 새 속성을 추가하기 어렵다. 하지만 명명된 속성은 여전히 가변이다.

- __setattr__()와 __delattr__()라는 두 수페셜 메서드를 오버라이딩해서 클래스에 속성을 추가한다. 동적 속성이 있으면 mypy가 타입 힌트를 평가하기 어렵다.

- 클래스 내에 프로퍼티와 유사한 동작을 구현한다. __getattr__()와 __setattr__() 메서드를 사용하면 프로퍼티와 유사한 다양한 처리를 이 두 메서드에서 제어할 수 있다.

- 요청이 있기 전까지 계산하지 않는 (혹은 계산할 수 없는) 지연 속성을 만든다. 예를 들어 파일이나 데이터베이스, 네트워크로부터 읽기 전에는 값을 갖지 않는 속성을 생성한다. __getattr__()의 흔한 용법이다.

- 즉시 속성을 사용해 속성 할당 시 다른 속성에 즉시 값을 생성한다. __setattr__()를 오버라이딩하면 된다.

위 방법을 모두 설명하지는 않는다. 가장 흔히 쓰이는 기법을 집중적으로 다루겠다. 한정된 속성을 가진 객체를 생성하고 동적 속성값을 계산하는 다른 대안을 알아본다.

속성을 할당하거나 새 속성을 만들 수 없으면 객체는 불변이다. 다음은 인터랙티브 파이썬 예제다.

```
>>> c = card21(1,'♠')
```

```
>>> c.rank = 12
Traceback (most recent call last):
  File "<stdin>", line 1, in <module>
  File "<stdin>", line 30, in __setattr__
TypeError: Cannot set rank
>>> c.hack = 13
Traceback (most recent call last):
  File "<stdin>", line 1, in <module>
  File "<stdin>", line 31, in __setattr__
AttributeError: 'Ace21Card' has no attribute 'hack'
```

위 코드는 객체의 속성을 변경하거나 객체에 속성을 추가할 수 없는 Card 객체를 보여
준다.

완벽한 불변 동작을 구현하는 가장 간단하고 좋은 방법은 typing.NamedTuple을 확장하
는 것이다. 해당 절에서 설명하겠다. 그에 앞서 불변성의 까다로운 특징을 구현하는 좀
더 복잡한 대안 몇 가지를 먼저 살펴보겠다.

__slots__으로 속성명 제한

__slots__을 사용하면 새 속성은 추가하지 못해도 속성값은 수정할 수 있는 클래스를
생성할 수 있다. 다음의 예제는 속성명을 어떻게 제한하는지 보여준다.

```python
class BlackJackCard:
  __slots__ = ("rank", "suit", "hard", "soft")

  def __init__(self, rank: str, suit: "Suit", hard: int, soft: int)
  -> None:
    self.rank = rank
    self.suit = suit
    self.hard = hard
    self.soft = soft
```

이전의 BlackJackCard 정의와 한 가지가 크게 다르다. __slots__ 속성에 허용 가능한 속
성명을 할당했다. 이로써 객체의 내부 __dict__ 기능을 더 이상 쓰지 않고 해당 속성명

만 쓰도록 제한한다. 새 속성은 추가할 수 없으나 정의된 속성값은 가변이다.

이 기능은 기본적으로 생성되는 내부 __dict__ 구조체의 메모리를 제한할 때 주로 쓰인다. __slots__ 구조체는 메모리를 덜 사용하므로 대량의 인스턴스를 생성할 때 많이 사용한다.

__getattr__()로 동적 속성 생성

하나의 중앙화된 __getattr__()에서 속성을 계산하는 객체를 생성할 수 있다. 속성값을 별개 프로퍼티로 나눠 계산할 때는 메서드가 여러 개인 편이 다양한 알고리듬을 캡슐화하기 편리하다. 하지만 모든 계산을 하나의 메서드로 묶는 편이 더 합리적일 때도 있다. 이렇게 하면 파이썬 소스 텍스트에 속성명이 드러나지 않으니 mypy는 본질적으로 속성명을 알지 못한다.

다음은 메서드 하나에서 모두 계산하는 예제다.

```
class RTD_Solver:

    def __init__(
        self, *,
        rate: float = None,
        time: float = None,
        distance: float = None
    ) -> None:
        if rate:
            self.rate = rate
        if time:
            self.time = time
        if distance:
            self.distance = distance

    def __getattr__(self, name: str) -> float:
        if name == "rate":
            return self.distance / self.time
        elif name == "time":
            return self.distance / self.rate
```

```
    elif name == "distance":
      return self.rate * self.time
    else:
      raise AttributeError(f"Can't compute {name}")
```

RTD_Solver 클래스의 인스턴스는 세 값 중 두 값을 사용해 생성된다. 핵심은 누락된 세 번째 값을 나머지 두 값으로 계산하는 것이다. 이때 누락된 값을 선택 속성으로 만들어 요청이 있을 때 속성값을 계산하게 했다. 가능한 속성 세 개 중 두 개를 사용하니 이 클래스의 속성은 동적이다.

다음의 코드처럼 클래스를 사용한다.

```
>>> r1 = RTD_Solver(rate=6.25, distance=10.25)
>>> r1.time
1.64
>>> r1.rate
6.25
```

RTD_Solver 클래스의 인스턴스는 세 속성 중 두 속성으로 만들어진다. 위 예제에서는 rate와 distance다. time 속성값을 요청하면 rate와 distance로 time을 계산한다.

하지만 rate 속성값을 요청하면 __getattr__() 메서드가 호출되지 않는다. 인스턴스에 rate와 distance 속성이 있으니 바로 제공한다. __getattr__()가 정말 쓰이지 않는지 확인하려면 다음 코드처럼 rate 계산부에 print() 함수를 넣어보자.

```
if name == "rate":
  print("Computing Rate")
  return self.distance / self.time
```

__init__() 메서드로 속성값을 할당하며 RTD_Solver 인스턴스를 생성할 때는 __getattr__() 메서드로 속성값을 가져오지 않는다. __getattr__() 메서드는 알려지지 않은 속성에만 사용한다.

NamedTuple의 하위 클래스로서 불변 객체 생성

불변 객체를 생성하는 최선의 방법은 Card 프로퍼티를 typing.NamedTuple의 하위 클래스로 만드는 것이다.

다음은 내장 typing.NamedTuple 클래스를 확장한 예제다.

```
class AceCard2(NamedTuple):
  rank: str
  suit: Suit
  hard: int = 1
  soft: int = 11

  def __str__(self) -> str:
    return f"{self.rank}{self.suit}"
```

위 코드로 다음과 같은 인터랙션이 가능하다.

```
>>> c = AceCard2("A", Suit.Spade)
>>> c.rank
'A'
>>> c.suit
<Suit.Spade: '♠'>
>>> c.hard
1
```

인스턴스를 생성했고 그 인스턴스에 바라던 속성값이 있다. 다만 속성을 추가하거나 바꿀 수는 없다. 속성명에 대한 모든 처리는 NamedTuple 클래스 정의를 따른다.

```
>>> c.not_allowed = 2
Traceback (most recent call last):
  File "/Users/slott/miniconda3/envs/py37/lib/python3.7/doctest.py",
line 1329, in __run compileflags, 1), test.globs)
  File "<doctest __main__.__test__.test_comparisons_2[3]>", line 1, in
<module>
    c.not_allowed = 2
AttributeError: 'AceCard2' object has no attribute 'not_allowed'
>>> c.rank = 3
```

```
Traceback (most recent call last):
  File "/Users/slott/miniconda3/envs/py37/lib/python3.7/doctest.py",
line 1329, in __run compileflags, 1), test.globs)
  File "<doctest __main__.__test__.test_comparisons_2[4]>", line 1, in
<module>
    c.rank = 3
AttributeError: can't set attribute
```

즉시 계산되는 속성과 dataclasses, __post_init__()

값을 할당하자마자 속성을 계산하는 객체를 정의할 수 있다. 이러한 객체는 계산 후 그 결과를 여러 번 사용하는 식으로 접근을 최적화한다.

방법은 프로퍼티 세터다. 다만 클래스에 프로퍼티 세터가 여러 개이고 저마다 속성을 다르게 계산하면 훨씬 복잡해 보일 수 있다. 그래서 파생값$^{derived\ value}$ 계산을 전부 한곳에 모으기도 한다.

dataclasses 모듈은 내장 기능 집합이 포함된 클래스를 제공한다. 이러한 기능 중 하나가 파생값을 계산하는 데 쓰이는 __post_init__() 메서드다.

다음의 코드처럼 실행하고 싶다.

```
>>> RateTimeDistance(rate=5.2, time=9.5)
RateTimeDistance(rate=5.2, time=9.5, distance=49.4)
>>> RateTimeDistance(distance=48.5, rate=6.1)
RateTimeDistance(rate=6.1, time=7.950819672131148, distance=48.5)
```

RateTimeDistance 객체에 필요한 세 값 중 두 값을 할당한다. 다음 코드 블럭에서 추가 속성을 즉시 계산한다.

```
from dataclasses import dataclass

@dataclass
class RateTimeDistance:
```

```
    rate: Optional[float] = None
    time: Optional[float] = None
    distance: Optional[float] = None

    def __post_init__(self) -> None:
        if self.rate is not None and self.time is not None:
            self.distance = self.rate * self.time
        elif self.rate is not None and self.distance is not None:
            self.time = self.distance / self.rate
        elif self.time is not None and self.distance is not None:
            self.rate = self.distance / self.time
```

@dataclass 장식자로 정의한 클래스는 다양한 초기화 값을 허용한다. 값을 할당하면 __post_init__() 메서드를 호출한다. __post_init__() 메서드에서 값을 추가로 계산한다.

이때 속성은 가변이며 잘못하면 rate와 time, distance의 값이 서로 일관되지 않은 객체가 만들어지기 쉽다. 다음의 코드처럼 속성값이 내부적으로 서로 맞지 않을 수 있다.

```
>>> r1 = RateTimeDistance(time=1, rate=0)
>>> r1.distance = -99
```

이를 방지하려면 @dataclass(frozen=True) 장식자를 사용한다. 이렇게 바꾸면 NamedTuple 과 상당히 유사하게 동작한다.

__setattr__()로 증분 계산

속성값 변화를 감지하는 __setattr__()로 클래스를 생성할 수 있다. __setattr__()를 사용하면 증분 계산incremental computation이 가능하다. 즉 초기 속성값을 할당한 후에 파생값을 계산하는 것이다.

다음과 같이 속성 할당을 바라보는 두 관점이 서로 다르니 주의하자.

- **클라이언트 관점**: 속성을 할당할 수 있고 파생값을 계산할 수 있다. 이때는 복잡한 __

setattr__() 메서드를 사용한다.

- **내부 관점**: 속성 할당으로 인해 추가 계산이 일어나서는 안 된다. 추가 계산이 일어나면 속성 할당과 그 속성의 파생값 계산이라는 무한 재귀로 이어진다. 이때는 최상위 클래스의 기본 __setattr__() 메서드를 사용해야 한다.

중요한 차이지만 간과하기 쉽다. 다음은 __setattr__() 메서드에서 속성 할당과 파생 속성 계산을 모두 수행하는 클래스다.

```python
class RTD_Dynamic:
    def __init__(self) -> None:
        self.rate : float
        self.time : float
        self.distance : float

        super().__setattr__('rate', None)
        super().__setattr__('time', None)
        super().__setattr__('distance', None)

    def __repr__(self) -> str:
        clauses = []
        if self.rate:
            clauses.append(f"rate={self.rate}")
        if self.time:
            clauses.append(f"time={self.time}")
        if self.distance:
            clauses.append(f"distance={self.distance}")
        return (
            f"{self.__class__.__name__}"
            f"({', '.join(clauses)})"
        )

    def __setattr__(self, name: str, value: float) -> None:
        if name == 'rate':
            super().__setattr__('rate', value)
        elif name == 'time':
            super().__setattr__('time', value)
        elif name == 'distance':
            super().__setattr__('distance', value)
```

```
            if self.rate and self.time:
                super().__setattr__('distance', self.rate * self.time)
            elif self.rate and self.distance:
                super().__setattr__('time', self.distance / self.rate)
            elif self.time and self.distance:
                super().__setattr__('rate', self.distance / self.time)
```

__init__() 메서드에서 최상위 클래스의 __setattr__()를 사용해 재귀 계산 없이 기본 속성값을 할당한다. 타입 힌트를 제공하며 인스턴스 변수를 명명하되 할당은 수행하지 않는다.

RTD_Dynamic 클래스는 속성을 할당하는 __setattr__() 메서드를 제공한다. 값만 충분히 제공하면 파생값도 계산한다. 내부적으로 super().__setattr__()를 사용함으로써 object 최상위 클래스의 속성 할당 메서드로 추가 계산이 이뤄지지 않도록 명확하게 막는다.

위 클래스는 다음과 같이 사용한다.

```
>>> rtd = RTD_Dynamic()
>>> rtd.time = 9.5
>>> rtd
RTD_Dynamic(time=9.5)
>>> rtd.rate = 6.25
>>> rtd
RTD_Dynamic(rate=6.25, time=9.5, distance=59.375)
>>> rtd.distance
59.375
```

NOTE

> 위 클래스의 메서드에서는 단순한 self.name = 문법으로는 속성값을 할당할 수 없다.

위 클래스 정의 내 __setattr__() 메서드에 다음의 코드를 작성한다고 상상해보자.

```
self.distance = self.rate * self.time
```

이렇게 작성하면 __setattr__()에 무한 재귀가 생긴다. self.distance=x 줄은 self.__setattr__('distance', x)로 구현된다. __setattr__() 본문에 self.distance=x 같은 줄이 들어가면 속성 할당 중에 __setattr__()를 사용한다는 뜻이다. 최상위 클래스의 __setattr__()는 어떠한 추가 작업도 수행하지 않고 재귀에 얽혀 들지도 않는다(예제에서는 self['distance']를 사용함으로써 __setattr__()의 재귀 호출을 막았다).

세 값을 모두 할당한 후에는 어떤 속성이 바뀌어도 나머지 두 속성을 다시 계산하지 않는다. 한 속성이 누락됐을 때 나머지 두 속성을 사용할 수 있다는 명시적인 가정을 따른다.

값을 적절히 다시 계산하려면 두 가지를 바꿔야 한다. 1) 원하는 속성을 None으로 할당하고, 2) 재계산이 일어나도록 값을 제공해야 한다.

쉽사리 rate에 새 값을 할당할 수 없으며, distance는 그대로 두고 새 time 값을 계산하기도 쉽지 않다. 모델을 수정하려면 한 변수를 비우고 다른 변수에 새 값을 할당해야 한다.

```
>>> rtd.time = None
>>> rtd.rate = 6.125
>>> rtd
RTD_Dynamic(rate=6.125, time=9.5, distance=58.1875)
```

위 예에서는 time을 비우고 rate를 바꿔 미리 설정한 distance 값을 사용해 새 time 값을 얻었다.

⠿ __getattribute__() 메서드

__getattribute__() 메서드는 훨씬 하단에서 속성을 처리한다. 메서드는 기본적으로 기존의 내부 __dict__(혹은 __slots__) 속성에서 값을 찾는다. 속성이 없으면 대신 __getattr__()를 호출한다. 찾은 값이 디스크립터(다음 절인 '디스크립터' 생성 참고)면 디스크립터를 처리한다. 그 외에는 단순히 값을 반환한다.

__getattribute__() 메서드를 오버라이딩해서 다음과 같은 작업을 수행할 수 있다.

- 속성 접근을 효과적으로 막는다. 단순히 이름 앞에 밑줄(_)을 넣어 프라이빗으로 구현하는 방식보다 값을 반환하지 않고 예외를 발생시키는 __getattribute__() 메서드가 속성을 더 잘 감춘다.

- __getattr__()로 새 속성을 만드는 방식과 비슷하게 새 속성을 만든다. 다른 점은 __getattribute__()의 기본 구현에 있는 기본 룩업을 우회할 수 있는 것이다.

- 각 속성이 서로 다른 고유한 작업을 수행하게 한다. 프로그램을 파악하고 유지하기가 굉장히 까다로울 수 있어 때로는 악영향을 미친다.

- 디스크립터 동작 방식을 변경한다. 기술적으로는 가능하나 디스크립터의 동작을 변경한다는 생각 자체가 터무니없다.

__getattribute__() 메서드를 구현할 때는 메서드 본문에서 내부 속성을 참조할 수 없다는 점을 명심하자. self.name 값을 얻으려고 하는 순간 __getattribute__() 메서드는 무한 재귀에 빠진다.

NOTE

> __getattribute__() 메서드에서는 단순한 self.name 속성 접근을 사용할 수 없다. 무한 재귀가 발생한다.

__getattribute__() 메서드에서 속성값을 얻으려면 다음의 코드처럼 최상위 클래스나 기반 클래스인 object에 정의된 기반 메서드를 명시적으로 참조해야 한다.

```
object.__getattribute__(self, name)
```

위와 같이 처리하면 디버깅, 감사, 보안 제어를 클래스 정의에 포함시킬 수 있다. 예를 들어 특별히 더 중대한 클래스에서 속성에 접근할 때 로그를 남긴다. 적당한 보안 테스트는 정의된 접근 제어를 가진 사용자에 한정해서 접근을 제한할 수 있다.

다음의 예제는 클래스 내 밑줄 하나로 시작하는 인스턴스 변수와 메서드에 접근하지 못하게 막는 __getattribute__()의 전형적 용법을 보여준다. 이러한 이름을 이용해 AttributeError 예외를 일으킨다.

클래스 정의는 다음과 같다.

```python
class SuperSecret:

    def __init__(self, hidden: Any, exposed: Any) -> None:
        self._hidden = hidden
        self.exposed = exposed

    def __getattribute__(self, item: str):
        if (len(item) >= 2 and item[0] == "_" and item[1] != "_"):
            raise AttributeError(item)
        return super().__getattribute__(item)
```

프라이빗명에 한해 속성 오류를 일으키도록 __getattribute__()를 오버라이딩했다. 따라서 파이썬 내부의 __ 이름만 겉으로 노출되고 밑줄 하나(_)로 시작하는 이름은 모두 감춰진다. _hidden 속성은 거의 겉으로 노출되지 않는다. 다음의 예제처럼 위 클래스의 객체를 사용한다.

```
>>> x = SuperSecret('onething', 'another')
>>> x.exposed
'another'
>>> x._hidden # doctest: +IGNORE_EXCEPTION_DETAIL
Traceback (most recent call last):
  File "/Users/slott/miniconda3/envs/py37/lib/python3.7/doctest.py",
line 1329, in __run compileflags, 1), test.globs)
  File "<doctest __main__.__test__.test_secret[3]>", line 1, in
<module>
    x._hidden #
  File "/Users/slott/Documents/Writing/Python/Mastering OO Python
2e/mastering-oo-python-2e/Chapter_4/ch04_ex4.py", line 132, in
__getattribute__
    raise AttributeError(item)
AttributeError: _hidden
```

객체 x는 노출된 속성을 요청하면 응답하지만, _로 시작하는 속성 참조에는 예외를 일으킨다.

하지만 _로 시작하는 모든 이름을 완전히 감추지는 못한다. dir() 함수를 쓰면 _hidden 속성이 드러난다. 이 문제를 수정하려면 __dir__() 스페셜 메서드를 오버라이딩해서 _로 시작하는 이름도 감춰야 한다.

일반적으로 __getattribute__() 구현은 거의 바꿀 필요가 없다고 조언한다. 기본 구현 만으로 프로퍼티 정의나 __getattr__() 변경을 통해 유연하게 기능에 접근할 수 있다.

⋙ 디스크립터 생성

디스크립터descriptor는 속성 접근을 조정하는 클래스다. 디스크립터 클래스로 속성값을 조회하고 할당하며 삭제한다. 클래스를 정의할 때 클래스 내부에 디스크립터 객체가 생성된다. 파이썬에서 메서드와 속성, 프로퍼티를 구현하는 본질적인 방법이 바로 디스크립터다.

디스크립터 디자인 패턴은 주인 클래스owner class와 속성 디스크립터attribute descriptor로 나뉜다. 주인 클래스는 하나 이상의 디스크립터를 속성으로 사용한다. 디스크립터 클래스는 __get__, __set__, __delete__ 메서드의 조합으로 정의된다. 디스크립터 클래스의 인스턴스가 주인 클래스의 속성이다.

디스크립터는 주인 클래스와는 별개의 클래스 인스턴스다. 따라서 디스크립터로 재사용 가능한 일반적인 종류의 속성을 생성할 수 있다. 주인 클래스는 각 디스크립터 클래스별로 여러 인스턴스를 만듦으로써 유사하게 동작하는 속성을 관리한다.

다른 속성과 달리 디스크립터는 클래스단에서 생성된다. __init__() 초기화 과정에서 만들어지지 않는다. 초기화에서 디스크립터 인스턴스에 값을 할당할 수 있으나 디스크립터 인스턴스는 일반적으로 메서드함수 외부에서 클래스의 한 부분으로 생성된다. 각 디스크립터 객체는 디스크립터 클래스의 인스턴스가 된다. 디스크립터 인스턴스는 주인 클래스 내 속성명과 연결돼야 한다.

디스크립터로 인정되려면 클래스에서 아래 세 메서드의 모든 조합을 구현해야 한다.

- Descriptor.__get__(self, instance, owner): 이 메서드의 instance 매개변수는 접근되고 있는 객체의 self 변수다. owner 매개변수는 주인 클래스의 객체다. 클래스단에서 디스크립터를 호출할 때 instance 매개변수의 값은 None이다. 이 메서드는 반드시 디스크립터의 값을 반환해야 한다.

- Descriptor.__set__(self, instance, value): 이 메서드의 instance 매개변수는 접근되고 있는 객체의 self 변수다. value 매개변수는 디스크립터에 할당해야 할 새 값이다.

- Descriptor.__delete__(self, instance): 이 메서드의 instance 매개변수는 접근되고 있는 객체의 self 변수다. 이 메서드는 해당 속성값을 삭제해야 한다.

디스크립터 클래스에 디스크립터의 내부 상태를 초기화할 __init__() 메서드함수가 필요할 때도 있다. 어떤 메서드를 정의하느냐에 따라 디자인 패턴은 다음 두 가지다.

- **비데이터**non-data **디스크립터:** 이 디스크립터는 __get__()만 정의한다. 자신의 메서드나 속성을 통해 다른 객체로의 간접 참조를 제공하려는 것이다. 비데이터 디스크립터를 참조할 때 약간의 액션도 가능하다.

- **데이터**data **디스크립터:** 이 디스크립터는 __get__()과 __set__() 둘 다 정의해, 가변 객체를 생성한다. __delete__()도 정의할 수 있다. 데이터 디스크립터 값을 갖는 속성을 참조하면 디스크립터 객체의 __get__()이나 __set__(), __delete__() 메서드로 그 역할이 위임된다.

디스크립터의 유스 케이스는 매우 다양하다. 파이썬에서 내부적으로 디스크립터를 사용하는 용도는 다음과 같다.

- 클래스의 메서드를 디스크립터로 구현한다. 이들은 메서드함수를 객체와 다양한 매개변숫값에 적용하는 비데이터 디스크립터다.

- 명명된 속성의 데이터 디스크립터를 생성해 property() 함수를 구현한다.

- 클래스 메서드나 정적 메서드를 디스크립터로 구현한다. 두 경우 모두 메서드는 클래스의 인스턴스가 아닌 클래스에 적용된다.

12장에서 객체 관계 매핑을 알아보며 설명하겠지만 많은 ORM 클래스 정의에서 파이썬 클래스 정의를 SQL의 테이블과 열에 매핑할 때 디스크립터를 사용한다.

디스크립터의 목적을 감안하면 일반적으로 디스크립터가 데이터를 어떻게 처리하는지에 대해서도 유스 케이스를 따져 봐야 한다.

- 디스크립터 객체descriptor object가 데이터 값을 포함하거나 획득한다. 이때 디스크립터 객체의 self 변수를 사용하며 디스크립터 객체에는 상태가 있다. 데이터 디스크립터면 __get__() 메서드에서 이러한 내부 데이터를 반환한다. 비데이터 디스크립터면 데이터를 획득하거나 처리하는 다른 메서드나 속성을 포함한다.

- 주인 인스턴스owner instance가 데이터를 포함한다. 이때 디스크립터 객체는 instance 매개변수로 주인 객체 내 값을 참조해야 한다. 데이터 디스크립터면 __get__() 메서드에서 인스턴스의 데이터를 가져온다. 비데이터 디스크립터면 디스크립터의 다른 메서드에서 인스턴스 데이터에 접근한다.

- 주인 클래스owner class가 관련된 데이터를 포함한다. 이때 디스크립터 객체는 owner 매개변수를 사용해야 한다. 클래스 전체에 적용되는 정적 메서드나 클래스 메서드를 디스크립터로 구현할 때 가장 흔히 쓰인다.

첫 번째 경우를 상세히 살펴보겠다. __get__()과 __set__() 메서드를 포함하는 데이터 디스크립터를 생성해본다. __get__() 메서드가 없는 비데이터 디스크립터도 생성해본다.

두 번째 경우(주인 인스턴스 내 데이터)는 본질적으로 @property 장식자의 역할이다. 프로퍼티를 생성하는 대신 디스크립터 클래스를 작성할 경우 약간의 이점이 있다. 디스크립터를 사용해 계산을 디스크립터 클래스로 리팩터링할 수 있다. 클래스 디자인이 깨질 수 있으나 계산 복잡도가 지나치게 높으면 유용하다. 본질적으로는 특정 알고리듬을 별개의 클래스로 포함시키는 전략 디자인 패턴이다.

세 번째 경우는 @staticmethod와 @classmethod 장식자가 어떻게 구현되는지 보여준다. 이미 아는 내용이니 굳이 다시 보지 않아도 된다.

비데이터 디스크립터 사용하기

내부적으로 파이썬은 클래스 메서드와 정적 메서드의 일부 구현에서 비데이터 디스크립터를 사용한다. 디스크립터는 인스턴스와 주인 클래스에 모두 접근할 수 있기 때문이다.

인스턴스를 업데이트하는 디스크립터 예제를 살펴보고 디스크립터 사용이라는 부수 효과를 추가로 일으키는 파일시스템도 다뤄 보겠다.

아래 예제에서는 클래스의 각 인스턴스마다 고유한 작업 디렉터리를 생성하는 디스크립터를 클래스에 추가한다. 이는 상태나 디버깅 히스토리, 심지어 복잡한 애플리케이션 내 감사 정보를 캐싱할 때 유용하다.

다음은 내부적으로 StateManager를 사용할 추상 클래스다.

```
class PersistentState:
    """StateManager 객체를 사용하는 추상 최상위 클래스"""
    _saved: Path
```

PersistentState 클래스 정의는 타입 힌트가 Path인 _saved 속성 참조를 포함한다. 이로써 mypy가 감지할 수 있는 방식으로 객체 간 관계를 형식화한다.

다음은 객체 상태가 저장된 파일에 접근하는 디스크립터다.

```
class StateManager:
    """디렉터리를 생성할 수 있다. 인스턴스의 _saved에 값을 할당한다."""

    def __init__(self, base: Path) -> None:
```

```
        self.base = base

    def __get__(self, instance: PersistentState, owner: Type) -> Path:
        if not hasattr(instance, "_saved"):
            class_path = self.base / owner.__name__
            class_path.mkdir(exist_ok=True, parents=True)
            instance._saved = class_path / str(id(instance))
        return instance._saved
```

클래스 내에 디스크립터를 생성할 때 Path인 base를 제공한다. 이 인스턴스를 참조하면
작업 디렉터리가 존재하는지 확인한다. 또한 인스턴스 속성인 _saved에 작업 중인 Path
객체를 저장한다.

다음은 위 디스크립터로 작업 디렉터리에 접근하는 클래스다.

```
class PersistentClass(PersistentState):
    state_path = StateManager(Path.cwd() / "data" / "state")

    def __init__(self, a: int, b: float) -> None:
        self.a = a
        self.b = b
        self.c: Optional[float] = None
        self.state_path.write_text(repr(vars(self)))

    def calculate(self, c: float) -> float:
        self.c = c
        self.state_path.write_text(repr(vars(self)))
        return self.a * self.b + self.c

    def __str__(self) -> str:
        return self.state_path.read_text()
```

클래스단에 위 디스크립터의 인스턴스 하나가 생성된다. 이 인스턴스는 state_path 속
성에 할당된다. self.state_path를 참조하는 부분은 세 군데다. 디스크립터 객체이므로
변수를 참조할 때마다 암묵적으로 __get__() 메서드를 호출한다. 즉 필요한 디렉터리와
작업 파일 경로를 생성할 때 참조를 사용한다는 뜻이다.

StateManager 클래스의 __get__ 메서드를 암묵적으로 사용함으로써 매 참조마다 일관되게 처리한다. OS단 작업을 재사용 가능한 디스크립터 클래스에 속하는 하나의 메서드에 집중시켰기에 가능한 것이다.

디버깅의 하나로 __str__() 메서드는 상태를 작성하는 위치에 파일 내용을 덤프한다. 위 클래스와 상호작용하면 다음과 같이 출력된다.

```
>>> x = PersistentClass(1, 2)
>>> str(x)
"{'a': 1, 'b': 2, 'c': None, '_saved': ...)}"
>>> x.calculate(3)
5
>>> str(x)
"{'a': 1, 'b': 2, 'c': 3, '_saved': ...)}"
```

속성 a와 b에 초깃값을 제공해 PersistentClass의 인스턴스를 생성했다. 세 번째 속성인 c는 기본값 None으로 뒀다. str()을 호출해 상태 파일에 저장된 내용을 표시했다.

self.saved_state를 참조하면 디스크립터의 __get__() 메서드를 호출해 해당 디렉터리가 존재하고 작성할 수 있는지 확인한다.

위 예제는 비데이터 디스크립터의 본질적인 특징을 보여준다. __get__() 메서드를 암묵적으로 사용하니 상세 구현을 숨겨야 할 때 제한된 종류의 소수의 자동 처리를 수행하기 편리하다. 정적 메서드와 클래스 메서드에서 이 특징이 매우 유용하다.

데이터 디스크립터 사용하기

데이터 디스크립터를 사용하면 외부 클래스 정의로 프로퍼티와 유사하게 처리할 수 있다. __get__(), __set__(), __delete__()의 디스크립터 메서드는 getter, setter, delete 메서드를 만들 때 @property를 사용하는 방식에 각각 대응된다. 디스크립터만의 중요한 차별점은 재사용 가능한 별개 클래스 정의인데, 이로써 프로퍼티 정의를 재사용할 수 있다.

__get__()과 __set__() 메서드로 적절한 변환을 수행하는 디스크립터를 사용해 아주 간단한 단위 변환 스키마를 디자인하겠다.

다음은 표준 단위로의 그리고 표준 단위로부터의 변환을 수행하는 단위 디스크립터의 최상위 클래스다.

```python
class Conversion:
    """standard 값에 따라 달라진다."""
    conversion: float
    standard: str

    def __get__(self, instance: Any, owner: type) -> float:
        return getattr(instance, self.standard) * self.conversion

    def __set__(self, instance: Any, value: float) -> None:
        setattr(instance, self.standard, value / self.conversion)

class Standard(Conversion):
    """standard 값을 정의한다."""
    conversion = 1.0
```

Conversion 클래스는 간단한 곱셈과 나눗셈으로 표준 단위를 비표준 단위로 그리고 그 반대로 바꾼다. 온도 변환은 불가능하며 이는 하위 클래스에서 처리해야 한다.

Standard 클래스는 Conversion 클래스의 확장으로서 값을 측정할 때 변환 계수conversion factor 적용 없이 표준값을 할당한다. 주로 특정 측정 유형의 표준에 눈에 잘 띄는 이름을 제공하기 위해 쓰인다.

두 상위 클래스로 표준 단위로부터의 몇 가지 변환을 정의할 수 있다. 속도 측정을 살펴보자. 몇 가지 구체concrete 디스크립터 클래스를 정의해보겠다.

```python
class Speed(Conversion):
    standard = "standard_speed" # KPH

class KPH(Standard, Speed):
    pass

class Knots(Speed):
```

```
    conversion= 0.5399568

  class MPH(Speed):
    conversion= 0.62137119
```

추상 Speed 클래스는 다양한 변환 하위 클래스인 KPH, Knots, MPH에 표준 소스 데이터를 제공한다. Speed 클래스의 하위 클래스를 따르는 속성은 무조건 표준값을 사용한다.

KPH 클래스는 Standard 클래스와 Speed 클래스의 하위 클래스로 정의된다. Standard로부터 변환계수 1.0을 얻는다. Speed로부터 속도 측정에 쓰일 표준값을 저장할 속성명을 얻는다.

나머지 클래스는 Speed의 하위 클래스로서 표준값에서 원하는 값으로의 변환을 수행한다.

아래 Trip 클래스는 이러한 변환을 사용해 속도를 측정한다.

```
  class Trip:
    kph= KPH()
    knots= Knots()
    mph= MPH()

    def __init__(
      self,
      distance: float,
      kph: Optional[float] = None,
      mph: Optional[float] = None,
      knots: Optional[float] = None,
    ) -> None:
      self.distance = distance # Nautical Miles
      if kph:
        self.kph= kph
      elif mph:
        self.mph= mph
      elif knots:
        self.knots= knots
      else:
        raise TypeError ("Impossible arguments")
      self.time = self.distance / self.knots
```

```
def __str__(self) -> str:
    return (
        f"distance: {self.distance} nm, "
        f"rate: {self.kph} "
        f"kph = {self.mph} "
        f"mph = {self.knots} knots, "
        f"time = {self.time} hrs"
    )
```

클래스단 속성인 kph, knots, mph는 단위가 서로 다른 디스크립터다. 이러한 속성을 참조하면 각 디스크립터의 __get__()과 __set__() 메서드가 표준값으로 혹은 표준값으로부터의 적절한 변환을 수행한다.

다음은 Trip 클래스와의 인터랙션이다.

```
>>> m2 = Trip(distance=13.2, knots=5.9)
>>> print(m2)
distance: 13.2 nm, rate: 10.92680006993152 kph = 6.789598762345432 mph
= 5.9 knots, time = 2.23728813559322 hrs
>>> print(f"Speed: {m2.mph:.3f} mph")
Speed: 6.790 mph
>>> m2.standard_speed
10.92680006993152
```

distance 속성과 사용 가능한 디스크립터 중 하나를 할당하고, 파생값인 time을 계산해 Trip 클래스의 객체를 생성했다. 예제에서는 knots 디스크립터를 할당했다. 이 디스크립터는 Speed 클래스의 하위 클래스이고 Speed는 Conversion 클래스의 하위 클래스이므로 값은 표준값으로 변환된다.

값을 긴 문자열로 표현할 때 각 디스크립터의 __get__() 메서드를 사용했다. __get__() 메서드는 주인 객체로부터 내부 kph 속성값을 가져와 변환계수를 적용하고 결괏값을 반환한다.

디스크립터를 생성하는 과정에서 기본 단위 정의를 재사용한다. 계산은 딱 한 번 명시할 수 있고 여느 특정 애플리케이션 클래스 정의와는 별개다. 이를 자신을 포함하는 클래스와 긴밀히 연결되는 @property 메서드와 비교해보자. 비슷하게 다양한 변환계수를 한 번 명시하고 관련된 많은 애플리케이션에서 널리 재사용된다.

핵심 디스크립터인 변환conversion은 비교적 간단한 계산을 포함한다. 더 복잡한 계산이라면 전체 애플리케이션을 전면적으로 단순화시킬 수 있다. 디스크립터는 다른 표현으로의 복잡한 변환을 구현할 수 있으므로 데이터베이스와 데이터 직렬화 문제를 처리할 때 가장 많이 쓰인다.

속성과 프로퍼티에 타입 힌트 사용

mypy를 사용하려면 클래스 속성에 타입 힌트를 제공해야 한다. 주로 __init__() 메서드에서 처리한다. 대부분 매개변수 타입 힌트만 있으면 된다.

앞선 예제에서 다음과 같은 클래스를 정의했다.

```
class RTD_Solver:

  def __init__(
    self, *,
    rate: Optional[float] = None,
    time: Optional[float] = None,
    distance: Optional[float] = None
  ) -> None:
    if rate:
      self.rate = rate
    if time:
      self.time = time
    if distance:
      self.distance = distance
```

매개변수의 타입 힌트는 인스턴스 변수인 self.rate, self.time, self.distance의 타입을 알아내는 데 쓰인다.

__init__() 메서드에서 기본값을 할당할 경우 디자인 패턴은 일반적으로 두 가지다.

- 값을 즉시 계산하면 mypy가 할당문으로 알아낼 수 있다.

- 기본값이 None이면 타입을 명시적으로 적어야 한다.

할당문은 다음과 같을 수 있다.

```
self.computed_value: Optional[float] = None
```

위 할당문은 mypy에게 변수가 float의 인스턴스거나 None일 거라고 알린다. 이렇게 초기화하면 클래스 속성 타입이 명시적이 된다.

프로퍼티 정의에서는 프로퍼티 메서드 정의에 타입 힌트가 들어간다. 코드는 흔히 다음과 같다.

```
@property
def some_computed_value(self) -> float: ...
```

정의에서 object.some_computed_value의 타입을 명시한다. mypy는 이 정보를 기반으로 프로퍼티명을 참조할 때 타입이 일치하는지 확인한다.

dataclasses 모듈 사용하기

파이썬 3.7부터 dataclasses 모듈이 생겼다. 이 모듈에서 제공하는 최상위 클래스를 사용하면 속성 정의를 명확하게 명시해 클래스를 생성할 수 있다. dataclass의 핵심 유스케이스는 클래스 속성을 간단히 정의하고 싶을 때다.

명시된 속성으로 __init__(), __repr__(), __eq__() 같은 공통 속성 접근 메서드가 자동으로 생성된다. 예제로 살펴보자.

```
from dataclasses import dataclass
from typing import Optional, cast
```

```python
@dataclass
class RTD:
    rate: Optional[float]
    time: Optional[float]
    distance: Optional[float]

    def compute(self) -> "RTD":
        if (
            self.distance is None and self.rate is not None
            and self.time is not None
        ):
            self.distance = self.rate * self.time
        elif (
            self.rate is None and self.distance is not None
            and self.time is not None
        ):
            self.rate = self.distance / self.time
        elif (
            self.time is None and self.distance is not None
            and self.rate is not None
        ):
            self.time = self.distance / self.rate
        return self
```

위 클래스의 각 인스턴스에는 rate와 time, distance라는 세 속성이 있다. 장식자는 __init__() 메서드를 생성해 속성을 할당한다. 또한 __repr__() 메서드를 생성해 세부 속성값을 표시한다. __eq__() 메서드를 작성해 모든 속성값에 대한 간단한 동등 비교를 수행한다.

None 값인지 아닌지를 세밀히 검사하면 mypy에게 도움이 된다. 명시적인 검사로 Optional[float] 타입이 None 값이 아님을 보장하자.

보다시피 속성 이름을 클래스 정의에 넣었다. 이 이름들로 __init__() 메서드가 만들어지고 결과 클래스에 들어간다. 나중에는 결과 객체의 인스턴스 변수가 된다.

compute() 메서드는 객체의 내부 상태를 바꾼다. 제공된 타입 힌트를 보면 반환값이 클래스의 인스턴스다. 위 클래스의 인스턴스를 어떻게 사용하는지 보자.

```
>>> r = RTD(distance=13.5, rate=6.1, time=None)
>>> r.compute()
RTD(rate=6.1, time=2.2131147540983607, distance=13.5)
```

distance와 rate에 None이 아닌 값을 제공해 인스턴스를 생성했다. compute() 메서드로 time 속성의 값을 계산했다.

기본 @dataclass 장식자에는 비교 메서드가 없다. 이 장식자는 속성값이 바뀔 수 있는 가변 클래스를 생성한다.

몇 가지 선택 기능을 더 요청할 수도 있다. 장식자에 선택 매개변수를 전달해 선택 기능을 제어한다. 다음과 같은 코드로 비교 연산자를 갖는 불변 객체 클래스를 생성할 수 있다.

```
@dataclass(frozen=True, order=True)
class Card:
  rank: int
  suit: str

  @property
  def points(self) -> int:
    return self.rank
```

예제의 frozen 매개변수는 장식자에게 클래스를 불변 frozen 객체로 만들라고 알린다. @dataclass 장식자의 order 매개변수는 클래스 정의에 비교 메서드를 생성한다. 단순한 불변 객체를 생성할 때 매우 유용한 방식이다. 두 속성에 타입 힌트가 있으니 mypy는 Card dataclass가 올바르게 쓰였는지 확인할 수 있다.

dataclass에도 상속이 동작한다. 다음과 같이 클래스를 선언할 수 있다.

```
class Ace(Card):

  @property
  def points(self) -> int:
    return 1
```

```
class Face(Card):

    @property
    def points(self) -> int:
        return 10
```

두 클래스는 최상위 클래스 Card에서 __init__()과 __repr__(), __eq__(), __hash__(), 그리고 비교 메서드를 상속받는다. 다만 points() 메서드 구현이 다르다.

@dataclass 장식자는 클래스 정의를 간소화해준다. 속성과 직접적으로 관련된 메서드를 대신 생성한다.

⠿ 속성 디자인 패턴

다른 언어(특히 자바와 C++)를 사용했던 프로그래머는 모든 속성을 프라이빗으로 만들고 엄청나게 많은 getter와 setter 함수를 작성하려 한다. 이러한 디자인 패턴은 타입 정의를 정적으로 런타임에 컴파일하는 언어에 필요하다. 그러나 파이썬은 다르다. 파이썬은 이와 다른 공통 패턴을 사용한다.

파이썬에서는 일반적으로 모든 속성을 퍼블릭으로 만든다. 즉, 다음과 같아야 한다.

- 모든 속성을 잘 문서화해야 한다.

- 속성이 객체의 상태를 올바르게 반영해야 한다. 임시적이거나 일시적인 값은 안 된다.

- 드물게 속성이 잠재적으로 헷갈리는 (또는 불안정한) 값을 가질 경우에는 정의된 인터페이스에 속하지 않는다는 뜻으로 밑줄 문자(_) 하나를 이름 앞에 붙인다. 엄밀히 말해 프라이빗이지만 해당 프레임워크나 패키지의 다음 출시에서는 아닐 수 있다.

프라이빗 속성이 골칫거리임을 인식해야 한다. 복잡한 프라이버시 메커니즘이 없어도 캡슐화에는 아무 문제가 없다. 올바른 캡슐화를 망치는 것은 형편없는 디자인뿐이다.

덧붙여 속성과 프로퍼티 중에 선택해야 한다. 프로퍼티는 속성과 문법은 같아도 시맨틱이 더 복잡하다.

프로퍼티 대 속성

대부분은 별 문제 없이 클래스 밖에서 속성을 할당할 수 있다. Hand 클래스 예제가 그러했다. 다양한 Hand 클래스 버전에서 간단히 hand.cards에 덧붙일 수 있고, 프로퍼티를 사용한 total 지연 계산도 완벽하게 동작한다.

단 속성 변경이 결과적으로 다른 속성도 변경시킨다면 더욱 정교하게 클래스를 디자인해야 한다.

- 메서드로 상태 변경을 명확히 한다. 매개변숫값이 여러 개이고 변경을 동기화해야 할 때 필요하다.

- 때로는 setter 프로퍼티가 메서드함수보다 더 명확하다. 값을 하나만 요구할 때 알맞은 방법이다.

- += 등 파이썬에 미리 준비된 연산자를 사용할 수도 있다. 8장에서 살펴보겠다.

엄격하게 정해진 규칙은 없다. 메서드함수와 프로퍼티 간 차이는 오로지 문법과 그 문법이 의도를 얼마나 잘 전달하느냐. 값을 계산할 때 프로퍼티는 지연 계산을 허용하지만, 속성은 즉시 계산해야 한다. 이는 성능 문제와 직결된다. 예상 유스 케이스에 따라 지연 계산과 즉시 계산의 이점이 다르다.

끝으로 매우 복잡한 경우라면 하단의 파이썬 디스크립터를 사용하는 방법도 있다.

디스크립터로 디자인

디스크립터가 쓰이는 많은 유스 케이스가 이미 파이썬 기능으로 들어 있다. 프로퍼티나 클래스 메서드, 정적 메서드를 다시 만들지 않아도 된다.

새 디스크립터를 만들어야 할 가장 설득력 있는 경우는 파이썬 객체와 파이썬 외부 소프트웨어 간 매핑이 일어날 때다. 예를 들어 객체 관계 데이터베이스 매핑에서는 SQL의 테이블과 열에 부합하도록 파이썬 클래스가 올바른 속성을 올바른 순서로 포함해야 하는데, 이때 상당한 주의를 요한다. 또한 파이썬 외부 데이터와 매핑할 때도 디스크립터 클래스가 데이터의 인코딩과 디코딩, 또는 외부 소스로부터 데이터 가져오기 등을 처리할 수 있다.

웹 서비스 클라이언트를 개발할 때 디스크립터로 웹 서비스 요청을 만들 수 있다. 예를 들어 __get__() 메서드는 HTTP GET 요청으로, __set__() 메서드는 HTTP PUT 요청으로 변환한다. 요청 하나가 여러 디스크립터의 데이터를 만들기도 한다. 이때 __get__() 메서드는 인스턴스 캐시를 확인해 HTTP 요청을 만들기 전에 값을 반환한다.

다수의 데이터 디스크립터 연산은 프로퍼티로 처리하면 더 간단하다. 이때 우선은 프로퍼티로 작성하는 것이 좋다. 프로퍼티 처리가 지나치게 포괄적이거나 복잡하다면 디스크립터로 바꿔 클래스를 리팩터링한다.

⠿ 요약

4장에서는 객체의 속성을 다루는 몇 가지 방법을 살펴봤다. object 클래스의 내장 기능을 사용해 간단하고 효과적으로 속성값을 조회하고 할당할 수 있다. @property로 속성과 유사한 메서드를 생성할 수 있다.

더욱 정교하게 하려면 하단의 스페셜 메서드 구현인 __getattr__()나 _setattr__(), __delattr__()를 수정한다. 속성의 동작을 매우 세분화해서 제어할 수 있다. 파이썬 동작이 근본적으로 (그리고 혼란스럽게) 바뀌니 매우 신중하게 메서드를 수정해야 한다.

내부적으로 파이썬은 클래스 메서드와 정적 메서드, 프로퍼티 같은 기능을 디스크립터로 구현한다. 디스크립터의 훌륭한 유스 케이스 중 대다수는 이미 파이썬의 가장 좋은 기능들이다.

타입 힌트를 사용하면 객체가 올바르게 쓰이는지 확인할 수 있다. 단위 테스트를 보강해 매개변수와 값의 부합 여부를 꼭 확인하기 바란다.

새로 추가된 dataclasses 모듈은 클래스 정의를 간소화해준다. @dataclass 장식자로 생성한 클래스가 잘 디자인된 소프트웨어의 핵심인 경우가 많다.

5장에서는 6장과 7장, 8장에서 활용할 추상 기반 클래스^{ABC, Abstract Base Class}를 자세히 살펴본다. 추상 기반 클래스는 기존 파이썬 기능과 매끄럽게 통합되는 클래스를 정의할 때 유용하다. 또한 일관된 디자인과 확장이 가능한 클래스 계층 구조를 생성할 수도 있다.

05

일관된 디자인의 추상 기반 클래스

파이썬 표준 라이브러리는 추상 기반 클래스^{Abstract Base Class}를 통해 다양한 컨테이너 기능을 지원한다. 추상 기반 클래스는 list와 dict, set 같은 내장 컨테이너 클래스 간 일관된 프레임워크를 제공한다. 또한 표준 라이브러리는 수를 위한 추상 기반 클래스도 제공한다. 파이썬에서 사용 가능한 수 클래스 집합을 확장할 때 이러한 추상 기반 클래스를 사용한다.

5장에서는 collections.abc 모듈 내 추상 기반 클래스를 전반적으로 살펴본다. 그리고 이어지는 장들에서 상세히 살펴볼 주제인 몇 가지 유스 케이스를 설명한다.

기존 클래스를 재사용하는 일반적인 디자인 전략은 래핑과 확장, 개발이다. 향후 래핑하거나 확장할 다양한 컨테이너와 컬렉션의 일반적인 개념을 알아보겠다. 마찬가지로 구현할 수의 개념도 알아본다.

목적은 애플리케이션 클래스를 기존 파이썬 요소와 매끄럽게 통합시키는 것이다. 가령 컬렉션을 생성할 때는 __iter__()를 구현해 컬렉션에 반복자를 생성한다. __iter__()가 구현된 컬렉션은 for문과 매끄럽게 동작한다.

기술 요구 사항

5장의 코드 파일은 https://git.io/fj2Uz에 있다.

추상 기반 클래스

추상 기반 클래스 정의의 핵심은 abc 모듈이다. abc 모듈에는 추상화에 필요한 장식자와 메타클래스가 들어 있다. 다른 클래스는 이러한 정의에 기반한다. collections.abc 모듈은 abc 모듈을 사용해 컬렉션에 특화된 추상화를 생성한다. 이 밖에 수 타입에 쓰이는 추상 기반 클래스를 포함하는 numbers 모듈도 살펴본다. 마찬가지로 io 모듈에는 I/O에 쓰이는 추상 기반 클래스가 들어 있다.

추상 기반 클래스는 다음과 같은 특징을 지닌다.

- 추상이란 클래스가 제대로 동작하는 데 필요한 메서드 정의를 완벽히 갖추지 못했다는 뜻이다. 하위 클래스를 사용하려면 메서드를 정의해야 한다.

- 기반이란 다른 클래스가 이 클래스를 상위 클래스로 쓸 수 있다는 뜻이다.

- 추상 클래스는 일부 메서드함수를 정의한다. 특히 추상 기반 클래스는 주로 누락된 메서드의 서명을 제공한다. 하위 클래스는 올바른 메서드를 제공해 추상 클래스에 정의된 인터페이스에 맞도록 구체 클래스를 생성해야 한다.

추상 기반 클래스를 사용하려면 다음에 유념하자.

- 추상 기반 클래스로 클래스를 정의할 때는 파이썬 내부 클래스와 일관돼야 한다.

- 추상 기반 클래스로 일반적이고 재사용 가능한 추상화를 만들어 사용자 애플리케이션을 확장할 수 있다.

- 추상 기반 클래스로 클래스를 검사해 무엇을 하는 클래스인지 올바르게 밝혀낼 수 있다. 이로써 라이브러리 클래스와 사용자 애플리케이션 내 새 클래스가 서로 더 긴

밀하게 협력한다. 다른 컨테이너나 수처럼 동작하는 형식적인 클래스를 정의할 때 유용하다.

추상 기반 클래스 없이는 추상 기반 Sequence 클래스의 기능을 전부 제공하지 못하는 클래스가 되기 쉽다. 대개는 시퀀스에 가까운 클래스가 만들어지며 이를 시퀀스 같은 sequence-like 클래스라 부르기도 한다. 결과적으로 Sequence 클래스의 기능을 제대로 제공하지 못하는 일관되지 않고 사용하기 불편한 기이한 클래스가 만들어진다.

추상 기반 클래스를 사용하면 추상 기반 클래스의 알려진 기능들을 애플리케이션 클래스에 빠짐없이 넣을 수 있다. 기능이 부족하면 정의되지 않은 추상 메서드로 인해 객체 인스턴스를 생성할 수 없다.

다음과 같은 상황에서 추상 기반 클래스를 사용한다.

- 사용자 클래스를 정의할 때 상위 클래스로서 추상 기반 클래스를 사용한다.

- 연산이 가능한지 확인하는 메서드에서 추상 기반 클래스를 사용한다.

- 연산이 왜 동작하지 않는지 알려주는 진단 메시지나 예외에서 추상 기반 클래스를 사용한다.

첫 번째 유스 케이스에는 다음 코드처럼 모듈을 작성한다.

```
import collections.abc
class SomeApplicationClass(collections.abc.Sequence):
  pass
```

SomeApplicationClass를 Sequence 클래스로 정의했다. 따라서 Sequence에 필요한 특정 메서드를 구현해야 한다. 그렇지 않으면 인스턴스를 생성할 수 없다.

두 번째 유스 케이스에는 다음 코드처럼 메서드를 작성한다.

```
def some_method(self, other: Iterator):
  assert isinstance(other, collections.abc.Iterator)
```

some_method() 메서드가 Iterator의 하위 클래스가 되려면 other 매개변수가 필요하다. other 매개변수가 위 테스트를 통과하지 못하면 예외가 발생한다. assert문 대신 AssertError보다 의미 있는 TypeError를 일으키는 if문으로 바꿔도 된다. 다음 절에서 살펴보겠다.

세 번째 유스 케이스에는 다음 코드처럼 작성한다.

```
try:
    some_obj.some_method(another)
except AttributeError:
    warnings.warn(f"{another!r} not an Iterator, found
{another.__class__.__bases__!r}")
    raise
```

주어진 객체의 기반 클래스를 표시하는 진단 경고를 작성했다. 애플리케이션 디자인에 생긴 문제를 디버깅할 때 사용한다.

⁛ 기반 클래스와 다형성

좋지 못한 다형성pretty poor polymorphism 개념을 잠깐 짚고 넘어가자. 인자값 타입 검사는 파이썬 프로그래밍 관례로서 몇 가지 특수 사례로 분리시켜야 한다. 나중에 수와 수 강제coercion를 다룰 때 어떤 경우에 타입 검사를 권하는지 설명하겠다.

훌륭한 다형성은 리스코프 치환 원칙Liskov Substitution Principle을 따른다. 다형 클래스와 동일하게 쓰이는 용어다. 각 다형 클래스는 동일한 프로퍼티 묶음을 포함한다. 자세한 정보는 http://en.wikipedia.org/wiki/Liskov_substitution_principle을 참고한다.

인자 타입을 식별하는 isinstance()를 남용하면 쓸데없이 복잡한 (그리고 느린) 프로그램이 된다. 프로그래밍 오류를 찾으려면 코드 내 장황한 타입 검사보다 단위 테스트가 훨씬 낫다.

메서드함수가 다량의 isinstance() 메서드를 포함하면 좋지 못한 (혹은 불완전한) 다형 클래스 디자인이란 표시이다. 타입 관련 처리를 클래스 정의 외부에 두기보다는 클래스를 확장하거나 래핑해서 좀 더 올바른 다형성을 부여하고 타입 관련 처리를 클래스 정의 안으로 캡슐화하는 편이 낫다.

isinstance() 메서드를 사용할 만한 경우는 진단 오류를 일으킬 때다. assert문을 쓰면 쉽다.

```
assert isinstance(some_argument, collections.abc.Container), \
 f"{some_argument!r} not a Container"
```

문제가 있으면 AssertionError 예외가 발생한다. 짧고 간결해서 좋다. 하지만 어서션assertion은 무시될 수 있으니 위 경우에는 TypeError를 일으키는 편이 낫다. assert문이 전혀 유용하지 않으니 쓰지 말아야 한다.

다음 예제가 조금 더 낫다.

```
if not isinstance(some_argument, collections.abc.Container):
 raise TypeError(f"{some_argument!r} not a Container")
```

위 코드는 정확한 오류를 일으킨다. 하지만 장황한 데다 객체 도메인에 불필요한 제약을 가한다는 단점이 있다. 객체가 추상 Container 클래스의 올바른 하위 클래스가 아니라면 메서드를 더 제공해야 하고 포함시켜서는 안 된다.

파이썬스러운 방식을 요약하면 다음과 같다.

> "허락을 바라기보다 용서를 구하는 편이 낫다."

인자를 미리 테스트해서(허락 구하기) 올바른 타입인지 확인하는 것을 최대한 피하자는 뜻으로 보면 된다. 인자 타입 검사에는 실질적인 이득이 거의 없다. 차라리 예외를 적절히 처리하자(용서 구하기).

타입을 미리 검사하는 것을 대개 돌다리도 두드려 보고 건너는LBYL, Look Before You Leap 프로그래밍이라 부른다. 오버헤드가 비교적 적다. 이와 반대로, 허락보다 용서를 구하는 편이 더 쉬운EAFP, Easier to Ask for Forgiveness than Permission 프로그래밍도 있다. 이때는

try문으로 문제를 만회한다.

부적절한 타입을 사용했는데 어쩌다 연산의 단위 테스트를 통과하는 매우 드문 상황에서는 진단 정보와 예외를 합치는 것이 가장 좋다.

다음과 같은 방식이 일반적으로 최선이다.

```
try:
    found = value in some_argument
except TypeError:
    if not isinstance(some_argument, collections.abc.Container):
        warnings.warn(f"{some_argument!r} not a Container")
    raise
```

found 변수를 생성하는 할당문은 some_argument가 collections.abc.Container 클래스의 올바른 인스턴스라 가정하고 in 연산자에 응답한다.

그럴 리 없겠지만 누군가 애플리케이션을 변경해 some_argument에 in 연산자를 사용할 수 없는 클래스의 인스턴스를 넣은 경우, 애플리케이션은 진단 경고 메시지를 작성하고 TypeError 예외를 일으킨다.

in 연산자는 많은 클래스와 동작한다. 이를 LBYL 식의 if문으로 래핑하면 아무 문제없이 동작하는 클래스가 거부될 수 있다. EAFP 방식을 사용하면 어떤 클래스든 in 연산자 구현에 사용할 수 있다.

⁝⁝· 콜러블

파이썬에서 콜러블 객체란 def문으로 명백하게 생성한 함수 정의를 말한다.

Callable 타입 힌트로 파이썬의 공통 프로토콜인 __call__() 메서드를 설명한다. 더스티 필립스가 쓴 『Python Object-Oriented Programming 3/e』(Packt, 2018)에 몇 가지 예제가 나온다.

어떤 파이썬 함수든 다음과 같이 동작한다.

```
>>> def hello(text: str):
... print(f"hello {text}")

>>> type(hello)
<class 'function'>
>>> from collections.abc import Callable
>>> isinstance(hello, Callable)
True
```

어떤 함수를 생성하든 추상 기반 클래스인 Callable에 부합한다. 모든 함수가 자신을 Callable로 보고한다. 덕분에 인자값 검사가 간단할 뿐만 아니라 의미 있는 디버깅 메시지를 작성하기에 수월하다.

콜러블은 6장에서 자세히 알아보겠다.

컨테이너와 컬렉션

collections 모듈은 내장 컨테이너 클래스의 상단과 하단에 많은 컬렉션을 정의한다. 컨테이너 클래스는 namedtuple(), deque, ChainMap, Counter, OrderedDict, defaultdict를 포함한다. 모두 추상 기반 클래스의 정의에 기반을 둔 클래스다.

다음은 컬렉션을 검사해 어떤 메서드를 지원하는지 확인하는 간단한 인터랙션이다.

```
>>> isinstance({}, collections.abc.Mapping)
True
>>> isinstance(collections.defaultdict(int), collections.abc.Mapping)
True
```

단순 dict 클래스를 검사해 Mapping 프로토콜을 따르는지, 필요한 메서드를 지원하는지 확인했다.

defaultdict 컬렉션을 검사해 Mapping 클래스 계층 구조에 속하는지도 확인할 수 있다.

새로운 종류의 컨테이너를 만들려면 일반적으로 다음의 두 방식을 따른다.

- collections.abc 클래스를 사용해 기존 클래스와 부합하는 동작을 형식적으로 상속 받는다. mypy 타입 힌트 검사를 지원하며 유용한 기본 동작도 제공한다.
- 타입 힌트를 사용해 메서드가 typing 모듈 내 프로토콜 정의에 부합하는지 확인한다. 타입 힌트 검사만 지원한다.

애플리케이션 클래스 중 하나에서 기반 클래스로서 적절한 추상 기반 클래스를 사용하면 좀 더 명확하다(그리고 안정적이다). 이렇게 형식화함으로써 두 가지 이득을 얻는다.

- 누군가 코드를 읽게 하려고 (그리고 사용하거나 유지 보수하게 하려고) 작성한 것임을 공공연하게 알린다. 가령 collections.abc.Mapping의 하위 클래스를 만들 때 클래스가 어떻게 동작하는지 명확히 밝힌다.
- 일종의 진단 지원을 제공한다. 필요한 메서드를 전부 올바르게 구현하지 않으면 추상 기반 클래스의 인스턴스를 생성하려 할 때 예외가 발생한다. 객체의 인스턴스를 생성할 수 없어 단위 테스트를 실행하지 못했다면 수정이 필요한 심각한 문제가 있다는 뜻이다.

추상 기반 클래스는 내장 컨테이너의 전체 패밀리 트리를 반영한다. 하단 기능은 Container와 Iterable, Sized다. 이들은 상단의 구조체에 속하고 각각 __contains__()와 __iter__(), __len__() 같은 스페셜 메서드를 필요로 한다.

상단 기능은 다음과 같은 요소를 포함한다.

- Sequence와 MutableSequence: 구체 클래스인 list와 tuple의 추상화다. 구체 시퀀스 구현은 bytes와 str도 포함한다.
- MutableMapping: dict의 추상화다. Mapping을 확장하지만 내장 구체 구현은 없다.
- Set과 MutableSet: 구체 클래스인 frozenset과 set의 추상화다.

위를 바탕으로 새 클래스를 만들거나 기존 클래스를 확장해 파이썬의 나머지 내장 기능과 명확하고 형식적인 통합을 유지한다.

컨테이너와 컬렉션은 7장에서 자세히 알아본다.

수

새로운 수를 생성(또는 기존의 수를 확장)할 때 numbers 모듈을 사용한다. numbers 모듈은 파이썬 내장 수 타입의 추상 정의를 포함한다. 내장 수 타입은 가장 단순한 타입부터 시작해 가장 정교한 타입까지 길고 좁은 계층 구조를 형성한다. 따라서 단순함(과 정교함)은 사용 가능한 메서드 컬렉션과 관련이 있다.

numbers.Number라는 추상 기반 클래스는 모든 수를 비롯해 수와 유사한 클래스를 정의한다. 다음과 같은 인터랙션으로 진짜인지 확인할 수 있다.

```
>>> import numbers
>>> isinstance(42, numbers.Number)
True
>>> 355/113
3.1415929203539825
>>> isinstance(355/113, numbers.Number)
True
```

보다시피 정수와 실수값은 추상 numbers.Number 클래스의 하위 클래스다. Number의 하위 클래스는 numbers.Complex와 numbers.Real, numbers.Rational, numbers.Integral을 포함한다. 이러한 정의는 다양한 수 클래스 정의에 쓰이는 수학적 개념과 대체로 일치한다.

하지만 decimal.Decimal 클래스는 이러한 계층 구조에 잘 들어맞지 않는다. issubclass() 메서드로 관계를 확인해보자.

```
>>> issubclass(decimal.Decimal, numbers.Number)
True
>>> issubclass(decimal.Decimal, numbers.Integral)
False
>>> issubclass(decimal.Decimal, numbers.Real)
False
>>> issubclass(decimal.Decimal, numbers.Complex)
False
>>> issubclass(decimal.Decimal, numbers.Rational)
False
```

decimal.Decimal 클래스는 numbers.Real과 상당히 밀접해 보이지만 공식적으로 Real 타입의 하위 클래스는 아니다.

numbers.Rational의 구체 구현은 fractions 모듈을 살펴보자. 다양한 수 종류는 8장에서 알아본다.

⁞ 그 밖의 추상화

널리 확장되지는 않지만 흥미로운 추상 기반 클래스 몇 가지를 더 살펴보자. 그렇다고 이러한 추상화가 덜 쓰인다는 뜻은 아니다. 구체 구현에 확장이나 수정이 거의 필요하지 않다는 뜻이다.

collections.abc.Iterator에 정의된 반복자를 먼저 살펴보겠다. 관련은 없으나 컨텍스트 매니저의 개념도 알아본다. 컨텍스트 매니저는 다른 추상 기반 클래스와는 다른 형식으로 정의된다. 6장에서 자세히 다루겠다.

반복자는 주로 제너레이터generator 함수와 yield문으로 생성한다. 이러한 정의에 명시적인 타입 힌트인 typing.Iterator를 사용하겠다.

반복자 추상화

for문으로 순회하는 컨테이너를 사용하면 암묵적으로 반복자가 생성된다. 반복자 객체 자체는 거의 볼 일이 없다. 대개 for문 구현 속에 감춰지기 때문이다. 어쩌다 반복자 객체를 쓰더라도 클래스 정의를 확장하거나 수정할 일은 거의 없다.

파이썬이 iter() 함수를 통해 사용하는 암묵적 반복자를 직접 사용할 수 있다. 다음과 같이 반복자와 상호작용한다.

```
>>> x = [1, 2, 3]
>>> iter(x)
<list_iterator object at 0x1006e3c50>
```

```
>>> x_iter = iter(x)
>>> next(x_iter)
1
>>> next(x_iter)
2
>>> next(x_iter)
3
>>> next(x_iter)
Traceback (most recent call last):
  File "<stdin>", line 1, in <module>
StopIteration
>>> isinstance(x_iter, collections.abc.Iterator)
True
```

리스트 객체의 반복자를 생성한 후 next() 함수로 반복자 내 값을 차례로 순회했다.

마지막 isinstance()는 반복자 객체가 collections.abc.Iterator의 인스턴스인지 확인한다.

대부분 컬렉션 클래스가 직접 생성한 반복자를 사용하지만 사용자 컬렉션 클래스를 새로 만들거나 컬렉션 클래스를 확장할 때는 고유한 반복자를 만들어야 할 수 있다. 반복자는 7장에서 살펴본다.

컨텍스트와 컨텍스트 매니저

컨텍스트 매니저에는 with문을 사용한다. 다음처럼 컨텍스트 매니저를 생성한다.

```
with function(arg) as context:
  process(context)
```

위 코드의 function(arg)는 컨텍스트 매니저를 생성한다. 이렇게 생성하고 나면 필요할 때마다 그 객체를 사용할 수 있다. 예제에서는 함수의 인자가 객체다. 컨텍스트 매니저 클래스는 컨텍스트 범위 내에서 어떤 액션을 취하는 메서드를 포함할 수 있다.

매우 자주 쓰이는 컨텍스트 매니저가 바로 파일이다. 파일을 열었으면 컨텍스트를 사용해 파일이 올바르게 닫히도록 보장해야 한다. 따라서 대부분 다음과 같이 파일을 사용한다.

```
with open("some file") as the_file:
    process(the_file)
```

with문 끝에서 파일이 올바르게 닫히는지 확인한다. 운영체제 자원을 자동 해제함으로써 자원 누수 혹은 예외 발생 시 불완전한 처리를 막는다.

contextlib 모듈은 올바른 컨텍스트 매니저를 생성하는 몇 가지 도구를 제공한다. contextlib 라이브러리는 추상 기반 클래스를 제공하는 대신, 간단한 함수를 컨텍스트 매니저로 변환하는 장식자와 컨텍스트 매니저 클래스로 확장할 contextlib.Context Decorator 기반 클래스를 제공한다.

컨텍스트 매니저는 6장에서 살펴본다.

abc와 typing 모듈

추상 기반 클래스를 생성하는 핵심 메서드는 abc 모듈 내에 정의된다. abc 모듈은 ABC Meta 클래스를 포함하는데, 여기서 다음과 같은 기능을 제공한다.

첫째, ABCMeta 클래스는 추상 클래스가 초기화되지 못하게 막는다. 메서드에 @abstract method 장식자를 사용할 경우, 이 메서드를 정의하지 않은 하위 클래스는 초기화할 수 없다. 필요한 추상 메서드 정의를 모두 제공하는 하위 클래스만 올바르게 초기화할 수 있다.

둘째, __instancecheck__()와 __subclasscheck__() 정의를 제공한다. 두 스페셜 메서드는 isinstance()와 issubclass() 내장함수를 구현한다. 각각 객체 또는 클래스가 올바른 추상 기반 클래스에 속하는지 확인한다. 이때 하위 클래스의 캐시를 사용해 테스트 속도를 높인다.

또한 abc 모듈은 추상 메서드함수 생성에 필요한 많은 장식자를 제공하며, 이러한 추상 메서드함수는 추상 기반 클래스의 구체 구현에서 제공해야 한다. 가장 중요한 장식자가 @abstractmethod 장식자다.

새 추상 기반 클래스를 생성하려면 다음과 같은 코드를 사용한다.

```python
from abc import ABCMeta, abstractmethod

class AbstractBettingStrategy(metaclass=ABCMeta):
  @abstractmethod
  def bet(self, hand: Hand) -> int:
    return 1

  @abstractmethod
  def record_win(self, hand: Hand) -> None:
    pass

  @abstractmethod
  def record_loss(self, hand: Hand) -> None:
    pass
```

AbstractBettingStrategy 클래스는 ABCMeta를 메타클래스로 포함함으로써 추상 기반 클래스임을 명확히 한다.

위 추상화는 abstractmethod 장식자를 사용해 세 개의 추상 메서드를 정의한다. 어떤 구체 하위 클래스든 추상 기반 클래스를 온전히 구현하려면 셋 모두를 정의해야 한다. 더욱 복잡한 상황이라면 추상 기반 클래스에 __subclasshook__() 메서드를 정의해 필요한 구체 메서드 정의를 위한 더 복잡한 테스트를 만들 수 있다.

다음은 AbstractBettingStrategy 클래스의 추상 하위 클래스 예제다.

```python
class Simple_Broken(AbstractBettingStrategy):
  def bet( self, hand ):
    return 1
```

위 코드는 추상 클래스를 정의한다. 클래스에서 세 추상 메서드를 전부 구현하지 않았으니 인스턴스를 생성할 수 없다.

위 클래스의 인스턴스를 생성하려 하면 다음과 같은 일이 발생한다.

```
>>> simple= Simple_Broken()
Traceback (most recent call last):
  File "<stdin>", line 1, in <module>
TypeError: Can't instantiate abstract class Simple_Broken with
  abstract methods record_loss, record_win
```

구체 클래스가 불완전하다는 오류 메시지다. 다음은 완전성 테스트를 통과한 좀 더 나은 구체 클래스다.

```
class Simple(AbstractBettingStrategy):
  def bet( self, hand ):
    return 1
  def record_win(self, hand):
    pass
  def record_loss(self, hand):
    pass
```

이제 위 클래스의 인스턴스를 생성해 시뮬레이션에 사용할 수 있다. 추상화로 인해 쓰이지도 않는 두 메서드를 넣느라 구현이 지저분하다. 필수 추상 메서드는 bet() 메서드뿐이다. 나머지 두 메서드는 추상 기반 클래스에서 pass 명령문 하나로 된 기본 구현으로 미리 제공해야 한다.

__subclasshook__() 메서드 사용하기

오버라이드 규칙이 복잡한 추상 기반 클래스를 정의해 구체 하위 클래스를 생성할 수 있다. 다음과 같이 추상 기반 클래스의 __subclasshook__() 메서드를 구현하면 된다.

```
class AbstractBettingStrategy2(ABC):

  @abstractmethod
  def bet(self, hand: Hand) -> int:
    return 1
```

```
    @abstractmethod
    def record_win(self, hand: Hand) -> None:
        pass


    @abstractmethod
    def record_loss(self, hand: Hand) -> None:
        pass


    @classmethod
    def __subclasshook__(cls, subclass: type) -> book:
        """클래스 정의가 완전한지 검증한다."""
        if cls is AbstractBettingStrategy2:
            has_bet = any(hasattr(B, "bet") for B in subclass.__mro__)
            has_record_win = any(hasattr(B, "record_win") for B in
    subclass.__mro__)
            has_record_loss = any(hasattr(B, "record_loss") for B in
    subclass.__mro__)
            if has_bet and has_record_win and has_record_loss:
                return True
        return False
```

위 클래스는 ABC 최상위 클래스를 확장한 추상 기반 클래스다. 앞선 예제처럼 @abstractmethod 정의를 여러 개 제공했다. 즉 어떤 하위 클래스든 이전의 AbstractBettingStrategy 클래스 예제 같아야 한다.

하위 클래스의 인스턴스를 생성하려 하면 객체를 생성할 수 있는지 알아보기 위해 __subclasshook__() 메서드가 호출된다. 이때 has_bet, has_record_win, has_record_loss 세 가지를 각각 검사한다. 세 개의 검사를 모두 통과하면 함수는 True를 반환해 객체 생성을 허용하고, 실패하면 False를 반환해 불완전한 구체 클래스의 인스턴스가 생성되지 못하게 한다.

__subclasshook__()을 사용하면 추상 클래스의 하위 클래스 검증과 관련된 미묘한 의사 결정이 가능하다. 한편 명백한 규칙, 즉 모든 @abstractmethod 메서드를 구현하라는 규칙을 적용하지 않으니 혼란이 생길 수도 있다.

타입 힌트를 사용하는 추상 클래스

타입 힌트와 typing 모듈로도 구체 메서드 구현을 일부 관리할 수 있다. mypy는 구체 클래스가 추상 클래스 타입 힌트와 부합하는지 검사한다. 다만 런타임이 아니라 mypy를 사용할 때만 수행하므로 ABCMeta 클래스의 검사만큼 엄격하지는 않다. 추상 클래스 본문에 raise NotImplementedError를 넣는 방법도 있다. 이렇게 하면 애플리케이션이 실제 추상 클래스의 인스턴스를 생성할 때 런타임 오류가 발생한다.

일반적으로 구체 하위 클래스는 메서드를 정의한다. 타입 힌트를 넣으면 mypy에서 하위 클래스가 상위 클래스 타입 힌트에 부합하는 올바른 정의를 제공하는지 확인할 수 있다. 타입 힌트 간 비교가 아마 구체 하위 클래스 생성에서 가장 중요할 것이다. 다음의 두 클래스 정의를 살펴보자.

```python
from typing import Tuple, Iterator

class LikeAbstract:
  def aMethod(self, arg: int) -> int:
    raise NotImplementedError

class LikeConcrete(LikeAbstract):
  def aMethod(self, arg1: str, arg2: Tuple[int, int]) ->
Iterator[Any]:
    pass
```

aMethod() 메서드의 LikeConcrete 클래스 구현은 분명 LikeAbstract 최상위 클래스와 다르다. mypy를 실행하면 다음과 같은 오류 메시지가 나타난다.

```
Chapter_5/ch05_ex1.py:96: error: Signature of "aMethod" incompatible
with supertype "LikeAbstract"
```

LikeConcrete 하위 클래스가 aMethod()의 유효한 구현이 아니라는 뜻이다. 타입 힌트로 추상 클래스 정의를 생성하는 이러한 기법은 mypy가 제공하는 기능으로서 ABCMeta 클래스와 함께 사용하면 mypy와 런타임 검사를 모두 지원하는 강력한 라이브러리를 생성할 수 있다.

⁂ 요약, 디자인 고려 사항, 트레이드오프

5장에서는 추상 기반 클래스의 필수 요소를 살펴봤다. 각종 추상화 기능도 알아봤다.

또한 최대한 많이 상속하는 것이 훌륭한 클래스를 디자인하는 한 가지 규칙임을 배웠다. 널리 쓰이는 패턴 두 가지를 알아보고 이 규칙의 일반적인 예외도 살폈다.

애플리케이션의 클래스가 파이썬 내부 기능과 겹치는 부분 없이 동작할 때가 있다. 블랙잭 예제의 Card는 수나 컨테이너, 반복자, 컨텍스트와 매우 다르다. 단지 카드놀이일 뿐이다. 이처럼 상속받을 내장 기능이 없으면 일반적으로 새로운 클래스를 만든다.

하지만 Hand의 경우 hand는 명백히 컨테이너다. 2장과 3장에서 핸드 클래스를 살펴보며 언급했듯이 기본적인 디자인 전략은 다음 세 가지다.

- 기존 컨테이너 래핑

- 기존 컨테이너 확장

- 완전히 새로운 컨테이너 개발

대개 기존 컨테이너를 래핑하거나 확장한다. 최대한 많이 상속받는다는 규칙에 잘 부합한다.

기존 클래스를 확장하면 사용자 애플리케이션의 클래스는 기존 클래스 계층 구조에 꼭 들어맞는다. 내장 list의 확장은 원래 collections. abc.MutableSequence의 인스턴스다.

하지만 기존 클래스를 래핑하려면 원래 인터페이스의 어떤 부분을 지원할지, 어떤 부분을 지원하지 않을지 고심해야 한다. 지금까지의 예제에서는 래핑하고 있는 리스트 객체의 pop() 메서드만 노출시켰다.

래퍼 클래스는 완전한 가변 시퀀스 구현이 아니므로 클래스로 할 수 있는 일이 많지 않다. 반면 확장 클래스는 다양한 유스 케이스에서 유용하게 쓰인다. 예를 들어 list를 확장한 hand는 순회할 수 있다.

클래스 확장으로 사용자의 요구 사항을 충족시키지 못할 때는 완전히 새로운 컬렉션을 만든다. 추상 기반 클래스 정의에는 파이썬의 나머지 요소와 매끄럽게 통합되는 컬렉션을 생성하려면 어떤 메서드가 필요한지에 대해 수많은 가이드가 나와 있다. 7장에서 컬렉션 생성 예제를 자세히 살펴본다.

대개의 경우 타입 힌트는 구체 구현의 일부 측면을 제어하는 추상 클래스를 생성할 때 유용하다. 추상 기반 클래스 정의는 애플리케이션을 실행할 때 검사하는데, 이때 오버헤드가 생각보다 클 수 있다. mypy 테스트는 단위 테스트 검사와 함께 애플리케이션을 사용하기 전에 이뤄지므로 오버헤드가 줄어들고 최종 애플리케이션에 대한 신뢰가 높아진다.

예고

이어지는 장들은 5장에서 다룬 추상 기반 클래스를 폭넓게 활용한다. 6장에서는 콜러블과 컨텍스트의 비교적 간단한 기능을 알아본다. 7장에서는 어떤 컨테이너와 컬렉션을 사용할 수 있는지 알아본다. 또한 고유하고 새로운 유형의 컨테이너를 만드는 법도 알아본다. 끝으로 8장에서는 다양한 수 타입과 사용자 정의 수를 만드는 법을 알아본다.

06

콜러블과 컨텍스트

파이썬의 콜러블^{callable} 개념은 함수와 함수처럼 동작하는 객체를 생성하는 다양한 방법을 포함한다. 정답(결과) 캐시를 유지하는 메모이제이션^{memoization}을 사용해 매우 빠르게 수행되는 콜러블 객체를 생성할 수 있다. 적절한 시간 내에 끝나는 알고리듬을 만들 때 메모이제이션은 필수다.

컨텍스트^{context} 개념은 정교하고 안정적인 자원 관리를 지원한다. with문은 컨텍스트를 정의하고 컨텍스트 내에서 쓰이는 자원을 제어하는 컨텍스트 매니저를 생성한다. 파이썬 파일은 일반적으로 컨텍스트 매니저이며, with문 내에서 사용해야 파일이 올바르게 닫힌다.

contextlib 모듈 내 도구를 사용해 컨텍스트 매니저를 생성하는 몇 가지 방법을 알아보겠다. 그 외 다른 유용한 추상 기반 클래스는 별도의 하위 모듈인 collection.abc에 들어 있다(collections.abc라는 하위 모듈로 분리됐다).

콜러블 객체의 다양한 디자인 변형을 보이겠다. 이를 통해 왜 스테이트풀 콜러블 객체가 때로는 간단한 함수보다 더 유용한지 보인다. 또한 사용자만의 컨텍스트 매니저를 작성하기에 앞서 기존 파이썬 컨텍스트 매니저 몇 가지의 사용법도 알아본다.

6장에서 다룰 주제는 다음과 같다.

- 콜러블 디자인

- 성능 개선

- functools로 메모이제이션

- 복잡도와 콜러블 인터페이스

- 컨텍스트 관리와 with문

- _enter_()와 _exit_() 메서드 정의

- 팩토리로서의 컨텍스트 매니저

⠿ 기술 요구 사항

6장의 코드 파일은 https://git.io/fj2Ug에 있다.

⠿ 콜러블 디자인

파이썬에서 콜러블 객체를 생성하는 간단하면서도 대중적인 방식은 아래 두 가지다.

- def문으로 함수 생성

- _call()_ 메서드를 구현하는 클래스의 인스턴스 생성. 이때 collections.abc.Call
  able을 기반 클래스로 사용한다.

또는 변수에 람다^{lambda} 형을 할당하기도 한다. 람다는 표현식 하나로 이뤄진 작은 익명 함수다. 하지만 def문으로 정의하지 않은 함수 같은 콜러블이 생겨나 헷갈릴 수 있으니 되도록 람다를 변수에 저장하지 말자.

다음 예제는 어떤 클래스로부터 간단한 콜러블 객체인 pow1을 생성한다.

```python
from typing import Callable
IntExp = Callable[[int, int], int]
class Power1:
  def __call__(self, x: int, n: int) -> int:
    p = 1
    for i in range(n):
      p *= x
    return p
pow1: IntExp = Power1()
```

콜러블 객체 생성은 다음 세 부분으로 나뉜다.

- 타입 힌트는 매개변수와 결과 콜러블 객체의 반환값을 정의한다. 위 예제에서 Callable [[int, int], int]는 두 정수 매개변수를 받아 정수 결과를 반환하는 함수를 정의한다. 반복하지 않기 위해 새 타입명 IntExp를 할당한다.

- __call__() 메서드를 포함하는 클래스를 정의했다. 이때 타입 서명은 IntExp 타입 정의와 일치한다.

- 클래스의 인스턴스인 pow1()을 생성했다. 이 객체는 콜러블이며 함수처럼 동작한다. 또한 타입 힌트를 제공해 mypy에서 콜러블 객체가 적절한 서명을 따르는지 확인하게 했다.

x^n을 계산하는 알고리듬이 비효율적이다. 뒤에서 개선하겠다.

보다시피 __call__() 메서드 본문이 아주 간단해서 전체 클래스 정의는 굳이 없어도 된다. 다양한 최적화를 보이려면 함수를 콜러블 객체로 바꾸기보다 이처럼 간단한 콜러블 객체로 시작하는 편이 낫다.

이제 여느 함수를 사용하듯이 pow1() 함수를 사용할 수 있다. 다음과 같이 파이썬 명령줄에서 pow1() 함수를 사용한다.

```
>>> pow1(2, 0)
1
>>> pow1(2, 1)
2
>>> pow1(2, 2)
4
>>> pow1(2, 10)
1024
```

다양한 인자값으로 콜러블 객체를 평가했다.

mypy로 작업할 때 콜러블 객체가 꼭 abc.Callable의 하위 클래스여야 하는 것은 아니다. 그러나 추상 기반 클래스를 사용하면 디버깅하기 좋다.

다음 정의에는 결함이 있다.

```
class Power2(collections.abc.Callable):
  def __call_( self, x, n ):
    p= 1
    for i in range(n):
      p *= x
    return p
```

위 클래스 정의에는 오류가 있으며 콜러블 추상화의 정의에도 어긋난다.

클래스의 인스턴스를 만들려 하면 다음과 같은 메시지가 나온다.

```
>>> pow2: IntExp = Power2()
Traceback (most recent call last):
  File "<stdin>", line 1, in <module>
TypeError: Can't instantiate abstract class Power2 with abstract
  methods __call_
```

정확히 무엇이 잘못됐는지 불분명할 수 있으나 어쨌든 디버깅할 기회가 생겼다. collections.abc.Callable을 하위 클래스화하지 않았다면 디버깅하기 다소 어려운 문제였을 것이다.

226

타입 힌트로 문제를 감지하도록 결함 있는 콜러블을 고쳐보자. 앞서 보였던 오류가 없는 Power 클래스와 거의 비슷하다. 다음 코드에는 심각한 결함이 있다.

```
class Power3:

  def __call_(self, x: int, n: int) -> int:
    p =1
    for i in range(n):
      p *= x
    return p
```

mypy를 실행하면 위 코드의 결함을 알려준다. 콜러블 객체의 예상 타입이 정의된 IntExp 타입과 부합하지 않는다.

```
# Chapter_6/ch06_ex1.py:68: error: Incompatible types in assignment
(expression has type "Power3", variable has type "Callable[[int, int],
int]")
```

Power3 클래스는 콜러블의 요구 사항에 맞지 않고 abc.Callable의 하위 클래스도 아니므로 사용하면 다음과 같은 메시지가 나온다.

```
>>> pow3: IntExp = Power3()
>>> pow3(2, 5)
Traceback (most recent call last):
  File "<stdin>", line 1, in <module>
TypeError: 'Power3' object is not callable
```

위 오류로는 Power3 클래스 정의에 어떤 결함이 있는지 알기 어렵다. mypy 힌트가 문제를 찾는 데 도움이 된다.

⠿ 성능 개선

앞서 보인 Power1 클래스에 두 가지 성능 개선을 해보자.

먼저 더 나은 알고리듬으로 바꿔야 한다. 이어서 개선한 알고리듬에 캐시를 포함하는 메모이제이션을 적용해야 한다. 즉 함수에 상태를 부여한다. 이렇게 해야 콜러블 객체가 빛을 발한다.

첫 번째 수정은 분할 정복divide-and-conquer 디자인 전략을 사용한다. 이전 버전은 x^n 계산을 $O(n)$단계로 나눠 루프로 n개의 곱셈 연산을 수행했다. 문제를 똑같이 둘로 나눌 방법을 찾으면 $O(\log_2 n)$단계로 감소한다. 가령 Power1 콜러블인 pow1(2,1024)는 곱셈 연산을 1024번 수행한다. 이를 곱셈 10번으로 최적화하면 속도가 급격히 빨라진다.

단순히 고정값을 곱하는 대신 고속 멱승fast exponentiation 알고리듬을 사용해보자. 이 알고리듬은 다음과 같은 세 가지 기초 계산 규칙을 사용한다.

- $n = 1$이면 $x^0 = 1$이므로 결과는 단순히 1이다.

- n이 홀수이고 $n \bmod 2 = 1$이면, 결과는 $x^n = x^{n-1} \times x$다. 이는 x^{n-1}에 대한 재귀 계산을 포함한다. 곱셈은 1번이다. 하지만 $n - 1$이 짝수이니 더 최적화할 수 있다.

- n이 짝수이고 $n \bmod 2 = 0$이면, 결과는 $x^n = x^{\frac{n}{2}} \times x^{\frac{n}{2}}$이다. 이는 $x^{\frac{n}{2}}$에 대한 재귀 계산을 포함한다. 곱셈 횟수가 반으로 줄어든다.

이제 재귀 콜러블 객체를 살펴보자.

```python
class Power4:

  def __call__(self, x: int, n: int) -> int:
    if n == 0:
      return 1
    elif n % 2 == 1:
      return self.__call__(x, n - 1) * x
    else:  # n % 2 == 0:
      t = self.__call__(x, n // 2)
      return t * t

pow4: IntExp = Power4()
```

세 규칙을 입력 값에 적용했다.

- n이 0이면 1을 반환한다.

- n이 홀수이면 재귀 호출로 $x^{n-1} \times x$를 반환한다.

- n이 짝수이면 재귀 호출로 $(x^{\frac{n}{2}})^2$을 반환한다.

실행 시간이 현저히 빨라진다. timeit 모듈을 사용해 성능 차이를 확인할 수 있다. timeit 사용법은 1장을 참고한다. pow1(2,1024)와 pow4(2,1024) 실행을 만 번 반복해 비교해보면 대략 앞 버전은 183초, 뒤 버전은 8초가 걸린다.

다음과 같이 timeit 모듈로 성능 데이터를 수집한다.

```
import timeit

iterative = timeit.timeit( "pow1(2,1024)","""
class Power1():
  def __call__(self, x: int, n: int) -> int:
    p= 1
    for i in range(n):
      p *= x
    return p

pow1= Power1()
""", number=100000 )
print("Iterative", iterative)
```

timeit 모듈을 임포트했다. timeit.timeit() 함수는 정의된 컨텍스트 내에서 주어진 명령문을 실행한다. 위 예제에서 명령문은 pow1(2,1024) 표현식이다. 이 명령문의 컨텍스트는 pow1() 콜러블 객체의 정의이며, 이 컨텍스트는 임포트와 클래스 정의, pow1 인스턴스 생성을 포함한다.

속도를 높이기 위해 number=100000으로 설정했다. 기본 반복 횟수를 사용하면 2분 가까이 걸린다.

메모이제이션이나 캐싱 사용

메모이제이션 개념은 이전 결과를 캐싱해 재계산을 방지하는 것이다. 메모리를 상당히 많이 사용하지만 계산이 줄어 성능이 크게 향상된다.

일반 함수에는 이전 결과를 캐싱할 공간이 없다. 함수에 상태가 없다. 하지만 콜러블 객체는 상태를 가질 수 있다. 앞선 결과들의 캐시를 가질 수 있다.

다음은 메모이제이션을 적용한 Power 콜러블 객체다.

```
class Power5:

    def __init__(self):
        self.memo = {}

    def __call__(self, x: int, n: int) -> int:
        if (x, n) not in self.memo:
            if n == 0:
                self.memo[x, n] = 1
            elif n % 2 == 1:
                self.memo[x, n] = self.__call__(x, n-1) * x
            elif n % 2 == 0:
                t = self.__call__(x, n//2)
                self.memo[x, n] = t * t
            else:
                raise Exception("Logic Error")
        return self.memo[x,n]

pow5: IntExp = Power5()
```

self.memo 캐시를 사용하도록 이전의 알고리듬을 수정했다. 캐시는 빈 매핑으로 초기화한다. __call__() 메서드는 캐시를 확인해 미리 계산된 답인지 본다.

과거에 요청을 받았던 인자값이면 캐싱된 결과를 반환하고 어떤 계산도 수행하지 않는다. 이것이 앞서 말한 커다란 속도 향상이다.

아니라면 인자값은 캐시에 존재하지 않는다. 이처럼 값이 없으면 x^n 값을 계산해 저장해야 한다. 고속 멱승을 계산하는 세 가지 규칙에 따라 캐시에서 값을 가져오고 집어넣는다. 이렇게 하면 나중에 계산할 때 캐싱한 값을 활용할 수 있다.

메모이제이션의 중요성은 아무리 강조해도 모자라다. 계산 횟수를 현저히 줄인다. 대부분은 느리고 비싼 함수를 콜러블 객체로 대체하는 식이다.

NOTE

> 실수값에는 메모이제이션이 잘 동작하지 않는다. 완전 일치 동등(exact match equality)인지 알려면 캐싱한 값에 대해 일종의 근사치 테스트를 해야 한다. 실수값을 다룰 때는 반올림이나 더욱 정교한 캐시 검색이 필요할 수 있다.

⁝ functools를 사용한 메모이제이션

파이썬 라이브러리의 functools 모듈에는 메모이제이션 장식자가 들어 있다. 사용자 콜러블 객체를 생성하는 대신 이 모듈을 사용해도 된다.

다음과 같이 사용한다.

```
from functools import lru_cache

@lru_cache()
def pow6(x: int, n: int) -> int:
  if n == 0:
    return 1
  elif n % 2 == 1:
    return pow6(x, n-1) * x
  else: # n % 2 == 0:
    t = pow6(x, n//2)
    return t * t
```

최소 최근 사용LRU, Least Recently Used 캐시로 장식한 pow6() 함수를 정의했다. 이전 요청을 메모이제이션 캐시에 저장한다. LRU 캐시는 가장 최근에 들어온 요청은 남기고 가장 오래된 요청은 지운다. 가령 @lru_cache(256)을 사용하면 캐시 항목을 256개로 제한해 메모리 사용량을 최적화한다.

timeit으로 pow5()를 만 번 반복 실행하면 약 1초가 걸리고, pow6()는 약 8초가 걸린다.

이 실험은 timeit을 정교하게 사용하지 않으면 메모이제이션 알고리듬의 성능을 잘못 측정할 수 있다는 교훈을 준다. 각 요청에서 이전에 캐싱한 결과를 다시 계산할 때 캐시가 비어 있는 첫 번째 반복에서만 계산을 수행한다.

콜러블 인터페이스로 단순성 추구

콜러블 객체에 내포된 개념은 단일 메서드에 초점을 맞춘 class 인터페이스를 갖는 것이다.

객체에 다수의 연관 있는 메서드가 필요할 때도 있다. 예를 들어 블랙잭 Hand는 카드를 추가하고 점수를 계산해야 한다. 블랙잭 Player는 베팅을 하고, 핸드를 받고, 결정(히트, 스탠드, 스플릿, 보험, 더블다운 등)을 내려야 한다. 콜러블로는 적절하지 않은 좀 더 복잡한 인터페이스다.

하지만 베팅 전략은 콜러블이 될 수 있다. 상태를 할당하고 베팅하는 여러 메서드로 구현되지만 과도해 보인다. 이렇게 간단한 경우라면 전략이 소수의 퍼블릭 속성을 포함하는 콜러블 인터페이스여도 된다.

다음은 스트레이트 베팅 전략이다. 이 전략은 항상 똑같다.

```
class BettingStrategy:
    def __init__(self) -> None:
        self.win = 0
        self.loss = 0

    def __call__(self) -> int:
        return 1

bet = BettingStrategy()
```

위 인터페이스는 Player 객체가 베팅 전략에게 딴 돈과 잃은 돈에 대한 정보를 준다고 가정한다. Player 객체에는 베팅 전략에게 결과를 알리는 다음과 같은 메서드가 있을 수 있다.

```
def win(self, amount) -> None:
  self.bet.win += 1
  self.stake += amount
def loss(self, amount) -> None:
  self.bet.loss += 1
  self.stake -= amount
```

두 메서드는 핸드가 이겼는지 졌는지 베팅 전략 객체(self.bet 객체)에게 알린다. 베팅할 때
Player 객체는 다음과 같은 연산을 수행해 현재 베팅 수준을 알아낸다.

```
def initial_bet(self) -> int:
  return self.bet()
```

간결한 메서드 구현이다. 어쨌든 베팅 전략은 비교적 간단한 규칙 몇 개를 캡슐화했을
뿐이다.

위 콜러블 인터페이스의 간결함이 유용할 수 있다. 메서드명이 많지 않고 클래스에서
베팅금만큼 간단한 것을 나타내는 복잡한 구문 집합도 없다.

⁙ 복잡도와 콜러블 인터페이스

처리해야 할 작업이 더 복잡해질 때 위 인터페이스 디자인이 얼마나 잘 동작하는지 알
아보자. 다음은 각 손실 전략별 더블업(혹은 마틴게일Martingale 베팅 시스템이라고도 부른다)이다.

```
class BettingMartingale(BettingStrategy):

  def __init__(self) -> None:
    self._win = 0
    self._loss = 0
    self.stage = 1

  @property
  def win(self) -> int:
    return self._win
```

```python
@win.setter
def win(self, value: int) -> None:
  self._win = value
  self.stage = 1

@property
def loss(self) -> int:
  return self._loss

@loss.setter
def loss(self, value: int) -> None:
  self._loss = value
  self.stage *= 2

def __call__(self) -> int:
  return self.stage
```

손실이 있을 때마다 베팅금에 2를 곱해 베팅을 두 배로 올린다. 이겨서 손실을 회복하거나 테이블 한도에 다다르거나 혹은 파산해서 더 이상 베팅을 할 수 없을 때까지 이 전략을 이어간다. 카지노에서는 테이블 한도를 정해 이를 막는다.

이기면 기본 베팅으로 다시 할당된다. stage 변수를 1로 다시 할당한다.

목표는 속성값에 쉽게 접근하는 것이다. 위 클래스의 클라이언트는 bet.win += 1을 사용할 수 있다. 이는 승패에 따라 추가로 상태를 변경하는 프로퍼티 setter 메서드에 의존할 수 있다. 실제로 setter 프로퍼티만 신경 쓰면 되지만, setter 프로퍼티를 명확하게 생성하려면 getter 프로퍼티도 정의해야 한다. 승패를 세는 것 외에도 setter 메서드는 stage 인스턴스 변수도 할당한다.

실제로 다음과 같이 활용할 수 있다.

```
>>> bet= BettingMartingale()
>>> bet()
1
>>> bet.win += 1
>>> bet()
1
```

```
>>> bet.loss += 1
>>> bet()
2
```

위 객체의 인터페이스는 여전히 꽤 간단하다. 승수를 세서 기본 베팅으로 다시 할당하거나 패배 수를 세서 베팅을 두 배로 올린다.

프로퍼티를 사용하면 클래스 정의가 길어지고 보기 불편해진다. getter 프로퍼티가 아닌 setter 프로퍼티에만 실제 관심이 있으므로 다음의 코드처럼 __setattr__()를 써서 클래스 정의를 약간 간소화할 수 있다.

```
class BettingMartingale2(BettingStrategy):

    def __init__(self) -> None:
        self._win = 0
        self._loss = 0
        self.stage = 1

    def __setattr__(self, name: str, value: int) -> None:
        if name == "win":
            self.stage = 1
        elif name == "loss":
            self.stage *= 2
        super().__setattr__(name, value)

    def __call__(self) -> int:
        return self.stage
```

__setattr__()로 win과 loss 속성의 변경을 감시한다. super().__setattr__()로 인스턴스 변수를 할당할 뿐 아니라 내부 베팅금 상태도 업데이트한다.

클래스 정의는 더 깔끔해졌고, 두 속성을 포함하는 원래의 콜러블 객체와 동일한 간단한 인터페이스는 유지했다.

⫶ 컨텍스트 관리와 with문

컨텍스트와 컨텍스트 매니저는 파이썬에서 여러 용도로 쓰인다. 몇 가지 예를 통해 기본 용어를 익혀보자.

파이썬에서는 컨텍스트를 with문으로 정의한다. 곧 살펴볼 간단한 예제 프로그램은 로그 파일을 파싱해 유용한 CSV 로그 요약을 생성한다. 오픈 파일이 두 개라 중첩 with 컨텍스트를 사용하겠다. 예제에는 format_1_pat이라는 복잡한 정규식도 쓰인다. 곧 정의하겠다.

애플리케이션 프로그램은 아마 다음과 같을 것이다.

```
from pathlib import Path
import gzip
import csv

source_path = Path.cwd()/"data"/"compressed_data.gz"
target_path = Path.cwd()/"data"/"subset.csv"

with target_path.open('w', newline='') as target:
  wtr= csv.writer( target )
  with gzip.open(source_path) as source:
    line_iter = (b.decode() for b in source)
    row_iter = Counter(format_1_pat.match(line) for line in
line_iter)
    non_empty_rows: Iterator[Match] = filter(None, row_iter)
    wtr.writerows(m.groups() for m in non_empty_rows)
```

두 컨텍스트 매니저로 이뤄진 두 컨텍스트가 들어 있다.

- 바깥 컨텍스트는 with target_path.open('w', newline='') as target:문으로 시작한다. path.open() 메서드는 또 다른 컨텍스트 매니저인 파일을 열어 target 변수에 파일을 할당한 후 필요한 때에 사용한다.

- 안쪽 컨텍스트는 with gzip.open(source_path, "r") as source:문으로 시작한다. gzip.open() 함수 역시 주어진 경로를 열어 컨텍스트 매니저로서 동작한다.

with문이 끝나면 컨텍스트가 종료되고 파일은 올바르게 닫힌다. 즉 모든 버퍼를 비우고 운영체제 자원을 해제한다. with 컨텍스트 본문에서 예외가 발생하더라도 컨텍스트 매니저는 올바르게 종료되고 파일은 닫힌다.

TIP

> **path.open()과 관련된 파일시스템 연산은 항상 with문으로 감싸자**
>
> 파일은 운영체제(OS, Operating System) 자원을 포함하므로 애플리케이션과 운영체제 간 관계가 끊기면 바로 해제해야 한다. with문으로 자원을 올바르게 사용할 수 있다.

이제 예제를 마무리하자. 다음 정규식은 공통 로그 형식Common Log Format을 따르는 아파치 HTTP 서버 로그 파일을 파싱할 때 쓴다.

```
import re
format_1_pat= re.compile(
  r"([\d\.]+)\s+"  # 숫자와 마침표: 호스트
  r"(\S+)\s+"      # 공백을 제외한 모든 문자: 로그명
  r"(\S+)\s+"      # 공백을 제외한 모든 문자: 사용자
  r"\[(.+?)\]\s+"  # [] 내 모든 문자: 시간
  r'"(.+?)"\s+'    # "" 내 모든 문자: 요청
  r"(\d+)\s+"      # 숫자: 상태
  r"(\S+)\s+"      # 공백을 제외한 모든 문자: 바이트
  r'"(.*?)"\s+'    # "" 내 모든 문자: 참조자
  r'"(.*?)"\s*'    # "" 내 모든 문자: 사용자 에이전트
)
```

위 표현식은 앞선 예제에 쓰인 다양한 로그 포맷 필드를 찾아낸다.

십진 컨텍스트 사용

십진 컨텍스트decimal context도 자주 쓰인다. 십진 컨텍스트는 decimal.Decimal 계산에 필요한 여러 프로퍼티를 정의하는 데 값을 반올림하거나 내림하는 양자화quantization 규칙 등을 포함한다.

다음과 같은 애플리케이션 프로그램이 있을 수 있다.

```
import decimal
PENNY = decimal.Decimal("0.00")

price = decimal.Decimal('15.99')
rate = decimal.Decimal('0.0075')
print(f"Tax={(price * rate).quantize(PENNY)}, Fully={price * rate}")

with decimal.localcontext() as ctx:
    ctx.rounding = decimal.ROUND_DOWN
    tax = (price*rate).quantize(PENNY)
print(f"Tax={tax}")
```

위 예제에는 기본 컨텍스트와 로컬 컨텍스트가 모두 나온다. 먼저 기본 컨텍스트에서는 기본적인 반올림 규칙을 사용한다.

로컬 컨텍스트는 with decimal.localcontext() as ctx:문으로 시작한다. 이 컨텍스트는 십진 반올림을 버림round down으로 계산하라고 정의한다.

with문은 로컬에서 바뀐 부분을 원래 컨텍스트로 복구시킨다. 로컬 컨텍스트를 벗어나면 기본 반올림을 적용한다. 로컬 컨텍스트에는 수정한 반올림 규칙을 적용한다.

그 밖의 컨텍스트

자주 쓰이는 컨텍스트를 몇 개 더 알아보자. 대부분 기본 입출력 연산과 관련이 있다. 파일을 여는 모듈은 대개 파일 같은 객체뿐 아니라 컨텍스트도 생성한다.

컨텍스트는 락킹이나 데이터베이스 트랜잭션과도 관련이 깊다. 세마포어 같은 외부 락을 획득하고 반환할 수도 있고, 데이터베이스 트랜잭션 성공 시 올바르게 커밋하거나 실패 시 롤백할 수도 있다. 모두 파이썬 컨텍스트로 정의된 것들이다.

PEP 343 문서를 보면, with문과 컨텍스트 매니저를 사용하는 많은 예제가 나온다. 물론 다른 상황에도 컨텍스트 매니저를 쓸 수 있다.

그저 컨텍스트 매니저일 뿐인 클래스를 생성해야 할 수도, 혹은 클래스의 목적이 여러 개인데 그중 하나가 컨텍스트 매니저인 클래스를 생성해야 할 수도 있다. 잠시 후 컨텍스트를 디자인하는 여러 전략을 알아보겠다.

9장에서는 이 주제로 다시 돌아가 컨텍스트 매니저 기능을 하는 클래스를 어떻게 생성하는지 몇 가지 방법을 선보인다.

⁂ __enter__()와 __exit__() 메서드 정의

컨텍스트 매니저는 본질적으로 __enter__()와 __exit__()라는 두 스페셜 메서드로 이뤄진다. 두 메서드는 with문에서 컨텍스트에 들어가고 나올 때 쓰인다. 간단한 컨텍스트를 예로 들어 어떻게 동작하는지 살펴보겠다.

컨텍스트 매니저의 주 용도는 전역 상태 변경이다. 데이터베이스 트랜잭션 상태 변경이나 자원 락킹 상태 변경처럼 무언가 실행했다가 트랜잭션 완료 후 원래대로 돌이키고 싶은 상태에 쓰인다.

한 예로 난수 생성기^{random number generator}를 전역 변경해보자. 고정된 값 수열에 대해 난수 생성기가 정해진 시드를 사용하게 하는 컨텍스트를 생성하겠다.

다음은 컨텍스트 매니저 클래스의 정의다.

```python
import random
from typing import Optional, Type
from types import TracebackType

class KnownSequence:

    def __init__(self, seed: int = 0) -> None:
        self.seed = 0

    def __enter__(self) -> 'KnownSequence':
        self.was = random.getstate()
        random.seed(self.seed, version=1)
        return self
```

```
    def __exit__(
        self,
        exc_type: Optional[Type[BaseException]],
        exc_value: Optional[BaseException],
        traceback: Optional[TracebackType]
    ) -> Optional[bool]:
        random.setstate(self.was)
        return False
```

컨텍스트 매니저의 필수 메서드인 __enter__()와 __exit__()를 정의했다. __enter__() 메서드는 난수 모듈의 이전 상태를 저장한 후 주어진 값으로 시드를 리셋한다. __exit__() 메서드는 난수 생성기를 원래 상태로 복구한다.

__enter__()가 self를 반환하는 데 주목하자. 다른 클래스 정의에 추가되는 믹스인mixin 컨텍스트 매니저가 대부분 이렇다. 믹스인 개념은 9장에서 알아본다. __enter__() 메서드에서 한 가지 더 주목할 점은 KnownSequence 클래스 참조를 타입 힌트로 넣을 수 없었다는 것이다. KnownSequence 클래스 정의가 아직 완전하지 않기 때문이다. 대신 'KnownSequence'라는 문자열을 넣었는데, 이렇게 하면 mypy에서 타입 힌트를 검사할 때 클래스로 인식한다.

__exit__() 메서드의 매개변수는 일반적으로는 None값이다. 특별히 예외 처리를 따로 요구하지 않는 한 일반적으로 인자값을 무시한다. 예외 처리는 잠시 뒤 살펴보자. 다음 은 컨텍스트를 사용해 난수 묶음 5개를 출력하는 예제다.

```
print(tuple(random.randint(-1,36) for i in range(5)))
with KnownSequence():
  print(tuple(random.randint(-1,36) for i in range(5)))
print(tuple(random.randint(-1,36) for i in range(5)))
with KnownSequence():
  print(tuple(random.randint(-1,36) for i in range(5)))
print(tuple(random.randint(-1,36) for i in range(5)))
```

KnownSequence 인스턴스가 관리하는 컨텍스트 내에서 난수 그룹 두 개를 생성했다. 이렇게 하면 고정된 값 수열이 생성된다. 두 컨텍스트 밖에서는 난수 시드가 원래대로 돌아와 임의의 값이 나온다.

^(대부분) 출력은 다음과 같다.

```
(12, 0, 8, 21, 6)
(23, 25, 1, 15, 31)
(6, 36, 1, 34, 8)
(23, 25, 1, 15, 31)
(9, 7, 13, 22, 29)
```

장비에 따라 출력 일부가 다를 수 있다. 값은 정확히 일치하지 않을 수 있으나 컨텍스트 내에서는 시드가 고정이므로 두 번째와 네 번째 행은 일치한다. 다른 행은 random 모듈의 무작위 추출 기능을 이용하니 다를 수 있다.

예외 처리

컨텍스트 매니저 블록에서 발생한 예외는 컨텍스트 매니저의 __exit__() 메서드로 전달된다. 클래스, 인자, 역추적 스택 같은 표준 예외가 모두 인자값으로 제공된다.

예외 정보를 받은 __exit__() 메서드는 다음 둘 중 하나를 수행한다.

- True값을 반환해서 예외를 무시한다.

- 그 외 False값을 반환해 정상적으로 예외를 발생시킨다. 아무것도 반환하지 않는 것은 None을 반환하는 것과 동일하고, None이 곧 False이므로 예외를 전파시킨다.

예외를 사용해 컨텍스트 매니저의 종료 동작을 바꿀 수도 있다. 가령 특정 유형의 OS 오류가 발생하면 특수하게 처리한다.

⠿ 팩토리로서의 컨텍스트 매니저

애플리케이션 객체의 팩토리로서 컨텍스트 매니저 클래스를 생성할 수 있다. 이렇게 하면 애플리케이션 클래스가 컨텍스트 관리 기능과 뒤죽박죽 섞이지 않고 디자인 고려 사항이 명확히 분리된다.

블랙잭 게임에 카드를 배분할 고정 Deck이 필요하다고 하자. 꽤 유용할 것 같아도 실제로는 그렇지 않다. 단위 테스트를 하려면 정해진 순서의 카드로 채워진 완전한 모의 덱이 필요하다. 모의 덱이 있어야 이전에 생성했던 클래스와 컨텍스트 매니저를 함께 사용할 수 있다.

앞서 봤던 간단한 컨텍스트 매니저를 확장해 with문 컨텍스트 내에서 사용할 수 있는 Deck을 생성해보겠다.

다음은 Deck의 팩토리 클래스로서 random 모듈을 바꾼다.

```python
class Deterministic_Deck:

    def __init__(self, *args, **kw) -> None:
        self.args = args
        self.kw = kw

    def __enter__(self) -> Deck:
        self.was = random.getstate()
        random.seed(0, version=1)
        return Deck(*self.args, **self.kw)

    def __exit__(
        self,
        exc_type: Optional[Type[BaseException]],
        exc_value: Optional[BaseException],
        traceback: Optional[TracebackType]
    ) -> Optional[bool]:
        random.setstate(self.was)
        return False
```

위 컨텍스트 매니저 클래스는 인자값을 저장한 후 주어진 인자로 Deck을 생성한다.

__enter__() 메서드는 이전 난수 상태를 저장하고, 고정된 값 순열을 제공하도록 random 모듈을 설정한다. 이 모듈로 Deck을 만들고 셔플한다.

__enter__() 메서드의 핵심은 with문 컨텍스트 안에서 사용할 새로운 Deck 객체를 반환하는 것이다. 객체는 with문 내 as절에 할당된다. 타입 힌트에 이 메서드의 반환 타입이

Deck이라고 명시돼 있다. 다음과 같이 위 팩토리 컨텍스트 매니저를 사용한다.

```
with Deterministic_Deck(size=6) as deck:
    h = Hand(deck.pop(), deck.pop(), deck.pop())
```

위 코드는 데모와 테스트용으로 쓸 수 있는 정해진 순서의 카드를 생성한다.

컨텍스트 매니저 삭제

지금부터는 문제가 발생했을 때 삭제를 시도하는 좀 더 복잡한 컨텍스트 매니저를 다루겠다.

일반적으로 애플리케이션에서 파일을 덮어쓰기할 때는 그 파일의 백업 복사본을 저장하고 싶어 한다. 컨텍스트 매니저로 이러한 이슈를 해결할 수 있다. 다음과 같이 할 수 있었으면 좋겠다.

```
with Updating(some_path):
    with some_path.open('w') as target_file:
        process(target_file)
```

먼저 원래 파일의 이름을 some_file copy로 바꾼다. 컨텍스트가 예외 없이 정상적으로 동작하면 백업 복사본을 삭제하거나 some_file old로 이름을 바꿔도 된다.

예외가 발생해 컨텍스트가 정상적으로 동작하지 않으면 새 파일은 some_file error로, 기존 파일은 some_file로 이름을 바꾼다. 즉 예외가 발생하기 전 상태로 원본 파일을 돌려놓는다.

다음과 같은 컨텍스트 매니저가 필요하다.

```
from pathlib import Path
from typing import Optional

class Updating:
```

```python
    def __init__(self, target: Path) -> None:
        self.target: Path = target
        self.previous: Optional[Path] = None

    def __enter__(self) -> None:
        try:
            self.previous = ( self.target.parent / (self.target.stem + " backup")
              ).with_suffix(self.target.suffix)
            self.target.rename(self.previous)
        except FileNotFoundError:
            self.previous = None

    def __exit__(
        self,
        exc_type: Optional[Type[BaseException]],
        exc_value: Optional[BaseException],
        traceback: Optional[TracebackType]
    ) -> Optional[bool]:
        if exc_type is not None:
            try:
                self.failure = (
                    self.target.parent / (self.target.stem + " error")
                  ).with_suffix(self.target.suffix)
                self.target.rename(self.failure)
            except FileNotFoundError:
                pass # Never even got created.
            if self.previous:
                self.previous.rename(self.target)
        return False
```

위 컨텍스트 매니저의 __enter__() 메서드는 명명된 파일의 복사본이 이미 있으면 보존한다. 없으면 아무것도 하지 않는다. "file backup.ext" 같은 이름으로 바꾸면 파일을 보존하기 쉽다.

__exit__() 메서드는 컨텍스트 본문에서 발생한 예외 정보를 받는다. 예외가 없으면 아무것도 하지 않아도 된다. 예외가 생기면 디버깅을 위해 ("error"라는 접미사를 붙여) 출력을 보존한다. 또한 파일의 이전 복사본을 백업 파일에서 원래 이름으로 다시 바꿔 놓는다.

위 클래스는 기능적으로 try-except-finally 블록과 동일하다. 하지만 관련된 애플리케이션 처리를 컨텍스트 관리와 분리시켜 주는 이점이 있다. 애플리케이션 처리는 with문 내에 작성한다. 컨텍스트 이슈는 별도의 클래스로 분리한다.

⁝⁝⁝ 요약

클래스를 정의하는 세 가지 스페셜 메서드를 살펴봤다. __call__() 메서드는 콜러블 생성에 쓰인다. 콜러블은 스테이트풀 함수를 생성한다. 주된 예는 이전 결과를 메모이제이션하는 함수다.

__enter__()와 __exit__() 메서드는 컨텍스트 매니저 생성에 쓰인다. 컨텍스트는 with 문 본문에서의 로컬 프로세싱을 다룬다. 예제 대부분은 입출력 처리와 관련이 있었다. 파이썬은 십진 상태에도 로컬 컨텍스트를 사용한다. 단위 테스트나 락 획득과 해제를 위한 패치를 만들 수도 있다.

콜러블의 디자인 고려 사항과 트레이드오프

콜러블 객체를 디자인하려면 다음을 고려해야 한다.

- 먼저 객체의 인스턴스를 고려해야 한다. 객체에 함수 같은 인터페이스가 필요하면 콜러블 객체로 디자인하는 것이 합리적이다. collections.abc.Callable을 사용해 콜러블 API를 올바르게 생성할 수 있으며, 이 API는 읽는 이에게 클래스의 역할을 알린다.

- 두 번째로 함수에 상태가 있는지 없는지를 고려해야 한다. 일반 파이썬 함수에는 자기 이력hysteresis이 없다. 즉 저장된 상태가 없다. 하지만 콜러블 객체는 쉽게 상태를 저장할 수 있다. 메모이제이션 디자인 패턴은 스테이트풀 콜러블 객체를 잘 활용한다.

콜러블 객체의 유일한 단점은 필요한 구문 양이다. 일반적인 함수 정의는 더 짧아서 오류가 발생할 가능성이 적고 읽기 쉽다.

다음과 같이 정의된 함수를 콜러블 객체로 간단하게 바꿀 수 있다.

```
def x(args):
    body
```

위 함수를 다음과 같은 콜러블 객체로 변환할 수 있다.

```
class X:
    def __call__(self, args):
        body
x= X()
```

새로운 형태의 함수가 단위 테스트를 통과하려면 최소한 이만큼 변경해야 한다. 기존 본문은 수정 없이도 새 컨텍스트에서 잘 동작한다.

이렇게 바꾸면 콜러블 객체의 함수에 기능을 추가할 수 있다.

컨텍스트 매니저의 디자인 고려 사항과 트레이드오프

일반적으로 컨텍스트는 획득하고/반환하고, 열고/닫고, 잠그고/푸는 등의 연산 쌍에 쓰인다. 주로 파일 I/O와 관련이 있으며, 파이썬 내 파일 같은 객체는 이미 대부분 적절한 컨텍스트 매니저다.

필수 처리 단계가 괄호로 묶여 있는 경우 거의 항상 컨텍스트 매니저가 필요하다. 특히 마지막에 close() 메서드가 필요하면 반드시 컨텍스트 매니저로 감싸야 한다.

일부 파이썬 라이브러리에 열기/닫기 연산이 있으나 그 객체는 적절한 컨텍스트가 아니다. 이를테면 shelve 모듈은 적절한 컨텍스트를 생성하지 않는다.

shelve 파일에도 contextlib.closing() 컨텍스트를 사용할 수 있고 또한 해야 한다. 10장에서 자세히 다루겠다.

close() 메서드가 필요한 클래스라면 closing() 함수를 사용해도 좋다. 획득/반환 생명 주기를 갖는 클래스를 사용할 때는 __init__()이나 클래스단 open() 메서드에서 자원을 획득하고, close()에서 자원을 반환하고 싶다. 이렇게 하면 클래스를 closing() 함수와 잘 통합할 수 있다.

closing() 함수가 필요한 클래스는 다음과 같이 감싼다.

```
with contextlib.closing(MyClass()) as my_object:
    process(my_object)
```

contextlib.closing() 함수는 인자로 받은 객체의 close() 메서드를 호출한다. my_object의 close() 메서드를 실행하는 것이다.

예고

7장과 8장에서는 컨테이너와 수 생성에 쓰이는 스페셜 메서드를 알아본다. 7장에서는 표준 라이브러리에 있는 컨테이너와 컬렉션을 알아본다. 새로운 종류의 고유한 컨테이너를 만드는 방법도 살펴본다. 8장에서는 다양한 수 타입과 사용자 정의 수를 만드는 방법을 알아본다.

07

컨테이너와 컬렉션 생성

수많은 표준 라이브러리 추상 기반 클래스[ABC]를 확장해 새로운 종류의 컬렉션을 생성할 수 있다. 추상 기반 클래스는 내장 컨테이너를 확장하는 디자인 가이드라인을 제공한다. 즉 사용자의 문제 도메인에 맞게 기능을 조정하거나 새 데이터 구조를 정의할 수 있다.

7장에서는 컨테이너 클래스에 사용하는 추상 기반 클래스의 기초를 알아본다. 상당히 많은 추상화로 list와 tuple, dict, set, frozenset 같은 파이썬 내장 타입을 조합할 수 있다. 컨테이너 생성을 비롯해 다양한 컨테이너 기능을 제공하는 여러 스페셜 메서드도 다시 살펴본다. 이러한 스페셜 메서드를 더욱 특수화된 시퀀스와 맵, 집합 메서드와 분리해 핵심 컨테이너 메서드로 묶는다. 내장 컨테이너를 확장해 기능을 추가하는 법도 다룬다. 또한 내장 컨테이너를 래핑하고 래퍼를 통해 메서드를 하단 컨테이너로 위임하는 방법도 알아본다.

끝으로 완전히 새로운 컨테이너를 생성한다. 흥미롭고 유용한 컬렉션 알고리듬이 이미 매우 다양하게 파이썬 표준 라이브러리에 들어 있으므로 이는 매우 어렵고 도전적인 과제다. 컴퓨터 공학 지식이 깊지 않아도 만들 수 있는 다소 서툰 컬렉션을 개발해보겠다.

실제 애플리케이션을 만들기에 앞서 코멘과 레이서손, 리베스트, 스타인이 저술한
『Introduction to Algorithms』(한빛아카데미, 2014)를 열심히 공부하자. 새 컬렉션을 확장하거
나 생성하는 데 필요한 디자인 고려 사항을 언급하며 7장을 마무리하겠다.

7장에서 다룰 주제는 다음과 같다.

- 컬렉션의 추상 기반 클래스

- 스페셜 메서드 예제

- 표준 라이브러리 확장 사용하기

- 새로운 종류의 컬렉션 생성하기

- 컬렉션 타입 좁히기

- 새로운 종류의 시퀀스 정의하기

- 새로운 종류의 매핑 생성하기

- 새로운 종류의 집합 생성하기

⁝⁝⁞ 기술 요구 사항

7장의 코드 파일은 https://git.io/fj2U2에 있다.

⁝⁝⁞ 컬렉션의 추상 기반 클래스

collections.abc 모듈은 컬렉션을 별개의 여러 기능 집합으로 분리한 풍부한 추상 기반
클래스를 제공한다. 어떤 클래스와 연관된 기능 집합을 프로토콜protocol이라 부른다. 가
령 항목의 조회, 할당, 삭제는 리스트 같은 컬렉션의 동작을 정의하는 프로토콜이다. 비
슷하게 __iter__() 메서드는 반복 가능한 컬렉션을 정의하는 프로토콜의 하나다. 일반
적으로 리스트는 두 프로토콜을 모두 구현하지만 어떤 데이터 구조는 프로토콜을 더 적

게 지원하기도 한다. mypy 알고리듬은 지원하는 프로토콜을 확인해 객체가 올바르게 쓰이고 있는지 확인한다.

list 클래스가 제공하는 다양한 기능이나 set 클래스 혹은 dict 클래스와의 연관성을 자세히 몰라도 list 클래스를 충분히 잘 활용할 수 있다. 그러나 추상 기반 클래스를 배우기 시작하면 이러한 클래스 간 미묘한 차이가 보인다. 컬렉션별 특징을 구분하다 보면 공통된 특징이나, 심지어 서로 다른 데이터 구조 간 정교한 다형성도 알게 된다.

기반 클래스base class는 기본적으로 컬렉션을 위한 핵심 프로토콜을 정의한다.

다음의 기반 클래스는 주로 하나의 스페셜 메서드를 정의한다.

- Container 기반 클래스에는 __contains__() 메서드를 구현하는 구체 클래스가 필요하다. 이 스페셜 메서드는 in 연산자를 구현한다.

- Iterable 기반 클래스에는 __iter__()가 필요하다. 이 스페셜 메서드는 for문과 생성자 표현식, iter() 함수에도 쓰인다.

- Sized 기반 클래스에는 __len__()이 필요하다. 이 스페셜 메서드는 len() 함수에 쓰인다. __bool__()도 구현하면 좋지만 Sized 추상 기반 클래스에는 없어도 된다.

- Hashable 기반 클래스에는 __hash__()가 필요하다. 이 스페셜 메서드는 hash() 함수에 쓰인다. __hash__() 메서드를 구현하면 객체는 불변이 된다.

각 추상 클래스 정의는 애플리케이션에 쓰일 구조체를 더 높은 수준에서 복합적으로 정의할 때 쓰인다. 이러한 복합 구조체는 하단의 기반 클래스인 Sized와 Iterable, Container를 포함한다. 애플리케이션에 쓰일 만한 복합 기반 클래스를 알아보자.

- 가장 기본인 Sequence와 MutableSequence 클래스는 index()와 count(), reverse(), extend(), remove() 같은 메서드를 제공한다.

- Mapping과 MutableMapping 클래스는 keys()와 items(), values(), 특히 get() 같은 메서드를 제공한다.

- Set과 MutableSet 클래스는 집합 연산을 수행하는 비교 연산자와 산술 연산자를 제공한다.

내장 컬렉션을 자세히 들여다보면 추상 기반 클래스 정의로 작성하거나 수정할 스페셜 메서드를 어떻게 구성하는지 알 수 있다.

이 밖에도 collections 모듈은 UserDict와 UserList, UserString이라는 세 개의 구체 구현을 제공한다. UserDict는 세부 정보가 노출된 내장 딕셔너리다. 비슷하게 UserList와 UserString은 하위 클래스에서 확장할 수 있는 구현을 제공한다. 세 구현을 보면 컬렉션을 어떻게 생성하는지 쉽게 알 수 있다. 내장 타입을 확장하기 어려웠던 파이썬 구 버전에서는 이들을 최상위 클래스로 사용해 확장했다. 파이썬 3부터는 내장 타입을 간단히 확장할 수 있으므로 예제 코드가 아니고는 거의 쓰이지 않는다.

다음 절에서 스페셜 메서드 예제를 살펴본다.

⠿ 스페셜 메서드 예제

블랙잭 Hand 객체에는 신기하고 특이한 포함containment 개념이 있다. 핸드에 에이스가 있는지 자주 확인해야 하기 때문이다. list를 확장한 Hand 정의로는 에이스를 찾지 못한다. 특정 카드만 찾을 뿐이다. 다음과 같이 작성해야 한다.

```
any(c.rank == 'A' for c in hand.cards)
```

위 코드는 카드를 하나하나 검사한다. 검사 빈도가 낮은 작은 컬렉션에는 별로 지장이 없다. 반면 핸드가 수백만 개이면 반복된 검색으로 인해 비용이 크게 늘어난다.

항목이 수백만 개인 컬렉션을 처리하는 문제 도메인에서는 당연히 항목을 일일이 검사할 수 없다. 이러한 객체 컬렉션에 맞는 더 나은 설계가 필요하다. 이상적으로는 다음과 같았으면 좋겠다.

```
'A' in hand.cards
```

다시 말해 list를 확장한 Hand 객체가 지니는 포함contain의 개념을 바꿔야 한다. Card 인스턴스가 아닌 Card 객체의 rank 프로퍼티를 찾도록 말이다. 이렇게 하려면 __contains __() 메서드를 오버라이딩해야 한다.

```python
def __contains__(self, rank: int) -> bool:
  return any(c.rank==rank for rank in hand.cards)
```

좀 더 간단한 in 테스트로 핸드에서 주어진 랭크를 찾는다. 여전히 개개의 카드를 검사하지만 이를 Hand 클래스 안에 캡슐화했으며, 딕셔너리 기반의 특수 인덱스를 도입해 최적화할 수도 있다. __iter__()와 __len__() 스페셜 메서드에도 비슷한 디자인 고려 사항을 적용할 수 있다. 단, 조심하자. len()의 시맨틱이나 for문과 컬렉션 간 상호작용을 바꾸면 치명적인 결과를 초래하기도 한다.

다음 절에서는 표준 라이브러리 확장을 어떻게 사용하는지 설명한다.

⫶ 표준 라이브러리 확장 사용

표준 라이브러리에서 지원하는 몇 가지 내장 클래스 확장을 살펴보자. 모두 내장 컬렉션을 확장하거나 수정한 컬렉션들이다. 더스티 필립스가 쓴 『Python Object-Oriented Programming 3/e』(Packt, 2018)을 비롯해 여러 책에서 다양한 형태로 다루고 있다.

표준 라이브러리 내 컬렉션 중 다음 네 가지를 알아보겠다.

- deque(변형된 철자에 주목)는 리스트와 유사한 컬렉션으로서 양 끝단에서 빠른 삽입과 삭제를 수행할 수 있는 양단double-ended 큐다. 이 클래스의 기능을 부분적으로 취해 한쪽 끝에서만 삽입과 삭제를 수행하는 스택이나 큐를 생성한다.
- ChainMap은 다수의 매핑을 포함한다. 매핑을 하나로 병합하는 대신 별개로 두고 서로 연결chain함으로써 요청을 받은 키가 어떤 매핑에 들어 있는지 찾는다.
- defaultdict(변형된 철자에 주목)는 팩토리함수를 사용해 누락된 키 값을 제공하는 dict의 하위 클래스다.

- Counter는 빈도수 테이블을 생성해 객체를 세는 dict의 하위 클래스다. 그러나 실제로는 멀티셋*multiset* 또는 백*bag*이라 부르는 더욱 정교한 데이터 구조다.

다음 두 컬렉션은 더욱 고급 버전으로 대체됐다.

- namedtuple() 함수는 속성을 명명해 tuple의 하위 클래스를 생성한다. 현재는 typing 모듈의 NamedTuple 정의가 이 기능을 대신한다. 이제부터는 타입 힌트를 허용하는 typing.NamedTuple 클래스를 사용하자. 레거시 함수는 더 이상 쓸모가 없다.
- OrderedDict 컬렉션은 원래 키 항목의 순서를 유지하는 매핑이다. 키 순서 유지 기능은 내장 dict 클래스의 핵심이므로 이 특수 컬렉션은 이제 없어도 된다.

앞서 나열했던 각 컬렉션의 예제를 살펴보겠다. 라이브러리 컬렉션을 배우다 보면 두 가지 중요한 교훈을 얻는다.

- 표준 라이브러리에 이미 있어 다시 만들지 않아도 되는 기능
- 추상 기반 클래스를 확장해 파이썬에 흥미롭고 유용한 구조를 추가하는 법

라이브러리 소스 코드를 읽는 것도 도움이 된다. 소스에는 수많은 파이썬 객체지향 프로그래밍 기법이 나온다. 이렇게 기초적인 내용 외에도 무수히 많은 모듈이 있다. 몇 가지 예를 들어 보겠다.

- heapq 모듈은 기존 list 객체를 힙 큐*heap queue* 구조로 만드는 함수 집합이다. 힙 큐 불변자*invariant*라는 오름차순으로 빠르게 검색하기 위해 힙 안에 유지되는 항목 집합이다. heapq 메서드를 list 구조에 사용하면 명시적으로 리스트를 정렬하지 않아도 된다. 성능이 상당히 개선될 수 있다.
- array 모듈은 특정 유형의 값에 한해 저장소를 최적화하는 일종의 시퀀스다. 단순한 값으로 이뤄진 대규모 컬렉션에서 리스트와 유사한 기능을 제공한다.

위와 같은 고급 모듈에 대해서는 자세한 예제를 제공하지 않는다. 물론 이 밖에도 다양

한 데이터 구조를 정의할 수 있는 컴퓨터 공학이 더 존재한다.

이어지는 절들에서 앞서 나열한 여러 클래스를 살펴보겠다.

typing.NamedTuple 클래스

NamedTuple 클래스는 다수의 클래스단 속성을 갖는다. 전형적으로 이러한 속성마다 타입 힌트가 있으며 튜플의 속성을 명명할 수 있다.

NamedTuple 하위 클래스를 사용하면 클래스 정의를 단순 불변 객체들의 정의로 아주 짧게 압축할 수 있다. 정해진 속성을 명명하는 일반적인 경우라면 클래스 정의를 길고 복잡하게 작성하지 않아도 된다.

카드 게임의 클래스 정의에는 다음과 같은 코드를 넣을 수 있다.

```python
from typing import NamedTuple

class BlackjackCard_T(NamedTuple):
    rank: str
    suit: Suit
    hard: int
    soft: int
```

새 클래스를 정의하며 rank, suit, hard, soft라는 명명된 속성 네 개를 제공했다. 이렇게 생성한 객체는 불변이므로 애플리케이션이 오동작하더라도 BlackjackCard 인스턴스의 랭크는 바뀌지 않는다.

다음의 코드처럼 팩토리함수로 위 클래스의 인스턴스를 생성할 수 있다.

```python
def card_t(rank: int, suit: Suit) -> BlackjackCard_T:
    if rank == 1:
        return BlackjackCard_T("A", suit, 1, 11)
    elif 2 <= rank < 11:
        return BlackjackCard_T(str(rank), suit, rank, rank)
    elif rank == 11:
```

```
      return BlackjackCard_T("J", suit, 10, 10)
    elif rank == 12:
      return BlackjackCard_T("Q", suit, 10, 10)
    elif rank == 13:
      return BlackjackCard_T("K", suit, 10, 10)
    else:
      raise ValueError(f"Invalid Rank {rank}")
```

card_t() 함수는 카드 랭크별로 올바른 하드와 소프트 점수를 할당하며 BlackjackCard 인스턴스를 생성한다. 즉 card_t(7, Suit.Hearts)로 BlackjackCard 클래스의 인스턴스를 생성할 수 있다. card_t() 함수는 여러 가지 점수를 자동으로 할당한다.

NamedTuple의 하위 클래스에는 필드를 명명하는 _fields라는 클래스단 속성이 있다. 또한 속성에 대한 타입 힌트를 자세히 제공하는 _field_types라는 속성도 있다. 따라서 NamedTuple 하위 클래스에 대한 정교한 자기 감사introspection가 가능하다.

물론 NamedTuple 클래스 정의에도 메서드를 넣을 수 있다. 예제로 살펴보자.

```
class BlackjackCard_T(NamedTuple):
  rank: str
  suit: Suit
  hard: int
  soft: int
  def is_ace(self) -> bool:
    return False

class AceCard(BlackjackCard):
  def is_ace(self) -> bool:
    return True
```

하위 클래스에는 새 속성을 추가할 수 없다. 단 메서드 정의를 유의미하게 오버라이딩할 수는 있다. 이러한 기법으로 NamedTuple 클래스의 유용한 다형 하위 클래스를 생성한다.

deque 클래스

list 객체는 컨테이너 내 모든 원소가 균일한 성능을 내도록 디자인됐다. 그래서 어떤 연산에는 성능상 불이익이 있다. 특히 list.insert(0, item)처럼 리스트 앞을 확장하거나 list.pop(0)처럼 리스트 앞에서 삭제하는 연산은 리스트 크기가 바뀌고 각 원소의 위치도 바뀌기 때문에 오버헤드가 크다.

deque^{double-ended queue}(양단 큐)는 리스트의 첫 원소와 마지막 원소가 균일한 성능을 내도록 디자인됐다. 따라서 내장 list 객체보다 삽입과 삭제가 훨씬 빠르다.

TIP

클래스명은 주로 대문자로 시작한다. 하지만 deque 클래스는 일반적 패턴을 따르지 않는다.

이 책에서는 앞이 아닌 끝에서만 원소를 추출하도록 카드 덱을 디자인해 list 객체의 잠재적 성능 저하를 막는다. 리스트의 비대칭성^{asymmetry}을 활용해 기본 pop()이나 명시적인 pop(-1)처럼 비용이 적게 드는 위치에서 항목을 삭제한다.

deque.pop() 메서드는 매우 빠르며 리스트 양 끝에서 모두 동작한다. 유용하지만 셔플링 성능은 악화될 수 있다. 셔플은 deque의 디자인 의도와 달리 컨테이너에 임의로 접근하기 때문이다.

timeit으로 list와 deque의 셔플링 성능을 비교해 잠재적 비용을 알아보자.

```
>>> timeit.timeit('random.shuffle(x)','''
... import random
... x=list(range(6*52))''')
597.951664149994
>>>
>>> timeit.timeit('random.shuffle(d)','''
... from collections import deque
... import random
... d=deque(range(6*52))''')
609.9636979339994
```

random.shuffle()로 timeit을 호출했다. 첫 번째 예제는 list 객체를, 두 번째 예제는 deque를 테스트한다.

결과를 보면 deque 객체 셔플링이 list 객체 셔플링보다 아주 조금(약 2%) 느리다. 유의미한 차이는 아니다. 자신 있게 list 대신 deque 객체를 써도 된다.

다음과 같이 변경한다.

```
from collections import dequeue
class Deck(dequeue):
  def __init__( self, size=1 ):
    super().__init__()
    for d in range(size):
      cards = [ card(r,s) for r in range(13) for s in Suits ]
        super().extend( cards )
    random.shuffle( self )
```

Deck의 정의에서 list를 deque로 대체했다. 그 밖에는 동일하다.

실제로 성능 차이가 날까? 10만 개의 카드로 덱을 만들어서 배분해보자.

```
>>> timeit.timeit('x.pop()', "x=list(range(100000))",
  number=100000)
0.032304395994287916
>>> timeit.timeit('x.pop()', "from collections import deque;
  x=deque(range(100000))", number=100000)
0.013504189992090687
```

x.pop()으로 timeit을 호출했다. 첫 번째 예제는 list 객체를, 두 번째 예제는 deque를 테스트한다.

배분 시간이 거의 반(실제로는 42%)으로 줄어든다. 데이터 구조만 살짝 바꿨는데 시간을 크게 절약했다.

일반적으로 애플리케이션에 최적화된 데이터 구조를 고르는 게 중요하다. 여러 변형을 시도해보면 무엇이 더 효율적인지 알 수 있다.

ChainMap 유스 케이스

여러 맵을 하나로 잇는 유스 케이스는 지역과 전역 정의를 분리하는 파이썬 개념에 잘 부합한다. 파이썬은 변수를 사용할 때 먼저 지역 네임스페이스를 검색하고, 이어서 전역 네임스페이스를 검색한다. 두 네임스페이스에서 변수를 검색하는 것 외에 변수 할당 역시 전역 네임스페이스에 지장을 주지 않으면서 지역 네임스페이스에서 이뤄진다. ChainMap 또한 (global이나 nonlocal문 없이) 이러한 기본 동작을 따른다.

예제 애플리케이션을 실행하면 명령줄 매개변수와 설정 파일, OS 환경변수, 소프트웨어에 설치된 기본 설정 파일로부터 프로퍼티를 받는다. 여기에는 명백한 우선순위가 있다. 명령줄에서 받은 값이 가장 중요하고 설치 기본 설정이 가장 덜 중요하다. ChainMap 객체는 다양한 매핑을 순서대로 검색하면서 다양한 소스에서 온 매개변수를 하나의 딕셔너리 같은 구조로 병합해 쉽게 설정을 찾아준다.

다음과 같이 여러 소스에서 온 설정 옵션을 합쳐 애플리케이션을 구동한다.

```python
import argparse
import json
import os
from collections import ChainMap
from typing import Dict, Any

def get_options(argv: List[str] = sys.argv[1:]) -> ChainMap:
    parser = argparse.ArgumentParser(
        description="Process some integers.")
    parser.add_argument(
        "-c", "--configuration", type=open, nargs="?")
    parser.add_argument(
        "-p", "--playerclass", type=str, nargs="?",
        default="Simple")
    cmdline = parser.parse_args(argv)

    if cmdline.configuration:
        config_file = json.load(cmdline.configuration)
        cmdline.configuration.close()
    else:
        config_file = {}
```

```
default_path = (
  Path.cwd() / "Chapter_7" / "ch07_defaults.json")
with default_path.open() as default_file:
  defaults = json.load(default_file)

combined = ChainMap(
  vars(cmdline), config_file, os.environ, defaults)
return combined
```

위 코드는 다음과 같이 여러 소스에서 온 설정을 보여준다.

- 명령줄 인자. 예제에는 playerclass라는 인자 하나뿐이지만 실제 애플리케이션에는 주로 더 많다.

- 인자 중 하나인 configuration은 매개변수를 추가로 포함하는 설정 파일명이다. JSON 포맷이어야 하며, 이 파일의 내용을 읽는다.

- 이 밖에 defaults.json 파일에서도 설정 값을 추가로 찾는다.

위와 같은 소스로부터 하나의 ChainMap 객체가 생성된다. ChainMap 객체는 특정 순서로 앞서 나열한 각 위치에서 매개변수를 찾는다. ChainMap 인스턴스 유스 케이스는 높은 우선순위부터 각 매핑을 차례로 훑으며 주어진 키를 찾아 그 값을 반환한다. 이로써 런타임 옵션과 매개변수를 깔끔하고 사용하기 쉽게 여러 가지 소스로 제공할 수 있다.

14장과 18장에서 다시 한 번 다루겠다.

OrderedDict 컬렉션

OrderedDict 컬렉션은 기능이 더해진 파이썬 딕셔너리다. 즉 삽입한 순서대로 키를 유지한다.

OrderedDict가 흔히 쓰이는 유스 케이스는 HTML이나 XML 파일을 처리할 때인데, 이때 객체의 순서는 유지하되 ID와 IDREF 속성으로 객체 간 상호 참조가 가능해야 한다.

ID를 딕셔너리의 키로 사용하면 객체 간 관계를 최적화할 수 있다. OrderedDict 구조로 소스 문서의 순서를 유지할 수도 있다.

파이썬 3.7부터는 내장 dict 클래스에서 딕셔너리 키를 삽입한 순서대로 유지한다. 한 가지 예로 살펴보겠다.

```
>>> some_dict = {'zzz': 1, 'aaa': 2}
>>> some_dict['mmm'] = 3
>>> some_dict
{'zzz': 1, 'aaa': 2, 'mmm': 3}
```

파이썬 이전 버전에서는 삽입한 순서대로 딕셔너리 키를 유지하지 못했다. 키 순서가 임의적이었고 예측하기 어려웠다. OrderedDict 클래스는 구 버전의 파이썬에서 삽입 순서를 보장하는 장치였다. 현재는 키를 삽입한 순서대로 키 순서를 보장하므로 Ordered Dict가 필요 없다.

defaultdict 하위 클래스

일반적인 dict 타입은 키를 찾을 수 없으면 예외가 발생한다. defaultdict 컬렉션 클래스는 다르다. 예외를 일으키는 대신 주어진 함수를 실행해 함수의 값을 딕셔너리에 기본값으로 삽입한다.

TIP

클래스명은 대개 대문자로 시작한다. 하지만 defaultdict 클래스는 이러한 패턴을 따르지 않는다.

defaultdict 클래스의 일반적인 유스 케이스는 객체의 인덱스 생성이다. 여러 객체가 공통 키를 가질 때 이 키를 공유하는 객체들의 리스트를 생성한다.

다음은 두 값을 합해 값들의 리스트를 누적하는 함수다.

```
from typing import Dict, List, Tuple, DefaultDict
def dice_examples(n: int=12, seed: Any=None) -> DefaultDict[int, List]:
```

```
    if seed:
      random.seed(seed)
    Roll = Tuple[int, int]
    outcomes: DefaultDict[int, List[Roll]] = defaultdict(list)
    for _ in range(n):
      d1, d2 = random.randint(1, 6), random.randint(1, 6)
      outcomes[d1+d2].append((d1, d2))
    return outcomes
```

Roll의 타입 힌트를 보면 주사위를 한 번 굴려 나오는 두 수를 정수로 된 2-튜플로 나타냈다. outcomes 객체의 타입 힌트를 보면 키가 정수이고 값이 Roll 인스턴스의 리스트인 딕셔너리다.

outcomes[d1+d2].append((d1, d2))에서 실제 딕셔너리를 생성한다. 임의의 두 수 d1과 d2가 주어지면 키 값은 그 합이다. 키 값이 outcomes 매핑에 없으면 list() 함수는 빈 리스트로 기본값을 생성한다. 키가 이미 존재하면 값을 가져오고, append() 메서드가 실제 숫자 쌍을 누적한다.

defaultdict 컬렉션 클래스로 상수 값을 제공하는 사례도 있다. container.get(key,"N/A") 표현식 대신 사용할 수 있다.

인자가 0개인 lambda 객체를 생성하면 매우 잘 동작한다. 예제로 살펴보자.

```
>>> from collections import defaultdict
>>> messages = defaultdict( lambda: "N/A" )
>>> messages['error1']= 'Full Error Text'
>>> messages['other']
'N/A'
>>> messages['error1']
'Full Error Text'
```

messages['error1']이 처음 쓰일 때 'error1' 키에 값을 할당했다. 이때 새 값이 기본값을 대체한다. messages['other']이 처음 쓰일 때 기본값이 딕셔너리에 추가된다.

값이 "N/A"인 모든 키를 찾으면 새 키가 얼마나 많이 생성됐는지 알 수 있다.

```
>>> [k for k in messages if messages[k] == "N/A"]
['other']
```

위 출력에서 보듯이 기본값 "N/A"로 할당했던 키를 찾았다. 이러한 방법은 종종 누적 중인 데이터를 요약할 때 도움이 된다. 기본값으로 할당된 키를 모두 보여준다.

counter 컬렉션

defaultdict 클래스가 가장 많이 쓰이는 유스 케이스 중 하나는 키 인스턴스의 개수를 합산할 때다. 키를 세는 법은 다음과 같이 간단하다.

```
frequency = defaultdict(int)
for k in some_iterator():
  frequency[k] += 1
```

some_iterator()에 들어 있는 값 시퀀스에서 각 키 값 k가 나타난 횟수를 센다.

너무 흔한 유스 케이스라 Counter라는 defaultdict 변형도 위 코드와 동일한 연산을 수행한다. 그러나 Counter 컬렉션은 단순한 defaultdict 클래스에 비해 훨씬 정교하다.

다음은 여러 데이터 소스로부터 빈도수 히스토그램을 생성해 빈도수를 내림차순으로 보여주는 예제다.

```
from collections import Counter
frequency = Counter(some_iterator())
for k,freq in frequency.most_common():
  print( k, freq )
```

위 예제는 반복 가능한iterable 항목에 Counter를 수행함으로써 얼마나 쉽게 통계 데이터를 모을 수 있는지 보여준다. Counter는 반복 가능한 항목 내 값에서 빈도수 데이터를 수집한다. 이때 some_iterator()라는 반복함수를 사용했다. 시퀀스나 다른 컬렉션을 제공해도 된다.

이제 결과를 빈도수의 내림차순으로 표시할 수 있다. 하지만 여기서 끝이 아니다.

Counter 컬렉션은 그저 defaultdict 컬렉션을 단순화한 버전이 아니다. 이름부터 오해의 소지가 있다. Counter 객체는 사실 '백'이라 부르는 '멀티셋'이다.

집합과 유사한 컬렉션이지만, 백 내에서는 값을 반복할 수 있다. 인덱스나 위치로 항목을 식별하는 시퀀스가 아니다. 순서는 중요하지 않다. 키와 값으로 된 매핑도 아니다. 항목 자체로 식별할 수 있고 순서는 중요하지 않은 집합에 가깝다. 하지만 원소가 중복될 수 있으니 집합과는 다르다.

원소가 중복될 수 있으므로 Counter 객체는 발생 횟수를 정수 값으로 표현한다. 즉 Counter 객체는 빈도수 테이블로 쓰인다. 하지만 다른 기능도 있다. 백은 집합과 유사하므로 두 백의 원소를 비교해 합집합이나 교집합도 만들 수 있다.

백 두 개를 만들어보자.

```
>>> bag1= Counter("aardwolves")
>>> bag2= Counter("zymologies")
>>> bag1
Counter({'a': 2, 'o': 1, 'l': 1, 'w': 1, 'v': 1, 'e': 1, 'd': 1,
 's': 1, 'r': 1})
>>> bag2
Counter({'o': 2, 'm': 1, 'l': 1, 'z': 1, 'y': 1, 'g': 1, 'i': 1,
 'e': 1, 's': 1})
```

문자 시퀀스를 하나씩 훑어서 각각 백을 만들었다. 두 번 이상 나오는 문자는 횟수가 2 이상이다.

두 백의 합집합은 계산하기 쉽다.

```
>>> bag1+bag2
Counter({'o': 3, 's': 2, 'l': 2, 'e': 2, 'a': 2, 'z': 1, 'y': 1,
 'w': 1, 'v': 1, 'r': 1, 'm': 1, 'i': 1, 'g': 1, 'd': 1})
```

두 문자열에 들어 있는 전체 문자 묶음을 보여준다. o 인스턴스는 3개다. 나머지 문자들은 당연히 횟수가 더 적다.

두 백의 차집합도 계산하기 쉽다.

```
>>> bag1-bag2
Counter({'a': 2, 'w': 1, 'v': 1, 'd': 1, 'r': 1})
>>> bag2-bag1
Counter({'o': 1, 'm': 1, 'z': 1, 'y': 1, 'g': 1, 'i': 1})
```

첫 번째 표현식은 bag1에는 있으나 bag2에는 없는 문자들을 보여준다.

두 번째 표현식은 bag2에는 있으나 bag1에는 없는 문자들을 보여준다. 글자 o는 bag2에 두 번 나오고, bag1에 한 번 나온다. 차집합에서는 bag1의 문자 o 하나만 제거했다.

이어지는 절에서는 새로운 종류의 컬렉션을 생성하는 방법을 알아본다.

∷ 새로운 종류의 컬렉션 생성하기

파이썬 내장 컨테이너 클래스를 확장하는 몇 가지 예를 살펴보자. 컨테이너별로 확장 예제를 보이진 않겠다.

특정 컨테이너를 확장하는 예제를 통해 어떤 과정을 거치는지 알아보겠다.

1. 요구 사항을 정의한다. 일반적으로 위키피디아의 http://en.wikipedia.org/wiki/Data_structure 페이지부터 조사하기 시작한다. 데이터 구조를 디자인할 때 누락된 항목과 중복 항목을 둘러싼 복잡한 에지 케이스[1]가 종종 발견된다.

2. 필요에 따라 collections.abc 모듈을 검토해 새로운 기능을 넣으려면 어떤 메서드를 반드시 구현해야 하는지 알아본다.

3. 테스트 케이스를 만든다. 에지 케이스를 적절히 다루려면 알고리듬도 깊이 공부해야 한다.

4. 앞선 연구 단계에 기초해 코드를 작성한다.

---

1 극단적인 매개변수에서 발생하는 문제 – 옮긴이

새로운 종류의 데이터 구조를 만들기 전에 기초부터 다지는 것이 얼마나 중요한지 꼭 알아야 한다. 웹 검색으로 개요나 요약만 훑지 말고 내용을 자세히 파악해야 한다. 다음 책들을 읽어보자.

- 코멘과 레이서손, 리베스트, 스타인의 『Introduction to Algorithms』^(한빛아카데미, 2014)

- 아호와 울만, 홉크로프트의 『Data Structures and Algorithms』

- 스티븐 스키에나의 『The Algorithm Design Manual』^(Springer, 2021)

앞서 봤듯이 추상 기반 클래스는 시퀀스와 매핑, 집합이라는 크게 세 종류의 컬렉션을 정의한다. 다음의 세 디자인 전략을 사용해 사용자만의 새로운 종류의 컬렉션을 생성할 수 있다.

- **확장**: 기존 시퀀스

- **래핑**: 기존 시퀀스

- **개발**: 완전히 새로운 시퀀스

이론상으로는 각 기초 컬렉션별로 각 기초 디자인 전략을 적용할 수 있으니 예제를 9개까지 제공할 수 있다. 하지만 이러한 주제에 너무 깊이 파고들진 않겠다. 기존 시퀀스를 확장하고 래핑하는 방법을 배우며 새로운 종류의 시퀀스를 어떻게 만드는지 자세히 살펴보겠다.

(ChainMap과 OrderedDict, defaultdict, Counter처럼) 확장된 매핑이 매우 많으므로 새로운 종류의 매핑을 만드는 방법은 간단히 다룬다. 또한 새로운 종류의 정렬된 멀티셋이나 백을 만드는 방법도 자세히 알아본다.

이어지는 절에서는 컬렉션 타입을 좁혀 보자.

⠿ 컬렉션 타입 좁히기

파이썬 3에서는 컬렉션의 내용을 설명하는 타입 힌트를 폭넓게 제공할 수 있다. 다음은 타입 힌트가 주는 두 가지 이점이다.

- 데이터 구조를 시각화한다.

- mypy를 실행해 코드에서 데이터 구조를 올바르게 사용하는지 확인한다.

비컬렉션non-collection 타입(int, str, float, complex 등)은 타입명을 타입 힌트로 사용한다. 내장 컬렉션은 typing 모듈 안에 병렬 타입 정의를 포함한다. 주로 from typing import List, Tuple, Dict, Set으로 이러한 타입명을 모듈에 임포트한다.

각 타입 힌트는 매개변수를 받아들여 정의를 더욱 좁힌다.

- List[T] 힌트는 객체가 list이고 모든 항목이 T 타입이라는 뜻이다. 예를 들어 [1, 1, 2, 3, 5, 8]은 List[int]로 표현한다.

- Set[T] 힌트는 List[T] 힌트와 비슷하다. 셋set의 모든 항목이 T 타입이라는 뜻이다. 예를 들어 {'a', 'r', 'd'}는 Set[str]으로 표현한다.

- Dict[K, V] 힌트는 객체가 dict이고, 키가 K 타입, 값이 V 타입이라는 뜻이다. 예를 들어 {'A': 4, 'B': 12}는 Dict[str, int]로 표현한다.

Tuple 힌트는 대개 더 복잡하다. 일반적으로 튜플은 다음 두 유스 케이스로 쓰인다.

- Tuple[str, int, int, int] 같은 힌트는 ('crimson', 220, 20, 60)처럼 문자열과 정수 값 3개로 된 4-튜플을 말한다. 크기를 명시적으로 규정한다.

- Tuple[int, ...] 같은 힌트는 크기가 무한대인 튜플을 말한다. 모든 항목의 타입이 int다. 크기는 명시하지 않는다. ... 표기는 파이썬 언어의 한 토큰으로, 이러한 타입 힌트에 쓰이는 일급first-class 문법이다.

None 값을 포함할 수 있는 컬렉션 객체를 나타내려면 Optional 타입을 사용한다. List[Optional[int]] 같은 타입 힌트는 [1, 2, None, 42]처럼 int와 None 객체가 섞인 리스트를 나타낸다.

수에는 타입 변환^{coercion} 규칙이 있기 때문에 수치^{numerical} 알고리듬의 경우 주로 다음처럼 float 타입 힌트를 사용해 요약한다.

```python
def mean(data: List[float]) -> float: ...
```

위 함수는 정수 값 리스트에도 동작한다. mypy 프로그램은 타입 변환 규칙을 인지하고 위 함수를 mean([8, 9, 10]) 형태로 사용해도 유효하다고 판단한다.

이어지는 절에서는 새로운 종류의 시퀀스를 정의하겠다.

⁞⁞ 새로운 종류의 시퀀스 정의하기

통계 분석을 수행할 때는 일반적으로 데이터 컬렉션에 대해 기본 평균과 최빈값^{mode}, 표준 편차를 계산한다. 블랙잭 시뮬레이션이 실제로 더 나은 전략을 도출했는지 알려면 통계적으로 분석해야 한다.

게임 전략 시뮬레이션의 결과 데이터는 주어진 전략으로 수차례 게임한 최종 결과를 보여주는 수 시퀀스다.

내장 list 클래스에 결과를 누적할 수 있다. N이 x 내 원소 개수일 때 평균은 $\dfrac{\sum_{a \in x} a}{N}$ 로 계산한다.

```python
def mean(outcomes: List[float]) -> float:
    return sum(outcomes) / len(outcomes)
```

표준편차는 $\dfrac{\sqrt{N \times \sum_{a \in x} a^2 - \left(\sum_{a \in x} a\right)^2}}{N}$ 으로 계산한다.

```
def stdev(outcomes: List[float]) -> float:
  n = float(len(outcomes))
  return math.sqrt(
    n * sum(x**2 for x in outcomes) - sum(outcomes)**2
  ) / n
```

평균과 표준편차는 비교적 간단한 계산함수다. 하지만 문제가 복잡해질수록 이렇게 데이터와 동떨어진 함수로는 부족하다. 객체지향 프로그래밍의 이점 중 하나는 기능과 데이터를 하나로 묶는 기능이다.

첫 번째 예제에서는 list의 스페셜 메서드를 새로 작성하지 않는다. list를 하위 클래스화해서 통계를 계산할 메서드만 추가하겠다. 매우 일반적인 형태의 확장extension이다.

두 번째 예제에서는 첫 번째 예제의 스페셜 메서드를 수정하고 확장한다. 내장 list 클래스의 기능을 올바르게 상속받기 위해서는 새로운 리스트의 하위 클래스에 무엇을 추가하거나 수정해야 할지 알아야 하므로 추상 기반 클래스의 스페셜 메서드를 조금 공부해야 한다.

시퀀스를 처리하니 파이썬 slice 표기법도 알아야 한다. __getitem__과 __setitem__, __delitem__, 슬라이스 다루기에서 슬라이스가 무엇이고 내부적으로 어떻게 동작하는지 살펴보겠다.

두 번째 주요 디자인 전략은 래핑wrapping이다. 리스트에 래퍼를 생성하고 래핑된 리스트에 메서드를 어떻게 위임하는지 알아보겠다. 래핑은 10장의 주제인 객체 지속성persistence 측면에서 몇 가지 이점이 있다.

완전히 새로운 종류의 시퀀스를 만드는 데 무엇이 필요한지도 알아본다.

통계 리스트

통계와 표준편차 기능은 list의 하위 클래스에 넣는 것이 타당하다. list를 다음과 같이 확장할 수 있다.

```
class Statslist(list):

  def __init__(self, iterable: Optional[Iterable[float]]) -> None:
    super().__init__(cast(Iterable[Any], iterable))

  @property
  def mean(self) -> float:
    return sum(self) / len(self)

  @property
  def stdev(self) -> float:
    n = len(self)
    return math.sqrt(
      n * sum(x ** 2 for x in self) - sum(self) ** 2
    )/ n
```

이처럼 내장 list 클래스를 간단히 확장해 데이터를 누적하고 데이터 항목 컬렉션의 통계를 보고할 수 있다.

리스트 클래스의 타입을 좁히는 데 필요한 상대적인 복잡도에 주목하자. 내장 리스트 구조 타입인 List는 엄밀히 말하면 List[Any]다. 산술 연산이 가능하려면 타입이 List[float]여야 한다. __init__() 메서드에 Iterable[float] 값만 허용하도록 명시함으로써 mypy에서 StatsList의 인자가 이 기준을 충족하는지 확인하게 했다. 원시 데이터 소스를 다음과 같이 얻는다고 가정하자.

```
def data_gen() -> int:
  return random.randint(1, 6) + random.randint(1, 6)
```

이 작은 data_gen() 함수가 다양한 함수를 대신한다. 어쩌면 복잡한 시뮬레이션일 수 있다. 혹은 실제 측정할 소스 데이터일 수도 있다. 타입 힌트에 정의된 것처럼 함수는 기본적으로 정수 값을 생성할 뿐이다.

다음과 같이 StatsList 클래스를 사용하는 전체 시뮬레이션 스크립트를 상상해보자.

```
random.seed(42)
data = [data_gen() for _ in range(100)]
```

```
stats = StatsList(data)
print(f"mean = {stats.mean:f}")
print(f"stdev= {stats.stdev:.3f}")
```

위 코드는 리스트에 대한 이해를 바탕으로 샘플이 100개 들어 있는 원시 list 객체를 생성한다. data_gen() 함수로 데이터 객체를 만들었으니 데이터 객체의 타입은 당연히 List[int]다. 이 데이터로 StatsList 객체를 생성한다. 기반 리스트 클래스를 확장한 결과 stats 객체에는 mean과 stdev 프로퍼티가 들어 있다.

즉시 계산과 지연 계산 선택

앞선 예제의 계산은 요청이 있을 때만 이뤄지는 지연 계산이다. 바꿔 말하면 요청이 있을 때마다 매번 수행한다는 뜻이다. 클래스 객체를 어떻게 사용하느냐에 따라 오버헤드가 꽤 클 수도 있다.

리스트에 언제 원소가 추가되고 삭제되는지 알고 있으니 통계 요약을 즉시 계산으로 바꾸는 편이 더 합리적일 수 있다. 즉시 계산으로 바꾸려면 프로그래밍을 더 해야 하니 번거롭지만 누적되는 데이터가 많을수록 결과적으로 성능이 향상된다.

즉시 통계 계산에서 가장 중요한 점은 합계 계산 루프를 피해 가는 것이다. 리스트를 생성하면서 합계를 즉시 계산하면 데이터를 다시 순회하지 않아도 된다.

Sequence 클래스의 스페셜 메서드를 보면 시퀀스 내 어디에 데이터를 추가하고, 삭제하고, 수정하는지 모두 알 수 있다. 이러한 정보를 활용해 두 합계를 다시 계산한다. 파이썬 표준 라이브러리 설명서의 collections.abc절과 http://docs.python.org/3.4/library/collections.abc.html#collections-abstract-base-classes의 8.4.1절부터 살펴보자.

MutableSequence 클래스에 필요한 메서드는 __getitem__과 __setitem__, __delitem__, __len__, insert, append, reverse, extend, pop, remove, __iadd__다. 설명서에는 상속된 시퀀스 메서드Inherited Sequence method도 나온다. 하지만 불변 시퀀스를 위한 것이므로 무시해도 좋다.

통계 결과를 업데이트하려면 각 메서드마다 다음을 수행해야 한다.

- __getitem__: 상태가 바뀌지 않는다.

- __setitem__: 한 항목을 변경한다. 각 합계에서 이전 항목을 빼고 새 항목을 포함시킨다.

- __delitem__: 한 항목을 제거한다. 각 합계에서 이전 항목을 뺀다.

- __len__: 상태가 바뀌지 않는다.

- insert: 새 항목을 추가한다. 각 합계에 포함시킨다.

- append: 마찬가지로 새 항목을 추가한다. 각 합계에 포함시킨다.

- reverse: 평균이나 표준편차 값이 바뀌지 않는다.

- extend: 새 항목을 여러 개 추가한다. 각 합계에 모든 항목을 포함시킨다.

- pop: 한 항목을 제거한다. 각 합계에서 이전 항목을 뺀다.

- remove: 마찬가지로 한 항목을 제거한다. 각 합계에서 이전 항목을 뺀다.

- __iadd__: 제자리 덧셈[in-place addition]인 += 증가 할당문이다. 사실상 extend 키워드와 동일하다.

위 메서드들은 결국 아래 두 유스 케이스의 조합일 뿐이므로 하나하나 살펴보진 않겠다.

- 새 값 하나 삽입

- 기존 값 하나 제거

대체 연산 역시 제거와 삽입 연산의 조합이다.

다음은 즉시 계산하는 StatsList2 클래스다. insert()와 pop() 메서드를 살펴보자.

```
class StatsList2(list):
```

```
"""Eager Stats."""

def __init__(self, iterable: Optional[Iterable[float]]) -> None:
  self.sum0 = 0 # N이라고도 불리는 len(self)
  self.sum1 = 0.0 # sum(self)
  self.sum2 = 0.0 # sum(x**2 for x in self)
  super().__init__(cast(Iterable[Any], iterable))
  for x in self:
    self._new(x)

def _new(self, value: float) -> None:
  self.sum0 += 1
  self.sum1 += value
  self.sum2 += value * value

def _rmv(self, value: float) -> None:
  self.sum0 -= 1
  self.sum1 -= value
  self.sum2 -= value * value

def insert(self, index: int, value: float) -> None:
  super().insert(index, value)
  self._new(value)

def pop(self, index: int = 0) -> None:
  value = super().pop(index)
  self._rmv(value)
  return value
```

위 예제는 주석이 달린 내부 변수 세 개를 통해 클래스가 어떻게 불변을 유지하는지 보여준다. 각 불변은 어떤 상태 변경이 일어나도 불변(즉, 항상 참)으로 유지되는 특별한 합계를 나타내므로 이를 '합계 불변sum invariant'이라 부른다. 이 즉시 계산의 핵심은 리스트가 바뀔 때마다 세 개의 내부 합계를 업데이트해 불변 관계를 유지하는 _rmv()와 _new() 메서드다.

항목을 제거하면, 즉 pop() 연산을 성공적으로 끝내면 합계를 조정해야 한다. 항목을 추가할 때(또는 초기화나 insert() 메서드를 사용할 때)도 합계를 조정해야 한다. 나머지 메서드는 두 메서드를 사용해 세 합계 불변을 유지한다. 값들의 리스트인 L이 주어졌을 때, L.sum0은 항상 $\sum_{x \in L} x^0 = \sum_{x \in L} 1$, L.sum1은 항상 $\sum_{x \in L} x$, L.sum2는 항상 $\sum_{x \in L} x^2$이다.

append()와 extend(), remove() 같은 메서드는 많은 면에서 이러한 메서드와 유사하므로 따로 설명하지 않았다.

예제 데이터로 위 리스트가 어떻게 동작하는지 알아보자.

```
>>> sl2 = StatsList2( [2, 4, 3, 4, 5, 5, 7, 9, 10] )
>>> sl2.sum0, sl2.sum1, sl2.sum2
(9, 49, 325)
>>> sl2[2]= 4
>>> sl2.sum0, sl2.sum1, sl2.sum2
(9, 50, 332)
>>> del sl2[-1]
>>> sl2.sum0, sl2.sum1, sl2.sum2
(8, 40, 232)
>>> sl2.insert( 0, -1 )
>>> sl2.pop()
-1
>>> sl2.sum0, sl2.sum1, sl2.sum2
(8, 40, 232)
```

리스트를 생성해 초기 합계를 계산한다. 이어서 각 변경은 세 합계를 즉시 업데이트한다. 항목을 변경하고, 제거하고, 삽입하고, 추출하면 변경할 때마다 새로운 합계가 나온다.

이제 평균과 표준편차 계산을 추가할 일만 남았다.

```
@property
def mean(self) -> float:
  return self.sum1/self.sum0

@property
def stdev(self) -> float:
  return math.sqrt(
    self.sum0*self.sum2 - self.sum1*self.sum1
  ) / self.sum0
```

이미 계산된 합계를 사용한다. 데이터를 더 순회하지 않으면서 두 통계를 계산한다.

__getitem__(), __setitem__(), __delitem__(), 슬라이스 다루기

슬라이스를 사용했던 StatsList2 예제에서는 __setitem__()이나 __delitem__() 구현을 보이지 않았다. 이러한 메서드를 올바르게 구현하려면 슬라이스 구현부터 살펴봐야 한다.

시퀀스에는 다음과 같은 두 종류의 인덱스가 있다.

- a[i]: 간단한 정수 인덱스다.

- a[i:j] 또는 a[i:j:k]: start:stop:step 값으로 된 슬라이스slice 표현식이다. 슬라이스 표현식은 기본값 종류에 따라 변형이 일곱 가지나 돼 꽤 복잡하다.

위 기본 문법은 세 가지 상황에서 동작한다.

- 표현식에서 값을 얻을 때 __getitem__() 사용

- 할당문 좌측 항에서 값을 할당할 때 __setitem__() 사용

- del문에서 값을 삭제할 때 __delitem__() 사용

seq[:-1] 등을 처리할 때 슬라이스 표현식을 작성한다. 내부의 __getitem__() 메서드에 단순 정수 대신 slice 객체를 제공한다.

참조 매뉴얼에 슬라이스에 대한 몇 가지 내용이 나온다. slice 객체는 start, stop, step 이라는 세 속성을 포함한다. 슬라이스에서 누락된 값을 적절히 계산해주는 indices()라 는 메서드함수도 포함한다.

list를 확장한 간단한 클래스로 slice 객체를 알아보자.

```
class Explore(list):
    def __getitem__( self, index ):
```

```
        print( index, index.indices(len(self)) )
        return super().__getitem__( index )
```

위 클래스는 slice 객체와 indices() 함수의 결괏값을 출력한다. 이어서 상위 클래스의 구현을 사용해 리스트가 정상적으로 동작하게 한다.

위 클래스로 다양한 slice 표현식을 작성해 어떤 결과가 나오는지 보자.

```
>>> x= Explore('abcdefg')
>>> x[:]
slice(None, None, None) (0, 7, 1)
['a', 'b', 'c', 'd', 'e', 'f', 'g']
>>> x[:-1]
slice(None, -1, None) (0, 6, 1)
['a', 'b', 'c', 'd', 'e', 'f']
>>> x[1:]
slice(1, None, None) (1, 7, 1)
['b', 'c', 'd', 'e', 'f', 'g']
>>> x[::2]
slice(None, None, 2) (0, 7, 2)
['a', 'c', 'e', 'g']
```

위 slice 표현식을 보면, slice 객체에는 속성이 3개이고 파이썬 문법으로 각 속성값을 바로 얻을 수 있음을 알 수 있다. indices() 함수에 적절한 길이를 제공하면 start, stop, step으로 이뤄진 3-튜플 값을 반환한다.

__getitem__(), __setitem__(), __delitem__() 구현

__getitem__()과 __setitem__(), __delitem__() 메서드를 구현하려면 int와 slice라는 두 종류의 인자값을 처리해야 한다. 동작을 변형하려면 두 종류의 타입 힌트가 필요하다. 힌트는 @overload 장식자로 제공한다.

다양한 시퀀스 메서드를 오버라이딩할 때는 메서드 본문에서 슬라이스를 정확히 처리해야 한다. 이때 isinstance() 함수로 slice 객체나 단순 int가 인자값으로 제공됐는지 알아본다.

다음은 슬라이스를 처리하는 __setitem__() 메서드다.

```python
@overload
def __setitem__(self, index: int, value: float) -> None: ...

@overload
def __setitem__(self, index: slice, value: Iterable[float]) -> None:
...

def __setitem__(self, index, value) -> None:
  if isinstance(index, slice):
    start, stop, step = index.indices(len(self))
    olds = [self[i] for i in range(start, stop, step)]
    super().__setitem__(index, value)
    for x in olds:
      self._rmv(x)
    for x in value:
      self._new(x)
  else:
    old = self[index]
    super().__setitem__(index, value)
    self._rmv(old)
```

위 메서드는 다음 두 가지 경로로 처리한다.

- 인덱스가 slice 객체면 start, stop, step 값을 계산한다. 이어서 제거할 이전 값들을 찾는다. 이후 상위 클래스 연산을 호출해 이전 값들을 대체할 새 값들을 넣는다.

- 인덱스가 단순 int 객체면 이전 값도 항목 하나, 새 값도 항목 하나다.

__setitem__()에는 @overload 장식자로 다수의 타입 힌트를 작성했다. 반면 __delitem__() 정의에서는 장식된 정의가 아니라 Union[int, slice]를 이용한다.

다음은 슬라이스와 정수를 모두 처리하는 __delitem__() 메서드다.

```python
def __delitem__(self, index: Union[int, slice]) -> None:
  # index는 단순 정수이거나 슬라이스다.
  if isinstance(index, slice):
    start, stop, step = index.indices(len(self))
```

```
            olds = [self[i] for i in range(start, stop, step)]
            super().__delitem__(index)
            for x in olds:
                self._rmv(x)
        else:
            old = self[index]
            super().__delitem__(index)
            self._rmv(old)
```

위 코드도 슬라이스를 펼쳐 어떤 값을 제거할지 알아낸다. 인덱스가 단순 정수면 값 하나만 제거한다.

StatsList2 클래스에서 슬라이스를 적절히 처리함으로써 기반 list 클래스의 모든 기능을 수행하면서 현재 리스트 내 값들의 평균과 표준편차를 (빠르게) 반환하는 리스트를 생성할 수 있다.

NOTE

위 두 메서드함수는 임시 리스트 객체인 olds를 생성한다. 여기에 드는 오버헤드를 없앨 수 있다. _rmv() 함수를 다시 작성하면 olds 변수를 쓰지 않아도 된다. 숙제로 남겨두겠다.

리스트 래핑과 위임

파이썬의 내장 컨테이너 클래스 중 하나를 래핑하는 방법을 알아보자. 기존 클래스 래핑은 일부 메서드를 하위 컨테이너로 위임해야 한다는 뜻한다.

어떤 내장 컬렉션이든 수많은 메서드를 포함하므로 컬렉션을 래핑하려면 코딩 양이 상당히 많아진다. 영속 클래스^persistent class를 생성할 때는 확장보다 래핑이 유리하다. 이러한 주제는 10장에서 다루겠다. 내부 컬렉션을 밖으로 꺼내면 내부 리스트에 위임하는 수많은 시퀀스 메서드를 작성하지 않아도 된다.

통계 데이터 클래스는 일반적으로 '삽입만 가능'으로 제한된다. 앞으로 많은 메서드함수를 비활성화하겠다. 확장 대신 래퍼 클래스 사용을 제안하는 것은 클래스 기능 면에서 꽤 큰 변경이다.

예제로서 append와 __getitem__만 지원하는 클래스를 디자인해보자. list 클래스를 래핑하겠다. 시뮬레이션에서 데이터를 누적할 때 다음의 코드를 사용할 수 있다.

```python
class StatsList3:
  def __init__(self) -> None:
    self._list: List[float] = list()
    self.sum0 = 0 # N이라고도 부르는 len(self)
    self.sum1 = 0. # sum(self)
    self.sum2 = 0. # sum(x**2 for x in self)

  def append(self, value: float) -> None:
    self._list.append(value)
    self.sum0 += 1
    self.sum1 += value
    self.sum2 += value * value

  def __getitem__(self, index: int) -> float:
    return self._list.__getitem__(index)

  @property
  def mean(self) -> float:
    return self.sum1 / self.sum0

  @property
  def stdev(self) -> float:
    return math.sqrt(
      self.sum0*self.sum2 - self.sum1*self.sum1
    ) / self.sum0
```

위 클래스는 내부 리스트인 _list 객체를 포함한다. 명시적인 타입 힌트를 제공해 이 객체가 List[float]임을 보였다. 처음에는 빈 리스트로 초기화된다. 리스트를 업데이트할 방법이 append()뿐이므로 여러 합계를 유지하기가 쉽다. 상위 클래스에 처리를 위임할 때는 하위 클래스에서 인자값을 처리하기 전에 리스트가 실제로 업데이트되도록 주의를 기울여야 한다.

인자나 결과를 검사하지 않고도 내부 리스트 객체에 __getitem__()을 바로 위임할 수 있다.

다음과 같이 사용한다.

```
>>> sl3= StatsList3()
>>> for data in 2, 4, 4, 4, 5, 5, 7, 9:
... sl3.append(data)
...
>>> sl3.mean
5.0
>>> sl3.stdev
2.0
```

빈 리스트를 생성해 리스트에 항목을 추가했다. 항목을 추가할 때마다 합계를 업데이트 하므로 평균과 표준편차를 매우 빠르게 계산한다.

__iter__()는 따로 정의하지 않았다. 그래도 위 클래스의 인스턴스는 반복 가능하다.

__getitem__()을 정의했으니 이제 몇 가지 기능이 동작한다. 항목 가져오기 외에 값 시 퀀스를 순회하는 기본 구현도 있다.

예제로 살펴보자.

```
>>> sl3[0]
2
>>> for x in sl3:
... print(x)
...
2
4
4
4
5
5
7
9
```

위 출력에서 보듯이 컬렉션에 최소한의 래퍼만 사용해도 많은 유스 케이스를 충분히 충 족한다.

가령 리스트 크기를 반환하도록 구현하지 않았다. 크기를 구하려고 하면 다음과 같은
예외가 발생한다.

```
>>> len(sl3)
Traceback (most recent call last):
  File "<stdin>", line 1, in <module>
TypeError: object of type 'StatsList3' has no len()
```

__len__() 메서드를 추가해 내부 _list 객체에 실제 작업을 위임하고 싶을 수 있다. _list
가 가변 객체이므로 __hash__를 None으로 할당하고 싶을 수도 있다.

__contains__() 메서드를 정의해서 이 기능도 내부 _list 객체에 위임하고 싶을 수 있다.
이렇게 하면 컨테이너의 로우 레벨 기능 집합을 제공하는 최소한의 컨테이너가 생성
된다.

__iter__()로 반복자 생성

기존 클래스를 래핑하도록 디자인하려면 클래스를 반복 가능하게 만들어야 한다.
collections.abc.Iterable 설명서를 보면 __iter__()만 정의해도 객체를 반복 가능하게
만들 수 있다고 나온다. __iter__() 메서드는 적절한 Iterator 객체를 반환할 수도 있고
생성자함수가 될 수도 있다.

Iterator 객체 생성은 그렇게 복잡하지 않지만 그렇다고 꼭 필요하지도 않다. 생성자함
수를 생성하는 편이 훨씬 간단하다. 래핑된 컬렉션은 항상 __iter__() 메서드를 내부 컬
렉션으로 위임해야 한다.

StatsList3 클래스에 다음과 같이 정의한다.

```
def __iter__(self):
  return iter(self._list)
```

위 메서드함수는 내부 리스트 객체의 Iterator에 반복을 위임한다.

⠿ 새로운 종류의 매핑 생성하기

파이썬에는 dict라는 내장 매핑과 수많은 라이브러리 매핑이 있다. dict를 확장한 collections 모듈(defaultdict와 Counter, OrderedDict, ChainMap) 외에 매핑과 유사한 구조를 갖는 다른 라이브러리 모듈도 있다.

그 밖에 중요한 매핑 중 하나가 shelve 모듈이다. 이 모듈은 11장에서 살펴보겠다. dbm 모듈은 키와 값을 매핑한다는 점에서 shelve와 비슷하다.

mailbox 모듈과 email.message 모듈에 쓰이는 클래스는 로컬 이메일을 관리하는 메일함 구조에 쓰이는 dict와 유사한 인터페이스를 제공한다.

디자인 전략대로라면 기존 매핑 중 하나를 확장하거나 래핑함으로써 훨씬 더 많은 기능을 추가할 수 있다.

Counter를 업그레이드해서 빈도수 분포가 저장된 데이터에 평균과 표준편차를 추가할 수 있다. 실제로 이 클래스로부터 중앙값과 최빈값도 매우 쉽게 계산할 수 있다.

다음은 통계함수를 넣어 Counter를 확장한 StatsCounter다.

```
Import math
from collections import Counter

class StatsCounter(Counter):
  @property
  def mean(self) -> float:
    sum0 = sum(v for k, v in self.items())
    sum1 = sum(k * v for k, v in self.items())
    return sum1 / sum0

  @property
  def stdev(self) -> float:
    sum0 = sum(v for k, v in self.items())
    sum1 = sum(k * v for k, v in self.items())
    sum2 = sum(k * k * v for k, v in self.items())
    return math.sqrt(sum0 * sum2 - sum1 * sum1) / sum0
```

빈도수 분포의 평균과 표준편차를 계산하는 메서드를 새로 넣어 Counter 클래스를 확장했다. Counter 객체는 지연 계산이지만, 공식은 앞서 list 객체를 즉시 계산했던 예제와 비슷하다.

sum0 = sum(v for k, v in self.items())는 k 키를 무시하고, v 값의 합만 계산한다. 키를 무시한다는 의미로 k 대신 밑줄(_)을 쓰기도 한다. 키를 사용하지 않는다는 의미로 sum(v for v in self.values())로 해도 된다. sum0과 sum1의 구조가 일관되면 좋다.

위 클래스를 통해 통계를 효율적으로 모으고 원본 데이터에 대한 정량적 분석을 수행한다. Counter 객체로 여러 차례 시뮬레이션을 거쳐 결과를 모은다.

다음은 실제 결과를 대신하는 샘플 데이터 리스트와의 인터랙션이다.

```
>>> sc = StatsCounter( [2, 4, 4, 4, 5, 5, 7, 9] )
>>> sc.mean
5.0
>>> sc.stdev
2.0
>>> sc.most_common(1)
[(4, 3)]
>>> list(sorted(sc.elements()))
[2, 4, 4, 4, 5, 5, 7, 9]
```

most_common()의 결과는 최빈값[4]과 값의 빈도수[3]로 이뤄진 2-튜플 시퀀스다. 최빈값과 그다음으로 많이 나오는 두 항목까지 한데 고려하려면 최상위 값 3개가 필요할 수도 있다. sc.most_common(3)을 실행하면 가장 많이 나온 값 3개가 나온다.

elements() 메서드는 list를 재구성해 원래 데이터와 동일하게 항목을 올바르게 반복한다.

정렬된 원소 내 가운데 값인 중앙값을 다음과 같이 추출할 수 있다.

```
@property
def median(self) -> Any:
  all = list(sorted(sc.elements()))
  return all[len(all) // 2]
```

위 메서드는 지연 계산인 데다가 메모리를 훨씬 더 낭비한다. 가운데 항목을 찾는데 전체 값 시퀀스를 생성한다.

간단하지만 비용이 큰 파이썬 용법이다.

더욱 현명한 방법은 sum(self.values()) // 2로 실제 길이와 중간 지점을 계산하는 것이다. 이를 알면 빈도수로 주어진 키가 있을 범위를 계산해 순서대로 키를 방문할 수 있다. 어쨌든 키는 중간 지점을 포함하는 범위에 들어 있을 것이다.

코드는 다음과 같다.

```
@property
def median2(self) -> Optional[float]:
  mid = sum(self.values()) // 2
  low = 0
  for k, v in sorted(self.items()):
    if low <= mid < low+v: return k
    low += v
  return None
```

키와 키의 빈도수를 차례로 살피면서 중앙에 있는 키를 찾는다. 위 코드는 내부적으로 sorted() 함수를 사용하는데, 여기에도 비용이 든다.

timeit을 수행해보니 낭비가 컸던 첫 번째 방법은 9.5초, 현명한 방법은 5.2초가 걸렸다.

이어지는 절에서는 새로운 종류의 집합을 어떻게 생성하는지 알아보자.

⋮⋮ 새로운 종류의 집합 생성하기

완전히 새로운 컬렉션을 생성하려면 약간의 사전 작업이 필요하다. 내장 컬렉션보다 성능이 훨씬 뛰어난 새 알고리듬이나 새 내부 데이터 구조가 있어야 한다. 새 컬렉션을 디자인하기 전에 빅오 복잡도 계산을 철저하게 수행해야 한다. 구현이 끝난 후에도 새 컬렉션이 정말 내장 클래스보다 성능이 좋은지 timeit으로 검증해야 한다.

원소를 올바른 순서로 유지하는 이진 탐색 트리 구조를 생성한다고 하자. 가변 구조로 만들려면 다음과 같은 종류의 디자인을 수행해야 한다.

- 기본 이진 트리 구조를 디자인한다.

- 기초 구조를 `MutableSequence`나 `MutableMapping`, `MutableSet` 중 하나로 정한다.

- 파이썬 표준 라이브러리 설명서 8.4.1 collections.abc절에서 해당 컬렉션의 스페셜 메서드를 훑어본다.

이진 탐색 트리는 키 값과 두 브랜치를 포함하는 노드로 이뤄지는데, 작은 브랜치는 노드의 키보다 작은 키를 갖고, 크거나 같은 브랜치는 노드의 키보다 크거나 같은 키를 갖는다.

생성한 컬렉션이 파이썬 추상 기반 클래스에 잘 부합하는지도 따져 봐야 한다.

- 이진 트리는 시퀀스 기능과 잘 맞지 않는다. 특히 이진 트리에는 정수 인덱스를 잘 쓰지 않는다. 탐색 트리의 원소는 대개 키로 참조한다. 별로 어렵지 않게 정수 인덱스를 쓸 수 있으나 트리를 순회하는 데 $O(n)$이 걸린다.

- 트리를 매핑의 키로 쓰면 비교적 적은 비용으로 키를 정렬된 순서로 유지할 수 있다.

- 이진 트리는 키 중복을 허용하므로 쉽게 백^{bag}처럼 만들어 `set`이나 Counter 클래스를 대신할 수 있다.

지금부터 정렬된 멀티셋 혹은 백 생성에 대해 알아보겠다. 이 컬렉션은 여러 개의 객체 복사본을 포함할 수 있다. 또한 비교적 간단하게 객체 간 비교가 가능하다.

하지만 디자인이 훨씬 복잡하다. 세부적으로 신경 쓸 사항이 많다. 배경지식을 쌓고 싶으면 http://en.wikipedia.org/wiki/Binary_search_tree 같은 문서를 읽어보자. 위키 페이지 끝에 더 많은 정보를 얻을 수 있는 외부 링크가 나온다. 코멘과 레이서손, 리베스트, 스타인이 지은 『Introduction to Algorithms』나 아호와 울만, 홉크로프트가 지은 『Data Structures and Algorithms』, 스티븐 스키에나가 지은 『The Algorithm Design

Manual』같은 책으로 기본적인 알고리듬을 공부하자.

디자인 원리

이 컬렉션을 TreeNode와 Tree 두 클래스로 나누겠다. 이렇게 하면 디자인을 기초 데이터 컬렉션과 다른 컬렉션과 동작하게 하는 파이썬만의 퍼사드 디자인 패턴으로 분리할 수 있다.

TreeNode 클래스는 항목 말고도 more와 less, parent 참조를 포함한다. TreeNode는 값이 들어 있는 핵심 컬렉션이다. 여기에서 삽입과 삭제를 처리한다. 또한 __contains__()나 discard()를 사용하기 위해 항목 탐색을 TreeNode 클래스로 위임한다.

기본 탐색 알고리듬을 간략하게 살펴보자.

- 타깃 항목이 자신과 같으면 self를 반환한다.

- 타깃 항목이 self.item보다 작으면 재귀적으로 less.find(target.item)을 호출한다.

- 타깃 항목이 self.item보다 크면 재귀적으로 more.find(target.item)을 호출한다.

트리 구조를 관리하는 실제 작업 역시 TreeNode 클래스로 위임된다.

퍼사드^{façade} 디자인 패턴을 사용해 파이썬다운 인터페이스로 TreeNode 내부를 래핑하겠다. 즉 외부에 보여지는 정의를 Tree로 정의하겠다. 퍼사드 디자인을 래퍼^{wrapper}라고도 부르는데, 특정 인터페이스에 필요한 기능을 추가하기 때문이다. Tree 클래스는 MutableSet 추상 기반 클래스에 필요한 외부 인터페이스를 제공하면서 이러한 요구 사항을 TreeNode 클래스의 세부 구현과 별도로 분리시킨다.

루트 노드가 비어 있고, 루트 노드가 항상 다른 모든 키 값에 비해 작으면 알고리듬이 좀 더 단순하다. 하지만 노드의 데이터 타입을 미리 알 수 없으니 루트 노드에 쓸 최솟값을 쉽게 정의할 수 없어 파이썬에서는 쉽지 않다. 대신 None이라는 특수한 값을 사용해 루트 노드를 검사하는 if문의 오버헤드를 줄인다.

Tree 클래스 정의

래퍼 혹은 퍼사드 클래스인 Tree부터 시작하겠다. 최소한의 메서드함수를 제공하는 MutableSet 클래스를 확장하는 핵심부가 바로 Tree 클래스다.

```python
class Tree(collections.abc.MutableSet):

    def __init__(self, source: Iterable[Comparable] = None) -> None:
        self.root = TreeNode(None)
        self.size = 0
        if source:
            for item in source:
                self.root.add(item)
                self.size += 1

    def add(self, item: Comparable) -> None:
        self.root.add(item)
        self.size += 1

    def discard(self, item: Comparable) -> None:
        if self.root.more:
            try:
                self.root.more.remove(item)
                self.size -= 1
            except KeyError:
                pass
        else:
            pass

    def __contains__(self, item: Any) -> bool:
        if self.root.more:
            self.root.more.find(cast(Comparable, item))
            return True
        else:
            return False

    def __iter__(self) -> Iterator[Comparable]:
        if self.root.more:
            for item in iter(self.root.more):
                yield item
        # 아니면 트리가 빈 경우
```

```
    def __len__(self) -> int:
        return self.size
```

초기화 디자인이 Counter 객체와 비슷하다. 이터러블을 받아 트리 구조 안에 원소를 로딩한다. 소스 데이터의 타입 힌트는 Iterable[Comparable]이다. 이 힌트로 컬렉션에 쓰일 항목 유형을 제한한다. mypy는 컬렉션에 Comparable 프로토콜 메서드를 제대로 지원하지 않는 항목이 쓰이면 오류를 보고한다.

Comparable 타입 힌트의 정의는 다음과 같다.

```
class Comparable(metaclass=ABCMeta):
    @abstractmethod
    def __lt__(self, other: Any) -> bool: ...
    @abstractmethod
    def __ge__(self, other: Any) -> bool: ...
```

Comparable 클래스는 __lt__()와 __ge__() 메서드가 반드시 필요한 추상화 정의다. 즉 객체의 클래스가 <, <=, >, >= 연산자를 올바르게 처리하려면 최소한 이 두 메서드가 있어야 한다. Comparable 클래스는 정렬하거나 순위를 매길 수 있는 객체 간 Comparable 프로토콜을 정의한다.

add()와 discard() 메서드는 트리를 업데이트하고 전체 크기도 계속해서 기록한다. 이렇게 하면 트리를 재귀적으로 순회해 노드를 세지 않아도 된다. 이 두 메서드도 작업을 트리 루트에 있는 TreeNode 객체에 위임한다.

__contains__() 스페셜 메서드는 재귀 탐색을 수행한다. mypy는 트리 루트 노드에 값이 있는지 확인하는 초기 검사를 수행해야 한다. if문이 없는 타입 힌트는 more 속성이 None일 수 있음을 나타낸다.

__iter__() 스페셜 메서드는 생성자함수다. 이 메서드 역시 실제 작업을 컨테이너와 TreeNode 클래스의 재귀 반복자에 위임한다.

discard()도 정의했다. 컬렉션에 없는 키를 가변 집합에서 제거하려 할 때 예외를 일으키지 않기 위해서다. 추상 상위 클래스에서 제공하는 기본 remove() 구현은 키를 찾을 수 없으면 예외를 일으킨다. remove()를 사용해 예외를 일으키지 않는 discard()를 정의 했으므로 두 메서드함수 모두 필요하다. 문제 발생 시 예외를 일으켜야 한다면 discard() 를 사용해 remove()를 정의하는 편이 더 쉬울 수도 있다.

Tree는 MutableSet 추상화를 확장한 클래스이므로 여러 기능이 이미 자동으로 들어 있다. 판에 박힌 여러 기능을 제공하기 위해 복사해서 붙여 넣기 프로그래밍을 하지 않 아도 된다는 뜻이다. 기본으로 제공되는 구현보다 사용자 데이터 구조가 더 효율적일 때도 있으며, 추상 상위 클래스에서 상속받은 추가 메서드를 오버라이딩해야 할 때도 있다.

TreeNode 클래스 정의

Tree 클래스는 백에 항목을 추가하고 삭제하고 순회하는 세부 구현 전반에서 TreeNode 클래스를 사용한다. TreeNode 클래스는 상당히 크기 때문에 네 부분으로 나눠 설명하 겠다.

먼저 기본적인 초기화와 객체 표현 그리고 속성을 조회하는 법을 알아보자.

```python
class TreeNode:

    def __init__(
        self,
        item: Optional[Comparable],
        less: Optional["TreeNode"] = None,
        more: Optional["TreeNode"] = None,
        parent: Optional["TreeNode"] = None,
    ) -> None:
        self.item = item
        self.less = less
        self.more = more
        if parent:
            self.parent = parent

    @property
    def parent(self) -> Optional["TreeNode"]:
```

```
    return self.parent_ref()

  @parent.setter
  def parent(self, value: "TreeNode"):
    self.parent_ref = weakref.ref(value)


  def __repr__(self) -> str:
    return f"TreeNode({self.item!r}, {self.less!r},
{self.more!r})"
```

매 노드는 하나의 항목을 참조해야 한다. 주어진 항목에 비해 작거나 큰 항목으로 된 노드가 추가로 있을 수 있다. 부모 노드도 있을 수 있다.

parent 메서드를 프로퍼티로 정의한 까닭은 강한 참조처럼 보이는 부모 속성에 weakref를 보장하기 위해서다. 약한 참조weak reference에 대한 자세한 정보는 3장을 참고한다. TreeNode 부모 객체와 그 자식 객체 간에는 상호 참조가 가능하다. 이러한 순환성으로 인해 TreeNode 객체를 제거하기 어렵다. weakref를 쓰면 참조 계수를 셀 때 더 이상 참조되지 않는 노드를 빠르게 제거하므로 순환성이 사라진다.

TreeNode 타입 힌트는 클래스 정의 안에서 그 클래스를 참조하는 형태다. 클래스가 완전히 정의되지 않았으니 이러한 순환성은 구문적으로 문제가 될 수 있다. mypy는 자기 참조 타입 힌트가 가능하도록 문자열 사용을 허용한다. mypy는 실행 중에 문자열을 적절한 타입 객체로 해석한다.

다음은 노드를 찾고 순회하는 메서드다.

```
  def find(self, item: Comparable) -> "TreeNode":
    if self.item is None: # Root
      if self.more:
        return self.more.find(item)
    elif self.item == item:
      return self
    elif self.item > item and self.less:
      return self.less.find(item)
    elif self.item < item and self.more:
      return self.more.find(item)
    raise KeyError
```

```
def __iter__(self) -> Iterator[Comparable]:
  if self.less:
    yield from self.less
  if self.item:
    yield self.item
  if self.more:
    yield from self.more
```

find() 메서드는 적절한 하위 트리에서 재귀 탐색을 수행해 타깃 항목을 찾는다. 총 여섯 가지 경우로 나뉜다.

- 트리의 루트 노드면 다음으로 건너뛴다.

- 타깃 항목을 찾았으면 그 노드를 반환한다.

- 타깃 항목이 노드의 항목보다 작고 더 작은 방향에 브랜치가 있으면 하위 트리로 내려가 탐색한다.

- 타깃 항목이 노드의 항목보다 크고 더 큰 방향에 브랜치가 있으면 하위 트리로 내려가 탐색한다.

- 두 가지 경우가 남았다. 타깃 항목이 노드보다 작지만 작은 쪽 브랜치가 없거나, 타깃 항목이 현재 노드보다 크지만 큰 쪽 브랜치가 없는 경우다. 둘 다 트리에 항목이 없다는 뜻이므로 KeyError 예외를 발생시킨다.

__iter__() 메서드는 현재 노드와 그 하위 트리를 중위 순회한다. __iter__()는 하위 트리의 각 컬렉션을 순회하며 반복자 값을 내는 전형적인 생성자함수다. Tree 클래스에 별도의 반복자 클래스를 생성할 수도 있지만 여기서 필요한 기능을 모두 수행하니 별로 의미가 없다.

__iter__()의 결과는 타입 힌트에서 보듯이 Iterator[Comparable]이다. 트리에 들어갈 항목에 대한 최소한의 제약 조건을 보여준다.

이어서 트리에 새 노드를 추가하는 부분이다.

```python
def add(self, item: Comparable):
    if self.item is None: # 특수 케이스인 루트
        if self.more:
            self.more.add(item)
        else:
            self.more = TreeNode(item, parent=self)
    elif self.item >= item:
        if self.less:
            self.less.add(item)
        else:
            self.less = TreeNode(item, parent=self)
    elif self.item < item:
        if self.more:
            self.more.add(item)
        else:
            self.more = TreeNode(item, parent=self)
```

add 함수는 새 노드를 추가할 적절한 위치를 재귀적으로 탐색한다. find() 메서드와 구조적으로 유사하다.

이제 트리에서 노드 하나를 제거하는 (좀 더 복잡한) 처리만 남았다. 제거한 노드 주변 트리를 다시 연결하는 부분에 신경 써야 한다.

```python
def remove(self, item: Comparable):
    # 재귀적으로 노드 탐색
    if self.item is None or item > self.item:
        if self.more:
            self.more.remove(item)
        else:
            raise KeyError
    elif item < self.item:
        if self.less:
            self.less.remove(item)
        else:
            raise KeyError
    else: # self.item == item
        if self.less and self.more: # 두 자식이 모두 있을 때
            successor = self.more._least()
            self.item = successor.item
            if successor.item:
```

```
        successor.remove(successor.item)
      elif self.less: # 작은 쪽에 자식이 하나 있을 때
        self._replace(self.less)
      elif self.more: # 큰 쪽에 자식이 하나 있을 때
        self._replace(self.more)
      else: # 자식이 없을 때
        self._replace(None)

  def _least(self) -> "TreeNode":
    if self.less is None:
      return self
    return self.less._least()

  def _replace(self, new: Optional["TreeNode"] = None) -> None:
    if self.parent:
      if self == self.parent.less:
        self.parent.less = new
      else:
        self.parent.more = new
    if new is not None:
      new.parent = self.parent
```

remove() 메서드는 두 부분으로 나뉜다. 먼저 재귀 탐색으로 타깃 노드를 찾는다.

노드를 찾으면 다음 세 가지 경우를 고려한다.

- 자식이 없는 노드를 삭제할 때는 노드를 삭제하고 부모의 링크를 None으로 업데이트한다. 제거된 노드에서 부모 노드로의 참조가 약한 참조이므로 즉각적으로 메모리가 해제되고 재사용된다.

- 자식이 하나인 노드를 삭제할 때는 자식을 그 자리로 올려서 부모 아래에 둔다.

- 자식이 둘이면 트리를 다시 조직해야 한다. 후속^{successor} 노드(more 하위 트리에서 최소 항목)를 찾는다. 삭제한 자리에 후속 노드를 넣는다. 중복되지 않게 이전 후속 노드는 제거한다.

프라이빗 메서드 두 개를 사용했다. _least() 메서드는 재귀 탐색을 수행해 주어진 트리에서 최솟값 노드를 찾는다. _replace() 메서드는 부모 노드를 확인해 less와 more 속성

중 어느 쪽을 바꿔야 하는지 알아본다.

이진 트리 백 실험

완전히 새로운 컬렉션을 만들었다. 추상 기반 클래스 정의 덕분에 많은 메서드가 자동으로 포함됐다. 이렇게 상속받은 메서드가 효율적이지 않을 수 있으나 이미 정의돼 있고 동작하므로 코드를 따로 작성하지 않았다.

```
>>> s1 = Tree(["Item 1", "Another", "Middle"])
>>> list(s1)
['Another', 'Item 1', 'Middle']
>>> len(s1)
3
>>> s2 = Tree(["Another", "More", "Yet More"])
>>>
>>> union= s1 | s2
>>> list(union)
['Another', 'Another', 'Item 1', 'Middle', 'More', 'Yet More']
>>> len(union)
6
>>> union.remove('Another')
>>> list(union)
['Another', 'Item 1', 'Middle', 'More', 'Yet More']
```

위 예제는 별도의 코드 없이도 집합 객체의 집합 union 연산자가 올바르게 동작함을 보여준다. 객체가 백bag이므로 항목이 중복되는 것이 맞다.

∷ 디자인 고려 사항과 트레이드오프

컨테이너와 컬렉션을 다룰 때는 다음과 같이 단계적인 디자인 전략을 따른다.

1. 이미 내장된 시퀀스와 매핑, 집합을 고려한다.

2. 컬렉션 모듈 내 라이브러리 확장과 heapq, bisect, array 등을 고려한다.

3. 기존 클래스 정의의 조합을 고려한다. 많은 경우 tuple 객체 리스트나 리스트 dict에서 필요한 기능을 제공한다.

4. 메서드나 속성을 추가로 제공하려면 앞서 언급한 클래스 중 하나의 확장을 고려한다.

5. 메서드나 속성을 추가로 제공하는 또 다른 방법으로 기존 구조의 확장을 고려한다.

6. 끝으로 새로운 데이터 구조를 고려한다. 상세한 분석 자료가 시중에 많다. 다음 위키 피디아 문서부터 찾아보자. http://en.wikipedia.org/wiki/List_of_data_structures

디자인 방법을 정했으면 두 가지 방향에서 평가한다.

- 인터페이스가 문제 도메인에 잘 부합하는가. 비교적 주관적 판단이다.

- timeit으로 측정했을 때 데이터 구조가 잘 수행되는가. 온전히 객관적 결과다.

분석에서 막혀선 안 된다. 적절한 컬렉션을 효과적으로 찾아야 한다.

어떤 데이터 구조가 성능 병목인지 알려면 동작하는 애플리케이션을 프로파일링하는 방법이 가장 좋다. 때로는 구현을 시작하기 전에 미리 데이터 구조의 복잡도 요인을 고려하면 특정 문제 유형과의 적합도를 판단하는 데 도움이 된다.

TIP

> 아마 가장 중요한 고려 사항은 "가장 뛰어난 성능을 내려면 검색은 피하라"일 것이다.

집합과 매핑에 해시 가능한 객체를 쓰는 이유도 검색을 피하기 위해서다. 해시 가능한 객체는 별도의 처리 없이 집합이나 매핑에서 항목을 찾을 수 있다. 리스트에서 (인덱스가 아닌) 값으로 항목을 찾으려면 상당히 오래 걸린다.

리스트를 집합처럼 사용하는 좋지 못한 사례와 올바르게 집합을 사용하는 사례를 비교 해보자.

```
>>> import timeit
>>> timeit.timeit('l.remove(10); l.append(10)', 'l =
 list(range(20))')
```

```
0.8182099789992208
>>> timeit.timeit('l.remove(10); l.add(10)', 'l = set(range(20))')
0.30278149300283985
```

리스트와 집합에서 항목을 제거하고 추가했다.

리스트를 집합처럼 잘못 사용해 연산을 수행했더니 컬렉션이 2.7배 더 오래 걸렸다.

두 번째로 리스트를 매핑처럼 잘못 사용하는 예제를 살펴보자. 실제로도 두 병렬 리스트로 매핑의 키와 값을 흉내 내는 경우가 많다.

두 병렬 리스트를 쓰는 방식과 올바른 매핑을 비교해보자.

```
>>> timeit.timeit('i= k.index(10); v[i]= 0', 'k=list(range(20));
 v=list(range(20))')
0.6549435159977293
>>> timeit.timeit('m[10]= 0',
 'm=dict(zip(list(range(20)),list( range(20))))')
0.0764331009995658
```

첫 번째 경우는 두 병렬 리스트를 사용한다. 한 리스트에서 값을 찾고, 나머지 병렬 리스트를 변경한다. 두 번째 경우는 단순히 매핑을 업데이트한다.

두 병렬 리스트를 두고 인덱스와 업데이트를 수행하다니 정말 말도 안 되는 실수다. list.index()로 찾으면 매핑과 해시값으로 찾는 것보다 8.6배 더 오래 걸린다.

⁝⁝▶ 요약

7장에서는 다양한 내장 클래스 정의를 살펴봤다. 대부분의 디자인 작업은 내장 컬렉션부터 시작한다. 주로 tuple이나 list, dict, set을 사용한다. 애플리케이션에 불변 객체를 쓸 때는 namedtuple()로 생성한 tuple의 확장을 활용할 수 있다.

이러한 클래스 외에 collections 모듈에 있는 다음 표준 라이브러리 클래스도 사용할 수 있다.

- deque

- ChainMap

- defaultdict

- Counter

표준 디자인 전략 세 가지도 알아봤다. 위와 같은 기존 클래스를 래핑하거나 한 클래스를 확장할 수 있다.

끝으로 완전히 새로운 종류의 클래스를 만들었다. 단, 많은 메서드명과 스페셜 메서드를 정의해야 한다.

8장에서는 내장 수와 새로운 종류의 수를 생성하는 방법을 자세히 살펴본다. 컨테이너와 마찬가지로 파이썬은 매우 다양한 내장 수를 제공한다. 새로운 종류의 수를 생성하려면 다수의 스페셜 메서드를 정의해야 한다.

수를 알면 더욱 세련된 디자인 기법도 배울 수 있다. 사용자 장식자를 생성해 클래스 정의를 간소화하는 법을 알아보겠다. 또한 추상 기반 클래스 정의와 비슷한 믹스인 클래스 정의도 알아보겠다.

08

수 생성

numbers 모듈에 있는 추상 기반 클래스를 확장해 새로운 종류의 수를 생성할 수 있다. 내장 수 타입보다 사용자 문제 도메인에 더 적합한 수 타입을 생성해야 할 때 필요하다. 먼저 기존 내장 클래스를 정의하는 numbers 모듈의 추상화부터 살펴보겠다. 새로운 종류의 수를 다루기 전에 기존 수가 어떻게 동작하는지 알아야 한다.

잠시 주제에서 벗어나 파이썬의 연산자-메서드 간 매핑 알고리듬도 알아본다. 이진 연산자의 두 피연산자 중 하나에 연산자를 구현하는 클래스를 정의하겠다. 적절한 클래스를 찾는 파이썬 규칙을 알아야 어떤 스페셜 메서드를 구현할지 정할 수 있다.

기초 산술 연산자인 +, -, *, /, //, %, **는 수 연산의 기본이다. 이 밖에 ^, |, & 같은 연산자는 정수의 비트 단위 연산에 쓰이며, 집합 간 연산자로도 쓰인다. <<, >>를 비롯해 다른 연산자도 더 있다. 비교 연산자인 <, >, <=, >=, ==, !=는 3장에서 다뤘다. 8장에서 다시 살펴보면서 자세히 설명하겠다.

수에는 수많은 스페셜 메서드가 있다. 다른 내장 타입으로의 다양한 변환도 포함된다. 또한 파이썬은 +=, -=, *=, /=, //=, &=, **=, &=, |=, ^=, >>=, <<=처럼 할당문과 연산자의 제

자리^{in-place} 조합도 정의한다. 이러한 연산자는 수보다 가변 객체에 더 어울린다. 새로운 수로 확장하거나 생성할 때 필요한 디자인 고려 사항을 요약하며 8장을 마치겠다.

8장에서 다룰 주제는 다음과 같다.

- 수의 추상 기반 클래스

- 산술 연산자의 스페셜 메서드

- 수 클래스 생성

- 수 해시 계산

- 다른 스페셜 메서드 구현

- 제자리 연산자로 최적화

⁞⁞ 기술 요구 사항

8장의 코드 파일은 https://git.io/fj2Ua에 있다.

⁞⁞ 수의 추상 기반 클래스

numbers 패키지는 numbers.Number의 모든 수 타입을 구현한 하나의 탑이다. 더불어 fractions와 decimal 모듈은 fractions.Fraction과 decimal.Decimal이라는 확장 수 타입을 제공한다. 이러한 정의는 다양한 수 클래스의 수학적 개념과 거의 유사하다. http://en.wikipedia.org/wiki/Number_theory 문서를 보면 An Introduction to the Theory of Numbers처럼 다양한 수 종류를 깊이 있게 설명한 자료들이 나와 있다.

핵심은 컴퓨터가 수학적 추상화를 내부적으로 얼마나 잘 구현할 수 있느냐다. 구체적으로 말해서 추상적인 수학의 세계에서 (대략적으로라도) 계산 가능한 것은 물리적인 컴퓨터로도 계산할 수 있어야 한다는 것이다. 즉, 계산 가능성이 중요하다. 추상 튜링 머신으로 계산할 수 있는 것은 전부 계산할 수 있다는 것이 튜링 완전^{Turing complete} 프로그래밍 언어의 개념이다. http://en.wikipedia.org/wiki/Computability_theory 문서와 이 문서에 링크된 https://www.encyclopediaofmath.org/index.php?title=p/t094460를 참고하면 좋다.

파이썬은 다음에 나열한 추상화와 각각을 구현한 클래스를 정의한다. 또한 이러한 클래스들은 각 추상 클래스가 상위 클래스로부터 상속 받는 상속 계층 구조를 형성한다. 계층 아래쪽 클래스일수록 기능이 많다. 클래스 개수가 워낙 적다 보니 트리가 아닌 탑이 만들어진다.

- `complex`가 구현하는 `numbers.Complex`

- `float`가 구현하는 `numbers.Real`

- `fractions.Fraction`이 구현하는 `numbers.Rational`

- `int`가 구현하는 `numbers.Integral`

이 밖에 `float`와 다소 유사한 `decimal.Decimal`도 있다. 엄밀히 말해 `numbers.Real`의 하위 클래스는 아니지만 상당히 비슷하다. 너무 당연한 말이지만 `float` 값은 단지 근삿값일 뿐 정확한 값이 아니다.

따라서 결과에 당황하지 말자. 다음은 `float` 값이 실수의 근삿값일 뿐임을 보여주는 예제다.

```
>>> (105+(1/29)-105)*29
0.9999999999998153
```

일반적인 대수라면 이 값이 같아야 한다. 하지만 부동소수점 근삿값이 갖는 특징으로 인해 실제 결과는 관념적인 이상과는 다르다. 수 클래스 정의 외에 다양한 클래스 간 변환도 많다. 모든 타입 간에 변환할 수는 없으므로 가능한 변환과 가능하지 않은 변환을 보여주는 매트릭스를 알아내야 한다. 다음에 요약했다.

- complex: 어떤 타입으로도 변환할 수 없다. complex 값은 real과 imag로 나뉘며, 둘 다 float 값이다.

- float: decimal.Decimal을 포함해 모든 타입으로 명시적으로 변환할 수 있다. 암묵적으로 산술 연산자는 float 값을 Decimal로 강제 변환하지 않는다.

- fractions.Fraction: decimal.Decimal을 제외한 모든 타입으로 변환할 수 있다. decimal로 바꾸려면 두 단계 연산을 거쳐야 한다. 먼저 float로 변환한 후 decimal. Decimal로 변환한다. 근삿값이 된다.

- int: 모든 타입으로 변환할 수 있다.

- Decimal: 모든 타입으로 변환할 수 있다. 암묵적으로 산술 연산자는 Decimal을 다른 타입으로 강제 변환하지 않는다.

앞서 언급한 수 추상화 탑에서 위아래로 변환이 일어난다.

이어지는 절에서 사용할 타입을 결정하는 법을 알아보자.

사용할 타입 결정

변환 관점에서 일반적으로 수치를 처리하는 도메인은 다음 네 가지다.

- **복소수**complex: 복잡한 수학 계산에는 complex와 float 그리고 cmath 모듈을 사용하게 된다. Fraction이나 Decimal은 거의 사용하지 않는다. 하지만 대부분의 수는 복소수로 변환할 수 있으니 굳이 수 타입을 제한할 이유는 없다.

- **통화**currency: 통화 관련 연산에는 무조건 Decimal을 써야 한다. 일반적으로 통화 계산에 decimal 값과 decimal이 아닌 값을 함께 사용하지는 않는다. Int는 쓰지만 float이나 complex를 Decimal과 함께 사용하지는 않는다. float은 근삿값이므로 통화 계산에 쓸 수 없다.

- **비트 처리**bit kicking: 비트와 바이트 처리 연산에는 일반적으로 딱 int만 사용한다.

- **관례**conventional: 넓고 모호한 '그 밖의 모든' 카테고리. 일반적인 수학 연산에서는 대개 int와 float, Fraction을 서로 호환해서 쓸 수 있다. 실제로 잘 만든 함수란 보통 적절한 다형성을 띠고 모든 수 타입에 대해 완벽하게 동작한다. 파이썬 타입, 특히 float과 int는 암묵적으로 다양하게 변환된다. 따라서 이 문제 도메인에서는 특정 수 타입을 선택하는 것이 다소 무의미하다.

일반적으로 누구나 쉽게 알 수 있는 문제 도메인들이다. 과학이나 공학용 그리고 복소수를 처리하는 애플리케이션은 금융 계산, 통화, 십진수를 처리하는 애플리케이션과 쉽게 구분된다. 애플리케이션은 최대한 많은 수 타입을 허용해야 한다. 쓸데없이 타입 도메인을 좁히는 isinstance() 테스트는 시간과 코드 낭비다.

메서드 결정과 반사 연산자

모든 산술 연산자(+, -, *, /, //, %, ** 등)는 스페셜 메서드명과 매핑된다. 가령 355+113 같은 표현식에서 일반적인 + 연산자는 특정 수 클래스의 구체 __add__() 메서드와 매핑된다. 즉, 355.__add__(113)으로 작성한 것처럼 실행된다. 가장 단순한 규칙은 가장 왼쪽 피연산자로 사용할 연산자 클래스를 정하는 것이다.

하지만 규칙이 또 있다! 타입이 섞인 표현식에서 파이썬은 각 클래스별로 하나씩 두 개의 스페셜 메서드 구현을 사용할 수 있다. 7-0.14라는 표현식을 생각해보자. 왼쪽의 int 클래스를 사용하면 7.__sub__(0.14)로 실행된다. 이렇게 하면 int 연산자의 인자가 float 값인 0.14이고, float를 int로 변환하면 소수점 이하를 잃을 수 있으므로 복잡도가 늘어난다. 타입 탑 위로의 변환(int부터 complex까지)은 소수점 이하를 잃지 않는다. 타입 탑

아래로의 변환은 잠재적으로 소수점 이하를 잃을 수 있다.

반면 오른쪽의 float 클래스를 사용하면 `0.14.__rsub__(7)`로 실행된다. float 연산자의 인자는 int 값인 7이고, int를 탑 위의 float로 변환하면 _(일반적으로) 소수점 이하를 잃지 않는다_(int 값이 매우 크면 잃을 수도 있다. 하지만 기술적으로 그렇다는 것일 뿐 일반적으로 일어나지 않는다).

`__rsub__()` 연산을 반사 뺄셈^{reflected subtraction}이라 부른다. `X.__sub__(Y)` 연산은 뺄셈이고, `A.__rsub__(B)` 연산은 반사 뺄셈이다. 반사 뺄셈에서는 오른쪽 피연산자 클래스의 구현 메서드를 사용한다. 지금까지 두 가지 규칙을 알아봤다.

- **규칙 1**: 왼쪽 피연산자의 클래스를 먼저 실행해본다. 동작하면 다행이지만 피연산자가 NotImplemented 값을 반환하면 두 번째 규칙을 사용한다.

- **규칙 2**: 반사 연산자로 오른쪽 피연산자를 실행해본다. 동작하면 다행이지만 NotImplemented 값을 반환하면 정말 구현되지 않은 것이니 예외를 발생시켜야 한다.

두 연산자가 하위 클래스 관계이면 예외적으로 처리해야 한다.

특수 케이스로서 위 두 규칙을 적용하기 전에 다음 규칙을 먼저 적용한다.

- 오른쪽 피연산자가 왼쪽의 하위 클래스이고, 이 하위 클래스에서 연산자의 반사 스페셜 메서드명을 정의하면 하위 클래스의 반사 연산자를 먼저 실행한다. 이렇게 하면 하위 클래스 피연산자가 연산자의 오른쪽에 있더라도 하위 클래스를 오버라이딩해서 사용할 수 있다.

- 그렇지 않으면 규칙 1을 사용해 왼쪽 피연산자를 실행해본다.

float의 하위 클래스인 MyFloat를 작성했다고 하자. `2.0-MyFloat(1)`과 같은 표현식에서 오른쪽 피연산자는 왼쪽 피연산자 클래스의 하위 클래스다. 이렇게 하위 클래스 관계가 존재하니 `MyFloat(1).__rsub__(2.0)`을 먼저 실행해본다. 하위 클래스에 우선권을 주는 것이 규칙의 핵심이다.

즉 다른 타입에서 암묵적 타입 강제가 이뤄질 클래스라면 연산자와 반사 연산자를 모두 구현해야 한다는 뜻이다. 수 타입을 구현하거나 확장할 때는 바뀔 수 있는 모든 변환을 알아내야 한다.

산술 연산자의 스페셜 메서드

파이썬에는 총 13개의 이항 연산자와 각각의 스페셜 메서드가 있다. 이해하기 쉬운 산술 연산자를 먼저 설명하겠다. 다음 표에서 스페셜 메서드명과 연산자 (그리고함수) 간 매핑 관계를 보여준다.

메서드	연산자
object.__add__(self, other)	+
object.__sub__(self, other)	-
object.__mul__(self, other)	*
object.__truediv__(self, other)	/
object.__floordiv__(self, other)	//
object.__mod__(self, other)	%
object.__divmod__(self, other)	divmod()
object.__pow__(self, other[, modulo])	pow() as well as **

다양한 기호 연산자와 함께 함수 두 개가 들어 있다. 이 밖에도 다음 표에서 보듯이 많은 단항 연산자와 함수가 스페셜 메서드명과 매핑된다.

메서드	연산자
object.__neg__(self)	-
object.__pos__(self)	+
object.__abs__(self)	abs()
object.__complex__(self)	complex()
object.__int__(self)	int()
object.__float__(self)	float()

메서드	연산자
object.__round__(self[, n])	round()
object.__trunc__(self[, n])	math.trunc()
object.__ceil__(self[, n])	math.ceil()
object.__floor__(self[, n])	math.floor()

이 표에도 참 많은 함수가 있다. 파이썬 내부 추적 함수를 살짝 수정하면 내부적으로 어떻게 처리되는지 볼 수 있다. 내부 동작을 엿볼 수 있는 간단한 추적 함수를 정의해보자.

```
def trace(frame, event, arg):
  if frame.f_code.co_name.startswith("__"):
    print(frame.f_code.co_name, frame.f_code.co_filename, event)
```

위 함수는 추적 중인 프레임과 연관된 코드에서 '__'로 시작하는 스페셜 메서드명을 복사해온다. 다음 코드로 이 추적 함수를 파이썬에 설치한다.

```
import sys
sys.settrace(trace)
```

설치가 끝나면 프로그램은 항상 위 trace() 함수를 거쳐 실행된다. 이 함수는 스페셜 메서드명에 대한 추적 이벤트만 걸러낸다. 내장 클래스의 하위 클래스를 정의해 메서드 결정 규칙을 알아보자.

```
class noisyfloat( float ):
  def __add__( self, other ):
    print( self, "+", other )
    return super().__add__( other )
  def __radd__( self, other ):
    print( self, "r+", other )
    return super().__radd__( other )
```

위 클래스는 두 연산자 스페셜 메서드만 오버라이딩한다. noisyfloat 값을 더하면 연산 결과 요약을 출력한다. 또한 추적 함수는 내부적으로 어떻게 동작하는지 알려준다. 다음 인터랙션으로 파이썬에서 주어진 연산을 어떤 클래스로 구현하는지 보자.

```
>>> x = noisyfloat(2)
>>> x+3
__add__ <stdin> call
2.0 + 3
5.0
>>> 2+x
__radd__ <stdin> call
2.0 r+ 2
4.0
>>> x+2.3
__add__ <stdin> call
2.0 + 2.3
4.3
>>> 2.3+x
__radd__ <stdin> call
2.0 r+ 2.3
4.3
```

x+3 예제는 noisyfloat+int가 어떻게 __add__() 메서드에 int 객체 3을 제공했는지 보여준다. 이 값은 상위 클래스인 float으로 전달됐고, 3은 float으로 타입 강제됐으며 이후 덧셈을 수행했다. 2+x 예제는 오른쪽 피연산자에 noisyfloat 연산을 어떻게 실행했는지 보여준다. 마찬가지로 int가 상위 클래스인 float으로 전달됐고, float으로 타입 강제됐다. x+2.3 예제는 noisyfloat+float이 왼쪽 피연산자의 하위 클래스를 사용했음을 보여준다. 반면 2.3+x 예제는 float+noisyfloat이 오른쪽 피연산자의 하위 클래스와 반사 연산자인 __radd__()를 어떻게 사용했는지 보여준다.

이제 수 클래스를 어떻게 생성하는지 알아보자.

⁖ 수 클래스 생성

새로운 종류의 수를 디자인하겠다. 파이썬에는 이미 무한소수와 유리수, 표준 실수, 통화 계산용 십진수가 있으니 쉬운 일이 아니다. 빠진 기능이 거의 없다. 여기서는 환산[scaled]

수 클래스를 정의한다. 환산 수란 환산 계수scaling factor를 갖는 정수 값으로 통화 계산에 쓰인다. 전 세계의 많은 통화를 100단위 수를 사용해 센트에 가장 가깝게 계산할 수 있다.

환산 연산은 하단의 하드웨어 명령어로 매우 간단히 수행된다. 이 모듈을 C 언어 모듈로 다시 작성하면 하드웨어의 고속 연산을 활용할 수 있다. 다만 decimal 패키지에서 이미 정확한 십진 연산을 훌륭히 수행하고 있으니 새 환산 연산을 개발하는 이점이 없다.

새 클래스는 일종의 고정 십진 소수점 수를 구현하므로 FixedPoint라 부르겠다. 환산 계수는 대개 10의 거듭제곱인 단순 정수다. 이론상으로는 환산 계수가 2의 거듭제곱일 때 매우 빠르지만 통화 계산에는 맞지 않다.

2의 거듭제곱인 환산 계수가 빠른 이유는 value*(2**scale)을 value << scale로, value/(2**scale)을 value >> scale로 바꿀 수 있어서다. 왼쪽과 오른쪽 shift 연산은 곱셈이나 나눗셈보다 훨씬 빠른 하드웨어 명령어다.

이상적으로 환산 계수는 10의 거듭제곱이지만 명시적으로 강제하지는 않겠다. 비교적 간단한 확장으로 거듭제곱인 환산 지수와 환산 계수를 추적할 수 있다. 두 값을 지수와 계수로 저장할 수도 있다. 예제에서는 계수만 추적하도록 클래스 정의를 단순화했다.

이어지는 절에서 FixedPoint 초기화 정의를 살펴보자.

FixedPoint 초기화 정의

다양한 타입의 값을 FixedPoint 값으로 변환하는 초기화부터 시작하겠다.

```python
import numbers
import math
from typing import Union, Optional, Any

class FixedPoint(numbers.Rational):
    __slots__ = ("value", "scale", "default_format")
```

```
    def __init__(self, value: Union['FixedPoint', int, float], scale:
int = 100) -> None:
        self.value: int
        self.scale: int
        if isinstance(value, FixedPoint):
            self.value = value.value
            self.scale = value.scale
        elif isinstance(value, int):
            self.value = value
            self.scale = scale
        elif isinstance(value, float):
            self.value = int(scale * value + .5) # 반올림
            self.scale = scale
        else:
            raise TypeErrorr(f"Can't build FixedPoint from {value!r} of
{type(value)}")
        digits = int(math.log10(scale))
        self.default_format = "{{0:.{digits}f}}".format(digits=digits)

    def __str__(self) -> str:
        return self.__format__(self.default_format)

    def __repr__(self) -> str:
        return
f"{self.__class__.__name__:s}({self.value:d},scale={self.scale:d})"

    def __format__(self, specification: str) -> str:
        if specification == "":
            specification = self.default_format
        return specification.format(self.value / self.scale)
```

FixedPoint 클래스는 numbers.Rational의 하위 클래스로 정의된다. 정수 값인 scale과 value를 래핑하고 일반적인 분수 정의를 따른다. 이렇게 하려면 수많은 스페셜 메서드를 정의해야 한다. 정해진 슬롯 개수를 정의해 속성 추가를 막았다. 초기화에서 다음과 같이 변환한다.

- 또 다른 FixedPoint 객체가 주어지면 내부 속성을 복사해 원래 객체의 복제본인 새 FixedPoint 객체를 생성한다. 고유한 ID를 갖지만 해시값이 같은 동등이므로 복제본과 거의 구분되지 않는다.

- 정수나 유리수 값(int나 float의 구체 클래스)이 주어지면 value와 scale 속성에 할당한다.

- 입력 문자열 값을 파싱하는 부분 외에 decimal.Decimal과 fractions.Fraction을 처리하는 부분도 추가할 수 있다.

문자열 결과를 생성하는 스페셜 메서드인 __str__()과 __repr__(), __format__()도 정의했다. 포맷 연산에는 기존 포맷 명세 언어의 부동소수점 기능을 활용하기로 했다. 유리수이므로 분자와 분모 메서드를 제공해야 한다.

기존 fractions.Fraction 클래스를 래핑할 수도 있었다. 하지만 필요한 프로그래밍을 더 많이 보이기 위해 추상 Rational 클래스부터 시작했다.

이어지는 절에서는 FixedPoint 이진 산술 연산자를 어떻게 정의하는지 알아보겠다.

FixedPoint 이항 산술 연산자 정의

새로운 수 클래스를 정의하는 유일한 이유는 산술 연산자를 오버로딩하기 위해서다. 각 FixedPoint 객체는 value와 scale로 이뤄진다. 어떤 값 A는 값 A_v를 환산 계수 A_s로 나눈 분수, 즉 $A = \dfrac{A_v}{A_s}$로 나타낼 수 있다.

이어지는 예제에서는 정확하지만 효율적이지 않은 부동소수점 표현식으로 대수를 계산하겠지만, 조금 더 효율적이면서 완전한 정수 연산에 대해 논하겠다.

덧셈(과 뺄셈)의 일반적인 형태는 $A + B = \dfrac{A_v}{A_s} + \dfrac{B_v}{B_s} = \dfrac{A_v B_s + B_v A_s}{A_s B_s}$이다. 이 결과에는 불필요한 소수점 이하 자릿수가 들어 있다.

9.95와 12.95의 덧셈을 생각해보자. (이론적으로는) 229000/10000이다. 약분하면 2290/100이다. 문제는 100분의 1 단위가 아닌 229/10으로도 약분된다는 것이다. 일반적 방식으로 분수를 약분하는 대신 가능한 100분의 1이나 1000분의 1의 단위를 유지하고 싶다.

$A + B = \dfrac{A_v}{A_s} + \dfrac{B_v}{B_s}$ 에는 두 가지 경우가 있다.

- 환산 계수가 일치하는 경우: 이때 $A_s = B_s$이므로 합은 $A + B = \dfrac{A_v}{A_s} + \dfrac{B_v}{A_s} = \dfrac{A_v + B_v}{A_s}$ 다. FixedPoint 값과 일반 정수 값을 더해도 마찬가지다. 필요한 환산 계수를 정수에 넣을 수 있다.

- 환산 계수가 일치하지 않는 경우: $A_s \neq B_s$이면, 최종 환산 계수는 두 입력 값의 최대 환산 계수인 $R_s = \max(A_s, B_s)$이다. 이 값으로 중간 환산 계수인 $\dfrac{R_s}{A_s}$와 $\dfrac{R_s}{B_s}$를 계산할 수 있다. 두 환산 계수 중 하나는 1이고, 나머지 하나는 1보다 작다. 이제 공통 분모로 더할 수 있다. 대수적으로는 $\dfrac{\frac{A_v R_s}{A_s}}{\frac{A_s R_s}{A_s}} + \dfrac{\frac{B_v R_s}{B_s}}{\frac{B_s R_s}{B_s}} = \dfrac{\frac{A_v R_s}{A_s} + \frac{B_v R_s}{B_s}}{R_s}$ 다. 계수 중 하나가 1이고 나머지 하나는 10의 거듭제곱이므로 두 가지 경우로 나눠 더 최적화할 수 있다.

곱셈은 최적화할 수 없다. 곱셈은 $A \times B = \dfrac{A_v}{A_s} \times \dfrac{B_v}{B_s} = \dfrac{A_v B_v}{A_s B_s}$ 다. FixedPoint 값을 곱하면 실제로 소수점 이하 자릿수가 증가한다.

나눗셈은 곱셈의 역으로 $A \div B = \dfrac{A_v}{A_s} \times \dfrac{B_s}{B_v} = \dfrac{A_v B_s}{A_s B_v}$ 다. A와 B가 같은 자릿수면 값이 상쇄돼 쉽게 최적화할 수 있다. 하지만 자릿수가 100분의 1에서 전체로 바뀌므로 때로는 적절하지 않다.

다음은 비슷한 코드로 만들어진 연산자들이다.

```python
def __add__(self, other: Union['FixedPoint', int]) -> 'FixedPoint':
  if not isinstance(other, FixedPoint):
    new_scale = self.scale
    new_value = self.value + other * self.scale
  else:
    new_scale = max(self.scale, other.scale)
    new_value= self.value * (new_scale // self.scale) +
other.value * (new_scale // other.scale)
```

```python
      return FixedPoint(int(new_value), scale=new_scale)

  def __sub__(self, other: Union['FixedPoint', int]) -> 'FixedPoint':
    if not isinstance(other, FixedPoint):
      new_scale = self.scale
      new_value = self.value - other * self.scale
    else:
      new_scale = max(self.scale, other.scale)
      new_value= self.value * (new_scale // self.scale) -
other.value * (new_scale // other.scale))
    return FixedPoint(int(new_value), scale=new_scale)

  def __mul__(self, other: Union['FixedPoint', int]) -> 'FixedPoint':
    if not isinstance(other, FixedPoint):
      new_scale = self.scale
      new_value = self.value * other
    else:
      new_scale = self.scale * other.scale
      new_value = self.value * other.value
    return FixedPoint(int(new_value), scale=new_scale)

  def __truediv__(self, other: Union['FixedPoint', int]) -> 'FixedPoint':
    if not isinstance(other, FixedPoint):
      new_value = int(self.value / other)
    else:
      new_value = int(self.value / (other.value/other.scale))
    return FixedPoint(new_value, scale=self.scale)

  def __floordiv__(self, other: Union['FixedPoint', int]) -> 'FixedPoint':
    if not isinstance(other, FixedPoint):
      new_value = int(self.value // other)
    else:
      new_value = int(self.value // (other.value/other.scale))
    return FixedPoint(new_value, scale=self.scale)

  def __mod__(self, other: Union['FixedPoint', int]) -> 'FixedPoint':
    if not isinstance(other, FixedPoint):
      new_value = (self.value / self.scale) % other
    else:
      new_value = self.value % (other.value / other.scale)
    return FixedPoint(new_value, scale=self.scale)

  def __pow__(self, other: Union['FixedPoint', int]) -> 'FixedPoint':
```

```
  if not isinstance(other, FixedPoint):
    new_value = (self.value / self.scale) ** other
  else:
    new_value = (self.value / self.scale) ** (other.value / other.scale)
  return FixedPoint(int(new_value) * self.scale, scale=self.scale)
```

간단한 덧셈, 뺄셈, 곱셈은 비교적 느린 부동소수점 중간 연산을 일부 없애 최적화할 수 있다.

각 연산자는 FixedPoint 클래스의 인스턴스를 반환한다. 클래스 정의 내에서는 해당 클래스명을 쓸 수 없다. 따라서 이름을 문자열로 제공했다. mypy 유틸리티에서 타입 힌트를 검사할 때 이 문자열을 적절한 타입명으로 해석한다.

어떤 경우에는 Union['FixedPoint', int]를 사용해 명시적으로 정수 타입을 강제했다. 이러한 타입 힌트는 메서드가 FixedPoint 인스턴스와 단순 int 객체를 모두 허용한다고 mypy에게 알린다.

나눗셈인 __mod__()와 __pow__() 메서드에는 부동소수점 나눗셈으로 인한 노이즈를 없애는 최적화를 하지 않았다. 대신 동작하는 파이썬 구현을 제공해 최적화와 리팩터링의 기반인 단위 테스트 묶음에 사용할 수 있게 했다.

나눗셈 연산에서는 환산 계수를 정확히 약분할 수 있다. 하지만 바람직하지 않을 때도 있다. 통화 계산에서 시간당 달러 결과를 계산하려면 환율(달러)을 통화가 아닌 값(시간)으로 나눠야 한다. 정답은 소숫점 자릿수와 전혀 관계가 없을지도 모른다. 아마 1의 자릿 값이겠지만 여기서는 센트 단위인 100의 자릿값으로 만들고 싶다. 이 구현에서는 왼쪽 피연산자가 소수점 이하 자릿수를 결정한다.

FixedPoint 단항 산술 연산자 정의

다음은 단항 연산자 메서드함수다.

```
def __abs__(self) -> 'FixedPoint':
  return FixedPoint(abs(self.value), self.scale)
```

```python
    def __float__(self) -> float:
        return self.value / self.scale

    def __int__(self) -> int:
        return int(self.value / self.scale)

    def __trunc__(self) -> int:
        return int(math.trunc(self.value / self.scale))

    def __ceil__(self) -> int:
        return int(math.ceil(self.value / self.scale))

    def __floor__(self) -> int:
        return int(math.floor(self.value / self.scale))

    def __round__(self, ndigits: Optional[int] = 0) -> Any:
        return FixedPoint(round(self.value / self.scale, ndigits=ndigits),
        self.scale)

    def __neg__(self) -> 'FixedPoint':
        return FixedPoint(-self.value, self.scale)

    def __pos__(self) -> 'FixedPoint':
        return self
```

__round__()와 __trunc__(), __ceil__(), __floor__() 연산자는 작업을 파이썬 라이브러리 함수에 위임했다. 최적화할 여지가 있지만 float 근삿값을 생성해서 원하는 결과를 만드는 느긋한 방법을 택했다. 위 메서드 묶음 덕분에 FixedPoint 객체는 많은 산술함수에 대해 잘 동작한다. 파이썬에는 연산자가 많다. 여기 나오는 메서드가 전부가 아니다. 비교나 비트 연산자는 다루지 않았다. 비교는 일반적으로 산술 연산과 비슷하며, 나머지는 독자에게 숙제로 남겨두겠다. 비트 연산자(&, |, ^, ~)는 값이나 집합처럼 문자 도메인에 따라 의미가 바뀌므로 구현하면 안 된다.

이어지는 절에서는 FixedPoint 반사 연산자를 어떻게 구현하는지 알아보자.

FixedPoint 반사 연산자 구현

반사 연산자는 다음 두 가지 경우에 쓰인다.

- 오른쪽 피연산자가 왼쪽 피연산자의 하위 클래스일 때. 하위 클래스가 부모 클래스를 오버라이딩하도록 반사 연산자를 먼저 실행해본다.
- 왼쪽 피연산자의 클래스에서 필요한 스페셜 메서드를 구현하지 않았을 때. 오른쪽 피연산자의 반사 스페셜 메서드를 사용한다.

다음 표는 반사 스페셜 메서드와 연산자 간 매핑을 보여준다.

메서드	연산자
object.__radd__(self, other)	+
object.__rsub__(self, other)	-
object.__rmul__(self, other)	*
object.__rtruediv__(self, other)	/
object.__rfloordiv__(self, other)	//
object.__rmod__(self, other)	%
object.__rdivmod__(self, other)	divmod()
object.__rpow__(self, other[, modulo])	pow() as well as **

이러한 반사 연산 스페셜 메서드도 앞서와 비슷한 코드로 만들어진다. 반사 연산이므로 뺄셈과 나눗셈, 나머지, 거듭제곱 연산에서 피연산자의 순서가 중요하다. 덧셈과 곱셈처럼 교환 법칙이 성립하는 연산에서는 순서가 중요하지 않다. 다음은 반사 연산자 구현이다.

```
def __radd__(self, other: Union['FixedPoint', int]) -> 'FixedPoint':
  if not isinstance(other, FixedPoint):
    new_scale = self.scale
    new_value = other * self.scale + self.value
  else:
```

```python
        new_scale = max(self.scale, other.scale)
        new_value = other.value * (new_scale // other.scale) + self.value *
    (new_scale // self.scale )
      return FixedPoint(int(new_value), scale=new_scale)


  def __rsub__(self, other: Union['FixedPoint', int]) -> 'FixedPoint':
      if not isinstance(other, FixedPoint):
        new_scale = self.scale
        new_value = other * self.scale - self.value
      else:
        new_scale = max(self.scale, other.scale)
        new_value = other.value * (new_scale // other.scale) - self.value *
    (new_scale // self.scale )
      return FixedPoint(int(new_value), scale=new_scale)


  def __rmul__(self, other: Union['FixedPoint', int]) -> 'FixedPoint':
      if not isinstance(other, FixedPoint):
        new_scale = self.scale
        new_value = other * self.value
      else:
        new_scale = self.scale * other.scale
        new_value = other.value * self.value
      return FixedPoint(int(new_value), scale=new_scale)


  def __rtruediv__(self, other: Union['FixedPoint', int]) -> 'FixedPoint':
      if not isinstance(other, FixedPoint):
        new_value = self.scale * int(other / (self.value / self.scale))
      else:
        new_value = int((other.value / other.scale) / self.value)
      return FixedPoint(new_value, scale=self.scale)


  def __rfloordiv__(self, other: Union['FixedPoint', int]) -> 'FixedPoint':
      if not isinstance(other, FixedPoint):
        new_value = self.scale * int(other // (self.value / self.scale))
      else:
        new_value = int((other.value / other.scale) // self.value)
      return FixedPoint(new_value, scale=self.scale)


  def __rmod__(self, other: Union['FixedPoint', int]) -> 'FixedPoint':
      if not isinstance(other, FixedPoint):
        new_value = other % (self.value / self.scale)
      else:
```

```
    new_value = (other.value / other.scale) % (self.value / self.scale)
  return FixedPoint(new_value, scale=self.scale)

def __rpow__(self, other: Union['FixedPoint', int]) -> 'FixedPoint':
  if not isinstance(other, FixedPoint):
    new_value = other ** (self.value / self.scale)
  else:
    new_value = (other.value / other.scale) ** self.value / self.scale
  return FixedPoint(int(new_value) * self.scale, scale=self.scale)
```

순행 연산자에 사용했던 수학과 똑같다. 그저 피연산자를 바꿨을 뿐이다. 아주 흔한 경우다. 순행과 역행 연산자 메서드의 코드가 서로 부합하면 코드 검사가 쉽고, 교환 연산자 구현이 조금 중복된다.

순행 연산자에서처럼 나눗셈과 나머지, 거듭제곱 연산자를 최적화하지 않고 단순하게 뒀다. 이렇게 하면 부동소수점 근삿값으로 변환 후 다시 FixedPoint 값으로 변환할 때 노이즈가 발생할 수 있다. 이어지는 절에서는 FixedPoint 비교 연산자를 어떻게 구현하는지 알아보자.

FixedPoint 비교 연산자 구현

다음은 비교 연산자 6개와 각각을 구현한 스페셜 메서드다.

메서드	연산자
object.__lt__(self, other)	<
object.__le__(self, other)	<=
object.__eq__(self, other)	==
object.__ne__(self, other)	!=
object.__gt__(self, other)	>
object.__ge__(self, other)	>=

is 연산자는 객체 ID를 비교한다. 어떤 클래스에 한정되지 않으므로 유의미하게 오버라이딩할 수 없다. in 비교 연산자는 object.__contains__(self, value)로 구현한다. 숫자 값에는 통하지 않는다.

동등 비교는 다소 까다롭다. float이 근삿값이므로 float 값과 직접적인 동등 비교는 주의해서 피해야 한다. 값들이 매우 작은 범위, 즉 엡실론epsilon 내에 있는지 비교해야 한다. 동등 비교를 a == b처럼 작성해서는 안 된다. 일반적으로 부동소수점 근삿값은 abs(a-b) <= eps, 좀 더 일반적으로는 abs(a-b)/a <= eps로 비교한다.

FixedPoint 클래스에서 자릿수는 두 값이 float 값과 얼마나 가까울 때 동등으로 볼지를 뜻한다. 100의 자리면 엡실론은 0.01일 수 있다. 실제로 100의 자리를 비교할 때는 이보다 더 보수적으로 0.005 정도를 쓴다.

또한 FixedPoint(123, 100)과 FixedPoint(1230, 1000)을 동등하게 볼 것인지도 결정해야 한다. 수학적으로는 동등하지만 한 값은 센트(1/100) 단위고 다른 값은 밀(1/1000) 단위다.

두 숫자의 정확도가 다르다고 주장할 수도 있다. 즉, 유효 숫자 자릿수가 더 있으면 단순히 동등하다고 볼 수 없다는 주장이다. 이 방식에서는 해시값도 같은지 확인해야 한다.

예제에서는 자릿수를 구분하는 것이 적절하지 않다. FixedPoint(123, 100)과 FixedPoint(1230, 1000)을 동등하게 봐야 한다. 앞서 __hash__() 구현에서도 세웠던 가정이다. 다음은 FixedPoint 클래스의 비교 구현이다.

```python
def __eq__(self, other: Any) -> bool:
  if isinstance(other, FixedPoint):
    if self.scale == other.scale:
      return self.value == other.value
    else:
      return self.value * other.scale // self.scale == other.value
  else:
    return abs(self.value / self.scale - float(other)) < .5 / self.scale

def __ne__(self, other: Any) -> bool:
  return not (self == other)
```

```
def __le__(self, other: 'FixedPoint')
  return self.value / self.scale <=

def __lt__(self, other: 'FixedPoint')
  return self.value / self.scale < float(other)

def __ge__(self, other: 'FixedPoint') -> bool:
  return self.value / self.scale >= float(other)
```

각 비교함수는 FixedPoint 값이 아닌 값도 받는다. 이는 상위 클래스의 요구 사항으로서 상위 클래스와 호환되려면 Any 타입 힌트를 사용해야 한다. 단, other 값은 부동소수점 표현이어야 한다. FixedPoint 객체의 __float__() 메서드를 정의했으니 FixedPoint 값 간 비교 연산이 완벽하게 동작한다.

비교 6개를 모두 작성하지 않아도 된다. @functions.total_ordering 장식자가 두 Fixed Point 값으로부터 누락된 메서드를 생성한다. 9장에서 살펴보겠다.

이어지는 절에서는 수 해시를 계산하는 법을 알아본다.

⁝⁞ 수 해시 계산

__hash__() 메서드를 올바르게 정의해야 한다. 수 타입의 해시값 계산에 대해서는 파이썬 표준 라이브러리 4.4.4절을 참고한다. 이 자료에는 예제에서 쓰면 좋을 hashfraction() 함수가 정의돼 있다. 메서드를 다음과 같이 정의하겠다.

```
def __hash__(self) -> int:
  P = sys.hash_info.modulus
  m, n = self.value, self.scale
  # 공약수 P로 약분한다(m과 n이 서로소이면 하지 않아도 된다).
  while m % P == n % P == 0:
    m, n = m // P, n // P

  if n % P == 0:
    hash_ = sys.hash_info.inf
  else:
```

```
    # 페르마의 소정리: pow(n, P-1, P)는 1이므로
    # pow(n, P-2, P)은 n % P의 역이다.
    hash_ = (abs(m) % P) * pow(n, P - 2, P) % P
  if m < 0:
    hash_ = -hash_
  if hash_ == -1:
    hash_ = -2
  return hash_
```

위 함수는 분모와 분자로 이뤄진 유리수 값을 하나의 표준화된 해시로 만든다. 참조 매뉴얼에서 복사해온 코드를 일부 수정했다. 코드에서 굵게 표시한 부분이 계산의 핵심으로서 분자를 분모의 역과 곱한다. 다시 말해 분자를 분모인 mod P로 나눈다. 문제 도메인에 맞게 더 최적화해보자.

첫째, __new__() 메서드를 수정해 자릿수가 1 이상으로 만들면 sys.hash_info.inf를 쓰지 않아도 된다. 둘째, 환산 계수의 범위를 sys.hash_info.modulus(일반적으로 64비트 컴퓨터에서 $2^{61}-1$)보다 작도록 명시적으로 제한한다. 공약수 P로 약분하는 부분도 뺄 수 있다. 이렇게 하면 해시에는 hash_ = (abs(m) % P) * pow(n, P - 2, P) % P, 부호 처리부, -1이 -2를 매핑시키는 특수한 경우만 남는다.

끝으로 해시 계산 결과를 캐싱할 수 있다. 이렇게 하려면 해시를 처음 요청 받았을 때 한 번만 생성되는 슬롯이 추가로 필요하다. pow(n, P - 2, P) 표현식은 비교적 비용이 큰 연산이므로 필요 이상으로 자주 계산하지 말자.

이어지는 절에서는 FixedPoint 객체에 사용할 간단한 반올림 스키마를 구현하는 방법을 알아본다.

더 유용한 반올림 디자인

앞선 반올림 표현식에서는 버림을 했다. round()와 trunc()에 필요한 함수를 별도의 설명도 없이 정의했다. 추상 상위 클래스의 최소 요구 사항을 따르기 위해서다. 하지만 예제에는 이 정도 정의로는 부족하다.

다음은 환율 처리에 흔히 쓰이는 코드다.

```
>>> price= FixedPoint(1299, 100)
>>> tax_rate= FixedPoint(725, 1000)
>>> price * tax_rate
FixedPoint(941775, scale=100000)
```

942 값을 얻으려면 값을 100의 자리에서 반올림해야 한다. 수를 새로운 환산 계수로 반올림(그리고 버림)하는 함수가 필요하다. 다음은 특정 자릿수에서 반올림하는 메서드다.

```
def round_to(self, new_scale: int) -> 'FixedPoint':
  f = new_scale / self.scale
  return FixedPoint(int(self.value * f + .5), scale=new_scale)
```

다음 코드로 값의 단위를 적절히 바꾼다.

```
>>> price= FixedPoint(1299, 100)
>>> tax_rate= FixedPoint(725, 1000)
>>> tax= price * tax_rate
>>> tax.round_to(100)
FixedPoint(942, scale=100)
```

이제 환율 계산에 필요한 최소 함수 집합이 완성됐다.

이어지는 절에서는 다른 스페셜 메서드를 어떻게 구현하는지 알아본다.

⋮⋮⋮ 다른 스페셜 메서드 구현

가장 중요한 산술과 비교 연산자 외에 (일반적으로) numbers.Integral 값만 정의하는 연산자 그룹도 있다. 예제에서 정수 값은 정의하지 않으니 이러한 스페셜 메서드는 없어도 된다.

메서드	연산자
object.__lshift__(self, other)	<<
object.__rshift__(self, other)	>>
object.__and__(self, other)	&
object.__xor__(self, other)	^
object.__or__(self, other)	|

다음은 위 연산자의 반사 연산자다.

메서드	연산자
object.__rlshift__(self, other)	<<
object.__rrshift__(self, other)	>>
object.__rand__(self, other)	&
object.__rxor__(self, other)	^
object.__ror__(self, other)	|

이 밖에 값의 비트 역bit-wise inverse을 구하는 단항 연산자도 있다.

메서드	연산자
object.__invert__(self)	~

흥미롭게도 일부 연산자는 정수뿐 아니라 집합 컬렉션에도 정의된다. 예제의 유리수 값에는 적용되지 않는다. 이러한 연산자를 정의하는 원리는 나머지 산술 연산자와 동일하다.

이제 제자리 연산자로 어떻게 최적화하는지 알아보자.

제자리 연산자로 최적화

수는 일반적으로 불변이다. 하지만 수 연산자를 가변 객체에 사용하기도 한다. 가령 리스트와 집합에 증가 할당 연산자를 사용할 수 있다. 최적화의 하나로 클래스는 몇 개의 제자리 연산자를 포함하기도 한다. 표 8의 메서드는 가변 객체에 쓰이는 증가 할당문을 구현한다. 단, 원래의 할당문과 호환되려면 메서드가 return self로 끝나야 한다.

메서드	연산자
object.__iadd__(self, other)	+=
object.__isub__(self, other)	-=
object.__imul__(self, other)	*=
object.__itruediv__(self, other)	/=
object.__ifloordiv__(self, other)	//=
object.__imod__(self, other)	%=
object.__ipow__(self, other[, modulo])	**=
object.__ilshift__(self, other)	<<=
object.__irshift__(self, other)	>>=
object.__iand__(self, other)	&=
object.__ixor__(self, other)	^=
object.__ior__(self, other)	|=

FixedPoint 객체는 불변이므로 위 연산자를 정의할 수 없다.

FixedPoint 클래스 예제는 잠시 잊고 제자리 연산자가 쓰이는 좀 더 전형적인 사례를 살펴보자. 블랙잭 Hand 객체의 제자리 연산자는 정의하기 쉽다. Hand에 다음과 같은 정의를 추가하면 된다.

```
def __iadd__(self, aCard):
  self._cards.append(aCard)
  return self
```

이제 hand를 다음 코드처럼 처리할 수 있다.

```
player_hand += deck.pop()
```

위 코드는 hand가 어떻게 또 다른 card로 업데이트되는지 명쾌하게 보여준다.

⁜ 요약

내장 수 타입과 새로운 수 타입을 만드는 데 필요한 수많은 스페셜 메서드를 알아봤다. 파이썬의 나머지 요소와 매끄럽게 통합되는 특수 수 타입은 파이썬의 큰 강점 중 하나다. 쉽지는 않다. 다만 제대로 사용하면 간결하고 유용하다.

다음은 수를 처리하는 단계별 디자인 전략이다.

1. 내장된 complex와 float, int를 고려한다.

2. decimal과 fractions 같은 라이브러리 확장을 고려한다. 재무 계산에는 반드시 decimal만 사용한다.

3. 위 클래스 중 하나에 메서드나 속성을 추가하는 확장을 고려한다.

4. 마지막으로 새로운 수를 고려한다. 파이썬에서 이미 다양한 수를 매우 풍부하게 제공하므로 굉장히 어려운 일이다.

새로운 수를 정의할 때는 다음 사항을 고려한다.

- **완전성과 일관성**: 새로운 수는 완전한 연산 집합을 수행하고 모든 종류의 표현식에서 일관되게 동작해야 한다. 새롭게 만든 계산 가능한 수에 형식적인 수학 정의를 얼마나 올바르게 구현하느냐가 핵심이다.

- **문제 도메인과의 적합성**: 이 수가 정말 적합한가? 해법이 명확해지는가?

- **성능**: 다른 디자인 문제처럼 코드 하나하나가 타당하도록 충분히 효율적으로 구현해

야 한다. 8장의 예제에서 사용한 일부 비효율적인 부동소수점 연산은 수학을 조금 더 사용해 코딩을 줄여 최적화할 수 있다.

9장은 클래스 디자인을 간소화하고 정규화하는 장식자와 믹스인 사용법을 다룬다. 간단한 상속 계층 구조가 아니라 수많은 클래스에 필요한 기능을 정의할 때 장식자를 사용한다. 비슷하게 컴포넌트 클래스 정의로부터 완전한 애플리케이션 클래스를 생성할 때 믹스인 클래스 정의를 사용한다. @functools.total_ordering은 비교 연산자를 정의할 때 유용한 장식자 중 하나다.

09

장식자와 믹스인: 횡단 관심사

소프트웨어 디자인에는 여러 클래스와 함수, 메서드에 걸쳐 적용되는 요소들이 종종 있다. 로깅이나 감사, 보안처럼 일관되게 구현해야 하는 기술들이 그렇다. 객체지향 프로그래밍에서 기능을 재사용하는 일반적인 방법은 클래스 계층 구조를 통한 상속이다. 하지만 상속이 항상 잘 동작하는 것은 아니다. 예를 들어 소프트웨어 디자인 요소 중에는 클래스 계층 구조와 수직을 이루는 것도 있다. 이러한 요소들을 '횡단 관심사cross-cutting concern'라 부른다. 이들은 디자인을 복잡하게 만들면서 여러 클래스에 영향을 미친다.

장식자는 상속 계층 구조와 독립적인 기능을 정의하는 방법이다. 장식자를 사용해 애플리케이션의 한 요소를 디자인한 후 여러 클래스나 메서드, 함수에 걸쳐 적용할 수 있다.

또한 특정 방식의 다중 상속을 사용해 횡단 관심사를 만들 수도 있다. 기반 클래스와 믹스인 클래스 정의를 함께 고려해 요소를 추가한다. 주로 믹스인 클래스로 횡단 관심사를 만들 예정이다.

횡단 관심사가 한 애플리케이션에 특정되는 경우는 드물다. 대부분 일반적인 고려 사항이다. 로깅과 감사, 보안의 공통 예제는 애플리케이션의 세부 사항과 별개의 인프라로 고려할 수 있다.

파이썬에는 많은 장식자가 딸려 있으며, 이러한 표준 장식자 집합을 확장할 수 있다. 유스 케이스도 여러 가지다. 9장에서는 클래스 정의와 클래스의 의미부터 살펴본다. 이러한 맥락에서 간단한 함수 장식자와 인자가 있는 함수 장식자, 클래스 장식자, 메서드 장식자를 살펴보겠다.

9장에서 다룰 주제는 다음과 같다.

- 클래스와 그 의미

- 내장 장식자 사용

- 표준 라이브러리 믹스인 클래스 사용

- 간단한 함수 장식자 작성

- 장식자 매개변수화

- 메서드함수 장식자 생성

- 클래스 장식자 생성

- 클래스에 메서드 추가

- 장식자를 사용한 보안

기술 요구 사항

9장의 코드 파일은 https://git.io/fj2UV에 있다.

클래스와 그 의미

객체의 필수 기능 중 하나는 분류할 수 있어야 한다는 것이다. 모든 객체는 각각 하나의 클래스에 속한다. 간단한 단일 상속 디자인을 따를 때 객체와 클래스는 단순하게 연결된다.

328

다중 상속에서는 클래스 분류 문제가 복잡해진다. 커피잔 같은 실세계 객체는 쉽게 그릇으로 분류할 수 있다. 아주 기본적인 유스 케이스다. 커피를 담는 관점에서 문제를 바라본다. 하지만 다른 맥락에서는 다른 유스 케이스를 생각할 수도 있다. 장식용 도자기잔 컬렉션이라면 커피를 담아 내는 컵의 관점보다 크기와 모양, 광택에 관심이 있을 수있다.

객체는 대부분 하나의 클래스와 단순한 is-a 관계를 맺는다. 커피를 담는 문제 도메인에서 탁자에 놓인 머그는 커피잔 클래스이면서 동시에 더 보편적인 그릇 클래스다. 객체는 다른 클래스와 acts-as 관계를 맺을 수도 있다. 어떤 머그잔은 크기와 모양, 광택 속성을 갖는 하나의 자기 예술품일 수 있다. 또 어떤 머그잔은 질량과 마찰 속성을 갖는 문진일 수 있다.

일반적으로 믹스인 클래스에서 이처럼 다양한 속성을 표현하며 객체의 추가적인 인터페이스나 동작을 정의한다. 믹스인 클래스만의 계층 구조도 존재하는데, 예를 들어 자기 예술품은 더 일반적인 조각 예술 클래스의 특수화^{specialization}다.

파이썬에서 객체지향 디자인을 수행할 때는 is-a 클래스와 그 클래스가 정의하는 기본 관점을 알아내야 한다. 다른 클래스는 객체의 또 다른 인터페이스나 동작을 믹스인하는 acts-as 관점을 제공한다.

이어지는 절에서는 클래스 구성에 비해 쉬운 함수 정의와 장식부터 살펴본다. 함수 장식자가 어떻게 동작하는지 알아본 후 다시 믹스인 클래스와 클래스 장식으로 돌아간다.

장식자의 타입 힌트와 속성

두 단계로 장식된 함수를 구성한다. 첫 번째 단계는 원래의 정의를 포함하는 def 문이다.

def 문은 이름과 매개변수, 기본값, docstring, 코드 객체, 기타 여러 가지 세부 사항을 제공한다. 함수는 파이썬 표준 라이브러리 3.2절 표준 타입 계층 구조에 정의된 대로 11개 속성의 컬렉션이다.

두 번째 단계는 원래 정의에 장식자를 적용한다. 장식자(@d)를 함수(F)에 적용하면 새로운 함수, $F' = @d(F)$를 생성한 것처럼 동작한다. 이름은 F로 같아도 추가, 삭제, 수정한 기능 유형에 따라 기능은 다를 수 있다. 일반적으로 다음과 같이 작성한다.

```python
@decorate
def function():
    pass
```

장식자는 함수 정의 바로 앞에 작성한다. 다음과 같이 구현된다.

```python
def function():
    pass
function = decorate(function)
```

장식자는 함수 정의를 수정해 새 함수를 생성한다. 핵심 기법은 함수를 받아 그 함수의 수정 버전을 반환하는 장식자 함수다. 그래서 장식자는 타입 힌트가 훨씬 복잡하다.

두 번째 방식인 function=decorate(function)는 변수에 람다를 할당해 생성한 함수와도 잘 동작한다. 콜러블 객체와도 잘 동작한다. @decorate 표기는 def문에만 동작한다.

장식자가 여러 개면 중첩 함수 호출을 적용한다. 다음 예를 보자.

```python
@decorator1
@decorator2
def function(): ...
```

위 코드는 function=decorate1(decorate2(function))과 동일하다. 장식자에 부수 효과가 발생하면 어떤 순서로 장식하는지가 중요하다. 예를 들어 플라스크^{Flask} 프레임워크에서 @app.route 장식은 항상 장식자 스택 맨 위에 있어야 한다. 그래야 마지막에 적용되면서 다른 장식자의 동작 결과를 포함한다.

전형적으로 장식자 정의는 다음과 같은 타입 힌트 집합을 요한다.

```python
from typing import Any, Callable, TypeVar, cast
```

```
FuncType = Callable[..., Any]
F = TypeVar('F', bound=FuncType)

def my_decorator(func: F) -> F:
    ...
```

Callable 타입 힌트로 FuncType이라는 함수 타입을 정의했다. 이로써 타입 변수 F는 Functype 프로토콜을 따르는 어떤 포괄적인 디스크립션에든 나올 수 있다. 즉 함수와 람다, 콜러블 객체를 말한다. 장식자 함수 my_decorator()는 타입 힌트가 F인 매개변수 func를 받아 타입 힌트가 F인 함수를 반환한다. 핵심은 콜러블 프로토콜을 갖는 객체는 그 종류가 무엇이든 매우 포괄적인 Functype의 경계 안에서 설명될 수 있다는 것이다. my_decorator()에 대한 자세한 설명은 생략했다. 위 코드는 타입 힌트에 대한 일반적 접근 방식을 보여주기 위한 것이다.

클래스 장식자는 더 간단하다. 서명이 def class_decorator(class: Type) -> Type: ... 뿐이다. 클래스를 생성하는 방법이 몇 안되고 최대 경계가 이미 타입 힌트 Type으로 정의돼 있다.

이제 함수의 다양한 속성을 알아보자.

함수의 속성

장식자는 함수의 속성을 바꾼다. 함수의 속성은 다음과 같다.

__doc__	docstring 또는 None
__name__	함수의 원래 이름
__module__	함수가 정의된 모듈명 또는 None
__qualname__	함수의 절대 이름인 __module__.__name__
__defaults__	기본 인자값. 기본값이 없으면 None
__kwdefaults__	키워드 매개변수의 기본값
__code__	컴파일된 함수 본문을 표현하는 코드 객체

`__dict__`	함수 속성들의 네임스페이스
`__annotations__`	반환 표기인 'return'을 포함하는 매개변수 표기
`__globals__`	함수가 정의된 모듈의 전역 네임스페이스. 전역변수를 알아내는 데 쓰이며 읽기만 가능
`__closure__`	함수의 자유 변수를 위한 바인딩 또는 None. 읽기만 가능

장식자는 `__globals__`와 `__closure__`를 제외하고 모든 속성을 바꿀 수 있다. 실제로는 원래 함수의 `__name__`과 `__doc__`만 장식된 함수로 복사하는 것이 가장 좋다. 다른 속성도 대부분 바꿀 수 있으나 장식자 안에 새 함수를 정의해 새 함수를 반환하는 간단한 기법으로 해결하는 편이 더 쉽다. 몇 개의 예제로 알아보겠다.

이제 장식된 클래스를 어떻게 구성하는지 알아보자.

장식된 클래스 구성

장식된 클래스는 두 단계 프로세스를 몇 번 중첩해 구성한다. 클래스 메서드를 참조하는 방식으로 인해 클래스 구성이 더 복잡하다. 여러 단계의 룩업으로 참조하기 때문이다. 객체의 클래스는 메서드 결정 순서MRO, Method Resolution Order를 정의한다. 즉, 어떻게 기반 클래스를 검색해 속성이나 메서드명을 찾는지 정의한다. MRO는 상속 계층 구조를 따라 올라가며 동작하고, 이런 식으로 하위 클래스명이 상위 클래스명을 오버라이딩한다.

가장 바깥 중첩에서는 class문 전반을 처리한다. 이때 클래스 생성과 장식자 함수 적용이라는 두 단계를 거친다. class문을 처리하면서 각 메서드 정의에도 장식이 나타나고, 마찬가지로 각각 두 단계 프로세스를 거친다.

클래스 구성의 첫 번째 단계는 class문 실행이다. 우선 메타클래스를 실행한 후 class 내 일련의 할당문과 def문을 실행한다. 클래스 내 각 def문은 앞서 설명한 대로 중첩된 두 단계 함수 구성으로 확장된다. 클래스를 생성하면서 각 메서드함수에 장식자를 적용할 수 있다.

클래스 구성의 두 번째 단계는 전체 클래스 장식자를 클래스 정의에 적용하는 것이다. 일반적으로 이때 기능을 추가한다. 메서드보다는 속성을 추가하는 경우가 더 많다. 장식자로 메서드함수를 추가할 수 있지만 소프트웨어 유지 보수자 입장에서는 장식자로 넣은 메서드를 찾기가 너무나 힘들다. 이러한 기능은 아주 신중하게 디자인해야 한다.

메서드 결정 룩업은 지연 검색이므로 장식자는 상위 클래스에서 상속받은 기능을 수정할 수 없다. 이는 중요한 디자인 고려 사항으로 이어진다. 메서드와 속성은 일반적으로 클래스와 믹스인 클래스를 통해 넣는다. 장식자로 새 속성을 정의하는 것은 자제해야 한다.

다음은 클래스에 생성하는 일부 속성 목록이다. 많은 추가 속성이 메타클래스에 속한다. 표 10에서 설명한다.

__doc__	클래스를 설명하는 문자열. 정의되지 않았으면 None
__name__	클래스명
__module__	클래스가 정의된 모듈명
__dict__	클래스의 네임스페이스를 포함하는 딕셔너리
__bases__	기반 클래스 리스트에 출현한 순서대로 기반 클래스를 포함하는 튜플(비었거나 싱글턴(singleton)일 수 있음). 메서드 결정 순서를 알아낼 때 쓰인다.
__class__	클래스의 상위 클래스. 주로 type 클래스

클래스에 속하는 또 다른 메서드함수로는 pickle의 인터페이스인 __subclasshook__과 __reduce__, __reduce_ex__가 있다.

클래스 디자인 원칙

클래스를 정의할 때 다음 영역에서 속성과 메서드를 정의한다.

- 클래스 정의에 적용되는 장식자. 클래스 정의에 가장 마지막으로 적용된다.

- 클래스문 본문

- 믹스인 클래스. 믹스인 클래스 정의는 메서드 결정 순서 알고리듬에서 기반 클래스 정의를 오버라이딩하기 쉽다.

- 기반 클래스. 따로 명시하지 않으면 기반 클래스는 최소한의 정의 집합을 제공하는 object다.

겉으로 잘 보이는 순서대로 제시했다. 장식자에서 수행하는 마지막 변경이 아래 변경을 모두 덮어쓰므로 겉으로 가장 잘 드러난다. 클래스문 본문은 믹스인이나 기반 클래스로부터 상속받은 요소는 무엇이든 오버라이딩한다. 기반 클래스는 가장 마지막으로 이름을 결정하는 영역이다.

소프트웨어 유지 보수자가 각각을 얼마나 쉽게 확인할 수 있는지 알고 있어야 한다. class문은 속성이나 메서드 정의를 찾기 가장 쉬운 위치다. 믹스인과 기반 클래스는 클래스 본문에 비해 조금 덜 분명하다. 기반 클래스명은 역할이 분명히 드러나는 이름으로 정말 필요한 용어로만 명명하는 것이 좋다. 예를 들어 현실 세계의 객체 이름을 따 기반 클래스를 명명한다.

클래스에 장식자를 적용하면 기능이 모호해질 수 있다. 소수의 기능에만 집중해야 장식자의 역할이 분명해진다. 애플리케이션의 어떤 면이 일반적인 장식자와 부합하더라도 겉으로 잘 보이지 않으면 테스트, 디버깅, 유지 보수가 어렵다.

믹스인 클래스는 일반적으로 클래스에 인터페이스나 동작을 추가로 정의한다. 어떻게 믹스인 클래스가 최종 클래스 정의를 만드는지 명확해야 한다. 이때 docstring 클래스가 중요한데, 다양한 요소로 적절한 클래스를 조합하는 법을 보이려면 전체 docstring 모듈도 중요하다.

class문을 작성할 때 반드시 믹스인 클래스를 맨 앞에, 필수 상위 클래스를 맨 뒤에 나열한다. 이는 이름을 결정하는 검색 순서다. 마지막에 나열된 클래스가 가장 기본인 is-a 클래스를 정의하는 클래스다. 리스트의 마지막 클래스는 그 클래스가 무엇인지 정의한다. 첫 번째 클래스명은 그 클래스가 무엇을 하는지 정의한다. 믹스인으로 이러한 기반 동작을 오버라이딩하거나 확장한다.

이어지는 절에서는 관점 지향 프로그래밍을 다룬다.

관점 지향 프로그래밍

관점 지향 프로그래밍^{AOP, Aspect-Oriented Programming}은 파이썬에서 장식자로 구현된다. 이 절에서는 몇 가지 관점 지향 개념을 활용해 파이썬에서 장식자와 믹스인을 사용하는 목적을 보이고자 한다. 횡단 관심사^{cross-cutting concern}의 기본 개념이 바로 관점 지향 프로그래밍이다. 최신 정보는 위키피디아 페이지(http://en.wikipedia.org/wiki/Cross-cutting_concern)에 업데이트되고 있고, 예전 정보는 https://web.archive.org/web/20150919015041/http://www.aosd.net/wiki/index.php?title=Glossary를 참고한다. 스프링 프레임워크도 몇 가지 아이디어를 제공하니 https://docs.spring.io/spring-python/1.2.x/sphinx/html/aop.html을 참고하자. 횡단 관심사는 일반적으로 다음과 같다.

- **로깅**^{Logging}: 다수의 클래스에 로깅 기능을 일관되게 구현해야 한다. 일관되게 로거를 명명하고 로깅 이벤트는 일관된 방식으로 클래스 구조를 따라야 한다.

- **감사 가능성**^{Auditability}: 로깅을 변형해 감사 추적을 제공하는 기능으로서 가변 객체의 각 변경 사항을 보여준다. 여러 상용 애플리케이션에서 트랜잭션이란 청구서나 결재를 나타내는 업무 기록이다. 처리 중에 오류가 발생하지 않았음을 보이려면 업무 기록을 처리하는 매 단계를 감사할 수 있어야 한다.

- **보안**^{Security}: 애플리케이션의 각 HTTP 요청과 웹사이트에서 다운로드한 각 콘텐츠에는 보안과 관련된 측면이 있다. 즉 요청 권한이 있는 인증된 사용자의 요청인지 확인해야 한다. 쿠키와 보안 소켓, 다양한 암호 기법을 일관되게 사용해서 전체 웹 애플리케이션의 보안을 유지해야 한다.

어떤 언어와 도구는 공식적으로 깊이 있게 관점 지향 프로그래밍을 지원한다. 파이썬은 몇 가지 개념을 차용한다. 아래 두 요소가 파이썬다운 관점 지향 프로그래밍 방식이다.

- **장식자**^{Decorators}: 장식자를 사용해 함수의 두 간단한 결합점^{join point} 중 하나에서 일관된 관점을 구현한다. 즉, 기존 함수의 앞이나 뒤에서 관점 처리를 수행한다. 함수 코드 안쪽에서는 결합점을 찾기 쉽지 않다. 기능을 추가로 넣어 래핑함으로써 장식자로 함수나 메서드를 변환하는 방식이 가장 쉽다.

- **믹스인**Mixins: 믹스인을 사용해 여러 클래스 계층 구조에 존재하는 클래스를 정의한다. 믹스인 클래스를 기반 클래스로 사용하면 횡단 관심사를 일관되게 구현할 수 있다. 믹스인 클래스로는 유의미한 인스턴스를 만들 수 없으므로 일반적으로 추상화로 간주한다.

이어지는 절에서는 내장 장식자를 어떻게 사용하는지 보이겠다.

내장 장식자 사용

파이썬 언어에는 몇 가지 내장 장식자가 있다. @property와 @classmethod, @staticmethod 장식자는 클래스 메서드를 표기히는 데 쓰인다. @property 장식자는 메서드함수를 디스크립터로 변환한다. 메서드함수에 적용된 @property 장식자는 함수를 객체 속성으로 바꾼다. 메서드에 적용된 프로퍼티 장식자도 setter와 deleter 프로퍼티를 생성할 때 사용할 수 있는 한 쌍의 프로퍼티를 추가로 생성한다. 4장에서 살펴봤었다.

@classmethod와 @staticmethod 장식자는 메서드함수를 클래스단 함수로 변환한다. 장식된 메서드는 객체가 아니라 클래스에 속한다. 정적 메서드에서는 클래스를 명시적으로 참조하지 않는다. 반면 클래스 메서드에서는 클래스가 메서드함수의 첫 번째 인자다. 다음은 @staticmethod와 @property 정의를 포함하는 클래스 예제다.

```python
class Angle(float):
    __slots__ = ("_degrees",)

    @staticmethod
    def from_radians(value: float) -> 'Angle':
        return Angle(180 * value / math.pi)

    def __init__(self, degrees: float) -> None:
        self._degrees = degrees

    @property
    def radians(self) -> float:
        return math.pi * self._degrees / 180
```

```
@property
def degrees(self) -> float:
  return self._degrees
```

위 클래스는 각도나 라디안으로 표현되는 Angle을 정의한다. 생성자에서 각도를 입력받는다. 하지만 클래스의 인스턴스를 내보내는 from_radians() 메서드함수도 정의했다. 이 함수는 __init__()처럼 기존 인스턴스 변수에 값을 할당하지 않는다. 클래스의 새 인스턴스를 생성할 뿐이다.

또한 프로퍼티로 장식한 degrees()와 radians() 메서드함수도 제공했다. 장식자는 내부적으로 디스크립터를 생성하므로 degrees나 radians라는 속성명으로 접근해 해당 메서드함수를 호출할 수 있다. 다음과 같이 static 메서드로 인스턴스를 생성한 후 property 메서드로 메서드함수에 접근한다.

```
>>> b = Angle.from_radians(.227)
>>> round(b.degrees, 1)
13.0
```

정적 메서드는 self 인스턴스 변수와 함께 쓰이지 않는다는 점에서 함수와 비슷하다. 문법적으로 클래스와 결합된다는 장점이 있다. angle_from_radians라는 함수를 사용하는 것보다는 Angle.from_radians를 사용하는 것이 더 편리하다. 이처럼 장식자를 사용하면 정확하고 일관되게 구현할 수 있다.

이제 표준 라이브러리 장식자를 어떻게 사용하는지 알아보자.

표준 라이브러리 장식자 사용

표준 라이브러리에는 장식자가 많다. contextlib과 functools, unittest, atexit, importlib, reprlib 같은 모듈에 쓰인 장식자는 횡단 관심사 소프트웨어 디자인의 좋은 예다.

한 가지 특별한 예로서 functools 라이브러리는 비교 연산자를 정의하는 total_ordering 장식자를 제공한다. 이 장식자는 __lt__(), __le__(), __gt__(), __ge__() 중 하나와 __eq__()를 써서 완벽한 비교 묶음을 생성한다.

카드 게임을 완벽히 정의하려면 우선 다음의 클래스가 필요하다.

```
from enum import Enum
class Suit(Enum):
    Clubs = "♣"
    Diamonds = "♦"
    Hearts = "♥"
    Spades = "♠"
```

위 클래스는 카드 게임의 스위트를 열거한 값을 제공한다.

다음은 두 가지 비교만 정의한 Card 클래스의 변형이다.

```
import functools

@functools.total_ordering
class CardTO:
    __slots__ = ("rank", "suit")

    def __init__(self, rank: int, suit: Suit) -> None:
        self.rank = rank
        self.suit = suit

    def __eq__(self, other: Any) -> bool:
        return self.rank == cast(CardTO, other).rank

    def __lt__(self, other: Any) -> bool:
        return self.rank < cast(CardTO, other).rank

    def __str__(self) -> str:
        return f"{self.rank:d}{self.suit:s}"
```

클래스단 장식자인 @functools.total_ordering으로 CardTO 클래스를 래핑했다. 이 장식자는 누락된 메서드함수를 생성해 모든 비교를 동작시킨다. 몇 가지 연산자를 조합해 나머지 연산을 도출한다. 두 가지 연산에서 논리적으로 도출할 수 있는 어떤 형태의 동등 (또는 부등) 테스트와 순서 테스트, 나머지 연산을 제공할 수 있다는 개념이다.

예제에서는 <와 =를 제공했다. 나머지 연산은 다음과 같이 도출할 수 있다.

$$a < b : \textbf{given}$$
$$a = b : \textbf{given}$$
$$a \leq b \equiv (a < b) \vee (a = b)$$
$$a > b \equiv \neg(a < b) \wedge \neg(a = b)$$
$$a \geq b \equiv \neg(a < b)$$
$$a \neq b \equiv \neg(a = b)$$

정의한 연산자는 둘뿐이지만 위 클래스를 사용하면 모든 비교 연산자로 비교하는 객체를 생성할 수 있다.

```
>>> c1 = Card( 3, '♠' )
>>> c2 = Card( 3, '♥' )
>>> c1 == c2
True
>>> c1 < c2
False
>>> c1 <= c2
True
>>> c1 >= c2
True
```

위 인터랙션은 원래 클래스에 정의하지 않은 비교도 수행함을 보여준다. 장식자는 필요한 메서드함수를 원래 클래스 정의에 추가한다.

이어지는 절에서는 표준 라이브러리 믹스인 클래스를 어떻게 사용하는지 알아보자.

표준 라이브러리 믹스인 클래스 사용

표준 라이브러리에서는 믹스인 클래스 정의를 이용한다. 몇 가지 사례를 io와 socketserver, urllib.request, contextlib, collections.abc 모듈에서 찾아볼 수 있다. 다음 절에서 enum 모듈의 Enum 클래스 기능을 믹싱하는 예제를 보이겠다.

collections.abc 추상 기반 클래스를 기반으로 사용자 컬렉션을 정의할 때 믹스인을 이용해 횡단 관심사 컨테이너를 일관되게 정의할 수 있다. 최상단 컬렉션(Set과 Sequence, Mapping)은 모두 다수의 믹스인으로 만들어진다. 파이썬 표준 라이브러리 8.4절을 꼭 읽어보자. 조각들로 전체 구조를 맞춰 가는 과정에서 어떻게 믹스인으로 기능을 만드는지 볼 수 있다.

한 줄짜리 Sequence 요약을 보면 Sequence는 Sized와 Iterable, Container로부터 상속받는다. 이러한 믹스인 클래스는 __contains__()와 __iter__(), __reversed__(), __index__(), __count__() 메서드를 모두 포함한다.

list 클래스의 마지막 동작에는 믹스인 정의에 나오는 각 관점들이 섞여 있다. 기본적으로 list 클래스는 수많은 프로토콜이 추가된 Container다.

이어지는 절에서는 믹스인 클래스로 된 enum을 어떻게 사용하는지 알아보자.

믹스인 클래스로 enum 사용

enum 모듈은 Enum 클래스를 제공한다. 카드 게임의 스위트 4개를 열거할 때처럼 흔히 이 클래스로 열거형 값의 도메인을 정의한다.

열거형 타입은 두 가지 요소로 이뤄진다.

- **멤버 이름**: 멤버 이름은 열거형 값에 사용하는 적절한 파이썬 식별자다.

- **멤버 값**: 멤버 값은 어떤 파이썬 객체든 될 수 있다.

앞서 본 몇몇 예제에서는 열거형 멤버 정의를 단순화시켰다. 다음은 전형적인 클래스 정의다.

```
from enum import Enum
class Suit(Enum):
  Clubs = "♣"
```

```
    Diamonds = "♦"
    Hearts = "♥"
    Spades = "♠"
```

멤버는 총 4개다. Suit.Clubs로 특정 문자열을 참조할 수 있다. 또한 list(Suit)로 열거형 멤버 리스트를 생성할 수도 있다.

기반 Enum 클래스는 클래스에 속할 멤버 이름이나 값을 제한한다. 믹스인 클래스를 정의하면 이 정의가 좁혀진다. 구체적으로 말해 Enum 클래스에 데이터 타입 외에 추가적인 기능 정의까지 들어간다.

일반적으로 내부 열거형 멤버 값을 더 풍부하게 정의하려 한다. 다음 예제는 str과 Enum을 믹싱한다.

```
class Suit(str, Enum):
  Clubs = "♣"
  Diamonds = "♦"
  Hearts = "♥"
  Spades = "♠"
```

기반 클래스는 Enum이다. 각 멤버는 str 클래스의 기능을 사용할 수 있다. 정의하는 순서가 중요한데, 믹스인을 가장 먼저 나열하고 기반 클래스를 가장 나중에 나열한다.

str을 믹스인하면 각 멤버의 내부 value를 명시적으로 참조하지 않고도 멤버 자체에서 모든 문자열 메서드를 제공할 수 있다. 예를 들어 Suits.Clubs.center(5)는 문자열을 길이 5로 가운데 정렬한 문자열 값을 내보낸다.

Enum에 추가 기능을 넣을 수도 있다. 다음 예제는 클래스단 기능을 넣어 값을 열거한다.

```
class EnumDomain:
  @classmethod
  def domain(cls: Type) -> List[str]:
    return [m.value for m in cls]

class SuitD(str, EnumDomain, Enum):
  Clubs = "♣"
```

```
    Diamonds = "♦"
    Hearts = "♥"
    Spades = "♠"
```

위 클래스에 추가된 믹스인 프로토콜은 두 가지다.

- 각 멤버마다 str 메서드가 직접 적용된다.

- 클래스에도 오로지 값만 내보내는 domain() 메서드가 있다. SuitD.domain()으로 멤버
  와 연관 있는 문자열 값 리스트를 얻을 수 있다.

이러한 믹스인 기법은 별개의 관점들로부터 복잡한 클래스 정의를 생성할 수 있도록 기
능을 하나로 모아준다.

믹스인으로 쓰일 만큼 충분히 일반적인 클래스를 생성하기란 쉽지 않다. 한 가지 방법
은 여러 클래스에 중복으로 복사해서 붙여 넣기된 코드를 찾는 것이다. 중복 코드가
있다는 것은 중복을 리팩터링하고 제거하는 믹스인이 가능하다는 뜻이다.

이어지는 절에서는 간단한 함수 장식자를 어떻게 작성하는지 알아보자.

⠿ 간단한 함수 장식자 작성

decorator는 인자로 함수를 받아 새로운 함수를 반환하는 함수(또는 콜러블 객체)다. 장식한 결
과는 래핑된 함수다. 일반적으로 실제 인자값을 변환하거나 결괏값을 변환하는 식으로
래핑 요소를 추가해 원래 기능을 감싼다. 이 둘은 함수에서 쉽게 사용할 수 있는 결합점
join point이다.

장식자를 사용할 때 장식한 결과함수에 원래 함수의 이름과 docstring을 그대로 남기고
싶다. 이러한 세부 사항은 장식자가 대신해서 처리한다. functools.wraps로 새 장식자를

작성하면 이러한 작업을 대신해주므로 작업이 간단해진다.

또한 장식자의 매개변수와 반환값이 기본적으로 Callable 타입이다보니 장식자의 타입
힌트가 헷갈릴 수 있다. 콜러블 객체나 어떤 함수 변형이든 받아들이도록 상한 타입 정
의인 F로 타입을 정의해야 정말 일반적인 장식자가 된다.

함수의 매개변수와 반환값을 로깅하는 디버그 추적 장식자를 생성해 기능을 삽입할 수
있는 두 지점을 보이겠다. 이 장식자는 호출할 함수 앞뒤에 기능을 넣는다. 미리 정의된
함수인 some_function을 래핑해보자. 코드가 실제로 다음처럼 동작했으면 좋겠다.

```
logging.debug("function(%r, %r)", args, kw)
result = some_function(*args, **kw)
logging.debug("result = %r", result)
```

위 코드는 새로운 로그 작성법으로 원래의 some_function() 함수를 래핑한다.

다음은 함수 실행 전후에 로깅이 들어간 디버그 장식자다.

```
import logging, sys
import functools
from typing import Callable, TypeVar

FuncType = Callable[..., Any]
F = TypeVar('F', bound=FuncType)

def debug(function: F) -> F:
  @functools.wraps(function)
  def logged_function(*args, **kw):
    logging.debug("%s(%r, %r)", function.__name__, args, kw)
    result = function(*args, **kw)
    logging.debug("%s = %r", function.__name__, result)
    return result

  return cast(F, logged_function)
```

원래의 함수명과 docstring이 결과함수의 속성으로 그대로 남게 @functools.wraps 장식
자를 사용했다. debug() 장식자가 반환하는 결과함수가 logged_function() 정의다. 내부

적으로 logged_function()은 로깅을 수행한 후 장식한 함수인 function을 호출하고, 장식한 함수의 결과를 반환하기 전에 또 다른 로깅을 수행한다. 인자값이나 결과 변환은 수행하지 않는다.

로거를 처리할 때 f 문자열f-string은 좋은 방법이 아니다. f 문자열은 개개 값을 제공하기 때문에 로깅 필터가 민감한 로그에서 항목을 삭제하거나 배제하는 데 쓰인다.

@debug 장식자로 자세한 디버깅 로그를 생성할 수 있다. 예를 들어 다음과 같이 함수 ackermann()에 @debug 장식자를 적용한다.

```
@debug
def ackermann(m: int, n: int) -> int:
  if m == 0:
    return n + 1
  elif m > 0 and n == 0:
    return ackermann(m - 1, 1)
  elif m > 0 and n > 0:
    return ackermann(m - 1, ackermann(m, n - 1))
  else
    raise Exception(f"Design Error: {vars()}")
```

로깅 모듈이 root 로거에 작성한 디버깅 정보로 ackermann() 함수를 래핑하고 있다. 함수 정의는 건드리지 않았다. @debug 장식자는 별도의 관점으로 로깅 처리를 삽입한다.

다음과 같이 로거를 설정한다.

```
logging.basicConfig(stream=sys.stderr, level=logging.DEBUG)
```

로깅은 16장에서 다시 자세히 다룬다. ackermann(2,4)를 실행하면 다음과 같은 결과가 나온다.

```
DEBUG:root:ackermann((2, 4), {})
DEBUG:root:ackermann((2, 3), {})
DEBUG:root:ackermann((2, 2), {})
  .
  .
```

```
                .
DEBUG:root:ackermann((0, 10), {})
DEBUG:root:ackermann = 11
DEBUG:root:ackermann = 11
DEBUG:root:ackermann = 11
```

이어지는 절에서는 별도의 로거를 생성하는 법을 알아본다.

별도 로거 생성

로깅 최적화의 하나로 이러한 디버깅 출력에 루트 로거를 남용하지 말고, 래핑된 각 함
수에 특정 로거를 사용해보자. 로거는 16장에서 다시 설명한다.

다음은 각 함수마다 별도의 로거를 생성하는 장식자 예제다.

```python
def debug2(function: F) -> F:
  log = logging.getLogger(function.__name__)

  @functools.wraps(function)
  def logged_function(*args, **kw):
    log.debug("call(%r, %r)", args, kw)
    result = function(*args, **kw)
    log.debug("result = %r", result)
    return result

  return cast(F, logged_function)
```

위 장식자를 사용하면 출력이 다음과 같이 바뀐다.

```
DEBUG:ackermann:call((2, 4), {})
DEBUG:ackermann:call((2, 3), {})
DEBUG:ackermann:call((2, 2), {})
 .
 .
 .
DEBUG:ackermann:call((0, 10), {})
```

```
DEBUG:ackermann:result = 11
DEBUG:ackermann:result = 11
DEBUG:ackermann:result = 11
```

이제 함수명이 로거명이다. 로거명을 써서 디버깅 출력을 세밀하게 조정할 수 있다. 또한 모든 함수의 디버깅을 활성화하는 대신 개개 함수의 로깅을 활성화할 수 있다.

물론 장식자는 변경할 수 없고, 장식된 함수도 변경할 수 없다. 장식자를 바꾸면 변경된 장식자를 함수에 적용해야 한다. 다시 말해 대화형 프롬프트인 >>>에서는 장식자에 대해 디버깅과 실험을 할 수 없다.

장식자를 개발하려면 장식자를 정의해 예제함수에 적용하는 스크립트를 생성하고 반복 실행해야 한다. 스크립트가 예상대로 동작하는지 확인하는 테스트나 검증을 포함하기도 한다.

이제 장식자를 어떻게 매개변수화하는지 알아보자.

⠿ 장식자 매개변수화

장식자에 매개변수가 필요할 때가 있다. 래핑함수를 맞춤화하기 위해서다. 이때 장식은 두 단계로 처리된다.

다음 코드처럼 매개변수를 갖는 장식자를 함수 정의에 제공한다.

```
@decorator(arg)
def func( ):
  pass
```

구현은 다음과 같다.

```
def func( ):
  pass
func = decorator(arg)(func)
```

다음 세 가지를 수행했다.

- func 함수 정의

- 추상 장식자에 인자를 넣어 구체 장식자인 decorator(arg) 생성

- 구체 장식자를 정의된 함수에 적용해 장식된 함수인 decorator(arg)(func) 생성

다음과 같이 구현되는 func = decorate(arg)(func)로 생각하면 이해하기 쉽다.

```
concrete = decorate(arg)
func = concrete(func)
```

즉 인자를 갖는 장식자는 최종 함수를 구성할 때 간접적으로 구현된다. 디버깅 장식자 예제를 다시 수정해보자. 다음과 같이 하고 싶다.

```
@debug("log_name")
def some_function( args ):
  pass
```

위와 같은 코드로 디버깅 출력을 기록할 로그명을 명시할 수 있다. 루트 로거를 사용하지 않고 각 함수별로 로거도 생성하지 않겠다는 의미이다.

매개변수를 갖는 장식자는 대략 다음과 같다.

```
def decorator(config) -> Callable[[F], F]:
  def concrete_decorator(function: F) -> F:
    def wrapped(*args, **kw):
      return function(*args, ** kw)
    return cast(F, wrapped)
  return concrete_decorator
```

예제로 살펴보기 전에 좀 더 깊이 알아보자. 장식자 정의(def decorator (config))는 장식자를 사용할 때 어떤 매개변수를 장식자에 제공해야 하는지 보여준다. 본문은 매개변수를 넣은 후 반환할 구체 장식자다. 구체 장식자(def concrete_decorator(function):)는 나중에 타깃 함

수에 적용된다. 구체 장식자는 이전 절에서 살펴봤던 간단한 함수 장식자와 비슷하다. 래핑된 함수(def wrapped(*args, **kw):)를 만들어 반환한다.

다음은 로거명을 명시해 디버깅하는 버전이다.

```
def debug_named(log_name: str) -> Callable[[F], F]:
  log = logging.getLogger(log_name)

  def concrete_decorator(function: F) -> F:

    @functools.wraps(function)
    def wrapped(*args, **kw):
      log.debug("%s(%r, %r)", function.__name__, args, kw)
      result = function(*args, **kw)
      log.debug("%s = %r", function.__name__, result)
      return result

    return cast(F, wrapped)

  return concrete_decorator
```

@debug_named 장식자는 사용할 로그명을 인자로 받는다. 그리고 장식자에 들어 있는 주어진 이름의 로거를 갖는 구체 장식자 함수를 생성해서 반환한다. 이 구체 장식자가 함수에 적용될 때 주어진 함수를 래핑해서 반환한다. 다음처럼 함수를 사용하면 장식자가 자세한 디버그 행을 추가한다.

다음은 주어진 함수의 출력으로 재귀recursion라는 로그를 생성하는 예제다.

```
@debug_named("recursion")
def ackermann3(m: int, n: int) -> int:
  if m == 0:
    return n + 1
  elif m > 0 and n == 0:
    return ackermann3(m - 1, 1)
  elif m > 0 and n > 0:
    return ackermann3(m - 1, ackermann3(m, n - 1))
  else:
    raise Exception(f"Design Error: {vars()}")
```

장식자는 주어진 ackermann3() 함수를 로깅 출력으로 래핑한다. 매개변수를 받는 장식자이므로 로거명을 제공할 수 있다. 장식자를 재사용해 몇 개의 함수든 하나의 로거로 넣으면서 애플리케이션에서 디버그 출력을 더 세밀하게 제어할 수 있다.

이제 메서드함수 장식자를 어떻게 생성하는지 알아보자.

메서드함수 장식자 생성

클래스 정의 내 메서드의 장식자는 독립형standalone 함수의 장식자와 동일하다. 사용하는 맥락이 다를 뿐, 다른 장식자와 똑같이 정의된다. 맥락이 달라 생기는 작은 차이는 메서드 장식자에 있는 self 변수를 대개 명시적으로 명명해야 한다는 점이다.

메서드 장식은 객체 상태 변경에 대한 감사 추적audit trail을 생성할 때 쓰인다. 비즈니스 애플리케이션은 주로 스테이트풀stateful 레코드를 생성하고, 이러한 레코드는 관계형 데이터베이스에서 보통 행row으로 표현된다. 객체 표현은 10장과 11장, 12장에서 다루겠다.

TIP

> 스테이트풀 레코드를 처리하려면 상태 변경을 감사 추적할 수 있어야 한다. 감사는 레코드를 적절히 변경했는지 확인하는 것이다. 감사를 수행하려면 각 레코드의 변경 전후 버전을 어딘가에 기록해야 한다. 스테이트풀 데이터베이스 레코드는 오랜 관례이지만 결코 필수는 아니다. 불변 데이터베이스 레코드로 디자인해도 된다.

스테이트풀 클래스로 디자인하면 모든 세터 메서드가 상태 변경을 일으킨다. 이때 객체의 변경을 추적하는 @audit 장식자를 넣어 변경을 정확하게 추적할 수 있다. logging 모듈로 감사 로그를 생성해보자. __repr__() 메서드함수로 텍스트 표현을 만들어서 변경을 확인하자.

다음은 감사 장식자다.

```
def audit(method: F) -> F:
```

```
        @functools.wraps(method)
        def wrapper(self, *args, **kw):
            template = "%s\n before %s\n after %s"
            audit_log = logging.getLogger("audit")
            before= repr(self) # 상태를 텍스트로 보관
            try:
                result = method(self, *args, **kw)
            except Exception as e:
                after = repr(self)
                audit_log.exception(template, method.__qualname__, before,
    after)
                raise
            after = repr(self)
            audit_log.info(template, method.__qualname__, before, after )
            return result

        return cast(F, wrapper)
```

객체 상태 할당 전후에 텍스트 메멘토를 생성하는 식으로 감사 추적이 동작한다. before 상태를 보관한 후 원래 메서드함수를 적용한다. 예외가 발생하면 예외 사항을 포함하는 감사 로그 항목을 만든다. 그렇지 않으면 메서드의 한정자, 객체의 before 메멘토와 after 메멘토를 INFO 항목에 작성한다.

위 장식자를 어떻게 사용하는지 보기 위해 Hand 클래스를 수정하겠다.

```
    class Hand:

        def __init__(self, *cards: CardDC) -> None:
            self._cards = list(cards)

        @audit
        def __iadd__(self, card: CardDC) -> "Hand":
            self._cards.append(card)
            self._cards.sort(key=lambda c: c.rank)
            return self

        def __repr__(self) -> str:
            cards= ", ".join(map(str, self._cards))
            return f"{self.__class__.__name__}({cards})"
```

__iadd__() 메서드함수에서 카드 추가 이벤트를 감사하도록 수정했다. 장식자는 연산 전후 Hand의 텍스트 메멘토를 저장하며 감사 연산을 수행한다.

이렇게 메서드 장식자를 사용함으로써 중요한 상태 변경을 일으키는 메서드함수임을 가시적으로 선언한다. 적절한 메서드함수에 감사 표식을 남겼는지 코드 리뷰에서 간단하게 확인할 수 있다.

상태 변경 외에 객체 생성을 감사할 때는 __init__() 메서드함수에 audit 장식자를 사용할 수 없다. __init__() 실행 전 상태가 없기 때문이다. 다음 두 가지 방법으로 해결한다.

- __new__() 메서드를 추가해 _cards 속성에 빈 컬렉션을 넣는다.

- audit() 장식자를 수정해 __init__() 수행 중에 AttributeError 발생을 허용한다.

두 번째 방법이 훨씬 더 유연하다. 다음과 같이 한다.

```
try:
    before = repr(self)
except AttributeError as e:
    before = repr(e)
```

초기화를 수행하며 before 상태에 대한 AttributeError: 'Hand' object has no attribute '_cards' 같은 메시지를 기록한다.

이어지는 절에서는 클래스 장식자를 어떻게 생성하는지 알아본다.

⫶⫶ 클래스 장식자 생성

함수를 장식하듯이 클래스 장식자를 작성해 클래스 정의에 기능을 추가할 수 있다. 기본 규칙은 동일하다. 장식자는 함수(또는 콜러블 객체)이고, 클래스 객체를 인자로 받아 클래스 객체를 결과로 반환한다.

클래스 정의 전체에 걸쳐 결합점join point 수는 한정돼 있다. 대개 클래스 장식자는 클래스 정의 안에 속성을 추가한다. 기술적으로는 원래 클래스의 정의를 래핑하는 새로운 클래스를 생성할 수 있으나 디자인 패턴으로서 별로 쓸모가 없어 보인다. 장식한 원래 클래스 정의의 하위 클래스로서 새 클래스를 생성하는 방법도 있다. 하지만 사용자가 이해하기 어렵다. 말도 안 되지만 클래스 정의에서 기능을 제거할 수도 있다.

정교한 클래스 장식자를 앞서 살펴봤다. functools.Total_Ordering 장식자는 클래스 정의에 여러 새 메서드함수를 넣는다. 람다 객체를 생성해서 클래스 속성에 할당하는 기법으로 구현된다.

전반적으로 속성 추가는 mypy 타입 힌트 검사에서 자주 문제를 일으킨다. 장식자 내 클래스에 속성을 추가하면 근본적으로 mypy에게 보이지 않기 때문이다.

객체 생성을 디버깅하는 예제를 생각해보자. 각 클래스마다 고유한 로거를 두기 마련이다.

대개 다음과 같이 해야 한다.

```python
class UglyClass1:

    def __init__(self) -> None:
        self.logger = logging.getLogger(self.__class__.__qualname__)
        self.logger.info("New thing")

    def method(self, *args: Any) -> int:
        self.logger.info("method %r", args)
        return 42
```

위 클래스의 단점은 실제 클래스 연산에 속하지도 않는 클래스와 별개 관점인 logger 인스턴스 변수를 생성한다는 점이다. 이 추가 관점으로 클래스를 망치고 싶지 않다. logging.getLogger()는 매우 효율적이지만 비용이 든다. UglyClass1의 인스턴스를 생성할 때마다 드는 이러한 추가 오버헤드를 없애고 싶다.

조금 더 나은 버전을 살펴보자. 다음 예제에서는 로거를 클래스단 인스턴스 변수로 올려 클래스의 각 객체와 분리했다.

```python
class UglyClass2:
  logger = logging.getLogger("UglyClass2")

  def __init__(self) -> None:
    self.logger.info("New thing")

  def method(self, *args: Any) -> int:
    self.logger.info("method %r", args)
    return 42
```

위 클래스의 장점은 logging.getLogger()를 한 번만 구현한다는 점이다. 하지만 심각한 중복 금지^{DRY, Don't Repeat Yourself} 문제가 발생한다. 클래스 정의 안에서는 자동으로 클래스명을 할당할 수 없다. 클래스가 아직 생성되지 않았으니 이름을 반복해야 한다.

작은 장식자 하나로 중복 배제 문제를 부분적으로 해결할 수 있다.

```python
def logged(class_: Type) -> Type:
  class_.logger= logging.getLogger(class_.__qualname__)
  return class_
```

위 장식자는 클래스 정의를 수정해 logger 참조를 클래스단 속성으로 추가한다. 이제 각 메서드는 self.logger를 사용해 감사나 디버그 정보를 생성할 수 있다. 이 기능을 사용하려면 클래스 전체에 @logged 장식자를 사용한다.

이렇게 하면 mypy에서 심각한 문제가 발생한다. 장식자보다는 믹스인으로 해결하는 편이 더 쉽다.

클래스 장식자에 대해 계속 설명하겠다. 다음 예제는 logged로 장식한 SomeClass 클래스다.

```python
@logged
class SomeClass:

  def __init__(self) -> None:
    self.logger.info("New thing")   # mypy 오류
```

```
    def method(self, *args: Any) -> int:
        self.logger.info("method %r", args)   # mypy 오류
        return 42
```

logged 장식자는 클래스에 어떤 메서드에서든 사용할 수 있는 logger 속성을 추가한다. logger 속성은 개개 인스턴스의 기능이 아니라 클래스 전체의 기능이다. 또한 모듈 임포트 중에 로거 인스턴스를 생성하므로 로깅 오버헤드가 약간 줄어든다는 이점도 있다. 인스턴스를 생성할 때마다 logging.getLogger()를 실행했던 UglyClass1과 비교해보자.

mypy 오류를 보고할 두 행에 주석을 달았다. 타입 힌트는 장식자로 넣은 속성이 또 다른 속성으로 감지될 만큼 강력한지 아닌지 검사한다. 장식자로는 mypy가 알 수 있는 속성을 생성하기 어렵다. 다음과 같이 믹스인을 사용하는 편이 낫다.

```
class LoggedWithHook:
    def __init_subclass__(cls, name=None):
        cls.logger = logging.getLogger(name or cls.__qualname__)
```

위 믹스인 클래스는 __init_subclass__() 메서드로 클래스 정의에 속성을 추가한다. 이렇게 하면 mypy가 logger 속성을 알 수 있다. 매개변수로 이름이 제공되면 그 이름을, 아니면 하위 클래스명을 로거명으로 사용한다. 다음은 이러한 믹스인을 사용하는 클래스 예제다.

```
class SomeClass4(LoggedWithHook):

    def __init__(self) -> None:
        self.logger.info("New thing")

    def method(self, *args: Any) -> int:
        self.logger.info("method %r", args)
        return 42
```

위 클래스는 클래스가 생성될 때 로거가 만들어진다. 클래스의 모든 인스턴스가 이 로거를 공유한다. 또한 추가된 속성을 mypy가 알 수 있다. 대부분의 평범한 애플리케이션

프로그래밍에서 클래스단 장식자는 찾아보기 힘들다. 대부분 __init_subclass__() 메서드로 대신 할 수 있다.

@dataclasses.dataclass 장식자 같은 일부 복잡한 프레임워크에서는 기존 스캐폴딩으로부터 클래스를 확장하기도 한다. mypy가 사용하는 속성에 이름을 부여할 때 쓰는 코드가 특이하다.

이어지는 절에서는 클래스에 메서드를 추가하는 법을 알아보겠다.

⠿ 클래스에 메서드 추가

클래스 장식자는 새 메서드함수를 생성할 때 두 단계를 거친다. 먼저 메서드함수를 생성하고, 이후 클래스 정의에 삽입한다. 메서드함수는 장식자보다 믹스인 클래스로 생성하는 편이 더 낫다. 믹스인의 가장 명백한 용도가 메서드 삽입이기 때문이다. 장식자로 메서드를 삽입하면 모호할 뿐더러 코드 어디에 클래스 메서드가 정의됐는지 찾느라 애를 먹는다.

Total_Ordering 장식자 예제에서 삽입했던 메서드함수는 유연했고, 제공받은 대로 동작했다. 어려움 없이 코드가 읽히는 특별한 경우였다.

이번에는 객체의 텍스트 메멘토^memento를 생성해 객체 상태의 스냅샷을 생성하는 기법을 살펴보겠다. memento() 메서드를 표준화해서 구현하겠다. 이 표준 메서드함수를 다양한 클래스에 포함시키기 위해서다. 먼저 장식자 구현을 살펴본다. 그후 믹스인으로 디자인한 버전을 살펴본다.

먼저 장식자를 사용해 표준화한 memento() 메서드를 추가해보자.

```python
def memento(class_: Type) -> Type:

    def memento_method(self):
        return f"{self.__class__.__qualname__}(**{vars(self)!r})"

    class_.memento = memento_method
    return class_
```

위 장식자는 클래스에 삽입될 메서드함수를 정의한다. vars(self)는 인스턴스의 내부 __dict__ 속성에 들어 있는 인스턴스 변수들을 가져온다. 이 표현식으로 출력 문자열 값에 포함될 딕셔너리가 만들어진다.

다음은 @memento 장식자를 사용해 memento() 메서드함수를 클래스에 추가하는 코드다.

```
@memento
class StatefulClass:

  def __init__(self, value: Any) -> None:
    self.value = value

  def __repr__(self) -> str:
    return f"{self.value}"
```

@memento 장식자는 새 메서드인 memento()를 장식한 클래스에 포함시킨다. Stateful Class 클래스를 다음과 같이 사용해 객체 상태를 요약하는 메멘토를 가져온다.

```
>>> st = StatefulClass(2.7)
>>> print(st.memento())
StatefulClass(**{'value': 2.7})
```

하지만 위 구현에는 다음과 같은 단점이 있다.

- 특수한 경우를 처리해야 할 때 memento() 메서드함수 구현을 오버라이딩할 수 없다. 정의 후에 클래스에 삽입되기 때문이다.

- 장식자 함수는 확장하기 어렵다. 확장하면 아주 복잡한 memento() 메서드가 되거나 플러그인 기능까지 포함하는 다루기 불편한 디자인이 될 수 있다.

그래서 믹스인 클래스를 사용한다. 믹스인 클래스는 다양하게 맞춤화할 수 있다. 믹스인 클래스로 표준화한 메서드를 추가해보자.

```
class Memento:
```

```
    def memento(self) -> str:
      return (
        f"{self.__class__.__qualname__}"
        f"(**{vars(self)!r})"
      )
```

위 믹스인 클래스를 사용해 다음과 같이 애플리케이션 클래스를 정의한다.

```
class StatefulClass2(Memento):

  def __init__(self, value):
    self.value = value

  def __repr__(self):
    return f"{self.value}"
```

믹스인은 새 메서드인 memento()를 제공한다. 모두가 기대하는 전형적인 믹스인의 용도다. Memento 믹스인 클래스를 확장해 기능을 추가하기도 쉽다. 또한 memento() 메서드 함수를 오버라이딩해서 특수한 경우를 처리할 수도 있다.

이제 장식자를 보안에 어떻게 활용하는지 알아보자.

⠿ 장식자를 사용한 보안

소프트웨어는 횡단 관심사, 즉 여러 클래스 계층 구조에 걸쳐 일관되게 구현해야 하는 관점으로 가득하다. 횡단 관심사에는 클래스 계층 구조를 만들지 말아야 한다. 앞서 로깅과 감사 같은 예제를 살펴봤다.

로그를 남겨야 하는 클래스가 항상 Loggable 상위 클래스만의 하위 클래스일 수는 없다. Loggable 믹스인이나 @loggable 장식자로 디자인하는 편이 훨씬 간단하다. 이렇게 해야 올바른 상속 계층 구조가 유지돼 다형성을 올바르게 디자인할 수 있다.

몇 가지 중요한 횡단 관심사는 주로 보안에 관련된다. 웹 애플리케이션에는 다음과 같은 두 가지 보안 관점이 있다.

- **인증**^{Authentication}: 누가 요청하는지 아는가?

- **승인**^{Authorization}: 인증된 사용자의 요청을 허용하는가?

일부 웹 프레임워크에서는 요청 핸들러를 보안 요구 사항으로 장식한다. 예를 들어 장고^{Django} 프레임워크에는 뷰 함수나 뷰 클래스에 대한 보안 요구 사항을 명시할 수 있는 장식자가 많다.

다음은 몇 가지 장식자다.

- user_passes_test: 매우 일반화된 장식자이며 나머지 두 장식자를 만드는 데 쓰이는 로우 레벨 장식자다. 테스트함수를 포함해야 하고, 요청을 던진 로그인한 User 객체는 이 함수를 반드시 통과해야 한다. 테스트를 통과하지 못한 User 인스턴스는 로그인 페이지로 리다이렉트되며, 사용자는 요청에 필요한 자격증명^{credential}을 제공해야 한다.

- login_required: user_passes_test에 기반을 둔 장식자다. 로그인한 사용자가 인증됐는지 확인한다. 사이트에 접근하는 모든 사용자에게 적용되는 웹 요청에 쓰인다. 비밀번호 변경이나 로그아웃 같은 요청에 특정 권한을 요구해서는 안 된다.

- permission_required: 장고 내부에 정의된 데이터베이스 권한 스키마를 처리한다. 로그인한 사용자(또는 사용자 그룹)가 주어진 권한을 가졌는지 확인한다. 특정 관리 권한이 있어야 요청할 수 있는 웹 요청에 쓰인다.

다른 패키지나 프레임워크도 웹 애플리케이션의 횡단 관심사를 표현하는 방식을 지원한다. 대부분의 웹 애플리케이션은 훨씬 더 엄격한 보안 요구 사항을 요한다. 계약 조건에 따라 사용자 기능을 선택적으로 해제할 수 있는 웹 애플리케이션이 필요할 수도 있다. 기능 해제에 요금이 들 수도 있다. 이때 다음과 같은 테스트를 디자인해야 한다.

```
def user_has_feature(feature_name):
  def has_feature(user):
    return feature_name in (f.name for f in user.feature_set())
  return user_passes_test(has_feature)
```

위 장식자는 장고의 user_passes_test() 장식자에 특정 기능 테스트를 추가해 맞춤화한다. has_feature() 함수는 각 user 객체의 feature_set() 값을 확인한다. 이는 장고에 내장된 기능이 아니다. feature_set() 메서드는 장고 User 클래스 정의에 추가된 확장이다. 즉 애플리케이션에서 장고의 정의를 확장해 기능을 추가로 정의하는 것이다.

feature_set() 함수는 명명된 기능이 현재 User 인스턴스의 feature_set() 결과와 관련이 있는지 확인한다. 장고의 user_passes_test 장식자에 has_feature() 함수를 함께 사용해 관련된 view 함수들에 적용할 수 있는 새 장식자를 생성했다.

이제 다음과 같이 view 함수를 생성할 수 있다.

```
@user_has_feature('special_bonus')
def bonus_view(request):
    pass
```

위 방법으로 보안 관심사를 다수의 view 함수에 일관되게 적용할 수 있다.

⫶ 요약

장식자를 사용해 함수과 클래스 정의를 수정해봤다. 커다란 클래스를 서로 연관된 요소로 분해하는 믹스인도 알아봤다.

두 기법 모두 애플리케이션에 특정된 기능과 보안, 감사, 로깅처럼 일반적 기능을 분리한다는 개념이다. 즉, 클래스로부터 상속받은 기능과 상속받지 않은 추가적 관심사 관점을 구분한다. 상속받은 기능은 명시적 디자인에 속한다. 상속 계층 구조에 속하면서 객체가 무엇인지 정의한다. 다른 관점들은 믹스인이나 장식자로 표현할 수 있다. 두 기법은 객체가 동작하는 다른 방법을 정의한다.

대부분의 경우 is-a와 acts-as는 분명하게 구분된다. 상속받은 기능은 전체 문제 도메인에 속한다. 블랙잭 게임을 시뮬레이션할 때 카드와 핸즈, 베팅, 히팅, 스탠딩 등은 당연히 문제 도메인에 속한다. 데이터 컬렉션과 배당금 통계 분석은 해법에 속한다. 로깅과 디버깅, 감사와 같은 다른 기능은 문제 도메인에 속하지 않는다. 이러한 관점들은 해결 기술과 관련이 있다.

이처럼 대부분은 상당히 분명하지만, 상속받은 관점과 장식자를 적용할 관점은 명확히 구분하기 어려울 수 있다. 때로는 심미적 판단에 맡기기도 한다. 일반적으로 프레임워크와 인프라 클래스를 작성하는 경우에는 특정 문제에 국한되지 않기 때문에 결정하기 어렵다. 훌륭한 디자인을 만드는 일반적 전략은 다음과 같다.

- 문제의 핵심이 되는 관점은 직접 클래스 정의로 만든다. 많은 클래스가 문제 도메인에 나오는 명사와 동사에 기반한다. 이러한 클래스는 간단한 계층 구조를 형성하며, 데이터 객체 간 다형성이 실세계 객체에 비해 예상대로 동작한다.

- 부수적인 관점은 믹스인 클래스 정의로 만든다. 본질적인 문제 해결보다는 소프트웨어 운영과 관련된 측면들이다.

믹스인을 포함하는 클래스를 다차원적^{multidimensional}이라고 말한다. 독립된 축이 둘 이상이며, 관점은 수직으로 교차하는 디자인 고려 사항에 속한다. 독립된 믹스인을 정의할 때 독립된 상속 계층 구조가 있을 수 있다. 카지노 게임 시뮬레이션에는 게임 규칙과 베팅 전략이라는 두 관점이 있다. 이 둘은 수직으로 교차하는 고려 사항이다. 최종 플레이어 시뮬레이션 클래스는 양 클래스 계층 구조를 믹스인하는 요소를 포함해야 한다.

장식자의 타입 힌트는 상당히 복잡할 수 있다. 일반적인 경우라면 장식자는 대부분 인자가 Callable이고 결과가 Callable인 함수로 요약된다. 콜러블인 인자와 결과를 더 구체적으로 나타낼수록 타입 힌트가 복잡해진다. Callable 인자와 Callable 결과를 나란히 맞추는 방법을 보이기 위해 보통 타입 변수를 포함하기 때문이다. 장식자에서 매개변수나 결과를 수정함으로써 장식한 함수의 서명을 바꾸면 타입 힌트가 아주 복잡해질 수 있다.

앞서 언급했듯이 객체지향 프로그래밍에는 다양한 디자인 전략이 있다.

- **조합**: 한 클래스를 또 다른 클래스로 래핑^{wrapping}해서 기능을 넣는다. 내부적으로 다양한 관점을 조합해야 할 수 있다. 믹스인 클래스로 기능을 추가할 수도, 장식자로 추

가할 수도 있다.

- **확장**: 일반적인 상속을 말한다. 클래스 정의 간 is-a 관계가 명확할 때 적절한 방법이다. 상위 클래스가 하위 클래스 항목을 보편적으로 일반화할 때 가장 잘 동작한다. 일반적인 상속 기법이 잘 통한다.

이제부터는 주제가 바뀐다. 지금까지는 대부분의 파이썬 스페셜 메서드를 알아봤다. 이어지는 5개 장에서는 객체 지속성과 직렬화에 초점을 맞춘다. JSON, YAML, Pickle, CSV, XML 등 다양한 외부 표기법으로 객체를 직렬화하고 저장하는 방법부터 시작하겠다.

직렬화와 지속성은 더욱 객체지향적인 디자인 고려 사항을 클래스에 도입한다. 객체 관계와 관계를 표현하는 방법도 알아본다. 또한 객체 직렬화와 직렬화 파싱의 비용 복잡도를 살펴보고, 신뢰할 수 없는 소스로부터 받은 객체 직렬화 파싱과 관련된 보안 이슈도 다룬다.

2부

객체 직렬화와 지속성

지금까지 지속 객체persistent object는 저장 매체로 직렬화했다. JSON으로 변환하거나 파일시스템에 기록했다. 객체 관계 관리ORM, object-relational management 계층에서 객체를 데이터베이스에 저장하기도 한다.

2부에서 다룰 내용은 다음과 같다.

- 10장, 직렬화와 저장: JSON, YAML, Pickle, CSV, XML

- 11장, 셸브를 통한 객체 저장과 추출

- 12장, SQLite를 통한 객체 저장과 추출

- 13장, 객체 전송과 공유

- 14장, 설정 파일과 지속성

10

직렬화와 저장: JSON, YAML, Pickle, CSV, XML

파이썬 객체를 지속시키려면 바이트로 변환해 파일에 써야 한다. 이러한 변환을 직렬화^{serialization}라 부른다. 마샬링^{marshaling}이나 디플레이팅^{deflating}, 인코딩^{encoding}이라고도 한다. 파이썬 객체를 바이트 스트림으로 변환하는 몇 가지 방법을 알아보겠다. 클래스와 메서드의 전체 정의, 상위 클래스와 분리해 객체 상태를 표현하는 데 집중하겠다.

직렬화 스키마는 물리 데이터 포맷$^{physical\ data\ format}$을 포함한다. 각 포맷마다 장단점이 있다. 객체 상태를 표현하는 가장 좋은 포맷은 없다. 간단한 재정렬이나 공백 사용 변경 같은 논리 데이터 포맷$^{logical\ data\ format}$과는 구분해야 한다. 레이아웃 변경이 객체 값은 바꾸지 않아도 적절하지 않게 바이트 시퀀스를 바꾼다. 예를 들어 CSV 물리 포맷에는 다양한 논리 레이아웃이 존재하는데, 나타내는 기본 데이터는 동일하다. 컬럼명을 고유하게 제공하면 컬럼의 순서는 중요하지 않다.

어떤 표현은 개개 객체의 컬렉션을 저장할 수 있는데 반해, 어떤 직렬화 표현은 단일 파이썬 객체를 표현하는 데 편향돼 있다. 단일 객체가 항목들의 list여도 여전히 단일 파이썬 객체다. 리스트 내 항목 중 하나를 업데이트하거나 교체하려면 전체 리스트를 역직렬화de-serialized한 후 다시 직렬화re-serialized해야 한다. 다수의 객체를 유연하게 처리해야 할 때는 11장, 12장, 13장에서 설명할 방식이 더 낫다.

대개 메모리에 들어가는 객체로 한정된다. 10장에서는 다음과 같은 직렬화 표현을 살펴본다.

- **JSON**JavaScript Object Notation: 널리 쓰이는 표현이다. 자세한 정보는 http://www.json.org를 참고한다. json 모듈은 데이터를 JSON 포맷으로 로드하고 덤프하는 클래스와 함수를 제공한다. 파이썬 표준 라이브러리의 '12절, 지속성' 대신 '19절, 인터넷 데이터 처리'를 살펴본다. json 모듈은 JSON 직렬화에 특화돼 있다. 임의의 파이썬 객체를 직렬화하는 좀 더 일반적인 문제는 잘 처리하지 못한다.

- **YAML**YAML Ain't Markup Language: JSON의 확장으로서 직렬화 출력을 좀 더 단순화했다. 자세한 정보는 http://yaml.org를 참고한다. 파이썬 라이브러리 표준이 아니므로 YAML을 쓰려면 모듈을 추가해야 한다. 특히 PyYaml 패키지가 많은 파이썬 지속성 기능을 제공한다.

- **pickle**: pickle 모듈은 자신만의 고유한 방법으로 데이터를 표현한다. 파이썬 라이브러리에서 가장 중요한 부분이므로 pickle로 객체를 직렬화하는 방법을 자세히 살펴보겠다. 다만 파이썬이 아닌 프로그램과 데이터를 교환할 때는 좋지 못한 포맷이다. pickle은 11장에서 다룰 shelve 모듈과 13장에서 다룰 메시지 큐의 기반이다.

- **CSV**Comma Separated Values: 복잡한 파이썬 객체를 표현하기에 다소 불편할 수 있다. 매우 널리 쓰이므로 파이썬 객체를 CSV 표기로 어떻게 직렬화하는지 알고 있어야 한다. 단순히 파일 포맷일 뿐이므로 파이썬 표준 라이브러리의 12절, '지속성' 대신 14절, '파일 포맷'을 참조한다. CSV는 메모리에 들어가지 않는 파이썬 객체 컬렉션에 대해 증분 표현incremental representation을 수행할 수 있다.

- **XML**: 몇 가지 단점에도 불구하고 매우 널리 쓰이므로 객체를 XML 표기로 변환하고, XML 문서에서 다시 객체로 만들 수 있어야 한다. XML 파싱은 매우 큰 주제다. 파이썬 표준 라이브러리의 '20절, 구조화된 마크업 처리 도구'를 참조한다. 제각기 장단점이 다른 XML 파싱 모듈이 많다. 여기서는 ElementTree를 다룬다.

위와 같은 간단한 직렬화 포맷을 넘어 하이브리드^{hybrid} 문제도 있다. 한 가지 예가 XML로 인코딩한 스프레드시트다. 즉, 행과 열 기반 데이터 표현 문제가 XML 파싱 문제로 감싸져 있다. 유용한 파이썬 객체로 다시 복구하려면 CSV 같은 행으로 평평하게 만들었던 다양한 종류의 데이터를 분리할 수 있는 더욱 복잡한 소프트웨어가 필요하다.

10장에서 다룰 주제는 다음과 같다.

- 지속성과 클래스, 상태, 표현 이해하기

- 파일시스템과 네트워크 고려 사항

- 지속성을 지원하는 클래스 정의

- JSON 덤프와 로드

- YAML 덤프와 로드

- pickle 덤프와 로드

- CSV 덤프와 로드

- XML 덤프와 로드

⫶⫶ 기술 요구 사항

10장의 코드 파일은 https://git.io/fj2Uw에 있다.

⫶⫶ 지속성과 클래스, 상태, 표현 이해하기

파이썬 객체는 주로 휘발성 컴퓨터 메모리에 저장된다. 객체 수명은 파이썬 프로세스가 실행 중인 동안에만 유효하다. 어디선가 그 객체를 참조해야만 지속되므로 수명이 더욱 한정적이다. 객체를 더 오래 지속시키려면 지속 가능하게 만들어야 한다. 한 프로세스에서 객체 상태를 추출해 다른 프로세스에 이 상태 정보를 제공하려면 동일한 직렬화 지속 기법을 사용해 객체 상태를 교환한다.

대부분의 운영체제는 파일시스템 형태의 지속 가능한 저장소를 제공한다. 디스크 드라이브나 플래시 드라이브, 그 밖에 다른 형태의 비휘발성 저장소 등이 있다. 바이트를 메모리에서 디스크 파일로 지속시키기가 상상 이상으로 어렵다.

이 복잡성의 원인은 인메모리in-memory 파이썬 객체가 다른 객체를 참조하기 때문이다. 객체는 자신이 속한 클래스를 참조한다. 클래스는 모든 기반 클래스를 참조한다. 객체는 컨테이너일 수 있고, 다른 객체를 참조할 수도 있다. 인메모리 객체는 참조와 관계로 이뤄진 하나의 그물망이다. 참조는 주로 메모리 위치를 기준으로 하고 고정되지 않는다. 관계는 메모리 바이트를 그냥 덤프하고 다시 저장하려는 것만으로도 깨질 수 있다.

객체를 둘러싼 참조망은 대단히 정적인 다른 객체를 포함한다. 예를 들어, 클래스 정의는 객체 내 인스턴스 변수에 비해 매우 느리게 변한다. 파이썬은 객체의 인스턴스 변수와 클래스에 정의된 다른 메서드를 형식적으로 구분한다. 따라서 직렬화 기법은 객체의 인스턴스 변수에 기반을 두고 그 객체의 동적 상태를 지속시키는 데 초점을 맞춘다.

클래스 정의를 지속시키기 위해서는 실제로 아무것도 하지 않아도 된다. 이미 아주 단순한 메서드에서 클래스를 처리하고 있다. 클래스 정의는 애초에 소스 코드로 존재한다. 휘발성 메모리에 있는 클래스 정의는 소스(혹은 소스의 바이트 코드)로부터 필요할 때마다 다시 빌드할 수 있다. 클래스 정의를 교환해야 할 때는 파이썬 모듈이나 패키지로 교환한다.

이어지는 절에서는 일반적인 파이썬 용어를 살펴보자.

일반적인 파이썬 용어

파이썬 직렬화에는 dump와 load라는 용어를 주로 사용한다. 앞으로 다룰 다양한 클래스 대부분에서 다음과 같은 메서드를 정의하겠다.

- `dump(object, file)`: 주어진 객체를 파일에 덤프한다.

- `dumps(object)`: 객체를 덤프하며 문자열 표현을 반환한다.

- `load(file)`: 파일에서 객체를 로드하며 구조화된 객체를 반환한다.

- `loads(string)`: 문자열 표현으로부터 객체를 로드하며 구조화된 객체를 반환한다.

공식 표준이 없으므로 형식적인 추상 기반 클래스 상속이나 믹스인 클래스 정의에서 메서드명을 보장 받지 못한다. 그래도 널리 쓰인다. 일반적으로 덤프나 로드에 쓰이는 파일은 파일 같은^{file-like} 객체일 수 있다.

파일 같은 객체가 유용하게 쓰이려면 몇 가지 메서드를 구현해야 한다. 주로 로드에는 `read()`와 `readline()`이 필요하다. 그러면 `io.StringIO` 객체뿐만 아니라 `urllib.request` 객체도 로드의 소스로 사용할 수 있다. 유사하게 덤프에도 데이터 소스에 대한 요구 사항이 거의 없으며 대부분 `write()` 메서드를 사용한다. 다음 절에서 파일 객체 고려 사항을 자세히 다루겠다.

⠿ 파일시스템과 네트워크 고려 사항

운영체제 파일시스템(과 네트워크)은 바이트로 동작하므로 객체의 인스턴스 변수 값을 직렬화한 바이트 스트림으로 표현해야 한다. 바이트 변환은 대개 두 단계를 거친다. 먼저 객체의 상태를 문자열로 표현하고, 이어서 파이썬 str 클래스를 이용해 표준 인코딩으로 바이트를 제공한다. 두 번째 단계는 문자열을 바이트로 깔끔하게 인코딩하는 파이썬 내장 기능으로 처리할 수 있다. 즉 대부분의 직렬화 메서드는 문자열 생성에만 집중하면 된다.

운영체제 파일시스템을 보면 크게 블록 모드^{block-mode} 장치와 문자 모드^{character-mode} 장치로 나뉜다. 블록 모드 장치는 seekable이라고도 부르는데, 운영체제가 파일 내 바이트에 임의의 순서로 접근할 수 있는 seek 연산을 지원하기 때문이다. 문자 모드 장치는 seekable이 아니라 바이트를 직렬로 전송하는 인터페이스다. 과거 바이트를 복구하거나 미래 바이트를 보는 일종의 시간 여행도 가능하다.

문자 모드냐 블록 모드냐에 따라 복잡한 객체나 객체 컬렉션의 상태를 표현하는 방법이 바뀐다. 10장에서 살펴볼 직렬화는 가장 간단한 일반적인 기능 집합, 즉 정렬된 바이트 스트림을 주로 다룬다. 바이트 스트림은 두 장치에 모두 작성할 수 있다.

하지만 11장과 12장에서 살펴볼 포맷은 메모리에 들어가지 않는 객체를 인코딩하므로 블록 모드 저장소가 있어야 한다. shelve 모듈과 **SQLite** 데이터 베이스에는 블록 모드 저장소에 넣을 seekable 파일이 필요하다.

어느 정도까지는 운영체제가 블록 모드와 문자 모드 장치를 하나의 파일시스템처럼 합친다. 일부 파이썬 표준 라이브러리는 블록과 문자 장치의 공통 기능 집합을 구현한다. 파이썬의 urllib.request를 사용하면 네트워크 자원뿐 아니라 로컬 파일에도 접근할 수 있다. 로컬 파일을 열면 urllib.request.urlopen() 함수에서 블록 모드 장치에 있는 seekable 파일에 대한 제한된 문자 모드 인터페이스를 제공한다. 차이가 겉으로 드러나지 않으니 하나의 애플리케이션이 네트워크나 로컬 자원에 모두 동작하는 것처럼 보인다.

지속성을 지원하는 클래스를 정의해보자.

⁂ 지속성을 지원하는 클래스 정의

지속성을 제공하려면 저장할 객체가 필요하다. 간단한 마이크로블로그와 그 블로그의 포스트를 살펴보겠다. 다음은 Post 클래스의 정의다.

```python
from dataclasses import dataclass
import datetime

@dataclass
class Post:
  date: datetime.datetime
  title: str
  rst_text: str
  tags: List[str]
```

```
def as_dict(self) -> Dict[str, Any]:
    return dict(
        date=str(self.date),
        title=self.title,
        underline="-" * len(self.title),
        rst_text=self.rst_text,
        tag_text=" ".join(self.tags),
    )
```

인스턴스 변수는 각 마이크로블로그 포스트의 속성인 날짜와 제목, 텍스트, 태그다. 속
성명에서 알 수 있듯이 텍스트는 나머지 데이터 모델과 완전히 다른 RST 마크업이어야
한다.

템플릿으로 간단히 치환하기 위해 as_dict() 메서드는 문자열 포맷으로 변환한 값 딕셔
너리를 반환한다. 나중에 string.Template을 사용한 템플릿 처리에 대해 알아보겠다. 타
입 힌트를 보면 JSON의 일반적 특징이 잘 드러난다. 즉 결과 객체는 작은 도메인 타입
에서 선택된 문자열 키와 값으로 된 딕셔너리다. 위 예제에서 값은 모두 문자열이므로
Dict[str, str]을 사용해도 된다. 하지만 너무 구체적이라 향후 유연성을 위해 Dict[str,
Any]를 사용했다.

기본 데이터 값 외에 reST 출력을 생성하기 위한 값도 몇 개 추가했다. tag_text 속성은
태그 값 튜플을 플랫하게 만든 텍스트다. underline 속성은 제목 문자열의 길이만큼 밑
줄 문자열을 만듦으로써 reST 포매팅이 잘 나오게 한다.

이제 포스트들의 컬렉션으로 블로그를 생성하겠다. 이때 포스트 컬렉션에 제목 속성을
추가해 컬렉션을 단순 리스트 이상으로 만들겠다. 컬렉션 디자인에는 래핑과 확장 그리
고 새 클래스 개발이라는 세 가지 방법이 있다. 혼란을 막기 위해 한 가지 경고하자면 지
속 가능하게 만들겠다고 list를 확장하지 말자.

TIP

이터러블(iterable) 객체를 확장하면 혼란스러워진다

시퀀스 클래스를 확장하면 몇몇 직렬화 알고리듬으로 인해 혼란이 야기된다. 시퀀스의 하위 클래스
에 넣은 확장 기능이 무시될 수 있다. 보통은 시퀀스를 래핑하는 편이 확장보다 낫다.

그래서 래핑이나 개발을 알아보게 된다. 블로그 포스트는 간단한 시퀀스를 형성하므로 혼란스러울 일이 거의 없고 리스트를 확장할 수 있다. 다음은 마이크로블로그 포스트 컬렉션이다. Blog 클래스를 생성하기 위해 리스트로 만들었다.

```python
from collections import defaultdict

class Blog_x(list):

  def __init__(self, title: str, posts: Optional[List[Post]]=None)
-> None:
    self.title = title
    super().__init__(posts if posts is not None else [])

  def by_tag(self) -> DefaultDict[str, List[Dict[str, Any]]]:
    tag_index: DefaultDict[str, List[Dict[str, Any]]] = d
efaultdict(list)
    for post in self:
      for tag in post.tags:
        tag_index[tag].append(post.as_dict())

    return tag_index

  def as_dict(self) -> Dict[str, Any]:
    return dict(
      title=self.title,
      entries=[p.as_dict() for p in self]
    )
```

list 클래스를 확장했을 뿐만 아니라 마이크로블로그의 제목 속성까지 포함시켰다. 가변 객체가 기본값으로 쓰이지 않게 하는 일반적인 기법도 초기화에 적용했다. 즉, posts의 기본값으로 None을 제공했다. posts가 None이면 새 빈 리스트인 []를 사용한다. 그렇지 않으면 포스트에 주어진 값을 사용한다.

이 밖에 태그로 포스트를 색인하는 메서드도 정의했다. 결괏값인 defaultdict에서 각 키는 태그의 텍스트다. 각 값은 해당 태그를 공유하는 포스트 리스트다.

string.Template을 간편히 사용하기 위해 as_dict() 메서드를 추가해 전체 블로그를 문자열과 딕셔너리로 이뤄진 간단한 딕셔너리로 표현했다. 이렇게 하면 간단한 문자열 표현을 갖는 내장 타입만 생성한다. 이때 Dict[str, Any] 타입 힌트는 반환값을 정의하는 일반적인 방법을 보여준다. Post 항목 정의에 따르면 실제로 제목은 str이고 항목은 List[Dict[str, Any]]다. 전혀 도움이 되지 않는 정보이므로 힌트에 Dict[str, Any]만 남겼다.

이어지는 절에서는 블로그와 포스트를 어떻게 렌더링하는지 알아보겠다.

블로그와 포스트 렌더링

이어서 템플릿 렌더링 절차를 보이겠다. 다음은 렌더링이 어떻게 동작하는지 보여주는 예제 데이터다.

```
travel_x = Blog_x( "Travel" )
travel_x.append(
  Post(
    date=datetime.datetime(2013,11,14,17,25),
    title="Hard Aground",
    rst_text="""Some embarrassing revelation. Including ☺ and ⚓""",
    tags=("#RedRanger", "#Whitby42", "#ICW"),
  )
)
travel_x.append(
  Post(
    date=datetime.datetime(2013,11,18,15,30),
    title="Anchor Follies"
    rst_text="""Some witty epigram. Including < & >
characters.""",
    tags=("#RedRanger", "#Whitby42", "#Mistakes"),
  )
)
```

파이썬 코드 형태로 Blog와 Post 객체를 직렬화했다. 블로그를 표현하는 훌륭한 방법 중 하나다. 파이썬 코드로 객체를 매우 훌륭하게 표현하는 유스 케이스도 있다. 14장에서 파이썬을 사용한 데이터 인코딩을 자세히 알아보겠다.

블로그를 reST로 렌더링하는 한 가지 방법을 알아보자. 비슷한 방식이 마크다운[MD, Markdown] 생성에도 쓰인다. 이 출력 파일로부터 docutils의 rst2html.py 도구는 reST 출력을 최종 HTML 파일로 변환한다. 이렇게 하면 HTML과 CSS로 화제를 바꾸지 않아도 된다. 20장에서 설명서를 작성할 때도 reST를 사용한다. docutils에 관한 자세한 정보는 1장을 참고한다.

string.Template 클래스로도 이렇게 할 수 있다. 하지만 투박하고 복잡하다. 템플릿 자체에 들어 있는 루프와 조건부 처리를 사용해 더욱 정교한 치환을 수행하는 템플릿 도구가 많다. https://wiki.python.org/moin/Templating에 여러 도구가 나와 있다. 여기서는 Jinja2 템플릿 도구(https://pypi.python.org/pypi/Jinja2)를 사용한 예제를 보이겠다. 다음 스크립트는 템플릿을 사용해 데이터를 reST로 렌더링한다.

```
from jinja2 import Template
blog_template= Template( """
{{title}}
{{underline}}

{% for e in entries %}
{{e.title}}
{{e.underline}}

{{e.rst_text}}

:date: {{e.date}}

:tags: {{e.tag_text}}
{% endfor %}

Tag Index
=========
{% for t in tags %}

* {{t}}
  {% for post in tags[t] %}

  - `{{post.title}}`_
  {% endfor %}
{% endfor %}
""")
print(blog_template.render(tags=travel.by_tag(), **travel.as_dict()))
```

{{title}}과 {{underline}} 원소(그리고 비슷한 다른 원소)는 값을 템플릿의 텍스트로 어떻게 치환하는지 보여준다. title과 underline 같은 속성이 키워드 매개변수로 쓰이게 **travel.as_dict()를 인자로 넣어 render() 메서드를 호출한다.

{%for%}와 {%endfor%} 구조체는 Jinja가 Blog 내 Post 항목 시퀀스를 어떻게 순회하는지 보여준다. 루프 본문에서 변수 e는 각 Post로부터 생성된 딕셔너리다. 각 포스트의 딕셔너리로부터 {{e.title}}과 {{e.rst_text}} 같은 특정 키를 뽑아냈다.

또한 Blog의 tags 컬렉션도 순회했다. tags 컬렉션은 각 태그의 키와 그 태그의 포스트들을 갖는 딕셔너리다. 루프는 t에 할당을 받은 각 키를 방문한다. 루프 본문에서는 딕셔너리 값인 tags[t]의 포스트들을 순회한다.

{{post.title}}`_ 구조체는 reST 마크업을 사용해 문서 내 해당 제목 영역으로의 링크를 생성한다. 이러한 종류의 매우 간단한 마크업이 reST의 강점 중 하나다. 블로그 제목을 색인 내 영역과 링크로 사용하게 해준다. 따라서 제목은 반드시 고유해야 하고 그렇지 않으면 RST 렌더링 오류가 발생한다.

템플릿이 주어진 블로그를 순회하므로 한 번의 동작으로 모든 포스트를 렌더링한다. 파이썬에 내장된 string.Template은 순회하지 못한다. 따라서 Blog의 모든 Post를 렌더링하기 약간 더 복잡하다.

JSON을 사용해 덤프하고 로드하는 법을 알아보자.

⫶ JSON 덤프와 로드

JSON이란 무엇인가? www.json.org 웹 페이지의 한 절에서 JSON을 다음과 같이 명시한다.

> "JSON JavaScript Object Notation은 경량의 데이터 교환 포맷이다. 이 포맷은 사람이 읽고 쓰기에 용이하다. 기계가 파싱하고 생성하기에 용이하다. JavaScript Programming Language, Standard ECMA-262 3rd Edition – December

1999의 일부에 토대를 두고 있다. JSON은 완벽하게 언어 독립적이지만, C 계열 언어(C, C++, C#, 자바, 자바스크립트, Perl, 파이썬, 기타 다수)의 프로그래머에게 친숙한 관례를 사용하는 텍스트 포맷이다. 이러한 특징이 JSON을 이상적인 DATA 교환 언어로 만든다."

JSON 포맷은 매우 다양한 언어와 프레임워크에 쓰인다. 카우치DB 같은 데이터 베이스는 애플리케이션 간 데이터 전송을 간소화하기 위해 데이터를 JSON 객체로 표현한다. JSON 문서는 파이썬 list나 dict 리터럴 값과 비슷해 사용하기 편하다. 사람이 읽고 편집하기 쉽다.

json 모듈은 내장 파이썬 타입에 대해 동작한다. 별도로 조치하지 않는 한 사용자 정의 클래스에는 동작하지 않는다. 이러한 확장 기법을 곧 살펴보겠다. 다음은 파이썬 타입과 JSON이 사용하는 자바스크립트 타입 간 매핑이다.

파이썬 타입	JSON
dict	object
list, tuple	array
str	string
int, float	number
True	true
False	false
None	null

위 표 외에 다른 타입은 지원하지 않으므로 다른 타입의 값은 위 타입 중 하나로 강제해야 한다. 주로 dump()와 load() 함수에 끼워 넣을 수 있는 확장함수를 통해 이뤄진다. 마이크로블로그 객체를 더 간단한 파이썬 lists와 dicts로 변환하면 내장 타입을 사용할수 있다. Post와 Blog 클래스 정의에서 사용자 정의 클래스 객체를 내장 파이썬 객체로 바꿔주는 as_dict() 메서드를 이미 정의했다.

다음은 블로그 데이터를 JSON으로 만드는 코드다.

```
import json
print(json.dumps(travel.as_dict(), indent=4))
```

다음은 출력이다.

```
{
  "entries": [
    {
      "title": "Hard Aground",
      "underline": "------------",
      "tag_text": "#RedRanger #Whitby42 #ICW",
      "rst_text": "Some embarrassing revelation. Including
\u2639 and \u2693",
      "date": "2013-11-14 17:25:00"
    },
    {
      "title": "Anchor Follies",
      "underline": "--------------",
      "tag_text": "#RedRanger #Whitby42 #Mistakes",
      "rst_text": "Some witty epigram. Including < & >
characters.",
      "date": "2013-11-18 15:30:00"
    }
  ],
  "title": "Travel"
}
```

위 출력은 다양한 객체를 파이썬에서 JSON 표기로 변환하는 방법을 보여준다. 정말 멋지게 파이썬 객체를 표준 표기로 작성했다. 이제 다른 애플리케이션과 공유할 수 있다. 디스크 파일에 작성해 보관할 수 있다. 다음은 JSON으로 표현할 때의 단점이다.

- 파이썬 객체를 딕셔너리로 다시 만들어야 한다. 명시적으로 딕셔너리를 새로 생성하지 않고도 파이썬 객체를 더 간단히 변환할 수 있다면 훨씬 좋을 것이다.

- 위 JSON 표현을 로드할 때 원래의 Blog와 Post 객체로 다시 쉽게 만들 수 없다. json. load()를 사용하면 Blog나 Post 객체가 아닌 dict와 리스트 객체를 반환한다. Blog와 Post 객체로 다시 만들려면 힌트를 추가로 제공해야 한다.

- 객체의 __dict__에 Post의 밑줄 문자처럼 지속시키지 않아도 될 값이 있다.

내장 JSON 인코딩보다 더 정교한 무언가가 필요하다.

이어지는 절에서 JSON 타입 힌트를 살펴보자.

JSON 타입 힌트

앞서 보였던 Blog와 Post 클래스의 as_dict() 메서드는 JSON 직렬화와 호환되는 데이터 구조로 만들기 위해 단순한 Dict[str, Any] 타입 힌트를 사용했다. 앞선 예제에서는 이러한 타입 힌트가 의미가 있었으나 JSON 직렬화에 쓰이는 타입을 일반적으로 설명하기에 이상적이지 않다.

쉽게 직렬화할 수 있는 실제 타입은 아마 다음과 같이 정의될 것이다.

```
from typing import Union, Dict, List, Type
JSON = Union[Dict[str, 'JSON'], List['JSON'], int, str, float, bool,
Type[None]]
```

현재 mypy는 재귀 타입을 적절하게 처리하지 못한다. 따라서 다음과 같이 사용해야 한다.

```
JSON = Union[Dict[str, Any], List[Any], int, str, float, bool,
Type[None]]
```

10장에서 정의하는 클래스에서는 좀 더 일반적인 JSON 타입 힌트를 사용하지 않는다. 10장에서는 오로지 JSON과 호환되는 파이썬 객체의 Dict[str, Any]의 부분집합만 다룬다. 어떤 상황에서는 타입을 올바르게 처리하도록 더 정교한 힌트를 포함시켜야 한다.

이제 예제 클래스에서 JSON을 어떻게 지원하는지 알아보자.

예제 클래스에서 JSON 지원

JSON 표기로 된 문자열을 올바르게 생성하려면 자동으로 변환될 수 있는 타입 외부에 클래스를 위한 JSON 인코더와 디코더가 필요하다. 고유한 객체를 JSON으로 인코딩하려면 객체를 파이썬 원시 타입으로 바꾸는 함수를 제공해야 한다. json 모듈에서는 이를 기본함수라 부른다. 이 함수는 알려지지 않은 클래스의 객체를 위한 기본 인코딩을 제공한다.

JSON 표기로 된 문자열을 디코딩하고 애플리케이션 클래스, 즉 JSON이 지원하는 기본 타입 외부 클래스에서 파이썬 객체를 생성하려면 함수를 추가로 제공해야 한다. 이 함수는 파이썬 원시 값 딕셔너리를 애플리케이션 클래스 중 하나의 인스턴스로 변환한다. 객체 후크object hook 함수라 부르는 이 함수는 dict를 커스터마이징한 클래스의 객체로 변환한다.

json 모듈 설명서에는 사용자가 클래스 힌트를 사용할 수 있다고 나온다. 파이썬 설명서에 JSON-RPC 버전1 명세로의 참조 링크(http://json-rpc.org/wiki/specification)가 있다. 여기서는 맞춤형 클래스의 인스턴스를 다음과 같은 딕셔너리로 인코딩하라고 제안한다.

```
{"__jsonclass__": ["class name", [param1,...]] }
```

키는 "__jsonclass__"이고, 값은 두 항목짜리 리스트로서 클래스명과 클래스의 인스턴스를 생성하는 데 필요한 인자 리스트를 포함한다. 명세에서 더 많은 기능을 설명하나 파이썬과 무관하다.

JSON 딕셔너리로부터 객체를 디코딩하기 위해 객체 후크함수는 내장 파이썬 객체가 아니라 사용자 클래스 중 하나를 만드는 데 필요한 힌트로서 "__jsonclass__" 키를 찾는다. 클래스명은 클래스 객체와 매핑될 수 있으며, 인자 시퀀스는 인스턴스를 만드는 데 쓰인다.

다른 정교한 JSON 인코더(장고 웹 프레임워크에 딸려 있는 인코더 등)는 조금 더 복잡하게 사용자 클래스로 인코딩한다. 클래스와 데이터베이스 기본 키, 속성값을 포함한다. 인코딩과 디코딩 커스터마이징을 어떻게 구현하는지 알아보겠다. 규칙은 JSON 인코딩과 디코딩 함수에 끼워 넣을 간단한 함수로 표현한다.

JSON 인코딩을 어떻게 커스터마이징하는지 알아보자.

JSON 인코딩 커스터마이징

클래스 힌트에 세 가지 정보를 제공한다. __class__ 키는 타깃 클래스를 명명한다. __args__ 키는 위치 인자값의 시퀀스를 제공한다. __kw__ 키는 키워드 인자값의 딕셔너리를 제공한다(__jsonclass__ 키는 사용하지 않는다. 너무 길고 파이썬답지 못하다). 이 세 가지가 __init__()의 모든 옵션을 아우른다.

다음은 이러한 디자인을 따르는 인코더다.

```python
def blog_encode(object: Any) -> Dict[str, Any]:
    if isinstance(object, datetime.datetime):
        return dict(
            __class__="datetime.datetime",
            __args__=[],
            __kw__=dict(
                year=object.year,
                month=object.month,
                day=object.day,
                hour=object.hour,
                minute=object.minute,
                second=object.second,
            ),
        )
    elif isinstance(object, Post):
        return dict(
            __class__="Post",
            __args__=[],
            __kw__=dict(
                date=object.date,
                title=object.title,
                rst_text=object.rst_text,
                tags=object.tags,
            ),
        )
```

```
    elif isinstance(object, Blog):
      return dict(
        __class__="Blog", __args__= [object.title, object.entries],
__kw__= {}
      )
    else:
      return object
```

위 함수는 다음의 세 클래스에 쓰이는 두 종류의 객체 인코딩을 보여준다.

- 키워드 인자를 사용해 datetime.datetime 객체를 개개 필드의 딕셔너리로 인코딩했다.

- 마찬가지로 키워드 인자를 사용해 Post 인스턴스를 개개 필드의 딕셔너리로 인코딩했다.

- 위치 인자 시퀀스를 사용해 Blog 인스턴스를 제목과 포스트 항목 시퀀스로 인코딩했다.

나머지 클래스에서는 else:절을 사용해 기존 인코더의 기본 인코딩을 호출한다. 여기서는 내장 클래스를 처리한다. 이 함수를 사용해 다음과 같이 인코딩할 수 있다.

```
Text = json.dumps(travel, indent=4, default=blog_encode)
```

blog_encode() 함수를 json.dumps() 함수에 default= 키워드 인자로 넣었다. JSON 인코더가 객체의 인코딩을 정할 때 사용하는 함수다. 인코더는 다음과 같은 JSON 객체를 만든다.

```
{
  "__args__": [
    "Travel",
    [
      {
        "__args__": [],
        "__kw__": {
```

```
          "tags": [
            "#RedRanger",
            "#Whitby42",
            "#ICW"
          ],
          "rst_text": "Some embarrassing revelation.
  Including \u2639 and \u2693",
          "date": {
            "__args__": [],
            "__kw__": {
              "minute": 25,
              "hour": 17,
              "day": 14,
              "month": 11,
              "year": 2013,
              "second": 0
            },
            "__class__": "datetime.datetime"
          },
          "title": "Hard Aground"
        },
        "__class__": "Post"
    },
    .
    .
    .
  "__kw__": {},
  "__class__": "Blog"
}
```

출력이 긴 두 번째 블로그 항목을 예로 들었다. Blog 객체는 이제 클래스와 두 위치 인자
값을 제공하는 dict로 래핑된다. 유사하게 Post와 datetime 객체도 클래스명과 키워드
인자값으로 래핑된다.

JSON 디코딩 커스터마이징

JSON 표기로 된 문자열로부터 객체를 디코딩하려면 JSON 파싱 구조 내에서 작업해
야 한다. 앞서 커스터마이징한 클래스 정의로 만들어진 객체를 간단한 dicts로 인코딩

했다. 따라서 JSON 디코더로 디코딩된 각 dict가 커스터마이징한 클래스 중 하나일 수 있다. 혹은 dict가 그냥 dict일 수도 있다.

JSON 디코더 객체 후크는 각 dict가 커스터마이징한 객체를 표현하는지 알아보기 위해 호출하는 함수다. hook 함수가 dict를 인식하지 못하면 단순 딕셔너리이고 수정 없이 반환해야 한다. 다음은 예제의 객체 후크 함수다.

```python
def blog_decode(some_dict: Dict[str, Any]) -> Dict[str, Any]:
  if set(some_dict.keys()) == {"__class__", "__args__", "__kw__"}:
    class_ = eval(some_dict["__class__"])
    return class_(*some_dict["__args__"], **some_dict["__kw__"])
  else:
    return some_dict
```

위 함수를 호출할 때마다 함수는 키가 객체의 인코딩을 정의하고 있는지 확인한다. 키가 3개이면 인자와 키워드를 넣어 함수를 호출한다. 다음과 같이 위 객체 후크를 사용해 JSON 객체를 파싱한다.

```python
blog_data = json.loads(text, object_hook=blog_decode)
```

위 코드는 dict를 올바른 Blog와 Post 객체로 변환하는 blog_decode() 함수를 사용해 JSON 표기로 인코딩된 텍스트 블록을 디코딩한다.

보안과 eval() 이슈

어떤 프로그래머는 만연한 보안 문제라는 이유로 blog_decode() 함수에서 eval() 함수를 사용하지 말자고 주장한다. 말도 안 되는 것은 eval()이 만연한 문제라는 주장이다. 악의적인 사용자가 악성 코드를 객체의 JSON 표현으로 작성한다면 잠재적 보안 문제일 수 있다. 악의적인 로컬 사용자가 파이썬 소스에 접근한다고 하자. 무엇하러 교묘하게 JSON 파일을 수정하느라 시간을 낭비하겠는가? 그냥 파이썬 소스를 바로 편집하면 되지 않을까?

실질적인 문제로서 인터넷을 통한 JSON 문서 전송을 살펴봐야 한다. 이것이 실제 보안 문제다. 하지만 이 문제조차 일반적으로 eval()을 원인으로 꼽진 않는다.

신뢰할 수 없는 문서가 중간자 공격^{Man-in-the-Middle attack}에 의해 변질되는 상황에 대비해야 한다. JSON 문서는 프록시 역할을 하는 신뢰할 수 없는 서버가 포함된 웹 인터페이스를 통과할 때 변조된다(보통은 이 문제를 예방하기 위해 SSL 방식을 선호하므로 일부 연결이 안전하지 않을 수 있다고 가정해야 한다).

필요에 따라 중간자 공격에 대비하기 위해 eval()을 이름과 클래스를 매핑하는 딕셔너리로 대체할 수 있다. class_=eval(some_dict['__class__']))를 다음과 같이 바꾼다.

```
class_ = {
  "Post":Post,
  "Blog":Blog,
  "datetime.datetime":datetime.datetime:
}[some_dict['__class__']]
```

이렇게 하면 JSON 문서가 SSL로 인코딩되지 않은 연결로 전달되지 않는다. 또한 새 클래스를 넣을 수 있도록 애플리케이션 디자인을 변경할 때마다 이 매핑을 수정해야 하는 유지 보수 요구 사항이 생긴다.

이어지는 절에서는 encode 함수를 어떻게 리팩터링하는지 알아보자.

인코딩 함수 리팩터링

인코딩 함수는 JSON으로 변환될 클래스에는 정보를 노출하면 안 된다. 각 클래스를 올바르게 캡슐화하려면 직렬화 표현 생성부를 각 애플리케이션 클래스로 리팩터링하는 편이 좋다. 온갖 인코딩 규칙을 클래스 정의 외부에 있는 함수에 잔뜩 넣지 말자.

datetime 같은 라이브러리 클래스로 이렇게 하려면 애플리케이션에 맞게 datetime. datetime을 확장해야 한다. 이때 반드시 애플리케이션이 datetime 라이브러리 대신 확장한 datetime을 쓰게 해야 한다. 내장 datetime 클래스를 사용하지 못하게 하기가 다소 복잡하다. 즉 커스터마이징한 클래스와 라이브러리 클래스 간 균형을 맞춰야 한다. 두 클래스를 확장해 JSON으로 인코딩할 수 있는 클래스 정의를 생성하겠다. 다음과 같이 Blog에 프로퍼티를 추가한다.

```
@property
def _json( self ) -> Dict[str, Any]:
  return dict(
    __class__=self.__class__.__name__,
    __kw__={},
    __args__=[self.title, self.entries]
  )
```

위 프로퍼티는 디코딩함수에 사용할 수 있는 초기화 인자를 제공한다. 다음과 같이 Post 에 프로퍼티를 추가한다.

```
@property
def _json(self) -> Dict[str, Any]:
  return dict(
    __class__=self.__class__.__name__,
    __kw__=dict(
      date= self.date,
      title= self.title,
      rst_text= self.rst_text,
      tags= self.tags,
    ),
    __args__=[]
  )
```

Blog처럼 위 프로퍼티도 디코딩함수에 사용할 수 있는 초기화 인자를 제공한다. 타입 힌트는 JSON에 적합한 중간 수준의 파이썬 객체 표현을 보여준다. 위 두 프로퍼티를 통해 인코더를 좀 더 간단하게 수정할 수 있다. 다음은 인코딩에 제공된 기본함수를 수정한 버전이다.

```
def blog_encode_2(object: Union[Blog, Post, Any]) -> Dict[str, Any]:
  if isinstance(object, datetime.datetime):
    return dict(
```

```
          __class__="datetime.datetime",
          __args__=[],
          __kw__=dict(
            year= object.year,
            month= object.month,
            day= object.day,
            hour= object.hour,
            minute= object.minute,
            second= object.second,
          )
        )
      else:
        try:
          encoding = object._json
        except AttributeError:
          encoding = json.JSONEncoder().default(o)
        return encoding
```

두 가지 경우로 쓰인다. datetime.datetime 라이브러리 클래스라면 세부 구현을 노출하며 직렬화한다. Blog와 Post 애플리케이션 클래스라면 인코딩에 적합한 표현을 생성하는 일관된 _json() 메서드를 제공한다.

날짜 문자열 표준화

예제에서는 날짜를 포매팅할 때 널리 쓰이는 ISO 표준 텍스트 날짜 포맷을 사용하지 않았다. 다른 언어와 더욱 잘 호환되려면 datetime 객체를 표준 문자열로 올바르게 인코딩하고 표준 문자열을 파싱할 수 있어야 한다.

앞서 날짜를 특수한 경우로 취급했으므로 이렇게 구현하는 것이 합리적이다. 인코딩과 디코딩을 크게 바꾸지 않고 가능하다. 인코딩을 다음과 같이 살짝 변경한다.

```
if isinstance(object, datetime.datetime):
  fmt= "%Y-%m-%dT%H:%M:%S"
  return dict(
    __class__="datetime.datetime.strptime",
    __args__=[object.strftime(fmt), fmt],
```

```
      __kw__={}
   )
```

인코딩한 출력은 정적 메서드를 datetime.datetime.strptime()이라 명명하며, 인자로 인코딩한 datetime과 디코딩에 쓰이는 포맷을 제공한다. 이제 포스트를 출력하면 다음과 같다.

```
{
  "__args__": [],
  "__class__": "Post_J",
  "__kw__": {
    "title": "Anchor Follies",
    "tags": [
      "#RedRanger",
      "#Whitby42",
      "#Mistakes"
    ],
    "rst_text": "Some witty epigram.",
    "date": {
      "__args__": [
        "2013-11-18T15:30:00",
        "%Y-%m-%dT%H:%M:%S"
      ],
      "__class__": "datetime.datetime.strptime",
      "__kw__": {}
    }
  }
}
```

이제 개개 필드가 아닌 ISO 포맷의 날짜로 바뀌었다. 또한 더 이상 클래스명을 사용해 객체를 생성하지 않는다. __class__ 값은 클래스명이나 정적 메서드명으로 확장된다.

JSON을 파일에 쓰기

JSON 파일을 작성할 때 일반적으로 다음과 같이 한다.

```
from pathlib import Path
with Path("temp.json").open("w", encoding="UTF-8") as target:
    json.dump(travel3, target, default=blog_j2_encode)
```

필요한 인코딩으로 파일을 연다. 파일 객체를 json.dump() 메서드에 제공한다. JSON 파일을 읽을 때도 유사한 기법을 사용한다.

```
from pathlib import Path
with Path("some_source.json").open(encoding="UTF-8") as source:
    objects = json.load(source, object_hook=blog_decode)
```

텍스트인 JSON 표현과 결과 파일에서 바이트로 변환하는 부분을 별개로 분리한 것이 핵심이다. JSON에 사용 가능한 몇 가지 포매팅 옵션이 있다. 앞서 보기 편하게 네 개의 공백으로 들여쓰기했었다. 들여쓰기 옵션 없이 출력을 더 빽빽하게 만들 수도 있다. 더 간결한 구분자로 더 조밀하게 만들 수도 있다.

다음은 temp.json에 생성한 출력이다.

```
{"__class__":"Blog_J","__args__":["Travel",[{"__class__":"Post_J",
"__args__":[],"__kw__":{"rst_text":"Some embarrassing revelation.",
"tags":["#RedRanger","#Whitby42","#ICW"],"title":"Hard Aground",
"date":{"__class__":"datetime.datetime.strptime","__args__":
["2013-11-14T17:25:00","%Y-%m-%dT%H:%M:%S"],"__kw__":{}}}},
{"__class__":"Post_J","__args__":[],"__kw__":{"rst_text":"Some witty
epigram.","tags":["#RedRanger","#Whitby42","#Mistakes"],"title":
"Anchor Follies","date":{"__class__":"datetime.datetime.strptime",
"__args__":["2013-11-18T15:30:00","%Y-%m-%dT%H:%M:%S"],"__ kw__":
{}}}}]],"__kw__":{}}
```

YAML을 사용해 어떻게 덤프하고 로드하는지 알아보자.

∷ YAML 덤프와 로드

https://yaml.org/ 웹 페이지에서는 YAML에 대해 다음과 같이 명시한다.

YAML^{TM}("camel"과 라임이 같다)은 모든 프로그래밍 언어에서 쓸 수 있는 '사람이 쉽게 읽을 수 있는' 유니코드 기반의 데이터 직렬화 언어다. 애자일 프로그래밍 언어의 일반적인 네이티브 데이터 타입을 위해 디자인됐다.

파이썬 표준 라이브러리는 json 모듈에서는 JSON과 YAML을 다음과 같이 설명한다.

JSON은 YAML 1.2의 부분집합이다. 이 모듈의 기본 설정(특히 기본 구분자 값)으로 만드는 JSON은 YAML 1.0과 1.1의 부분집합이기도 하다. 따라서 이 모듈을 YAML 직렬화에도 사용할 수 있다.

즉, 기술적으로 json 모듈을 사용해 YAML 데이터를 만들 수 있다. 하지만 json 모듈은 복잡한 YAML 데이터를 파싱하지 못한다. YAML을 사용하면 두 가지 장점이 있다. 첫째, 객체의 추가적인 세부 사항들을 인코딩할 수 있는 좀 더 정교한 표기다. 둘째, PyYAML 구현과 파이썬이 아주 밀접하게 통합되므로 아주 간단하게 파이썬 객체의 YAML 인코딩을 생성할 수 있다. YAML의 단점은 JSON만큼 널리 쓰이지 않는 것이다. YAML 모듈을 다운로드해서 설치해야 한다. http://pyyaml.org/wiki/PyYAML 에서 다운로드할 수 있다.

패키지를 설치하면 객체를 YAML 표기로 덤프할 수 있다.

```
import yaml
text = yaml.dump(travel2)
print( text )
```

다음은 마이크로블로그를 YAML로 인코딩한 예제다.

```
!!python/object:__main__.Blog
entries:
- !!python/object:__main__.Post
  date: 2013-11-14 17:25:00?
  rst_text: Some embarrassing revelation. Including ☺ and ⚓
  tags: !!python/tuple ['#RedRanger', '#Whitby42', '#ICW']
  title: Hard Aground
```

```
- !!python/object:__main__.Post
  date: 2013-11-18 15:30:00
  rst_text: Some witty epigram. Including < & > characters.
  tags: !!python/tuple ['#RedRanger', '#Whitby42', '#Mistakes']
  title: Anchor Follies
```

출력이 비교적 간결하면서도 매우 완벽하다. 또한 YAML 파일을 쉽게 편집해 업데이트할 수 있다. 클래스명은 YAML의 !! 태그로 인코딩된다. YAML에는 11개의 표준 태그가 있다. yaml 모듈은 파이썬에 특화된 12개의 태그와 5개의 복잡한 파이썬 태그를 포함한다.

파이썬 클래스명은 정의하는 모듈에 의해 한정된다. 예제의 모듈은 간단한 스크립트였으므로 클래스명은 __main__.Blog와 __main__.Post다. 다른 모듈로부터 임포트했다면 클래스명은 클래스를 정의한 모듈을 반영한다.

리스트 내 항목은 블록 시퀀스의 형태로 보여준다. 각 항목은 - 시퀀스로 시작한다. 나머지 항목은 공백 두 개로 들여쓰기한다. list나 tuple이 꽤 작으면 한 줄에 넣을 수도 있다. 길면 여러 행으로 감싼다. YAML 문서로부터 파이썬 객체를 로드하려면 다음 코드를 사용한다.

```
copy = yaml.load(text)
```

태그 정보를 사용해 클래스가 정의된 위치를 찾은 후 YAML 문서에서 찾은 값을 constructor 클래스에 넘긴다. 마이크로블로그 객체는 완벽하게 다시 생성된다.

이어지는 절에서 파일에 YAML 데이터를 포매팅하겠다.

YAML 데이터 파일에 포매팅하기

YAML 파일을 작성할 때 일반적으로 다음과 같이 한다.

```
from pathlib import Path
```

```
import yaml
with Path("some_destination.yaml").open("w", encoding="UTF-8") as target:
  yaml.dump(some_collection, target)
```

필요한 인코딩으로 파일을 연다. 파일 객체를 yaml.dump() 메서드에 제공하면 출력을 그
파일에 쓴다. YAML 파일을 읽을 때도 유사한 기법을 사용한다.

```
from pathlib import Path
import yaml
with Path("some_source.yaml").open(encoding="UTF-8") as source:
  objects= yaml.load(source)
```

텍스트인 YAML 표현과 결과 파일에서 바이트로 변환하는 부분을 별개로 분리한 것이
핵심이다. 여러 포매팅 옵션으로 데이터를 좀 더 보기 편한 YAML 표현으로 생성할 수
있다. 몇 가지 옵션이 다음 표에 나와 있다.

explicit_start	true면 각 객체 앞에 --- 마커를 작성한다.
explicit_end	true면 각 객체 뒤에 ... 마커를 작성한다. YAML 문서 시퀀스를 하나의 파일에 덤프하고 언제 한 문서가 끝나고 다음 문서가 시작하는지 알려면 이 옵션 또는 explicit_start를 사용한다.
version	한 쌍의 정수인 (x, y)를 받아 맨 앞에 %YAML x.y 디렉티브를 작성한다. 반드시 version=(1, 2)여야 한다.
tags	매핑을 받아 서로 다른 태그 축약어와 함께 YAML %TAG 디렉티브를 만든다.
canonical	true면 모든 데이터마다 태그를 넣는다. false면 많은 tags가 있다고 가정한다.
indent	숫자가 설정돼 있으면 블록의 들여쓰기를 바꾼다.
width	숫자가 설정돼 있으면 긴 항목을 여러 들여쓰기 행으로 감쌌을 때의 너비를 바꾼다.
allow_unicode	true면 이스케이프 문자를 제외한 완전한 유니코드를 허용한다. 그렇지 않으면 ASCII 부분집합이 아닌 문자에 이스케이프 문자를 적용한다.
line_break	다른 줄바꿈 문자를 사용한다. 기본값은 개행 문자다.

옵션 중에 explicit_end와 allow_unicode가 가장 유용하다.

YAML 표현 확장

속성값의 기본 YAML 덤프보다 사용자 클래스에서 더 깔끔하게 표현할 때가 있다. 예를 들어 블랙잭 Card 클래스 정의를 기본 YAML로 표현하면 실제로 남가지 않았어도 될 파생 값까지 포함한다.

yaml 모듈은 클래스 정의에 representer와 constructor가 추가된 경우에 대비한다. representer는 태그와 값을 포함하는 YAML 표현을 생성에 쓴다. constructor는 주어진 값으로부터 파이썬 객체를 만드는 데 쓴다. 다음은 새로 정의한 Card 클래스 계층 구조다.

```python
from enum import Enum
class Suit(str, Enum):
    Clubs = "♣"
    Diamonds = "♦"
    Hearts = "♥"
    Spades = "♠"

class Card:

    def __init__(self, rank: str, suit: Suit,
        hard: Optional[int]=None,
        soft: Optional[int]=None
    ) -> None:
        self.rank = rank
        self.suit = suit
        self.hard = hard or int(rank)
        self.soft = soft or int(rank)

    def __str__(self) -> str:
        return f"{self.rank!s}{self.suit.value!s}"

class AceCard( Card ):

    def __init__(self, rank: str, suit: Suit) -> None:
        super().__init__(rank, suit, 1, 11)

class FaceCard( Card ):
```

```
    def __init__(self, rank: str, suit: Suit) -> None:
        super().__init__(rank, suit, 10, 10)
```

상위 클래스인 Card로 수 카드를 정의하고, 두 하위 클래스인 AceCard와 FaceCard를 정
의했다. 위 예제는 팩토리함수를 광범위하게 사용함으로써 생성을 간소화했다. 팩토리
는 랭크 1을 AceCard의 클래스로, 랭크 11과 12, 13을 FaceCard의 클래스로 매핑했다. 랭
크 값에 간단히 range(1, 14)만 사용해 쉽게 덱을 만들려면 꼭 필요하다.

YAML에서 로딩할 때는 YAML의 !! 태그를 통해 클래스 전체를 상세히 설명하겠다.
유일하게 누락되는 정보는 카드의 각 하위 클래스와 관련된 하드와 소프트 값이다. 하
드와 소프트 점수에는 세 가지 비교적 간단한 경우가 있는데, 초기화의 선택 초기화 매
개변수로 처리할 수 있다. 다음은 기본 직렬화로 객체를 YAML 포맷으로 덤프한 결
과다.

```
- !!python/object:Chapter_10.ch10_ex2.AceCard
  hard: 1
  rank: A
  soft: 11
  suit: !!python/object/apply:Chapter_10.ch10_ex2.Suit
  - ♣
- !!python/object:Chapter_10.ch10_ex2.Card
  hard: 2
  rank: '2'
  soft: 2
  suit: !!python/object/apply:Chapter_10.ch10_ex2.Suit
  - ♥
- !!python/object:Chapter_10.ch10_ex2.FaceCard
  hard: 10
  rank: K
  soft: 10
  suit: !!python/object/apply:Chapter_10.ch10_ex2.Suit
  - ♦
```

정확하지만 간단한 카드 게임치고는 다소 장황하다. yaml 모듈을 확장해 이 단순한 객체
에 어울리는 더 간단하고 더욱 특화된 출력을 생성할 수 있다. Card 하위 클래스를 위한

representer와 constructor를 정의해보자. 다음처럼 세 함수를 정의하고 등록한다.

```python
def card_representer(dumper: Any, card: Card) -> str:
  return dumper.represent_scalar(
    "!Card", f"{card.rank!s}{card.suit.value!s}")

def acecard_representer(dumper: Any, card: Card) -> str:
  return dumper.represent_scalar(
    "!AceCard", f"{card.rank!s}{card.suit.value!s}")

def facecard_representer(dumper: Any, card: Card) -> str:
  return dumper.represent_scalar(
    "!FaceCard", f"{card.rank!s}{card.suit.value!s}")

yaml.add_representer(Card, card_representer)
yaml.add_representer(AceCard, acecard_representer)
yaml.add_representer(FaceCard, facecard_representer)
```

각 Card 인스턴스를 짧은 문자열로 표현했다. YAML은 문자열로부터 어떤 클래스를 만들어야 하는지 보여주는 태그를 포함한다. 세 클래스 모두 같은 포맷의 문자열을 사용한다. 이렇게 해야 __str__() 메서드를 쓸 수 있고 이는 잠재적인 최적화로 이어진다.

해결해야 할 또 다른 문제는 파싱한 YAML 문서로부터 Card 인스턴스를 생성하는 것이다. 여기에 생성자가 필요하다. 다음은 세 생성자를 정의해 등록한다.

```python
def card_constructor(loader: Any, node: Any) -> Card:
  value = loader.construct_scalar(node)
  rank, suit = value[:-1], value[-1]
  return Card(rank, suit)

def acecard_constructor(loader: Any, node: Any) -> Card:
  value = loader.construct_scalar(node)
  rank, suit = value[:-1], value[-1]
  return AceCard(rank, suit)

def facecard_constructor(loader: Any, node: Any) -> Card:
  value = loader.construct_scalar(node)
  rank, suit = value[:-1], value[-1]
  return FaceCard(rank, suit)
```

```
yaml.add_constructor('!Card', card_constructor)
yaml.add_constructor('!AceCard', acecard_constructor)
yaml.add_constructor('!FaceCard', facecard_constructor)
```

스칼라 값을 파싱하며 태그를 사용해 특정 constructor를 찾겠다. constructor는 문자열
을 분리해 Card 인스턴스의 적절한 하위 클래스를 만든다. 다음은 각 클래스의 카드 하
나를 덤프하는 간단한 데모다.

```
deck = [AceCard("A", Suit.Clubs), Card("2", Suit.Hearts),
FaceCard("K", Suit.Diamonds)]
text = yaml.dump(deck, allow_unicode=True)
```

다음은 출력이다.

```
- !AceCard 'A♣'
- !Card '2♥'
- !FaceCard 'K♦'
```

향후 파이썬 객체를 다시 생성할 수 있는 짧고 명쾌한 YAML 카드 표현이 만들어졌다.
다음 명령문으로 3-카드 덱을 다시 만들 수 있다.

```
yaml.load(text, Loader=yaml.Loader)
```

표현을 파싱한 후 constructor 함수를 사용해 원하는 객체를 만든다. constructor 함수
가 적절한 초기화를 보장하므로 하드와 소프트 값에 쓰이는 내부 속성이 올바르게 다시
생성된다.

새 생성자를 yaml 모듈에 추가하려면 특정 Loader를 사용해야 한다. 기본적으로 이렇게
추가된 constructor 태그를 무시하게끔 동작한다. 사용하려면 확장 태그를 처리할
Loader를 제공해야 한다.

이어지는 절에서 보안과 안전한 로드를 살펴보겠다.

보안과 안전한 로드

이론상으로 YAML은 모든 타입의 객체를 만들 수 있다. 따라서 적절한 SSL 제어가 이뤄지지 않는 인터넷을 통해 YAML 파일을 전송하는 애플리케이션의 경우 공격의 대상이 된다.

YAML 모듈이 제공하는 safe_load() 메서드는 객체를 생성할 때 임의의 파이썬 코드가 실행되지 않도록 막는다. 로드할 수 있는 객체를 엄격하게 제한한다. 안전하지 않은 데이터 교환에 yaml.safe_load()를 사용하면 내장 타입만 포함하는 파이썬 dict와 list 객체를 생성한다. 이렇게 생성한 dict와 list 인스턴스로부터 애플리케이션의 클래스를 만들 수 있다. JSON이나 CSV로 올바른 객체 생성에 필요한 dict를 교환하는 방식과 조금 비슷하다.

더 나은 방법은 사용자 객체만을 위한 yaml.YAMLObject 믹스인 클래스를 사용하는 것이다. 이 클래스를 사용해 yaml에 힌트를 제공하고 객체를 안전하게 생성할 수 있는 클래스단 속성을 설정한다.

안전하게 전송하려면 다음과 같이 상위 클래스를 정의한다.

```
class Card2(yaml.YAMLObject):
    yaml_tag = '!Card2'
    yaml_loader = yaml.SafeLoader
```

두 속성은 예상치 못한 임의의 파이썬 코드가 실행되는 일 없이 객체를 안전하게 로드할 수 있다고 yaml에게 알린다. Card2의 각 하위 클래스에서만 앞으로 사용할 고유한 YAML 태그를 할당해야 한다.

```
class AceCard2(Card2):
    yaml_tag = '!AceCard2'
```

위 속성을 추가함으로써 이 객체는 해당 클래스 정의만 사용한다고 yaml에게 알렸다. 이제 안전하게 객체를 로드할 수 있고, 객체에서 신뢰할 수 없는 임의의 코드가 실행되지 않는다.

클래스 정의를 수정했으므로 안전하지 않은 인터넷 연결 도중에 악의적인 코드가 문서에 삽입될 염려 없이 YAML 스트림에 yaml.safe_load()를 실행할 수 있다. 사용자 객체만을 위한 yaml.YAMLObject 믹스인 클래스를 명시적으로 사용하고 동시에 yaml_tag 속성까지 할당하면 몇 가지 이점이 있다. 파일이 조금 더 빽빽해진다. 또한 흔히 쓰이는 긴 !!python/Chapter_10.ch10_ex2.AceCard 태그가 짧은 !AceCard2 태그로 치환되는 등 YAML 파일이 더 보기 편해진다.

pickle을 사용해 덤프하고 로드하는 법을 알아보자.

⁝: pickle 덤프와 로드

pickle 모듈은 객체를 지속 가능하게 만드는 파이썬 네이티브 포맷이다. 파이썬 표준 라이브러리(https://docs.python.org/3/library/pickle.html)는 pickle을 다음과 같이 설명한다.

> 피클pickle 모듈은 복잡한 객체를 바이트 스트림으로, 바이트 스트림을 동일한 내부 구조를 가진 객체로 변환할 수 있다. 당연히 바이트 스트림의 주 용도는 파일에 쓰는 것이지만 네트워크를 통해 전송하거나 데이터베이스에 저장하는 것도 가능하다.

pickle은 오로지 파이썬에만 특화돼 있다. 다른 언어로 작성된 애플리케이션에 사용할 수 있는 JSON이나 YAML, CSV, XML 같은 데이터 교환 포맷이 아니다.

pickle 모듈은 파이썬과 다양한 방법으로 밀접하게 통합된다. 예를 들어 클래스의 __reduce__()와 __reduce_ex__() 메서드는 pickle을 처리하기 위해 존재한다.

다음과 같은 방식으로 쉽게 마이크로블로그를 피클 표현으로 만들 수 있다.

```
import pickle
from pathlib import Path
with Path("travel_blog.p").open("wb") as target:
  pickle.dump(travel, target)
```

앞의 코드는 전체 travel 객체를 주어진 파일로 내보낸다. 바이트로 쓰인 파일이므로 open() 함수는 "wb" 모드를 사용한다.

피클로 표현된 객체는 다음과 같이 쉽게 복구할 수 있다.

```python
import pickle
from pathlib import Path
with Path("travel_blog.p").open("rb") as source:
    copy = pickle.load(source)
```

피클 데이터는 바이트로 저장되므로 파일을 "rb" 모드로 열어야 한다. 피클로 표현된 객체는 적절한 클래스 정의와 올바르게 연결된다. 내부의 바이트 스트림은 사람이 읽을 목적으로 만든 게 아니다. 어느 정도는 읽을 수 있지만 YAML처럼 가독성을 고려해 디자인하지 않았다.

안정적인 피클 처리를 위한 클래스 디자인

피클 표현으로부터 객체를 다시 생성할 때 클래스의 __init__() 메서드는 실제로 쓰지 않는다. __new__()를 사용해 피클로 표현한 값을 객체의 __dict__에 직접 할당함으로써 __init__() 메서드를 우회한다. 예를 들어 __init__()이 외부 파일을 열거나 일부 GUI 인터페이스를 생성하거나 데이터베이스에 외부 업데이트를 수행한다면 피클 객체를 다시 생성하는 중에는 이 작업을 수행하지 않는다.

__init__() 처리 중에 새 인스턴스 변수를 계산하면 아무 문제가 없다. 예를 들어 Hand를 생성할 때 Card 인스턴스의 총합을 계산하는 블랙잭 Hand 객체를 생각해보자. 기본적인 pickle 처리는 계산한 인스턴스 변수를 보존한다. 피클로부터 객체를 복구할 때 다시 계산하지 않는다. 이전에 계산한 값을 단순히 복원한다.

__init__() 중에 처리해야 하는 클래스라면 초기 처리가 올바르게 동작하도록 특별한 준비를 해야 한다. 다음의 두 가지 작업을 한다.

- __init__()에서 즉시 스타트업eager startup 처리는 하지 않는다. 대신 최소한의 초기화 처리만 수행한다. 예를 들어 외부 파일 연산은 필요할 때까지 미룬다. 즉시 요약eager summarization 계산이 있으면 지연 계산으로 다시 디자인해야 한다. 마찬가지로 초기화 로깅도 제대로 실행되지 않는다.

- 상태를 보존하고 복구할 때 pickle이 사용하는 __getstate__()와 __setstate__() 메서드를 정의한다. __setstate__() 메서드는 일반적인 파이썬 코드에서 __init__()이 일회성 초기화 처리를 수행할 때 호출하는 메서드를 동일하게 호출한다.

Hand로부터 로드한 초기 Card 인스턴스를 감사audit하기 위해 __init__() 메서드에서 로깅하는 예제를 살펴보자. 다음의 Hand는 피클로부터 객체를 다시 만드는 동안 제대로 동작하지 않는다.

```python
audit_log = logging.getLogger("audit")

class Hand_bad:

    def __init__(self, dealer_card: Card, *cards: Card) -> None:
        self.dealer_card = dealer_card
        self.cards = list(cards)
        for c in self.cards:
            audit_log.info("Initial %s", c)

    def append(self, card: Card) -> None:
        self.cards.append(card)
        audit_log.info("Hit %s", card)

    def __str__(self) -> str:
        cards = ", ".join(map(str, self.cards))
        return f"{self.dealer_card} | {cards}"
```

__init__()과 __append__()에서 두 번 로깅한다. __init__() 처리는 Hand_bad 객체를 생성할 때 대부분 잘 동작한다. 다만 Hand_bad 객체를 다시 생성할 때 동작하지 않는다. 다음의 로깅 설정으로 문제를 확인해보자.

```
import logging,sys
audit_log = logging.getLogger("audit")
logging.basicConfig(stream=sys.stderr, level=logging.INFO)
```

위 코드는 로그를 생성하고 감사 정보를 볼 수 있는 적절한 로깅 레벨을 설정한다. 다음은 Hand를 생성하고, 피클 표현으로 만들고, 다시 객체로 만드는 간단한 스크립트다.

```
>>> h = Hand_bad(FaceCard("K", "♦"), AceCard("A", "♣"), Card("9", "♥"))
INFO:audit:Initial A♣
INFO:audit:Initial 9♥
>>> data = pickle.dumps(h)
>>> h2 = pickle.loads(data)
```

이렇게 실행하면 __init__() 처리 중에 어떤 로그 항목을 작성했는지 보인다. 이 항목은 Hand를 다시 객체로 만들 때는 작성되지 않는다. 나머지 __init__() 처리 역시 건너뛴다.

객체 복구에 대한 감사 로그를 올바르게 남기려면 클래스 곳곳에 지연 로깅 테스트를 넣는다. 예를 들어 클래스 속성이 요청될 때마다 초기 로그 항목을 작성하도록 __getattribute__()를 확장한다. 이때 핸드 객체가 무언가를 수행할 때마다 실행되는 if 문과 스테이트풀stateful 로깅이 필요하다. 더 나은 방법은 pickle에서 상태를 저장하고 복구하는 방식을 활용하는 것이다.

```
class Hand2:

  def __init__(self, dealer_card: Card, *cards: Card) -> None:
    self.dealer_card = dealer_card
    self.cards = list(cards)
    for c in self.cards:
      audit_log.info("Initial %s", c)

  def append(self, card: Card) -> None:
    self.cards.append(card)
    audit_log.info("Hit %s", card)

  def __str__(self) -> str:
    cards = ", ".join(map(str, self.cards))
```

```
        return f"{self.dealer_card} | {cards}"

    def __getstate__(self) -> Dict[str, Any]:
      return vars(self)

    def __setstate__(self, state: Dict[str, Any]) -> None:
      # 아주 안전하진 않다. 어떻게 실행되는지 mypy가 감지하기 어렵다.
      self.__dict__.update(state)
      for c in self.cards:
        audit_log.info("Initial (unpickle) %s", c)
```

__getstate__() 메서드는 피클 표현으로 바꾸는 동안 객체의 현재 상태를 수집한다. 이 메서드는 무엇이든 반환할 수 있다. 예를 들어 내부 메모이제이션 캐시를 갖는 객체라면 공간과 시간을 아끼기 위해 캐시는 피클로 바꾸지 않을 수 있다. 이 구현은 내부 __dict__를 일체 수정 없이 사용한다.

__setstate__() 메서드는 객체로 복구하는 동안 객체의 값을 다시 할당한다. 위 버전에서는 상태를 내부 __dict__와 병합해 적절한 로깅 항목을 작성했다.

이어지는 절에서는 보안과 전역 이슈를 살펴본다.

보안과 전역 이슈

피클 표현을 객체로 다시 생성하는 동안 피클 스트림 내 전역명global name으로 인해 임의의 코드가 실행될 수 있다. 일반적으로 바이트에 들어가는 전역명은 클래스명이나 함수명이다. 하지만 os나 subprocess 같은 모듈에 있는 함수 전역명을 포함할 수도 있다. 따라서 강력한 SSL 제어 없이 인터넷으로 피클 객체를 전송하려는 애플리케이션이 공격에 취약하다. 임의의 코드 실행을 막으려면 pickle.Unpickler 클래스를 확장해야 한다. find_class() 메서드를 오버라이딩해 좀 더 안전한 코드로 대체해야 한다. 다음은 객체를 복구할 때 처리해야 할 몇 가지 이슈다.

- 내장 exec()와 eval() 함수 사용을 막아야 한다.

- 안전하지 않을 수 있는 모듈과 패키지 사용을 막아야 한다. 예를 들어 sys와 os는 금지해야 한다.

- 사용자 애플리케이션 모듈 사용은 허용해야 한다.

다음과 같이 제한한다.

```python
import builtins

class RestrictedUnpickler(pickle.Unpickler):

    def find_class(self, module: str, name: str) -> Any:
        if module == "builtins":
            if name not in ("exec", "eval"):
                return getattr(builtins, name)
        elif module in ("__main__", "Chapter_10.ch10_ex3",
"ch10_ex3"):
            # 유효한 모듈명은 실행 맥락에 따라 다르다.
            return globals()[name]
        # elif module in 사용자 애플리케이션 모듈
        elif module in ("Chapter_10.ch10_ex2",):
        raise pickle.UnpicklingError(
            f"global '{module}.{name}' is forbidden"
        )
```

위 Unpickler 클래스는 변조된 피클 스트림에서 발생할 수 있는 무수한 잠재적 문제를 방지한다. exec()와 eval()을 제외한 내장함수 사용을 허용한다. __main__에서 정의한 함수만 사용을 허용한다. 이 밖에는 예외를 발생시킨다.

CSV를 사용해 어떻게 덤프하고 로드하는지 알아보자.

⁝⁝⁝ CSV로 덤프와 로드

csv 모듈은 단순 list나 dict 인스턴스를 CSV 표기로 인코딩하고 디코딩한다. 앞서 다뤘던 json 모듈처럼 지속성을 해결하는 완벽한 방법은 아니다. 하지만 광범위하게 CSV

파일을 사용하므로 파이썬 객체와 CSV 간 변환할 일이 많다.

CSV 파일을 처리하려면 잠재적으로 복잡한 파이썬 객체와 아주 단순한 CSV 구조를 수동으로 매핑해야 한다. CSV 표기가 갖는 제약을 고려해 매핑을 신중히 디자인해야 한다. 객체 표현과 CSV 파일의 테이블 구조가 일치하지 않아 어려울 수 있다.

정의에 따르면 CSV 파일의 각 열은 순수 텍스트다. CSV 파일에서 데이터를 로드할 때 텍스트 값을 애플리케이션에 유용한 타입으로 변환해야 한다. 스프레드시트의 예상치 못한 타입 강제 방식으로 인해 변환이 복잡할 수 있다. 스프레드시트 애플리케이션이 미국의 우편번호를 부동소수점 수로 변경했다고 하자. 스프레드시트를 CSV로 저장하면 우편번호 값이 매우 이상해 보인다. 이를테면 뱅고르와 메인 주의 우편번호는 04401이다. 스프레드시트 프로그램에서 숫자로 변환하면 4401이 된다.

따라서 맨 앞의 0 값을 복구하려면 row['zip'].zfill(5)나 ('00000'+row['zip'])[-5:] 처럼 변환해야 한다. 또한 기존 우편번호와 네 자리 확장 우편번호의 조합으로 인해 데이터 복구가 더욱 어려울 수 있다.

더 복잡하게 CSV 파일을 처리해야 한다면 CSV 파일이 수동으로 생성되며 사람이 행한 변경으로 인해 호환이 미묘하게 불가능할 수도 있음을 인지해야 한다. 소프트웨어는 인간이 저지를 잘못에 대응할 수 있을 만큼 유연해야 한다.

비교적 간단한 클래스 정의라면 각 인스턴스를 간단하고 플랫한 데이터 값 행으로 변환할 수 있다. 보통은 NamedTuple이 CSV 소스 파일과 파이썬 객체 매핑에 잘 어울린다. 애플리케이션에서 데이터를 CSV 표기로 저장한다면 NamedTuple로 파이썬 클래스를 디자인해야 한다.

클래스가 컨테이너라면 구조화된 컨테이너를 플랫한 CSV 행으로 표현할 방법을 찾기 어렵다. 다시 말해 CSV 파일이나 관계형 데이터베이스에 쓰인 플랫한 정규형 테이블 구조와 객체 모델 간 임피던스 불일치impedance mismatch가 발생한다. 임피던스 불일치는 해결할 마땅한 방법이 없으므로 그저 신중히 디자인해야 한다. CSV 매핑을 보여주는 간단하고 플랫한 객체부터 설명하겠다.

간단한 시퀀스를 CSV로 덤프하는 법을 알아보자.

간단한 시퀀스를 CSV로 덤프

NamedTuple 인스턴스와 CSV 파일 행 간 매핑이 가장 이상적이다. 각 행마다 서로 다른 NamedTuple을 표현한다. 다음 파이썬 클래스 정의를 보자.

```
from typing import NamedTuple

class GameStat(NamedTuple):
  player: str
  bet: str
  rounds: int
  final: float
```

애플리케이션 객체를 간단하고 플랫한 속성 시퀀스로 정의했다. 데이터베이스 아키텍처에서는 이를 제1정규형First Normal Form이라 부른다. 반복된 그룹이 없고 각 항목은 원자 단위 데이터다.

다음과 같은 시뮬레이션으로 이러한 객체를 만들 수 있다.

```
from typing import Iterator, Type

def gamestat_iter(
  player: Type[Player_Strategy], betting: Type[Betting], limit: int
= 100
) -> Iterator[GameStat]:
  for sample in range(30):
    random.seed(sample) # Assures a reproducible result
    b = Blackjack(player(), betting())
    b.until_broke_or_rounds(limit)
    yield GameStat(player.__name__, betting.__name__, b.rounds,
b.betting.stake)
```

위 반복자는 주어진 플레이어와 베팅 전략으로 블랙잭 시뮬레이션을 생성한다. 플레이어가 돈을 모두 잃거나 100번의 라운드 후 테이블을 떠날 때까지 게임을 실행한다. 각 세션이 끝날 때마다 플레이어 전략과 베팅 전략, 라운드 수, 최종 배당금을 포함하는 GameStat 객체를 만든다. 이 객체로 각 게임이나 베팅 전략, 혹은 둘을 조합한 통계 정보를 계산할 수 있다. 향후 분석을 위해 다음과 같이 정보를 파일에 저장한다.

```
import csv
from pathlib import Path

with (Path.cwd() / "data" / "ch10_blackjack_1.csv").open("w",
newline="") as target:
  writer = csv.DictWriter(target, GameStat._fields)
  writer.writeheader()
  for gamestat in gamestat_iter(Player_Strategy, Martingale_Bet):
    writer.writerow(gamestat._asdict())
```

다음의 세 단계를 거쳐 CSV writer를 생성한다.

1. 개행 옵션을 ""으로 할당해 파일을 연다. CSV파일을 위한 ^(아마도) 표준이 아닌 줄 바꿈을 지원할 것이다.

2. CSV writer를 생성한다. 위 예제에서는 딕셔너리 객체로부터 쉽게 행을 생성할 수 있는 DictWriter를 생성했다. GameStat._fields 속성에서 파이썬 속성명을 제공하므로 CSV 열이 NamedTuple 클래스의 GameStat 하위 클래스 속성과 정확히 일치한다.

3. 파일 첫 줄에 헤더를 작성한다. CSV 파일에 무엇이 들어 있는지 힌트를 제공하므로 데이터 교환이 좀 더 간단해진다.

writer 객체가 준비되면 writer의 writerows() 메서드를 사용해 각 딕셔너리를 CSV 파일에 작성할 수 있다. writerows() 메서드를 사용하면 이를 어느 정도 간소화할 수 있다. writerows() 메서드에는 개개 행이 아니라 반복자가 필요하다. 다음과 같이 반복자로 writerows()를 사용한다.

```
data = gamestat_iter(Player_Strategy_1, Martingale_Bet)
with (Path.cwd() / "data" / "ch10_blackjack_2.csv").open("w",
newline="") as target:
  writer = csv.DictWriter(target, GameStat._fields)
  writer.writeheader()
  writer.writerows(g._asdict() for g in data)
```

반복자를 data 변수에 할당했다. writerows() 메서드는 반복자가 생성한 각 행으로부터 딕셔너리를 얻는다.

CSV로부터 간단한 시퀀스를 로드해보자.

CSV로부터 간단한 시퀀스 로드

다음과 같이 루프를 사용해 CSV 파일로부터 간단한 시퀀스 객체를 로드할 수 있다.

```
with (Path.cwd() / "data" / "ch10_blackjack_1.csv").open() as source:
    reader = csv.DictReader(source)
    assert set(reader.fieldnames) == set(GameStat._fields)
    for gs in (GameStat(**r) for r in reader):
        print( gs )
```

파일의 reader 객체를 정의했다. 파일에 적절한 헤더가 있으니 DictReader를 사용할 수 있다. 첫 행을 사용해 속성명을 정의한다. 이제 CSV 파일의 행으로부터 GameStat 객체를 구성할 수 있다. 생성자 표현식으로 행을 만들었다.

예제에서는 열 제목과 GameStat 클래스 정의의 속성명이 일치한다고 가정했다. 필요하다면 reader.fieldnames와 GameStat._fields를 비교해 파일과 포맷이 일치하는지 확인할 수 있다. 순서는 일치하지 않아도 되므로 각 필드명 리스트를 집합으로 변환해야 한다. 다음과 같이 열 제목을 확인한다.

```
assert set(reader.fieldnames) == set(GameStat._fields)
```

파일에서 읽은 값의 데이터 타입은 무시했다. CSV 파일로부터 읽은 두 숫자 열은 문자열 값이 된다. 따라서 적절한 데이터 값을 생성할 좀 더 정교한 행 단위 변환이 필요하다.

다음은 필요한 변환을 수행하는 전형적인 팩토리함수다.

```
def gamestat_rdr_iter(
    source_data: Iterator[Dict[str, str]]
  ) -> Iterator[GameStat]:
  for row in source_data:
    yield GameStat(row["player"], row["bet"], int(row["rounds"]),
int(row["final"]))
```

숫자 값을 포함하는 열에 int 함수를 적용했다. 아주 드물게 헤더는 맞아도 데이터가 부적절할 경우, 실패한 int() 함수에서 보통의 ValueError 오류가 발생한다. 위 생성자 함수를 다음과 같이 사용한다.

```
with (Path.cwd()/"data"/"ch10_blackjack_1.csv").open() as source:
  reader = csv.DictReader(source)
  assert set(reader.fieldnames) == set(GameStat._fields)
  for gs in gamestat_rdr_iter(reader):
    print(gs)
```

위 reader는 숫자 값을 변환해서 GameStat 객체를 올바르게 다시 생성한다.

컨테이너와 복잡한 클래스를 어떻게 처리하는지 알아보자.

컨테이너와 복잡한 클래스 처리

마이크로블로그 예제에는 많은 Post 인스턴스를 포함하는 Blog 객체가 나왔다. Blog가 컬렉션을 포함할 수 있도록 list를 감싸는 래퍼로 Blog를 디자인했다. CSV 표현을 처리하려면 복잡한 구조와 테이블 표현 간 매핑을 디자인해야 한다. 일반적으로 방법은 다음 세 가지다.

* 블로그 파일과 포스트 파일을 생성한다. 블로그 파일은 Blog 인스턴스만 포함한다. 예제를 보면 각 Blog마다 제목이 있다. 따라서 각 Post 행은 포스트가 속한 Blog 행을 참조할 수 있다. 이때 각 Blog마다 키를 추가해야 한다. 이렇게 하면 각 Post는 Blog 키를 참조하는 외래 키 참조를 포함한다.

- 파일 하나에 두 종류의 행을 생성한다. Blog 행과 Post 행이다. writer에는 다양한 타입의 데이터가 얽혀 있고, reader는 데이터 타입을 구분해야 한다.

- 다양한 종류의 행 간에 관계형 데이터베이스 조인을 수행하며 각 자식 Post마다 부모 Blog 정보를 반복한다.

가장 좋은 방법은 고를 수 없다. 플랫한 CSV 행과 구조화된 파이썬 객체 간 임피던스 불일치를 해결하는 방향으로 디자인해야 한다. 데이터 유스 케이스별로 장단점을 정의하겠다.

두 파일을 생성하려면 Post가 올바르게 Blog를 참조할 수 있도록 각 Blog별로 일종의 고유한 식별자를 생성해야 한다. 파이썬 내부 ID는 파이썬을 실행할 때마다 항상 일관되지 않으니 사용하기 어렵다.

일반적으로는 Blog의 속성이자 자연 기본 키^{natural primary key}라 부르는 Blog 제목을 고유한 키라고 가정한다. 하지만 Blog 제목을 바꾸려면 Blog를 참조하는 모든 Post를 업데이트해야 하므로 대부분 제대로 동작하지 않는다. 더 좋은 방법은 고유한 식별자를 만든 후 식별자를 포함하도록 클래스 디자인을 업데이트하는 것이다. 이를 대리 키^{surrogate key}라 부른다. 파이썬 uuid 모듈에서 이러한 목적에 맞는 고유한 식별자를 제공한다.

다수의 파일에 사용하는 코드 역시 앞선 예제와 거의 동일하다. Blog 클래스에 적절한 기본 키를 추가하는 부분만 다르다. 키를 정의하면 앞서 설명한 writer와 reader를 생성해 Blog와 Post 인스턴스를 별개의 파일로 처리할 수 있다.

이어지는 절에서는 다양한 행 타입을 CSV 파일에서 덤프하고 로드하겠다.

CSV 파일에 다양한 행 타입 덤프와 로드

파일 하나에 다양한 종류의 행을 생성하면 포맷이 좀 더 복잡해진다. 열 제목은 모든 열 제목의 합집합이어야 한다. 다양한 행 타입 간 이름이 충돌할 수 있으므로 위치로 행에 접근하거나(그냥 csv.DictReader를 사용하지 못하게 한다) 클래스와 속성명을 조합한 더욱 정교한 열 제목을 만들어야 한다.

클래스 구분자로 사용할 열을 추가해 각 행을 제공하면 처리하기 더 간단하다. 이 열은 행이 어떤 객체 타입을 표현하는지 나타낸다. 객체의 클래스명이 적절하다. 서로 다른 행 포맷 두 개를 사용해 다음처럼 블로그와 포스트를 하나의 CSV 파일에 쓸 수 있다.

```
with (Path.cwd() / "data" / "ch10_blog3.csv").open("w", newline="") as
target:
  wtr = csv.writer(target)
  wtr.writerow(["__class__", "title", "date", "title", "rst_text",
"tags"])
  for b in blogs:
    wtr.writerow(["Blog", b.title, None, None, None, None])
    for p in b.entries:
      wtr.writerow(["Post", None, p.date, p.title, p.rst_text, p.tags])
```

파일에 두 종류의 행을 생성했다. 첫 번째 열에 'Blog'가 들어간 행은 Blog 객체의 속성만 포함한다. 첫 번째 열에 'Post'가 들어간 행은 Post 객체의 속성만 포함한다.

열 제목이 고유하지 않으므로 딕셔너리 writer나 reader를 쓸 수 없다. 이처럼 열을 위치로 할당하면 각 행은 공존해야 하는 다른 종류의 행에 맞춰 비어 있지 않는 열을 할당한다. 이렇게 추가한 열은 None으로 채워진다. 고유한 행 종류가 늘어날수록 다양한 위치 기반 열 할당을 유지하기 어렵다.

또한 개개 데이터 타입 변환도 다소 일정하지 않다. 특히 타임스탬프와 태그의 데이터 타입을 무시했다. 행 구분자를 알아내 Blog와 Post를 다시 모아 보자.

```
with (Path.cwd() / "data" / "ch10_blog3.csv").open() as source:
  rdr = csv.reader(source)
  header = next(rdr)
  assert header == ["__class__", "title", "date", "title",
"rst_text", "tags"].
  blogs = []
  for r in rdr:
    if r[0] == "Blog":
      blog = Blog(*r[1:2]) # 타입: 무시
      blogs.append(blog)
    elif r[0] == "Post":
```

```
    post = Post(*r[2:]) # 타입: 무시
    blogs[-1].append(post)
```

위 코드는 Blog 객체의 리스트를 생성한다. 각 'Blog' 행은 slice(1,2)에 있는 열을 사용해 Blog 객체를 정의한다. 각 'Post' 행은 slice(2,6)에 있는 열을 사용해 Post 객체를 정의한다. 이렇게 하려면 각 Blog 뒤에 관련 있는 Post 인스턴스가 나와야 한다. 외래 키 foreign key로 두 객체를 연결되지 않는다.

예제에서는 CSV 파일의 열이 클래스 생성자의 매개변수와 동일한 순서와 타입을 갖는다고 가정했다. Blog 객체에 대해서는 하나뿐인 열이 텍스트이고 constructor 클래스와 일치하므로 blog = Blog(*r[1:2])를 사용했다. 외부에서 받은 데이터라면 이러한 가정이 유효하지 않을 수 있다.

reader의 데이터 타입이 문자열이고 이 타입이 앞서 제공된 데이터 클래스 타입 정의와 일치하지 않으므로 # 타입: 무시 주석을 넣었다. 객체를 생성하느라 mypy 검사가 잘못돼서는 안 된다.

Post 인스턴스를 만들고 적절한 타입 변환을 수행하려면 별도의 함수가 필요하다. 이 함수는 타입을 매핑하고 constructor 클래스를 호출한다. 다음은 Post 인스턴스를 생성하는 매핑함수다.

```
import ast

def post_builder(row: List[str]) -> Post:
  return Post(
    date=datetime.datetime.strptime(row[2], "%Y-%m-%d %H:%M:%S"),
    title=row[3],
    rst_text=row[4],
    tags=ast.literal_eval(row[5]),
  )
```

텍스트의 한 행으로부터 올바르게 Post 인스턴스를 생성한다. datetime 텍스트와 태그 텍스트를 적절한 파이썬 타입으로 변환한다. 이렇게 하면 매핑이 분명해진다는 장점이 있다.

위 예제는 ast.literal_eval()을 사용해 더욱 복잡한 파이썬 리터럴 값을 디코딩한다. 이로써 CSV 데이터에 문자열 값 튜플인 "('#RedRanger', '#Whitby42', '#ICW')"를 넣을 수 있다. ast.literal_eval()이 없었다면 이 데이터 타입에 훨씬 복잡한 정규식을 써서 파서를 직접 작성해야 했을 것이다. 직접 작성하는 대신 안전하게 역직렬화할 수 있는 문자열 튜플 객체를 직렬화하기로 했다.

이제 반복자로 CSV 행을 필터링하는 법을 알아보자.

반복자로 CSV 행 필터링

앞선 로드 예제의 경우 Blog 객체의 리스트를 생성하는 대신 Blog 객체를 순회하도록 리팩터링할 수 있다. 이렇게 하면 아주 큰 CSV 파일을 빠르게 읽어 관련 있는 Blog와 Post 행만 찾을 수 있다. 다음 함수는 각 Blog 인스턴스를 따로따로 만드는 생성자다.

```
def blog_iter(source: TextIO) -> Iterator[Blog]:
    rdr = csv.reader(source)
    header = next(rdr)
    assert header == ["__class__", "title", "date", "title",
"rst_text", "tags"]
    blog = None
    for r in rdr:
        if r[0] == "Blog":
            if blog:
                yield blog
            blog = blog_builder(r)
        elif r[0] == "Post":
            post = post_builder(r)
            blog.append(post)
    if blog:
        yield blog
```

blog_iter() 함수는 Blog 객체를 생성해 Post 객체를 덧붙인다. Blog 헤더가 나타날 때마다 이전 Blog를 생성한다. 또한 마지막 최종 Blog 객체도 생성해야 한다. Blog 인스턴스 리스트가 매우 크면 다음 코드를 사용한다.

```
with (Path.cwd()/"data"/"ch10_blog3.csv").open() as source:
    blogs = list(blog_iter(source))
```

아주 드물게 실제 메모리에 있는 전체 시퀀스가 필요한 경우, 반복자를 사용해 Blogs 리스트를 만든다. 다음과 같이 각 Blog를 하나씩 처리하면서 RST 파일로 생성하기 위해 렌더링한다.

```
with (Path.cwd()/"data"/"ch10_blog3.csv").open() as source:
    for b in blog_iter(source):
        with open(blog.title+'.rst','w') as rst_file:
            render(blog, rst_file)
```

blog_iter() 함수로 각 블로그를 읽었다. 읽으면 RST 포맷의 파일로 렌더링할 수 있다. 별도의 프로세스가 rst2html.py를 실행해 각 블로그를 HTML로 변환할 수 있다.

선택된 Blog 인스턴스만 처리하도록 필터를 추가하기도 쉽다. Blog 인스턴스를 전부 렌더링하지 않고 if문을 추가해 어떤 Blog를 렌더링해야 하는지 결정한다.

CSV 파일로 조인 행을 덤프하고 로드하는 법을 알아보자.

CSV 파일에 조인 행 덤프와 로드

객체를 조인join한다는 것은 각 행이 여러 개의 열로 복합된 컬렉션을 생성하는 것이다. 이때 여러 개의 열은 자식 클래스 속성과 부모 클래스 속성의 합집합이다. 파일에서 한 행은 각 자식이다. 각 행의 부모 속성은 그 자식의 부모 속성값을 반복한다. 각 자식마다 부모 값을 반복하니 중복이 상당히 많아진다. 다단계multiple level 컨테이너라면 엄청난 양의 데이터가 반복된다.

이러한 반복은 각 행마다 독립적이라 앞 행에서 정의한 컨텍스트에 속하지 않는다는 장점이 있다. 클래스 구분자discriminator가 필요 없다. 부모의 값이 각 자식 객체마다 반복된다.

각 자식이 부모의 속성을 이어받는 간단한 계층 구조를 형성하는 데이터에는 이 방법이 잘 통한다. 데이터가 더 복잡한 관계를 포함하면 단순한 부모-자식 패턴이 무너진다. 예제에서는 Post 태그들을 하나의 텍스트 열로 결합했다. 태그들을 별도의 열로 분리하면 각 Post의 자식이 된다. 즉, Post의 텍스트가 각 태그마다 반복될 것이다. 이건 결코 좋은 방법이 아니다!

CSV 열 제목은 가능한 모든 열 제목의 합집합이어야 한다. 다양한 행 종류 간 이름 충돌이 발생할 수 있으므로 클래스명으로 각 열 제목을 한정해야 한다. 그래야 'Blog.title'과 'Post.title'처럼 열 제목이 겹치지 않는다. 이렇게 하면 열을 위치 기반으로 할당하지 않고 DictReader와 DictWriter를 사용할 수 있다. 하지만 한정된 이름은 당연히 클래스 정의의 속성명과 일치하지 않는다. 결국 열 제목을 파싱하려면 좀 더 복잡한 텍스트 처리가 필요하다. 다음은 부모와 자식 속성을 모두 포함하는 조인 행^{joined row}을 작성하는 방법이다.

```
with (Path.cwd() / "data" / "ch10_blog5.csv").open("w", newline="") as
target:
  wtr = csv.writer(target)
  wtr.writerow(
    ["Blog.title", "Post.date", "Post.title", "Post.tags",
"Post.rst_text"]
  )
  for b in blogs:
    for p in b.entries:
      wtr.writerow([b.title, p.date, p.title, p.tags, p.rst_text])
```

보다시피 열 제목을 한정했다. 위 포맷에서 각 행은 Blog 속성과 Post 속성의 합집합을 포함한다. b.title과 p.title 속성으로 각 포스트마다 블로그 제목을 넣을 수 있다.

이러한 데이터 파일 레이아웃은 비어 있는 열을 None으로 채울 필요가 없으니 만들기 훨씬 더 쉽다. 각 열 제목이 고유하므로 단순한 csv.writer() 대신 쉽게 DictWriter로 바꿀 수 있다.

블로그 항목은 두 단계 연산을 거쳐 다시 생성된다. 부모와 Blog 객체를 표현하는 열이 고유한지 검사해야 한다. 자식과 Post 객체를 표현하는 열은 가장 최근에 찾은 부모 컨텍스트에서 생성한다. 다음의 방법으로 CSV 행으로부터 원래의 컨테이너를 다시 만든다.

```python
def blog_iter2(source: TextIO) -> Iterator[Blog]:
  rdr = csv.DictReader(source)
  assert (
    set(rdr.fieldnames)
    == {"Blog.title", "Post.date", "Post.title", "Post.tags",
"Post.rst_text"}
  )
  # 첫 번째 행을 가져와 첫 번째 블로그와 포스트를 생성한다.
  row = next(rdr)
  blog = blog_builder5(row)
  post = post_builder5(row)
  blog.append(post)

  # 이어지는 행을 모두 가져온다.
  for row in rdr:
    if row["Blog.title"] != blog.title:
      yield blog
      blog = blog_builder5(row)
    post = post_builder5(row)
    blog.append(post)
  yield blog
```

데이터의 첫 행은 Blog 인스턴스와 그 Blog 내 첫 Post를 만드는 데 쓰인다. 루프에서 따르는 불변 조건은 올바른 Blog 객체가 있다고 가정한다. Blog 인스턴스가 유효하면 로직 처리가 훨씬 간단해진다. Post 인스턴스는 다음 함수로 생성한다.

```python
import ast

def post_builder5(row: Dict[str, str]) -> Post:
  return Post(
    date=datetime.datetime.strptime(
      row['Post.date'],
      "%Y-%m-%d %H:%M:%S"),
    title=row['Post.title'],
    rst_text=row['Post.rst_text'],
    tags=ast.literal_eval(row['Post.tags']),
  )
```

각 행의 열을 각각 변환해서 constructor 클래스의 매개변수와 매핑했다. 이로써 CSV 텍스트로부터 파이썬 객체로의 모든 타입 변환을 올바르게 처리한다.

blog_builder5() 함수는 post_builder5() 함수와 비슷하다. 속성이 별로 없고 데이터 변환도 없으니 여기서 따로 보이지 않고 연습 문제로 남겨두겠다.

XML을 사용해 어떻게 덤프하고 로드하는지 알아보자.

⁘ XML 덤프와 로드

파이썬의 xml 패키지에는 XML 파일을 파싱하는 많은 모듈이 들어 있다. 또한 XML 문서를 생성하는 문서 객체 모델DOM, Document Object Model 구현도 있다. json 모듈처럼 xml도 파이썬 객체를 지속시키는 완벽한 방법은 아니다. 하지만 XML 파일을 널리 채택하고 있으므로 파이썬 객체와 XML 문서 간 변환이 종종 필요하다.

XML 파일을 다룰 때는 객체와 XML 구조 간 수동 매핑을 해야 한다. XML 표기의 제약을 유념해 매핑을 신중히 디자인해야 한다. 객체의 표현력과 XML 문서의 엄격한 계층 구조가 일치하지 않아 매핑이 어려울 수 있다.

XML의 속성이나 태그는 순수 텍스트다. XML 문서를 로드할 때 텍스트 값을 애플리케이션에 유용한 타입으로 변환해야 한다. 때로는 XML 문서 내에 적절한 타입을 가리키는 속성이나 태그가 존재한다.

제약을 얼마든지 받아들일 수 있다면 plistlib 모듈을 사용해 내장 파이썬 구조를 XML 문서처럼 만들 수 있다. 이 모듈은 14장에서 설정 파일 로딩에 이용하며 더 알아보겠다.

> **NOTE**
>
> json 모듈은 JSON 인코딩을 확장해 커스터마이징한 클래스를 포함시킬 수 있는 방법을 제공한다. 반면 plistlib 모듈은 이러한 추가 후크를 추가로 제공하지 않는다.

파이썬 객체를 덤프해 XML 문서를 생성할 때 일반적으로 텍스트를 만드는 방법은 다음 세 가지다.

- 클래스 디자인에 XML 출력 메서드를 포함시킨다. 이때 클래스는 XML 문서로 조합할 수 있는 문자열을 만든다. 잠재적으로 불안정한 디자인으로 직렬화를 클래스에 융합시킨다.

- `xml.etree.ElementTree`를 사용해 `ElementTree` 노드를 만들어 이 구조를 반환한다. 구조를 텍스트로 렌더링할 수 있다. 텍스트가 아닌 추상 문서 객체 모델을 생성하므로 다소 덜 불안정하다.

- 외부 템플릿을 사용해 속성을 템플릿에 넣는다. 정교한 템플릿 도구가 있어야 제대로 동작한다. 표준 라이브러리의 `string.Template` 클래스는 아주 간단한 객체에만 알맞다. 더 일반적으로는 Jinja2나 Mako를 사용해야 한다. 이러한 도구는 클래스 정의와 XML을 분리한다.

몇몇 프로젝트에서 범용 파이썬 XML 직렬 변환기^{serializer}를 개발 중이다. 범용 직렬 변환기를 만들 때 문제는 극단적으로 유연한 XML이다. 각 XML 애플리케이션마다 고유한 XML 스키마 정의^{XSD, XML Schema Definition}나 문서 타입 정의^{DTD, Document Type Definition} 요구 사항을 지닌다.

원자 값을 인코딩하는 방법 역시 아직 해결되지 않은 XML 문서 디자인 이슈 중 하나다. 선택지는 아주 많다. `<int name="the_answer">42</int>`처럼 태그 속성에 속성명을 넣는 타입 특정 태그를 쓰는 방법이 있다. `<the_answer type="int"> 42</the_answer>`처럼 태그 속성에 타입을 넣는 속성 특정 태그를 쓰는 방법도 있다. `<the_answer><int>42</int></the_answer>`처럼 중첩 태그를 쓸 수도 있다. 혹은 `<the_answer>42</the_answer>`처럼 별도의 스키마 정의에 따라 the_answer가 정수여야 하며, 값을 그냥 텍스트로 인코딩해야 한다고 제안할 수 있다. `<key>the_answer</key><int>42</int>`와 같은 인접 태그를 쓸 수도 있다. XML은 이 밖에도 매우 많은 방법을 제공한다.

XML 문서로부터 파이썬 객체를 복구할 때 두 단계를 거친다. 일반적으로 문서를 파싱해 문서 객체를 생성해야 한다. 여기까지 성공하면 XML 문서를 검사해 태그로부터 파이썬 객체를 조합한다.

장고 같은 웹 프레임워크는 장고에서 정의한 클래스의 XML 직렬화를 제공한다. 모든 파이썬 객체를 일반적으로 직렬화하는 방법은 아니다. 장고의 데이터 모델링 컴포넌트에서 정의하는 제한적인 직렬화. 이 밖에 파이썬 객체와 XML을 연결하는 방법으로 dexml, lxml, pyxser 같은 패키지도 있다. 자세한 정보는 http://pythonhosted.org/dexml/api/dexml.html과 http://lxml.de, http://coder.cl/products/pyxser/를 확인한다. https://wiki.python.org/moin/PythonXml에서 더 많은 대안 패키지를 소개한다.

문자열 템플릿을 사용한 객체 덤프

파이썬 객체를 XML로 직렬화하는 한 가지 방법은 XML 텍스트를 생성하는 메서드를 추가하는 것이다. 복잡한 객체라면 컨테이너 내 각 항목마다 XML을 생성해야 한다. XML을 텍스트로 출력하도록 예제의 마이크로블로그 클래스 구조를 간단히 확장해보자.

```python
from dataclasses import dataclass, field, asdict

@dataclass
class Blog_X:
  title: str
  entries: List[Post_X] = field(default_factory=list)
  underline: str = field(init=False)

  def __post_init__(self) -> None:
    self.underline = "="*len(self.title)

  def append(self, post: 'Post_X') -> None:
    self.entries.append(post)

  def by_tag(self) -> DefaultDict[str, List[Dict[str, Any]]]:
    tag_index: DefaultDict[str, List[Dict[str, Any]]] =
defaultdict(list)
    for post in self.entries:
      for tag in post.tags:
        tag_index[tag].append(asdict(post))
    return tag_index
```

```
    def as_dict(self) -> Dict[str, Any]:
        return asdict(self)

    def xml(self) -> str:
        children = "\n".join(c.xml() for c in self.entries)
        return f"""\
<blog><title>{self.title}</title>
<entries>
{children}
<entires>
</blog>
"""
```

데이터 클래스 기반 정의에 몇 가지를 더 포함시켰다. 먼저 Blog_X 객체의 핵심 속성인 제목과 항목 리스트를 정의했다. 항목 리스트를 선택 속성으로 만들기 위해 기본값 팩토리로 list() 함수를 사용하도록 필드 정의를 제공했다. 앞서 보였던 Blog 클래스와 호환되도록 __post_init__() 스페셜 메서드에서 생성하는 underline 속성도 제공했다.

append() 메서드는 Blog 클래스와 호환되도록 Blog_X 클래스단에서 제공한다. 이 메서드는 작업을 entires 속성에 위임한다. by_tag() 메서드는 해시 태그로 색인을 만드는 데 쓰인다.

Blog 객체를 위해 정의한 as_dict() 메서드는 객체로부터 딕셔너리를 생성한다. 데이터 클래스에서는 dataclasses.asdict() 함수가 이 역할을 대신한다. Blog 클래스와 호환되도록 asdict() 함수를 Blog_X 데이터 클래스의 메서드로 래핑했다.

xml() 메서드는 객체의 XML 기반 텍스트를 만든다. 비교적 복잡하지 않은 f 문자열 처리로 값을 문자열에 삽입한다. 항목 하나를 완성하기 위해 entires 컬렉션을 연속된 줄로 변환하고 children 변수에 할당하고 결과 XML 텍스트로 포매팅한다.

Post_X 클래스 정의도 비슷하다. 다음과 같다.

```
@dataclass
class Post_X:
    date: datetime.datetime
```

```python
    title: str
    rst_text: str
    tags: List[str]
    underline: str = field(init=False)
    tag_text: str = field(init=False)

    def __post_init__(self) -> None:
      self.underline = "-"*len(self.title)
      self.tag_text = ' '.join(self.tags)

    def as_dict(self) -> Dict[str, Any]:
      return asdict(self)

    def xml(self) -> str:
      tags = "".join(f"<tag>{t}</tag>" for t in self.tags)
      return f"""\

<entry>
  <title>{self.title}</title>
  <date>{self.date}</date>
  <tags>{tags}</tags>
  <text>{self.rst_text}</text>
</entry>"""
```

마찬가지로 __post_init__() 스페셜 메서드에서 생성하는 두 필드를 제공한다. 앞서 보인 Post 클래스와 호환되도록 as_dict() 메서드도 포함한다. 이 메서드는 실제로 데이터 클래스 객체로부터 딕셔너리를 생성하는 asdict() 함수를 사용한다.

두 클래스의 XML 출력 메서드 모두 굉장히 클래스에 특화돼 있다. 두 메서드는 연관 있는 속성을 XML 구문으로 래핑한다. 이 방식은 일반화하기 어렵다. Blog_X.xml() 메서드는 제목과 항목을 포함하는 <blog> 태그를 만든다. Post_X.xml() 메서드는 다양한 속성을 포함하는 <post> 태그를 만든다. 둘 다 부수적인 객체에 대해서는 "".join()이나 "\n".join()으로 짧은 문자열 원소를 붙여 더 긴 문자열을 만들었다. 다음은 Blog 객체를 XML로 변환한 결과다.

```xml
<blog><title>Travel</title>
<entries>
```

```
<entry>
  <title>Hard Aground</title>
  <date>2013-11-14 17:25:00</date>
<tags><tag>#RedRanger</tag><tag>#Whitby42</tag><tag>#ICW</tag></tags>
  <text>Some embarrassing revelation. Including ☺ and ⚓</text>
</entry>
<entry>
  <title>Anchor Follies</title>
  <date>2013-11-18 15:30:00</date>
<tags><tag>#RedRanger</tag><tag>#Whitby42</tag><tag>#Mistakes</tag>
</tags>
  <text>Some witty epigram.</text>
</entry>
<entries></blog>
```

위 방식에는 두 가지 단점이 있다.

- XML 네임스페이스를 무시했다. 리터럴 텍스트를 조금 변경해 태그를 만들었다.

- 또한 각 클래스는 <와 >, &, " 문자를 XML 엔티티인 <, >, &, "로 올바르게 인코딩해야 한다. html 모듈에 들어 있는 html.escape() 함수로 수행한다.

위 예제는 적절한 XML을 만들며 동작한다고 신뢰할 수 있지만 그렇게 정교하지도 않고 일반화하기도 어렵다.

이어지는 절에서는 xml.etree.ElementTree로 객체를 덤프하는 법을 알아보겠다.

xml.etree.ElementTree로 객체 덤프

XML로 생성할 수 있는 Element 구조를 만들려면 xml.etree.ElementTree 모듈을 사용한다. xml.dom과 xml.minidom으로는 하기 어렵다. DOM API를 사용하려면 개개 원소를 만드는 최상단 문서가 있어야 한다. 이러한 컨텍스트 객체로 인해 속성 몇 개로 이뤄진 간단한 클래스도 직렬화하기가 복잡하다. 먼저 문서를 만든 후 문서 컨텍스트를 인자로 넣어 문서의 모든 원소를 직렬화해야 한다.

일반적으로는 각 클래스에서 최상단 원소를 만들어 반환하도록 디자인한다. 대부분의 최상단 원소는 하위 원소들의 시퀀스다. 각 원소마다 텍스트와 속성을 할당할 수 있다. 닫는 태그 뒤에 관련성 없는 텍스트인 tail을 할당할 수도 있다. 어떤 컨텐트 모델에서는 tail이 단순히 공백이다. 긴 이름 대신 다음과 같이 ElementTree를 임포트하면 좋다.

```
import xml.etree.ElementTree as XML
```

XML 출력 기능을 Element 인스턴스로 추가해 마이크로블로그 클래스 구조를 확장하겠다. 먼저 Blog_X 클래스를 다음과 같이 확장한다.

```
import xml.etree.ElementTree as XML
from typing import cast

class Blog_E(Blog_X):

  def xmlelt(self) -> XML.Element:
    blog = XML.Element("blog")
    title = XML.SubElement(blog, "title")
    title.text = self.title
    title.tail = "\n"
    entities = XML.SubElement(blog, "entries")
    entities.extend(cast('Post_E', c).xmlelt() for c in
self.entries)
    blog.tail = "\n"
    return blog
```

이어서 Post_X 클래스를 다음과 같이 확장한다.

```
class Post_E(Post_X):

  def xmlelt(self) -> XML.Element:
    post = XML.Element("entry")
    title = XML.SubElement(post, "title")
    title.text = self.title
    date = XML.SubElement(post, "date")
    date.text = str(self.date)
    tags = XML.SubElement(post, "tags")
```

```
for t in self.tags:
    tag = XML.SubElement(tags, "tag")
    tag.text = t
text = XML.SubElement(post, "rst_text")
text.text = self.rst_text
post.tail = "\n"
return post
```

클래스에 매우 특화된 XML 출력 메서드로 작성했다. 두 메서드는 적절한 텍스트 값을 갖는 Element 객체를 생성한다.

Blog.xmlelt() 메서드는 Element.extent()를 수행해 모든 개개 포스트 항목을 <entry> 원소 안으로 넣었다. 이렇게 XML 구조를 유연하고 간단하게 생성할 수 있다. 이 방식은 XML 네임스페이스도 적절하게 처리한다. QName 클래스를 사용해 XML 네임스페이스의 한정자를 만들 수 있다. ElementTree 모듈은 XML 태그에 네임스페이스 한정자를 올바르게 적용한다. 또한 <와 >, &, " 문자를 XML 엔티티인 <와 >, &, "로 올바르게 인코딩한다. 위 메서드로 출력한 XML 출력은 이전과 거의 일치한다. 단, 공백은 다르다.

최종 출력은 다음과 같이 ElementTree 모듈의 추가 기능을 이용해 만든다.

```
tree = XML.ElementTree(travel5.xmlelt())
text = XML.tostring(tree.getroot())
```

travel5 객체는 Blog_E의 인스턴스다. travel5.xmlelt()를 실행한 결과는 XML.Element로서 완전한 XML.ElementTree 객체로 래핑된다. 트리의 루트 객체는 유효한 XML 문자열로 변환해 출력하거나 파일에 저장할 수 있다.

이제 XML 문서를 어떻게 로드하는지 알아보자.

XML 문서 로드

XML 문서로부터 파이썬 객체를 로드할 때 두 단계를 거친다. 먼저 XML 텍스트를 파싱해 문서 객체를 생성해야 한다. 이어서 문서 객체를 검사해 파이썬 객체를 생성해야한다. 앞서 언급했듯이 XML 표기는 매우 유연해서 XML에서 파이썬으로 직렬화하는 방법이 매우 많다.

XML 문서를 훑어보는 한 가지 방법은 XPath 같은 쿼리를 만들어 파싱했던 다양한 원소를 찾는 것이다. 다음의 함수는 XML 문서를 훑으면서 XML로부터 Blog와 Post 객체를 생성한다.

```python
def build_blog(document: XML.ElementTree) -> Blog_X:
    xml_blog = document.getroot()
    blog = Blog_X(xml_blog.findtext("title"))
    for xml_post in xml_blog.findall("entries/entry"):
        optional_tag_iter = (
            t.text for t in xml_post.findall("tags/tag")
        )
        tags = list(
            filter(None, optional_tag_iter)
        )
        post = Post_X(
            date=datetime.datetime.strptime(
                xml_post.findtext("date"), "%Y-%m-%d %H:%M:%S"
            ),
            title=xml_post.findtext("title"),
            tags=tags,
            rst_text=xml_post.findtext("rst_text"),
        )
        blog.append(post)
    return blog
```

위 함수는 <blog> XML 문서를 순회한다. <title> 태그를 찾아 그 원소 내 텍스트를 모아 최상단 Blog 인스턴스를 생성한다. 이어서 <entries> 원소 내 모든 <entry> 하위 원소를 찾는다. 이는 각 Post 객체를 만드는 재료다. 이후 Post 객체의 다양한 속성을 각각 변환한다. <tags> 원소 내 각 <tag> 원소의 텍스트는 텍스트 값 리스트로 바뀐다. 날짜는 텍스트 표현으로부터 파싱한다. 이제 각 Post 객체를 전체 Blog 객체에 덧붙인다. XML 텍스트와 파이썬 객체 간 수동 매핑은 XML 문서 파싱에서 필수다.

(t.text for t in xml_post.findall("tags/tag")) 생성자 표현식의 값은 Iteratorp[str] 타입이 아니다. t.text 속성의 값은 Optional[str] 타입이다. 앞선 표현식은 타입 힌트가 List[Optional[str]]인 리스트를 생성하고 이 값은 Post_X 클래스와 호환되지 않는다.

해결책은 두 가지다. List[Optional[str]]을 사용하도록 Post_X 정의를 확장한다. 혹은 None 객체를 필터링한다. 위 코드에서는 None 객체 삭제를 파서에게 맡겼다. filter (None, iterable) 함수는 이터러블에서 모든 None값을 제거하면서 List[Optional[str]] 타입 힌트의 값을 List[str] 타입 힌트의 값으로 변환한다.

이러한 종류의 변환과 필터링은 XML 처리에서 아주 중요하다. 각각의 데이터 타입이나 구조를 XML과 호환되는 문자열로 직렬화하고 XML 문자열로부터 역직렬화해야 한다. XML은 구조를 제공할 뿐 실제 직렬화는 파이썬 애플리케이션 프로그래밍에서 중요하게 다뤄야 한다.

⁘ 요약

파이썬 객체를 직렬화하는 여러 방법을 알아봤다. JSON과 YAML, pickle, XML, CSV 표기로 클래스 정의를 인코딩할 수 있다. 각 표기마다 장단점이 다르다.

이처럼 다양한 라이브러리 모듈은 일반적으로 외부 파일로부터의 객체 로드 또는 파일로의 객체 덤프를 처리한다. 모듈끼리 서로 완전히 일치하진 않아도 매우 유사하므로 공통 디자인 패턴을 적용할 수 있다.

가장 어려운 디자인 문제는 CSV와 XML을 사용할 때 발생한다. 파이썬 내 클래스 정의에 CSV나 XML 표기로 올바르게 표현할 수 없는 객체 참조가 있을 수 있다.

디자인 고려 사항과 트레이드오프

여러 방법으로 파이썬 객체를 직렬화해서 지속시킬 수 있다. 아직 다 알아보지 못했다. 이번 절에서는 두 가지 기본적인 유스 케이스에 초점을 맞춘다.

- **다른 애플리케이션과의 데이터 교환**: 다른 애플리케이션에 데이터를 퍼블리싱하거나 다른 애플리케이션으로부터 데이터를 받을 수 있다. 이때 종종 상대 애플리케이션의 인터페이스에 따른 제약을 받는다. 다른 애플리케이션과 프레임워크에서는 JSON과 XML 형태로 데이터를 교환하고 싶어 할 수 있다. 어떤 때는 CSV로 데이터를 교환한다.

- **사용자 애플리케이션의 지속 가능한 데이터**: 이때는 주로 파이썬 표준 라이브러리에 들어 있는 완벽한 방식인 pickle을 선택한다. 하지만 YAML은 파일을 열람, 편집, 수정할 수 있는 가독성이라는 큰 장점이 있다.

각 포맷을 처리하는 데 여러 디자인 고려 사항이 따른다. 우선 이러한 포맷들은 단일 파이썬 객체 직렬화에 치우쳐 있다. 객체 리스트도 직렬화하지만 기본적으로 단일 객체다. 가령 JSON과 XML에서는 직렬화한 객체 뒤에 종료 구분자^{ending delimiter}를 작성한다. 11장과 12장의 shelve와 sqlite3에서 더 큰 도메인에서 개개 객체를 지속시키는 방법을 알아보겠다.

JSON은 널리 쓰이는 표준이지만 복잡한 파이썬 클래스를 표현하기에는 불편하다. JSON을 사용하려면 JSON과 호환되는 표현으로 객체를 바꾸는 방법을 알아야 한다. JSON 문서는 사람이 읽을 수 있다. 이러한 JSON의 제약 덕분에 인터넷을 통한 객체 전송이 잠재적으로 안전하다.

YAML은 JSON만큼 널리 쓰이진 않지만 직렬화와 지속성에 관한 많은 문제를 해결한다. YAML 문서는 사람이 읽을 수 있다. 편집 가능한 설정 파일이라면 YAML이 이상적이다. 안전 로드^{safe-load} 옵션으로 YAML을 안전하게 만들 수 있다.

피클^{pickle}은 파이썬 객체를 로컬에 간단하고 빠르게 지속시킬 때 이상적이다. 파이썬 간에 전송하는 간결한 표기이다. CSV는 널리 쓰이는 표준이다. CSV 표기로 파이썬 객체를 표현해내기 쉽지 않다. CSV 표기로 데이터를 공유할 때는 주로 애플리케이션에서 `NamedTuple` 객체를 사용한다. 파이썬에서 CSV로, CSV에서 파이썬으로의 매핑을 디자인해야 한다.

XML은 데이터 직렬화에 널리 쓰이는 또 다른 표기이다. 상당히 유연하므로 매우 다양한 방법으로 파이썬 객체를 XML 표기로 인코딩할 수 있다. 많은 XML 유스 케이스에 XSD나 DTD 형식으로 된 외부 명세가 필요하다. XML을 파싱해 파이썬 객체를 생성하는 과정은 항상 상당히 복잡하다.

CSV에서 각 행은 다른 행과 매우 독립적이므로 아주 큰 객체 컬렉션을 인코딩하거나 디코딩할 수 있다. 즉, CSV는 메모리에 들어가지 않는 커다란 컬렉션을 인코딩하고 디코딩하는 데 유용하다.

여러 디자인 문제가 복합적으로 발생할 때도 있다. 최신 스프레드시트 파일을 읽을 때 XML 파싱 문제 속에 CSV 행과 열 문제가 존재한다. 예를 들어 OpenOffice를 떠올려보자. ODS 파일은 아카이브로 압축된다. 아카이브 내 파일 중 하나가 content.xml 파일이다. XPath로 `body/spreadsheet/table` 원소를 검색해 스프레드시트 문서의 각 탭을 찾는다. 각 테이블마다 ⁽주로⁾ 파이썬 객체와 매핑되는 `table-row` 원소를 찾는다. 각 행마다 객체의 속성을 만드는 값들을 포함하는 `table-cell` 원소를 찾는다.

스키마 진화

객체를 지속시키려면 스키마 진화 문제를 해결해야 한다. 객체는 동적인 상태와 정적인 클래스 정의를 갖는다. 동적 상태는 지속시키기 쉽다. 클래스 정의는 지속시키려는 데이터의 스키마다. 하지만 클래스는 정적이 아닐 수 있다. 클래스가 변경될 때 이전 애플리케이션 배포에서 덤프했던 데이터를 다시 로드할 방법을 마련해둬야 한다.

메이저와 마이너 배포 버전을 구분할 때는 외부 파일과의 상호 호환성을 고려하는 것이 가장 좋다. 메이저 배포는 파일이 더 이상 호환되지 않으며 반드시 변환해야 한다는 점을 뜻한다. 마이너 배포는 파일 포맷이 호환되고 업그레이드할 때 데이터를 변환하지 않아도 된다는 것이다.

일반적으로 파일 확장명에 메이저 버전 번호를 넣는다. `.json2`나 `.json3`처럼 파일명 끝에 넣어 어떤 데이터 포맷을 사용하는지 알린다. 여러 버전에 걸쳐 지속 가능한 파일 포맷을 지원하기엔 상당히 복잡하다. 매끄러운 업그레이드 경로를 제공하려면 애플리케이션에서 이전 파일 포맷을 디코딩할 수 있어야 한다. 입력에서 여러 포맷을 지원하더라도 가장 최신이자 가장 큰 파일 포맷으로 데이터를 지속시키는 것이 가장 좋다.

11장에서는 단일 객체가 아닌 객체들의 직렬화를 다룬다. `shelve`와 `sqlite3` 모듈은 매우 다양한 별개 객체를 직렬화하는 방법이다. 이후 REST^{Representational State Transfer}에 이러한 기법을 적용해 프로세스 간 객체를 전송해본다. 설정 파일을 처리할 때도 다시 사용한다.

예고

11장과 12장에서는 더 큰 객체 컬렉션을 지속시키는 두 일반적인 방법을 알아본다. 11장과 12장은 파이썬 객체들의 데이터베이스를 생성하는 서로 다른 방식을 보여준다.

13장에서는 다른 프로세스 내 객체를 사용하는 문제에 직렬화 기법을 적용한다. 프로세스 간 객체를 전송하는 간단하고 대중적인 방법인 RESTful 웹 서비스를 주로 다룬다.

14장에서도 직렬화 기법을 다시 적용한다. JSON과 YAML 같은 표현으로 애플리케이션의 설정 정보를 인코딩한다.

11

셀브를 통한 객체 저장과 추출

객체를 개별적으로 지속시켜야 하는 애플리케이션이 많다. 10장에서 살펴본 기법은 단일 객체 처리에 적합하다. 하지만 때로는 더 큰 도메인의 각 객체를 별개로 지속시킬 수 있어야 한다.

객체를 지속시키는 애플리케이션은 CRUD 연산, 즉 생성Create과 추출Retrieve, 업데이트Update, 삭제Delete로 요약되는 네 가지 유스 케이스로 검증할 수 있다. 기본적으로 도메인 내 모든 객체에 어떤 연산이든 적용할 수 있어야 하며, 이를 위해 파일에 모든 객체를 한 번에 로드하거나 덤프할 때보다 더 정교한 지속 메커니즘이 필요하다. 단순한 로드나 덤프는 메모리를 낭비할 뿐만 아니라 세분화된 별개의 객체 단위 저장소보다 대개 덜 효율적이다.

저장소를 정교하게 사용하려면 어떻게 역할이 나뉘는지 자세히 살펴봐야 한다. 다양한 관심사를 분리함으로써 애플리케이션 소프트웨어 구조의 전체 디자인 패턴이 나온다. 이러한 고급 디자인 패턴 중 하나가 다중 계층 아키텍처multi-tier architecture다.

- **표현 계층**: 웹 브라우저나 모바일 앱을 포함한다. 로컬에 설치된 애플리케이션을 위한 그래픽 사용자 인터페이스^{GUI, Graphical User Interface}도 포함할 수 있다. 텍스트 기반 명령줄 인터페이스일 수도 있다.

- **애플리케이션 계층**: 보통 웹 서버 기반이지만 로컬에 설치된 소프트웨어의 일부일 수도 있다. 애플리케이션 계층은 필요에 따라 프로세싱 계층과 데이터 모델 계층으로 다시 나뉜다. 프로세싱 계층은 애플리케이션의 동작을 나타내는 클래스와 함수를 포함한다. 데이터 모델 계층은 문제 도메인의 객체 모델을 정의한다.

- **데이터 계층**: 접근 계층과 지속 계층으로 다시 나뉠 수 있다. 접근 계층은 지속시킨 객체로의 균일한 접근을 제공한다. 지속 계층은 객체를 직렬화해서 저장소에 지속 가능하게 작성한다. 이때 더 정교한 저장소 기법을 구현해야 한다.

위 계층을 또 다시 여러 계층으로 나눌 수 있으므로 변형이 매우 다양하다. 명백히 구분 지을 때는 3계층 아키텍처라고 부른다. 더 세분화된 분류를 허용하도록 n계층 아키텍처라 부르기도 한다.

데이터 계층에서는 shelve 같은 모듈을 사용해 지속시킨다. shelve 모듈은 객체를 저장할 수 있는 매핑과 유사한 컨테이너를 정의한다. 각 객체를 피클로 표현해 파일에 작성한다. 파일로부터 객체를 다시 만들고 추출할 수도 있다. shelve 모듈은 dbm 모듈을 사용해 객체를 저장하고 추출한다.

11장에서는 전체 데이터 계층 내의 접근 계층과 지속 계층을 중점적으로 다룬다. 이때 계층 간 인터페이스 중 하나가 단일 애플리케이션의 클래스 인터페이스다. 11장에서는 간단한 클래스 간 인터페이스를 주로 다룬다. 데이터 계층의 네트워크 기반 인터페이스는 REST를 사용하는 13장에서 살펴본다.

11장에서 다룰 주제는 다음과 같다.

- 객체 지속 유스 케이스 분석

- 셸브 생성

- 셸브로 표현할 수 있는 객체 디자인

- 검색, 스캔, 쿼리

- shelve의 접근 계층 디자인

- 효율성을 높이는 색인 생성

- 색인 유지 보수 기능 추가

- 라이트백으로 색인 업데이트

∷ 기술 요구 사항

11장의 코드 파일은 https://git.io/fj2Ur에 있다.

∷ 객체 지속 유스 케이스 분석

10장에서 살펴봤던 지속 메커니즘은 하나 이상의 객체를 직렬화해서 표현한 콤팩트 파일[1]을 읽고 쓰는 방법이었다. 파일 일부를 업데이트하려면 전체 파일을 교체해야 했다. 데이터를 콤팩트 표기로 표현했으므로 파일 내에서 개별 객체의 위치를 찾기 어렵고, 크기가 변하면 객체를 교체하기 어렵다. 기발하고 복잡한 알고리듬으로 문제를 해결하는 대신 데이터 전체를 직렬화해서 저장했다.

독립적인 다수의 가변 객체를 지속시켜야 하는 더 큰 도메인이라면 유스 케이스를 한 단계 더 깊이 고려해야 한다.

- 한 번에 모든 객체를 메모리에 로드하고 싶지 않다. 빅 데이터 애플리케이션에서는 일반적으로 한 번에 모든 객체를 메모리에 로드하기 어렵다.

- 객체 도메인의 일부 혹은 개개 인스턴스만 업데이트하고 싶다. 객체 하나를 업데이트하려고 모든 객체를 로드하고 덤프하는 것은 상당히 비효율적이다.

---

1 크기를 줄인 파일 – 옮긴이

- 한 번에 모든 객체를 덤프하지 않고 점진적으로 객체를 추가하고 싶다. YAML과 CSV 같은 포맷은 어렵지 않게 파일에 덧붙일 수 있다. 반면 JSON과 XML 같은 포맷은 종료자terminator를 포함하므로 파일에 쉽게 덧붙일 수 없다.

이 밖에도 고려해야 할 요소가 더 있다. 일반적으로 직렬화와 지속성, 트랜잭션 일관성, 동시 쓰기 접근을 데이터베이스라는 하나의 포괄적인 개념으로 합친다. shelve 모듈 자체는 포괄적인 데이터베이스 솔루션이 아니다. 내부의 dbm 모듈은 동시 쓰기를 직접 처리하지 않는다. 다중 연산 트랜잭션도 처리하지 않는다. 동시 업데이트는 파일에 하단의 OS 락킹을 적용해 허용할 수 있다. 동시 쓰기 접근은 적절한 데이터베이스나 RESTful 데이터 서버를 사용하는 편이 낫다. 12장과 13장에서 더 살펴보겠다.

이어지는 절에서는 ACID 속성을 알아본다.

ACID 속성

ACID 속성을 어떻게 shelve 데이터베이스에 적용할지 생각하며 디자인해야 한다. 보통은 연관된 연산끼리 묶어 애플리케이션을 변경한다. 이 묶음은 데이터베이스를 하나의 일관된 상태에서 또 다른 일관된 상태로 변경해야 한다. 트랜잭션으로 묶는 의도는 다른 사용자의 데이터 사용으로 일관되지 않을 수 있는 중간 상태를 감추는 것이다.

합계 불변을 유지하며 두 객체를 업데이트하는 다중 연산 트랜잭션 예제를 살펴보자. 한 금융 계좌에서 기금을 공제해 다른 계좌로 입금하려 한다. 일관되고 유효한 상태로 데이터베이스를 유지하려면 전체 잔고가 그대로여야 한다.

ACID 속성은 전반적으로 데이터베이스 트랜잭션이 어떻게 동작하기를 원하는지 나타낸다. 다음의 네 가지 규칙으로 요구 사항을 정의한다.

- **원자성**Atomicity: 트랜잭션은 원자 단위여야 한다. 다수의 연산으로 이뤄진 트랜잭션이라면 모든 연산을 완료하거나 어떤 연산도 완료해서는 안 된다. 부분적으로 완료된 트랜잭션은 없어야 한다.

- **일관성**Consistency: 트랜잭션은 일관성을 보장해야 한다. 트랜잭션은 데이터베이스를 하나의 유효한 상태에서 다른 유효한 상태로 변경해야 한다. 데이터베이스를 변질시키거나 동시 실행 사용자에게 일관되지 않은 뷰를 생성해서는 안 된다. 모든 사용자는 완료된 트랜잭션의 실제 효과를 동일하게 볼 수 있어야 한다.

- **독립성**Isolation: 각 트랜잭션을 나머지 모든 트랜잭션과 완전히 독립돼 있는 것처럼 실행해야 한다. 동시 실행 사용자가 서로의 업데이트를 간섭해서는 안 된다. 동시 접근을 (아마도 더 느릴) 직렬 접근으로 항상 변환할 수 있어야 하며, 데이터베이스 업데이트는 동일한 결과를 생성해야 한다. 주로 락lock이 쓰인다.

- **지속성**Durability: 데이터베이스 변경이 파일시스템에 올바르게 지속돼야 한다.

인메모리 파이썬 객체를 처리할 때 ACI는 당연히 지켜지지만 D는 아니다. 정의에 따라 인메모리 객체는 지속되지 않는다. 몇 개의 동시 실행 프로세스가 락킹locking이나 버저닝versioning 없이 shelve 모듈을 사용하면 D만 지켜지고 ACI 속성은 어길 수도 있다.

shelve 모듈은 원자성을 직접 지원하지 않으므로 다수의 연산으로 구성된 트랜잭션을 처리할 통합된 기술이 없다. 여러 연산으로 이뤄진 트랜잭션에 원자성이 필요하다면 하나의 단위로 모두 동작하게 하거나 모두 실패하게 해야 한다. try:문 이전에 상태를 저장한 후 문제가 생기면 예외 핸들러가 데이터베이스의 이전 상태를 복구한다.

shelve 모듈은 모든 종류의 변경에 대해 지속성을 보장하지 않는다. 가변 객체를 셸브에 넣어 메모리에서 객체를 변경하면 셸브 파일에 지속된 객체는 자동으로 변경되지 않는다. 셸브에 있는 객체를 변경하려면 애플리케이션에서 명시적으로 셸브 객체를 업데이트해야 한다. 라이트백 모드writeback mode로 셸브 객체가 변경을 추적하게 할 수 있으나, 이 기능을 사용하면 성능이 현저히 떨어진다.

이렇게 누락된 기능은 락킹과 로깅을 넣어 비교적 간단히 구현할 수 있다. shelf 인스턴스에서 제공하는 기본 기능이 아니다. 전체 ACID 속성이 필요하면 보통은 다른 지속 형태로 바꾼다. 애플리케이션에 전체 ACID 속성이 불필요하면 shelve 모듈이 아주 유용하다.

이어지는 절에서는 셸브를 어떻게 생성하는지 알아본다.

⠿ 셸브 생성

셸브를 생성하려면 먼저 모듈단 함수인 shelve.open()로 지속 가능한 셸브 구조를 생성한다. 이어서 파일을 올바르게 닫아 모든 변경을 하단 파일시스템에 작성한다. shelve의 접근 계층 디자인 절에서 좀 더 완벽한 예제로 다시 살펴보겠다.

내부적으로 shelve 모듈은 dbm 모듈을 사용해 실제 파일을 열고 키와 값을 매핑한다. dbm 모듈은 DBM과 호환되는 하단 라이브러리의 래퍼다. 따라서 잠재적으로 다양하게 shelve 기능을 구현할 수 있다. 다행히도 dbm 구현이 서로 달라도 크게 상관없다.

shelve.open() 모듈함수는 파일명과 파일 접근 모드, 두 매개변수를 받는다. 기존 셸브를 열거나 존재하지 않는 셸브를 새로 생성할 때는 기본 모드인 'c'를 사용한다.

다음 옵션은 특수한 상황에 쓰인다.

- 'r'은 읽기만 가능한 셸브다.

- 'w'는 읽고 쓸 수 있는 셸브다. 반드시 존재해야 하며 그렇지 않으면 예외가 발생한다.

- 'n'은 새로운 빈 셸브다. 이전 버전을 모두 덮어쓴다.

디스크에 적절히 지속시키려면 셸브를 반드시 닫아야 한다. 셸브는 컨텍스트 매니저가 아니지만 항상 contextlib.closing() 함수로 셸브를 꼭 닫아야 한다. 컨텍스트 매니저는 6장을 참조한다.

어떤 상황에서는 파일을 닫지 않고 명시적으로 셸브를 디스크와 동기화해야 한다. shelve.sync() 메서드는 파일을 닫기 전에 변경을 파일에 지속시킨다. 다음 코드와 같은 주기가 이상적이다.

```python
import shelve
from contextlib import closing
from pathlib import Path

db_path = Path.cwd() / "data" / "ch11_blog"
```

```
with closing(shelve.open(str(db_path))) as shelf:
    process(shelf)
```

셸브를 열어 애플리케이션의 실제 작업을 수행할 함수에게 셸브를 제공했다. 프로세스가 끝나면 컨텍스트는 셸브를 닫는다. process() 함수에서 예외가 발생해도 셸브는 올바르게 닫힌다.

셸브로 표현할 수 있는 객체를 어떻게 디자인하는지 알아보자.

⁘ 셸브로 표현할 수 있는 객체 디자인

객체가 비교적 단순하면 셸브에 넣기 쉽다. 객체가 복잡한 컨테이너나 큰 컬렉션이 아닌 이상 키와 값만 매핑하면 된다. 반면, 일반적으로 다른 객체를 포함하는 객체처럼 좀 더 복잡한 객체라면 객체 간 접근과 참조를 세분화해 추가로 디자인 결정을 내려야 한다. 객체에 접근하는 키만 디자인하면 되는 간단한 경우부터 살펴보겠다. 이후 세분화와 객체 참조를 고려해야 하는 더욱 복잡한 경우를 살펴보겠다.

타입 힌트로 객체를 디자인하는 법부터 알아보자.

타입 힌트를 갖는 객체 디자인

파이썬 타입 힌트는 셸브 객체 정의에 상당히 유용하다. 11장 전반에서는 주로 @dataclass 장식자를 사용해 지속시킬 수 있는 객체를 생성하겠다.

데이터 클래스를 사용하면 객체 상태를 정의하는 속성이 매우 명확하게 드러난다. 메서드 정의 안에 속성이 감춰지지 않는다. @dataclass가 없으면 보통 속성은 __init__() 메서드에 속한다. 하지만 속성을 동적으로 정의하는 클래스의 경우 속성이 일관되지 않고 셸브 표현에서 객체 상태를 복구할 때 문제가 발생하기도 한다.

pickle 모듈은 객체 직렬화에 쓰인다. 객체를 피클로 표현하는 방법은 19장을 참고한다.

이어지는 몇 개의 절들에서는 셸브 컬렉션의 객체를 고유하게 식별하는 키를 어떻게 정의하는지 살펴본다.

객체의 키 디자인

shelve와 dbm 모듈은 임의의 거대한 객체 집합 내 객체에 바로 접근하게 해준다. shelve 모듈은 딕셔너리와 매우 유사한 매핑을 생성한다. 셸브 매핑은 저장소에 지속되므로 셸브에 넣은 모든 객체는 직렬화돼 저장된다.

셸브에 저장된 각 객체는 고유한 키로 식별해야 한다. 키는 일반적으로 문자열 값이다. 클래스를 디자인할 때 고유한 키를 알맞게 제공할 방법을 고려하자. 때로는 문제 도메인 자체에 명백하게 고유 키$^{unique\ key}$로 쓸 수 있는 속성이 존재한다. 이때는 단순히 그 속성으로 고유 키를 구성하면 된다. 예를 들어 클래스에 고유한 속성값인 key_attribute가 있으면 shelf[object.key_attribute] = object처럼 사용한다. 가장 단순한 사례이면서 더 복잡한 사례의 기반이다.

예제 애플리케이션의 문제처럼 적절한 고유 키가 없을 때는 대리 키$^{surrogate\ key}$ 값을 만들어야 한다. 객체의 속성이 전부 잠재적으로 가변이거나 잠재적으로 고유하지 않을 때 이러한 문제가 자주 발생한다. 고유한 값도 고유한 값 조합도 없으니 외래 키를 생성해야 한다.

문자열이 아닌 값이 애플리케이션에 기본 키$^{primary\ key}$로 있을 수 있다. datetime 객체나 수처럼 말이다. 이때는 값을 문자열로 인코딩한다.

확실한 기본 키가 없으면 고유한 복합 키$^{composite\ key}$로 만들 값 조합을 찾아야 한다. 이때 키가 원자적^{atoic}이지 않으므로 키 일부만 변경해도 데이터 업데이트 문제가 발생해 상황이 복잡해질 수 있다.

보통은 대리 키$^{surrogate\ key}$ 디자인 패턴을 따르는 편이 가장 간단하다. 대리 키는 객체 내 데이터에 의존하지 않으면서 객체를 대신한다. 즉, 복잡한 문제나 제약 없이 객체의 모든 속성을 바꿀 수 있다. 파이썬 내부 객체 ID가 대리 키의 한 예다.

셸브 키의 문자열 표현은 class_name:oid 포맷을 따른다. 키 문자열은 객체의 클래스인 class_name과 클래스 인스턴스의 고유 식별자인 oid 쌍을 포함한다. 이러한 형태의 키를 사용하면 다양한 클래스의 객체를 하나의 셸브에 쉽게 저장할 수 있다. 셸브에 한 종류의 객체만 있더라도 색인 네임스페이스, 관리용 메타데이터, 향후 확장을 저장하기에 여전히 유용하다.

적절한 자연 키^{natural key}가 있으면 다음의 방법으로 셸브에 객체를 지속시킬 수 있다.

```
shelf[f"{object.__class__.__name__}:{object.key_attribute}"] = object
```

f 문자열을 사용해 클래스명과 고유 키 값으로 키를 생성했다. 문자열 식별자는 객체마다 고유해야 한다. 고유한 대리 키를 만들려면 일종의 생성자를 정의해야 한다.

이어지는 절에서는 객체의 대리 키를 어떻게 생성하는지 논한다.

객체의 대리 키 생성

정수 계수^{counter}로 고유한 대리 키를 생성할 수 있다. 계수가 적절히 업데이트되고 있는지 확인하기 위해 계수를 나머지 데이터와 함께 셸브에 저장한다. 파이썬에는 내부 객체 ID가 있으나 파이썬 내부 식별자를 대리 키로 사용해서는 안 된다. 파이썬 내부 ID 숫자는 무엇도 보장하지 않는다.

관리용 객체도 셸브에 들어가므로 구분 가능한 접두사를 넣어 고유 키를 부여해야 한다. _DB를 사용하자. 셸브 내 관리용 객체를 위한 클래스명이다. 관리용 객체의 디자인 결정은 애플리케이션 객체의 디자인과 유사하다. 저장소를 세분화해야 한다. 방법은 두 가지다.

- **큰 단위**^{coarse-grained}: 대리 키 생성에 드는 모든 관리용 오버헤드를 하나의 dict 객체로 생성한다. _DB:max 같은 하나의 키로 이 객체를 식별할 수 있다. 이 dict 내에 클래스명과 지금까지 사용한 최대 식별자 값을 매핑해둔다. 객체를 새로 생성할 때마다

이 매핑 값을 가져와 ID를 할당한 후 다시 셸브 내 매핑을 교체한다. 큰 단위 방법은 이어지는 절에서 보이겠다.

- **작은 단위**fine-grained: 데이터베이스에 많은 항목을 추가한다. 객체의 클래스마다 최대 키 값이 각각 존재한다. 각 키 항목은 _DB:max:class 형태다. 각 키 값은 단순히 정수로서 주어진 클래스에서 지금까지 순차적으로 할당한 가장 큰 식별자다.

이때 중요한 고려 사항은 애플리케이션의 클래스를 디자인할 때 클래스 디자인과 키 디자인을 분리하는 것이다. 애플리케이션 객체를 가능한 단순하게 디자인할 수 있고 또한 해야 한다. 최소한의 오버헤드만으로 shelve를 동작시켜야 한다.

단순 키로 클래스를 어떻게 디자인하는지 알아보자.

단순 키로 클래스 디자인

shelve 키를 셸브에 넣을 객체의 속성으로 저장하면 좋다. 객체 안에 키를 유지해야 객체를 삭제하거나 교체하기 편하다. 객체를 생성하는 시점에는 아직 셸브에 저장하기 전이므로 당연히 처음에는 객체에 키가 없다. 셸브에 저장하고 난 후 파이썬 객체에 키 속성을 할당해야 메모리에 있는 각 객체가 올바른 키를 가진다.

객체 추출의 유스 케이스는 두 가지다. 먼저 키를 알고 있는 특정 객체를 추출할 수 있다. 이때 셸브는 키와 객체를 매핑한다. 키는 몰라도 다른 속성값은 알고 있는 연관된 객체들의 컬렉션을 추출할 수도 있다. 이때는 검색이나 쿼리 등으로 객체의 키를 찾아낸다. 검색 알고리듬은 복잡한 객체의 CRUD 연산 디자인 절에서 살펴본다.

각 객체에 _id 속성을 추가해 객체에 셸브 키를 저장하겠다. _id 속성을 넣어 셸브에 넣었거나 셸브로부터 추출했던 객체마다 셸브 키를 유지한다. 이렇게 하면 셸브로부터 교체하거나 제거해야 하는 객체를 관리하기 수월하다. 예를 들어 대리 키는 메서드함수를 포함하지 않고 애플리케이션 계층의 프로세싱 계층이나 표현 계층에도 속하지 않는다. 다음은 전체 Blog 정의다.

```
from dataclasses import dataclass, asdict, field
@dataclass
class Blog:

  title: str
  entries: List[Post] = field(default_factory=list)
  underline: str = field(init=False, compare=False)

  # 지속성을 위한 것이지 클래스에 필수는 아니다.
  _id: str = field(default="", init=False, compare=False)

  def __post_init__(self) -> None:
    self.underline = "=" * len(self.title)
```

필수인 title 속성을 제공했다. entries 속성은 선택이며 기본값은 빈 리스트다. under line은 더 간단한 reST 포매팅을 위해 제목과 같은 길이로 만드는 문자열이다.

다음과 같이 Blog 객체를 생성한다.

```
>>> b1 = Blog(title="Travel Blog")
```

위 객체는 블로그 내 각 포스트로 이뤄지는 빈 리스트를 포함한다. 셸브에 단순한 객체를 저장할 때는 다음과 같이 한다.

```
>>> import shelve
>>> from pathlib import Path
>>> shelf = shelve.open(str(Path.cwd() / "data" / "ch11_blog"))
>>> b1._id = 'Blog:1'
>>> shelf[b1._id] = b1
```

먼저 새 셸브를 열었다. 파일 이름은 ch11_blog.db다. 키 'Blog:1'을 Blog 인스턴스인 b1에 넣었다. 주어진 키를 _id 속성으로 사용해 셸브에 Blog 인스턴스를 저장했다.

다음과 같이 셸브로부터 항목을 다시 가져온다.

```
>> shelf['Blog:1']
```

```
Blog(title='Travel Blog', entries=[], underline='===========',
_id='Blog:1')
>>> shelf['Blog:1'].title
'Travel Blog'
>>> shelf['Blog:1']._id
'Blog:1'
>>> list(shelf.keys())
['Blog:1']
>>> shelf.close()
```

shelf['Blog:1'] 참조는 셀브에서 원래의 Blog 인스턴스를 가져온다. 키 리스트에서 본 듯이 셀브에 객체를 하나만 넣었다. 셀브를 닫았으므로 객체는 지속된다. 파이썬을 종료하고 다시 시작해 셀브를 열어도 할당했던 키로 셀브에 객체가 남아 있다. 앞서 추출의 유스 케이스 중 하나로 키를 모르는 상태에서 항목을 찾는 경우를 언급했었다. 다음은 주어진 제목의 모든 블로그를 찾는다.

```
>>> path = Path.cwd() / "data" / "ch11_blog"
>>> shelf = shelve.open(str(path))
>>> results = (shelf[k]
...     for k in shelf.keys()
...     if k.startswith('Blog:') and shelf[k].title == 'Travel Blog'
...     )
>>> list(results)
[Blog(title='Travel Blog', entries=[], underline='===========',
_id='Blog:1')]
```

셀브를 열어 객체에 접근했다. results 생성자 표현식은 셀브 내 각 항목을 검사해 키가 'Blog:'로 시작하면서 객체의 제목 속성이 문자열 값 'Travel Blog'인 항목을 찾는다.

객체 자체에 키 'Blog:1'을 저장하는 것이 핵심이다. _id 속성을 사용하면 애플리케이션에서 다룰 모든 항목에 적절한 키를 부여할 수 있다. 이제 객체의 속성(키 제외)을 변경하고 원래 키로 셀브에서 교체할 수 있다.

컨테이너나 컬렉션의 클래스를 어떻게 디자인하는지 알아보자.

컨테이너나 컬렉션의 클래스 디자인

좀 더 복잡한 컨테이너나 컬렉션에는 더욱 복잡한 디자인 결정을 내려야 한다. 우선 셸브에 넣을 객체를 어떻게 세분화할지 정해야 한다.

Blog 같은 컨테이너 객체는 전체 컨테이너를 하나의 복잡한 객체로서 셸브에 지속시킬수 있다. 이 방법은 다수의 객체를 하나의 셸브에 두겠다는 목적에 다소 어긋난다. 큰 컨테이너 하나에 저장하면 큰 단위coarse-grained 저장소가 생긴다. 객체 하나를 변경할 경우전체 컨테이너를 직렬화해서 저장해야 한다. 전체 객체 집합을 하나의 컨테이너에 효과적으로 피클로 변환해 넣을 수 있다면 shelve를 사용할 이유가 없다. 애플리케이션의 요구 사항에 맞도록 적절히 절충해야 한다.

컬렉션을 독립된 별개 항목으로 분리하는 방법도 있다. 이렇게 하면 최상단 Blog 객체는더 이상 올바른 파이썬 컨테이너가 아니다. 부모는 키 컬렉션으로 각 자식을 참조한다.각 자식 객체는 부모를 키로 참조한다. 객체지향 디자인에서는 키를 잘 쓰지 않는다. 대부분 객체는 단순히 다른 객체로의 참조를 포함한다. shelve(혹은 다른 데이터베이스)를 사용할때는 키로 간접 참조할 수밖에 없다.

각 자식은 자신의 기본 키와 부모 객체의 기본 키인 외래 키, 두 키를 포함한다. 이때 부모와 자식의 키 문자열을 어떻게 표현할 것이냐에 관한 두 번째 디자인 결정을 내려야한다.

이어지는 절에서는 외래 키로 어떻게 객체를 참조하는지 보이겠다.

외래 키로 객체 참조

객체를 고유하게 식별할 때 사용하는 키가 바로 기본 키primary key다. 자식 객체가 부모객체를 참조할 때 추가적으로 디자인 결정을 내려야 한다. 자식의 기본 키를 어떻게 만들까? 객체의 클래스 간 존재하는 종속 관계에 따라 디자인 전략은 일반적으로 두 가지다.

- "Child:cid": 부모와 독립적으로 존재할 수 있는 자식에 사용한다. 예를 들어 송장 내 항목이 상품을 참조할 때 상품은 송장 항목 없이도 존재할 수 있다.

- "Parent:pid:Child:cid": 부모 없이는 존재할 수 없는 자식에 사용한다. 고객의 주소는 애초에 주소를 갖는 고객 없이는 존재하지 못한다. 자식이 부모에게 완전히 종속될 때 자식의 키에 부모의 ID를 넣어 종속 관계를 반영한다.

부모 클래스를 디자인할 때처럼 기본 키와 각 자식 객체와 관련된 모든 외래 키를 보관하는 것이 가장 쉽다. 이러한 키는 지속시키기 위한 요소일 뿐이므로 __init__() 메서드에서 초기화하지 말자. 다음은 Blog 내 Post의 일반적인 정의이다.

```python
import datetime
from dataclasses import dataclass, field, asdict
from typing import List
@dataclass
class Post:
  date: datetime.datetime
  title: str
  rst_text: str
  tags: List[str]
  underline: str = field(init=False)
  tag_text: str = field(init=False)

  # 지속성을 위한 것이지 클래스에 필수는 아니다.
  _id: str = field(default='', init=False, repr=False,
compare=False)
  _blog_id: str = field(default='', init=False, repr=False,
compare=False)

  def __post_init__(self) -> None:
    self.underline = "-" * len(self.title)
    self.tag_text = " ".join(self.tags)
```

각 마이크로블로그의 포스트에 몇 가지 속성을 제공했다. dataclasses 모듈의 as_dict() 함수를 템플릿과 함께 사용하면 JSON 표기 생성에 사용할 딕셔너리를 제공할 수 있다. Post의 기본 키나 외래 키는 언급하지 않았다. 두 개의 Post 인스턴스를 예로 들어 보겠다.

```
p2 = Post(date=datetime.datetime(2013,11,14,17,25),
    title="Hard Aground",
    rst_text="""Some embarrassing revelation. Including ☺ and ⚓""",
    tags=("#RedRanger", "#Whitby42", "#ICW"),
    )

p3 = Post(date=datetime.datetime(2013,11,18,15,30),
    title="Anchor Follies",
    rst_text="""Some witty epigram. Including < & > characters.""",
    tags=("#RedRanger", "#Whitby42", "#Mistakes"),
    )
```

이제 속성을 할당해서 두 포스트 객체와 포스트가 속한 블로그 객체를 연결시킬 수 있다. 다음과 같은 단계를 거친다.

1. 셸브를 열어 부모 Blog 객체를 추출한다. _id 속성에 접근할 수 있도록 owner 변수에 저장한다.

```
>>> import shelve
>>> shelf= shelve.open("blog")
>>> owner= shelf['Blog:1']
```

2. 소유자의 키를 각 Post 객체에 할당해 객체를 지속시킨다. 부모 정보를 각 Post로 넣는다. 부모 정보를 사용해 기본 키를 만들었다. 이처럼 종속적인 키에는 _parent 속성 값이 중복이며, 키로부터 추론할 수 있다. 하지만 Posts에 독립적인 키 디자인을 사용하면 _parent가 키 안에 중복되지 않는다.

```
>>> p2._blog_id = owner._id
>>> p2._id = p2._blog_id + ':Post:2'
>>> shelf[p2._id]= p2

>>> p3._blog_id = owner._id
>>> p3._id = p3._blog_id + ':Post:3'
>>> shelf[p3._id]= p3
```

키를 나열해 Blog와 두 Post 인스턴스를 확인한다.

```
>>> list(shelf.keys())
['Blog:1:Post3', 'Blog:1', 'Blog:1:Post:2']
```

어떤 자식 Post를 가져오든 각 포스트의 올바른 부모 Blog를 알 수 있다.

```
>>> p2._parent 'Blog:1'
>>> p2._id 'Blog:1:Post:2'
```

셸브 컬렉션에서 일치하는 키를 찾는 문제라면 이와 달리 부모 Blog로부터 자식 Post로 키를 따라간다.

이어지는 절에서는 복잡한 객체에 CRUD 연산을 어떻게 디자인하는지 논한다.

복잡한 객체의 CRUD 연산 디자인

큰 컬렉션을 별개의 세분화된 여러 객체로 분리하면 셸브 내에 여러 클래스의 객체가 생긴다. 각 객체는 독립적이므로 클래스마다 별도의 CRUD 연산 집합을 구현해야 한다. 때로는 객체가 독립적이어서 어떤 클래스의 객체에 수행하는 연산이 그 객체 외부에 전혀 영향을 미치지 않는다. 관계형 데이터베이스 제품에서는 연쇄cascading 연산이 일어나기도 한다. Blog 항목을 제거하면 연쇄적으로 관련된 Post 항목이 삭제된다.

앞선 예제에서 Blog와 Post 객체는 종속 관계다. Post 객체는 부모 Blog의 자식이고, 자식은 부모 없이 존재할 수 없다. 이러한 종속 관계가 있으면 더욱 복잡하게 얽힌 연산 컬렉션을 디자인해야 한다. 다음 사항을 고려한다.

- 독립(또는 부모) 객체의 CRUD 연산에는 다음을 고려한다.

  ◦ 빈 부모를 새로 생성하며 새 기본 키를 객체에 할당한다. 이후 이 부모에 자식을 할당할 수 있다. shelf['parent:'+object._id] = object 같은 코드로 셸브에 부모 객체를 생성한다.

○ 자식에 영향 없이 부모를 업데이트하거나 추출한다. 할당문 우항에 shelf['parent:'+some_id]를 수행해 부모를 추출한다. 객체를 추출한 이후에는 shelf['parent:'+object._id] = object를 수행해 변경을 지속시킨다.

○ 부모를 삭제하면 두 동작 중 하나로 이어진다. 하나는 부모를 참조하는 모든 자식까지 연쇄적으로 삭제한다. 또 하나는 자식 참조가 있는 부모를 삭제할 수 없도록 코드를 작성한다. 두 방법 모두 타당하므로 문제 도메인의 요구 사항에 따라 선택한다.

• 종속 (또는 자식) 객체의 CRUD 연산에는 다음을 고려한다.

○ 이미 존재하는 부모를 참조하는 새 자식을 생성한다. 자식과 부모에 어떤 종류의 키를 사용할지 함께 결정해야 한다.

○ 부모와 상관없이 자식을 업데이트하거나 추출하거나 삭제한다. 자식을 다른 부모에 할당할 수도 있다.

객체를 교체하는 코드는 객체를 업데이트하는 코드와 동일하므로 CRUD 처리의 절반은 간단한 할당문으로 처리된다. 삭제는 del문으로 처리한다. 어떤 부모와 연관된 자식을 삭제할 때는 자식을 찾는 추출도 필요하다. 이제 좀 더 복잡한 추출 처리를 알아볼 차례다.

이어지는 절에서는 검색과 스캔, 쿼리를 논한다.

⠿ 검색, 스캔, 쿼리

데이터베이스의 모든 객체를 검사하고 필터를 적용하는 식의 검색은 비효율적이다. 항목의 특정 부분집합만 다루고 싶다. '효율성을 높이는 색인 생성' 절에서 좀 더 유용한 색인을 생성하는 법을 알아보겠다. 그래도 대비책인 브루트 포스brute-force 스캔은 항상 동작한다. 검색을 자주 수행하지 않는다면 효율적인 색인 생성에 들이는 계산이 절약되는 시간만큼 가치가 없을 수 있다.

> 당황하지 말자. 검색과 스캔, 쿼리는 전부 동의어다. 세 용어를 호환해서 사용하겠다.

자식 클래스가 독립적인 형태의 키를 포함하면 키에 간단한 반복자를 사용해 어떤 Child 클래스의 모든 인스턴스를 셀브에서 스캔할 수 있다. 다음은 모든 자식을 찾는 생성자 표현식이다.

```
children = (shelf[k]
    for k in shelf.keys()
    if k.startswith("Child:"))
```

셀브 내 모든 키를 훑으면서 "Child:"로 시작하는 부분집합을 골라낸다. 위 표현식을 기반으로 기준을 더 넣어 더욱 복잡한 생성자 표현식을 만들 수 있다.

```
children_by_title = (c
    for c in children
    if c.startswith("Child:") and c.title == "some title")
```

중첩 생성자 표현식을 사용해 기준을 추가함으로써 최초 children 쿼리를 확장했다. 이러한 중첩 생성자 표현식은 파이썬에서 굉장히 효율적이다. 데이터베이스를 두 번 스캔하지 않는다. 두 가지 조건을 한 번에 스캔한다. 내부 생성자의 각 결과가 외부 생성자에 전달돼 최종 결과를 만든다.

자식 클래스가 종속적인 형태의 키를 포함하면 좀 더 복잡한 일치 규칙을 갖는 반복자를 사용해 특정 부모의 자식을 셀브에서 검색할 수 있다. 다음은 주어진 부모의 모든 자식을 찾는 생성자 표현식이다.

```
children_of = (shelf[k]
    for k in shelf.keys()
    if k.startswith(parent+":Child:"))
```

이처럼 종속적인 형태의 키 구조에서는 간단한 루프로 부모와 모든 자식을 삭제하기 특히 쉽다.

```
query = (key
  for key in shelf.keys()
  if key.startswith(parent))
for k in query:
  del shelf[k]
```

계층적 키인 "Parent:pid:Child:cid"를 사용할 경우 자식으로부터 부모를 분리할 때 정말 신중해야 한다. 이러한 다중 키에서는 "Parent:pid"로 시작하는 객체 키가 매우 많다. 이 가운데 하나는 단순히 "Parent:pid"인 부모다. 나머지 키는 "Parent:pid:Child:cid"인 자식들이다. 브루트 포스 검색에는 주로 다음 세 종류의 조건을 사용한다.

- key.startswith(f"Parent:{pid}"): 부모와 자식의 합집합을 찾는다. 일반적인 요구 사항은 아니다.

- key.startswith(f"Parent:{pid}:Child:"): 주어진 부모의 자식을 찾는다. startswith() 대신 r"^(Parent:\d+):(Child:\d+)$" 같은 정규식으로 일치하는 키를 찾아도 된다.

- key.startswith(f"Parent:{pid}")와 ":Child:" not in key: 자식을 제외한 부모만 찾는다. r"^Parent:\d+$" 같은 정규식으로 일치하는 키를 찾아도 된다.

앞서 언급한 모든 쿼리는 검색 공간을 더욱 의미 있는 부분집합으로 한정하는 색인을 만들어 최적화할 수 있다.

shelve의 접근 계층을 어떻게 디자인하는지 살펴보자.

⁝⁝▶ shelve의 접근 계층 디자인

애플리케이션에서 shelve를 사용하는 법을 알아보자. 마이크로블로그 포스트를 편집하고 저장하는 애플리케이션의 일부분을 살펴보겠다. 애플리케이션은 애플리케이션 계층과 데이터 계층, 두 계층으로 나뉜다. 애플리케이션 계층은 다음의 두 계층을 구분 짓는다.

- **애플리케이션 처리**: 애플리케이션 계층에서 객체는 지속되지 않는다. 이러한 클래스는 전반적인 애플리케이션의 동작을 나타낸다. 클래스는 사용자가 선택하는 명령어와 메뉴 항목, 버튼, 기타 프로세싱 요소에 대응된다.

- **문제 도메인 데이터 모델**: 셸브에 작성할 객체다. 이러한 객체는 전반적인 애플리케이션의 상태를 나타낸다.

Blog와 Post를 독립적으로 정의하는 클래스는 수정할 수 있어야 한다. 그래야 셸프 컨테이너에서 별개로 처리할 수 있다. Blog를 컬렉션 클래스로 만들어 하나의 커다란 컨테이너 객체로 만들지 말자.

데이터 계층에는 데이터 저장소의 복잡도에 따라 다양한 요소가 존재한다. 다음 두 요소를 알아보겠다.

- **접근**: 이 컴포넌트는 문제 도메인 객체에 균일하게 접근하게 해준다. 여기서는 접근 계층을 주로 다룬다. Blog와 Post 인스턴스에 접근하는 Access 클래스를 정의하겠다. Access 클래스는 셸브에서 Blog와 Post 객체를 찾는 키도 관리한다.

- **지속**: 이 컴포넌트는 문제 도메인 객체를 직렬화해 저장소에 지속시킨다. 즉, shelve 모듈이다. 접근 계층에서 바로 이 shelve를 사용한다.

Access 클래스를 세 부분으로 나눠 살펴보자. 다음은 파일 열기와 닫기 연산을 보여주는 첫 번째 부분이다.

```python
import shelve
from typing import cast

class Access:

    def __init__(self) -> None:
        self.database: shelve.Shelf = cast(shelve.Shelf, None)
        self.max: Dict[str, int] = {"Post": 0, "Blog": 0}

    def new(self, path: Path) -> None:
        self.database: shelve.Shelf = shelve.open(str(path), "n")
```

```python
        self.max: Dict[str, int] = {"Post": 0, "Blog": 0}
        self.sync()

    def open(self, path: Path) -> None:
        self.database = shelve.open(str(path), "w")
        self.max = self.database["_DB:max"]

    def close(self) -> None:
        if self.database:
            self.database["_DB:max"] = self.max
            self.database.close()
        self.database = cast(shelve.Shelf, None)

    def sync(self) -> None:
        self.database["_DB:max"] = self.max
        self.database.sync()

    def quit(self) -> None:
        self.close()
```

Access.new()로 빈 셸브를 새로 생성한다. Access.open()으로 기존 셸브를 연다. 닫기와 동기화에서는 현재 최대 키 값을 포함하는 작은 딕셔너리를 셸브에 넣는다.

cast() 함수 덕분에 타입 힌트를 무시하고 self.database에 None 객체를 할당할 수 있다. 이 속성의 타입 힌트는 shelve.Shelf다. cast() 함수는 mypy에게 None이 Shelf의 인스턴스가 아님을 잘 알고 있다고 알린다.

파일을 복사하는 Save As... 메서드 구현은 다루지 않았다. 이전 데이터베이스 파일을 복구하는 "저장하지 않고 닫기" 옵션도 다루지 않았다. 이러한 추가 기능에는 파일 복사본을 관리하는 os 모듈이 필요하다.

데이터베이스를 열고 닫는 기본 메서드 외에 블로그와 포스트에 CRUD 연산을 수행하는 메서드도 구현해야 한다. 원칙적으로 메서드는 총 8개다. Blog와 Post 객체로 된 셸브를 업데이트하는 몇 가지 메서드를 보이겠다.

```python
    def create_blog(self, blog: Blog) -> Blog:
        self.max['Blog'] += 1
        key = f"Blog:{self.max['Blog']}"
```

```
        blog._id = key
        self.database[blog._id] = blog
        return blog

    def retrieve_blog(self, key: str) -> Blog:
        return self.database[key]

    def create_post(self, blog: Blog, post: Post) -> Post:
        self.max['Post'] += 1
        post_key = f"Post:{self.max['Post']}"
        post._id = post_key
        post._blog_id = blog._id
        self.database[post._id] = post
        return post

    def retrieve_post(self, key: str) -> Post:
        return self.database[key]

    def update_post(self, post: Post) -> Post:
        self.database[post._id] = post
        return post

    def delete_post(self, post: Post) -> None:
        del self.database[post._id]
```

Blog를 연관된 Post 인스턴스와 함께 셸브로 넣기 위한 최소한의 메서드 집합만 제공
했다. Blog를 생성할 때, create_blog() 메서드는 먼저 새 키를 계산하고 그 키로 Blog 객
체를 업데이트한 뒤 최종적으로 Blog 객체를 셸브에 지속시킨다. 굵게 표시한 행에서 셸
브의 내용을 변경한다. 딕셔너리에 항목을 할당하듯이 셸브에 항목을 할당함으로써 객
체를 지속시킨다.

포스트를 추가할 때는 부모 Blog 객체를 제공해야 부모와 자식이 적절히 셸브 내에서 연
결된다. 이때 Blog 키를 가져와 새 Post 키를 생성하고, 그 키 값으로 Post를 업데이트
한다. 이렇게 업데이트한 Post는 셸브에 지속된다. create_post()의 굵게 표시한 행에서
객체를 셸브에 지속시킨다.

그럴 일은 없겠지만, 부모 Blog를 추가하지 않고 Post를 추가하면 Blog._id 속성을 사용
할 수 없어 속성 오류가 발생한다.

450

Post를 교체하고 삭제하는 메서드도 제공했다. 다른 연산도 가능하지만 Blog를 교체하거나 삭제하는 메서드는 넣지 않았다. Blog 삭제 메서드를 작성하려면 아직 Post 객체가 남아 있는 경우 삭제를 막거나 연쇄적으로 Post 객체를 삭제하는 문제 등을 해결해야 한다. 끝으로 Blog와 Post 인스턴스를 찾는 반복자로서 동작하는 몇 가지 검색 메서드를 보이겠다.

```python
def __iter__(self) -> Iterator[Union[Blog, Post]]:
  for k in self.database:
    if k[0] == "_":
      continue # 관리용 객체는 건너뛴다.
    yield self.database[k]

def blog_iter(self) -> Iterator[Blog]:
  for k in self.database:
    if k.startswith('Blog:'):
      yield self.database[k]

def post_iter(self, blog: Blog) -> Iterator[Post]:
  for k in self.database:
    if k.startswith('Post:'):
      if self.database[k]._blog_id == blog._id:
        yield self.database[k]

def post_title_iter(self, blog: Blog, title: str) -> Iterator[Post]:
  return (p for p in self.post_iter(blog) if p.title == title)
```

키가 _로 시작하는 내부 객체를 찾아내는 기본 반복자 __iter__()를 정의했다. 지금까지는 _DB:max 같은 키만 정의했으나 다르게 디자인할 수 있다.

blog_iter() 메서드는 Blog 항목을 순회한다. 데이터베이스에 객체 종류가 매우 다양하므로 "Blog:"로 시작하지 않는 항목은 명시적으로 버려야 한다. 위와 같이 모든 키에 적용되는 브루트 포스 필터보다는 별도의 색인 객체를 사용하는 편이 주로 더 낫다. '데모 스크립트 작성' 절에서 알아보겠다.

post_iter() 메서드는 특정 블로그에 속하는 포스트를 순회한다. 멤버인지 테스트하기 위해 각 Post 객체의 _blog_id 속성을 확인한다. title_iter() 메서드는 특정 제목과 일치하는 포스트를 검사한다. 셸브의 키를 일일이 검사하므로 잠재적으로 비효율적인 연산이다.

어떤 블로그에서 요청한 제목의 포스트를 찾는 반복자인 post_title_iter()도 정의했다. post_iter() 메서드함수를 사용해 제목이 일치하는 포스트만 반환하는 간단한 생성자함수다.

이어지는 절에서는 데모 스크립트를 작성하겠다.

데모 스크립트 작성

기술 데모^{technology spike}를 사용해 애플리케이션에서 어떻게 Access 클래스로 마이크로 블로그 객체를 처리하는지 보이겠다. 데모 스크립트에서는 데이터베이스에 Blog와 Post 객체를 저장해 애플리케이션에서 사용할 연산 시퀀스를 보인다. 이러한 데모 스크립트를 단위 테스트 케이스로 확장할 수 있다.

모든 기능이 재현되고 올바르게 동작하는지 보이려면 더욱 완벽한 단위 테스트가 필요하다. 다음의 간단한 데모 스크립트는 Access가 어떻게 동작하는지 보여준다.

```
from contextlib import closing
from pathlib import Path

path = Path.cwd() / "data" / "ch11_blog"
with closing(Access()) as access:
  access.new(path)

  # 예제 생성
  access.create_blog(b1)
  for post in p2, p3:
    access.create_post(b1, post)

  # 예제 추출
  b = access.retrieve_blog(b1._id)
  print(b._id, b)
  for p in access.post_iter(b):
    print(p._id, p)
```

컨텍스트 매니저로 래핑할 수 있도록 접근 계층에 Access 클래스를 생성했다. 이렇게 해야 어떤 예외가 발생하든 접근 계층이 올바르게 닫힌다.

Access.new()로 'blog'라는 새 셸브를 생성했다. 아마 GUI에서 **File › New**를 실행한 결과일 것이다. 새 블로그인 b1을 셸브에 추가했다. Access.create_blog() 메서드는 객체의 셸브 키로 Blog 객체를 업데이트한다. 아마 GUI 애플리케이션에서 페이지의 공백을 채운 후 **New Blog**를 클릭했을 것이다.

Blog를 추가하고 나면 두 포스트를 블로그에 추가할 수 있다. 부모 Blog 항목의 키로 각 자식 Post 항목의 키가 만들어진다. 블로그와 마찬가지로 사용자가 GUI에서 필드를 채운 후 **New Post**를 클릭했을 것이다.

이제 셸브로부터 키와 객체를 덤프하는 최종 쿼리 집합이 남았다. 위 스크립트의 최종 결과를 보여준다. Access.retrieve_blog()를 수행해 생성했던 블로그 항목을 추출한다. Access.post_iter()로 그 블로그에 속하는 포스트를 순회한다.

contextlib.closing() 컨텍스트 매니저를 사용했으니 마지막에 Access.close() 함수가 데이터베이스를 저장해 저장소에 지속시킨다. 또한 고유 키 생성에 쓰이는 self.max 딕셔너리도 깨끗이 비운다.

이어지는 절에서는 효율성을 높이는 색인을 어떻게 생성하는지 논한다.

⸭ 효율성을 높이는 색인 생성

효율성을 높이는 규칙 중 하나는 검색을 하지 않는 것이다. 앞선 예제처럼 셸브 키에 반복자를 사용하는 방법은 비효율적이다. 더 강력히 말하면 검색을 사용하는 애플리케이션이 곧 비효율적인 애플리케이션이다. 이 점을 강조하겠다.

TIP

> 브루트 포스 검색은 데이터를 처리하는 가장 좋지 못한 방법이다. 부분집합이나 키 매핑 기반 색인을 디자인해 성능을 높여야 한다.

검색을 피하려면 사용자에게 필요한 항목만 나열하는 색인을 생성해야 한다. 그래야 항목이나 항목의 부분집합을 찾기 위해 전체 셸브를 읽지 않아도 된다. 셸브 색인은 객체를 세분화해 저장하는 방법에 영향을 미치므로 파이썬 객체를 참조할 수 없다. 색인은 키 값만 나열하고, 필요한 객체는 별도로 추출해 가져온다. 객체를 간접적으로 탐색하지만 브루트 포스 방식으로 셸브의 모든 항목을 검색하는 것보다 훨씬 빠르다.

색인의 한 예로서 각 Blog와 연관된 Post 키 리스트를 셸브에 유지할 수 있다. add_blog()와 add_post(), delete_post() 메서드를 간단히 수정해 연관된 Blog 항목을 업데이트할 수도 있다. 다음은 블로그 업데이트 메서드를 수정한 버전이다.

```python
class Access2(Access):

    def create_post(self, blog: Blog, post: Post) -> Post:
        super().create_post(blog, post)
        # 색인을 업데이트한다. 덧붙이기(append)는 동작하지 않는다.
        blog_index = f"_Index:{blog._id}"
        self.database.setdefault(blog_index, [])
        self.database[blog_index] = self.database[blog_index] + [post._id]
        return post

    def delete_post(self, post: Post) -> None:
        super().delete_post(post)
        # 색인을 업데이트한다.
        blog_index = f"_Index:{post._blog_id}"
        index_list = self.database[post._blog_id]
        index_list.remove(post._id)
        self.database[post._blog_id] = index_list

    def post_iter(self, blog: Blog) -> Iterator[Post]:
        blog_index = f"_Index:{blog._id}"
        for k in self.database[blog_index]:
            yield self.database[k]
```

대부분의 메서드는 수정 없이 Access 클래스로부터 상속을 받는다. 다음 세 메서드를 확장해 주어진 블로그의 자식 색인을 생성했다.

- create_post()

- delete_post()

- post_iter()

create_post() 메서드는 상위 클래스의 create_post()를 사용해 Post 객체를 셸브에 저장한다. 이어서 setdefault()를 사용해 "_Index:{blog}" 객체를 셸브에 넣는다. 이 객체는 연관된 포스트들의 키 리스트다. 키 리스트는 다음의 명령문으로 업데이트한다.

```
self.database[blog_index] = self.database[blog_index] + [post._id]
```

셸브를 업데이트하려면 이러한 키 리스트가 꼭 필요하다. 단순히 self.database[blog_index].append(post._id)로는 업데이트할 수 없다. 이렇게 딕셔너리를 제자리에서 업데이트하는update-in-place 메서드는 셸브 객체에 통하지 않는다. self.database[blog_index]로 셸브에서 직접 객체를 추출해야 한다. 추출한 객체를 업데이트한 후 간단한 할당문으로 셸브 내 객체와 교체한다.

유사하게 delete_post() 메서드도 포스트가 포함된 블로그의 _post_list에서 포스트를 제거함으로써 색인을 최신으로 유지한다. create_post()처럼 셸브를 두 가지로 업데이트한다. del문은 Post를 삭제하고, Blog 객체를 업데이트해 연관된 색인에서 키를 삭제한다.

이렇게 변경하면 Post 객체 쿼리가 크게 바뀐다. post_iter()로 모든 항목을 스캔하는 대신 훨씬 효율적인 연산으로 대체할 수 있다. 루프에서 Blog의 _post_list 속성에 저장된 키로 Post 객체를 아주 빠르게 만들어낸다. 본문을 다음의 생성자 표현식으로 대체할 수 있다.

```
return (self.database[k] for k in blog._post_list)
```

post_iter() 메서드 최적화의 핵심은 일치하는 키를 찾기 위해 모든 키를 검색하지 않아도 되는 것이다. 전체 키를 검색하는 부분을 관련된 키들의 적절한 시퀀스만 간단히 순회하도록 바꿨다. 간단한 시간 테스트의 일환으로 Blog와 Post를 업데이트해서 Blog를 RST로 표시하는 부분을 번갈아 시행하면 다음과 같은 결과가 나온다.

```
Access Layer Access: 33.5 seconds
Access Layer Access2: 4.0 seconds
```

예상대로 검색을 제거함으로써 Blog와 그 블로그의 각 Post를 처리하는 시간이 크게 줄었다. 매우 큰 변화다. 처리 시간의 약 25% 정도가 관련된 포스트를 찾는 검색에 낭비된다.

이제 캐시를 생성하는 법을 알아보자.

캐시 생성

앞서 각 Blog에 색인을 추가해 Blog에 속하는 Posts를 찾았다. 최상단 캐시를 셸브에 추가하면 모든 Blog 인스턴스를 찾을 때 조금 더 빠르다. 이전 절에서 설명한 디자인과 유사하다. 각 블로그를 추가하고 삭제하려면 유효한 키 캐시를 업데이트해야 한다. 또한 색인을 올바르게 사용하도록 반복자도 업데이트해야 한다. 다음은 객체 접근을 중간에서 조정하는 새로운 클래스 디자인이다.

```python
class Access3(Access2):

    def new(self, path: Path) -> None:
        super().new(path)
        self.database["_Index:Blog"] = list()

    def create_blog(self, blog: Blog) -> Blog:
        super().create_blog(blog)
        self.database["_Index:Blog"] += [blog._id]
        return blog

    def blog_iter(self) -> Iterator[Blog]:
        return (self.database[k] for k in self.database["_Index:Blog"])
```

새 데이터베이스를 생성할 때 "_Index:Blog"라는 키로 관리용 객체와 색인을 추가한다. 이 색인은 각 Blog 항목의 키로 이뤄진 리스트다. 새 Blog 객체를 추가할 때마다 키 리스트를 변경해 "_Index:Blog" 객체를 업데이트한다.

이제 Blog의 포스트를 순회할 때 데이터베이스에서 키를 브루트 포스 검색하지 말고 색인 리스트를 사용해보자. 셸브 객체의 내장 keys() 메서드로 Blog의 포스트를 찾는 것보다 조금 더 빠르다.

다음은 성능 측정 결과다.

```
Access Layer Access: 33.5 seconds
Access Layer Access2: 4.0 seconds
Access Layer Access3: 3.9 seconds
```

이어지는 절에서는 색인 유지 보수 기능을 어떻게 추가하는지 배우겠다.

색인 유지 보수 기능 추가

셸브의 색인을 유지 보수하는 기능도 점차 중요해진다. 예제 데이터 모델은 간단해서 태그와 날짜, Posts 제목을 위한 최상단 색인을 쉽게 추가할 수 있다. 다음은 Blogs에 두 개의 색인을 정의하는 접근 계층 구현이다. 한 색인은 단순히 Blog 항목의 키를 나열한다. 다른 색인은 Blog 제목의 키를 제공한다. 제목은 고유하지 않다고 가정한다. 이러한 접근 계층을 세 부분으로 나누겠다. 다음은 CRUD 처리 중 생성[create] 부분이다.

```python
class Access4(Access3):

  def new(self, path: Path) -> None:
    super().new(path)
    self.database["_Index:Blog_Title"] = dict()

  def create_blog(self, blog):
    super().create_blog(blog)
    blog_title_dict = self.database["_Index:Blog_Title"]
    blog_title_dict.setdefault(blog.title, [])
```

```
blog_title_dict[blog.title].append(blog._id)
self.database["_Index:Blog_Title"] = blog_title_dict
return blog
```

색인을 하나 더 추가했다. dict는 제목 문자열을 위한 키 리스트를 제공한다. 제목이 고유하면 리스트는 싱글턴singleton 키다. 제목이 고유하지 않으면 제목마다 Blog 키 리스트를 포함한다.

Blog 인스턴스를 추가할 때도 제목 색인을 업데이트해야 한다. 셸브에서 기존 dict를 가져와 해당 Blog 제목의 키 리스트에 덧붙인 후 dict를 다시 셸브로 넣어야 한다.

Blog 객체를 업데이트할 때 Blog 속성의 제목이 바뀔 수 있다. 제목이 바뀌면 업데이트도 두 단계로 복잡하게 일어난다.

1. 인덱스에서 기존 제목을 제거한다. 제목마다 키 리스트를 포함하므로 이 연산은 해당 리스트에서 키를 하나 제거한다. 리스트가 비면 전체 제목 항목을 딕셔너리에서 삭제할 수 있다.

2. 새 제목을 인덱스에 추가한다. 새 Blog 객체를 추가할 때 설명했던 연산과 동일하다.

복잡도가 늘어나는가? 확실히 알려면 애플리케이션에 실제로 쓰이는 쿼리로 실제 성능을 분석하고 모으는 수밖에 없다. 비교 대상은 색인을 유지 보수하는 비용과 색인 덕분에 절약되는 검색 시간이다. 둘 간에 적절히 균형을 이뤄야 하며, 셸브를 가장 효율적으로 사용할 방법을 결정하려면 주로 데이터를 수집하고 실험해야 한다.

라이트백으로 색인을 업데이트하는 법을 살펴보자.

⁝⁝ 라이트백으로 색인 업데이트

writeback=True로 요청해 셸브를 열 수 있다. 이 옵션을 달면 실제 메모리에 캐싱된 객체 버전을 기록해 가변 객체의 변경을 추적한다. 따라서 Access 클래스의 디자인이 바꾄다. 앞서 봤던 Access 클래스 예제에서는 변경을 외부 파일에 지속하기 위해 애플리케이션에서 `update_blog()`와 `update_post()` 메서드를 호출했었다. 라이트백 모드로 처리하면 애플리케이션은 자유롭게 객체 값을 바꿀 수 있고, `shelf` 모듈은 메서드를 추가로 호출하지 않고도 변경을 지속시킨다. 하지만 이러한 자동 업데이트는 애플리케이션 접근 계층에 만들어진 부수적인 인덱스는 업데이트하지 않는다.

셸브에 인덱스 값을 추가해 광범위하게 사용하는 애플리케이션이 아니라면 라이트백 모드가 유리하다. 애플리케이션 프로세싱이 간단해지고 정교하게 Access 클래스를 디자인하지 않아도 된다.

스키마 진화

`shelve`를 사용하려면 스키마 진화schema evolution 문제를 해결해야 한다. 클래스 정의는 지속시킬 데이터의 스키마를 정의한다. 하지만 클래스가 반드시 정적은 아니다. 클래스 정의를 바꾸면 스키마는 진화한다. 변경 후에는 셸브에서 객체를 어떻게 가져올까? 좋은 디자인은 주로 다음과 같은 기법을 섞어 사용한다.

메서드를 변경해도 지속된 객체 표현은 바뀌지 않는다. 셸브에 넣은 데이터는 변경된 클래스 정의와 계속 호환되므로 마이너 변경에 속한다. 새로운 소프트웨어 배포판에 새 마이너 버전이 들어가더라도 사용자는 문제없이 동작할 것이라고 확신한다.

속성을 변경하면 지속된 객체 표현이 바뀐다. 메이저 변경에 속하며 셸브에 넣은 데이터는 더 이상 새로운 클래스 정의와 호환되지 않는다. 표현이 바뀌는 메이저 변경은 클래스 정의를 변경할 때 일어나서는 안 된다. 메이저 변경은 새 하위 클래스를 추가하고 양쪽 버전의 클래스 인스턴스를 모두 생성할 수 있게 업데이트한 팩토리함수를 제공할 때 일어나야 한다.

다수의 버전을 유연하게 지원하거나 일회성 변환을 사용할 수 있다. 유연해지려면 객체의 인스턴스를 생성하는 팩토리함수를 사용해야 한다. 유연한 애플리케이션은 직접 객체를 생성하지 않는다. 팩토리함수를 사용하면 애플리케이션 전체가 일관되게 동작한다. 스키마를 유연하게 변경하려면 다음과 같이 한다.

```
def make_blog(*args, **kw):
  version = kw.pop('_version',1)
  if version == 1: return Blog(*args, **kw)
  elif version == 2: return Blog2(*args, **kw)
  else: raise ValueError(f"Unknown Version {version}")
```

위와 같은 팩토리함수에는 _version 키워드 인자로 어떤 Blog 클래스 정의를 사용할지 명시해야 한다. 이렇게 함으로써 애플리케이션을 중지시키지 않으면서 서로 다른 클래스를 사용하는 스키마를 업데이트할 수 있다. Access 계층에서 이러한 종류의 함수를 사용해 올바른 버전의 객체 인스턴스를 만든다.

이 정도로 유연하게 할 수 있는 다른 방법은 일회성 변환이다. 이때 애플리케이션은 기존 클래스 정의를 사용해 셀브에 넣은 모든 객체를 가져온 후 새 클래스 정의로 변환해서 다시 새로운 포맷으로 새 셀브에 저장한다.

⠿ 요약

shelve 모듈을 사용하는 기초적인 방법을 알아봤다. 셀브 생성과 셀브에 넣은 객체에 접근하는 키 디자인을 다뤘다. 접근 계층에서 셀브에 더 낮은 수준의 CRUD 연산을 수행해야 한다는 사실도 배웠다. 핵심은 애플리케이션에 초점을 맞춘 클래스 정의와 지속성을 지원하는 관리상의 세부 사항을 구분해야 한다는 것이다.

디자인 고려 사항과 트레이드오프

shelve 모듈의 강점 중 하나는 개개 항목을 아주 쉽게 지속시킨다는 점이다. 다만 항목을 적절히 세분화할 방법을 알아내야 한다는 것이 디자인적으로 부담이다. 너무 미세하게 나누면 데이터베이스에 흩어진 각 조각을 하나의 컨테이너로 조합하느라 시간을 낭비한다. 너무 크게 묶으면 관련 없는 항목을 가져오고 저장하느라 시간을 낭비한다.

셸브에는 키가 필요하므로 적절한 객체 키를 디자인해야 한다. 또한 다양한 객체의 키를 관리해야 한다. 다시 말해 키를 저장할 속성을 추가하고, 셸브 내 항목의 색인으로 쓰일 키 컬렉션을 추가로 생성해야 한다.

shelve 데이터베이스의 항목에 접근할 때 사용하는 키는 간접 참조인 weakref와 비슷하다. 즉, 참조를 사용해 항목에 접근하고 추적하려면 별도의 처리가 필요하다. weakref에 대한 자세한 내용은 3장을 참고한다.

키를 디자인하는 한 가지 방법은 변경이 불가능한 적절한 기본 키인 속성 또는 속성의 조합을 찾는 것이다. 혹은 변경할 수 없는 대리 키를 생성하는 방법도 있는데 이렇게 하면 나머지 속성을 변경할 수 있다. shelve는 pickle을 사용해 셸브의 항목을 표현하므로 파이썬 객체의 고성능 네이티브 표현이 가능하다. 즉 셸브를 다루는 클래스 디자인의 복잡도가 줄어든다. 어떤 파이썬 객체든 지속시킬 수 있다.

애플리케이션 소프트웨어 계층

shelve를 사용하면 비교적 세련된 디자인이 가능하므로 애플리케이션 소프트웨어를 더 적절히 계층화해야 한다. 일반적으로 다음과 같은 계층의 소프트웨어 아키텍처를 고려한다.

- **표현 계층**: 웹 표현이나 데스크톱 GUI 같은 최상단 사용자 인터페이스다.

- **애플리케이션 계층**: 애플리케이션을 동작시키는 내부 서비스나 컨트롤러다. 논리 데이터 모델과 구분해 처리 모델이라고도 부른다.

- **비즈니스 계층 또는 문제 도메인 모델 계층**: 비즈니스 도메인이나 문제 영역을 정의하는 객체다. 논리 데이터 모델이라고도 부른다. 마이크로블로그인 Blog와 Post 예제를 사용해 이러한 객체를 모델링하는 법을 알아봤었다.

- **인프라**: 어떤 애플리케이션은 로깅과 보안, 네트워크 접근과 같은 여러 횡단 관심사를 포함한다. 이러한 요소들이 광범위하게 여러 계층에 걸쳐 영향을 미친다.

- **데이터 접근 계층**: 데이터 객체에 접근하는 프로토콜이나 메서드다. shelve 저장소의 애플리케이션 객체에 접근하는 클래스 디자인을 알아봤었다.

- **지속 계층**: 파일 저장소에서 볼 수 있는 물리 데이터 모델이다. shelve 모듈이 지속성을 구현한다.

11장과 12장을 읽어보면 알겠지만 객체지향 프로그래밍에 능숙해지려면 좀 더 높은 수준의 디자인 패턴이 반드시 필요하다. 동떨어져서 클래스를 디자인할 수 없으며, 클래스를 더욱 큰 구조로 조직화하는 방법을 알아야 한다. 끝으로 가장 중요한 내용은 브루트 포스 검색이 최악이라는 사실이다. 반드시 피하자.

예고

12장은 11장과 거의 유사하다. shelve 대신 **SQLite**를 사용해 객체를 지속시킨다. 다만 SQL 데이터베이스는 복잡한 파이썬 객체를 저장하는 방법을 제공하지 않으므로 임피던스 불일치impedance mismatch 문제가 발생해 조금 더 까다롭다. SQLite 같은 관계형 데이터베이스에서 발생하는 이러한 문제를 해결하는 두 가지 방법을 알아보겠다.

13장에서는 객체 전송과 공유로 주제를 바꾼다. 11장에서 알아본 지속성 개념에 네트워크 프로토콜을 추가한다.

12

SQLite를 통한 객체 저장과 추출

수많은 객체를 개별적으로 지속시켜야 하는 애플리케이션이 많다. 10장에서 살펴봤던 기법은 단일 객체를 지속시키기 위한 것이었다. 하지만 때로는 더 큰 도메인의 각 객체를 별개로 지속시켜야 한다. 예를 들어 블로그 항목과 블로그 포스트, 저자, 광고를 저장하면서 각각을 별개로 처리해야 한다.

11장에서는 파이썬 객체를 각각 shelve 데이터 스토어에 저장했다. 이로써 각 객체의 도메인에 CRUD 연산을 구현할 수 있었다. 전체 파일을 로드하고 덤프하지 않고도 각 객체를 생성, 추출, 업데이트, 삭제할 수 있었다.

12장에서는 파이썬 객체와 관계형 데이터베이스, 특히 파이썬과 함께 배포되는 데이터베이스인 sqlite3 간 매핑을 알아본다. 3계층 아키텍처 디자인 패턴의 또 다른 예다.

SQLite 데이터 계층은 shelve보다 정교한 데이터베이스다. SQLite는 락킹을 통한 동시 데이터베이스 업데이트를 허용한다. 또한 SQL 언어 기반의 접근 계층을 제공한다. SQL 테이블을 파일시스템에 저장함으로써 지속성을 지원한다. 웹 애플리케이션은 단순한 파일 지속성 대신 데이터베이스를 사용함으로써 하나의 데이터 풀에 동시 업데이트를 처리하는 예다. RESTful 데이터 서버도 종종 관계형 데이터베이스를 사용해 지속된 객체에 접근한다.

확장성을 위해 독립형standalone 데이터베이스 서버 프로세스로 모든 데이터베이스 트랜잭션을 분리할 수 있다. 즉, 웹 애플리케이션 서버와 분리돼 적절한 방화벽을 갖는 비교적 안전한 단일 호스트 컴퓨터에 지속시킨다. 가령 MySQL을 독립형 서버 프로세스로 구현할 수 있다.

파이썬에 딸린 SQLite3 데이터베이스는 독립형 데이터베이스 서버가 아니므로 호스트 애플리케이션에 포함돼야 한다.

12장에서 다룰 주제는 다음과 같다.

- SQL 데이터베이스, 지속성, 객체

- SQL로 애플리케이션 데이터 처리

- 파이썬 객체와 SQLite BLOB 열 매핑

- 파이썬 객체와 데이터베이스 행 수동 매핑

- 색인으로 성능 향상

- ORM 계층 추가

- 태그로 포스트 쿼리

- ORM 계층에 색인 정의

⠿ 기술 요구 사항

12장의 코드 파일은 https://git.io/fj2UK에 있다.

⁑ SQL 데이터베이스, 지속성, 객체

SQLite를 사용하면 SQL 언어 기반의 암묵적 접근 계층을 통해 애플리케이션이 동작한다. SQL 언어는 객체지향 프로그래밍이 흔치 않았던 시대의 유산으로, 절차적 프로그래밍에 특화돼 있다. 관계형 디자인의 행과 열 개념은 좀 더 복잡한 객체 데이터 모델과 임피던스 불일치 문제를 일으킨다. SQL 데이터베이스에서는 일반적으로 다음의 세 계층으로 데이터를 모델링한다.

- **개념 모델**: SQL 모델에 내포된 엔티티entity와 관계relationship다. 테이블과 열이 아닐 수 있으나 테이블과 열의 뷰view일 수 있다. 뷰는 행 셀렉션과 열 프로젝션, 다수의 테이블을 개념 결과conceptual result로 조인한 것 등이다. 대개 개념 모델은 파이썬 객체와 매핑할 수 있고, 애플리케이션 계층 중 데이터 모델 계층과 상응해야 한다. 이때 객체 관계 매핑ORM, Object-Relational Mapping 계층이 유용하게 쓰인다.

- **논리 모델**: SQL 데이터베이스에 존재할 것 같은 테이블과 행, 열이다. SQL 데이터 처리문에서 이러한 엔티티를 다룬다. 존재할 것 같다고 표현한 이유는 데이터베이스 스키마에 정의된 객체와 다소 다를 수 있는 물리 모델로 테이블과 열이 구현되기 때문이다. 예를 들어 SQL 쿼리 결과는 테이블처럼 보이지만 사실 정의된 단일 테이블과 일치하는 저장소가 없을 수 있다.

- **물리 모델**: 지속시킨 물리 저장소의 파일과 블록, 페이지, 비트, 바이트를 말한다. 이러한 엔티티는 관리용 SQL문으로 정의한다. 복잡한 데이터베이스 제품에서는 물리 데이터 모델을 제어하는 실험을 통해 성능을 높이기도 한다. 하지만 SQLite에서는 이러한 제어가 거의 불가능하다.

SQL 데이터베이스를 사용하다 보면 많은 디자인 결정에 맞닥뜨린다. 아마 임피던스 불일치를 어떻게 해결할지가 가장 중요할 것이다. SQL 데이터 모델과 파이썬 객체 모델 간 매핑을 어떻게 처리할까? 세 가지 일반적인 전략을 살펴보자.

- **파이썬과 최소 매핑**: 즉, 데이터베이스에서 추출한 행으로 파이썬 객체를 생성하지 않는다. 애플리케이션은 오로지 SQL 프레임워크의 독립된 원자 데이터 원소와 처리

함수로만 동작한다. 이 방식에서는 객체지향 프로그래밍에 크게 중점을 두지 않는다. 다만 네 가지 필수 SQLite 타입인 NULL과 INTEGER, REAL, TEXT 그리고 파이썬 타입인 datetime.date와 datetime.datetime으로 제한된다. 복잡한 애플리케이션에는 어렵겠지만 데이터베이스 유지 보수와 지원을 수행하는 스크립트 유형에는 적절하다.

- **파이썬과 수동 매핑**: 파이썬 클래스 정의와 SQL 논리 모델의 테이블, 열, 행, 키를 매핑하는 접근 계층을 정의한다. 더욱 특수한 용도를 위해 필요하다.

- **ORM 계층**: 파이썬 객체와 SQL 논리 모델 간 매핑을 처리하기 위해 ORM 계층을 다운로드해서 설치할 수 있다. 아주 많은 ORM이 있는데, 이 책에서는 대표적인 예로 SQLAlchemy를 살펴본다. ORM 계층은 보통 가장 간단하고 일반적인 방식이다.

이어지는 예제에서 위 세 전략을 다루겠다. SQL과 객체 간 매핑을 보기에 앞서 먼저 SQL 논리 모델을 자세히 알아보고 매핑이 없는 순수한 SQL 디자인 전략부터 살펴보자.

SQL 데이터 모델: 행과 테이블

개념상 SQL 데이터 모델은 명명된 열을 가진 명명된 테이블 기반이다. 테이블 정의는 그저 행 리스트일 뿐 데이터에 다른 구조는 없다. 각 행은 기본적으로 가변 @dataclass다. 테이블 내부를 각 @dataclass 객체의 list로 상상하면 된다. 다음의 정의처럼 관계형 모델을 파이썬 타입 힌트로 표현할 수 있다.

```
from dataclasses import dataclass
from typing import Union, Text
import datetime
SQLType = Union[Text, int, float, datetime.datetime, datetime.date, bytes]
@dataclass
class Row:
  column_x: SQLType
  ...
Table = Union[List[Row], Dict[SQLType, Row]]
```

타입 힌트에서 보듯이 데이터베이스 Table은 Row 인스턴스의 리스트 혹은 한 열과 Row 인스턴스 간 Dict 매핑이다. Row는 SQLType으로 정의한 열 컬렉션이다. 관계형 모델에는 이보다 훨씬 많은 요소가 있으나 위와 같은 짧은 코드만으로도 파이썬에서 데이터베이스를 어떻게 사용하는지 알 수 있다. SQL 데이터베이스에는 원자 데이터 타입이 거의 없다. 보통은 행 컬렉션인 Table 데이터 구조만 사용 가능하다. 각 Row는 각 열을 정의한 단순 리스트다. 따라서 Table 내 데이터가 단순 Row 객체 리스트로 쓰일 수 있다. 또는 한 열을 키로, 나머지 열을 값으로 선택해 키와 행 값을 잇는 딕셔너리나 매핑처럼 사용할 수도 있다. 개념 타입 정의가 어수선해지지 않도록 다수의 열을 키로 만들거나 열 값에 null이 있을 수 있는 등의 내용은 넣지 않았다.

한 테이블의 행이 다른 테이블의 행을 참조하면 데이터 구조가 더 복잡해진다. 참조는 서로 다른 테이블에서 공통 값을 공유함으로써 생긴다. 한 테이블의 어떤 행의 키를 다른 테이블의 행들이 참조할 때 사실상 계층적 일대다one-to-many 관계가 정의되고 이는 파이썬 중첩 리스트나 중첩 딕셔너리로 구현된다. 다대다many-to-many 관계는 중간에 연관 테이블association table을 넣어 정의할 수 있다. 연관 테이블은 연관된 각 테이블의 키 쌍 리스트로 이뤄진다. 이때 고유한 기본 키를 갖는 테이블로 만들어 고유한 값만 테이블에 수집되도록 한다.

SQL 데이터베이스를 정의할 때는 테이블과 그 열 컬렉션을 정의한다. SQL 데이터베이스를 사용할 때는 테이블에 수집된 데이터 행을 조작한다.

SQLite는 SQL보다 처리하는 데이터 타입 도메인이 좁다. NULL과 INTEGER, REAL, TEXT, BLOB 데이터를 처리한다.

파이썬 타입인 None과 int, float, str, bytes가 이러한 SQL 타입과 매핑된다. 마찬가지로 이러한 데이터 타입을 SQLite 데이터베이스로부터 가져올 때 항목을 파이썬 객체로 변환한다.

BLOB 타입은 이진 대형 객체Binary Large OBject라는 뜻으로 SQL 외부에 정의된 바이트 컬렉션이다. 파이썬에 특화된 데이터 타입을 SQL 데이터베이스에 넣을 때 사용한다. SQLite에서는 파이썬 객체를 바이트로 인코딩하고 디코딩하는 변환함수를 추가할 수 있다. sqlite3 모듈은 이미 이런 식으로 datetime.date와 datetime.datetime 확장을 추가했다. 변환함수를 더 추가해 더 특수하게 처리할 수 있다.

SQL 언어는 세 하위 언어인 데이터 정의어^{DDL, Data Definition Language}와 데이터 조작어 ^{DML, Data Manipulation Language}, 데이터 제어어^{DCL, Data Control Language}로 나뉜다. DDL은 테이블과 열, 색인을 정의하는 데 쓰인다. 다음은 DDL로 테이블을 정의한 예제다.

```
CREATE TABLE blog(
  id INTEGER PRIMARY KEY AUTOINCREMENT,
  title TEXT
);
CREATE TABLE post(
  id INTEGER PRIMARY KEY AUTOINCREMENT,
  date TIMESTAMP,
  title TEXT,
  rst_text TEXT,
  blog_id INTEGER REFERENCES blog(id)
);
CREATE TABLE tag(
  id INTEGER PRIMARY KEY AUTOINCREMENT,
  phrase TEXT UNIQUE ON CONFLICT FAIL
);
CREATE TABLE assoc_post_tag(
  post_id INTEGER REFERENCES post(id),
  tag_id INTEGER REFERENCES tag(id)
);
```

마이크로블로그 애플리케이션의 Blog와 Post 객체를 표현할 네 개의 테이블을 생성했다. SQLite에서 처리하는 SQL 언어에 대한 자세한 정보는 http://www.sqlite.org/lang.html을 참고한다. MySQL 데이터베이스 맥락에서 SQL 언어를 설명한 『Creating your MySQL Database: Practical Design Tips and Techniques』^(Packt, 2006) 같은 책은 SQL에 대한 더 넓은 배경지식을 제공한다. SQL 언어는 대소문자를 구분하지 않는다.

다만 주변의 파이썬 코드와 구분하기 위해 SQL 키워드를 모두 대문자로 표기하면 좋다.

blog 테이블에 AUTOINCREMENT 옵션을 갖는 기본 키를 정의했다. SQLite에서 키 값을 할당하므로 코드에서 키를 생성하지 않아도 된다. title 열은 블로그 제목이다. TEXT로 정

468

의했다. 어떤 데이터베이스 제품에서는 문자열의 최대 크기를 제공해야 한다. 이렇게 하면 데이터베이스 엔진이 저장소를 최적화하기에 편하다. SQLite에서는 필수가 아니므로 넣지 않았다.

post 테이블은 기본 키 외에 날짜, 제목, 포스트 본문의 RST 텍스트를 정의한다. 보다시피 위 테이블 정의에서는 태그를 참조하지 않았다. 이러한 디자인 패턴이 필요한 SQL 테이블을 다루면서 다시 설명하겠다. 그래도 blog_id에 REFERENCES 절을 넣어 포스트가 속한 blog에 대한 외래 키 참조임을 보였다.

tag 테이블은 개개 태그 텍스트 항목만 정의한다. SQL에서 텍스트 열을 고유하게 정의했다. 중복 값을 삽입하려 하면 트랜잭션이 실패한다.

마지막은 post와 tag 간 연관 테이블이다. 이 테이블에는 두 외래 키만 들어 있다. 포스트당 태그 수와 같은 태그를 공유하는 포스트 수를 무제한으로 허용하며, 태그와 포스트를 연결한다. 연관 테이블은 이러한 종류의 다대다 관계를 처리하는 일반적인 SQL 디자인 패턴이다. 이어지는 절에서 다른 SQL 디자인 패턴도 살펴본다. 위 정의를 실행해 데이터베이스를 생성한다.

```
import sqlite3
database = sqlite3.connect('p2_c11_blog.db')
database.executescript(sql_ddl)
```

데이터베이스에 접근하려면 모듈 함수인 sqlite3.connect()로 연결을 생성해야 한다. 파일명을 데이터베이스에 할당했다.

파이썬 데이터베이스 모듈의 DB-API 표준은 PEP 249(https://www.python.org/dev/peps/pep-0249/ 참고)에서 정의한다. 이 표준은 애플리케이션 프로세스에서 연결할 별도의 데이터베이스 서버 프로세스가 존재한다고 가정한다. SQLite에는 실제로 별도 프로세스가 없다. 하지만 표준을 따르기 위해 connect() 함수를 사용한다. sql_ddl 변수는 네 개의 CREATE_TABLE문을 포함하는 긴 문자열 변수일 뿐이다. 오류 메시지가 없으면 테이블 구조를 잘 정의했다는 뜻이다.

파이썬 표준 라이브러리에 보면 Connection 객체의 executescript() 메서드를 표준이
아닌 방법으로 설명한다. 엄밀히 말해 데이터베이스 연산은 cursor 객체를 생성해야
한다. 다음은 표준화한 방식이다.

```
from contextlib import closing
with closing(database.cursor()) as cursor:
  for stmt in sql_ddl.split(";"):
    cursor.execute(stmt)
```

개념적으로는 이해하기 쉬우나 실용적이지 못하다. 주석이나 텍스트 리터럴에 ";"가 있
으면 제대로 동작하지 않는다. 편리한 executescript()를 쓰는 편이 낫다. 다른 데이터
베이스로의 이식성을 고려한다면 파이썬 DB-API 명세를 더 엄격히 따르도록 한다. 커
서 객체의 특징은 쿼리를 살펴보는 다음 절에서 다시 다루겠다.

이어지는 절에서는 SQL DML문을 통한 CRUD 처리를 다룬다.

SQL DML문을 통한 CRUD 처리

다음 네 개의 전형적인 CRUD 연산은 SQL 언어 명령문과 직접적으로 매핑된다.

- 생성은 INSERT문으로 이뤄진다.

- 추출은 SELECT문으로 이뤄진다.

- 업데이트는 UPDATE문으로 이뤄진다. REPLACE문을 지원하는 SQL 변형도 있다.

- 삭제는 DELETE문으로 이뤄진다.

앞으로 값이 모두 제공되는 리터럴 SQL 문법을 자주 보게 될 것이다. 이 문법은 리터럴
값 대신 변수 플레이스홀더와 바인딩하는 SQL 문법과 크게 다르다. 스크립트에는 리
터럴 SQL 문법을 써도 되지만 애플리케이션 프로그래밍에는 알맞지 않다. 애플리케이
션에 리터럴 SQL문을 생성하면 끝도 없이 문자열을 조작하고 널리 알려진 보안 문제에

맞서야 한다. 사용자가 제공한 텍스트로 리터럴 SQL을 조합할 때 발생하는 특정 보안 이슈는 http://xkcd.com/327/의 XKCD 만화를 참고한다. 이 책에서는 변수를 바인딩하는 SQL만 다루겠다.

리터럴 SQL은 스크립트에 널리 쓰인다. 사용자가 제공한 텍스트로 리터럴 SQL을 만드는 실수를 범하지 말자.

파이썬 DB-API 인터페이스는 애플리케이션 변수를 SQL문에 바인딩하는 몇 가지 방법을 정의한다. SQLite에서는 ?를 통한 위치 바인딩이나 :name을 통한 이름 바인딩을 사용한다. 두 방식의 변수 바인딩을 모두 살펴보겠다. 다음 코드처럼 INSERT문으로 새 BLOG 행을 만들 수 있다.

```
create_blog= """
  INSERT INTO blog(title) VALUES(?)
"""
with closing(database.cursor()) as cursor:
  cursor.execute(create_blog, ("Travel Blog",))
database.commit()
```

blog 테이블의 title 열에 위치 바인딩 변수인 ?를 넣어 SQL문을 생성했다. 튜플 값을 바인딩한 후 커서 객체로 명령문을 실행한다. 바인딩 변수가 하나뿐이므로 튜플 값도 하나다. 명령문을 실행하고 나면 데이터베이스에 행이 생긴다. 최종 커밋으로 변경을 지속시키고 잡혀 있던 락을 해제한다.

SQL문을 세 따옴표로 감싼 긴 문자열 리터럴 안에 넣어 주변의 파이썬 코드와 구분했다. 어떤 애플리케이션에서는 별도의 설정 항목으로 SQL을 저장한다. SQL을 분리할 때는 명령문 이름과 SQL 텍스트 간 매핑으로 처리하는 것이 가장 좋다. SQL을 파이썬 프로그래밍과 독립적으로 유지하면 애플리케이션을 유지 보수하기 편하다.

DELETE문과 UPDATE문에는 변경하거나 삭제할 행을 명시할 WHERE절이 필요하다. 다음과 같이 블로그 제목을 바꿀 수 있다.

```
update_blog="""
  UPDATE blog SET title=:new_title WHERE title=:old_title
"""
with closing(database.cursor()) as cursor:
  cursor.execute(
    update_blog,
    dict(
      new_title="2013-2014 Travel",
      old_title="Travel Blog"
    )
  )
database.commit()
```

UPDATE문에 두 이름 바인딩 변수인 :new_title과 :old_title을 사용했다. 위 트랜잭션은 blog 테이블에서 제목이 old_title인 모든 행을 찾아 새로운 제목으로 업데이트한다. 이상적으로는 제목이 고유하므로 하나의 행만 업데이트해야 한다. 하지만 SQL 연산은 행 집합에 동작하도록 정의된다. 데이터베이스를 어떻게 디자인하느냐에 따라 한 행이 하나의 집합일 수도 있다. 그러니 모든 테이블마다 고유한 기본 키를 두기 바란다.

삭제 연산은 두 가지 방법으로 구현한다. 자식이 존재하면 부모를 삭제하지 못하게 하거나 부모부터 연관된 자식까지 연쇄적으로 삭제한다. blog와 post, tag로 이어지는 연쇄 삭제를 살펴보자. 다음은 연속된 DELETE문이다.

```
delete_post_tag_by_blog_title = """
  DELETE FROM assoc_post_tag
  WHERE post_id IN (
    SELECT DISTINCT post_id
    FROM blog JOIN post ON blog.id = post.blog_id
    WHERE blog.title=:old_title)
"""
delete_post_by_blog_title = """
  DELETE FROM post WHERE blog_id IN (
    SELECT id FROM blog WHERE title=:old_title)
"""
```

```
delete_blog_by_title="""
  DELETE FROM blog WHERE title=:old_title
"""
try:
  with closing(database.cursor()) as cursor:
    title = dict(old_title="2013-2014 Travel")
    cursor.execute("BEGIN")
    cursor.execute(delete_post_tag_by_blog_title, title)
    cursor.execute(delete_post_by_blog_title, title)
    cursor.execute(delete_blog_by_title, title)
  database.commit()
  print("Delete finished normally.")
except Exception as ex:
  print(f"Rollback due to {ex!r}")
  database.rollback()
```

전체 블로그에 수행한 DELETE 연산이 세 개의 삭제 연산으로 연쇄적으로 이어진다. 먼저 assoc_post_tag에서 주어진 제목의 모든 blog 행을 삭제했다. delete_post_tag_by_blog_title의 값에 들어 있는 중첩 쿼리를 잘 보자. 이 쿼리는 이어지는 절에서 살펴보겠다. 테이블 간 탐색은 SQL 구성에서 흔한 이슈다.

삭제할 post 테이블 키를 찾으려면 블로그 대 포스트 관계에 쿼리해야 한다. 그래야 삭제할 블로그와 연관된 포스트 행을 assoc_post_tag에서 삭제할 수 있다. 이어서 특정 블로그에 속하는 모든 포스트를 삭제했다. 마찬가지로 중첩 쿼리를 사용해 주어진 제목의 블로그 ID를 찾았다. 끝으로 블로그 자체에서 삭제한다.

blog 테이블로부터 다른 두 테이블로 연산이 연쇄적으로 일어나도록 명시적으로 연쇄 삭제를 디자인해봤다. 전체 삭제 연산 묶음을 with문으로 래핑함으로써 하나의 트랜잭션으로 전부 커밋한다. 실패 시 부분적인 변경은 롤백해 원래 데이터베이스로 되돌린다.

이러한 종류의 연산은 데이터베이스의 executescript() 메서드를 사용하면 더 유리할 것 같다. executescript()의 문제는 SQL문 내 모든 값이 리터럴이어야 한다는 것이다. 변수를 바인딩하지 못한다. 데이터를 정의할 때는 매우 훌륭하게 동작한다. 하지만 예제처럼 블로그 제목을 각 명령문에 바인딩해야 하는 데이터 조작에는 좋지 못하다.

이어지는 절에서는 SQL SELECT문으로 어떻게 행에 쿼리하는지 알아보자.

SQL SELECT문으로 행 쿼리

SELECT문만으로도 어마어마한 분량의 책을 쓸 수 있다. 여기서는 SELECT의 가장 기초적인 요소만 소개하겠다. 데이터베이스에 객체를 저장하고 추출하는 SQL이면 충분하다.

앞선 예제들에서는 대부분 커서를 생성해 SQL문을 실행했다. DDL과 다른 DML문에는 커서가 없어도 상관없다. 표준이 아닌 방법을 사용해 명시적으로 커서를 생성하지 않고 SQL 프로그래밍을 크게 간소화할 수 있다.

하지만 데이터베이스에서 행을 추출하는 쿼리라면 커서가 필수다. 커서 객체는 다수의 행을 가져올 수 있도록 쿼리 상태를 유지한다. 커서를 닫으면 내부 버퍼나 락이 모두 해제된다. 주어진 제목의 블로그를 찾을 때 다음과 같이 간단한 코드로 시작할 수 있다.

```
SELECT * FROM blog WHERE title=?
```

SQL 쿼리를 실행한 후 행 객체로 이뤄진 결과 컬렉션을 가져와야 한다. 응답에 행이 하나이더라도 SQL에서는 어쨌든 모두가 컬렉션이다. 일반적으로 SELECT 쿼리의 결과 집합은 SELECT문에서 정의한 행과 열을 가진 테이블과 비슷하다.

SELECT *를 쓰면 어떤 열을 결과로 가져오고 싶은지 열거하지 않아도 된다. 다만 매우 많은 열을 추출할 수 있다. 명시적으로 커서를 사용할 때는 다음과 같이 실행한다.

```
query_blog_by_title= """
  SELECT * FROM blog WHERE title=?
"""
with closing(database.cursor()) as blog_cursor:
  blog_cursor.execute(query_blog_by_title, ("2013-2014 Travel",))
  for blog in blog_cursor.fetchall():
    print("Blog", blog)
```

커서를 생성하고 바인딩한 값으로 SQL 쿼리문을 실행하는 패턴을 그대로 따르고 있다. 커서의 fetchall() 메서드는 결과 행을 전부 추출한다. 위 쿼리는 제목이 같은 블로그를 처리한다.

SQLite만의 손쉬운 방법으로 위 코드를 다음과 같이 최적화할 수 있다.

```
query_blog_by_title= """
  SELECT * FROM blog WHERE title=?
"""
cursor = database.execute(
  query_blog_by_title, ("2013-2014 Travel",))
for blog in cursor:
  print(blog[0], blog[1])
```

찾으려는 블로그 제목을 SELECT문 내 "?" 매개변수에 바인딩했다. execute() 함수의 결과는 커서 객체다. 커서를 이터러블로 사용하면 커서에서 결과 집합을 만들어내고 순회가 끝나면 커서를 닫는다.

쿼리나 간단한 트랜잭션에는 이처럼 간소화한 형태가 편리하다. 연쇄 삭제 같이 복잡한 트랜잭션에는 commit()과 함께 명시적 커서가 있어야 트랜잭션이 완벽히 실행되거나 전혀 실행되지 않는다. 이어지는 절에서 SQL 트랜잭션의 의미를 알아보겠다.

SQL 트랜잭션과 ACID 속성

지금까지 알아봤듯이 SQL DML문은 CRUD 연산과 매핑된다. SQL 트랜잭션의 특징을 설명하며 INSERT와 SELECT, UPDATE, DELETE문을 차례로 살펴보겠다.

ACID 속성은 원자성과 일관성, 독립성, 지속성이다. 다수의 데이터베이스 연산으로 이뤄지는 트랜잭션에 꼭 필요한 요소다. 자세한 내용은 11장을 참고한다.

모든 SQL DML문은 SQL 트랜잭션 컨텍스트 내에서 실행된다. 전체 트랜잭션을 전부 커밋하거나 혹은 전부 롤백해야 한다. 어떤 일관된 상태에서 다음 일관된 상태로 바꿀 때 원자적이며 나눌 수 없는 단일 변경을 생성해 원자성을 지원한다.

SQL DDL문(즉, CREATE와 DROP)은 트랜잭션 내에서 실행되지 않는다. 이전에 처리 중인 트랜잭션을 모두 암묵적으로 종료시킨다. 결과적으로 데이터베이스의 구조를 바꾸는 전혀 다른 종류의 명령문이므로 트랜잭션 개념을 적용하지 않는다. SQL 데이터베이스 제품마다 테이블이나 색인을 생성할 때 커밋을 해야 하느냐 마느냐가 조금씩 다르다. database.commit()을 실행해도 전혀 문제는 없으나 어떤 데이터베이스 엔진에서는 해야 한다.

특별히 커밋되지 않은 읽기read uncommitted 모드로 실행하지 않는 한 각 데이터베이스 연결에서는 커밋한 트랜잭션의 결과만을 포함하는 일관된 버전의 데이터를 본다. 일반적으로 다른 데이터베이스 클라이언트 프로세스는 커밋되지 않은 트랜잭션을 볼 수 없으므로 일관성이 유지된다.

SQL 트랜잭션은 독립성도 지원한다. SQLite에서는 단계별로 독립 수준isolation level을 설정할 수 있다. 독립 수준이란 SQL DML문이 여러 동시 실행 프로세스와 상호작용하는 정도를 정의한다. 락을 사용하는 방법과 락을 기다리는 프로세스의 SQL 요청을 지연시키는 방법에 따라 결정된다. 파이썬에서는 데이터베이스에 연결할 때 독립 수준을 설정한다.

SQL 데이터베이스 제품마다 격리 수준과 락킹에 취하는 방식이 서로 다르다. 모델이 다양하다.

SQLite의 경우 네 가지 독립 수준으로 락킹과 트랜잭션의 특성을 정의한다. 자세한 정보는 http://www.sqlite.org/isolation.html을 참고한다.

독립 수준은 다음과 같다.

- isolation_level=None: 기본값으로 자동 커밋autocommit 모드라고도 부른다. 이 모드에서는 각 SQL문을 실행하는 대로 데이터베이스에 커밋한다. 복잡한 트랜잭션이라면 원자성이 깨진다. 하지만 데이터 웨어하우스 쿼리 애플리케이션에는 알맞다.

- isolation_level='DEFERRED': 이 모드에서 트랜잭션은 최대한 늦게 락을 획득한다. 예를 들어 BEGIN문은 즉시 락을 획득하지 않는다. 다른 읽기 연산(가령 SELECT문)은 공유

락을 획득한다. 쓰기 연산은 예약된 락을 획득한다. 동시 실행성을 최대한 높일 수 있으나 경쟁하는 프로세스 간 데드락이 발생할 수 있다.

- `isolation_level='IMMEDIATE'`: 이 모드에서 트랜잭션 BEGIN문은 다른 쓰기를 모두 막는 락을 획득한다. 하지만 읽기는 정상적으로 할 수 있다. 트랜잭션을 빠르게 완료할 경우 데드락 없이 잘 동작한다.

- `isolation_level='EXCLUSIVE'`: 이 모드에서 트랜잭션 BEGIN문은 커밋되지 않은 읽기 모드로 연결된 경우를 제외하고 모든 접근을 막는 락을 획득한다.

커밋한 모든 트랜잭션에 대해 지속성을 보장한다. 데이터는 데이터베이스 저장소에 작성된다.

SQL 규칙에서는 순차적인 단계를 BEGIN TRANSACTION과 COMMIT TRANSACTION문으로 감싸서 실행할 것을 요구한다. 오류 발생 시 변경을 돌이키려면 ROLLBACK TRANSACTION문이 필요하다. 파이썬 인터페이스를 사용하면 간단하다. SQL BEGIN문을 실행할 수 있다. 나머지 명령문은 sqlite3.Connection 객체의 함수로 제공되므로 SQL문을 실행해 트랜잭션을 종료시키지 않아도 된다. 다음 코드처럼 명시적으로 작성할 수 있다.

```
database = sqlite3.connect('p2_c11_blog.db',
isolation_level='DEFERRED')
try:
  with closing(database.cursor()) as cursor:
    cursor.execute("BEGIN")
    # cursor.execute("some statement")
    # cursor.execute("another statement")
  database.commit()
except Exception as e:
  database.rollback()
```

데이터베이스에 연결할 때 독립 수준을 DEFERRED로 선택했다. 따라서 명시적으로 각 트랜잭션을 시작하고 끝내야 한다. try 블록으로 관련된 DML을 감싼 후 제대로 동작하면 트랜잭션을 커밋하고 문제가 있을 때 트랜잭션을 롤백하는 시나리오가 일반적이다. 다음과 같이 sqlite3.Connection 객체를 컨텍스트 매니저로 사용해 간소화할 수 있다.

```
database = sqlite3.connect('p2_c11_blog.db',
isolation_level='DEFERRED')
with database:
  database.execute("some statement")
  database.execute("another statement")
```

앞선 예제와 유사하다. 같은 방식으로 데이터베이스를 열었다. 다만 명시적인 BEGIN문을 실행하는 대신 컨텍스트로 들어가 컨텍스트에서 Begin을 대신 실행했다.

with 컨텍스트 마지막에 database.commit()이 자동으로 실행된다. 예외가 발생하면 database.rollback()이 실행되고, with문에서 예외를 일으킨다.

이렇게 간소화한 방법은 단일 웹 요청에 대해서만 연결을 지속해야 하는 웹 서버에 유용하다. 쿼리를 실행하는 동안 독립 수준은 기본으로 유지하면서 데이터에 아주 빠르게 접근한다.

이어지는 절에서는 데이터베이스의 기본 키와 외래 키를 디자인하겠다.

데이터베이스의 기본 키와 외래 키 디자인

SQL 테이블에 기본 키가 필수는 아니다. 하지만 주어진 테이블의 행에 기본 키가 없으면 정말 형편없는 디자인이다. 11장에서 살펴봤듯이 적절한 기본 키로 쓰일 속성(또는 속성들의 조합)이 있을 수 있다. 물론 적절한 기본 키가 없어 대리 키를 정의해야 하는 경우도 있다.

이전 예제에서는 SQLite가 생성해주는 대리 키를 사용했다. 데이터에 제약이 거의 없으므로 가장 간단한 종류의 디자인이라 할 수 있다. 대리 키를 생성하지 않으면 기본 키 값을 업데이트할 수 없으며 이는 애플리케이션 프로그래밍에서 반드시 시행해야 하는 규칙이다. 이로 인해 기본 키 값에 생긴 오류를 수정해야 하는 경우가 복잡한 에지 케이스가 된다. 일단 제약을 없애고 다시 생성하는 방법이 있다. 또는 오류가 있는 행을 삭제하고 수정한 키로 행을 다시 삽입하는 방법도 있다.

연쇄 삭제가 일어나면 기본 키를 수정하는 트랜잭션이 매우 복잡해진다. 대리 키를 사용할 때는 발생하지 않는 문제다. 테이블 간 관계는 기본 키와 외래 키 참조로 이뤄진다. 매우 일반적인 두 가지 디자인 패턴이 관계를 형성한다. 앞서 살펴봤던 테이블에서 두 가지 원칙의 디자인 패턴을 보였다. 관계에는 다음과 같은 세 가지 디자인 패턴이 있다.

- **일대다**one-to-many: 여러 자식이 한 부모 객체에 속한다. 예를 들어 한 부모 블로그와 여러 자식 포스트 간 관계다. REFERENCES 절을 보면 post 테이블의 여러 행이 blog 테이블의 한 행을 참조함을 알 수 있다.

- **다대다**many-to-many: 여러 포스트와 여러 태그 간 관계다. post와 tag 테이블 중간에 연관 테이블이 필요하고, 연관 테이블은 둘 혹은 그 이상의 연관된 외래 키를 갖는다. 다대다 연관 테이블 자체에도 속성이 있을 수 있다.

- **일대일**one-to-one: 많이 쓰이지 않는 디자인 패턴이다. 일대다 관계와 기술적으로 차이가 없다. 관계에서 자식 쪽 행에 차수를 제약했을 뿐이다. 일대일 관계를 유지하려면 자식을 더 생성하지 않게 적절히 처리해야 한다.

데이터베이스를 디자인할 때 관계에 몇 가지 종류의 제약을 가한다. 먼저 관계를 선택optional 혹은 필수mandatory로 나타낼 수 있다. 또한 관계에 차수 제한이 있을 수 있다. 이러한 선택성과 차수 제약은 '0대다' 혹은 '선택적 일대다'를 뜻하는 '0:m' 같은 짧은 설명으로 요약되기도 한다. 선택성과 차수 제약이 애플리케이션 프로그래밍 로직에서 중요할 때가 많다. SQLite 데이터베이스에는 이러한 제약 사항을 명시할 방법이 따로 정해져 있지 않다. 기본적인 테이블 관계는 다음의 방법 중 하나 혹은 두 방법을 모두 사용해 데이터베이스에 구현할 수 있다.

- **명시적**explicit: 데이터베이스의 DDL 선언에 속하므로 선언적declared이라고도 부른다. 이상적으로는 데이터베이스 서버에서 시행해야 하며, 관계 제약을 따르지 않으면 다른 종류의 오류로 이어질 수 있다. 쿼리에도 이러한 관계를 명시한다.

- **암묵적**implicit: 쿼리에만 명시하는 관계다. DDL에 속하지 않는다.

예제 테이블 정의는 블로그와 블로그에 속하는 다양한 항목 간 일대다 관계를 구현했다. 이러한 관계를 이용해 다양한 쿼리를 작성했다.

이어지는 절에서는 SQL로 애플리케이션 데이터를 처리하는 법을 알아본다.

SQL로 애플리케이션 데이터 처리

앞서 보였던 예제들은 절차적procedural SQL 처리에 속한다. 문제 도메인 객체에 객체지향 디자인은 피했다. Blog와 Post 객체 대신 SQLite가 처리할 수 있는 데이터 요소인 문자열과 날짜, 실수, 정수 값을 다뤘다. 거의 대부분 절차적 방식의 프로그래밍을 사용했다.

쿼리 몇 개를 연이어 실행해 블로그와 그 블로그에 속하는 모든 포스트 그리고 그 포스트들에 쓰인 모든 태그를 찾을 수 있다. 다음의 코드는 어떤 블로그와 그 블로그의 모든 포스트, 그 포스트들에 쓰인 모든 태그를 추출한다.

```
query_blog_by_title = """
  SELECT * FROM blog WHERE title=?
"""
query_post_by_blog_id = """
  SELECT * FROM post WHERE blog_id=?
"""
query_tag_by_post_id = """
  SELECT tag.*
  FROM tag
  JOIN assoc_post_tag ON tag.id = assoc_post_tag.tag_id
  WHERE assoc_post_tag.post_id=?
"""
with closing(database.cursor()) as blog_cursor:
  blog_cursor.execute(query_blog_by_title, ("2013-2014 Travel",))
  for blog in blog_cursor.fetchall():
    print("Blog", blog)
    with closing(database.cursor()) as post_cursor:
      post_cursor.execute(query_post_by_blog_id, (blog[0],))
      for post in post_cursor:
        print("Post", post)
```

```
with closing(database.cursor()) as tag_cursor:
    tag_cursor.execute(query_tag_by_post_id, (post[0],))
    for tag in tag_cursor.fetchall():
        print("Tag", tag)
```

SQL 쿼리 세 개를 정의했다. 첫 번째 쿼리는 주어진 제목의 블로그를 가져온다. 다음으로 그 블로그에 속하는 모든 포스트를 가져온다. 끝으로 주어진 포스트와 연관된 모든 태그를 가져온다.

두 번째 쿼리는 암묵적으로 post 테이블과 blog 테이블 간 REFERENCES 정의를 반복한다. 특정 블로그 부모의 자식 포스트를 찾으면서 쿼리 중에 일부 테이블 정의를 반복해서 사용해야 한다.

세 번째 쿼리는 assoc_post_tag 테이블과 tag 테이블 행 간 관계형 조인을 수행한다. JOIN 절은 테이블 정의의 외래 키 참조를 다시 요약한다. WHERE 절은 테이블 정의에 나오는 REFERENCES 절을 반복한다.

세 번째 쿼리에서 여러 테이블을 조인하므로 SELECT *를 쓸 경우 모든 테이블의 열을 반환한다. tag 테이블의 속성만 알고 싶으니 SELECT TAG.*를 사용해 원하는 열만 얻는다.

세 개의 쿼리가 반환하는 데이터는 독립적인 비트와 조각으로 이뤄진다. 하지만 이러한 쿼리는 파이썬 객체를 재생성하지 않는다. 클래스 정의가 복잡해지면 추출한 독립적 데이터 조각으로부터 객체를 생성해야 한다. 특히 파이썬 클래스 정의에 중요한 메서드함수가 있을 경우 더욱 완벽한 파이썬 클래스 정의를 이용하기 위해 더 나은 SQL과 파이썬 간 매핑이 필요하다.

이어지는 절에서는 순수하게 SQL만으로 클래스 같은 처리를 어떻게 구현하는지 알아본다.

순수 SQL로 클래스와 유사한 처리 구현

훨씬 더 복잡한 Blog 클래스 정의를 살펴보자. 다음은 10장과 11장에 나왔던 정의이다.

```
from dataclasses import dataclass, field, asdict

@dataclass
class Blog:

  title: str
  underline: str = field(init=False)

  # 지속성을 위한 것이지 클래스에 필수는 아니다.
  _id: str = field(default="", init=False, compare=False)

  def __post_init__(self) -> None:
    self.underline = "=" * len(self.title)
```

위 데이터 클래스는 블로그에서 필수인 제목 속성을 제공한다. 선택 속성으로 블로그 항목에 할당된 내부 데이터베이스 ID도 있다.

다음은 Blog와 Post 객체를 추출하는 Access 클래스의 앞부분이다.

```
class Access:

  def open(self, path: Path) -> None:
    self.database = sqlite3.connect(path)
    self.database.row_factory = sqlite3.Row

  def get_blog(self, id: str) -> Blog:
    query_blog = """
      SELECT * FROM blog WHERE id=?
    """
    row = self.database.execute(query_blog, (id,)).fetchone()
    blog = Blog(title=row["TITLE"])
    blog._id = row["ID"]
    return blog
```

위 Access 클래스는 관계형 데이터베이스의 열로 Blog 객체를 생성하는 메서드를 포함한다. __post_init__() 메서드는 underline 속성값을 생성한다. 이 메서드는 관계형 데이터로 객체를 만드는 기본적인 기법을 보여준다.

Blog 인스턴스와 연관된 Post 인스턴스 추출은 간단하지 않다. 데이터베이스에서 행을
더 가져오려면 access 객체를 사용해야 한다. Blog 클래스에 정의된 속성만으로는 바로
수행할 수 없다. 접근 계층과 객체 관계 관리^{ORM, Object-Relational Management}를 설명할 때
더 자세히 알아보겠다.

파이썬 객체와 SQLite BLOB 열 매핑

SQL 열과 클래스 정의를 매핑해서 데이터베이스 내 데이터로 적절한 파이썬 객체 인스
턴스를 생성할 수 있다. SQLite는 이진 대형 객체^{BLOB, Binary Large Object} 데이터 타입을
지원한다. 파이썬 객체를 피클로 표현해 BLOB 열에 저장할 수 있다. 파이썬 객체의 문
자열 표현^(예를 들어 JSON이나 YAML 표기로)을 만들고 SQLite 텍스트 열도 사용할 수 있다.

이러한 기법은 SQL 처리를 사실상 불가능하게 만들므로 신중히 사용해야 한다. BLOB
열은 SQL DML 연산에 사용할 수 없다. 인덱싱할 수도, DML문의 검색 기준으로 사
용할 수도 없다.

SQLite BLOB 매핑은 SQL로 처리하기 불분명한 객체에만 써야 한다. 가장 흔한 예는
비디오나 정지 이미지, 사운드 클립 같은 미디어 객체다. SQL은 텍스트와 숫자 필드를
주로 다룬다. 일반적으로 더 복잡한 객체는 처리하지 않는다.

재무 데이터를 처리하려면 애플리케이션에서 decimal.Decimal 값을 사용해야 한다. 8장
에서 논했듯이 실수 값으로 통화 계산을 수행하면 결과가 부정확하기 때문이다. 이러한
종류의 데이터를 SQL로 쿼리하거나 계산하고 싶을 수 있다. SQLite에서 직접적으로
decimal.Decimal을 지원하지 않으니 SQLite를 확장해서 이 타입의 값을 처리해야 한다.

이때 한 방향을 변환^{conversion}, 한 방향을 조정^{adaptation}이라 부른다. 파이썬 데이터를
SQLite에 맞게 조정^{adapt}해야 하고, SQLite 데이터를 다시 파이썬으로 변환^{convert}해야
한다. 다음은 두 함수와 각 함수의 등록 요청이다.

```
import decimal
def adapt_currency(value):
```

```
    return str(value)
sqlite3.register_adapter(decimal.Decimal, adapt_currency)
def convert_currency(bytes):
    return decimal.Decimal(bytes.decode())
sqlite3.register_converter("DECIMAL", convert_currency)
```

decimal.Decimal 객체를 데이터베이스에 알맞은 형태로 조정하는 adapt_currency() 함수를 작성했다. 단순히 문자열로 변환했을 뿐이다. 조정함수를 등록했으니 SQLite의 인터페이스는 등록된 조정함수를 사용해 decimal.Decimal 클래스의 객체를 변환할 수 있다. 또한 SQLite의 바이트 객체를 파이썬의 decimal.Decimal 객체로 변환하는 convert_currency() 함수도 작성했다. converter 함수를 등록했으니 DECIMAL 타입의 열이 올바르게 파이썬 객체로 변환된다.

조정함수와 변환함수를 정의했으니 DECIMAL 열 타입을 완벽히 지원한다. 단, 데이터베이스 연결을 생성할 때 detect_types=sqlite3.PARSE_DECLTYPES를 설정해 SQLite에게 알려야 제대로 동작한다.

```
CREATE TABLE budget(
    year INTEGER,
    month INTEGER,
    category TEXT,
    amount DECIMAL
)
```

텍스트 필드에도 그랬지만 SQLite에서는 최대 크기를 지정하지 않아도 된다. 어떤 데이터베이스 제품은 저장소와 성능 최적화를 위해 크기 지정을 요구한다. 새로운 열 타입 정의를 다음과 같이 사용할 수 있다.

```
database = sqlite3.connect('p2_c11_blog.db',
detect_types=sqlite3.PARSE_DECLTYPES)
database.execute(decimal_ddl)

insert_budget= """
    INSERT INTO budget(year, month, category, amount)
    VALUES(:year, :month, :category, :amount)
```

```
"""
database.execute(insert_budget,
  dict(year=2013, month=1, category="fuel",
amount=decimal.Decimal('256.78')))
database.execute( insert_budget,
  dict(year=2013, month=2, category="fuel",
amount=decimal. Decimal('287.65')))

query_budget= """
  SELECT * FROM BUDGET
"""
for row in database.execute(query_budget):
  print( row )
```

선언된 타입을 변환함수로 매핑해야 하는 데이터베이스 연결을 생성했다. 연결되면 새 DECIMAL 열 타입으로 테이블을 생성할 수 있다.

이제 적절한 decimal.Decimal 객체로 테이블에 행을 삽입한다. 테이블에서 행을 가져올 때도 데이터베이스로부터 다시 올바른 decimal.Decimal 객체를 얻는다. 출력은 다음과 같다.

```
(2013, 1, 'fuel', Decimal('256.78'))
(2013, 2, 'fuel', Decimal('287.65'))
```

출력에서 보듯이 decimal.Decimal 객체를 올바르게 저장했고, 데이터베이스로부터 복구했다. 어떤 파이썬 클래스든 조정함수와 변환함수를 작성할 수 있다. 다만, 먼저 객체의 올바른 바이트 표현을 만들어야 한다. 문자열은 바이트로 변환하기 매우 쉬우므로 보통은 문자열을 생성하고 파싱하는 방법이 가장 간단하다. 문자열의 encode() 메서드로 문자열로부터 바이트를 생성한다. 유사하게 바이트의 decode() 메서드로 바이트로부터 문자열을 복구한다.

파이썬 객체를 데이터베이스 행에 수동으로 매핑하는 법을 알아보자.

⫶ 파이썬 객체와 데이터베이스 행 수동 매핑

SQL 행을 클래스 정의와 매핑해 데이터베이스 내 데이터로 올바른 파이썬 객체 인스턴스를 생성할 수 있다. 데이터베이스와 클래스 정의를 주의 깊게 사용하면 크게 복잡하지 않다. 하지만 자칫하면 SQL 표현이 상당히 복잡한 파이썬 객체가 만들어진다. 이렇게 복잡도가 커지면 객체와 데이터베이스 행 간 매핑에 많은 쿼리가 수반될 수 있다. 객체지향 디자인과 SQL 데이터베이스의 제약 사항 간 균형을 유지하기가 정말 어렵다.

SQL 구현을 더 잘 알려면 클래스 정의를 수정해야 한다. 11장에서 살펴본 Blog와 Post 클래스 디자인을 몇 군데 수정하겠다.

다음은 Blog 클래스 정의다.

```python
@dataclass
class Blog:

    title: str
    underline: str = field(init=False)

    # 지속성을 위한 것일 뿐 클래스에 필수는 아니다.
    _id: str = field(default="", init=False, compare=False)
    _access: Optional[ref] = field(init=False, repr=False,
default=None, compare=False)

    def __post_init__(self) -> None:
        self.underline = "=" * len(self.title)

    @property
    def entries(self) -> List['Post']:
        if self._access and self._access():
            posts = cast('Access', self._access()).post_iter(self)
            return list(posts)
        raise RuntimeError("Can't work with Blog: no associated Access
instance")

    def by_tag(self) -> Dict[str, List[Dict[str, Any]]]:
        if self._access and self._access():
            return cast('Access', self._access()).post_by_tag(self)
        raise RuntimeError("Can't work with Blog: no associated Access
```

```
    instance")
```

Blog 인스턴스의 핵심 요소, 즉 Post 항목 리스트를 제공하는 title과 property가 먼저 나온다. 지금까지 선보였던 기능 집합과 정확히 일치한다.

객체를 지속시키려면 데이터베이스 키 값을 넣는 방식이 간편하다. 위 정의에서는 _id 필드다. 이 필드는 초기화에도, Blog 클래스 인스턴스 간 비교에도 들어가지 않는다. 밑줄 속성은 앞서 예제와 똑같이 계산한다.

entries 속성은 선택 필드인 _access를 이용한다. _access 필드는 데이터베이스 연결을 제공하고 데이터베이스 테이블로의 SQL 매핑을 처리하는 Access 클래스를 참조한다. 객체를 추출할 때 Access 클래스가 이 값을 제공한다.

Post 객체 리스트를 위한 클래스 정의도 필요하다. 다음은 Post 클래스 정의다.

```
@dataclass
class Post:

  date: datetime.datetime
  title: str
  rst_text: str
  tags: List[str] = field(default_factory=list)
  _id: str = field(default="", init=False, compare=False)

  def append(self, tag):
    self.tags.append(tag)
```

여러 필드로 개개 Post를 표현한다. 필드는 날짜, 제목, RST 표기로 된 본문, 포스트를 한층 더 분류하는 태그 리스트를 포함한다. Blog처럼 데이터베이스 _id 필드를 객체의 일급first-class 속성으로 정의했다.

이렇게 클래스를 정의하면 클래스와 데이터베이스 객체 간 데이터를 이동시키는 접근 계층을 작성할 수 있다. 접근 계층은 파이썬 클래스에서 데이터베이스 테이블 행으로의 더 복잡한 변환과 조정을 구현한다.

SQLite 접근 계층을 어떻게 디자인하는지 알아보자.

SQLite 접근 계층 디자인

예제처럼 작은 객체 모델은 전체 접근 계층을 하나의 클래스로 구현할 수 있다. 이 클래스는 지속시킨 각 클래스에 CRUD 연산을 수행하는 메서드를 포함한다.

다음 예제는 접근 계층을 완전하게 구현하는 모든 메서드를 포함하지 않는다. 주요 메서드만 보인다. Blogs, Posts, 반복자를 처리하는 부분으로 나누겠다. 다음은 접근 계층의 첫 번째 부분이다.

```python
# 파이썬 객체와 SQL 행을 서로 매핑하는 접근 계층
class Access:
  get_last_id = """
    SELECT last_insert_rowid()
  """

  def open(self, path: Path) -> None:
    self.database = sqlite3.connect(path)
    self.database.row_factory = sqlite3.Row

  def get_blog(self, id: str) -> Blog:
    query_blog = """
      SELECT * FROM blog WHERE id=?
    """
    row = self.database.execute(query_blog, (id,)).fetchone()
    blog = Blog(title=row["TITLE"])
    blog.id = row["ID"],
    blog._access = ref(self)
    return blog

  def add_blog(self, blog: Blog) -> Blog:
    insert_blog = """
      INSERT INTO blog(title) VALUES(:title)
    """
    self.database.execute(insert_blog, dict(title=blog.title))
    row = self.database.execute(self.get_last_id).fetchone()
    blog._id = str(row[0])
```

```
    blog._access = ref(self)
    return blog
```

open() 메서드는 데이터베이스를 여는 것 외에도 간단한 튜플 대신 sqlite3.Row 클래스를 사용하도록 Connection.database.row_factory를 설정한다. Row 클래스는 열 제목 외에 숫자 색인을 통한 접근도 허용한다.

get_blog() 메서드는 가져온 데이터베이스 행으로 Blog 객체를 생성한다. sqlite3.Row 객체를 사용하고 있으니 열 제목으로 참조할 수 있다. 이로써 SQL과 파이썬 클래스 간 매핑이 명확해진다. 추가 속성인 _id와 _access는 따로 할당해야 한다. 접근 계층에 속하는 속성으로서 문제 도메인과는 별개다.

add_blog() 메서드는 Blog 객체의 값에 기반해 한 행을 blog 테이블에 삽입한다. 세 단계 연산으로 이뤄진다. 먼저 새 행을 생성한다. 이어서 SQL 쿼리를 수행해 새 행에 할당된 행 키를 가져온다. 끝으로 할당된 데이터베이스 키와 Access 인스턴스 참조로 원래 블로그 인스턴스를 업데이트한다.

테이블을 정의할 때 INTEGER PRIMARY KEY AUTOINCREMENT를 사용했었다. 따라서 테이블의 기본 키는 행의 _id 속성이고, 할당된 행 키를 last_ insert_rowid() 함수로 알 수 있다. 즉, SQLite가 생성했던 행 키를 추출해 파이썬 객체에 넣은 후 필요할 때 참조할 수 있다. 다음과 같이 데이터베이스에서 각각의 Post 객체를 추출한다.

```
def get_post(self, id: str) -> Post:
  query_post = """
    SELECT * FROM post WHERE id=?
  """
  row = self.database.execute(query_post, (id,)).fetchone()
  post = Post(
    title=row["TITLE"], date=row["DATE"], rst_text=row["RST_TEXT"]
  )
  post._id = row["ID"]
  # 태그 텍스트도 가져온다
  query_tags = """
    SELECT tag.*
    FROM tag JOIN assoc_post_tag ON tag.id = assoc_post_tag.tag_id
```

```
        WHERE assoc_post_tag.post_id=?
    """
    results = self.database.execute(query_tags, (id,))
    for tag_id, phrase in results:
        post.append(phrase)
    return post
```

두 쿼리를 실행해 Post를 만든다. 먼저 post 테이블에서 한 행을 가져와 Post 객체의 일부를 생성한다. 이때 결과 인스턴스에 데이터베이스 ID를 넣는다. 이어서 tag 테이블로부터 행들과 조인된 연관 행들을 가져온다. 이 행들로 Post 객체의 태그 리스트를 만든다.

Post 객체를 저장할 때도 몇 단계로 나뉜다. POST 테이블에 행을 추가해야 한다. 또한 assoc_post_tag 테이블에도 추가해야 한다. 새 태그면 tag 테이블에도 행을 하나 추가해야 할 수 있다. 존재하는 태그면 해당 포스트와 기존 태그 키를 연결한다. 다음은 add_post() 메서드함수다.

```
def add_post(self, blog: Blog, post: Post) -> Post:
    insert_post = """
        INSERT INTO post(title, date, rst_text, blog_id)
VALUES(:title, :date, :rst_text, :blog_id)
    """
    query_tag = """
        SELECT * FROM tag WHERE phrase=?
    """
    insert_tag = """
        INSERT INTO tag(phrase) VALUES(?)
    """
    insert_association = """
        INSERT INTO assoc_post_tag(post_id, tag_id) VALUES(:post_id,
:tag_id)
    """
    try:
        with closing(self.database.cursor()) as cursor:
            cursor.execute(
                insert_post,
                dict(
                    title=post.title,
```

```
            date=post.date,
            rst_text=post.rst_text,
            blog_id=blog._id,
        ),
    )
    row = cursor.execute(self.get_last_id).fetchone()
    post._id = str(row[0])
    for tag in post.tags:
        tag_row = cursor.execute(query_tag, (tag,)).fetchone()
        if tag_row is not None:
            tag_id = tag_row["ID"]
        else:
            cursor.execute(insert_tag, (tag,))
            row = cursor.execute(self.get_last_id).fetchone()
            tag_id = str(row[0])
        cursor.execute(
            insert_association,
            dict(tag_id=tag_id, post_id=post._id)
        )
    self.database.commit()
except Exception as ex:
    self.database.rollback()
    raise
return post
```

데이터베이스에 완전한 포스트를 생성하는 과정은 몇 가지 SQL 단계를 거친다. insert_post문을 사용해 post 테이블에 행을 생성했다. get_last_id 쿼리를 사용해 새 post 행에 할당된 기본 키를 반환한다.

query_tag문으로 데이터베이스에 태그가 존재하는지 알아낸다. 쿼리 결과가 None이 아니면 tag 행을 찾았다는 뜻이므로 그 행의 ID를 얻는다. 그렇지 않으면 insert_tag문으로 행을 생성해야 하고, get_last_id 쿼리로 할당된 키를 알아내야 한다.

각 post는 assoc_post_tag 테이블에 행을 삽입함으로써 관련된 태그와 연결된다. insert_association문이 필요한 행을 생성한다. 다음 두 쿼리는 반복자 방식으로 Blogs와 Posts를 찾는다.

```
def blog_iter(self) -> Iterator[Blog]:
```

```
    query = """
      SELECT * FROM blog
    """
    results = self.database.execute(query)
    for row in results:
      blog = Blog(title=row["TITLE"])
      blog._id = row["ID"]
      blog._access = ref(self)
      yield blog

  def post_iter(self, blog: Blog) -> Iterator[Post]:
    query = """
      SELECT id FROM post WHERE blog_id=?
    """
    results = self.database.execute(query, (blog.id,))
    for row in results:
      yield self.get_post(row["ID"])
```

blog_iter() 메서드함수는 모든 BLOG 행을 찾아 그 행으로 Blog 인스턴스를 생성한다. post_iter() 메서드함수는 BLOG ID와 연결된 POST ID를 찾는다. 이 POST ID를 get_post() 메서드에 넘겨 Post 인스턴스를 생성한다. get_post()는 POST 테이블에 또 다른 쿼리를 수행하므로 두 메서드를 최적화할 여지가 있다.

이어지는 절에서는 컨테이너 관계를 구현하는 법을 알아보자.

컨테이너 관계 구현

11장에서 봤던 Blog 객체의 by_tag() 메서드는 관련 있는 태그 문자열로 조직된 포스트들을 유용한 딕셔너리로 표현했다. 메서드 정의에서 타입 힌트는 Dict[str, List[Dict[str, Any]]]였다. 즉 태그에 링크를 포함시켜 생성할 수 있으므로 by_tag() 메서드로 쉽게 Blog 인스턴스를 RST나 HTML로 렌더링할 수 있었다. 또한 entires 속성은 Blog에 속하는 Post 인스턴스 전부를 반환한다.

이상적으로 Blog와 Post 같은 애플리케이션 모델 클래스 정의는 외부 저장소에 지속되는 접근 계층 객체와 완전히 분리돼야 한다. 다시 말해 모델 계층 객체에서 접근 계층을 참조할 수 있어야 한다는 뜻이다. 다음과 같은 전략을 취할 수 있다.

- 클라이언트 클래스에서 전역 Access 객체를 사용해 쿼리 연산을 수행한다. 캡슐화 개념이 깨진다. Blog는 더 이상 Post 항목의 컨테이너가 아니다. 대신 Access 객체가 Blog와 Post의 컨테이너다. 클래스 정의가 간단해진다. 그 외 모든 처리는 복잡해진다.

- 접근 계층을 몰라도 클라이언트 클래스에서 Blog 객체를 처리할 수 있도록 각 Blog 객체 내에서 접근 계층 객체를 참조한다. 모델 계층 클래스 정의가 조금 더 복잡해진다. 이 기법의 이점은 모델 계층 객체가 복잡한 파이썬 객체처럼 동작한다는 것이다. 복잡한 객체는 데이터베이스로부터 자식 객체를 가져와야 할 수 있으나 분명하게만 할 수 있으면 전체 애플리케이션이 조금 더 간단해진다.

구체적인 예로서 Blog.by_tag() 메서드를 추가해보겠다. 이 메서드는 태그와 포스트 정보를 복잡한 딕셔너리로 반환한다. 접근 계층 객체가 Post 인스턴스들의 딕셔너리 표현을 찾아서 가져와야 하므로 일이 매우 많다.

관계형 열과 객체 간 매핑이 분명하지 않다. 따라서 Access 클래스는 각 클래스의 객체를 만들어야 한다. 다음은 Blog 인스턴스를 가져오는 메서드다.

```python
def get_blog(self, id: str) -> Blog:
    query_blog = """
      SELECT * FROM blog WHERE id=?
    """
    row = self.database.execute(query_blog, (id,)).fetchone()
    blog = Blog(id=row["ID"], title=row["TITLE"])
    blog._access = ref(self)
    return blog
```

관계형 쿼리는 Blog 인스턴스를 재생성하기 위해 다양한 속성을 추출한다. 주요 필드만 생성하는 것이 아니라 Blog 객체마다 선택 속성인 _access도 넣는다. _access는 초기화에 포함되지 않으며, Blog 객체의 표현이나 비교에도 속하지 않는다. _access의 값은 Access 클래스 인스턴스로의 약한 참조[weak reference]다. 이 객체는 상당히 복잡한 SQL

쿼리를 포함한다. 블로그 인스턴스를 추출할 때마다 접근 객체에서 이러한 연결을 삽입한다.

블로그와 포스트, 태그를 연결하려면 훨씬 복잡한 SQL 쿼리가 필요하다. 다음 SELECT 문은 이러한 연결을 통해 태그와 관련된 포스트 ID를 찾는다.

```
query_by_tag = """
  SELECT tag.phrase, post.id
  FROM tag
  JOIN assoc_post_tag ON tag.id = assoc_post_tag.tag_id
  JOIN post ON post.id = assoc_post_tag.post_id
  JOIN blog ON post.blog_id = blog.id
  WHERE blog.title=?
"""
```

위 쿼리는 tag.phrase와 post.id 두 속성으로 된 테이블 형태의 행 시퀀스를 반환한다. SELECT문은 blog와 post, tag, assoc_post_tag 테이블 간 세 개의 조인 연산을 정의한다. 각 JOIN 명세 내 ON 절에서 규칙을 제공한다. tag 테이블은 tag.id 열 값과 assoc_post_tag.tag_id 열 값이 일치할 때 assoc_post_tag 테이블과 조인된다. 비슷하게 post 테이블은 post.id 열 값과 assoc_post_tag.post_id 열 값이 일치할 때 연결된다. 또한 blog 테이블은 post.blog_id 열 값과 blog.id 열 값이 일치할 때 연결된다.

Access 클래스의 by_tag() 메서드에서 위 쿼리를 다음과 같이 사용한다.

```
def post_by_tag(self, blog: Blog) -> Dict[str, List[Dict[str, Any]]]:
  results = self.database.execute(
    self.query_by_tag, (blog.title,))
  tags: DefaultDict[str, List[Dict[str, Any]]] = defaultdict(list)
  for phrase, post_id in results.fetchall():
    tags[phrase].append(asdict(self.get_post(post_id)))
  return tags
```

복잡한 SQL 쿼리와 테이블 정의를 분리시켰다는 점이 핵심이다. SQL은 객체지향 프로그래밍 언어가 아니다. 데이터와 처리를 함께 묶을 깔끔한 클래스는 없다. SQL로 된 절차적 프로그래밍을 함께 사용하면 객체 모델이 깨지기 쉽다.

blog 클래스의 **by_tag()** 메서드는 실제로 위에 정의한 Access 클래스의 **by_tag()** 메서드를 사용해 여러 포스트를 가져온다. 이제 클라이언트 애플리케이션에서 다음과 같이 할 수 있다.

```
blog = some_access_object.get_blog(id=1)
tag_link = blog.by_tag()
```

반환된 Blog 인스턴스는 단순한 Post 인스턴스 컬렉션을 포함하는 간단한 파이썬 클래스 정의처럼 동작한다. 다만 반환된 객체에 접근 계층 참조를 넣을 때 주의해야 한다.

이어지는 절에서는 색인으로 어떻게 성능을 향상시키는지 알아보겠다.

색인으로 성능 향상

SQLite 같은 관계형 데이터베이스의 성능을 향상시키는 방법 중 하나는 조인 연산을 빠르게 만드는 것이다. 색인을 충분히 만들어 일치하는 행을 찾는 느린 검색 연산을 피하는 방법이 가장 이상적이다.

쿼리에 사용될 열을 정의할 때는 그 열에 색인을 생성하면 좋다. 즉, 테이블 정의에 SQL DDL문을 추가해야 한다.

색인은 별도의 저장소이지만 특정 테이블과 열에 한정된다. SQL 코드로는 다음과 같다.

```
CREATE INDEX ix_blog_title ON blog(title);
```

위 코드는 blog 테이블의 title 열에 색인을 생성한다. 다른 작업은 필요 없다. SQL 데이터베이스는 쿼리에 색인된 열이 들어 있으면 색인을 사용한다. 데이터를 생성하거나 업데이트하거나 삭제할 때 색인은 알아서 바뀐다.

색인은 저장소와 계산 오버헤드를 수반한다. 잘 쓰이지 않는 색인은 생성과 유지 비용이 매우 커서 도움은 커녕 성능 저하를 일으킬 수 있다. 반면 어떤 색인은 정말 중요해서 극적인 성능 향상을 보인다. 두 경우 모두 사용자가 데이터베이스에 쓰이는 알고리듬을 직접 제어하지는 않는다. 그저 색인을 생성하고 성능이 미치는 영향을 측정하는 것이 최선이다.

어떤 데이터베이스 제품은 키로 쓸 열을 정의하면 자동으로 색인을 추가한다. 어떤 제품은 색인이 있으면 고유 키로 간주한다. 이러한 규칙은 대개 데이터베이스의 DDL 영역에 상당히 분명하게 명시된다. 예를 들어 SQLite 설명서에는 다음과 같이 나온다.

> 일반적으로 데이터베이스 내에 고유한 색인을 생성함으로써 UNIQUE KEY와 PRIMARY KEY 제약을 구현한다.

여기에는 두 가지 예외가 있다. 이 가운데 하나인 정수 기본 키 예외는 앞서 데이터베이스가 대리 키를 대신 생성하게 할 때 사용했던 디자인 패턴이다. 즉 예제의 정수 기본 키 디자인에서는 색인을 따로 생성하지 않는다.

이어지는 절에서는 ORM 계층을 추가하는 법을 논한다.

⁞⁞⁞ ORM 계층 추가

곳곳에서 파이썬 ORM 프로젝트가 진행 중이다. https://wiki.python.org/moin/Higher LevelDatabaseProgramming을 참고한다.

하나를 예로 들어보겠다. 기능이 다양하면서 널리 쓰이고 있는 SQLAlchemy를 사용해보자. 가장 좋은 도구란 없으며 ORM 계층마다 장단점이 다르다.

웹 개발을 지원하는 관계형 데이터베이스가 인기를 끌면서 ORM 계층을 지원하는 웹 프레임워크들이 생겨났다. 장고는 web.py라는 ORM 계층을 갖는다. 더 큰 프레임워크의 일부로 ORM이 존재하기도 한다. 하지만 독립형 ORM을 다루기가 더 간단하다.

SQLAlchemy의 문서와 설치 안내, 코드는 http://www.sqlalchemy.org를 참고한다. 고성능 최적화가 필요 없다면 -without-cextensions를 사용해 간단히 설치할 수 있다.

SQLAlchemy는 애플리케이션의 모든 SQL문을 파이썬 일급first-class 구조체로 완벽하게 대체할 수 있다. 데이터 접근 계층에서 SQL을 내부적으로 사용하지만 파이썬 언어 하나로 애플리케이션을 작성할 수 있다는 엄청난 장점이 있다. 개발과 디버깅의 복잡도가 크게 줄어든다.

하지만 내부의 SQL 데이터베이스 제약 사항과 이러한 제약에 맞춰 디자인하는 방법을 알아야만 한다. ORM 계층이 있다고 해서 마법처럼 디자인 고려 사항이 사라지진 않는다. 구현 언어가 SQL에서 파이썬으로 바뀌는 것은 아니다.

이어지는 절에서는 ORM을 사용한 클래스를 디자인하겠다.

ORM을 사용한 클래스 디자인

ORM을 사용하면 지속시킬 클래스를 디자인하고 구현하는 방법이 근본적으로 바뀐다. 클래스 정의의 의미가 다음의 세 단계로 확장된다.

- 클래스로 파이썬 객체를 생성한다. 이렇게 생성한 객체는 메서드함수를 사용한다.

- 또한 클래스로 SQL 테이블을 묘사하며, ORM은 클래스를 사용해 데이터베이스 구조를 만들고 유지하는 SQL DDL을 생성한다.

- 또한 클래스는 SQL 테이블과 파이썬 클래스 간 매핑을 정의한다. 매핑을 기반으로 파이썬 연산을 SQL DML로 바꾸고, SQL 쿼리 결과로 파이썬 객체를 생성한다.

일반적으로 ORM은 클래스의 속성을 형식적으로 정의하는 디스크립터를 사용하도록 디자인된다. 속성을 단순히 __init__() 메서드에 정의하지 않는다. 디스크립터는 4장을 참조한다.

SQLAlchemy를 사용하려면 선언적 기반 클래스^{Declarative Base Class}를 만들어야 한다. 이 기반 클래스는 애플리케이션의 클래스 정의를 위한 메타클래스를 제공한다. 또한 데이터베이스를 위해 정의한 메타데이터의 저장소로도 쓰인다. 기본값을 그대로 사용한다면 이 클래스를 Base라 부를 수 있다.

다음과 같이 임포트하면 좋다.

```
from sqlalchemy.ext.declarative import declarative_base
from sqlalchemy import Column, Table
from sqlalchemy import (
    BigInteger,
    Boolean,
    Date,
    DateTime,
    Enum,
    Float,
    Integer,
    Interval,
    LargeBinary,
    Numeric,
    PickleType,
    SmallInteger,
    String,
    Text,
    Time,
    Unicode,
    UnicodeText
    ForeignKey
)
from sqlalchemy.orm import relationship, backref
```

필요한 정의를 임포트해 테이블의 열을 생성하고 파이썬 클래스인 Table에 명확하게 매핑되지 않는 기이한 테이블을 생성했다. 또한 모든 제네릭 열 타입 정의를 임포트했다. 이 중 일부 열 타입만 사용한다. SQLAlchemy는 제네릭 타입뿐만 아니라 SQL 표준 타입도 정의하고, 판매 회사별로 다양하게 지원되는 SQL 변형을 위한 타입도 정의한다. 최대한 제네릭 타입을 고수하면서 SQLAlchemy에서 제네릭과 표준, 판매 회사 타입 간 매핑을 수행하도록 하는 것이 가장 좋다.

relationship과 backref 테이블 간 관계를 정의하는 두 헬퍼도 임포트했다. SQLAlchemy의 메타클래스는 declarative_base() 함수가 생성한다.

```
Base = declarative_base()
```

생성한 Base 객체는 정의하려는 지속시킬 모든 클래스의 메타클래스여야 한다. 파이썬 클래스와 매핑되는 테이블 세 개를 정의하겠다. 또한 SQL에서 다대다 관계를 구현할 수 있도록 네 번째 테이블도 정의하겠다.

다음은 Blog 클래스다.

```python
class Blog(Base):
    __tablename__ = "BLOG"
    id = Column(Integer, primary_key=True)
    title = Column(String)

    def as_dict(self):
        return dict(
            title=self.title,
            underline="=" * len(self.title),
            entries=[e.as_dict() for e in self.entries],
        )
```

Blog 클래스는 "BLOG"라는 테이블과 매핑된다. 테이블에 넣고 싶은 두 열의 디스크립터도 포함시켰다. id 열은 Integer 기본 키로 정의했다. 내부적으로 알아서 증가하는 필드이므로 대리 키가 생성된다.

제목 열은 제네릭 문자열로 정의했다. Text나 Unicode, UnicodeText를 써도 된다. 내부 엔진에서 타입별로 다르게 구현할 수 있다. SQLite는 모든 타입을 거의 동일하게 취급한다. SQLite에는 열 길이에 최댓값 제한도 없다. 다른 데이터베이스 엔진은 String 크기에 최댓값 제한을 요구한다.

as_dict() 메서드함수는 클래스에 명시적으로 정의하지 않은 entries 컬렉션을 참조한다. Post 클래스의 정의에서 이 속성이 어떻게 만들어지는지 알아보겠다. 다음은 Post 클래스 정의다.

```python
class Post(Base):
    __tablename__ = "POST"
    id = Column(Integer, primary_key=True)
    title = Column(String)
    date = Column(DateTime)
```

```
    rst_text = Column(UnicodeText)
    blog_id = Column(Integer, ForeignKey("BLOG.id"))
    blog = relationship("Blog", backref="entries")
    tags = relationship("Tag", secondary=assoc_post_tag,
 backref="posts")

    def as_dict(self):
      return dict(
        title=self.title,
        underline="-" * len(self.title),
        date=self.date,
        rst_text=self.rst_text,
        tags=[t.phrase for t in self.tags],
      )
```

위 클래스는 속성 다섯 개와 관계 두 개, 메서드함수 한 개를 포함한다. id 속성은 정수 기본 키로서 기본적으로 자동 증가 값이다. title 속성은 간단한 문자열이다.

date 속성은 DateTime 열이고, rst_text는 필드에 모든 유니코드 문자를 사용할 수 있다는 뜻으로 UnicodeText로 정의했다.

blog_id는 포스트가 속한 부모 블로그에 대한 외래 키 참조다. 외래 키 열 정의 외에 포스트와 부모 블로그 간 명시적인 relationship 정의도 포함시켰다. relationship 정의는 포스트에서 부모 블로그를 찾아갈 수 있는 속성이다.

backref 옵션은 Blog 클래스에 추가될 역참조backward reference다. Blog 클래스에서 이 참조는 Blog에 속하는 Posts 컬렉션이다. backref 옵션은 Blog 클래스 내에 자식 Posts를 참조하는 새로운 속성을 명명한다.

tags 속성은 relationship 정의를 사용한다. 이 속성은 연관 테이블을 탐색해 포스트와 연관된 모든 Tag 인스턴스를 찾는다. 연관 테이블을 살펴보겠다. 이때도 backref를 사용해 Tag 클래스 내에 속성을 포함시킨다. 이 속성은 연관된 Post 인스턴스 컬렉션을 참조한다.

as_dict() 메서드는 tags 속성을 사용해 Post와 연관된 모든 Tags를 찾는다. 다음은 Tag 클래스 정의다.

```
class Tag(Base):
    __tablename__ = "TAG"
    id = Column(Integer, primary_key=True)
    phrase = Column(String, unique=True)
```

기본 키와 String 속성을 정의했다. 각 태그를 명시적으로 고유하게 만드는 제약도 포함시켰다. 중복 데이터를 삽입하면 데이터베이스 예외가 발생한다. Post 클래스 정의 속 관계는 이 클래스에 속성이 추가로 생성될 것이라는 의미다.

SQL의 요구 사항에 따라 태그와 포스트 간 다대다 관계를 정의할 연관 테이블이 필요하다. 이 테이블은 순전히 SQL의 기술적 요구 사항일 뿐이므로 파이썬 클래스와 매핑되지 않아도 된다.

```
assoc_post_tag = Table(
    "ASSOC_POST_TAG",
    Base.metadata,
    Column("POST_ID", Integer, ForeignKey("POST.id")),
    Column("TAG_ID", Integer, ForeignKey("TAG.id")),
)
```

위 변수를 Base.metadata 컬렉션에 명시적으로 바인딩해야 한다. 이러한 바인딩은 Base를 메타클래스로 사용하는 클래스에 자동으로 포함된다. 두 Column 인스턴스를 포함하는 테이블을 정의했다. 각 열은 데이터 모델 내 다른 테이블 중 하나로의 외래 키다.

이제 ORM 계층으로 어떻게 스키마를 만드는지 보자.

ORM 계층으로 스키마 생성

데이터베이스에 연결하려면 엔진을 생성해야 한다. 엔진은 테이블을 선언하며 데이터베이스 인스턴스를 만들 때 사용한다. 또 세션 데이터를 관리할 때도 사용하는데 잠시 뒤에 알아보겠다. 다음은 데이터베이스를 만드는 스크립트다.

```
from sqlalchemy import create_engine
engine = create_engine('sqlite:///./p2_c11_blog2.db', echo=True)
Base.metadata.create_all(engine)
```

Engine 인스턴스를 생성할 때 URL처럼 생긴 문자열로 판매 회사 제품을 명명하고, 데이터베이스 연결을 생성하는 데 필요한 매개변수를 제공한다. SQLite에서 연결은 파일명이다. 다른 데이터베이스 제품에서는 서버 호스트명이나 인증 자격증명일 수도 있다.

엔진을 생성한 후 기본적인 메타데이터 연산을 수행했다. 필요한 테이블을 모두 생성하는 create_all()을 수행했다. 데이터를 전부 지우면서 모든 테이블을 삭제하는 drop_all()을 수행할 수도 있다. 각각의 스키마 항목을 생성하거나 삭제할 수도 있다.

소프트웨어를 개발하는 중에 테이블 정익를 바꾼다고 해서 자동으로 SQL 테이블 정의가 바뀌지 않는다. 명시적으로 테이블을 삭제하고 다시 만들어야 한다. 일부 운영 데이터를 남기고 싶으면 새로운 테이블을 생성해 기존 테이블로부터 옮기는 잠재적으로 아주 복잡한 변경을 수행해야 한다.

echo=True 옵션은 생성된 SQL문으로 로그 항목을 작성한다. 제대로 선언했는지, 원하는 대로 데이터베이스 디자인을 생성했는지 확인해야 할 때 유용하다. 출력은 다음과 같다.

```
CREATE TABLE "BLOG" (
    id INTEGER NOT NULL,
    title VARCHAR,
    PRIMARY KEY (id)
)

CREATE TABLE "TAG" (
    id INTEGER NOT NULL,
    phrase VARCHAR,
    PRIMARY KEY (id),
    UNIQUE (phrase)
)

CREATE TABLE "POST" (
    id INTEGER NOT NULL,
```

```
  title VARCHAR,
  date DATETIME,
  rst_text TEXT,
  blog_id INTEGER,
  PRIMARY KEY (id),
  FOREIGN KEY(blog_id) REFERENCES "BLOG" (id)
)

CREATE TABLE "ASSOC_POST_TAG" (
  "POST_ID" INTEGER,
  "TAG_ID" INTEGER,
  FOREIGN KEY("POST_ID") REFERENCES "POST" (id),
  FOREIGN KEY("TAG_ID") REFERENCES "TAG" (id)
)
```

위 SQL은 클래스 정의에 따라 생성된 CREATE TABLE문을 보여준다. ORM 정의가 데이터베이스에 어떻게 구현됐는지 알 수 있다.

데이터베이스를 생성했으니 객체를 생성하고 추출하고 업데이트하고 삭제할 수 있다. 데이터베이스 객체를 다루려면 ORM 관리 객체의 캐시로 동작할 세션을 생성해야 한다.

이어지는 절에서는 ORM 계층에서 객체를 조작하는 법을 알아본다.

ORM 계층에서 객체 조작

객체를 다루려면 세션 캐시가 필요하다. 세션 캐시는 엔진과 연결된다. 새 객체를 세션 캐시에 추가해보고, 세션 캐시를 사용해 데이터베이스 내 객체에 쿼리해보겠다. 이렇게 하면 지속시켜야 하는 모든 객체가 캐시에 들어간다. 다음처럼 세션을 생성한다.

```
from sqlalchemy.orm import sessionmaker
Session = sessionmaker(bind=engine)
session = Session()
```

SQLAlchemy의 sessionmaker() 함수로 Session 클래스를 생성했다. Session 클래스는 앞서 생성한 데이터베이스 엔진과 연결된다. 이어서 Session 클래스로 데이터 조작에 필요한 session 객체를 생성했다. 객체를 다루려면 일반적으로 세션이 필요하다.

보통은 엔진에 하나의 sessionmaker 클래스를 만든다. sessionmaker 클래스로 애플리케이션 프로세싱에 쓰일 다수의 세션을 만들 수 있다.

단순 객체이면 다음과 같이 객체를 생성해 세션에 로드한다.

```
blog = Blog(title="Travel 2013")
session.add(blog)
```

위 코드는 새 Blog 객체를 session이라는 세션에 넣는다. Blog 객체를 꼭 데이터베이스에 작성해야 하는 것은 아니다. 데이터베이스 쓰기를 수행하기 전에 세션부터 커밋해야한다. 원자성[atomicity] 요구 사항을 충족하기 위해 세션을 커밋하기 전에 포스트부터 생성하겠다.

먼저 데이터베이스에서 Tag 인스턴스를 검색한다. 존재하지 않으면 생성한다. 존재하면 데이터베이스에서 찾은 태그를 사용한다.

```
tags = [ ]
for phrase in "#RedRanger", "#Whitby42", "#ICW":
  try:
    tag = session.query(Tag).filter(Tag.phrase == phrase).one()
  except sqlalchemy.orm.exc.NoResultFound:
    tag = Tag(phrase=phrase)
    session.add(tag)
  tags.append(tag)
```

session.query() 함수를 사용해 주어진 클래스의 인스턴스를 찾는다. 각 filter() 함수로 쿼리에 기준을 덧붙인다. one() 함수는 행을 하나만 찾는다. 예외가 발생하면 Tag가 없다는 뜻이다. 새 Tag를 만들어 세션에 추가해야 한다.

Tag 인스턴스를 찾았거나 생성한 후에는 tags라는 로컬 리스트에 덧붙인 다음, 이 Tag 인스턴스 리스트로 Post 객체를 생성한다. 다음과 같이 Post를 만든다.

```
p2 = Post( date=datetime.datetime(2013,11,14,17,25),
    title="Hard Aground",
    rst_text="""Some embarrassing revelation. Including ☹ and ⚓""",
    blog=blog,
    tags=tags
    )
session.add(p2)
blog.posts = [ p2 ]
```

위 포스트는 부모 블로그 참조를 포함한다. 또한 생성한 _(또는 데이터베이스에서 찾은) Tag 인스턴스 리스트도 포함한다.

Post.blog 속성은 클래스 정의 내 관계로 정의했다. 객체를 할당하면 SQLAlchemy에서 적절한 ID 값을 뽑아 SQL 데이터베이스가 관계를 구현하는 데 사용할 외래 키 참조를 생성한다.

Post.tags 속성도 관계로 정의했다. Tag 객체는 연관 테이블을 통해 참조된다. SQLAlchemy는 올바른 ID 값을 찾아 SQL 연관 테이블에 필요한 행을 만든다.

Post와 Blog를 연결하려면 Blog.posts 속성을 사용한다. 이 속성도 관계로 정의한다. Post 객체 리스트를 이 관계 속성에 할당하면 ORM은 각 Post 객체에 적절한 외래 키 참조를 생성한다. 관계를 정의할 때 backref 속성을 제공했으니 올바르게 동작한다. 끝으로 다음과 같이 세션을 커밋한다.

```
session.commit()
```

데이터베이스 삽입은 자동으로 생성된 많은 SQL에서 처리한다. 객체는 세션에 그대로 캐싱된다. 애플리케이션이 세션 인스턴스를 사용하는 중에는 데이터베이스에 실제 쿼리를 수행하지 않더라도 객체 풀^{pool}을 쓸 수 있다.

반면, 다른 동시 실행 프로세스가 작성한 업데이트를 쿼리에 포함시키려면 그 쿼리를 위해 새 빈 세션을 생성한다. 세션을 버리고 빈 세션을 사용할 때는 데이터베이스로부터 객체를 가져와 세션을 리프레시해야 한다.

모든 Blog 객체를 찾아 출력하는 간단한 쿼리를 작성해보자.

```
session = Session()
for blog in session.query(Blog):
  print("{title}\n{underline}\n".format(**blog.as_dict()))
  for p in blog.entries:
    print(p.as_dict())
```

위 코드는 모든 Blog 인스턴스를 추출한다. Blog.as_dict() 메서드는 블로그 내 모든 포스트를 추출한다. Post.as_dict() 메서드는 모든 태그를 추출한다. SQLAlchemy가 SQL 쿼리를 자동으로 생성해 실행한다.

10장에서 살펴봤던 그 밖의 템플릿 기반의 포매팅은 설명하지 않았다. 방법은 동일하다. 정교한 SQL 쿼리를 작성하지 않아도 entries 리스트를 통해 Blog 객체로부터 Post 객체를 탐색할 수 있다. 탐색을 쿼리로 변환하는 것이 SQLAlchemy의 역할이다. 파이썬 반복자만 사용해도 충분히 SQLAlchemy가 올바른 쿼리를 생성해 캐시를 리프레시하고 원하는 객체를 반환할 수 있다.

Engine 인스턴스에 echo=True를 정의하면 Blog와 Post, Tag 인스턴스를 추출하는 SQL 쿼리 시퀀스를 볼 수 있다. 이러한 정보를 바탕으로 애플리케이션이 데이터베이스 서버 프로세스에 준 작업 부하를 파악한다.

어떤 태그가 주어졌을 때 포스트를 쿼리하는 법을 알아보자.

⁘ 태그로 포스트 쿼리

관계형 데이터베이스의 주된 이점은 객체 간 관계를 따라가는 능력이다. SQLAlchemy의 쿼리 기능을 사용해 Tag로부터 Post 관계를 따라가며 주어진 Tag 문자열을 공유하는 모든 Post를 찾아보자.

쿼리는 세션에 포함되는 요소다. 즉, 이미 세션에 있는 객체는 데이터베이스로부터 가져오지 않아도 되니 잠재적으로 시간이 절약된다. 세션에 없는 객체는 세션에 캐싱되니 업데이트나 삭제를 커밋하는 시점에 처리할 수 있다.

주어진 태그를 포함하는 모든 포스트를 찾으려면 Post와 Tag 테이블뿐만 아니라 중간의 연관 테이블도 사용해야 한다. 세션의 쿼리 메서드를 사용해 어떤 종류의 객체를 가져오고 싶은지 명시한다. 유연한 인터페이스를 사용해 원하는 선택 기준으로 다양한 중간 테이블과 최종 테이블을 조인한다. 다음과 같이 수행한다.

```
session2 = Session()
results = (
  session2.query(Post).join(assoc_post_tag).join(Tag).filter(
    Tag.phrase == "#Whitby42"
  )
)
for post in results:
  print(
    post.blog.title, post.date,
    post.title, [t.phrase for t in post.tags]
  )
```

session.query() 메서드에 원하는 테이블을 명시한다. join() 메서드에 연결할 테이블을 추가로 명시한다. 클래스 정의에 관계 정보를 제공했으니 SQLAlchemy는 어떤 기본 키와 외래 키를 사용해 일치하는 행을 찾아야 할지 알아낼 수 있다. 마지막 filter() 메서드는 원하는 행 부분집합을 추출할 선택 기준을 제공한다. 다음과 같은 SQL이 생성된다.

```
SELECT "POST".id AS "POST_id",
  "POST".title AS "POST_title",
  "POST". date AS "POST_date",
  "POST".rst_text AS "POST_rst_text",
  "POST".blog_id AS "POST_blog_id"
FROM "POST"
JOIN "ASSOC_POST_TAG" ON "POST".id = "ASSOC_POST_TAG"."POST_ID"
JOIN "TAG" ON "TAG".id = "ASSOC_POST_TAG"."TAG_ID"
WHERE "TAG".phrase = ?
```

파이썬 버전은 키를 어떻게 일치시키는지 상세하게 설명하지 않으므로 조금 더 이해하기 쉽다. print() 함수는 post.blog.title을 사용해 Post와 연결된 블로그를 찾아 title 속성을 보여준다. 블로그가 세션 캐시에 있으면 탐색이 빨리 끝난다. 블로그가 세션 캐시에 없으면 데이터베이스에서 가져온다.

[t.phrase for t in post.tags]의 탐색 동작도 동일하다. 객체가 세션 캐시에 있으면 사용한다. 이때 포스트와 연결된 Tag 객체 컬렉션으로 인해 SQL 쿼리가 복잡해질 수 있다.

```
SELECT
  "TAG".id AS "TAG_id",
  "TAG".phrase AS "TAG_phrase"
FROM "TAG", "ASSOC_POST_TAG"
WHERE ? = "ASSOC_POST_TAG"."POST_ID"
AND "TAG".id = "ASSOC_POST_TAG"."TAG_ID"
```

파이썬에서는 단순히 post.tags를 통해 탐색한다. SQLAlchemy가 대신해서 SQL을 생성하고 실행한다.

⁝⁝ ORM 계층에 색인 정의

SQLite 같은 관계형 데이터베이스의 성능을 향상시키는 방법 중 하나는 조인 연산을 빠르게 만드는 것이다. 색인을 충분히 만들어 일치하는 행을 찾는 느린 검색 연산을 피하는 방법이 가장 이상적이다.

쿼리에 사용될 열을 정의할 때는 그 열에 색인을 생성하면 좋다. SQLAlchemy에서 간단히 처리할 수 있다. 그저 클래스 속성을 index= True로 표기하면 된다.

예를 들어 Post 테이블을 아주 조금만 수정해보자. 다음과 같이 색인을 추가한다.

```
class Post(Base):
    __tablename__ = "POST"
    id = Column(Integer, primary_key=True)
```

```
    title = Column(String, index=True)
    date = Column(DateTime, index=True)
    blog_id = Column(Integer, ForeignKey('BLOG.id'), index=True)
```

제목과 날짜에 색인을 추가하면 보통 제목이나 날짜로 포스트를 찾는 쿼리 속도가 빨라진다. 반드시 성능 향상이 있으리란 보장은 없다. 많은 요인이 관계형 데이터베이스의 성능에 영향을 미친다. 실제와 가까운 작업 부하로 색인의 유무에 따른 성능을 측정해야 한다.

마찬가지로 blog_id에 색인을 추가하면 Blog와 Post 테이블 행 간 조인 연산 속도가 빨라진다. 하지만 색인을 사용해도 별로 이롭지 않은 알고리듬을 데이터베이스 엔진에서 쓰고 있을 수 있다.

색인은 저장소와 계산 오버헤드를 수반한다. 잘 쓰이지 않는 색인은 생성과 유지 비용이 매우 커서 자칫 해결책이 아니라 골칫거리가 되기도 한다. 반면 어떤 색인은 정말 중요해서 극적인 성능 향상을 보인다. 두 경우 모두 사용자가 데이터베이스에 쓰이는 알고리듬을 직접 제어하진 않는다. 그저 색인을 생성하고 성능이 미치는 영향을 측정할 수 있을 뿐이다.

이어지는 절에서는 스키마 진화를 살펴보자.

스키마 진화

SQL 데이터베이스를 사용하려면 스키마 진화^{schema evolution} 문제를 해결해야 한다. 객체에는 동적인 상태와 ^(비교적) 정적인 클래스 정의가 있다. 객체의 동적 상태는 지속시키기 쉽다. 클래스는 지속시킬 데이터의 스키마를 정의한다. ORM은 클래스와 SQL 구현 간 매핑을 제공한다.

클래스 정의가 바뀌면 데이터베이스에서 객체를 어떻게 가져올까? 데이터베이스를 변경해야 한다면 어떻게 파이썬 매핑을 업그레이드하고 데이터에 접근할까? 좋은 디자인은 대개 다음의 기법을 조합한다.

파이썬 클래스의 메서드함수와 프로퍼티가 바뀌어도 SQL 행으로의 매핑은 바뀌지 않는다. 데이터베이스 내 테이블이 바뀐 클래스 정의와 계속 호환되므로 마이너 변경에 속한다. 새로운 소프트웨어 배포판은 새 마이너 버전을 포함할 수 있다.

파이썬 클래스의 속성이 바뀌어도 지속시킨 객체의 상태는 바뀌지 않을 수 있다. 예를 들어 색인을 추가해도 내부 테이블은 바뀌지 않는다. 데이터베이스로부터 파이썬 객체로의 데이터 타입 변환에 대해 SQL은 꽤 유연하다. ORM 계층에도 유연성을 추가할 수 있다. 클래스나 데이터베이스를 변경해도 기존 SQL 스키마가 새로운 클래스 정의와 여전히 잘 동작하면 마이너 버전 업데이트에 속한다.

어떤 SQL 테이블 정의 변경은 지속시킨 객체를 수정해야 한다. 기존 데이터베이스 행이 더 이상 새로운 클래스 정의와 호환되지 않는 메이저 변경에 속한다. 이러한 종류의 변경은 원래의 파이썬 클래스 정의를 수정하는 식으로 이뤄져서는 안 된다. 새 하위 클래스를 정의하고 기존과 새 클래스의 인스턴스를 모두 생성하도록 팩토리함수를 업데이트해서 변경해야 한다.

Alembic(https://pypi.org/project/alembic/)과 Migrate(https://sqlalchemy-migrate.readthedocs.io/en/latest/) 같은 도구로 스키마 진화를 쉽게 관리할 수 있다. 예전 데이터에서 새 데이터로 적절히 변환하려면 반드시 그동안 규율화된 스키마 이주migration 단계를 적용해야 한다.

다음은 스키마를 한 버전에서 다음 버전으로 변환하는 두 가지 기법이다. 어떤 애플리케이션이든 두 기법을 조합해서 사용한다.

- SQL ALTER문으로 테이블을 제자리에서 수정한다. ALTER로 변경할 때는 많은 제약과 제한이 따른다. 일반적으로 많은 마이너 변경이 여기에 속한다.

- 새 테이블을 생성하고 기존 테이블을 삭제한다. 일반적으로 SQL 스키마를 변경할 때는 기존 테이블 내 데이터로 새로운 버전의 테이블을 생성해야 한다. 대규모 데이터베이스라면 시간이 꽤 걸리는 연산이다. 때로는 구조적 변경이 불가피하다.

SQL 데이터베이스 스키마 변경은 전형적으로 일회성 변환 스크립트를 실행한다. 이 스크립트는 기존 스키마를 사용해 기존 데이터에 쿼리한 후 새 데이터로 변환하고 새로운 스키마로 새 데이터를 데이터베이스에 삽입한다. 물론 실제 운영 중인 데이터베이스에서 실행하기 전에 백업 데이터베이스에서 먼저 테스트해야 한다. 스키마 변경이 완료되면 기존 스키마는 완전히 무시되고 저장소를 비우기 위해 삭제된다.

Alembic 같은 도구에는 별도의 변환 스크립트 두 개가 필요하다. 업그레이드 스크립트는 스키마를 새 상태로 변환한다. 다운그레이드 스크립트는 스키마를 예정 상태로 돌려놓는다. 스키마 이주 디버깅은 업그레이드와 문제 찾기, 다운그레이드, 문제가 해결될 때까지 이전 소프트웨어 사용하기 단계를 거친다.

⁖ 요약

세 가지 방식으로 SQLite를 사용하는 기초적인 방법을 알아봤다. 직접, 접근 계층을 통해 그리고 SQLAlchemy ORM을 통해서다. 우선 SQL DDL문을 생성해야 한다. 애플리케이션이나 접근 계층에서 직접 생성할 수 있다. 혹은 SQLAlchemy 클래스 정의로 DDL을 생성할 수도 있다. 데이터를 조작하려면 SQL DML문을 사용한다. 절차적 방식으로 직접 생성하거나 사용자만의 접근 계층 혹은 SQLAlchemy로 SQL을 생성할 수 있다.

디자인 고려 사항과 트레이드오프

sqlite3 모듈의 강점 중 하나는 객체를 개별적으로 지속시키고 저마다 고유한 변경 히스토리를 두는 것이다. 동시 쓰기를 지원하는 데이터베이스를 사용하면 SQLite에서 내부 락킹을 통해 동시 실행을 처리하므로 다수의 프로세스가 동시에 데이터를 업데이트할 수 있다.

관계형 데이터베이스에는 많은 제약이 따른다. 객체를 데이터베이스 내 테이블 행과 어떻게 매핑할지 생각해야 한다.

- 지원되는 SQL 열 타입만 사용하고 객체지향 클래스는 되도록 피하면서 SQL을 직접 사용한다.

- 객체를 SQLite BLOB 열로 처리하도록 SQLite를 확장하는 수동 매핑을 사용한다.

- 객체와 SQL 행 간 조정하고 변환하는 접근 계층을 작성한다.

- ORM 계층으로 행과 객체 간 매핑을 구현한다.

매핑 대안

파이썬과 SQL을 섞어서 사용하면 '모든 것을 SQL로 하려는' 태도를 취하게 된다는 것이 문제다. 관계형 데이터베이스는 이상적인 플랫폼이고, 파이썬이 불필요한 객체지향 요소를 집어넣어 이를 변질시킨다고 생각한다.

어떤 종류의 문제에 대해서는 객체 개념 없이 SQL로만 된 디자인 전략이 더 적절하다. 특히 SQL 지지자들은 대량의 데이터셋을 SQL의 GROUP BY 절을 사용해 요약하는 것이 가장 이상적인 SQL의 용도라고 말한다.

하지만 파이썬의 defaultdict와 Counter로도 매우 효과적으로 구현된다. 사실 파이썬 버전이 보통은 더 효과적이라 defaultdict를 사용해 수많은 행에 쿼리하고 요약하는 작은 파이썬 프로그램이 GROUP BY로 SQL을 수행하는 데이터베이스 서버보다 더 빠를 수도 있다.

궁금하면 측정해보자. SQL이 파이썬보다 훨씬 빠르다고 주장하는 이를 만나면 증거를 수집하자. 이렇게 모은 데이터는 일회성의 초기 기술 실험에만 국한되지 않는다. 점점 많이 쓰이고 용도가 다양해질수록 파이썬보다 SQL의 상대적 장점이 줄어든다. 직접 만든 접근 계층은 문제 도메인에 매우 특정되는 경향이 있다. 장점은 높은 성능과 행과 객체 간 비교적 명확한 매핑이다. 단점은 클래스나 데이터베이스 구현이 바뀔 때마다 번거롭게 유지 보수해야 한다는 점이다.

ORM 프로젝트를 제대로 진행하려면 일단 ORM의 다양한 요소부터 배워야 하지만, 장기적으로 간소화할 수 있다는 것이 중요한 이점이다. ORM 계층의 여러 요소를 배운다는 것은 처음 개발할 때만이 아니라 다시 개발하며 여러 교훈을 얻는 과정도 포함이다. 훌륭한 객체 요소를 포함하면서 SQL 프레임워크와도 잘 어울리게 디자인하려면

애플리케이션 트레이드오프와 고려 사항이 분명해질 때마다 다시 처음부터 시도해야
한다.

키와 키 디자인

SQL은 키에 의존하므로 다양한 객체를 위한 키를 신중히 디자인하고 관리해야 한다.
객체를 식별하는 데 쓰일 키와 객체 간 매핑을 디자인해야 한다. 한 가지 방법은 적절한
기본 키를 포함하면서 변하지 않을 속성(또는 속성의 조합)을 찾는 것이다. 또 다른 방법은 변
하지 않을 대리 키를 생성하는 것이다. 이렇게 하면 그외 모든 속성이 변해도 괜찮다.

대부분의 관계형 데이터베이스는 대리 키를 대신 생성해준다. 일반적으로 가장 좋은 방
법이다. 다른 고유한 속성이나 후보 키 속성에는 SQL 색인을 정의해 처리 성능을 향상
시킬 수 있다.

객체 간 외래 키 관계도 고려해야 한다. 일반적인 디자인 패턴은 일대다, 다대일, 다
대다, 선택적 일대일 관계다. SQL에서 키를 사용해 어떻게 이러한 관계를 구현하는지,
어떻게 SQL 쿼리로 파이썬 컬렉션을 생성하는지 알아야 한다.

애플리케이션 소프트웨어 계층

sqlite3를 사용하면 비교적 정교한 디자인이 가능하므로 애플리케이션 소프트웨어를 더
적절히 계층화해야 한다. 일반적으로 다음과 같은 계층으로 된 소프트웨어 구조를 보게
된다.

- **표현 계층**: 웹 표현이나 데스크톱 GUI 같은 최상단 사용자 인터페이스다.

- **애플리케이션 계층**: 애플리케이션을 동작시키는 내부 서비스나 컨트롤러다. 논리 데
이터 모델과 구분해 처리 모델이라고도 부른다.

- **비즈니스 계층 또는 문제 도메인 모델 계층**: 비즈니스 도메인이나 문제 영역을 정의하는
객체다. 논리 데이터 모델이라고도 부른다. 마이크로블로그와 포스트 예제를 사용해

이러한 객체를 모델링하는 법을 알아봤었다.

- **인프라**: 보통 로깅과 보안, 네트워크 접근 같은 여러 횡단 관심사를 포함한다.

- **데이터 접근 계층**: 데이터 객체에 접근하는 프로토콜이나 메서드다. 주로 ORM 계층이다. SQLAlchemy를 살펴봤었다. 다른 도구도 많다.

- **지속 계층**: 파일 저장소에서 볼 수 있는 물리 데이터 모델이다. sqlite3 모듈이 지속성을 구현한다. SQLAlchemy 같은 ORM 계층을 사용할 때는 엔진의 생성 시 SQLite만 참조한다.

11장의 shelve와 12장의 sqlite3에서 봤듯이 객체지향 프로그래밍에 능숙해지려면 좀더 높은 수준의 디자인 패턴이 필요하다. 동떨어져서 클래스를 디자인할 수 없으며, 클래스를 더욱 큰 구조로 조직화하는 방법을 알아야 한다.

예고

13장에서는 REST를 사용한 객체 전송과 공유를 살펴본다. 이러한 디자인 패턴은 상태 표현을 관리하는 법과 프로세스 간 객체 상태를 전송하는 법을 보여준다. 여러 지속성 모듈을 활용해 전송 중인 객체의 상태를 표현해보겠다.

14장에서는 설정 파일을 다룬다. 애플리케이션을 제어하는 데이터를 지속시키는 표현 방법 몇 가지를 알아본다.

13

객체 전송과 공유

10장부터 살펴본 객체 표현 직렬화 기법을 확장하겠다. 객체를 전송하려면 객체 상태 표현을 직렬화하는 REST^{REpresentational State Transfer}를 수행해야 한다. REST 표현은 또 다른 프로세스(대개 또 다른 호스트 컴퓨터)로 전송할 수 있고, 상대 프로세스는 상태 표현과 로컬 클래스 정의 복사본으로 원래 객체를 다시 생성할 수 있다.

REST 처리를 표현과 전송이라는 두 측면으로 나누면 문제를 개별적으로 해결할 수 있다. 다양한 해법을 여러 형태로 조합해 해결한다. 여기서는 RESTful 웹서비스와 멀티프로세싱 큐라는 잘 알려진 두 메커니즘만 다루겠다. 두 방법 모두 객체를 직렬화해서 프로세스 간에 전송한다.

웹 기반 전송에는 HTTP^{HyperText Transfer Protocol}를 이용하겠다. HTTP 메서드인 POST, GET, PATCH, PUT, DELETE로 CRUD^{Create-Retrieve-Update-Delete} 처리 연산을 구현할 수 있다. 이를 바탕으로 RESTful 웹 서비스를 만든다. 파이썬의 웹 서비스 게이트웨이 인터페이스^{WSGI, Web Service Gateway Interface} 표준은 보편적인 웹 서비스 패턴을 정의한다. 실제 애플리케이션은 WSGI 표준을 구현한 웹 프레임워크 중 하나를 사용한다. RESTful 웹 서비스는 주로 JSON으로 객체 상태를 표현한다.

HTTP 외에 한 호스트 내 프로세스 간 로컬 전송도 살펴본다. multiprocessing 모듈이 제공하는 로컬 메시지 큐를 사용하면 훨씬 효율적이다. 정교한 큐 관리 제품이 시중에 많다. 이 책에서는 표준 라이브러리에서 제공하는 큐를 사용하겠다.

RESTful 전송을 사용할 때는 서버에 데이터를 제공하는 클라이언트를 신뢰하지 못하는 상황을 추가로 고려해야 한다. 즉 신뢰하기 어려운 데이터에 대비해 보안을 구현해야 한다. JSON 같은 표현에는 보안 고려 사항이 거의 없다. YAML에는 보안 우려 사항이 존재하므로 안전 로드 연산을 지원한다. 자세한 정보는 10장을 참고한다. 보안상의 문제로 pickle 모듈에서 제공하는 제한된 언피클러unpickler도 특이한 모듈을 임포트하거나 손상된 코드를 실행하지 않는다고 신뢰할 수 있다.

13장에서 다룰 주제는 다음과 같다.

- 클래스, 상태, 표현

- HTTP와 REST로 객체 전송

- Flask로 RESTful 웹 서비스 생성

- 스테이트풀 RESTful 서비스 다루기

- 안전한 RESTful 서비스 만들기

- 웹 애플리케이션 프레임워크로 REST 구현

- 메시지 큐로 객체 전송

⁝⁝⁃ 기술 요구 사항

13장의 코드 파일은 https://git.io/fj2U6에 있다.

클래스, 상태, 표현

대부분의 애플리케이션은 서버에서 이뤄지는 처리와 클라이언트에서 하는 처리로 나눌 수 있다. 단일 서버는 다수의 원격 클라이언트와 데이터를 교환한다. 복합적인 경우에는 애플리케이션이 다른 원격 컴퓨터의 클라이언트이자 원격 클라이언트의 서버일 수 있다. 프로토콜 정의를 간소화하기 위해 일부러 비대칭으로 구성한다. 클라이언트는 서버에 요청하고 서버는 클라이언트에 응답한다. 클라이언트는 각 요청을 개시하고 응답을 기다린다.

클라이언트와 서버를 분리했다면 두 프로세스 간 객체를 전송해야 한다는 뜻이다. 큰 문제를 두 개의 작은 문제로 분해할 수 있다. 네트워크 간 프로토콜은 한 호스트의 프로세스에서 또 다른 호스트의 프로세스로 바이트를 전송하는 방법을 정의한다. 직렬화 기법은 객체를 바이트로 변환한 후 바이트로부터 객체를 다시 구성한다. 클래스를 디자인할 때는 프로세스 간 실제 교환하는 대상인 객체 상태에 집중하는 것이 좋다.

객체 상태와 달리 클래스 정의는 완전히 별개의 메서드로 전송한다. 클래스 정의는 비교적 천천히 변하므로 파이썬 소스 코드 형태로 클래스 정의를 교환한다. 원격 호스트에 클래스 정의를 제공하려면 그 호스트에 파이썬 소스 코드를 설치한다.

파이썬 이외의 언어로 클라이언트를 작성했으면 동등한 클래스 정의를 제공해야 한다. 예를 들어 자바스크립트 클라이언트는 서버에 있는 JSON으로 직렬화한 파이썬 객체 상태를 가져와 객체를 구성한다.

파이썬 작업 메모리에서 동작하는 전체 객체와 전송되는 객체의 상태 표현을 명확히 구분하자. 전체 파이썬 객체는 클래스와 상위 클래스, 파이썬 런타임 환경 내 다른 관계를 포함한다. 객체 상태는 간단한 문자열로 표현할 수 있다. 다음 예제를 보자.

```
>>> from dataclasses import dataclass, asdict
>>> import json

>>> @dataclass
... class Greeting:
...     message: str
>>> g = Greeting("Hello World")
```

```
>>> text = json.dumps(asdict(g))
>>> text
'{"message": "Hello World"}'
>>> text.encode('utf-8')
b'{"message": "Hello World"}'
```

위 예제는 message 속성값 하나로만 객체 상태를 나타내는 간단한 클래스 정의인 Greeting이다. dataclass 인스턴스에 적용되는 asdict() 함수는 JSON 표기로 직렬화할 수 있는 딕셔너리를 생성한다. 네트워크는 바이트 단위로 전송되므로 text.encode()를 사용해 바이트 스트림을 생성한다. 이렇게 간단한 예제만으로도 데이터 클래스 정의와 클래스 인스턴스의 상태 표현이 완전히 분리됨을 알 수 있다.

HTTP와 REST로 객체를 전송하는 법을 알아보자.

⠿ HTTP와 REST로 객체 전송

HTTP는 일련의 RFC^{Request for Comments} 문서로 정의된다. 문서를 일일이 언급하는 대신 세 가지 요점만 짚고 넘어가겠다.

HTTP 프로토콜은 요청과 응답으로 이뤄진다. 요청은 메서드와 URI^{Uniform Resource Identifier}, 헤더 그리고 선택적으로 첨부를 포함한다. 표준에서 여러 메서드를 정의하고 있다. 대부분의 브라우저는 GET과 POST 요청을 주로 사용한다. 표준 브라우저는 GET과 POST, PUT, DELETE 요청을 포함하는데, 각각 CRUD 연산에 해당하므로 이 책에서 다루도록 하겠다.

HTTP 응답은 상태 코드와 설명, 헤더, 첨부 데이터를 포함한다. 상태 코드는 매우 여러 가지다. 응답 코드는 일반적으로 다음의 패턴을 따른다.

- 1xx 코드는 정보성 데이터로서 RESTful 서비스에는 잘 쓰이지 않는다.

- 2xx 응답은 성공을 뜻한다.

- 3xx 상태 코드는 요청을 다른 호스트나 다른 URI 경로로 리다이렉션한다는 뜻이다.

- 4xx 응답 코드는 요청에 오류가 있다는 뜻으로 이때 응답에 좀 더 상세한 오류 메시지가 들어가야 한다.

- 5xx 코드는 일반적으로 서버에 어떤 문제가 있음을 뜻한다.

위와 같이 일반적인 범주 중 아래 몇 가지만 알아두자.

- 상태 코드 200은 서버로부터 받는 일반적인 OK 응답이다.

- 상태 코드 201은 Created 응답으로서 POST 요청에 성공했고 객체를 올바르게 생성했다는 뜻이다.

- 상태 코드 204는 No Content 응답으로서 DELETE 요청에 쓰인다.

- 상태 코드 400은 Bad Request 응답으로서 객체를 POST하거나 PUT, PATCH할 때 유효하지 않은 데이터가 쓰였으므로 거절한다는 뜻이다.

- 상태 코드 401은 Unauthorized다. 보안 환경에서 유효하지 않은 자격증명을 거절할 때 쓰인다. 또한 사용자 자격증명은 유효하나 요청한 액션을 허용할 만큼 인증하지 않았을 때 쓰인다.

- 상태 코드 404는 Not Found로서 URI 경로 정보로 자원을 찾지 못할 때 흔히 쓰인다.

HTTP는 상태 없이 정의된다. 서버는 클라이언트와의 이전 인터랙션을 저장하지 않는다. 상황에 따라 상당히 큰 제약이므로 트랜잭션의 클라이언트와 자세한 상태 정보를 교환함으로써 우회적으로 상태를 관리하는 몇 가지 기법이 널리 쓰인다. 인터랙티브 웹 사이트에서는 서버가 클라이언트에게 쿠키를 전송한다. 클라이언트는 서버 요청에 쿠키를 끼워 넣는다. 서버는 쿠키로 트랜잭션 상태를 복구함으로써 다양한 스테이트풀 애플리케이션 동작을 제공할 수 있다. 웹 서버에서 HTML 형태로 사용자 경험을 제공할 때 주로 쿠키를 사용한다. 쿠키를 다시 브라우저로 돌려보내면 서버는 사용자 로그인과 세션 정보를 추적할 수 있다. 사용자가 어떤 액션을 취하면 서버는 쿠키로 직렬화되는 세션 객체에 자세한 내용을 기록한다.

하지만 RESTful 웹서비스에서 클라이언트는 브라우저 앞에 앉은 인간이 아니다. RESTful 서비스의 클라이언트는 사용자 경험 상태를 유지할 수 있는 애플리케이션이다. 즉 RESTful 서비스는 쿠키 없이도 상태가 없는 단순한 HTTP를 활용할 수 있다. 또한 로그인과 로그아웃 같은 상태가 웹 서비스에 적용되지 않는다. 인증을 위해 일종의 자격증명을 각 요청마다 제공한다. 이는 안전하게 연결하기 위한 의무다. 실제로 모든 RESTful 웹 서버는 보안 소켓 계층SSL, Secure Sockets Layer과 HTTPS 연결을 사용한다.

이어지는 절에서는 REST로 CRUD 연산을 구현하는 법을 알아본다.

REST를 통한 CRUD 연산 구현

REST 프로토콜의 세 가지 기초 개념을 알아보겠다. 첫째, 객체 상태를 텍스트 직렬화로 표현한다. 둘째, HTTP 요청 URI를 사용해 객체를 명명한다. URI는 스키마와 모듈, 클래스, 일정한 형식의 객체 신원identity 등 어떤 수준의 상세 정보든 포함할 수 있다. 셋째, HTTP 메서드를 명명된 객체에 수행할 액션을 정의하는 CRUD 규칙과 매핑한다.

RESTful 서비스에 HTTP를 사용하면 HTTP 요청과 응답의 원래 정의에서 벗어나게 된다. 이로 인해 요청과 응답의 의미에 관한 논란이 여전히 뜨겁다. 대안을 하나하나 나열하는 대신 한 가지 방식만 제안하겠다. RESTful 웹 서비스를 디자인하는 일반적인 문제가 아니라 파이썬 언어에만 초점을 맞추겠다. REST 서버는 주로 다음 다섯 가지 추상 유스 케이스로 CRUD 연산을 지원한다.

- 생성Create: HTTP POST 요청을 사용해 새 객체와 클래스 정보만 제공하는 URI를 생성한다. /app/blog 같은 경로로 클래스를 명명한다. 응답은 마지막으로 저장한 객체의 복사본을 포함하는 201 메시지일 수 있다. 반환된 객체 정보에는 RESTful 서버가 새로 생성한 객체에 할당한 URI 또는 URI를 생성할 관련 키가 들어 있다. POST 요청은 새로운 객체를 생성함으로써 RESTful 자원을 변경한다.

- 추출 - 검색Retrieve - Search: 다수의 객체를 추출하는 요청이다. HTTP GET으로 요청하

며 ? 문자 뒤에 쿼리 문자열 형태로 검색 조건을 넣은 URI를 사용한다. URI는 /app/
blog/?title="Travel 2012-2013"과 같은 형태다. GET은 RESTful 자원의 상태를 변
경하지 않는다.

- **추출 - 인스턴스**^{Retrieve - Instance}: 단일 객체를 추출하는 요청이다. HTTP GET으로 요청
  하며 URI 경로에 특정 객체를 명명한 URI를 사용한다. URI는 /app/blog/id/ 형
  태다. 단일 객체로 응답하지만 리스트 내에 객체를 감싸는 식으로 검색 응답과 호환
  된다. 응답이 GET이므로 상태를 변경하지 않는다.

- **갱신**^{Update}: HTTP PUT으로 요청하며 교체할 객체를 가리키는 URI를 사용한다.
  HTTP PATCH로 요청할 때는 객체 증분 업데이트를 제공하는 문서 페이로드^{payload}를
  사용한다. URI는 /app/blog/id/ 형태다. 응답은 수정한 객체의 복사본을 포함하는
  200 메시지일 수 있다.

- **삭제**^{Delete}: HTTP DELETE로 요청하며 /app/blog/id/ 같은 URI를 사용한다. 응답은
  자세한 객체 정보 없이 간단한 204 NO CONTENT 응답일 수 있다.

HTTP 프로토콜은 상태가 없으므로 로그인이나 로그오프에 대응하지 못한다. 각 요청
마다 별도로 인증해야 한다. 대개 HTTP Authorization 헤더를 사용해 사용자명과 비밀
번호 자격증명을 제공한다. 이때 반드시 SSL을 함께 사용해서 Authorization 헤더 내용
에 대한 보안을 제공해야 한다. 별도의 신원 관리 서버를 활용해 자격증명이 아닌 인증
토큰을 제공하는 더 정교한 방법도 있다.

이어지는 절에서는 CRUD 이외의 연산을 어떻게 구현하는지 보이겠다.

CRUD 이외의 연산 구현

어떤 애플리케이션은 CRUD로 특징짓기 어려운 연산을 사용한다. 복잡한 계산을 수행
하는 원격 프로시저 호출^{RPC, Remote Procedure Call} 방식의 애플리케이션이 그 예다. 서버
에서는 아무것도 생성하지 않는다. RPC는 요청마다 계산 인자를 제공하는 일종의 정교
한 추출 연산이다.

일반적으로 위와 같은 계산 위주의 연산은 서버 내 객체 상태를 변경하지 않는 GET 요청으로 구현한다. RPC 방식의 요청은 주로 HTTP POST 메서드로 구현한다. 요청과 응답을 추적하려면 응답에 범용 고유 식별자UUID, Universally Unique Identifier를 넣는다. UUID를 사용하면 매우 복잡하거나 시간이 오래 걸리는 계산에 대한 응답을 추적할 수 있다. HTTP 헤더에 ETag와 If-None-Match를 사용하면 캐싱과 상호작용해 성능을 최적화할 수 있다.

이러한 방식은 부인 방지non-repudiation 스키마의 일환으로 요청과 응답 로그를 남기는 개념과 부합한다. 서비스에 수수료가 부과되는 웹사이트라면 특히 중요하다.

이어지는 절에서는 REST 프로토콜과 ACID를 살펴보자.

REST 프로토콜과 ACID

11장에서 ACID 속성을 정의했었다. 원자성과 일관성, 독립성, 지속성으로 요약된다. 각각 다수의 데이터베이스 연산으로 이뤄지는 트랜잭션의 필수 요소다. REST 프로토콜은 이러한 속성을 자동으로 지원하지 않는다. ACID 속성을 만족하려면 HTTP의 동작 방식을 이해해야 한다.

각 HTTP 요청은 원자적이다. 따라서 연관된 POST 요청을 묶어서 실행하며 개개 단계를 하나의 원자 업데이트처럼 처리하도록 애플리케이션을 디자인해서는 안 된다. 모든 정보를 하나의 요청으로 묶어 더 간단하고 원자적인 트랜잭션을 이룰 방법을 찾아야 한다.

또한 다양한 클라이언트 요청이 종종 서로 뒤섞인다는 점도 알아야 한다. 즉 뒤섞인 일련의 요청을 독립적으로 깔끔하게 처리할 방법이 없다. 올바르게 나뉜 다중 계층multi layered 디자인에서는 별개의 지속성 모듈에 지속성이 위임된다. 일반적으로 연관된 정보를 모두 포함하는 POST나 PUT, DELETE 요청을 정의해 ACID 속성을 유지한다. 복합 객체 하나로 제공하면 애플리케이션에서 모든 연산을 하나의 REST 요청으로 수행할 수 있다. 이렇게 큰 객체는 더 복잡한 트랜잭션에 속하는 몇몇 항목으로 이뤄진 문서일 수도 있다.

블로그와 포스트 간 관계에 따라 두 종류의 HTTP POST 요청으로 새 Blog 인스턴스를 생성할 수 있다. 두 요청은 다음과 같다.

- **제목만 있고 포스트 항목은 없는 블로그**: 객체 하나일 뿐이므로 쉽게 ACID 속성을 구현할 수 있다.

- **블로그이면서 포스트 항목 컬렉션을 포함하는 복합 객체**: 블로그 및 블로그와 연관된 모든 Post 인스턴스를 직렬화해야 한다. 그리고 하나의 POST 요청으로 전송해야 한다. 그래야 블로그 및 블로그와 연관된 포스트를 생성하고 전체 객체 컬렉션을 지속시킨 후 하나의 201 Created 상태를 반환함으로써 ACID 속성을 구현할 수 있다. 이때 RESTful 웹 서버를 지원하는 데이터베이스라면 복잡한 다중 명령multi-statement 트랜잭션이 일어날 수 있다.

JSON, XML, YAML 중 적절한 표현을 선택하는 법을 알아보자.

JSON, XML, YAML 중 표현 선택

생각보다 어렵지 않게 다양한 표현을 지원할 수 있으므로 꼭 하나의 표현만 고르지 않아도 된다. 클라이언트가 특정 표현을 요청할 수 있게 해야 한다. 클라이언트는 다음의 방법으로 표현을 명시한다.

- https://host/app/class/id/?form=XML처럼 쿼리 문자열에 포함시킨다. URL의 ? 뒷부분에서 form 값으로 출력 포맷을 정의한다.

- https://host/app;XML/class/id/처럼 URI에 포함시킨다. 경로 안에 하위 구분자인 ;를 사용해 app;XML 문법으로 애플리케이션인 app과 포맷인 XML을 명명한다.

- https://host/app/class/id/#XML처럼 부분 식별자fragment identifier를 이용한다. URL의 # 뒷부분에 부분fragment을 명시하며, 이때 부분은 주로 HTML 페이지 내 헤딩을 가리키는 태그다. RESTful 요청이라면 #XML 부분으로 포맷을 제공한다.

- 별도의 헤더를 사용한다. 가령 Accept 헤더를 사용해 MIME 타입으로 표현을 명시할 수 있다. Accept: application/json처럼 JSON 포맷의 응답을 원한다고 명시한다.

어떤 방법이 더 낫다고 할 수 없으며 기존 RESTful 웹 서비스와의 호환성에 따라 특정 포맷이 결정된다. 또는 프레임워크에서 비교적 파싱하기 쉬운 URI 패턴의 포맷을 정하기도 한다.

많은 자바스크립트 표현 계층은 JSON을 선호한다. 다른 표현 계층이나 다른 종류의 클라이언트에는 XML이나 YAML 같은 표현이 유용하다. 물론 또 다른 표현이 있을 수 있다. 예를 들어 어떤 클라이언트 애플리케이션은 MXML이나 XAML을 요구한다.

이어지는 절에서는 플라스크로 RESTful 웹 서비스를 개발하는 법을 알아본다.

꘎ Flask로 RESTful 웹 서비스 생성

REST 개념은 HTTP 프로토콜 기반이므로 RESTful API는 HTTP 서비스의 확장이다. 강력하고 안전한 고성능 연산을 지원하기 위해 일반적으로 아파치 HTTPD나 NGINX 같은 서버 위에 만든다. 이러한 서버는 기본적으로 파이썬을 직접 지원하지 않으므로 파이썬 애플리케이션과 상호작용할 확장 모듈이 필요하다.

웹 서버와 파이썬 간 외부 인터페이스는 WSGI^Web Service Gateway Interface를 준수한다. 자세한 정보는 http://www.wsgi.org를 참고한다. 파이썬 표준 라이브러리에 WSGI 참조 구현이 들어 있다. PEP 3333인 http://www.python.org/dev/peps/pep-3333/에서 표준을 자세히 설명한다. WSGI를 지원하는 다양한 웹 서버는 https://wiki.python.org/moin/WebServers를 참고한다. 예를 들어 NGINX를 사용할 때는 uWSGI 플러그인이 파이썬과의 연결 인터페이스를 제공한다.

WSGI 표준은 모든 파이썬 웹 프레임워크가 공유하는 최소 기능 집합을 정의한다. 하지만 웹 서비스의 많은 기능이 이 최소 인터페이스에 빠져 있으므로 이것만으로는 어렵다. 예를 들어 WSGI 표준을 준수하도록 인증과 세션 관리를 구현할 수 있으나 상당히 복잡하다.

몇몇 고수준 애플리케이션 프레임워크가 WSGI 표준을 준수한다. RESTful 웹 서비스를 만들 때는 주로 개발하기 편리한 프레임워크를 사용한다. 13장의 예제에서는 플라스크Flask 프레임워크를 사용하겠다. 자세한 정보는 http://flask.pocoo.org/docs/1.0/을 참고하자.

플라스크 애플리케이션은 Flask 클래스의 인스턴스다. URI 경로와 특정 함수를 매핑하는 라우팅routing 테이블이 플라스크의 핵심 요소다. 이 테이블이 어떻게 동작하는지 알아보기 위해 소수의 루트route로 이뤄진 간단한 애플리케이션으로 시작하겠다. 그 전에 RESTful 서비스를 통해 전송할 객체가 필요하다.

도메인 객체를 전송하며 어떤 문제가 발생하는지 알아보자.

전송할 문제 도메인 객체

RESTful 웹 서버는 객체 상태 표현을 전송하며 동작한다. RESTful 서버에서 RESTful 클라이언트로 전송할 간단한 객체 몇 개를 정의해보자. 다음의 애플리케이션은 도미노를 나타내는 튜플 컬렉션을 제공한다. 어떤 도미노의 양면 값이 같은지 알아보는 속성도 넣었다. 이러한 도미노를 스피너spinner나 더블double이라고 부른다. 다음은 Domino 클래스의 핵심 정의다.

```
from dataclasses import dataclass, asdict, astuple
from typing import List, Dict, Any, Tuple, NamedTuple
import random

@dataclass(frozen=True)
class Domino:
  v_0: int
  v_1: int

  @property
  def double(self):
    return self.v_0 == self.v_1

  def __repr__(self):
```

```
      if self.double:
        return f"Double({self.v_0})"
      else:
        return f"Domino({self.v_0}, {self.v_1})"
```

도미노 게임에서는 보통 플레이어가 타일을 셔플해 핸드를 나눠준다. 남은 도미노는 본 야드boneyard에 둔다. 카드 덱과 비슷하지만 도미노에서는 쌓아 놓지 않고 주로 테이블 구석에 늘어놓는다. 플레이어가 4명이면 도미노를 28개 사용한다. 다음은 Boneyard 클래스 정의다.

```
class Boneyard:

  def __init__(self, limit=6):
    self._dominoes = [
      Domino(x, y) for x in range(0, limit + 1) for y in
range(0, x + 1)
    ]
    random.shuffle(self._dominoes)

  def deal(self, tiles: int = 7, hands: int = 4) ->
List[List[Tuple[int, int]]]:
    if tiles * hands > len(self._dominoes):
      raise ValueError(f"tiles={tiles}, hands={hands}")
    return [self._dominoes[h:h + tiles]
      for h in range(0, tiles * hands, tiles)]
```

각 Domino 인스턴스는 아주 복잡해 보이는 리스트로부터 생성된다. 위 for문을 다음과 같은 두 개의 for 절로 바꿀 수 있다.

```
for x in range(0, limit+1):
  for y in range(0, x+1):
    Domino(x, y)
```

위 디자인은 $x \geq y$임을 보장한다. Domino(2, 1) 인스턴스만 생성하고 Domino(1, 2) 인스턴스는 생성하지 않는다. 이로써 표준 더블 식스double-six 세트의 도미노 28개가 만들어진다.

도미노를 모두 셔플했으면 리스트에서 조각을 취해 나눠주면 된다. 타일 7개로 된 핸드를 나눠줄 경우 변수 h의 값은 0과 7, 14, 21이다. 이렇게 하면 [0: 7], [7: 14], [14: 21], [21: 28] 조각, 즉 각각 7개 타일로 된 핸드 4개로 나눠진다.

다음의 간단한 코드로 잘 동작하는지 보자.

```
>>> random.seed(2)
>>> b = Boneyard(limit=6)
>>> b.deal(tiles=7, hands=2)
[[Domino(2, 0), Double(5), Domino(5, 2), Domino(5, 0), Double(0),
Domino(6, 3), Domino(2, 1)], [Domino(3, 1), Double(4), Domino(5, 1),
Domino(5, 4), Domino(6, 2), Domino(4, 2), Domino(5, 3)]]
```

먼저 Boneyard 객체를 생성한다. 이때 limit 값을 사용해 도미노 28개로 된 더블 식스 세트를 본야드로 정의한다. 타일 7개로 된 핸드 2개를 나눠줄 경우 난수 생성기에서 고정된 값인 2를 시드로 사용하므로 예상할 수 있는 핸드 쌍이 생성된다.

어떤 게임에서는 가장 큰 더블을 가진 쪽이 먼저 플레이하도록 정한다. 위와 같이 핸드가 2개이면 Double(5)를 가진 플레이어가 선이다.

이제 간단한 애플리케이션과 서버를 생성해보자.

간단한 애플리케이션과 서버 생성

일련의 도미노 핸드를 제공하는 아주 간단한 REST 서버를 작성해보자. 이 서버는 URI를 핸드를 제공할 함수에 라우팅해준다. 함수는 다음 항목 중 하나 이상을 포함하는 응답 객체를 생성해야 한다.

- **상태 코드**: 기본값은 성공을 뜻하는 200이다.

- **헤더**: 기본값은 컨텐트 크기를 포함하는 최소 응답 헤더 집합이다.

- **컨텐트**: 바이트 스트림일 수 있다. 대부분 RESTful 웹 서비스는 JSON 표기로 된 문서를 반환한다. 플라스크 프레임워크는 객체를 JSON 표기로 편리하게 변환해주

는 jsonify() 함수를 제공한다.

다음은 간단한 도미노 핸드를 나눠주는 플라스크 애플리케이션의 정의다.

```python
from flask import Flask, jsonify, abort
from http import HTTPStatus

app = Flask(__name__)

@app.route("/dominoes/<n>")
def dominoes(n: str) -> Tuple[Dict[str, Any], int]:
  try:
    hand_size = int(n)
  except ValueError:
    abort(HTTPStatus.BAD_REQUEST)

  if app.env == "development":
    random.seed(2)
  b = Boneyard(limit=6)
  hand_0 = b.deal(hand_size)[0]
  app.logger.info("Send %r", hand_0)

  return jsonify(status="OK", dominoes=[astuple(d) for d in
hand_0]), HTTPStatus.OK
```

위 코드는 플라스크 애플리케이션에 필요한 몇몇 요소를 보여준다. 가장 필수 요소는 app 변수에 할당되는 Flask 객체 자체다. 소규모 애플리케이션에서는 애플리케이션의 __name__ 문자열을 제공하는 모듈에 이 객체가 들어 있는 경우가 많다. 더 큰 애플리케이션에서는 모듈명보다 __name__ 문자열이 Flask 객체의 로그 메시지를 찾는 데 더 유용하다. 애플리케이션을 app 변수에 할당하면 자동화된 플라스크 실행 환경에서 객체를 찾는다. app이라고 명명하지 않았다면 실행을 시작하는 함수를 제공해야 한다.

@app.route 장식자는 요청을 처리하고 응답을 생성하는 각 함수에 쓰인다. 루트 정의에는 여러 가지 기능이 있다. 위 예제는 파싱 기능을 사용한다. 경로 내 두 번째 항목을 분리해 dominoes() 함수의 매개변수 n에 할당한다.

일반적으로 RESTful 트랜잭션을 완료하려면 네 가지 주요 단계를 거친다.

- **파싱**parsing: 라우팅에서 파싱 일부를 수행한다. 최초에 경로를 모두 분리한 후 매개변 숫값을 검사해 유효한 동작으로 이어지는지 확인한다. 문제가 보이면 abort() 함수로 잘못된 요청임을 뜻하는 HTTP 상태 코드를 반환한다.

- **평가**evaluating: 이때 응답을 계산한다. 예제에서는 새로운 도미노 집합을 생성한다. limit 값으로 애플리케이션을 더블 식스로 한정한다. 다른 게임도 가능하려면 limit 가 설정 값이어야 한다. Boneyard 클래스의 deal() 메서드는 핸드 리스트를 생성한다. 하지만 dominoes() 함수는 핸드를 하나만 반환하므로 deal()이 반환한 리스트 내 첫 번째 핸드를 hand_0에 할당한다.

- **로깅**logging: 플라스크 로거로 응답을 남기는 로그에 메시지를 작성한다. 애플리케이 션이 클수록 로깅이 복잡하다. 때로는 로그를 여러 개 두어 별도의 자세한 인증 정보 나 감사 히스토리를 제공한다.

- **응답**responding: 플라스크 함수의 응답은 하나부터 최대 세 항목까지 포함할 수 있다. 예제에서는 두 값을 제공한다. jsonify() 함수로 딕셔너리의 JSON 표현을 반환한다. 이때 키는 "status"와 "dominoes"다. 상태 코드는 HTTPStatus.OK 값이다. 보다시피 dataclasses.astuple() 함수를 사용해 각 Domino 객체를 튜플로 변환했다. 이렇게 직 렬화하는 것이 REST의 중요한 요소다.

플라스크 함수에 쓰이는 타입 힌트는 일반적으로 매우 간단하다. RESTful 애플리케이 션의 함수 대부분은 다음의 결과를 조합해서 사용한다.

- Dict[str, Any]: jsonify()가 생성한 간단한 결과다. 기본 상태인 HTTPStatus.OK를 포함한다.

- Tuple[Dict[str, Any], int]: 기본값이 아닌 상태 코드를 포함하는 결과다.

- Tupel[Dict[str, Any], int, Dict[str, str]]: 상태 코드와 문서 그리고 헤더를 포함 하는 결과다.

다르게 반환값을 조합할 수도 있으나 잘 쓰이지 않는다. 예를 들어 삭제를 구현하는 함수는 다른 상세 정보 없이 성공만 보이기 위해 HTTPStatus.NO_CONTENT만 반환할 수 있다.

이제 위 서버를 배시^{Bash}나 터미널 프롬프트에서 다음과 같이 데모를 시작한다.

```
$ FLASK_APP=ch13_ex2.py FLASK_ENV=development python -m flask run
```

위 명령어는 환경변수 두 개를 할당한 후 flask 모듈을 실행한다. FLASK_APP 변수는 app 객체를 포함하는 모듈을 정의한다. FLASK_ENV 환경변수는 app 객체를 development 서버로 할당하고 추가적인 디버깅 지원을 제공한다. 아마 출력은 다음과 같을 것이다.

```
* Serving Flask app "ch13_ex2.py" (lazy loading)
* Environment: development
* Debug mode: on
* Running on http://127.0.0.1:5000/ (Press CTRL+C to quit)
* Restarting with stat
* Debugger is active!
* Debugger PIN: 154-541-338
```

Flask app의 이름인 ch13_ex2.py는 FLASK_APP 환경변수에서 가져왔다. development 환경은 FLASK_ENV 환경변수에서 가져왔다. 환경이 development이므로 debug mode를 활성화했다. 주어진 URL을 브라우징하면 애플리케이션에서 브라우저에 대해 지원하는 부분과 상호작용할 수 있다.

위 애플리케이션은 GET 요청에 응답한다. 브라우저에서 http://127.0.0.1:5000/dominoes/7 요청을 수행하면 결과는 다음과 같다.

```
{"dominoes": [[2, 0], [5, 5], [5, 2], [5, 0], [0, 0], [6, 3], [2, 1]],
"status": "OK"}
```

development 모드에서는 난수 생성기가 고정된 시드를 사용하므로 값은 항상 위와 같다.

이러한 응답 문서는 RESTful 웹 서비스의 전형적인 두 요소를 보여준다.

- **상태 항목**: 응답을 요약한다. HTTP 상태 코드가 비슷한 정보를 제공하기도 한다. 보통은 지나치게 단순화한 HTTP 상태 코드인 200 OK보다 훨씬 더 미묘하다.

- **요청한 객체**: dominoes는 2-튜플 리스트다. 핸드 하나의 상태를 표현한다. 이 리스트로 클라이언트는 원래 Domino 객체를 다시 구성할 수 있다.

다음의 코드로 원래 문서를 다시 생성한다.

```
document = response.get_json()
hand = list(Domino(*d) for d in document['dominoes'])
```

클라이언트 소프트웨어는 응답 본문에서 JSON을 파싱할 수 있어야 한다. Domino 클래스 정의를 사용해 전송을 받은 표현으로부터 객체를 다시 생성한다.

이어지는 절에서는 좀 더 정교한 라우팅과 응답을 다루겠다.

더욱 정교한 라우팅과 응답

플라스크 애플리케이션과 RESTful API에 공통된 추가 기능 두 가지를 알아보겠다.

- 첫째, 더욱 정교한 경로 파싱

- 둘째, 오픈 API 명세 문서

플라스크는 URI 내 경로를 분해하는 몇 가지 기발한 파싱 기능을 제공한다. URL 문자열에서 각각의 필드 항목을 추출할 때 사용하는 파서가 아마 가장 유용할 것이다. 다음 예제처럼 사용한다.

```
@app.route("/hands/<int:h>/dominoes/<int:c>")
def hands(h: int, c: int) -> Tuple[Dict[str, Any], int]:
  if h == 0 or c == 0:
    return jsonify(
      status="Bad Request", error=[f"hands={h!r}, dominoes={c!r}"]
```

```
    is invalid"]
        ), HTTPStatus.BAD_REQUEST

    if app.env == "development":
        random.seed(2)
    b = Boneyard(limit=6)
    try:
        hand_list = b.deal(c, h)
    except ValueError as ex:
        return jsonify(
            status="Bad Request", error=ex.args
        ), HTTPStatus.BAD_REQUEST
    app.logger.info("Send %r", hand_list)

    return jsonify(
        status="OK",
        dominoes=[[astuple(d) for d in hand] for hand in hand_list]
    ), HTTPStatus.OK
```

<int:h>와 <int:c>를 사용함으로써 경로 내 값을 파싱함과 동시에 그 값이 정수임을 보장한다. 이 패턴에 부합하지 않는 경로로 요청하면 404 Not Found 오류 상태를 받는다.

응답을 처리하는 네 가지 단계는 조금 더 복잡하다. 자세히 살펴보자.

- 파싱parsing 단계는 매개변숫값의 범위를 검사한다. 값이 0이면 400 Bad Request 오류를 일으킨다. 요청 패턴은 루트 템플릿에 부합하지만 값이 유효하지 않았다.

- 평가evaluating 단계는 예외 핸들러를 포함한다. 하단의 애플리케이션 모델, 즉 예제에서 Boneyard 객체가 예외를 일으키면 플라스크 컨테이너는 유용하고 유익한 오류 메시지를 생성한다. 이러한 예외 처리 블럭이 누락되면 ValueError가 발생해 HTTP 상태 코드인 500 Internal Server Error로 이어진다.

- 로깅logging 단계는 앞선 예제와 동일하다.

- 응답responding 단계에서는 타일을 배분해 각각의 핸드 리스트를 만든다. 이때 더 복잡한 중첩 리스트를 포함한다. 중첩 리스트를 포함할 경우 오른쪽에서 왼쪽으로 읽는다. 파이썬 문법으로는 다음과 같다.

- [[astuple(d) for d in hand] for hand in hand_list]

코드를 뒤에서부터 읽으면 중첩을 포함할 때 다음의 구조를 따름을 알 수 있다. hand_list 내 각 hand를 처리한다. 이어서 주어진 hand 내 각 domino를 처리한다. 마지막으로 맨 앞에 나오는 처리는 domino 객체인 d를 튜플로 표현한다.

RESTful 웹 서비스를 개발하는 목적은 다음의 예제처럼 간단한 래퍼함수를 허용하는 하단의 애플리케이션 모델을 생성하는 것이다.

성공적인 RESTful 서버의 핵심이 되는 추가 기능은 서버가 준수할 계약에 대한 명세다. 이러한 계약을 표현하는 유용한 방법이 오픈 API 명세를 따르는 문서다. 오픈 API에 대한 자세한 정보는 https://swagger.io/specification/을 참고한다. 문서 서비스는 다음과 같다.

```python
OPENAPI_SPEC = {
    "openapi": "3.0.0",
    "info": {
        "description": "Deals simple hands of dominoes",
        "version": "2019.02",
        "title": "Chapter 13. Example 2",
    },
    "paths": {}
}

@app.route("/openapi.json")
def openapi() -> Dict[str, Any]:
    return jsonify(OPENAPI_SPEC)
```

위 예제의 명세는 아주 작은 스켈레톤으로서 소수의 필수 필드만 포함한다. 명세를 정적 파일에 두고 별도로 제공하는 애플리케이션이 많다. 아주 복잡한 환경에서는 외부 참조를 두고 문서를 여러 개의 별도 섹션으로 제공하기도 한다. 플라스크 루트 자체에서 어느 정도는 오픈 API 명세 요소를 추론할 수 있다.

기술적으로 가능하나 RESTful API의 기능에 대한 형식적이고 독립적인 계약을 두자는 개념에는 어긋난다. 외부 계약을 두고 계약을 따르는지 검사하는 편이 낫다.

루트를 구현한 함수는 파이썬 딕셔너리를 JSON 표기로 변환하고 문서와 기본 상태인 200 OK로 응답하는 데 아무런 도움이 되지 않는다.

이어지는 절에서는 REST 클라이언트를 구현하는 방법을 알아본다.

REST 클라이언트 구현

좀 더 영리한 REST 서버 애플리케이션을 보기에 앞서 REST 클라이언트를 먼저 작성하겠다. 표준 라이브러리에 클라이언트 생성에 유용한 패키지인 http.client와 urllib가 들어 있다. 두 패키지는 HTTP로 RESTful 요청을 수행하는 데 필요한 기능을 제공한다. 본문이 포함된 요청을 생성하고 헤더를 넣고 복잡한 URL을 추가하고 결과를 추출하는 기능을 지원하며, 결과 헤더와 첨부를 저장하고 상태 코드를 추적한다. urllib 대신 잘 알려진 requests 패키지를 사용해도 좋다. 자세한 정보는 http://docs. python-requests.org/en/master/를 확인한다.

다음의 간단한 코드로 오픈 API 명세를 얻는다.

```
import requests
get_openapi = requests.get(
    "http://127.0.0.1:5000/openapi.json")
if get_openapi.status_code == 200:
    document = get_openapi.json()
```

주어진 URI에 HTTP GET 요청을 수행한다. 응답 객체인 get_openapi를 검사해 유용한 필드 몇 개를 추출한다. get_openapi.status_code 값은 서버가 반환한 HTTP 상태 코드다. get_openapi.json() 메서드는 응답 본문을 읽어 파싱한다. 유효한 JSON이면 결과 파이썬 객체를 더 검사할 수 있다. 오픈 API 명세이면 그 객체는 파이썬 딕셔너리다. 예제에서는 document['info']['version'] != '2019.02' 식으로 검사한다. 그 외 모든 결과는 클라이언트와 서버 간 잠재적 문제를 나타낸다.

이어지는 절에서는 RESTful 서비스를 단위 테스트하겠다.

RESTful 서비스 데모와 단위 테스트

단위 테스트를 제대로 수행하려면 클라이언트와 서버 간 더욱 형식적인 교환이 필요하다. 플라스크 프레임워크의 test_client()에서 응답이 올바른지 확인할 수 있도록 플라스크 서버 요청에 필요한 기능을 제공한다. 테스트 클라이언트 객체를 생성해 get과 post, put, patch, delete 요청을 수행함으로써 함수가 올바르게 동작하는지 확인한다.

doctest 모듈은 모듈 또는 함수의 문서 문자열에서 파이썬 예제를 찾는다. 따라서 연관된 함수 정의에 예제를 넣으면 간단하다. 다음은 doctest 기능으로 플라스크 모듈을 테스트하는 예제다.

```
@app.route("/openapi.json")
def openapi() -> Dict[str, Any]:
    """
    >>> client = app.test_client()
    >>> response = client.get("/openapi.json")
    >>> response.get_json()['openapi']
    '3.0.0'
    >>> response.get_json()['info']['title']
    'Chapter 13. Example 2'
    """
    return jsonify(OPENAPI_SPEC)
```

위 테스트 코드는 app.test_client()로 클라이언트를 생성한다. 이어서 client.get()으로 /openapi.json 경로에 GET 요청을 실행한다. 결과를 검사해 정의된 루트에서 정말 오픈 API 문서를 제공하는지 확인한다. 위 테스트 케이스는 플라스크 애플리케이션 모듈인 app 값에 따라 좌우된다. 코드와 app 객체가 정의된 모듈이 같으니 일반적으로 true다.

다음은 단위 테스트를 패키징하는 다양한 방법이다.

- **별도의 tests 패키지**: 이 패키지는 여러 테스트 모듈을 포함한다. 파일명이 모두 test_로 시작하면 pytest 같은 도구에서 테스트를 찾아 실행할 수 있다. 테스트가 비교적 복잡할 때 좋은 방법이다. 주로 목^{mock} 객체를 제공해야 할 때 쓰인다.

- **모듈과 함수의 문서화 문자열**docstring: 앞서 보였던 기법이다. doctest 도구는 문서화 문자열에서 예제를 찾아 테스트를 실행한다. 전역 __test__ 딕셔너리 값에서 테스트를 찾기도 한다. 테스트가 비교적 간단하고 애플리케이션 설정으로 각 테스트를 쉽게 설정할 수 있을 때 적절하다.

다음과 같은 명령어로 앞선 테스트를 명령줄에서 실행할 수 있다.

```
$ python3 -m doctest ch13_ex2.py
```

위 명령어는 doctest 모듈을 실행한다. 명령줄의 인자는 검사할 모듈이다. >>>로 표시한 파이썬 예제는 함수가 올바르게 동작하는지 확인할 때 실행한다.

⁛ 스테이트풀 REST 서비스 다루기

RESTful 서버를 호출하는 이유는 주로 서버에서 관리하는 자원 상태를 유지하기 위해서다. 표준 CRUD 연산은 RESTful 처리가 가능한 HTTP 메서드와 적절히 매핑된다. POST 요청으로 새 자원을 생성하고, PATCH 요청으로 자원을 업데이트하며, DELETE 요청으로 자원을 삭제할 수 있다.

각각의 자원을 올바르게 처리하려면 자원을 고유하게 식별할 수 있어야 한다. 다수의 객체를 다루는 플라스크 서버 디자인을 살펴보기 전에 RESTful 객체를 식별하는 법부터 알아보겠다.

RESTful 객체 식별자 디자인

객체를 직렬화하려면 각 객체마다 일종의 식별자를 정의해야 한다. shelve나 sqlite에서는 각 객체마다 문자열 키를 정의해야 한다. RESTful 웹 서버에서도 마찬가지로 객체를 모호하지 않게 추적할 수 있도록 동작하는 키를 정의해야 한다. 간단한 대리 키도

RESTful 웹 서비스 식별자로 사용할 수 있다. `shelve`나 `sqlite`에 쓰이는 키와 쉽게 병행 가능하다.

핵심은 훌륭한 URI는 절대 바뀌지 않는다는 점이다. http://www.w3.org/Provider/Style/URI.html을 참고하자.

절대 바뀌지 않을 URI를 정의해야 한다. 객체의 스테이트풀 측면을 URI에 넣어서는 안 된다. 마이크로블로그 애플리케이션에서 다수의 저자를 지원한다고 가정해보자. 저자별 폴더로 블로그 포스트를 묶으면 공동 저자 문제가 발생할 뿐만 아니라 한 저자가 다른 저자의 내용물을 넘겨받을 때 더 큰 문제가 발생한다. 소유자 변경처럼 순수하게 관리적 요소가 바뀌더라도 URI는 그대로여야 한다.

RESTful 애플리케이션은 여러 개의 색인 또는 검색 기준을 제공할 수 있다. 하지만 자원이나 객체 식별은 색인이 바뀌거나 재구성돼도 기본적으로 절대 변해서는 안 된다.

비교적 간단한 객체라면 대개 데이터베이스 대리 키 같은 식별자를 쓸 수 있다. 블로그 포스트에는 일반적으로 구두점과 공백을 밑줄 문자(_)로 대신한 제목과 (변하지 않는) 작성 날짜를 사용한다. 사이트 구성이 바뀌어도 변하지 않을 식별자를 생성해야 한다. 색인 추가나 변경이 마이크로블로그 포스트의 기본 식별자를 변경해서는 안 된다.

컨테이너처럼 더 복잡한 객체는 어떤 단위로 참조할지 정해야 한다. 마이크로블로그 예제에서는 다수의 개개 포스트를 포함하는 블로그 전체를 참조했다.

블로그 URI는 다음처럼 간단하다.

```
/microblog/blog/bid/
```

가장 상위 이름(microblog)은 전체 애플리케이션이다. 그 다음은 자원 유형(blog)이고, 마지막은 특정 인스턴스 ID인 bid이다.

이와 달리 포스트 URI를 표현하는 방법은 여러 가지다.

```
/microblog/post/title_string/
/microblog/post/bid/title_string/
```

```
/microblog/blog/bid/post/title_string/
```

첫 번째 URI는 서로 다른 블로그에 같은 제목의 포스트가 있을 경우 올바르게 동작하지 못한다. 저자가 _2 같은 문자를 추가해 제목을 고유하게 만들어야 한다. 대개는 바람직하지 않은 방법이다.

두 번째 URI는 블로그 ID(bid)를 컨텍스트나 네임스페이스로 사용함으로써 Post 제목을 한 블로그 내에서 고유하게 만든다. 이 기법에서는 날짜 같은 정보로 더 세분화해 검색 범위를 줄인다.

세 번째 URI는 blog/bid와 post/title_string 같은 두 단계로 된 명시적인 클래스/객체 명을 사용한다. 경로가 길어진다는 단점이 있지만 다수의 항목을 별개의 내부 컬렉션으로 이뤄진 복잡한 컨테이너에 넣을 수 있다.

REST 서비스는 저장소에 지속시킬 자원의 경로를 정의한다. URI는 명확성과 의미, 지속성을 고려해 선택해야 한다. 좋은 URI는 바뀌지 않는다.

다중 계층 REST 서비스에 대해 알아보자.

다중 계층 REST 서비스

복잡한 RESTful 애플리케이션은 일반적으로 데이터베이스를 사용해 지속시킨 객체를 저장하고 객체의 상태를 변경한다. 이로써 다중 계층 웹 애플리케이션이 탄생한다. 디자인의 한 관점에서는 다음 세 계층에 초점을 맞춘다.

- 사용자에게 보여지는 부분은 자바스크립트를 포함하는 HTML 페이지에서 처리한다. HTML 콘텐트는 주로 템플릿으로 시작해 진자Jinja 같은 도구(http://jinja.pocoo.org)로 HTML 템플릿에 데이터를 채운다. 대개 표현 계층은 별개의 플라스크 애플리케이션으로서 풍부한 사용자 경험 기능을 지원할 수 있는 스테이트풀 세션과 안전한 인증에 중점을 둔다. 이 계층에서는 RESTful 요청으로 애플리케이션 계층에 요청한다.

- 애플리케이션 처리는 문제 도메인을 모델링하는 **RESTful** 서버에서 담당한다. 사용자 인증이나 스테이트풀 상호작용 같은 측면은 이 계층에 속하지 않는다.

- 지속은 데이터베이스단에서 이뤄진다. 실제 많은 애플리케이션이 복잡한 모듈에서 init_app() 함수를 정의해 데이터베이스 연결을 초기화한다.

11장에서 봤듯이 보통은 딕셔너리와 유사한 인터페이스를 갖는 데이터베이스가 만들어진다. 이렇듯 간단한 인터페이스를 활용해 스테이트풀 객체를 추적하는 RESTful 서비스를 생성하겠다.

플라스크 블루프린트 사용하기

블루프린트를 정의하기 전에 문제 도메인을 확립하는 몇몇 클래스와 함수를 정의하겠다. 값이 "Updated"와 "Created"뿐인 열거형 Status 값을 정의한다. Dice라는 데이터 클래스로 주사위 집합도 정의한다. 이 클래스는 주사위의 현재 상태, 특정 주사위 컬렉션의 식별자, 처음 생성한 것인지 업데이트한 것인지를 나타내는 전체 상태를 포함한다. make_dice() 함수를 Dice 클래스와 별개로 만들어 Dice 인스턴스를 생성하는 편이 좋다.

다음과 같이 정의된다.

```python
from typing import Dict, Any, Tuple, List
from dataclasses import dataclass, asdict
import random
import secrets
from enum import Enum

class Status(str, Enum):
  UPDATED = "Updated"
  CREATED = "Created"


@dataclass
class Dice:
  roll: List[int]
  identifier: str
  status: str
```

```python
    def reroll(self, keep_positions: List[int]) -> None:
        for i in range(len(self.roll)):
            if i not in keep_positions:
                self.roll[i] = random.randint(1, 6)
        self.status = Status.UPDATED


def make_dice(n_dice: int) -> Dice:
    return Dice(
        roll=[random.randint(1, 6) for _ in range(n_dice)],
        identifier=secrets.token_urlsafe(8),
        status=Status.CREATED
    )
```

Dice 클래스는 육면 주사위를 나타낸다. 주사위를 한 번 굴릴 때마다 식별자가 주어지고 이 식별자는 처음 주사위를 던졌을 때를 식별하는 대리 키로 쓰인다. 선택된 주사위는 여느 주사위 게임에서처럼 다시 굴릴 수 있다.

RESTful 응답의 하나로 상태 속성을 넣어 객체의 현재 상태를 보여준다. 상태 속성은 Status 클래스의 정의에 따라 "Created"나 "Updated" 문자열 중 하나다.

make_dice() 함수는 새 Dice 인스턴스를 생성한다. 주사위를 굴려 Dice 인스턴스를 생성한다는 사실을 강조하기 위해 Dice 클래스 정의 바깥에 정의했다. 물론 Dice 클래스 내 메서드로 정의해 @classmethod나 @staticmethod 장식자로 장식할 수도 있다.

아주 엄격한 객체지향 디자인 방식에서는 모두 클래스에 넣으라고 하지만 파이썬에는 그러한 제약이 없다. 클래스 안에 장식된 함수를 넣는 것보다 클래스 바깥에 함수를 두는 편이 더 간단해 보인다. 어느 쪽이든 공통 모듈 안에 정의되므로 함수와 클래스 간 관계는 명확하다.

Dice 인스턴스의 reroll() 메서드는 객체의 내부 상태를 업데이트한다. 이번 절에서 다룰 중요한 새 기능이다.

다음은 위 서비스의 오픈 API 명세 스켈레톤 정의이다.

```python
OPENAPI_SPEC = {
```

```
      "openapi": "3.0.0",
      "info": {
        "title": "Chapter 13. Example 3",
        "version": "2019.02",
        "description": "Rolls dice",
      }, "paths": {
        "/rolls": {
          "post": {
            "description": "first roll",
            "responses": {201: {"description": "Created"}},
          },
          "get": {
            "description": "current state",
            "responses": {200: {"description": "Current state"}},
          },
          "patch": {
            "description": "subsequent roll",
            "responses": {200: {"description": "Updated"}},
          }
        }
      }
    }
```

위 명세는 다양한 메서드 요청에 응답하는 /rolls라는 단일 경로를 제공한다. post 요청
에는 "first roll"이라는 아주 간단한 설명이 달려 있다. 가능한 응답 중 딱 하나만 명
세에 정의했다. get과 patch 요청도 마찬가지로 최소한의 정의만 포함시켜 간단한 스키
마 검사를 통과할 수 있게 했다.

post와 patch 요청에 쓰이는 매개변수도 장황하게 설명하지 않았다. post 요청에는
JSON 표기의 문서가 필요하다. 예를 들어 {"dice": 5}와 같아야 한다. patch 요청에도
JSON 표기의 문서가 필요하다. 이 문서의 본문에 어떤 주사위를 남기고 어떤 주사위를
다시 굴려야 하는지 명시한다. 문서 내에는 어떤 주사위를 그대로 남길지만 명시하고
나머지 주사위는 모두 다시 굴린다. 예를 들어 {"keep": [0, 1, 2]}와 같다.

블루프린트blueprint는 복잡한 플라스크 애플리케이션을 분해하는 도구 중 하나다. 특정
한 경로 접두사와 함께 블루프린트를 플라스크 애플리케이션에 등록한다. 이렇게 하면
동일한 블루프린트의 인스턴스 여러 개를 사용함으로써 복잡한 애플리케이션의 여러

부분들이 서로 연관된다.

예제에서는 Blueprint 객체 인스턴스를 하나만 등록한다. 다음은 Blueprint 객체 정의 앞부분이다.

```python
from flask import Flask, jsonify, request, url_for, Blueprint,
current_app, abort
from typing import Dict, Any, Tuple, List

SESSIONS: Dict[str, Dice] = {}

rolls = Blueprint("rolls", __name__)

@rolls.route("/openapi.json")
def openapi() -> Dict[str, Any]:
  return jsonify(OPENAPI_SPEC)

@rolls.route("/rolls", methods=["POST"])
def make_roll() -> Tuple[Dict[str, Any], HTTPStatus, Dict[str, str]]:
  body = request.get_json(force=True)
  if set(body.keys()) != {"dice"}:
    raise BadRequest(f"Extra fields in {body!r}")
  try:
    n_dice = int(body["dice"])
  except ValueError as ex:
    raise BadRequest(f"Bad 'dice' value in {body!r}")

  dice = make_dice(n_dice)
  SESSIONS[dice.identifier] = dice
  current_app.logger.info(f"Rolled roll={dice!r}")

  headers = {
    "Location":
    url_for("rolls.get_roll", identifier=dice.identifier)
  }
  return jsonify(asdict(dice)), HTTPStatus.CREATED, headers
```

SESSIONS 객체 이름을 전부 대문자로 만들어 전역 모듈임을 보였다. 이 객체가 데이터베이스가 된다. 여기서는 빈 딕셔너리 객체로 초기화했다. 더욱 정교한 애플리케이션에서는 shelve 객체일 수 있다. 실제로는 락킹과 동시 접근을 처리하는 적절한 데이터베이스

드라이버로 대체된다.

Flask 객체 같은 Blueprint 객체에는 이름을 할당한다. 대개 모듈명을 사용한다. 예제에서는 전체 플라스크 애플리케이션에 모듈명을 사용했으므로 "rolls"라는 이름을 사용했다.

위 예제에서는 rolls 변수에 Blueprint 객체를 할당했다. 흔히 bp 같은 이름을 많이 쓴다. 이름이 짧을수록 루트 장식자 이름을 타이핑하기 조금 더 수월하다.

앞선 예제는 루트 두 개를 정의한다.

- 첫 번째 루트는 오픈 API 명세 문서 루트다.

- 두 번째 루트는 POST 메서드에 쓰이는 /rolls 경로 루트다.

두 루트를 조합해 다음의 전형적인 네 단계로 RESTful 요청을 처리한다.

- **파싱**: 플라스크 request 객체에서 요청 본문을 가져온다. request.get_json(force=True)는 Content-Type 헤더에 관계없이 요청 본문에 JSON 파서를 적용한다. 올바르게 작성된 클라이언트 애플리케이션은 적절한 헤더를 제공하지만 위 코드는 누락되거나 부정확한 헤더도 허용한다. 이어서 요청 본문에 몇 가지 유효성 검사를 수행한다. 예제에서는 요청이 'dice' 키를 포함하지 않거나 'dice' 키의 값이 유효한 정수가 아니면 특수한 예외를 발생시켰다. 주사위를 던지는 횟수가 1에서 100 사이인지 확인하는 유효성 검사를 수행할 수도 있다. 이렇게 하면 주사위를 수백만 번 혹은 수십억 번 굴리는 문제를 방지한다. 이어지는 예제에서는 이 예외를 적절한 HTTP 상태 코드인 400 Bad Request와 매핑시켜본다.

- **평가**: make_dice() 함수에서 Dice 인스턴스를 생성한다. 인스턴스는 전역 모듈인 SESSIONS 데이터베이스에 저장된다. Dice 인스턴스마다 임의의 고유한 키가 주어지므로 SESSIONS 데이터베이스는 모든 Dice 객체의 히스토리를 유지할 수 있다. SESSIONS는 간단한 인메모리in-memory 데이터베이스로서 서버가 실행 중인 동안에만 정보를 유지한다. 더 완벽한 애플리케이션에서는 별도의 지속 계층을 사용한다.

- **로깅**: 플라스크 current_app 객체를 사용해 플라스크 로거에 접근하고 응답에 로그 메시지를 작성한다.

- **응답**: 플라스크 jsonify() 함수를 사용해 응답을 JSON 표기로 직렬화한다. 생성했던 객체를 찾아내는 정확한 표준 URI를 제공하기 위해 클라이언트에게 헤더를 추가로 제공한다. 플라스크의 url_for() 함수를 사용해 적절한 URL도 생성했다. url_for() 함수는 "rolls.get_roll"이라는 블루프린트 이름으로 한정된 함수 이름만 사용한다. 함수와 인자값으로부터 역으로 URI 경로를 만든다.

주사위 굴리기를 가져오는 함수는 다음과 같이 GET 요청을 사용한다.

```
@rolls.route("/rolls/<identifier>", methods=["GET"])
def get_roll(identifier) -> Tuple[Dict[str, Any], HTTPStatus]:
  if identifier not in SESSIONS:
    abort(HTTPStatus.NOT_FOUND)

  return jsonify(asdict(SESSIONS[identifier])), HTTPStatus.OK
```

위 함수는 최소한의 방법만 보여준다. 알려지지 않은 식별자이면 404 Not Found 메시지를 반환한다. 상태 변경이 없으므로 평가나 로깅이 추가로 일어나지 않는다. 위 함수는 주사위의 현재 상태를 직렬화한다.

다음은 PATCH 요청에 대한 응답이다.

```
@rolls.route("/rolls/<identifier>", methods=["PATCH"])
def patch_roll(identifier) -> Tuple[Dict[str, Any], HTTPStatus]:
  if identifier not in SESSIONS:
    abort(HTTPStatus.NOT_FOUND)
  body = request.get_json(force=True)
  if set(body.keys()) != {"keep"}:
    raise BadRequest(f"Extra fields in {body!r}")
  try:
    keep_positions = [int(d) for d in body["keep"]]
  except ValueError as ex:
    raise BadRequest(f"Bad 'keep' value in {body!r}")
```

```
    dice = SESSIONS[identifier]
    dice.reroll(keep_positions)

    return jsonify(asdict(dice)), HTTPStatus.OK
```

위 함수는 두 종류의 검증을 수행한다.

- 식별자가 유효해야 한다.

- 요청 본문에 제공된 문서도 유효해야 한다.

예제에서는 최소한의 검증만으로 keep_positions 변수에 할당할 위치 리스트를 만들었다.

평가는 Dice 인스턴스의 reroll() 메서드가 수행한다. Dice 모델과 그 모델을 노출하는 RESTful 애플리케이션을 분리시켰다는 점에서 이상적인 개념에 부합한다. 플라스크 애플리케이션은 방대한 상태 변경 처리를 거의 하지 않는다.

위치 값이 0과 SESSIONS[identifier].roll에 들어 있는 주사위 수 사이의 값인지 더 검증하고 싶다고 하자. 이는 플라스크 애플리케이션의 역할일까? 아니면 Dice 클래스 정의의 역할일까?

검증은 두 종류로 나뉜다.

- **문법 직렬화**: JSON 문법, 데이터 타입 표현, 오픈 API 명세에 표시된 독립적 제약을 검증한다. 이 검증은 JSON으로 직렬화할 수 있는 값에 대한 간단한 제약으로 한정된다. {"dice": d} 문서 스키마에서 d가 양수여야 한다고 형식화할 수 있다. 비슷하게 {"keep": [k, k, k, ...]} 문서 스키마에서 k 값이 양수여야 한다고 형식화할 수 있다. 하지만 n과 k 값 사이의 관계를 나타낼 방법이 없다. 또한 k 값이 고유해야 한다는 요구 사항을 나타낼 방법도 없다.

- **문제 도메인 데이터**: 오픈 API 명세에 명시되지 않은 사항을 검증한다. 문제 도메인과 관련이 있으며 JSON 직렬화가 유효해야 한다. 객체 간 관계 검증, 상태 변경 허용 여

부 확인, 이메일 주소의 문자열 포맷 같은 좀 더 미묘한 규칙 검사 등의 액션을 포함한다.

이러한 검증은 RESTful 요청 파싱과 검증이라는 다수의 계층으로 이어진다. 어떤 요청 기능은 직렬화와 간단한 데이터 타입 문제와 직결된다. 어떤 요청 기능은 문제 도메인에 속하므로 RESTful API를 지원하는 클래스로 미뤄야 한다.

블루프린트 등록

플라스크 애플리케이션에는 반드시 블루프린트를 등록해야 한다. URI 경로 내 서로 다른 지점에 여러 개의 블루프린트 인스턴스가 각각 존재하기도 한다. 이 책의 예제는 URI 경로의 루트에 있는 블루프린트 인스턴스 하나만 사용한다.

앞선 예제에서는 잘못된 요청 데이터가 들어오면 BadRequest 예외를 일으켜 알렸다. 예외 객체를 JSON 포맷의 표준 RESTful 응답 문서로 변환하도록 플라스크 오류 핸들러를 정의할 수 있다.

다음은 플라스크 애플리케이션 예제다.

```
class BadRequest(Exception):
  pass

def make_app() -> Flask:

  app = Flask(__name__)

  @app.errorhandler(BadRequest)
  def error_message(ex) -> Tuple[Dict[str, Any], HTTPStatus]:
    current_app.logger.error(f"{ex.args}")
    return jsonify(status="Bad Request", message=ex.args),
HTTPStatus.BAD_REQUEST

  app.register_blueprint(rolls)

  return app
```

플라스크는 make_app()이라는 함수명을 기대한다. 이 표준 이름을 사용하면 애플리케이션을 실행하기 쉽다. WSGI나 Gunicorn 같은 제품과 통합하기도 쉽다.

Flask 객체인 app을 생성하면 @app.errorhandler 장식자로 파이썬 예외와 제네릭 응답을 매핑시킬 수 있다. 이러한 기법으로 플라스크의 기본 HTML 기반 응답을 JSON 기반 응답으로 교체한다. JSON 포맷의 응답을 사용함으로써 RESTful API가 더욱 일관된 동작을 제공할 수 있다.

앞선 예제에서 정의했던 rolls 블루프린트를 URI 경로의 루트에 등록한다. 설정 매개변수를 넣을 때도 make_app() 함수를 사용할 수 있다. 또한 extension.init_app(app) 함수 호출 시퀀스는 어떤 플라스크 확장에나 자주 쓰인다.

이어지는 절에서는 안전한 REST 서비스를 생성하는 법을 알아보겠다.

⫶ 안전한 RESTful 서비스 만들기

애플리케이션 보안은 인증과 승인이라는 두 가지 고려 사항으로 나뉜다. 사용자가 누구인지 인증해야 하고, 그 사용자가 특정 함수를 실행할 권한이 있는지 확인해야 한다. 다양한 기술을 사용해 안전한 RESTful 서비스를 제공할 수 있다. 모두 SSL 기반이다. 적절한 자격증명을 생성해야 하고 그 자격증명을 사용해 데이터 전송이 전부 암호화되도록 보장해야 한다.

SSL 암호화를 위한 자격증명 설정은 이 책에서 자세히 다루지 않겠다. 오픈 SSL 툴킷으로 자체 서명self-signed 자격증명을 생성하면 플라스크 애플리케이션에서 테스트나 개발 환경 내에 이러한 자격증명을 사용할 수 있다.

SSL 기반 HTTP(HTTPS)를 사용하면 자격증명과 인증 처리가 간단해진다. HTTPS를 사용하지 않을 경우 전송 중에 정보가 새어나가지 않도록 자격증명을 어떻게든 암호화해야 한다. HTTPS를 사용하면 간단한 base-64 바이트 직렬화로 사용자명과 비밀번호 같은 자격증명을 헤더에 넣을 수 있다.

인증은 여러 가지 방법으로 처리하는데, 다음과 같은 두 기법이 일반적이다.

- HTTP Authorization 헤더를 사용한다(인증이 목적이나 명칭은 Authorization이다). 사용자명과 비밀번호는 Basic 타입으로 제공한다. OAuth 토큰은 Bearer 타입으로 제공한다. 주로 사용자가 비밀번호를 제공하는 표현 계층에 쓰인다.

- HTTP Api-Key 헤더로 역할이나 인증을 제공한다. 주로 API 클라이언트 애플리케이션에서 제공하며, 신뢰할 수 있는 관리자가 설정한다. 비교적 간단한 인증 확인을 수반한다.

내부 Api-Key 헤더를 다루는 방식이 좀 더 간단하니 먼저 설명하겠다. 사용자 자격증명과 Authorization 헤더는 https://authlib.org 같은 라이브러리로 처리하는 방식이 가장 좋다. 기본적인 비밀번호 처리 규칙은 대개 간단하지만 잘 알려진 패키지를 쓰면 더욱 수월하다.

Api-Key 헤더로 인증을 검사하는 것이 플라스크 프레임워크에 걸맞은 디자인이다. 이 일반적인 방식은 세 가지 요소를 요한다.

- 유효한 Api-Key 값 저장소 혹은 키 검증 알고리듬

- 일회성 설정을 수행할 init_app() 함수. 파일 읽기나 데이터베이스 열기 등을 포함한다.

- 애플리케이션 뷰 함수의 장식자

다음의 예제에서 각 요소를 보이겠다.

```python
from functools import wraps
from typing import Callable, Set

VALID_API_KEYS: Set[str] = set()

def init_app(app):
  global VALID_API_KEYS
  if app.env == "development":
```

```
      VALID_API_KEYS = {"read-only", "admin", "write"}
    else:
      app.logger.info("Loading from {app.config['VALID_KEYS']}")
      raw_lines = (
        Path(app.config['VALID_KEYS'])
          .read_text()
          .splitlines()
      )
      VALID_API_KEYS = set(filter(None, raw_lines))

  def valid_api_key(view_function: Callable) -> Callable:

    @wraps(view_function)
    def confirming_view_function(*args, **kw):
      api_key = request.headers.get("Api-Key")
      if api_key not in VALID_API_KEYS:
        current_app.logger.error(f"Rejecting Api-Key:{api_key!r}")
        abort(HTTPStatus.UNAUTHORIZED)
      return view_function(*args, **kw)

    return confirming_view_function
```

VALID_API_KEYS는 전역 모듈로서 현재 Api-Keys 헤더에 유효한 값 집합을 포함한다. 타입 힌트로 알 수 있듯이 문자열 값 집합이다. 이 모듈로 정규 데이터베이스를 대신하겠다. 보통은 이렇게만 해도 클라이언트 애플리케이션에서 전송한 Api-Key 값이 인증 요구 사항을 충족하는지 확인할 수 있다.

init_app() 함수는 파일에서 VALID_API_KEYS 전역 모듈을 로드한다. 개발을 위해 간단한 Api-Key 값 집합을 제공했다. 향후 간단한 단위 테스트를 진행하기 위해서다.

valid_api_key()는 장식자다. 모든 뷰 함수 정의가 Api-Key 헤더를 포함하는지, 알려진 값인지 일관되게 검사한다. 관례상 이러한 정보를 플라스크 g 객체에 저장해 향후 로깅 메시지에 사용하는 것이 일반적이다. 함수에 g.api_key = api_key 같은 행을 추가해 인터랙션 중에 값을 저장하기도 한다.

이 장식자를 사용하도록 다음과 같이 뷰 함수를 수정한다.

```
@roll.route("/roll/<identifier>", methods=["GET"])
@valid_api_key
def get_roll(identifier) -> Tuple[Dict[str, Any], HTTPStatus]:
  if identifier not in SESSIONS:
    abort(HTTPStatus.NOT_FOUND)

  return jsonify(
    roll=SESSIONS[identifier], identifier=identifier, status="OK"
  ), HTTPStatus.OK
```

위 함수는 이전에 봤던 get_roll() 함수를 복사한 버전이다. 루트 장식자에 이어 @valid_api_key 인증 장식자를 추가한 부분만 바뀌었다. 이 장식자는 유효한 키 리스트에 속하는 Api-Key 헤더로 요청해야만 roll 변수를 추출하도록 보장한다.

@valid_api_key 장식자에 매개변수를 달면 조금 더 복잡해진다.

이어지는 절에서는 사용자 비밀번호 해싱을 다룬다.

사용자 비밀번호 해싱

보안이라는 주제에서 가장 중요한 조언 하나를 꼽자면 아마 다음일 것이다.

TIP

> **비밀번호는 절대 저장하지 말자**
>
> 비밀번호와 솔트(salt)를 합친 반복 암호화(repeated cryptographic) 해시만 서버에 저장하자. 비밀번호 자체는 무조건 복구할 수 없어야 한다. 복구 가능한 비밀번호를 애플리케이션에 절대로 저장하지 말자.

다음은 솔트 비밀번호 해싱의 동작 방식을 보여주는 예제 클래스다.

```
from hashlib import sha256
import os

class Authentication:
  iterations = 1000
```

```python
    def __init__(self, username: bytes, password: bytes) -> None:
        """유니코드 문자열이 아니라 바이트를 처리한다."""
        self.username = username
        self.salt = os.urandom(24)
        self.hash = self._iter_hash(
            self.iterations, self.salt, username, password)

    @staticmethod
    def _iter_hash(iterations: int, salt: bytes, username: bytes,
password: bytes):
        seed = salt + b":" + username + b":" + password
        for i in range(iterations):
            seed = sha256(seed).digest()
        return seed

    def __eq__(self, other: Any) -> bool:
        other = cast("Authentication", other)
        return self.username == other.username and self.hash ==
other.hash

    def __hash__(self) -> int:
        return hash(self.hash)

    def __repr__(self) -> str:
        salt_x = "".join("{0:x}".format(b) for b in self.salt)
        hash_x = "".join("{0:x}".format(b) for b in self.hash)
        return f"{self.username}
{self.iterations:d}:{salt_x}:{hash_x}"

    def match(self, password: bytes) -> bool:
        test = self._iter_hash(
            self.iterations, self.salt,
            self.username, password)
        return self.hash == test  # 상수 시간이 가장 좋다.
```

위 클래스는 주어진 사용자명을 위한 Authorization 객체를 정의한다. 이 객체는 비밀번호를 설정하거나 재설정할 때마다 생성되는 고유한 난수 솔트와 사용자명 그리고 비밀번호와 솔트를 합친 최종 해시를 포함한다.

또한 주어진 비밀번호가 원래의 비밀번호와 동일한 해시를 생성하는지 알아내는 match() 메서드도 정의했다.

바이트를 문자열로 변환하는 방법은 여러 가지다. "".join("{0:x}".format(b) for b in self.salt) 표현식은 salt 값을 16진수 쌍으로 된 문자열로 변환한다. 변환한 결과는 다음과 같다.

```
>>> salt = b'salt'
>>> "".join("{0:x}".format(b) for b in salt)
'73616c74'
```

앞서 강조했듯이 클래스 내에 어떤 비밀번호도 저장하지 않았다. 비밀번호 해시만 유지했다. 비교함수에 달린 주석(# 상수 시간이 가장 좋다)에서 보다시피 위 구현은 불완전하다. 내장된 문자열 동등 비교보다 대단히 빠르지 않아도 상수 시간에 실행되는 알고리듬이 더 낫다.

또한 해시 연산을 넣어 이 객체가 불변임을 강조했다. __slots__으로 디자인 기능을 추가하면 저장소를 아낄 수 있다.

위 알고리듬은 유니코드 문자열이 아닌 바이트 문자열에 동작한다. 바이트를 처리하든 유니코드 사용자명이나 비밀번호의 아스키 인코딩을 처리하든 둘 중 하나는 해야 한다.

웹 애플리케이션 프레임워크로 REST를 구현하는 법을 알아보자.

⁙ 웹 애플리케이션 프레임워크로 REST 구현

RESTful 웹 서버는 웹 애플리케이션이다. 즉, 어떤 파이썬 웹 애플리케이션 프레임워크든 활용할 수 있다는 뜻이다. RESTful 서비스 생성은 크게 복잡하지 않다. 앞선 예제만 봐도 CRUD 규칙과 HTTP 메서드를 매핑하기 얼마나 쉬운지 알 수 있다.

어떤 파이썬 웹 프레임워크는 REST 요소를 하나 이상 포함한다. 어떤 프레임워크는 전체 RESTful 요소를 대부분 내장한다. 최소한의 프로그래밍만으로 REST 웹 서비스를 정의할 수 있는 애드온add-on 프로젝트도 있다. 예를 들어 `https://flask-restful.read thedocs.io/en/latest`는 플라스크 확장으로 쓰이는 REST 프레임워크다.

PyPI(https://pypi.python.org)를 찾아보면 REST에 쓸 수 있는 패키지가 정말 많다. 다양한 솔루션이 나와 있다. 대부분 일반적인 사례에 대해서는 어느 정도 수준의 간소화를 제공한다.

`https://wiki.python.org/moin/WebFrameworks`에 파이썬 웹 프레임워크 목록이 나온다. 모든 프로젝트의 핵심은 웹 애플리케이션을 개발하는 아주 완벽한 환경을 제공하는 것이다. 플라스크 말고 다른 프레임워크를 사용해도 RESTful 웹 서비스를 생성할 수 있다.

RESTful 서비스를 꼭 플라스크로 직접 작성해야 하는 이유를 몇 가지 들어 보겠다.

- REST 서비스 뷰는 일반적으로 짧으며, JSON 요청을 역직렬화하고 JSON 응답을 직렬화하는 최소한의 오버헤드를 부담한다. 나머지 처리는 문제 도메인마다 고유하다.

- REST 패키지와 분명하게 매핑되지 않는 고유한 처리는 뷰 함수로 작성하는 편이 더 나을 수 있다. 특히 검증 규칙과 상태 변환 규칙은 흔히 표준화하기 어렵고 기존 REST 패키지에 깔린 고정된 가정과 통합하기 어려울 수 있다.

- 특이하거나 이례적인 접근 계층이나 지속 메커니즘이 있을 경우 많은 REST 패키지가 데이터베이스 연산에 대한 기본 가정을 바탕으로 주로 SQLAlchemy 같은 패키지에 맞춰진다. `https://flask-restless.readthedocs.io/en/stable/`을 참고한다.

특히 보안은 매우 어려운 문제다. 모범 사례 몇 가지를 살펴보자.

- 항상 SSL을 사용하자. 최종 제품을 사용하기 위해 신뢰할 수 있는 인증 기관CA, Certification Authority에서 인증서를 구매하자.

- 비밀번호를 절대 암호화하거나 저장하지 말고 항상 솔트 해싱salted hashing을 사용하자.

- 직접 인증을 개발하지 말자. https://flask-dance.readthedocs.io/en/latest/나 https://authlib.org 같은 프로젝트를 활용하자.

최종 제품 배포에는 여러 대안이 있다. 플라스크 애플리케이션을 규모에 맞게 배포하는 다양한 방법은 http://flask.pocoo.org/docs/1.0/deploying/을 참고한다.

메시지 큐로 객체를 전송하는 법을 알아보자.

⋙ 메시지 큐로 객체 전송

multiprocessing 모듈은 객체 직렬화와 전송을 모두 처리한다. 큐^{queue}와 파이프^{pipe}를 사용해 객체를 직렬화해서 다른 프로세스에 전송한다. 여러 외부 프로젝트에서 정교한 메시지 큐 처리를 제공하고 있다. 여기서는 이미 잘 동작하고 있는 파이썬에 내장된 multiprocessing 큐를 주로 다루겠다.

고성능 애플리케이션에는 더 빠른 메시지 큐가 필요하다. 피클링^{pickling} 대신 더 빠른 직렬화 기법이 필요할 수도 있다. 13장에서는 파이썬 디자인 이슈만 다루겠다. 다중 처리 multiprocessing 모듈은 pickle로 객체를 인코딩한다. 자세한 내용은 10장을 참고한다. 제한된 언피클러는 제공하기 쉽지 않아서 multiprocessing 모듈은 언피클 문제를 방지하는 비교적 간단한 보안 도구만 제공한다.

multiprocessing을 사용할 때 한 가지 중요한 디자인 고려 사항이 있다. 공유 객체를 업데이트하는 다중 프로세스(또는 다중 스레드)는 두지 않는 것이 일반적으로 가장 좋다. 동기화와 락킹 문제는 매우 만연해 있어서(또한 잘못되기 쉬워서) 이런 농담까지 나올 정도다.

> 문제에 부딪히면 프로그래머는 이렇게 생각한다. "다중 스레드를 사용해야지."
>
> 문제 발생. 프로그래머가 두 명이다.

락킹과 버퍼링은 다중 스레드 처리를 쉽게 엉망으로 만들어버리곤 한다.

RESTful 웹 서비스나 multiprocessing을 사용해 프로세스 단에서 동기화하면 공유 객체가 없어 동기화 문제를 방지할 수 있다. 기본적인 디자인 원리는 개별 단계들의 파이프라인으로 처리하는 것이다. 각 처리 단계마다 입력 큐와 출력 큐를 두고, 각 단계마다 객체를 가져와 어떤 처리를 수행하고 객체를 작성한다.

multiprocessing의 철학은 process1 | process2 | process3로 작성하는 셸 파이프라인의 POSIX 개념과 부합한다. 이러한 셸 파이프라인은 파이프로 연결된 세 개의 동시 실행 프로세스를 포함한다. 주된 차이는 STDIN이나 STDOUT, 명시적인 객체 직렬화를 사용할 필요가 없다는 점이다. multiprocessing 모듈에서 OS단 인프라를 처리해준다.

POSIX 셸 파이프라인에서 각 파이프는 하나의 프로듀서producer와 하나의 컨슈머consumer만 포함할 수 있다. 반면 파이썬의 multiprocessing 모듈은 다수의 컨슈머를 포함하는 메시지 큐를 생성할 수 있다. 즉 하나의 소스 프로세스로부터 여러 개의 싱크 프로세스로 퍼져 나가는 파이프라인이 가능하다. 또한 큐는 다수의 컨슈머를 포함할 수 있으므로 여러 소스 프로세스의 결과가 하나의 싱크 프로세스로 합쳐지는 파이프라인도 만들 수 있다.

주어진 컴퓨터 시스템의 처리량을 극대화하려면 어떤 프로세서나 코어도 유휴 상태가 되지 않을 만큼 작업량이 충분해야 한다. OS 프로세스가 자원을 기다릴 때 적어도 하나의 다른 프로세스가 실행할 준비가 돼 있어야 한다.

가령 카지노 게임 시뮬레이션에서는 플레이어 전략이나 베팅 전략(또는 둘 다)을 여러 번 수행해서 통계적으로 중요한 시뮬레이션 데이터를 모아야 한다. 핵심은 처리 요청 큐를 생성해 컴퓨터의 프로세서(와 코어)가 시뮬레이션 처리에 온전히 매달리게 하는 것이다.

각 처리 요청은 파이썬 객체일 수 있다. multiprocessing 모듈은 이 객체를 피클로 변환해 큐를 통해 다른 프로세스로 전송한다.

16장에서 logging 모듈이 multiprocessing 큐를 사용해 별개의 프로듀서 프로세스들을 위한 하나의 중앙 로그를 제공하는 법을 알아보면서 이 주제를 다시 살펴보겠다. 이러한 예제에서 프로세스 간 전송하는 객체는 logging.LogRecord 인스턴스다.

이어지는 절에서는 프로세스를 정의하는 법을 알아본다.

프로세스 정의

각 처리 단계를 큐로부터 요청을 가져와 요청을 처리하고 결과를 다른 큐에 넣는 simple 루프로 디자인해야 한다. 이런 식으로 커다란 문제를 여러 단계로 나눠 파이프라인을 구성한다. 각 단계를 동시에 실행하므로 시스템 자원을 최대한 활용할 수 있다. 뿐만 아니라 각 단계마다 독립적인 큐로 간단한 입력과 출력을 수행하므로 복잡한 락킹이나 공유 자원 문제가 발생하지 않는다. 프로세스는 간단한 함수나 콜러블 객체일 수 있다. 프로세스를 multiprocessing.Process의 하위 클래스로 정의하겠다. 이 방법이 가장 유연하다.

게임 같은 스테이트풀 시뮬레이션은 세 단계의 파이프라인으로 나눠진다.

1. 전체 드라이버가 시뮬레이션 요청을 처리 큐에 넣는다.

2. 시뮬레이터 풀은 처리 큐로부터 요청을 가져와 시뮬레이션을 수행하고 통계 정보를 결과 큐에 넣는다.

3. 요약기summarizer는 결과 큐로부터 결과를 가져와 최종 결과표를 생성한다.

프로세스 풀을 사용하면 CPU가 감당할 수 있는 만큼 최대한 많은 시뮬레이션을 동시에 실행할 수 있다. 시뮬레이션을 가능한 빨리 실행하도록 시뮬레이터 풀을 설정할 수도 있다.

다음은 시뮬레이터 프로세스 정의다.

```
import multiprocessing

class Simulation(multiprocessing.Process):

  def __init__(
    self,
    setup_queue: multiprocessing.SimpleQueue,
     result_queue: multiprocessing.SimpleQueue
  ) -> None:
    self.setup_queue = setup_queue
    self.result_queue = result_queue
```

```
      super().__init__()

  def run(self) -> None:
    """종료를 기다린다."""
    print(f"{self.__class__.__name__} start")
    item = self.setup_queue.get()
    while item != (None, None):
      table, player = item
      self.sim = Simulate(table, player, samples=1)
      results = list(self.sim)
      self.result_queue.put((table, player, results[0]))
      item = self.setup_queue.get()
    print(f"{self.__class__.__name__} finish")
```

multiprocessing.Process를 확장했다. 다중 처리가 올바르게 동작하려면 두 가지를 해야 한다는 뜻이다. super().__init__()을 실행시켜야 하고, run()을 오버라이드해야한다.

run() 본문에서는 두 개의 큐를 사용한다. setup_queue는 Table과 Player 객체로 이뤄진 2-튜플을 포함한다. 프로세스는 두 객체를 사용해 시뮬레이션을 실행한다. 이후 3-튜플결과를 result_queue 큐에 넣는다. 다음은 Simulate 클래스의 API다.

```
class Simulate:

  def __init__(
    self,
    table: Table,
    player: Player,
    samples: int
  ) -> None: ...

  def __iter__(self) -> Iterator[Tuple]: ...
```

반복자는 요청받은 통계 요약 숫자인 samples를 생성한다. setup_queue를 통해 전달되는 센티넬 객체sentinel object에도 대비한다. 이 객체를 사용하면 완벽하게 종료할 수있다. 센티넬 객체를 사용하지 않으면 프로세스를 강제 종료시켜야 하는데, 이는 락과다른 시스템 자원에 지장을 준다. 다음은 요약summarization 프로세스다.

```
class Summarize(multiprocessing.Process):

    def __init__(self, queue: multiprocessing.SimpleQueue) -> None:
        self.queue = queue
        super().__init__()

    def run(self) -> None:
        """종료를 기다린다."""
        print(f"{self.__class__.__name__} start")
        count = 0
        item = self.queue.get()
        while item != (None, None, None):
            print(item)
            count += 1
            item = self.queue.get()
        print(f"{self.__class__.__name__} finish {count}")
```

위 클래스도 multiprocessing.Process를 확장한다. 큐로부터 항목을 가져와 단순히 항목을 센다. 여러 개의 collection.Counter 객체를 사용해 좀 더 흥미로운 통계 정보를 누적하면 더 유용하다.

Simulation 클래스와 마찬가지로 센티넬을 감지하고 완벽하게 종료한다. 센티넬 객체를 사용하면 프로세스의 작업이 끝나자마자 처리를 종료할 수 있다. 어떤 애플리케이션에서는 자식 프로세스가 무한정 실행된다.

이어지는 절에서는 큐를 생성하고 데이터를 제공하는 법을 알아보겠다.

큐 생성과 데이터 제공

객체는 큐나 파이프를 통해 프로세스 간에 전송된다. 큐를 생성할 때 multiprocessing. Queue나 그 하위 클래스 중 하나의 인스턴스가 생성된다. 예를 들어 다음과 같다.

```
setup_q = multiprocessing.SimpleQueue()
results_q = multiprocessing.SimpleQueue()
```

처리 파이프라인을 정의하는 두 개의 큐를 생성했다. 시뮬레이션 요청을 setup_q에 넣으면 Simulation 프로세스가 요청 쌍을 가져와 시뮬레이션을 실행한다. 이렇게 하면 3-튜플짜리 결과가 results_q 큐 안에 생성된다. 이어서 Summarize 프로세스가 이 결과 쌍을 처리한다. 다음과 같이 Summarize 프로세스 하나를 시작시킨다.

```
result = Summarize(results_q)
result.start()
```

다음과 같이 동시 실행 시뮬레이션 프로세스 4개를 생성한다.

```
Simulators = []
for i in range(4):
  sim = Simulation(setup_q, results_q)
  sim.start()
  simulators.append(sim)
```

동시 실행 시뮬레이터 4개가 서로 경합한다. 각각 큐에서 대기 중인 요청에서 다음 요청을 가져오려 한다. 시뮬레이터 4개가 모두 바쁘게 동작하고 있으면 큐는 처리되지 않은 요청으로 채워지기 시작한다. 가장 알맞은 워커Worker 풀의 크기는 예측하기 어렵다. 프로세서의 코어 수에 따라 다르고 작업량에 따라서도 다르다. 또한 대량의 입출력I/O 작업을 수행 중인 프로세서 풀이라면 I/O가 완료되길 오래 기다려야 하니 풀이 매우 클 수 있다. 코어가 4개뿐인 작은 장비에서 계산 집약적 작업량을 수행 중이라면 풀은 더 작을 것이다.

큐와 프로세스의 작업 대기가 끝난 후 드라이버 함수는 요청을 setup_q 큐로 넣기 시작한다. 다음의 루프는 요청을 대량으로 생성한다.

```
table = Table(
  decks=6, limit=50, dealer=Hit17(), split=ReSplit(),
  payout=(3,2)
)
for bet in Flat, Martingale, OneThreeTwoSix:
  player = Player(SomeStrategy(), bet(), 100, 25)
  for sample in range(5):
```

```
    setup_q.put((table, player))
```

Table 객체를 생성했다. 세 베팅 전략 각각에 대해 Player 객체를 생성한 후 시뮬레이션 요청 큐에 넣었다. Simulation 객체는 큐에서 피클로 변환한 2-튜플을 가져와 처리한다. 순서대로 종료하기 위해 각 시뮬레이터마다 센티넬 객체를 큐에 대기시킨다.

```
for sim in simulators:
  setup_q.put( (None,None) )

# 시뮬레이션이 모두 끝나기를 기다린다.
for sim in simulators:
  sim.join()
```

각 시뮬레이터의 큐에 센티넬 객체를 넣어 가져가도록 했다. 모든 시뮬레이터가 센티넬을 가져가야 프로세스가 실행을 끝낸 후 다시 부모 프로세스로 돌아오기를 기다릴 수 있다.

Process.join() 연산이 끝나면 더 이상의 시뮬레이션 데이터는 생성되지 않는다. 마찬가지로 센티넬 객체를 시뮬레이션 결과 큐에 넣는다.

```
results_q.put((None,None,None))
result.join()
```

결과 센티넬 객체 처리가 끝나면 Summarize 프로세스는 입력받기를 멈추고 마찬가지로 join()한다.

다중 처리를 사용해 한 프로세스에서 다른 프로세스로 객체를 전송해 봤다. 이는 비교적 간단하게 고성능의 다중 처리 데이터 파이프라인을 생성하는 방법이다. multiprocessing 모듈은 pickle을 사용하므로 파이프라인에 넣을 수 있는 객체에 약간의 제약이 있다.

풀 크기를 조절하면서 워커의 증감에 따라 경과 시간이 어떻게 변하는지 보면 유익한 정보를 얻을 수 있다. 프로세싱 코어와 메모리, 작업 속성 간 일어나는 상호작용은 예측하기 어려우므로 실증적 연구로 풀 내 최적의 워커 수를 알아내는 것이 좋다.

⠿ 요약

RESTful 웹 서비스로 객체를 전송하고 공유하는 법을 살펴봤다. 한 가지 방법이 플라스크를 통한 RESTful 웹 서비스였다. multiprocessing 모듈은 같은 문제를 근본적으로 다르게 해결한다. 두 아키텍처 모두 객체의 상태 표현을 전달해준다. multiprocessing은 상태를 pickle로 표현한다. RESTful 웹 서비스를 개발할 때는 사용할 표현(들)을 선택해야 한다. 앞선 예제에서는 널리 쓰이면서도 간단한 구현인 JSON을 사용했다.

RESTful 웹 서비스는 프레임워크를 사용해 HTTP 요청과 응답을 처리하는 표준 기능에 필요한 코드를 간소화한다. 예제에서는 파싱과 평가, 로깅, 응답이라는 4단계로 나눴다. 플라스크 프레임워크는 이를 지원하는 간단하고 확장 가능한 프레임워크를 제공한다. WSGI 애플리케이션은 간단하고 표준화된 API를 사용하기 때문에 웹 애플리케이션에 다양한 프레임워크를 사용하기 쉽다. 13장에서는 플라스크를 사용해 RESTful 서비스를 구현해봤다.

또한 multiprocessing을 사용해 공유 큐에서 메시지를 가져오고 넣는 방법도 알아봤다. 이 방법도 프로세스 간 객체 전송에 잘 동작한다. 프로세스 간 메시지 큐를 사용하면 다수의 스레드에서 공유하는 객체를 동시에 업데이트하다 발생하는 락킹 문제를 방지할 수 있다.

디자인 고려 사항과 트레이드오프

동시 실행이 가능한 애플리케이션을 개발하려면 객체를 어느 정도로 세분화할지, 이러한 객체를 합당한 URI로 어떻게 식별할지 결정해야 한다. 큰 객체는 ACID 속성을 충족시키기 쉽다. 하지만 애플리케이션의 유스 케이스에 따라 매우 큰 데이터를 업로드하고 다운로드해야 할 수 있다. ACID 속성을 지원해야 한다면 큰 객체를, 클라이언트 애플리케이션에서 데이터의 부분집합을 원한다면 빠른 응답이 가능한 작은 객체를 사용하는 등 서로 다른 접근 단계를 제공해야 한다.

좀 더 지역화된 처리를 구현하려면 multiprocessing 모듈을 활용한다. 이 모듈은 신뢰할 수 있는 호스트나 호스트 네트워크 내에 고성능 처리 파이프라인을 만드는 데 더 특화돼 있다.

때로는 다중 처리 파이프라인에서 RESTful 요청을 처리하도록 두 디자인 패턴을 조합한다. uWSGI를 통해 동작하는 (NGINX 같은) 일반적인 웹 서버는 다중 처리 기법을 사용해 앞단에서 뒷단의 uWSGI를 준수하는 파이썬 애플리케이션까지 명명된 파이프라인을 통해 요청을 전달한다.

스키마 진화

RESTful 서비스의 공개 API를 사용할 때는 스키마 진화 문제를 해결해야 한다. 클래스 정의가 바뀌면 응답 메시지를 어떻게 바꿀 것인가? 다른 프로그램과의 호환성을 위해 외부 RESTful API를 바꿔야 한다면 변경된 API를 지원하기 위해 어떻게 파이썬 웹 서비스를 업그레이드해야 할까?

일반적으로 메이저 배포판의 버전 번호를 API에 포함시켜 제공한다. 경로에 넣어 명시적으로 제공하거나 POST와 PUT, DELETE 요청에 포함된 데이터 필드에 넣어 제공할 수 있다.

URI 경로나 응답이 바뀌지 않는 변경과 URI나 응답이 바뀌는 변경을 구분해야 한다. 마이너 기능 변경은 URI나 응답 구조를 바꾸지 않는다.

어떤 때는 URI나 응답 구조 변경이 기존 애플리케이션을 고장 낸다. 이는 메이저 변경이다. 스키마 업그레이드로 애플리케이션을 완벽하게 동작시키는 한 가지 방법은 버전 번호를 URI 경로에 포함시키는 것이다. 예를 들어 /roulette_2/wheel/처럼 룰렛 서버의 두 번째 배포판임을 명시적으로 명명한다.

애플리케이션 소프트웨어 계층

sqlite3에는 비교적 정교한 디자인이 가능하므로 애플리케이션 소프트웨어를 더 적절히 계층화해야 한다. REST 클라이언트에는 다중 계층 소프트웨어 구조가 자주 쓰인다.

RESTful 서버를 개발하면 표현 계층이 대단히 간소화된다. 기본적인 요청–응답 처리만 남는다. URI를 파싱하고 JSON이나 XML(또는 다른 표현)로 된 문서로 응답한다. 이 계층은 하단의 기능을 지원하는 얇은 RESTful 퍼사드여야 한다.

사용자에게 보여지는 가장 앞단의 애플리케이션에서 여러 소스로부터 데이터를 받는 복잡한 경우도 있다. 다양한 소스의 데이터를 쉽게 통합하는 방법은 각 소스를 RESTful API로 래핑하는 것이다. 이렇게 하면 서로 다른 데이터 소스에 균일한 인터페이스가 제공된다. 또한 다양한 종류의 데이터를 동일한 방식으로 수집하는 애플리케이션을 작성할 수 있다.

예고

14장에서는 지속성 기법을 사용해 설정 파일을 처리한다. 설정 데이터의 주된 요구 사항은 사용자가 편집 가능한 파일이다. 잘 알려진 지속성 모듈을 사용하면 약간의 프로그래밍만으로 애플리케이션에서 설정 데이터를 파싱하고 검증할 수 있다.

14

설정 파일과 지속성

설정 파일 역시 객체를 지속시킨 형태 중 하나다. 설정 파일은 기본적인 애플리케이션 프로그램 상태를 플레인 텍스트 표현으로 직렬화한 것이며 편집도 가능하다. 10장에서 살펴본 직렬화 기법을 확장해 이번에는 애플리케이션 설정에 쓰이는 파일을 생성해보 겠다. 플레인 텍스트만 다루겠다는 것은 피클 표현을 배제하겠다는 뜻이다. 애플리케이 션 설정이 상당히 복잡하기 때문에 설정 파일에는 CSV를 거의 사용하지 않는다.

사용자가 플레인 텍스트 설정 파일을 편집할 수 있으려면 먼저 애플리케이션부터 설정 가능하게 디자인해야 한다. 주로 종속성과 제약을 신중하게 고려해야 한다. 뿐만 아니 라 애플리케이션에서 사용할 일종의 설정 객체도 정의해야 한다. 설정은 대개 기본값을 따른다. 시스템 전체의 기본값과 이러한 기본값을 사용자에 맞게 오버라이드한 값까지 허용해야 할 수 있다. 여섯 가지 설정 데이터 표현을 살펴보겠다.

* INI 파일은 윈도우용으로 개발됐던 포맷을 사용한다. 아주 오래전에 만들어져 아직 까지도 쓰이고 있는 포맷이므로 상당히 유명하다.

- PY 파일은 구식 플레인 파이썬 코드다. 문법이 익숙하고 단순해서 여러모로 장점이 많다. 애플리케이션의 import문을 통해 설정을 사용한다.

- JSON과 YAML은 사람이 읽고 편집하기 쉽게 디자인된다.

- 프로퍼티 파일은 주로 자바 환경에서 쓰인다. 비교적 다루기 쉽고 사람이 읽기 쉽게 디자인된다. 내장 파서가 없으며 14장에서 프로퍼티 파일 포맷의 정규식을 다룬다.

- XML 파일은 대중적이지만 장황하고 때로는 적절히 편집하기 어렵다. 맥OS는 프로퍼티 리스트나 .plist 파일이라 부르는 XML 기반 포맷을 사용한다.

포맷마다 장점도 있고 단점도 있다. 무엇이 가장 좋다고 할 수 없다. 여타 소프트웨어와의 호환성 혹은 익숙한 정도에 따라 알맞은 기법을 고른다. 설정 관련 주제는 15장에서 다시 다루겠다. 이어지는 장들에서 설정 옵션을 광범위하게 사용한다. 14장에서 다룰 주제는 다음과 같다.

- 설정 파일 유스 케이스

- 표현과 지속성, 상태, 사용성

- INI 파일과 PY 파일에 설정 저장

- eval() 변형으로 더 많은 리터럴 처리

- PY 파일에 설정 저장

- exec()을 걱정하지 않아도 되는 이유

- 기본값과 오버라이드에 ChainMap 사용

- JSON이나 YAML에 설정 저장

- 프로퍼티 파일에 설정 저장

- PLIST 같은 XML 파일 사용

기술 요구 사항

14장의 코드 파일은 https://git.io/fj2UP에 있다.

설정 파일 유스 케이스

설정 파일에는 두 가지 유스 케이스가 있다. 세 번째 유스 케이스를 추가해 정의를 조금 확장할 수도 있다. 일단 두 유스 케이스는 아주 명백하다.

- 사용자는 설정 파일을 편집해야 한다.
- 소프트웨어 일부에서 설정 파일을 읽고 옵션과 인자로 동작을 조정한다.

대개 설정 파일은 애플리케이션 프로그램의 기본^{primary} 입력이 아니다. 일반적으로 프로그램의 동작만 조정한다. 예를 들어 웹 서버의 설정 파일이 서버의 동작을 조정하더라도 주된 입력은 웹 요청이며, 또 다른 주요 입력은 데이터베이스나 파일시스템이다. GUI 애플리케이션도 마찬가지로 사용자의 인터랙티브 이벤트를 하나의 입력으로 사용하며, 파일이나 데이터베이스를 입력으로 받기도 한다. 설정 파일은 애플리케이션을 세밀하게 조정할 뿐이다. 이 일반적인 패턴을 벗어나는 가장 중요한 예외는 시뮬레이션 애플리케이션이다. 이때는 설정 매개변수가 주요 입력일 수 있다.

애플리케이션 프로그램과 설정 입력 간 경계는 다소 모호하다. 이상적으로 애플리케이션은 세부 설정과 무관하게 한 가지로 동작한다. 하지만 실제로는 설정을 통해 기존 애플리케이션의 동작을 근본적으로 바꾸는 전략이나 상태가 들어갈 수 있다. 이러한 설정 매개변수는 단순히 고정된 코드 기반에 적용되는 옵션이나 제약이 아니라 코드의 일부다.

사용자가 직접 변경하는 것 말고도 설정 파일에는 애플리케이션의 현재 상태를 저장하는 유스 케이스도 있다. 예를 들어 GUI 애플리케이션은 일반적으로 다양한 윈도우의 위치와 크기를 저장한다. 또 다른 예로 웹 인터페이스는 주로 쿠키를 사용해 트랜잭션 상태를 저장한다. 서서히 변화하는 사용자 맞춤 설정과 애플리케이션의 현재 동작 상태를 나타내는 좀 더 동적인 속성을 분리해야 유용하다. 두 경우는 사용하는 파일 포맷 타입은 같으나 용도가 서로 다르다.

설정 파일은 애플리케이션에 여러 도메인의 인자와 매개변숫값을 제공한다. 다양한 데이터 유형을 자세히 알아둬야 그 데이터를 가장 잘 표현할 방법을 정할 수 있다. 몇 가지 일반적인 유형을 나열해보겠다.

- 장치명. 파일시스템의 위치와 중복될 수 있다.

- 파일시스템 위치와 검색 경로

- 제약과 경계

- 메시지 템플릿과 데이터 포맷 명세

- 메시지 텍스트. 가능하면 국제화^{internationalization}에 맞게 번역한 텍스트

- 네트워크명과 주소, 포트 번호

- 선택 동작. 기능 전환^{feature toggle}이라고도 부른다.

- 보안 키와 토큰, 사용자명, 비밀번호

위 값들은 다양한 도메인을 가진다. 설정 값은 흔히 볼 수 있는 문자열과 정수, 부동소수점으로 표현되는 경우가 많다. 되도록 사람이 편집하기 쉬운 깔끔한 텍스트 표현을 지향한다. 다시 말해 파이썬 애플리케이션은 인간에게 맞춰진 입력을 파싱해야 한다.

설정 값이 구분자를 포함하는 값 리스트일 때도 있다. 다수 행으로 이뤄진 커다란 텍스트 블럭일 때도 있다. 이때 값 표현은 더 복잡한 구두점과 더 복잡한 파싱 알고리듬을 포함한다.

설정 값을 하나 더 알아보자. 텍스트로 깔끔하게 표현할 수 있는 단순 타입은 아니다. 다음을 앞선 리스트에 추가하겠다.

- 추가 기능과 플러그인, 확장. 사실상 코드를 추가하는 것이다.

이러한 설정 값은 다루기 어렵다. 위 값은 단순히 간단한 문자열 입력이나 숫자 제약을 제공하지 않는다. 사실상 애플리케이션을 확장하는 코드를 제공한다. 파이썬 코드로 된 플러그인이라면 파이썬 모듈이 설치된 경로를 제공하는 방법이 있다. import문에 쓰듯이 마침표를 사용한 경로인 `package.module.object`처럼 파이썬 모듈이 설치된 경로로 제공한다. 이렇게 하면 애플리케이션은 변형인 `from package.module import object`를 수행해 주어진 클래스나 함수를 애플리케이션에 포함시켜 사용한다.

파이썬 코드가 아닌 플러그인이나 확장을 설정에 넣을 때는 다음 두 가지 기법으로 외부 코드를 사용한다.

- 바이너리가 적절한 실행 프로그램이 아니면 `ctypes` 모듈로 정의된 API 메서드를 호출해본다.
- 바이너리가 실행 프로그램이면 `subprocess` 모듈로 실행한다.

두 기법 모두 14장에서 다룰 내용은 아니다. 14장에서는 일반적인 파이썬 값으로 된 인자나 매개변숫값을 가져오는 더 중요한 문제에 초점을 맞춘다.

이어지는 절에서는 표현과 지속성, 상태, 사용성을 다루겠다.

표현과 지속성, 상태, 사용성

설정 파일에는 사람이 알아보기 쉽게 객체 상태가 표현돼 있다. 주로 두 개 이상의 객체의 상태를 제공한다. 설정 파일을 편집하면 객체를 지속시킨 상태도 바뀌게 되고 이러한 상태는 애플리케이션을 구동(또는 재구동)할 때 다시 로드된다. 설정 파일을 보는 방법은 일반적으로 다음 두 가지다.

- 매개변수명과 설정 값 간 매핑 또는 매핑 그룹. 매핑이 중첩되더라도 구조는 기본적으로 키와 값이다.
- 설정 값과 더불어 복잡한 속성과 프로퍼티를 포함하는 직렬화한 객체. 사용자가 제

공한 값 외에 프로퍼티와 메서드, 파생 값이 존재할 수 있다는 점이 크게 구별되는 특징이다.

매핑 관점에도 내장 딕셔너리나 네임스페이스 객체가 필요하므로 두 관점은 동일하다. 직렬화한 객체는 보다 복잡한 파이썬 객체로서 사람이 편집할 수 있는 외부 객체 표현으로부터 생성된다. 딕셔너리를 사용하면 간단히 매개변수 몇 개를 단순한 구조에 넣을 수 있다. 직렬화한 객체를 사용하면 복잡한 관계의 수를 추적할 수 있다.

중첩이 없는 딕셔너리나 네임스페이스가 잘 동작하려면 매개변수명을 신중히 골라야 한다. 11장과 12장에서 살펴봤던 유용한 키 디자인이 설정 디자인에도 포함된다. 매핑에 고유한 이름을 부여해야 애플리케이션의 나머지 부분에서 올바르게 참조할 수 있다.

설정 파일을 하나의 매핑으로 변환하다 보면 보통 연관된 매개변수 묶음이 보인다. 이 묶음이 전체 이름 컬렉션 내에 네임스페이스가 된다. 어떤 웹 애플리케이션에서 또 다른 웹 서비스를 사용한다고 가정하자. `service_one_host_name`과 `service_one_port_number`, 그리고 `service_two_host_name`과 `service_two_port_number`처럼 아주 유사한 매개변수 그룹 두 개가 존재할 수 있다. 이름 네 개를 따로따로 둘 수도 있지만 가령 `{"service_one": {"host_name": "example.com", "port_number": 8080}, etc.}` 같은 설정 데이터 구조를 생성하는 식으로 더 복잡한 구조를 사용해 이름을 두 개의 연관된 그룹으로 합칠 수도 있다.

단순 매핑과 복잡한 직렬화 파이썬 객체로 명확히 구분되지 않을 때도 있다. 14장에서 살펴볼 모듈은 복잡한 중첩 딕셔너리와 네임스페이스 객체를 사용한다. 이처럼 다양한 대안들은 설정 매개변수를 체계화하는 단 하나의 최선의 방법은 없음을 보여준다.

`logging` 설정을 예로 살펴보면 복잡한 시스템을 설정하기 얼마나 어려운지 잘 알 수 있다. 파이썬 로깅 객체(로거와 포매터, 필터, 핸들러) 간 관계를 전부 하나로 묶어 애플리케이션에서 사용 가능한 로거를 생성해야 한다. 하나라도 빠지면 로거는 출력을 생성하지 못한다. 표준 라이브러리 레퍼런스 16.8절을 보면 로깅 설정 파일에 쓰이는 두 문법이 나온다. 로깅은 16장에서 살펴보겠다.

때로는 파이썬 코드를 직접 설정 파일로 사용하는 편이 더 간단하다. 이때 설정은 파이썬 모듈이므로 간단한 import문으로 세부 설정을 가져온다. 설정 파일의 문법이 너무 복잡해지면 실질적으로 사용할 가치가 없다.

전체적인 데이터 구조를 결정했으면 두 가지 일반적인 디자인 패턴으로 그 구조의 범위를 정한다.

애플리케이션 설정 디자인 패턴

다음은 파이썬 애플리케이션 설정에 쓰이는 객체의 범위를 정하는 두 가지 핵심 디자인 패턴이다.

- **전역 프로퍼티 맵**: 전역 객체가 모든 설정 매개변수를 포함한다. 간단한 클래스 정의로 이름과 값을 제공하는 방법이 이상적이며, 인스턴스가 딱 하나만 존재하는 싱글턴 Singleton 디자인 패턴을 주로 따른다. name: value 쌍들의 딕셔너리나 속성값들의 types. SimpleNamespace 객체로 제공하는 방법도 있다.

- **객체 생성**: 단일 객체가 아니라 설정 데이터로 애플리케이션 객체를 생성하는 일종의 팩토리Factory나 팩토리 컬렉션을 정의한다. 프로그램을 구동할 때만 설정 정보를 사용하고 두 번 다시 사용하지 않는다. 설정 정보를 전역 객체로 유지하지 않는다.

전역 프로퍼티 맵 디자인이 간단하면서도 확장이 가능해 널리 쓰인다. 전역 프로퍼티 맵은 전형적으로 다음과 같이 클래스 객체를 정의해서 사용한다.

```
class Configuration:
  some_attribute = "default_value"
```

위 클래스 정의를 속성들의 전역 컨테이너로 사용한다. 초기화를 하는 동안 설정 파일을 파싱하며 아마 다음과 같은 작업을 수행할 것이다.

```
Configuration.some_attribute = "user-supplied value"
```

이제 프로그램의 나머지 부분에서 Configuration.some_attribute 값을 쓸 수 있다. 좀 더 형식적인 싱글턴^{Singleton} 객체 디자인 패턴을 만드는 식으로 변형도 가능하다. 이때 주로 전역 모듈을 사용하는데, 접근 가능한 전역 정의를 제공하는 방식으로 쉽게 임포트할 수 있기 때문이다.

설정 모듈을 사용할 수도 있다. configuration.py라는 모듈이 있다고 하자. 파일에 다음과 같이 정의한다.

```
settings = {
  "some_attribute": "user-supplied value"
}
```

이제 애플리케이션은 configuration.settings를 모든 애플리케이션 설정의 전역 저장소로 사용할 수 있다. 함수나 클래스는 설정 파일을 파싱하며 위 딕셔너리를 로드해 향후 애플리케이션이 사용할 설정 값으로 사용한다.

블랙잭 시뮬레이션에서 코드는 아마 다음과 같을 것이다.

```
shoe = Deck(configuration.settings['decks'])
```

또는 다음과 같을 수도 있다.

```
if bet > configuration.settings['limit']: raise InvalidBet()
```

일반적으로 설정에는 전역변수를 잘 쓰지 않는다. 전역변수는 여기저기 퍼져 있어서 설정 값 외에도 스테이트풀 처리에 오작동을 일으킬 수 있다. 보통은 전역변수 대신 객체를 생성해 설정을 좀 더 깔끔하게 처리한다.

객체 생성을 통한 설정

객체를 생성해 애플리케이션을 설정하려면 애플리케이션을 구동할 때 필요한 객체를 만들어야 한다. 실제로는 설정 파일에서 생성할 객체를 위한 다양한 초기화 매개변수를 정의한다.

대개 이러한 초기 객체 생성 작업의 대부분을 하나의 main() 함수에 모아 둔다. main() 함수는 애플리케이션의 실제 작업을 수행하는 객체를 생성한다. 18장에서 관련된 디자인 이슈를 다시 다루면서 확장하겠다.

블랙잭 게임과 베팅 전략 시뮬레이션을 생각해보자. 시뮬레이션을 수행하려면 특정 독립 변수 조합의 성능을 측정해야 한다. 이러한 변수는 덱의 개수와 테이블 한도, 딜러 규칙 등의 카지노 정책이다. 플레이어의 게임 전략, 즉 언제 히트하고 스탠드하고 스플릿하고 더블다운할지 등도 포함한다. 또한 플레이어의 베팅 전략, 즉 플랫 베팅일지 마르팅게일 베팅일지 비잔틴 타입의 베팅 시스템일지도 포함한다. 기본 코드는 다음과 같이 시작한다.

```python
import csv

def simulate_blackjack() -> None:
    # 설정
    dealer_rule = Hit17()
    split_rule = NoReSplitAces()
    table = Table(
        decks=6, limit=50, dealer=dealer_rule,
        split=split_rule, payout=(3,2)
    )
    player_rule = SomeStrategy()
    betting_rule = Flat()
    player = Player(
        play=player_rule, betting=betting_rule,
        max_rounds=100, init_stake=50
    )

    # 연산
    simulator = Simulate(table, player, samples=100)
    result_path = Path.cwd() / "data" / "ch14_simulation.dat"
    with result_path.open("w", newline="") as results:
        wtr = csv.writer(results)
        for gamestats in simulator:
            wtr.writerow(gamestats)
```

위 코드의 설정 부분에서는 연산 단계에 쓰일 6개의 객체를 만든다. 각각 dealer_rule, split_rule, table, player_rule, betting_rule, player다. 또한 table과 table에 속하는 두 객체 간에 그리고 player와 player에 속하는 나머지 두 객체 간에 복잡한 종속성 집합이 존재한다.

연산 부분에서는 table과 player로 Simulate 인스턴스를 만든다. 이어서 csv의 writer 객체가 simulator 인스턴스 행을 작성한다. 마지막 writerows() 함수는 __next__() 메서드를 제공하는 Simulate 클래스에 달렸다.

위 예제는 객체 인스턴스와 초깃값을 하드코딩한 일종의 기술 데모, 즉 솔루션 초안이다. 무엇을 바꾸든 근본적으로 다시 작성해야 한다. 좀 더 세련된 애플리케이션이라면 외부에서 제공하는 설정 매개변수로 객체의 클래스와 그 초깃값을 결정할 수 있다. 설정 매개변수와 코드를 분리하면 코드를 수정하지 않고도 변경할 수 있다. 이로써 일관되고 테스트 가능한 소프트웨어가 만들어진다. 사소한 변경은 코드를 바꾸는 대신 설정 입력을 바꿔 가능하다.

Simulate 클래스의 API는 다음 코드와 비슷할 것이다.

```python
from dataclasses import dataclass

@dataclass
class Simulate:
    """목(Mock) 시뮬레이션"""

    table: Table
    player: Player
    samples: int

    def __iter__(self) -> Iterator[Tuple]:
        """통계 표본 산출"""
        # 실제 처리...
```

이제 적절한 초기화 매개변수로 Simulate() 객체를 만들 수 있다. Simulate()의 인스턴스를 만들었다면 객체를 순회해 일련의 통계 요약 객체를 얻는다.

클래스명을 하드코딩하는 대신 설정 파일의 설정 매개변수를 사용할 수도 있다. 예를 들어 Hit17나 Stand17 중 어떤 인스턴스를 생성해 dealer_rule 값에 사용할지 매개변수로 결정한다. 마찬가지로 split_rule 값도 카지노에서 쓰이는 몇 가지 스플릿 규칙을 구현한 클래스 중에 선택한다.

어떤 매개변수는 Simulate 클래스의 __init__() 메서드에 인자를 제공하는 데 쓰인다. 가령 덱 수와 하우스 베팅 한도, 블랙잭 배당금 값은 Table 인스턴스 생성에 필요한 설정 값이다.

객체 생성이 끝나면 일반적으로 Simulate.__next__() 메서드로 상호작용해서 일련의 통계 출력 값을 생성한다. 매개변숫값은 객체의 인스턴스 변수를 통해 객체와 연결되니 전역 매개변수 풀은 이제 필요 없다.

객체 생성 디자인은 전역 프로퍼티 맵만큼 단순하지 않다. 복잡하기는 해도 전역변수가 없어도 되고, 매개변수 처리가 메인 팩토리함수 내에 한데 들어가 명확해진다는 이점이 있다.

객체 생성 방식을 사용할 때 새로운 매개변수를 추가하면 매개변수나 관계가 드러나도록 애플리케이션을 리팩터링해야 할 수 있다. 이름과 값을 매핑하는 전역 매핑보다 다소 복잡해 보인다.

이 기법의 한 가지 중요한 이점은 애플리케이션 내에 깊숙이 숨어 있는 복잡한 if문이 사라진다는 점이다. Strategy 디자인 패턴을 사용하면 객체 생성 시점까지 결정이 미뤄지는 경향이 있다. if문을 제거하면 처리가 간단해질 뿐 아니라 실행할 명령문도 줄어들어 성능이 크게 향상된다.

이어지는 절에서는 설정 계층 구조를 어떻게 구현하는지 보이겠다.

설정 계층 구조 구현

설정 파일을 두는 몇 가지 위치가 있다. 흔히 다섯 군데 정도에 두는데, 이러한 위치들을 조합해 일종의 매개변수 상속 계층 구조를 만든다.

- 파이썬 설치 디렉터리: 모듈의 __filie__ 속성을 사용해 모듈이 설치된 위치를 찾을 수 있다. 위치를 알면 Path 객체로 설정 파일을 찾는다.

```
>>> import this
>>> from pathlib import Path
>>> Path(this.__file__)
PosixPath('/Users/slott/miniconda3/envs/mastering/lib/python3.
7/this.py')
```

- **시스템 애플리케이션 설치 디렉터리**: 소유하고 있는 사용자명에 기반한다. 때로는 단순히 애플리케이션 자체를 소유하는 특수한 사용자 ID를 생성한다. Path("~theapp"). expanduser()로 설정 기본값을 찾아낸다. 또 어떤 경우에는 애플리케이션의 코드가 /opt나 /var 디렉터리에 들어 있다.

- **시스템 전체의 설정 디렉터리**: 주로 /etc다. 윈도우에서는 C:\etc로 바뀔 수 있다.

- **현재 사용자의 홈 디렉터리**: 일반적으로 Path.home()을 사용해 사용자의 홈 디렉터리를 알아낸다.

- **현재 작업 디렉터리**: 일반적으로 Path.cwd()를 사용해 현재 작업 디렉터리를 알아낸다.

- **명령줄 매개변수에서 명명한 파일**: 명시적으로 명명한 파일로서 이름에 어떤 처리도 해서는 안 된다.

애플리케이션은 위에 열거한 모든 소스들의 설정 옵션을 통합한다. 설치 기본값은 가장 일반적인 것이여야 하며 사용자에게 특정돼서는 안 된다. 기본값을 더 특정한 값으로 오버라이드할 수 있다.

다음 코드와 같은 파일 목록이 필요하다.

```
from pathlib import Path

config_locations = (
  Path(__file__),
  # Path("~thisapp").expanduser()에는 특수한 사용자명이 필요하다.
  Path("/opt") / "someapp",
```

```
    Path("/etc") / "someapp",
    Path.home(),
    Path.cwd(),
)
candidates = (dir / "someapp.config"
    for dir in config_locations)
config_paths = [path for path in candidates if path.exists()]
```

여기서 config_locations 변수는 설정 파일이 위치할 만한 경로로 된 튜플이다. candidates 생성자는 someapp.config라는 공통 기반 경로를 포함하는 경로들을 생성한다. 최종 리스트 객체인 config_paths는 그중 실제 존재하는 경로들로 만들어진다. 핵심은 가장 일반적인 이름을 먼저, 가장 사용자에 특정된 이름을 나중에 제공하는 것이다.

설정 파일명 리스트가 만들어지면 명령줄 인자로 받은 어떤 파일명이든 다음 코드로 리스트 끝에 덧붙일 수 있다.

```
config_paths.append(command_line_option)
```

이렇게 하면 설정 기본값과 함께 사용자가 업데이트한 설정 파일이 들어 있는 위치 리스트가 생성된다.

INI 파일에 어떻게 설정을 저장하는지 알아보자.

⁝⁝ INI 파일과 PY 파일에 설정 저장

INI 파일 포맷은 초기 윈도우 OS 시절부터 사용했다. 이 파일을 파싱하는 모듈이 config parser다. INI 파일에 관한 자세한 정보는 위키피디아 페이지(http://en.wikipedia.org/wiki/INI_file)를 참고한다.

INI 파일은 섹션section과 각 섹션 내에 프로퍼티property를 포함한다. 예제의 메인 프로그램에는 테이블 설정과 플레이어 설정, 전체 시뮬레이션 데이터 수집이라는 세 섹션이 있다. 이 시뮬레이션에 다음 코드 같은 INI 파일을 사용하겠다.

```
; Default casino rules
[table]
  dealer= Hit17
  split= NoResplitAces
  decks= 6
  limit= 50
  payout= (3,2)

; Player with SomeStrategy
; Need to compare with OtherStrategy
[player]
  play= SomeStrategy
  betting= Flat
  rounds= 100
  stake= 50

[simulator]
  samples= 100
  outputfile= p2_c13_simulation.dat
```

매개변수를 세 섹션으로 나눴다. 각 섹션마다 클래스명에 대응하는 명명된 매개변수와 앞서 모델 애플리케이션 초기화에서 보였던 초깃값을 제공했다.

파일이 하나면 다음 코드처럼 파싱한다.

```
import configparser
config = configparser.ConfigParser()
config.read('blackjack.ini')
```

파서 인스턴스를 생성해 그 파서에 타깃 설정 파일명을 제공했다. 파서는 파일을 읽어 섹션을 찾은 후 각 섹션 내에서 개개 프로퍼티를 찾는다.

여러 위치에 있는 파일을 읽으려면 config.read(config_names)를 사용한다. 파일명 리스트를 ConfigParser.read()에 제공하면 함수는 정해진 순서대로 파일을 읽는다. 가장 일반적인 설정을 먼저, 가장 특수한 설정을 나중에 읽는 순으로 파일을 제공하고 싶다. 소프트웨어 설치에 들어 있는 일반적인 설정 파일을 먼저 파싱해서 기본값을 제공한다.

사용자에 특정된 설정은 이러한 기본값을 오버라이드하기 위해 나중에 파싱한다.

파일을 모두 파싱했으면 이제 다양한 매개변수와 설정 값을 사용해야 한다. 다음은 설정 파일을 파싱해서 생성한 설정 객체에 기반해 객체를 생성하는 함수다. 세 부분으로 나뉘는데, 다음은 Table 인스턴스를 만드는 부분이다.

```python
def main_ini(config: configparser.ConfigParser) -> None:
    dealer_nm = config.get("table", "dealer", fallback="Hit17")
    dealer_rule = {
        "Hit17": Hit17(),
        "Stand17": Stand17(),
    }.get(dealer_nm, Hit17())
    split_nm = config.get("table", "split", fallback="ReSplit")
    split_rule = {
        "ReSplit": ReSplit(),
        "NoReSplit": NoReSplit(),
        "NoReSplitAces": NoReSplitAces(),
    }.get(split_nm, ReSplit())
    decks = config.getint("table", "decks", fallback=6)
    limit = config.getint("table", "limit", fallback=100)
    payout = eval(
        config.get("table", "payout", fallback="(3,2)")
    )
    table = Table(
        decks=decks, limit=limit, dealer=dealer_rule,
        split=split_rule, payout=payout
    )
```

INI 파일의 [table] 절 프로퍼티를 사용해 클래스명을 고르고 초깃값을 제공했다. 크게 세 경우로 나눠서 처리된다.

- **문자열과 클래스명 매핑**: 매핑을 사용해 문자열 클래스명에 기반해 객체를 찾았다. 이를 위해 dealer_rule과 split_rule을 생성했다. 클래스 풀에 변경이 많을 것 같으면 매핑을 별도의 팩토리함수로 옮긴다. 딕셔너리의 .get() 메서드는 Hit17() 같은 기본 객체 인스턴스를 포함한다.

- **ConfigParser로 파싱한 값 가져오기**: ConfigParser 클래스는 str과 int, float, bool 같은

내장 타입의 값을 직접 처리할 수 있다. getint() 같은 메서드에서 이러한 변환을 담당한다. 다양한 공통 코드와 True/False 동의어를 사용해 문자열에서 불리언으로 정교하게 매핑할 수 있다.

- **내장 타입이 아닌 값 평가**: payout은 문자열 값인 '(3,2)'인데, 이는 ConfigParser가 직접 지원하는 데이터 타입이 아니다. 사용자가 직접 파싱해보거나 그 값이 유효한 파이썬 표현이라 여기고 파이썬에게 처리를 넘기는 두 가지 방법으로 처리한다. 위 코드에서는 eval()을 사용했다. 어떤 프로그래머는 이를 보안 문제^{security problem}로 본다. 다음 절에서 다루겠다.

다음은 예제의 두 번째 부분으로서 INI 파일의 [player] 세션 프로퍼티로 클래스와 인자값을 선택한다.

```python
player_nm = config.get(
    "player", "play", fallback="SomeStrategy")
player_rule = {
    "SomeStrategy": SomeStrategy(),
    "AnotherStrategy": AnotherStrategy()
}.get(player_nm, SomeStrategy())
bet_nm = config.get("player", "betting", fallback="Flat")
betting_rule = {
    "Flat": Flat(),
    "Martingale": Martingale(),
    "OneThreeTwoSix": OneThreeTwoSix()
}.get(bet_nm, Flat())
max_rounds = config.getint("player", "max_rounds", fallback=100)
init_stake = config.getint("player", "init_stake", fallback=50)
player = Player(
    play=player_rule,
    betting=betting_rule,
    max_rounds=max_rounds,
    init_stake=init_stake
)
```

내장 데이터 타입 외에 문자열과 클래스 간 매핑도 사용한다. 두 전략 객체를 초기화한 후 두 전략과 두 정수 설정 값으로 Player를 생성한다.

다음은 전체 시뮬레이터를 생성하는 마지막 부분이다.

```
outputfile = config.get(
  "simulator", "outputfile", fallback="blackjack.csv")
samples = config.getint("simulator", "samples", fallback=100)
simulator = Simulate(table, player, samples=samples)
with Path(outputfile).open("w", newline="") as results:
  wtr = csv.writer(results)
  wtr.writerows(simulator)
```

[simulator] 섹션의 두 매개변수를 사용했다. 이들은 객체 생성이라는 좁은 범위에 국한되지 않는다. outputfile 프로퍼티로 파일을 명명하고, samples 프로퍼티를 메서드함수의 인자로 제공한다.

이어지는 절에서는 eval() 변형으로 더 많은 리터럴을 처리하는 법을 보이겠다.

⸭ eval() 변형으로 더 많은 리터럴 처리

설정 파일에는 단순한 문자열 표현이 아닌 타입의 값이 있을 수 있다. 예를 들어 컬렉션을 tuple이나 list 리터럴로, 매핑을 dict 리터럴로 제공하기도 한다. 좀 더 복잡한 값을 처리하는 몇 가지 방법을 알아보자.

각 방법은 변환 시 얼마나 많은 파이썬 문법을 허용할 수 있는가라는 문제를 해결한다. int과 float, bool, complex, decimal.Decimal, fractions.Fraction 같은 타입의 경우 __init__() 객체가 문자열 값을 처리할 수 있으므로 문자열을 리터럴 값으로 안전하게 변환할 수 있다.

하지만 다른 타입이라면 문자열 변환이 불가능하다. 다음과 같은 방법으로 진행해야 한다.

* 해당 데이터 타입을 금지하고 설정 파일 문법과 처리 규칙만 사용해 아주 간단한 부분들로 복잡한 파이썬 값을 조합한다. 장황하지만 잘 동작한다. 테이블 배당금 문제

의 경우 배당금을 분자와 분모라는 두 설정 항목으로 나눠야 한다. 간단한 2-튜플 타입인데 설정 파일의 복잡도가 꽤 크다.

- 다양한 종류의 파이썬 리터럴 값을 처리하는 ast.literal_eval()을 사용한다. 보통은 가장 이상적인 방법이다.

- eval()로 단순히 문자열을 평가해서 예상되는 파이썬 객체를 생성한다. eval()은 ast.literal_eval()보다 더 많은 종류의 객체를 파싱한다. 하지만 이러한 일반성이 꼭 필요한지 생각해보자.

- ast 모듈을 사용해 결과 코드 객체를 컴파일하고 조사한다. 이러한 조사 과정에서 일부 허용된 모듈을 사용할 뿐 아니라 import문도 검사한다. 실제로 코드를 허용해야 한다면 프레임워크를 디자인해야 하고 파이썬 코드를 포함시켜야 하므로 꽤 복잡해질 수 있다.

네트워크를 통해 파이썬 객체의 RESTful 전송을 수행하면 결과 텍스트의 eval()을 신뢰할 수 없다. 10장을 참고한다.

하지만 로컬 설정 파일을 읽는 경우라면 eval()이 확실히 유용하다. 파이썬 애플리케이션 코드가 설정 파일만큼 쉽게 수정되기도 한다. 기본 코드가 수정될 수 있다면 eval()을 걱정하는 일 자체가 무의미하다.

다음 방법으로 eval() 대신 ast.literal_eval()을 사용한다.

```
>>> import ast
>>> ast.literal_eval('(3,2)')
(3, 2)
```

위 방법을 쓰면 설정 파일에 들어갈 값 도메인이 넓어진다. 임의의 파이썬 객체는 허용하지 않아도 튜플을 포함해 넓은 범위의 리터럴 값을 허용한다.

이제 PY 파일에 설정을 저장하는 법을 알아보자.

⠿ PY 파일에 설정 저장

PY 파일 포맷은 파이썬 코드를 설정 파일로 사용한다는 뜻이다. 애플리케이션도 파이썬으로 구현했을 때 잘 맞는다. 이때 설정 파일은 단순히 모듈이며, 설정은 파이썬 문법으로 작성된다. 즉 설정 값을 얻기 위해 정교하게 파싱하지 않아도 된다.

파이썬을 사용하면 수많은 디자인 고려 사항이 생겨난다. 다음은 파이썬을 설정 파일로 사용하는 두 가지 전반적인 전략이다.

- **최상단 스크립트**: 이때 설정 파일은 단순히 가장 상단의 메인 프로그램이다.
- **exec() 임포트**: 이때 설정 파일은 매개변숫값을 제공하며, 이 값은 모듈 전역변수로 수집된다.

다음 코드처럼 최상단 스크립트 파일을 디자인한다.

```python
from simulator import *

def simulate_SomeStrategy_Flat() -> None:
  dealer_rule = Hit17()
  split_rule = NoReSplitAces()
  table = Table(
    decks=6, limit=50, dealer=dealer_rule, split=split_rule,
payout=(3,2)
  )
  player_rule = SomeStrategy()
  betting_rule = Flat()
  player = Player(
    play=player_rule, betting=betting_rule, rounds=100, stake=50 )
  simulate(table, player, "p2_c13_simulation3.dat", 100)

if __name__ == "__main__":
  simulate_SomeStrategy_Flat()
```

다양한 설정 매개변수를 사용해 객체를 생성하고 초기화했다. 위 애플리케이션에서는 설정을 단순히 코드로 작성했다. 공통 처리는 별개의 함수인 simulate()로 분리했다. 설정 객체인 table과 player에서 이 함수를 사용한다. 문자열을 파싱하고 변환하는 대신 설정을 코드로 나타냈다.

파이썬을 설정 언어로 사용할 경우 한 가지 문제점은 파이썬 문법의 잠재적 복잡도다. 하지만 대개 다음의 두 가지 이유로 크게 신경 쓰지 않아도 된다. 첫째, 신중하게만 디자인하면 설정 문법을 몇 개의 ()와 , 인스턴스로 이뤄진 간단한 할당문으로 나타낼 수 있다. 더 중요한 두 번째 이유는 다른 설정 파일을 사용한다 해도 파이썬 문법과는 다른 그만의 복잡한 문법이 존재한다. 언어를 하나만 사용하면 복잡도가 줄어든다.

전체 simulator 애플리케이션에서 simulate() 함수를 임포트한다. simulate() 함수의 코드는 아마 다음과 같을 것이다.

```
import csv
from pathlib import Path

def simulate(table: Table, player: Player, outputpath: Path, samples:
int) -> None:
  simulator = Simulate(table, player, samples)
  with outputpath.open("w",newline="") as results:
    wtr = csv.writer(results)
    for gamestats in simulator:
      wtr.writerow(gamestats)
```

위 함수는 테이블과 플레이어, 파일명, 샘플 수 모두에 일반적으로 적용된다. 설정 객체가 주어지면 최종 Simulate 인스턴스를 생성해 결과 데이터를 수집한다.

최상단 스크립트 기법으로 설정할 경우 기본값을 쉽게 사용할 수 없다는 점이 문제다. 최상단 스크립트는 완전해야 한다. 즉, 모든 설정 매개변수를 제시해야 한다. 대개는 제약limitation이 아니지만 간혹 기본값이 필요할 때는 다음의 두 가지 방법으로 유용한 기본값을 제공할 수 있다.

클래스 정의를 통한 설정

최상단 스크립트 설정에서 이따금 겪는 어려움은 편리하게 기본값을 쓸 수 없다는 점
이다. 일반적인 클래스 상속을 이용해 기본값을 제공할 수 있다. 다음은 클래스 정의를
사용해 설정 값을 갖는 객체를 만드는 방법이다.

```python
class Example2(simulation.AppConfig):
  dealer_rule = Hit17()
  split_rule = NoReSplitAces()
  table = Table(
    decks=6, limit=50, dealer=dealer_rule, split=split_rule,
payout=(3, 2)
  )
  player_rule = SomeStrategy()
  betting_rule = Flat()
  player = Player(play=player_rule, betting=betting_rule,
max_rounds=100, init_stake=50)
  outputfile = Path.cwd()/"data"/"ch14_simulation2b.dat"
  samples = 100
```

이렇게 하면 기본 설정 값으로 AppConfig 클래스를 정의할 수 있다. 위에 정의한 Example2
클래스는 AppConfig 클래스에 정의된 기본값을 오버라이딩한다.

또한 믹스인을 사용해 클래스 정의를 재사용 가능한 요소로 분해할 수도 있다. 클래스
를 테이블과 플레이어, 시뮬레이션 요소로 나눈 후 믹스인으로 합친다. 믹스인 클래스
디자인은 9장을 참고한다.

두 방법으로 클래스 정의를 사용하면 객체지향 디자인의 경계가 허물어진다. 이러한 유
형의 클래스에는 메서드 정의가 없으며 클래스를 싱글턴 객체로만 사용한다. 하지만 할
당문으로 작은 네임스페이스를 대신하는 간단한 코드 블록을 아주 깔끔하게 만들어
낸다.

위 클래스 정의를 인자로 받도록 simulate() 함수를 수정하자.

```python
def simulate_c(config: Union[Type[AppConfig], SimpleNamespace]) ->
None:
```

```
    simulator = Simulate(config.table, config.player, config.samples)
    with Path(config.outputfile).open("w", newline="") as results:
      wtr = csv.writer(results)
      wtr.writerow(simulator)
```

simulate_c 함수는 전체 설정 객체에서 config.table, config.player, config.samples 값을 골라내 Simulate 인스턴스를 만들고 실행한다. 앞선 simulate() 함수와 결과는 같으나 인자 구조가 다르다. 다음처럼 위 함수에 클래스 인스턴스 하나를 제공한다.

```
  if __name__ == "__main__":
    simulation.simulate_c(Example2)
```

보다시피 Example2의 인스턴스가 아니라 클래스 객체 자체를 전달한다. 타입 힌트인 Type[AppConfig]는 클래스의 인스턴스가 아니라 클래스 자체를 받겠다는 뜻이다.

이 방식의 한 가지 문제점은 명령줄 인자를 받는 argparse와 호환되지 않는다는 점이다. 이는 types.SimpleNamespace 객체와 호환되는 인터페이스를 정의해 해결할 수 있다. Union[Type[AppConfig], SimpleNamespace]라는 타입 힌트로 이러한 오버랩을 정의했다. 바꿔 말하면 다양한 객체로 설정 매개변수를 제공할 수 있다는 뜻이다.

클래스를 사용하는 방법 외에도 SimpleNamespace 객체를 생성해 비슷한 문법으로 설정 매개변숫값을 사용할 수 있다.

SimpleNamespace를 통한 설정

types.SimpleNamespace 객체를 사용해 간단하게 필요한 속성을 추가할 수 있다. 클래스 정의를 사용하는 방식과 비슷하다. 클래스를 정의할 때 모든 할당문은 그 클래스로 지역화된다. SimpleNamespace 객체를 생성하면 생성하는 Namespace 객체로 모든 이름을 명시적으로 한정해야 한다. 다음과 같은 코드로 SimpleNamespace를 생성하는 방법이 이상적이다.

```
>>> import types
>>>
... config = types.SimpleNamespace(
...     param1="some value",
...     param2=3.14
... )
>>> config
namespace(param1='some value', param2=3.14)
```

모든 설정 값이 서로 독립적이면 위 코드는 아주 훌륭하게 동작한다. 하지만 예제에는 설정 값 간에 복잡한 종속성이 존재한다. 다음 두 방법 중 하나로 해결한다.

- 독립 값$^{independent\ value}$만 제공하고 종속 값$^{dependent\ value}$ 생성은 애플리케이션에 맡긴다.

- 네임스페이스 내에 값들을 차례차례 생성한다.

독립 값만 생성하려면 다음과 같이 한다.

```
import types
config2c = types.SimpleNamespace(
  dealer_rule=Hit17(),
  split_rule=NoReSplitAces(),
  player_rule=SomeStrategy(),
  betting_rule=Flat(),
  outputfile=Path.cwd()/"data"/"ch14_simulation2c.dat",
  samples=100,
)
config2c.table = Table(
  decks=6,
  limit=50,
  dealer=config2c.dealer_rule,
  split=config2c.split_rule,
  payout=(3, 2),
)
config2c.player = Player(
  play=config2c.player_rule,
  betting=config2c.betting_rule,
```

```
    max_rounds=100,
    init_stake=50
)
```

설정에 필요한 여섯 개의 독립 값들로 `SimpleNamespace`를 생성했다. 이후 네 개의 독립 값들에 종속적인 두 값을 더 추가해서 설정을 업데이트했다.

`config2c` 객체는 이전 예제에서 Example2를 평가하며 생성했던 객체와 거의 동일하다. 기반 클래스는 다르지만 속성 집합과 그 값은 같다. 다음과 같이 최상단 스크립트 내에서 설정을 차례차례 만드는 방법도 있다.

```
from types import SimpleNamespace

config2d = SimpleNamespace()
config2d.dealer_rule = Hit17()

config2d.split_rule = NoReSplitAces()
config2d.table = Table(
  decks=6,
  limit=50,
  dealer=config2d.dealer_rule,
  split=config2d.split_rule,
  payout=(3, 2),
)
config2d.player_rule = SomeStrategy()
config2d.betting_rule = Flat()
config2d.player = Player(
  play=config2d.player_rule,
  betting=config2d.betting_rule,
  max_rounds=100,
  init_stake=50
)
config2d.outputfile = Path.cwd() / "data" / "ch14_simulation2d.dat"
config2d.samples = 100
```

앞서 보였던 `simulate_c()` 함수가 이러한 설정 객체에 쓰인다.

안타깝게도 위 방법 역시 최상단 스크립트로 설정할 때와 같은 문제를 겪는다. 설정 객체에 기본값을 제공하기 어렵다.

기본값을 쉽게 제공할 방법은 기본 매개변숫값을 포함하는 함수를 통하는 것이다.

적절한 기본값으로 SimpleNamespace를 생성하는 임포트 가능한 팩토리함수가 필요하다.

```
from simulation import make_config
config2 = make_config()
```

위 코드를 실행하면 config2 객체는 팩토리함수인 make_config()에 할당된 기본값을 갖는다. 기본값을 오버라이딩해야 할 때만 사용자가 설정을 제공한다.

기본적으로 제공되는 make_config() 함수의 코드는 다음과 같다.

```
def make_config(
    dealer_rule: DealerRule = Hit17(),
    split_rule: SplitRule = NoReSplitAces(),
    decks: int = 6,
    limit: int = 50,
    payout: Tuple[int, int] = (3, 2),
    player_rule: PlayerStrategy = SomeStrategy(),
    betting_rule: BettingStrategy = Flat(),
    base_name: str = "ch14_simulation2e.dat",
    samples: int = 100,
) -> SimpleNamespace:
    return SimpleNamespace(
        dealer_rule=dealer_rule,
        split_rule=split_rule,
        table=Table(
            decks=decks,
            limit=limit,
            dealer=dealer_rule,
            split=split_rule,
            payout=payout,
        ),
        player_rule=player_rule,
        betting_rule=betting_rule,
        player=Player(
            play=player_rule,
            betting=betting_rule,
            max_rounds=100,
            init_stake=50
```

```
    ),
    outputfile=Path.cwd() / "data" / base_name,
    samples=samples,
  )
```

make_config() 함수는 일련의 할당문으로 기본 설정을 만든다. table 속성과 player 속성 등의 파생 설정 값은 본래의 입력으로 만든다.

이어서 애플리케이션은 필요한 오버라이드[override] 값만 할당한다.

```
config_b = make_config(dealer_rule=Stand17())
simulate_c(config_b)
```

오버라이드 값만 명시하니 상당히 명확하다.

2장에서 살펴봤던 모든 기법을 이러한 종류의 설정 팩토리함수 정의에 적용할 수 있다. 필요에 따라 상당히 유연하게 만들 수도 있다. 이 방법의 장점은 argparse 모듈이 명령줄 인자를 파싱하는 방식과 딱 맞아떨어진다는 점이다. 18장에서 더 자세히 설명하겠다.

파이썬 exec()로 설정하는 법을 알아보자.

파이썬 exec()를 사용한 설정

파이썬을 설정 표기로 사용하기로 결정했다면 exec() 함수를 사용해 제한된 네임스페이스 내에서 코드 블록을 평가할 수 있다. 다음 코드와 같은 설정 파일을 작성하고 있다고 상상해보자.

```
# SomeStrategy 설정

# Table
dealer_rule = Hit17()
split_rule = NoReSplitAces()
table = Table(decks=6, limit=50, dealer=dealer_rule,
    split=split_rule, payout=(3,2))
```

```
# Player
player_rule = SomeStrategy()
betting_rule = Flat()
player = Player(play=player_rule, betting=betting_rule,
    max_rounds=100, init_stake=50)

# Simulation
outputfile = Path.cwd()/"data"/"ch14_simulation3a.dat"
samples = 100
```

설정 매개변수가 깔끔하고 읽기 편하다. 이어지는 절에서 살펴볼 INI 파일이나 프로퍼티 파일과 유사하다. 위 파일을 평가하며 exec() 함수로 일종의 네임스페이스를 생성할 수 있다.

```
code = compile(py_file.read(), "stringio", "exec")
assignments: Dict[str, Any] = dict()
exec(code, globals(), assignments)
config = SimpleNamespace(**assignments)

simulate(config.table, config.player, config.outputfile,
config.samples)
```

compile() 함수로 코드 객체인 code를 생성했다. 꼭 이렇게 해야 하는 것은 아니고, 파일의 텍스트를 바로 exec()에 제공해서 함수에서 코드를 컴파일할 수도 있다.

exec()를 호출할 때 다음 세 개의 인자를 전달한다.

• 컴파일된 코드 객체

• 전역명을 알아내는 데 쓰일 딕셔너리

• 생성된 모든 지역명에 쓰일 딕셔너리

코드 블록 마지막에서 할당문으로 로컬 딕셔너리(위 예제에서는 assignments 변수)에 값을 생성했다. 이때 키는 변수명이다. 이후 assignments 딕셔너리는 앞서 언급했던 다른 초기화 기법과 호환되도록 SimpleNamespace 객체로 변환된다.

assignments 딕셔너리의 출력 값은 다음과 같다.

```
{'betting_rule': Flat(),
 'dealer_rule': Hit17(),
 'outputfile': PosixPath('/Users/slott/mastering-oo-python-2e/data/
ch14_simulation3a.dat'),
 'player': Player(play=SomeStrategy(), betting=Flat(), max_rounds=100,
init_stake=50, rounds=100, stake=50),
 'player_rule': SomeStrategy(),
 'samples': 100,
 'split_rule': NoReSplitAces(),
 'table': Table(decks=6, limit=50, dealer=Hit17(), split=NoReSplitAces(),
payout=(3, 2))}
```

assignments로 SimpleNamespace 객체인 config를 생성한다. 이어서 simulate() 함수는
이 네임스페이스 객체로 시뮬레이션을 수행한다. SimpleNamespace 객체를 사용하면 개
개 설정 값을 참조하기 더 쉽다. 딕셔너리에는 assignments['samples'] 같은 코드를 사
용한다. 결과 config 객체에는 config.samples 같은 코드를 사용한다.

이어지는 절에서는 잠시 주제에서 벗어나 왜 exec()로 파이썬 코드를 파싱해도 보안상
위험이 없는지 논한다.

⁂ exec()을 걱정하지 않아도 되는 이유

앞 절에서 설명했던 eval()의 고려 사항이 exec()에도 똑같이 적용된다.

보통은 사용할 수 있는 globals() 집합을 엄격히 제어한다. exec()에 제공된 globals에
서 os나 subprocess 모듈, __import__() 함수를 제거하면 해당 모듈이나 함수에 접근하
지 못하게 막을 수 있다.

고의적으로 설정 파일을 변질시키려는 사악한 프로그래머는 전체 파이썬 소스에 어떻
게든 접근할 수 있다. 애플리케이션 코드를 그냥 바꾸면 되는데 교묘하게 설정 파일을
변경하느라 굳이 시간을 허비할 까닭이 없다.

결국 한 가지 질문으로 요약된다. "만약 누군가 설정 파일에 새 코드를 넣는 식으로 애플리케이션을 몽키 패치할 수 있다고 생각한다면?" 그 사람은 그 밖에 수많은 영리하고 제정신이 아닌 방법으로 애플리케이션을 고장 낼 수 있다. 파이썬 설정 파일 하나 막는다고 부도덕한 프로그래머가 경솔한 행동으로 애플리케이션을 고장 내는 일은 막지 못한다. 파이썬 소스를 바로 바꿀 수 있으니 exec()에 대한 쓸데없는 고민은 전혀 득이 되지 않는다.

근본적인 철학부터 바꿔야 할 때가 있다. 맞춤화하기 쉬운 애플리케이션일수록 깔끔하게 완성된 애플리케이션이 아니라 사실 매우 일반적인 프레임워크가 되기 쉽다. 프레임워크는 코드를 추가해 확장하기 쉽게 디자인되기 때문이다.

웹 애플리케이션을 통해 설정 매개변수를 다운로드할 수 있다면 exec(), eval(), 파이썬 문법을 사용해서는 안 된다. JSON이나 YAML 같은 언어로 매개변수를 표현해야 한다. RESTful 상태 전송일 때만 원격 컴퓨터로부터의 설정 파일을 허용한다. 13장을 참고하자.

이어지는 절에서는 컬렉션 중 하나를 사용해 객체 하나로 간편하게 오버라이드 값과 기본값을 제공하는 한 가지 방법을 알아본다.

⁝⁝⁝ 기본값과 오버라이드에 ChainMap 사용

설정 파일에는 주로 계층 구조가 존재한다. 앞서 설정 파일을 설치할 수 있는 위치들을 나열했었다. 예를 들어 configparser 모듈은 여러 파일을 정해진 순서대로 읽으며 나중에 읽은 파일로 먼저 읽은 파일의 값을 오버라이드하는 식으로 설정 값을 통합하도록 디자인된다.

collections.ChainMap 클래스를 사용하면 기본값 처리를 정교하게 구현할 수 있다. ChainMap 클래스에 관한 자세한 내용은 7장을 참고한다. 이때 설정 매개변수를 dict 인스턴스로 저장해야 exec()이 올바르게 동작해서 파이썬 언어로 된 초기화 파일을 평가할 수 있다.

ChainMap을 사용하려면 설정 매개변수를 중첩이 없는 딕셔너리로 디자인해야 한다. 여러 소스로부터 통합된 복잡한 설정 값을 대량으로 포함하는 애플리케이션이라면 상당히 힘든 일이다. 이름에 중첩을 없애는 합리적인 방법부터 알아보자.

먼저 표준 위치에 기반해 파일 리스트를 만든다.

```python
from collections import ChainMap
from pathlib import Path

config_name = "config.py"
config_locations = (
  Path.cwd(),
  Path.home(),
  Path("/etc/thisapp"),
  # 앱에 "홈" 디렉토리가 있으면 Path("~thisapp").expanduser()도 가능하다.
  Path(__file__),
)
candidates = (dir / config_name for dir in config_locations)
config_paths = (path for path in candidates if path.exists())
```

값을 찾을 순서를 나타내는 디렉터리 리스트가 가장 먼저 나온다. 먼저 현재 작업 디렉터리에서 설정 파일을 찾은 후 이어서 사용자 홈 디렉터리를 살펴본다. /etc/thisapp 디렉터리(혹은 ~thisapp 디렉터리)도 설치 기본값을 포함할 수 있다. 마지막으로 파이썬 라이브러리를 찾아본다. 설정 파일이 들어 있을 각 후보 위치로 생성자 표현식을 생성해 candidates 변수에 할당했다. config_paths 생성자는 실제 존재하는 파일만 ChainMap 인스턴스로 로드하도록 필터를 적용한다.

후보 파일명을 모두 찾았으면 각 파일을 맵으로 모아 ChainMap을 만든다.

```python
cm_config: typing.ChainMap[str, Any] = ChainMap()
for path in config_paths:
  config_layer: Dict[str, Any] = {}
  source_code = path.read_text()
  exec(source_code, globals(), config_layer)
  cm_config.maps.append(config_layer)

simulate(config.table, config.player, config.outputfile,
```

```
    config.samples)
```

로컬 변수로 업데이트할 수 있는 새 빈 맵을 생성해 각 파일을 포함시킨다. exec() 함수
는 파일의 로컬 변수를 빈 맵에 추가한다. 새 맵을 ChainMap 객체의 maps 속성인 cm_
config에 덧붙인다.

ChainMap에서는 맵 시퀀스를 검색하며 요청받은 키와 연관된 값을 찾음으로써 모든 이
름을 알아낸다. 두 설정 파일을 ChainMap으로 로드하면 다음과 같이 구조화된다.

```
ChainMap({},
 {'betting_rule': Martingale(),
 ...
 },
 {'betting_rule': Flat(),
 ...
 })
```

출력을 간단히 보이기 위해 세부 내용은 ...로 대신했다. 체인은 세 맵의 시퀀스를 포함
한다.

1. 첫 번째 맵은 비어 있다. ChainMap 객체에 값을 할당하면 이 초기 맵으로 들어가 가장
   먼저 검색된다.

2. 두 번째 맵은 가장 로컬 파일, 즉 맵에 로드한 첫 번째 파일의 값으로, 기본값을 오버
   라이드한 값이다.

3. 마지막 맵은 애플리케이션 기본값으로, 가장 마지막에 검색된다.

유일한 단점은 설정 값을 참조할 때 config['betting_rule'] 같은 딕셔너리 표기를 사용
한다는 점이다. ChainMap()을 확장함으로써 딕셔너리 항목에 대한 접근뿐만 아니라 속
성 접근도 구현할 수 있다.

다음은 getitem() 딕셔너리 표기가 너무 복잡하고 다루기 힘들 때 사용할 수 있는 Chain
Map의 하위 클래스다.

```python
class AttrChainMap(ChainMap):

    def __getattr__(self, name: str) -> Any:
        if name == "maps":
            return self.__dict__["maps"]
        return super().get(name, None)

    def __setattr__(self, name: str, value: Any) -> None:
        if name == "maps":
            self.__dict__["maps"]= value
            return
        self[name] = value
```

이제 config['table'] 대신 config.table을 쓸 수 있다. 여기서 ChainMap 확장의 중요한 한계가 드러난다. 즉, maps를 속성으로 쓸 수 없다. maps 키는 부모 ChainMap 클래스의 최상위 속성이라 이 확장에서는 손댈 수 없다.

키/값 매핑을 정의하는 문법은 매우 다양하다. 이어지는 절에서는 매개변숫값을 정의하는 JSON과 YAML 포맷을 알아보겠다.

⠿ JSON이나 YAML에 설정 저장

설정 값을 JSON이나 YAML 파일에 비교적 쉽게 저장할 수 있다. 사용하기 익숙한 문법이다. YAML은 다양한 종류를 표현할 수 있지만 JSON은 다소 제한적이어서 좀 더 좁은 범위의 객체 클래스를 표현한다. JSON 설정 파일은 다음 코드와 비슷하다.

```json
{
  "table":{
    "dealer":"Hit17",
    "split":"NoResplitAces",
    "decks":6,
    "limit":50,
    "payout":[3,2]
  },
  "player":{
```

```
    "play":"SomeStrategy",
    "betting":"Flat",
    "rounds":100,
    "stake":50
  },
  "simulator":{
    "samples":100,
    "outputfile":"p2_c13_simulation.dat"
  }
}
```

JSON 문서는 딕셔너리들의 딕셔너리처럼 생겼다. 파일을 로드할 때 만들어지는 딱 그 객체다. 다음의 코드로 설정 파일 하나를 로드한다.

```
import json
config = json.load("config.json")
```

이제 config['table']['dealer']를 사용해 딜러 규칙에 사용할 특정 클래스를 찾을 수 있다. config['player']['betting']을 사용해 플레이어의 특정 베팅 전략 클래스명을 찾을 수 있다.

INI 파일과 달리 쉽게 tuple을 값 시퀀스처럼 인코딩할 수 있다. 따라서 config['table']['payout'] 값은 적절한 두 원소짜리 시퀀스가 된다. 엄밀히 말해서 tuple은 아니지만 ast.literal_eval() 없이도 충분히 사용할 수 있다.

이러한 중첩 구조는 다음과 같이 사용한다. main_nested_dict() 함수의 앞부분만 보이겠다.

```
def main_nested_dict(config: Dict[str, Any]) -> None:
    dealer_nm = config.get("table", {}).get("dealer", "Hit17")
    dealer_rule = {
        "Hit17": Hit17(),
        "Stand17": Stand17()
    }.get(dealer_nm, Hit17())
    split_nm = config.get("table", {}).get("split", "ReSplit")
    split_rule = {
```

```
    "ReSplit": ReSplit(),
    "NoReSplit": NoReSplit(),
    "NoReSplitAces": NoReSplitAces()
  }.get(split_nm, ReSplit())
  decks = config.get("table", {}).get("decks", 6)
  limit = config.get("table", {}).get("limit", 100)
  payout = config.get("table", {}).get("payout", (3, 2))
  table = Table(
    decks=decks, limit=limit, dealer=dealer_rule,
  split=split_rule, payout=payout
  )
```

이전에 보인 main_ini() 함수와 매우 유사하다. configparser로 위 함수와 이전 버전을 비교해보면 복잡도가 거의 같음을 알 수 있다. 단, 명명이 좀 더 간단하다. config.getint('table','decks') 대신 config.get('table',{}).get('decks')를 사용한다.

가장 큰 차이는 굵게 표시한 행이다. JSON 포맷은 적절히 디코딩한 정수 값과 값 시퀀스를 제공한다. eval()이나 ast.literal_eval()로 튜플을 디코딩하지 않아도 된다. Player를 만들고 Simulate 객체를 설정하는 나머지 부분은 main_ini() 함수와 비슷하다.

JSON 파일의 중첩 구조 때문에 편집하기 헷갈릴 때가 있다. 문법을 단순화하는 한 가지 방법은 조금 다른 방식으로 데이터를 조직하는 것이다. 이어지는 절에서는 중첩이 없는 구조를 사용함으로써 복잡도를 일부 없애는 방법을 알아보겠다.

중첩이 없는 JSON 설정 사용

다수의 설정 파일을 통합해 기본값을 제공하고 싶다면 ChainMap과 앞서 봤던 중첩된 딕셔너리의 딕셔너리를 함께 사용해서는 안 된다. 프로그램의 매개변수를 중첩이 없게 만들거나 서로 다른 소스의 매개변수를 합칠 다른 방법을 찾아야 한다.

이름 사이에 간단히 마침표(.) 구분자를 사용해 최상단 섹션과 그 섹션 내 하단 프로퍼티임을 나타내면 쉽게 중첩을 없앨 수 있다. 이렇게 만든 JSON 파일은 다음 코드와 같다.

```
{'player.betting': 'Flat',
```

```
'player.play': 'SomeStrategy',
'player.rounds': '100',
'player.stake': '50',
'simulator.outputfile': 'data/ch14_simulation5.dat',
'simulator.samples': '100',
'table.dealer': 'Hit17',
'table.decks': '6',
'table.limit': '50',
'table.payout': '(3,2)',
'table.split': 'NoResplitAces'}
```

위 방법은 ChainMap을 사용해 다양한 소스의 설정 값을 모을 수 있다는 장점이 있다. 또한 특정 매개변숫값을 찾는 문법이 좀 더 간단하다. 설정 파일명 리스트인 config_names 가 있을 때 다음과 같이 수행한다.

```
config = ChainMap(*[json.load(file) for file in config_ names])
```

위 코드는 설정 파일명 리스트로부터 적절한 ChainMap을 생성한다. dict 리터럴 리스트를 ChainMap으로 로드하는데, 이렇게 하면 첫 번째 dict 리터럴이 그 키로 찾는 첫 번째 결과가 된다.

다음의 메서드로 ChainMap을 활용할 수 있다. Table 인스턴스를 생성하는 앞부분만 살펴보자.

```
def main_cm(config: Dict[str, Any]) -> None:
  dealer_nm = config.get("table.dealer", "Hit17")
  dealer_rule = {"Hit17": Hit17(), "Stand17":
Stand17()}.get(dealer_nm, Hit17())
  split_nm = config.get("table.split", "ReSplit")
  split_rule = {
    "ReSplit": ReSplit(),
    "NoReSplit": NoReSplit(),
    "NoReSplitAces": NoReSplitAces()
  }.get(
    split_nm, ReSplit()
  )
  decks = int(config.get("table.decks", 6))
```

```
    limit = int(config.get("table.limit", 100))
    payout = config.get("table.payout", (3, 2))
    table = Table(
        decks=decks,
        limit=limit,
        dealer=dealer_rule,
        split=split_rule,
        payout=payout
    )
```

Player를 만들고 Simulate 객체를 설정하는 나머지 부분은 main_ini() 함수와 유사하다. 하지만 이번 예제에서는 생략하겠다.

configparser로 위 함수를 이전 버전과 비교해보면 복잡도가 거의 같다. 하지만 명명이 좀 더 간단하다. config.getint('table','decks') 대신 int(config.get('table.decks')} 를 사용한다.

프로퍼티에 JSON 포맷을 쓰면 사용하기 편하다. 그러나 문법이 다소 불편하다. 이어지는 절에서는 YAML 문법을 어떻게 사용하는지 알아보겠다.

YAML 설정 로딩

YAML 문법은 JSON 문법을 포함하므로 이전 예제는 JSON뿐만 아니라 YAML로도 로드할 수 있다. 중첩된 딕셔너리의 딕셔너리 기법을 JSON 파일에 적용해보자.

```
# 전체 시뮬레이션 설정
table: !!python/object:Chapter_14.simulation_model.Table
    dealer: !!python/object:Chapter_14.simulation_model.Hit17 {}
    decks: 6
    limit: 50
    payout: !!python/tuple [3, 2]
    split: !!python/object:Chapter_14.simulation_model.NoReSplitAces {}
player: !!python/object:Chapter_14.simulation_model.Player
    betting:  !!python/object:Chapter_14.simulation_model.Flat {}
    init_stake: 50
    max_rounds: 100
```

```
    play: !!python/object:Chapter_14.simulation_model.SomeStrategy {}
    rounds: 0
    stake: 63.0
  samples: 100
  outputfile: data/ch14_simulation4c.dat
```

순수한 JSON보다는 대개 편집하기 더 쉽다. 특히 설정 대부분이 문자열과 정수로 된 애플리케이션이라면 여러 이점이 있다. 위 파일의 로드는 JSON 파일 로드와 동일하다.

```
import yaml
config = yaml.load("config.yaml")
```

다만 중첩 딕셔너리와 똑같은 제약이 있다. 이름에 중첩이 있을 경우 기본값을 쉽게 처리할 수 없다.

하지만 간단한 문자열과 정수 이외의 타입을 사용할 때는 클래스명을 인코딩하고 맞춤형 클래스의 인스턴스를 생성하는 YAML의 기능을 활용해볼 수 있다. 다음은 시뮬레이션에 필요한 설정 객체를 직접 생성하는 YAML 파일이다.

```
# 전체 시뮬레이션 설정
table: !!python/object:__main__.Table
  dealer: !!python/object:__main__.Hit17 {}
  decks: 6
  limit: 50
  payout: !!python/tuple [3, 2]
  split: !!python/object:__main__.NoReSplitAces {}
player: !!python/object:__main__.Player

betting: !!python/object:__main__.Flat {}
  init_stake: 50
  max_rounds: 100
  play: !!python/object:__main__.SomeStrategy {}
  rounds: 0
  stake: 63.0
samples: 100
outputfile: data/ch14_simulation4c.dat
```

클래스명과 인스턴스 생성을 YAML로 인코딩했다. 이렇게 하면 Table과 Player의 완벽한 초기화를 정의할 수 있다. 위 초기화 파일을 다음과 같이 사용한다.

```python
import yaml

if __name__ == "__main__":

    config = yaml.load(yaml1_file)
    print(config)

    simulate(
        config["table"],
        config["player"],
        Path(config["outputfile"]),
        config["samples"]
    )
```

보다시피 YAML 설정 파일은 사람이 편집할 수 있다. YAML은 파이썬과 같은 기능을 제공하지만 문법이 다르다. 위 예제와 같은 경우 파이썬 설정 스크립트가 YAML보다 나을 수 있다.

설정 매개변수에 사용할 수 있는 또 다른 포맷이 프로퍼티property 파일이다. 이어지는 절에서는 프로퍼티 파일의 구조와 파싱에 대해 알아보고 어떻게 사용하는지 보이겠다.

〰️ 프로퍼티 파일에 설정 저장

프로퍼티 파일은 대개 자바 프로그램에 쓴다. 하지만 반드시 파이썬에 쓰지 말아야 할 이유도 없다. 비교적 파싱이 쉬우며, 설정 매개변수를 편리하고 사용하기 쉬운 포맷으로 인코딩해준다. 프로퍼티 포맷에 관한 자세한 정보는 http://en.wikipedia.org/wiki/.properties와 https://docs.oracle.com/javase/10/docs/api/java/util/Properties.html#load(java.io.Reader)를 참고한다.

프로퍼티 파일의 예를 살펴보자.

```
# 시뮬레이션 설정 예제

player.betting: Flat
player.play: SomeStrategy
player.rounds: 100
player.stake: 50

table.dealer: Hit17
table.decks: 6
table.limit: 50
table.payout: (3,2)
table.split: NoResplitAces

simulator.outputfile = data/ch14_simulation5.dat
simulator.samples = 100
```

단순성 면에서 약간의 장점이 있다. 연관된 프로퍼티를 섹션으로 구조화할 때 일반적으로 절대 이름인 section.property를 사용한다. 여러 단계로 중첩된 매우 복잡한 설정 파일에서는 이름이 꽤 길어질 수 있다.

프로퍼티 포맷은 굉장히 유연하다. 하지만 프로퍼티 이름과 프로퍼티 값 간 매핑을 생성하기 위해 개개의 줄을 하나씩 파싱해야 할 수 있다. 이어지는 절에서는 프로퍼티 파일 파싱에 관해 알아본다.

프로퍼티 파일 파싱

파이썬 표준 라이브러리에는 내장 프로퍼티 파서가 없다. 파이썬 패키지 인덱스^Python Package Index(https://pypi.python.org/pypi)에서 프로퍼티 파일 파서를 다운로드할 수 있다. 복잡한 클래스는 아니며, 고급 객체지향 프로그래밍을 연습하기에 좋다.

파서 클래스를 최상단의 API 함수와 하단의 파싱함수로 나누겠다. 다음은 전체 API 메서드의 일부다.

```
import re
```

```
class PropertyParser:

    def read_string(self, data: str) -> Iterator[Tuple[str, str]]:
        return self._parse(data)

    def read_file(self, file: IO[str]) -> Iterator[Tuple[str, str]]:
        data = file.read()
        return self.read_string(data)

    def read(self, path: Path) -> Iterator[Tuple[str, str]]:
        with path.open("r") as file:
            return self.read_file(file)
```

핵심 기능은 파일명이나 파일, 텍스트 블록 파싱이다. configparser의 디자인 패턴을 따른다. 흔히 쓰이는 또 다른 방법은 메서드 개수를 줄이고 isinstance()를 사용해 인자의 타입과 그 타입에 수행할 처리를 알아내는 것이다.

파일명은 Path 객체로 제공한다. 파일은 일반적으로 io.TextIOBase의 인스턴스지만 typing 모듈은 IO[str]라는 힌트를 제공하고 있다. 텍스트 블록 역시 문자열이다. 이러한 이유로 많은 라이브러리에서 파일 또는 파일명에는 load()를, 간단한 문자열에는 loads()를 사용한다. 다음에서처럼 json의 디자인 패턴을 그대로 따른다.

```
    def load(self, file_name_or_path: Union[TextIO, str, Path]) ->
    Iterator[Tuple[str, str]]:
        if isinstance(file_name_or_path, io.TextIOBase):
            return self.loads(file_name_or_path.read())
        else:
            name_or_path = cast(Union[str, Path], file_name_or_path)
            with Path(name_or_path).open("r") as file:
                return self.loads(file.read())

    def loads(self, data: str) -> Iterator[Tuple[str, str]]:
        return self._parse(data)
```

위 두 메서드도 파일이나 파일명, 텍스트 블록을 처리한다. 파일을 받으면 읽고 파싱한다. 경로나 문자열을 받으면 주어진 이름의 파일을 연다. 두 메서드가 더해짐으로써

604

더욱 사용하기 편한 API가 된다. 다양한 라이브러리와 패키지, 모듈에 걸쳐 일관된 디자인을 달성하는 것이 가장 중요하다. 다음은 _parse() 메서드다.

```python
key_element_pat = re.compile(r"(.*?)\s*(?<!\\)[:=\s]\s*(.*)")

def _parse(self, data: str) -> Iterator[Tuple[str, str]]:
    logical_lines = (
        line.strip() for line in re.sub(r"\\\n\s*", "", data).splitlines()
    )
    non_empty = (line for line in logical_lines if len(line) != 0)
    non_comment = (
        line
        for line in non_empty
        if not (line.startswith("#") or line.startswith("!"))
    )
    for line in non_comment:
        ke_match = self.key_element_pat.match(line)
        if ke_match:
            key, element = ke_match.group(1), ke_match.group(2)
        else:
            key, element = line, ""
        key = self._escape(key)
        element = self._escape(element)
        yield key, element
```

_parse() 메서드는 생성자 표현식 세 개를 사용해 프로퍼티 파일 내 물리적 행과 논리적 행의 전반적 특징 몇 가지를 처리한다. 세 가지 문법 규칙에 따라 생성자 표현식이 나뉜다. 생성자 표현식의 이점은 지연 실행이다. 즉, for line in non_comment문에서 평가하기 전까지 표현식의 중간 결과를 생성하지 않는다.

logical_lines에 할당되는 첫 번째 표현식은 \로 끝나는 물리적 행을 병합해 더 긴 논리적 행을 생성한다. 앞뒤 공백은 사라지고 실제 행 내용만 남는다. r"\\\n\s*" 정규식RE, Regular Expression은 연속된 부분을 찾는다. 행 끝의 \와 이어지는 행 앞의 모든 공백에 매치된다.

non_empty에 할당되는 두 번째 표현식은 길이가 0이 아닌 행만 순회한다. 이 필터는 빈 행을 제외시킨다.

세 번째 표현식인 non_comment는 #이나 !로 시작하지 않는 행을 순회한다. 이 필터는 #이나 !로 시작하는 행을 제외시키므로 주석 행이 제거된다.

생성자 표현식 세 개를 거치면서 주석이나 빈 행이 빠지고, 결국 for line in non_comment 루프는 공백을 제거하고 올바르게 병합한 논리적 행만 순회한다. 루프 본문에서는 남은 행을 하나씩 살펴보며 키와 원소를 분리한 후 self._escape() 함수를 적용해 이스케이프 시퀀스^{escape sequence}를 확장한다.

키-원소 패턴인 key_element_pat은 이스케이프 문자가 아닌 명시적 구분자, 즉 :나 = 등을 찾는다. 이 패턴은 앞에 나오는 (?<!\\) 정규식의 부정을 사용해 뒤에 나오는 정규식이 이스케이프 문자가 아님을 나타낸다. 따라서 다음 패턴은 \으로 시작할 리 없다.

부분 패턴인 (?<!\\)[:=\s]는 이스케이프 문자가 아닌 :나 =, 공백 문자다. a\:b: value 같은 언뜻 이상해 보이는 프로퍼티 행도 허용하다. 이때 프로퍼티는 a:b이고 원소는 value다. 키 안에 들어 가는 :는 앞에 \를 넣어 이스케이프해야 한다.

정규식 안 괄호는 프로퍼티와 연관된 원소를 수집한다. 키-원소 패턴을 찾지 못했다면 구분자가 없다는 뜻이며, 그 행은 프로퍼티 이름만 있고 원소는 ""이다.

프로퍼티와 원소는 2-튜플의 시퀀스를 형성한다. 지금까지 보아온 다른 설정 표현 스키마와 유사한 설정 맵을 제공함으로써 시퀀스를 쉽게 딕셔너리로 바꿀 수 있다. 혹은 시퀀스를 그대로 둬서 파일의 원래 내용을 특정 순서로 보여줄 수도 있다. 마지막 부분은 이스케이프 시퀀스를 최종 유니코드 문자로 변환하는 간단한 메서드함수다.

```python
def _escape(self, data: str) -> str:
  d1 = re.sub(r"\\([:#!=\s])", lambda x: x.group(1), data)
  d2 = re.sub(r"\\u([0-9A-Fa-f]+)", lambda x: chr(int(x.group(1),16)),
d1)
  return d2
```

_escape() 메서드함수는 두 단계 치환을 수행한다. 첫 번째 단계는 이스케이프 구두점을 플레인 텍스트로 치환한다. 즉, \:, \#, \!, \=, \에서 \를 제거한다. 유니코드 이스케이프 문자라면 숫자 문자열을 사용해 \uxxxx 시퀀스를 치환할 적절한 유니코드 문자를

생성한다. 16진수는 정수로 바꾼다. 즉, 치환 가능한 문자로 바꾼다.

두 치환을 하나의 연산으로 합치면 어차피 버려질 중간 문자열을 생성하지 않아도 된다. 성능을 높이는 방법이다. 다음 코드처럼 수행한다.

```
d2 = re.sub(
    r"\\([:#!=\s])|\\u([0-9A-Fa-f]+)",
    lambda x: x.group(1) if x.group(1) else chr(int(x.group(2),16)), data
)
```

성능 향상이 가져올 이점이 정규식과 치환함수의 복잡도보다 더 중요할 수 있다.

이제 파싱한 프로퍼티 값을 애플리케이션에서 사용할 일만 남았다. 이어지는 절에서는 프로퍼티 파일을 어떻게 사용하는지 알아보겠다.

프로퍼티 파일 사용

프로퍼티 파일을 사용하는 방법은 두 가지다. configparser 디자인 패턴에 따라 다수의 파일을 파싱해 여러 값들의 합집합으로 하나의 매핑을 생성할 수 있다. 또는 ChainMap 패턴에 따라 각 설정 파일마다 일련의 프로퍼티 매핑을 생성할 수 있다.

ChainMap은 처리가 상당히 간단하고, 필요한 기능도 모두 제공한다.

```
pp = PropertyParser()

candidate_list = [prop_file]
config = ChainMap(
    *[dict(pp.read_file(file))
      for file in reversed(candidate_list)
      ]
)
```

리스트를 역순으로 가져왔다. 가장 특수한 설정 값이 내부 리스트에서 먼저 나오고, 가장 일반적인 설정 값이 맨 마지막에 나온다. ChainMap을 로드하면 프로퍼티를 사용해

Player와 Table, Simulate 인스턴스를 초기화하고 만들 수 있다.

이 방법은 여러 소스로 하나의 매핑을 업데이트하는 것보다 간단해 보인다. 또한 JSON 이나 YAML 설정 파일을 처리하는 패턴을 똑같이 따른다.

다음의 메서드를 사용하면 ChainMap을 활용할 수 있다. 앞서 봤던 main_cm() 함수와 매우 유사하다. Table 인스턴스를 생성하는 앞부분만 보여준다.

```python
import ast

def main_cm_prop(config):
    dealer_nm = config.get("table.dealer", "Hit17")
    dealer_rule = {"Hit17": Hit17(), "Stand17":
Stand17()}.get(dealer_nm, Hit17())
    split_nm = config.get("table.split", "ReSplit")
    split_rule = {
        "ReSplit": ReSplit(), "NoReSplit": NoReSplit(),
"NoReSplitAces": NoReSplitAces()
    }.get(
        split_nm, ReSplit()
    )
    decks = int(config.get("table.decks", 6))
    limit = int(config.get("table.limit", 100))
    payout = ast.literal_eval(config.get("table.payout", "(3,2)"))
    table = Table(
        decks=decks, limit=limit, dealer=dealer_rule,
split=split_rule, payout=payout
    )
```

위 함수와 main_cm() 함수의 차이점은 배당금 튜플 처리 부분이다. 이전 버전은 JSON(과 YAML)이 튜플을 파싱할 수 있었다. 프로퍼티 파일을 사용하면 모든 값이 단순한 문자열이다. eval()이나 ast.literal_eval()로 주어진 값을 평가해야 한다. 함수의 나머지 부분은 main_cm()과 동일하다.

⁝⁝ PLIST 같은 XML 파일 사용

10장에서 살펴봤듯이 파이썬의 xml 패키지는 XML 파일을 파싱하는 수많은 모듈을 포함한다. XML 파일이 워낙 널리 쓰이다 보니 XML 문서와 파이썬 객체 간 변환이 종종 필요하다. JSON이나 YAML과 달리 XML과의 매핑은 간단하지 않다.

설정 데이터를 XML로 표현하는 한 가지 일반적인 방법이 PLIST 파일이다. PLIST 포맷에 관한 자세한 정보는 https://developer.apple.com/library/archive/documentation/Cocoa/Conceptual/PropertyLists/Introduction/Introduction.html을 참고한다.

XCode로 된 매킨토시 사용자라면 man plist를 수행해 XML 기반 포맷에 대한 방대한 문서를 볼 수 있다. PLIST 포맷의 장점은 아주 일반적인 소수의 태그를 사용한다는 점이다. 그래서 PLIST 파일을 생성하고 파싱하기 쉽다. 다음은 예제의 설정 매개변수를 갖는 PLIST 파일이다.

```xml
<?xml version="1.0" encoding="UTF-8"?>
<!DOCTYPE plist PUBLIC "-//Apple//DTD PLIST 1.0//EN"
"http://www.apple.com/DTDs/PropertyList-1.0.dtd">
<plist version="1.0">
<dict>
  <key>player</key>
  <dict>
    <key>betting</key>
    <string>Flat</string>
    <key>play</key>
    <string>SomeStrategy</string>
    <key>rounds</key>
    <integer>100</integer>
    <key>stake</key>
    <integer>50</integer>
  </dict>
  <key>simulator</key>
  <dict>
    <key>outputfile</key>
    <string>p2_c13_simulation8.dat</string>
    <key>samples</key>
    <integer>100</integer>
  </dict>
```

```
    <key>table</key>
    <dict>
      <key>dealer</key>
      <string>Hit17</string>
      <key>decks</key>
      <integer>6</integer>
      <key>limit</key>
      <integer>50</integer>
      <key>payout</key>
      <array>
        <integer>3</integer>
        <integer>2</integer>
      </array>
      <key>split</key>
      <string>NoResplitAces</string>
    </dict>
  </dict>
</plist>
```

위 예제는 중첩된 딕셔너리의 딕셔너리 구조를 보여준다. XML 태그로 인코딩한 많은 타입이 파이썬과 호환된다.

파이썬 타입	PLIST 태그
str	`<string>`
float	`<real>`
int	`<integer>`
datetime	`<date>`
boolean	`<true/>` 또는 `<false/>`
bytes	`<data>`
list	`<array>`
dict	`<dict>`

예제에서 보듯이 dict `<key>` 값은 문자열이다. 따라서 PLIST는 예제 시뮬레이션 애플리케이션의 매개변수를 인코딩하기에 매우 적합하다. PLIST 규칙을 따르는 XML 파일을 상당히 쉽게 로드할 수 있다.

```
import plistlib
print(plistlib.readPlist(plist_file))
```

위 코드는 XML 직렬화로부터 설정 매개변수를 재구성한다. 이제 이 중첩된 딕셔너리의 딕셔너리 구조를 앞 절의 JSON 설정 파일에서 봤던 main_nested_dict() 함수에 사용할 수 있다.

모듈함수 하나로 파일을 파싱한다는 점에서 PLIST 포맷은 무척 매력적이다. 맞춤형 파이썬 클래스 정의를 지원하지 않는 부분은 JSON이나 프로퍼티 파일과 동일하다.

표준 PLIST 스키마 외에도 맞춤형 스키마를 정의할 수 있다. 이어지는 절에서는 문제 도메인에 맞춘 XML을 생성해보겠다.

맞춤형 XML 설정 파일

더욱 복잡한 XML 설정 파일은 http://wiki.metawerx.net/wiki/Web.xml을 참고한다. 이러한 파일에는 특수한 목적의 태그와 일반적인 목적의 태그가 섞여 있다. 이 문서는 파싱하기 꽤 어렵다. 일반적으로 다음 두 방법으로 접근한다.

- XPath 쿼리를 사용해 XML 문서 구조 내에서 태그를 찾는 문서 처리 클래스를 작성한다. 이때 프로퍼티(또는 메서드)를 포함하는 클래스를 생성해 XML 문서 내에서 필요한 정보를 찾는다.

- XML 문서를 파이썬 데이터 구조로 바꾼다. 앞서 살펴본 plist 모듈이 바로 이 방식을 따른다. XML 텍스트 값을 네이티브 파이썬 객체로 변환한다.

web.xml 파일 예제를 갖고 시뮬레이션 애플리케이션을 설정하는 맞춤형 XML 문서를 디자인해보자.

```
<?xml version="1.0" encoding="UTF-8"?>
<simulation>
```

```
    <table>
      <dealer>Hit17</dealer>
      <split>NoResplitAces</split>
      <decks>6</decks>
      <limit>50</limit>
      <payout>(3,2)</payout>
    </table>
    <player>
      <betting>Flat</betting>
      <play>SomeStrategy</play>
      <rounds>100</rounds>
      <stake>50</stake>
    </player>
    <simulator>
      <outputfile>p2_c13_simulation11.dat</outputfile>
      <samples>100</samples>
    </simulator>
  </simulation>
```

특수화한 XML 파일이다. DTD나 XSD를 제공하지 않았으므로 형식적으로 XML 스키마를 검증할 방법이 없다. 하지만 위 파일은 작고 쉽게 디버깅할 수 있으며, 다른 예제 초기화 파일과 아주 유사하다. 다음은 XPath 쿼리로 위 파일에서 정보를 추출하는 Configuration 클래스다.

```python
import xml.etree.ElementTree as XML

class Configuration:

    def read_file(self, file):
        self.config = XML.parse(file)

    def read(self, filename):
        self.config = XML.parse(filename)

    def read_string(self, text):
        self.config = XML.fromstring(text)

    def get(self, qual_name, default):
        section, _, item = qual_name.partition(".")
        query = "./{0}/{1}".format(section, item)
```

```
    node = self.config.find(query)
    if node is None:
      return default
    return node.text

  def __getitem__(self, section):
    query = "./{0}".format(section)
    parent = self.config.find(query)
    return dict((item.tag, item.text) for item in parent)
```

XM 문서를 로드하는 read()와 read_file(), read_string()이라는 세 메서드를 구현
했다. 각 메서드는 단순히 자기 자신을 xml.etree.ElementTree 클래스의 기존 메서드함
수에 위임한다. 이는 configparser API와 매우 비슷하다. 또한 load()와 loads() 메서드
명도 각각 parse()와 fromstring()에 위임함으로써 사용할 수 있다.

설정 데이터에 접근하기 위해 get()과 __getitem__() 두 메서드를 구현했다. 두 메서드
는 XPath 쿼리를 만들어 XML 구조 내에서 섹션과 항목을 찾는다. get() 메서드에서는
stake = int(config.get('player.stake', 50)) 같은 코드를 사용할 수 있다. __getitem__
() 메서드에서는 stake = config ['player']['stake'] 같은 코드를 사용할 수 있다.

PLIST 파일보다 파싱이 세 배는 더 복잡하다. 하지만 XML 문서는 동일한 PLIST 문
서보다 훨씬 더 간단하다.

앞 절의 프로퍼티 파일에서 봤던 main_cm_prop() 함수를 사용해 이러한 설정을 처리할
수 있다.

:» 요약

14장에서는 설정 매개변수를 표현하는 많은 방법을 알아봤다. 대부분은 10장에서 설명
했던 일반적인 직렬화 기법에 기반을 둔다. configparser 모듈은 다른 사용자와 호환되
는 포맷도 제공한다.

설정 파일의 핵심은 사용자가 쉽게 편집할 수 있는 기능이다. 이러한 면에서 피클 파일
은 좋은 표현이라고 할 수 없다.

디자인 고려 사항과 트레이드오프

설정 파일은 애플리케이션 프로그램의 실행과 서버 시작을 단순화시킨다. 관련 매개변수를 전부 읽기 쉽고 수정하기 쉬운 파일 하나에 몰아넣는다. 이러한 파일을 설정으로 제어하고 변경 이력을 추적하며 일반적으로 이를 통해 소프트웨어의 품질을 향상시킨다.

설정 파일을 대신할 다른 포맷이 몇 가지 있다. 전부 사람이 편집하기 꽤 쉬운 파일들이다. 파싱의 난이도, 인코딩할 파이썬 데이터의 제약에 따라 그 종류가 다양하다.

- **INI 파일**: 파싱이 쉽고, 문자열과 숫자로 제한된다.

- **파이썬 코드**(PY 파일): 설정에 메인 스크립트를 사용한다. 파싱이 필요 없고, 제약도 없다. 또한 별개 파일은 exec() 파일로 처리한다. 파싱이 쉽고 제약이 없다.

- **JSON 또는 YAML 파일**: 파싱이 쉽다. 문자열과 숫자, 딕셔너리, 리스트를 지원한다. YAML에서 파이썬을 인코딩할 수 있지만 그냥 파이썬을 쓰면 된다.

- **프로퍼티 파일**: 특수한 파서가 필요하다. 문자열로 제한된다.

- **XML 파일**

  ○ **PLIST 파일**: 파싱이 쉽다. 문자열과 숫자, 딕셔너리, 리스트를 지원한다.

  ○ **맞춤형 XML**: 특수한 파서가 필요하다. 문자열로 제한되지만 파이썬 객체와 매핑되므로 클래스로 다양한 변환을 수행할 수 있다.

보통은 어떤 애플리케이션이나 서버를 함께 사용하느냐에 따라 설정 파일에 맞는 포맷이 정해진다. PLIST나 INI 파일을 사용하는 애플리케이션이면 파이썬 애플리케이션은 사용자가 다루기 편리한 포맷을 선택해야 한다.

표현할 수 있는 객체 범위라는 관점에서 보면 설정 파일을 다음의 네 카테고리로 크게 분류할 수 있다.

- **문자열로만 이뤄진 간단한 파일**: 맞춤형 XML과 프로퍼티 파일

- **파이썬 리터럴로 이뤄진 간단한 파일**: INI파일

- **파이썬 리터럴과 리스트, 딕셔너리로 이뤄진 복잡한 파일**: JSON과 YAML, PLIST, XML

- **기타 파이썬**: YAML을 사용할 수 있으나 파이썬에 YAML보다 더 명확한 문법이 있을 때는 불필요하다. 파이썬 클래스 정의로 설정 값을 제공하면 매우 간단할 뿐더러 기본값과 오버라이드 값의 계층 구조도 깔끔하다.

공유 설정 생성

19장에서 모듈 디자인 고려 사항을 살펴보며 모듈이 어떻게 싱글턴 디자인 패턴을 따르는지 알아보겠다. 즉 모듈을 한 번만 임포트하고 하나의 인스턴스만 공유할 수 있다는 뜻이다.

따라서 별도의 모듈에 설정을 정의해서 임포트할 필요가 있다. 별도의 모듈로 공통 설정을 공유할 수 있다. 각 모듈은 공유 설정 모듈을 임포트하고, 설정 모듈은 설정 파일을 찾아 실제 설정 객체를 생성한다.

스키마 진화

설정 파일은 공개 API의 하나다. 애플리케이션 디자이너라면 스키마 진화 문제를 해결해야 한다. 클래스 정의가 바뀌면 설정을 어떻게 바꿀까?

설정 파일은 주로 유용한 기본값을 가지므로 보통은 매우 유연하다. 원칙적으로 무엇을 넣든 전부 선택이다.

소프트웨어의 일부분에서 메이저 버전 변경(API나 데이터베이스 스키마 변경)이 일어나므로 설정 파일에도 메이저 변경이 있을 수 있다. 현재 배포한 매개변수와 과거의 설정 매개변수를 구분하려면 설정 파일에도 버전 번호를 넣어야 한다.

마이너 버전 변경이 일어날 때 데이터베이스와 입출력 파일, API 같은 설정 파일은 계속 호환돼야 한다. 마이너 버전 변경에 대응하려면 모든 설정 매개변수 처리에 적절한

대안과 기본값을 넣어야 한다.

설정 파일은 애플리케이션의 최상위 입력이다. 나중에 덧붙일 수 없고, 차선책도 아니다. 하나의 입력과 출력으로 고려해 신중히 디자인해야 한다. 16장과 18장에서 더 큰 애플리케이션 아키텍처를 살펴보며 설정 파일 파싱의 기초를 확장하겠다.

예고

3부에서는 더 큰 규모의 디자인 고려 사항을 살펴본다. 15장에서는 객체지향 프로그램의 클래스 정의를 구조화하는 데 도움이 되는 일반적인 원리를 논한다. 16장에서는 logging과 warnings 모듈을 사용해 감사 정보를 생성하고 디버깅하는 법을 알아본다. 17장에서는 테스트 가능한 디자인과 unittest, doctest 사용법을 다룬다. 18장에서는 argparse 모듈을 사용해 옵션과 인자를 파싱하는 법을 살펴본다. 이를 발판으로 한 발 더 나아가 명령command 디자인 패턴을 사용해 셸 스크립트 작성 없이도 조합하고 확장할 수 있는 프로그램 컴포넌트를 생성하겠다. 19장에서는 모듈과 패키지 디자인을 살펴본다. 20장에서는 소프트웨어가 올바르고 적절하게 구현됐음을 보이기 위해 디자인을 문서화하는 법을 알아본다.

3부

객체지향 테스트와 디버깅

완성된 애플리케이션은 자동화된 단위 테스트뿐 아니라 파이썬 로깅 시스템을 통한 디버깅을 지원한다. 여기에 더해 애플리케이션의 구조와 지원, 운용에 관한 설명도 빼놓지 않는다. 3부에서는 코드 로깅과 테스트, 문서화를 알아본다.

3부에서 다룰 내용은 다음과 같다.

- 15장, 디자인 원칙과 패턴

- 16장, 로깅과 경고 모듈

- 17장, 테스트 가능한 디자인

- 18장, 명령줄 처리

- 19장, 모듈과 패키지 디자인

- 20장, 품질과 설명서

15

디자인 원칙과 패턴

객체지향 디자인에는 고려할 사항이 많다. 15장에서는 파이썬 언어의 세부 사항에서 한 발짝 물러나 몇 가지 일반적인 디자인 원칙을 알아보겠다. 각 원칙은 스테이트풀 객체를 디자인하는 기본적인 지침을 제공한다. 구체적으로 그 원칙을 따르는 파이썬 애플리케이션도 살펴본다.

일반적으로 다음의 **SOLID** 디자인 원칙design principles에서 정의하는 방식을 따른다.

- 단일 책임Single Responsibility

- 개방 폐쇄Open/Closed

- 리스코프 치환Liskov Substitution

- 인터페이스 분리Interface Segregation

- 의존 관계 역전Dependency Inversion

기발한 연상법으로 구성했으나 앞의 순서대로 다루지 않겠다. 가장 유용해 보이는 원칙은 복잡한 문제를 개개 클래스 정의로 나누는 인터페이스 분리 원칙^{ISP}이다. 나머지 원칙 대부분은 클래스 정의의 기능^{feature}을 정제하기 위한 것이다. 단일 책임 원칙^{SRP}은 디자인의 출발점으로 쓰일 때보다 개괄적으로 쓰일 때 더 유용하므로 다른 원칙에 비해 덜 강조된다. 자세한 개념은 http://butunclebob.com/ArticleS.UncleBob.Principles OfOod를 참고한다. 이 사이트에서는 그 외 다른 많은 개념도 소개하고 있다. 이 책에서는 파이썬 맥락에 맞춰 위 디자인 원칙을 다루고자 한다. 15장에서 다룰 주제는 다음과 같다.

- SOLID 디자인 원칙

- SOLID 원칙 디자인 테스트

- 상속과 구성으로 기능 생성

- 파이썬과 libstdc++ 간 유사성

⁘ 기술 요구 사항

15장의 코드 파일은 https://git.io/fj2UX에 있다.

⁘ SOLID 디자인 원칙

SOLID 디자인 원칙의 목표는 디자인 변경이나 확장이 미치는 영향을 한정하는 것이다. 이미 완성된 소프트웨어를 변경하는 것은 바다에 조약돌을 던지는 것과 같아서 우선 물보라가 튀고 물결이 바깥으로 퍼져 나간다. 잘못 디자인된 소프트웨어를 수정하거나 확장하면 최초의 물보라가 전체를 뒤덮는다. 파문이 너무 커서 무수한 문제가 발생한다. 올바르게 디자인된 소프트웨어라면 물보라가 미치는 반경이 아주 작다.

구체적인 예로 도미노를 나타내는 클래스를 떠올려보자. 각 타일마다 0부터 6까지의 숫자 2개가 있고, 타일은 총 28개다. 클래스 디자인은 2-튜플과 거의 비슷하다. 중첩된 for문 쌍이나 두 개의 for절로 된 생성자 표현식으로 전체 28개 타일 컬렉션을 생성할 수 있다.

하지만 타일의 최대 제한이 9나 12, 심지어 15인 게임도 있다. 최대 숫자가 달라진다는 것은 전체 도미노 컬렉션을 나타내는 클래스가 바뀐다는 뜻이다. 파이썬에서는 기본 매개변수 limit=6를 객체 생성자에 추가하는 식으로 아주 간단하게 변경할 수 있다. 소프트웨어를 형편없게 디자인했다면 숫자 6이 클래스 정의 곳곳에 들어 있을 테니 변경이 미치는 영향 범위가 아주 크다.

특히 더블 식스double-six처럼 더블 숫자로 된 도미노는 때로 게임에서 특수한 역할을 한다. 더블 숫자 타일을 스피너spinner라고도 부르는데, 게임 상태에 극적인 영향을 미친다. 어떤 게임에서는 더블 숫자 타일이 선공을 정하는 데만 쓰일 뿐 전반적으로 거의 영향을 미치지 않는다. 이처럼 역할이 달라지면 클래스 정의 디자인도 달라진다. SOLID 디자인은 파문이 소프트웨어의 무관한 부분까지 퍼지지 않도록 애플리케이션의 한 부분에 변경을 분리시킨다.

많은 게임에서 두 숫자의 합을 타일 값으로 사용하며 승자의 점수를 아직 내지 않은 다른 플레이어 핸드 내 타일 값의 합으로 정한다. 즉 점수 값이 높은 타일을 먼저 내야 하고, 점수 값이 낮은 타일이 덜 위험하다는 뜻이다. 이에 따라 타일을 순서대로 정렬하는 다양한 방법들이 등장하는데, 이는 여러 가지 디자인 변형으로 이어진다.

모든 규칙 변형은 클래스 디자인이 유연해야 함을 시사한다. 특정 게임의 규칙에 초점을 맞추면 그 클래스 정의를 다른 게임에 맞게 재사용하거나 수정하기 쉽지 않다. 클래스 정의의 가치를 극대화하려면 밀접히 관련된 많은 문제를 풀 수 있도록 일반적인 클래스를 제공해야 한다. 디자인 결함이 많은 클래스 정의로 시작하겠다. 다음은 잘못 디자인한 클래스다.

```python
import random
from typing import Tuple, List, Iterator

class DominoBoneYard:
```

```python
    def __init__(self, limit: int = 6) -> None:
        self._dominoes = [
            (x, y) for x in range(limit + 1)
            for y in range(x + 1)
        ]
        random.shuffle(self._dominoes)

    def double(self, domino: Tuple[int, int]) -> bool:
        x, y = domino
        return x == y

    def score(self, domino: Tuple[int, int]) -> int:
        return domino[0] + domino[1]

    def hand_iter(self, players: int = 4) -> Iterator[List[Tuple[int,
int]]]:
        for p in range(players):
            yield self._dominoes[p * 7:p * 7 + 7]

    def can_play_first(self, hand: List[Tuple[int, int]]) -> bool:
        for d in hand:
            if self.double(d) and d[0] == 6:
                return True
        return False

    def score_hand(self, hand: List[Tuple[int, int]]) -> int:
        return sum(d[0]+d[1] for d in hand)

    def rank_hand(self, hand: List[Tuple[int, int]]) -> None:
        hand.sort(key=self.score, reverse=True)

    def doubles_indices(self, hand: List[Tuple[int, int]]) -> List[int]:
        return [i for i in range(len(hand)) if self.double(hand[i])]
```

몇 가지 일반적인 게임에 위 클래스를 사용할 수 있으나 문제가 많다. 다른 게임으로 위 정의를 확장하거나 수정하려 하면 대부분의 변경이 아주 큰 물보라를 일으키며 커다란 파문을 발생시킨다.

특히 까다로운 메서드가 can_play_first() 메서드다. 플레이어 4명이 더블 식스 게임을 하면 일반적으로 28개 도미노를 모두 나눠 가진다. 핸드 4개 중 하나에 더블 식스가 들어가고 그 플레이어가 선공한다. 하지만 플레이어를 2명으로 변형하면 도미노를 14개만 배분하므로 두 플레이어 모두 더블 식스를 갖지 못할 확률이 50%다. 상식적으로 가장 높은 더블 숫자를 갖는 사람이 선공한다고 규칙을 명시할 수 있다. 앞의 클래스는 더블 식스가 아닌 더블 숫자는 쉽게 찾지 못한다.

더 작은 클래스 여러 개로 분해해야 한다. 이어지는 절들에서 각 SOLID 디자인 원칙을 살펴보며 어떻게 하면 더 훌륭하게 디자인할 수 있는지 알아보겠다. 밀접히 관련된 여러 문제를 해결할 수 있는 좀 더 유용한 객체 모델 생성이 목표다.

인터페이스 분리 원칙

인터페이스 분리 원칙^{ISP, Interface Segregation Principle}의 한 가지 정의는 클라이언트가 사용하지 않는 메서드에 영향을 받지 않게 하는 것이다. 이렇게 하려면 클래스에 메서드를 가능한 한 적게 둬야 한다. 이로써 클래스 정의의 목적이 뚜렷해지고 디자인이 다수의 클래스로 분리돼 어떤 변경에도 영향을 받지 않는다.

하나의 모델을 저마다 목적이 뚜렷한 인터페이스가 딸린 여러 클래스로 분해하므로 SOLID 원칙 중에 디자인에 가장 극적인 영향을 미치는 것처럼 보인다. 나머지 디자인 원칙 네 가지는 이 원칙으로 시작해 초기 분해 이후의 개선점을 제공한다.

앞선 클래스 정의에 포함된 타입 힌트는 최소 세 개의 인터페이스를 클래스에서 사용하고 있음을 보여준다. 다음의 타입 힌트가 등장한다.

- 전체 도미노 컬렉션인 List[Tuple[int, int]]는 핸드 배분에 쓰인다.

- 각 도미노는 Tuple[int, int] 형태의 타입 힌트로 정의된다.

- 도미노 핸드도 List[Tuple[int, int]] 형태의 타입 힌트로 정의된다. 비슷한 타입을 다른 목적으로 사용할 경우 모호해질 수 있다.

- 핸드 내 특정 도미노를 찾는 double_indices() 쿼리는 결과가 List[int]다. 또 다른 클래스 정의로 둘 만큼 크게 다르지 않다.

세 개의 인터페이스로 분리해 최초 클래스를 분해하면 독립적으로 발전할 수 있는 여러 클래스가 생겨난다. 어떤 클래스는 다양한 게임에서 폭넓게 재사용될 수 있고, 어떤 클래스는 게임에 맞게 확장시켜야 한다. 다음은 두 클래스로 개선한 코드다.

```python
class Domino(NamedTuple):
  v1: int
  v2: int

  def double(self) -> bool:
    return self.v1 == self.v2

  def score(self) -> int:
    return self.v1 + self.v2


class Hand(list):

  def __init__(self, *args: Domino) -> None:
    super().__init__(cast(Tuple[Any], args))

  def score(self) -> int:
    return sum(d.score() for d in self)

  def rank(self) -> None:
    self.sort(key=lambda d: d.score(), reverse=True)

  def doubles_indices(self) -> List[int]:
    return [i for i in range(len(self)) if self[i].double()]
```

Domino 클래스는 본질적으로 Tuple[int, int] 구조를 따르면서 클래스를 비롯해 타일의 두 값에 합당한 이름을 부여했다. NamedTuple을 사용하면 객체를 출력할 때보다 유용한 repr() 값이 나온다.

Hand 클래스의 __init__() 메서드는 하는 일이 거의 없다. Type[Any] 타입과 args 객체에 쓰인 cast() 함수는 런타임에 아무것도 하지 않는다. cast() 함수는 args 값을 더 한정적인 Domino 타입 대신 Tuple[Any] 타입으로 간주해야 한다고 mypy에게 알릴 뿐이다. 이러한 힌트가 주어지지 않으면 Any 타입의 객체를 기대하는 list.__init__() 메서드에서 헷갈리는 오류가 발생한다.

Hand 인스턴스의 점수는 Hand 컬렉션 내 여러 Domino 객체의 점수에 달렸다. 앞서 보인 score_hand()와 score() 함수를 위 score()와 비교해보자. 잘못된 디자인에서는 알고리듬의 주요 세부 사항을 두 곳에서 반복했다. 이 가운데 하나를 조금만 바꿔도 나머지 하나 역시 똑같이 변경해야 하므로 변경 범위가 넓어진다.

double_indices() 함수는 도미노 객체가 아니라 도미노의 인덱스 위치를 다루므로 훨씬 복잡하다. 특히 for i in range(len(self))를 보면 변수 i값이 정수이고, self[i]가 변수 i값과 같은 인덱스 값을 갖는 Domino 객체일 거라는 뜻이다. 이 함수는 double() 메서드가 True인 도미노의 인덱스를 제공한다.

예제를 완성하기 위해 전체 도미노 컬렉션을 정의하면 다음과 같다.

```
class DominoBoneYard2:

  def __init__(self, limit: int = 6) -> None:
    self._dominoes = [Domino(x, y) for x in range(limit + 1) for y
in range(x + 1)]
    random.shuffle(self._dominoes)

  def hand_iter(self, players: int = 4) -> Iterator[Hand]:
    for p in range(players):
      yield Hand(self._dominoes[p * 7:p * 7 + 7])
```

위 클래스는 초기 도미노 집합을 생성할 때 개개 Domino 인스턴스를 생성한다. 이어서 도미노를 플레이어에게 나눠줄 때 개개 Hand 인스턴스를 생성한다.

인터페이스를 최소화했으므로 각 타일이나 타일 핸드의 기본 정의를 바꾸지 않으면서 도미노를 나눠주는 방법을 바꿔볼 수 있다. 이전에 보인 디자인은 특히 플레이어에게 나눠주지 않은 타일에는 제대로 동작하지 않았다. 예를 들어 플레이어가 2명이면 게임에 쓰이지 않는 타일이 14개다. 어떤 게임에서는 이 타일을 그냥 무시한다. 어떤 게임에서는 플레이어가 이 풀에서 타일을 고른다. 이러한 기능을 원래 클래스에 추가할 경우 배분 방법과 관련이 없는 다른 인터페이스를 건드릴 위험이 있다. 하지만 DominoBoneyard2

클래스에 추가하면 Domino나 Hand 객체의 동작이 갑자기 바뀔 위험을 초래하지 않는다. 예를 들어 다음과 같이 코드를 변경할 수 있다.

```
class DominoBoneYard3(DominoBoneYard2):

    def hand_iter(self, players: int = 4) -> Iterator[Hand3]:
        for p in range(players):
            hand, self._dominoes = Hand3(self._dominoes[:7]), self._dominoes[7:]
            yield hand
```

아직 배분하지 않은 도미노를 self._dominoes 시퀀스에 보관한다. draw() 메서드를 통해 초기 배분 이후 도미노를 한 번에 하나씩 꺼낼 수도 있다. 이렇게 바꿔도 다른 클래스 정의를 변경하지 않는다. 이러한 분리를 통해 다른 클래스에 당황스럽거나 혼란스러운 문제를 야기할 위험이 줄어든다.

리스코프 치환 원칙

리스코프 치환 원칙LSP, Liskov Substitution Principle은 컴퓨터 과학자이자 CLU 언어의 창시자인 바바라 리스코프의 이름을 따서 지었다. CLU 언어는 객체 표현에 대한 설명과 그 객체의 모든 연산에 대한 구현을 포함하는 클러스터cluster라는 개념을 강조한다. 초창기 객체지향 프로그래밍 언어인 CLU에 관한 자세한 정보는 http://www.pmg.lcs.mit.edu/CLU.html을 참고한다.

LSP는 한마디로 요약하면 하위 타입subtype이 기반 타입base type을 대신할 수 있어야 한다는 뜻이다. 이 조언은 다형 타입 계층 구조를 생성하라는 의미로 받아들이기 쉽다. 예를 들어 Hand 클래스에 기능을 추가하려면 Hand의 모든 하위 클래스가 Hand를 바로 대체할 수 있어야 한다.

파이썬에서는 하위 클래스에 새 메서드를 추가해 상위 클래스를 확장하는 디자인이 이상적이다. 이러한 하위 클래스 확장이 LSP를 직접적으로 잘 보여준다.

또한 하위 클래스 메서드가 상위 클래스와 구현은 다르나, 타입 힌트 서명이 같은 경우에도 명쾌한 리스코프 치환성이 잘 드러난다. 앞선 예제는 DominoBoneYard2와 Domino BoneYard3를 포함했었다. 두 클래스 모두 타입 힌트와 매개변수가 같은 메서드를 포함한다. 다만 구현은 다르다. 이때 하위 클래스가 부모 클래스를 대신할 수 있다.

경우에 따라 매개변수를 추가하거나 타입 서명이 조금 다른 하위 클래스가 필요할 때가 있다. 하위 클래스 메서드가 상위 클래스 메서드와 부합하지 않는 디자인은 일반적으로 이상적이지 못하니 대안 디자인을 고려해야 한다. 보통은 상위 클래스 확장 대신 래핑 wrapping을 통한다.

클래스를 래핑해 기능을 추가하면 리스코프 치환 문제를 일으키지 않으면서 새 엔티티를 생성할 수 있다. 예를 들어 보겠다.

```python
class FancyDealer4:

    def __init__(self):
        self.boneyard = DominoBoneYard3()

    def hand_iter(self, players: int, tiles: int) -> Iterator[Hand3]:
        if players * tiles > len(self.boneyard._dominoes):
            raise ValueError(f"Can't deal players={players}
tiles={tiles}")
        for p in range(players):
            hand = Hand3(self.boneyard._dominoes[:tiles])
            self.boneyard._dominoes = self.boneyard._dominoes[tiles:]
            yield hand
```

FancyDealer4 클래스 정의는 앞선 DominoBoneYard2나 DominoBoneYard3의 하위 클래스가 아니다. 이 래퍼는 hand_iter() 메서드에 전혀 다른 서명을 정의한다. 매개변수를 추가했고 기본값도 없다. 각 FancyDealer4 인스턴스는 DominoBoneYard3 인스턴스를 래핑한다. FancyDealer4 객체는 사용 가능한 타일에 대한 자세한 정보를 관리한다.

클래스를 래핑하는 것은 리스코프 치환 원칙이 클래스 디자인의 한 요소가 아니라고 명시적으로 밝히는 것이다. 래퍼를 작성할지 아니면 하위 클래스를 생성할지는 주로 리스코프 치환 원칙에 따라 결정된다.

파이썬의 기본값과 키워드 매개변수를 사용하면 엄청난 유연성이 뒤따른다. 적절한 기본값을 제공할 때 대개는 상위 클래스를 다시 작성한다. 하위 클래스나 래퍼 클래스를 더 생성하지 않는 하나의 방법이다. 어떤 언어에서는 상위 클래스 대신 하위 클래스를 사용할 수 있는 클래스 계층 구조를 형성하기 위해 상당히 교묘한 컴파일 규칙을 상속에 적용한다. 파이썬에서는 이렇게 영리하지 않아도 된다. 보통은 선택 매개변수를 추가할 수 있다.

개방 폐쇄 원칙

개방 폐쇄 원칙OCP, Open/Closed Principle은 상호 보완적인 두 가지 목표를 제시한다. 한편으로는 클래스를 확장할 수 있어야 한다. 또 한편으로는 클래스를 수정할 수 없어야 한다. 래핑이나 하위 클래스를 통해 확장할 수 있는 클래스를 디자인하고 싶다. 늘 하던 것처럼 클래스 수정은 막고 싶다. 결국 새 기능을 넣는 합당한 방법은 클래스를 확장해 기능을 추가하는 것이다.

기존 클래스의 확장을 통해 변경 또는 새 기능을 넣는 방향이 이상적이다. 레거시 기능은 전부 그대로 두고, 새 기능의 추가로 기존 기능이 망가지지 않는지 확인하기 위해 본래 테스트도 그대로 둔다.

확장할 수 있는 클래스에는 다음 두 종류의 디자인 변경 혹은 조정이 가능하다.

- 메서드 서명이 부모 클래스와 부합하면 하위 클래스를 추가해야 한다. 하위 클래스에 메서드가 더 들어갈 수 있으나 부모 클래스의 요소를 전부 포함해야 하며 부모 클래스 대신 쓰일 수 있다.

- 다른 클래스 계층 구조와 호환되지 않는 요소를 제공하면 래퍼 클래스를 추가한다. 래퍼의 새 요소가 다른 클래스와 직접 호환되지 않으므로 래퍼 클래스는 리스코프 치환 원칙에서 벗어난다.

두 경우 모두 디자인이 변해도 본래 클래스 정의는 바뀌지 않는다. 새 요소는 리스코프 치환 원칙을 만족하는 확장일 수도 있고 기존 클래스 정의로부터 새 클래스를 생성하는 래퍼일 수도 있다. 클래스를 확장할 수 있게 만든 덕에 이러한 디자인이 가능했다.

앞서 보였던 예제 클래스인 DominoBoneYard2나 DominoBoneYard3는 개방 폐쇄 원칙을 크게 위반한다. 두 클래스 모두 핸드 내 타일 수가 7로 고정이다. 리터럴 값은 클래스를 확장하기 어렵게 만든다. 이러한 디자인 결함을 보완하기 위해 FancyDealer4 클래스를 생성했었다.

DominoBoneYard2 클래스의 디자인을 개선하면 계층 구조 내 모든 클래스로 손쉽게 확장할 수 있다. 파이썬에서는 상수 값을 클래스단 속성으로 만드는 간단한 변경만으로 잘 동작한다. 다음 코드 예제로 보이겠다.

```python
class DominoBoneYard2b:

    hand_size: int = 7

    def __init__(self, limit: int = 6) -> None:
        self._dominoes = [Domino(x, y) for x in range(limit + 1) for y
in range(x + 1)]
        random.shuffle(self._dominoes)

    def hand_iter(self, players: int = 4) -> Iterator[Hand3]:
        for p in range(players):
            hand = Hand3(self._dominoes[:self.hand_size])
            self._dominoes = self._dominoes[self.hand_size:]
            yield hand
```

DominoBoneYard2b 클래스에 클래스단 변수를 넣어 각 핸드의 크기를 매개변수로 만들었다. 프로그래밍을 더 수정하지 않고도 하위 클래스를 변경할 수 있으므로 클래스가 더욱 확장 가능해졌다. 이러한 변경이 항상 최선은 아니지만 매우 간단하다는 이점이 있다. 파이썬 언어에서는 이러한 종류의 변경이 가능하다. self.hand_size 참조는 인스턴스 프로퍼티일 수도, 전체 클래스 프로퍼티일 수도 있다.

위 클래스를 확장 가능하게 만드는 다른 지점이 있다. 의존 관계 역전 원칙의 일환으로 그중 몇 가지를 알아보겠다.

의존 관계 역전 원칙

의존 관계 역전 원칙DIP, Dependency Inversion Principle이라는 이름은 사실 적절하지 못하다. 역전inversion이라는 단어는 일종의 명백한 의존 관계가 존재하고 이 명백한 의존성 규칙을 역전해야 한다는 의미로 들린다. 실질적으로 이 원칙은 특정한 구체 구현 클래스가 아니라 가장 추상적인 상위 클래스에 기반해 클래스 의존 관계를 형성하는 것을 말한다.

자바나 C++처럼 형식적인 타입 선언을 갖는 언어에서는 이 조언을 추상 상위 클래스에 적용하면 유용하다. 사소한 변경을 가지고 복잡하게 다시 컴파일하지 않아도 되기 때문이다. 또한 이러한 언어에는 런타임 설정 변경을 통해 클래스를 변경할 수 있도록 상당히 복잡한 의존성 주입dependency injection 프레임워크가 필요하다. 파이썬에서 런타임 유연성을 말할 때는 이 조언이 다소 바뀐다.

파이썬은 덕 타이핑duck typing을 사용하므로 다양한 대안 구현을 요약하는 단 하나의 추상 상위 클래스가 없을 수도 있다. 가령 함수 매개변수를 Iterable로 정의해 Iterable 프로토콜을 따르는 객체를 모두 허용하라고 mypy에게 알릴 수 있다. 여기에는 컬렉션 외에 반복자도 포함된다.

파이썬에서 의존 관계 역전 원칙은 다음 두 기법으로 이어진다.

- 타입 힌트는 최대한 추상적이어야 한다. 대개 타입 힌트는 메서드나 함수에 쓰이는 연관된 프로토콜을 명명한다.
- 구체concrete 타입명은 매개변수화해야 한다.

앞선 예제에 등장했던 다양한 DominoBoneYard 클래스 정의는 모두 의존 관계 문제를 겪는다. 초기 Domino 객체 풀을 생성할 때와 Hand 객체를 생성할 때 항상 구체 클래스명을 언급한다. 필요에 따라 이러한 클래스를 자유롭게 대체할 수는 없지만 참조를 대체할 하위 클래스를 생성해야 한다.

다음 클래스 정의는 좀 더 유연하다.

```
class DominoBoneYard3c:

  domino_class: Type[Domino] = Domino

  hand_class: Type[Hand] = Hand3

  hand_size: int = 7

  def __init__(self, limit: int = 6) -> None:
    self._dominoes = [
      self.domino_class(x, y) for x in range(limit + 1) for y in
range(x + 1)
    ]
    random.shuffle(self._dominoes)

  def hand_iter(self, players: int = 4) -> Iterator[Hand]:
    for p in range(players):
      hand = self.hand_class(
        self._dominoes[:self.hand_size])
      self._dominoes = self._dominoes[self.hand_size:]
      yield hand
```

위 예제는 의존 관계를 한데 모아 클래스 정의의 속성으로 정의하는 방법을 보여준다. 몇몇 메서드에 깊숙이 숨어 있던 의존성을 훨씬 가시적인 위치로 리팩터링했다. 잘못된 타입을 요구하고 있는 곳을 찾을 수 있도록 완전한 타입 힌트를 제공했다. Domino 클래스에는 다른 타입이 있을 수 없으니 Type[Domino]라는 힌트가 불필요하다. 하지만 Hand3 클래스에는 Type[Hand]를 제공해 앞으로 사용할 가장 추상적인 클래스를 나타냈다.

이 값들은 전부 변수이므로 의존성 주입을 수행하고 런타임에 설정 정보를 제공하기 매우 쉽다. DominoBoneYard3c.hand_class = Hand4라는 코드 행으로 핸드를 만들 때 사용할 클래스를 바꿀 수 있다. 인스턴스를 생성하기 전에 수행하는 것이 일반적이다. 설정 파일에서 클래스 식별자를 가져와 애플리케이션의 연산 내용을 조정하는 데 사용할 수도 있다.

다음 코드를 포함하는 최상위 프로그램을 상상해보자.

```
configuration = get_configuration()
```

```
DominoBoneYard3c.hand_class = configuration['hand_class']
DominoBoneYard3c.domino_class = configuration['domino_class']
```

클래스 정의에 적절한 의존 관계를 주입하고 나면 애플리케이션은 설정된 클래스 정의로 잘 동작한다. 설정 제공에 대한 자세한 내용은 14장을 참고한다. 런타임 설정 값을 검사할 때 타입 힌트를 사용하지 않았다는 점에 주목하자. 타입 힌트는 소스 코드가 객체와 타입을 일관되게 사용하고 있는지 확인하는 용도로만 쓰인다.

단일 책임 원칙

단일 책임 원칙^{SRP, Single Responsibility Principle}은 이해하기 가장 어려운 원칙이다. "클래스를 변경할 이유는 딱 하나여야 한다"라는 일반적인 주장을 바탕으로 객체지향 디자인에서 책임의 정의는 변경에 대한 해석으로 바뀐다. 클래스를 변경하는 이유는 여러 가지이지만 가장 중요한 이유는 새 기능을 추가하기 위해서다. '개방 폐쇄 원칙' 절에서 언급했듯이 수정보다는 확장으로 기능을 추가해야 한다.

대개 인터페이스 분리 원칙이 단일 책임 원칙보다 클래스 디자인에 더 구체적인 가이드를 제공한다. 단일 책임 원칙은 나머지 원칙을 모두 따른 뒤 클래스가 어떻게 보여야 하는지를 한 줄로 요약한다.

앞선 예제에서 정의했던 클래스를 다시 살펴보면 이 원칙이 의미하는 잠재적 변경이 몇 가지 있다. 특히 여러 DominoBoneYard 클래스 정의에서 다음에 나열한 기능들을 제공한다.

- Domino 인스턴스 컬렉션을 생성한다.

- 플레이어에게 초기 핸드를 배분한다. 주로 도미노 7개짜리 핸드 4개를 나눠주지만 게임에 따라 규칙이 다르다. 도미노 컬렉션을 모두 나눠줄 수도, 도미노 일부가 남을 수도 있다.

- 나눠주지 않은 도미노 컬렉션은 플레이어가 자신의 핸드로 가져갈 수 있도록 한다.

632

플레이어에게 도미노를 나눠주는 것을 단일 책임이라 말할 수 있다. 두 가지 방법(초기 배분 그리고 게임 중에 가져가기)으로 플레이어는 도미노를 얻는데, 두 메커니즘은 단일 클래스의 책임에 속한다. 이는 도미노 풀을 하나로 보는 상당히 높은 수준의 추상화다.

책임이 두 가지라고 말할 수도 있다. 초기 Domino 객체 컬렉션 생성과 Domino 객체를 플레이어에게 나눠주는 것을 서로 다른 책임이라고 주장하는 것이다. 도미노 추가와 제거가 컬렉션 내용을 유지하는 단일 책임이라고 반박할 수도 있다. 이는 상당히 낮은 수준의 추상화다.

일반적인 처리 원칙은 종종 최종 결정을 내리는 데 전문가의 판단이 필요한 상황을 초래한다. 디자인에 알맞은 추상화 수준을 판단할 단순한 규칙이란 없다.

이러한 원칙들이 디자인 프로세스를 이끌어야 한다. 철칙은 아니다. 전반적인 애플리케이션 복잡도나 예상되는 프로그래밍 변경 범위 같은 그 외 많은 요인이 최종 결정을 좌우한다. SOLID 디자인 원칙을 대화의 시작점쯤으로 여기면 좋겠다. 디자인을 리뷰하는 과정에서 변경이 영향을 미치는 범위와 변경의 결과를 평가해야 하며, 이러한 원칙들이 디자인의 품질을 평가할 몇 가지 관점을 제공한다.

이어지는 절에서는 SOLID 원칙 디자인 테스트를 살펴보겠다.

⁝⁝⁝ SOLID 원칙 디자인 테스트

일반적으로 테스트는 최종 코드에 수행한다고 생각한다(17장에서 자동 테스트에 관해 자세히 알아보겠다). 하지만 SOLID 디자인에도 테스트를 수행할 수 있다. 이때 테스트는 주어진 클래스를 같은 목적을 달성하는 대안 알고리듬을 제공하는 동등한 클래스로 대체한다. 훌륭하게 디자인했다면 한 클래스의 변경이 최소한의 물보라만 튀기고 파문도 적을 것이다.

구체적인 예로 15장의 '인터페이스 분리 원칙' 절에서 살펴봤던 Domino 클래스를 생각해 보자. NamedTuple로 숫자 쌍을 표현했었다. 다음과 같은 방법도 가능하다.

- frozenset으로 하나 혹은 두 개의 값을 유지한다. 집합에 값이 하나이면 타일은 실제로 더블 혹은 스피너다.

- Counter로 값 개수를 유지한다. 값이 하나인데 개수는 두 개이면 그 타일은 더블이다. 그렇지 않으면 값이 두 개이고 각각 하나씩일 것이다.

Domino 클래스를 이렇게 바꾸면 디자인 내 다른 클래스에 영향을 미치는가? 미치지 않는다면 훌륭하게 캡슐화시킨 디자인이다. 변경이 디자인을 망가뜨렸다면 그 영향이 최소화되도록 클래스 정의를 다시 조정하는 방향으로 디자인에 계속 공을 들여야 한다.

이어지는 절에서는 상속과 구성으로 기능을 넣어 보겠다.

∷ 상속과 구성으로 기능 생성

'리스코프 치환 원칙' 절에서 언급했듯이 클래스 정의에 기능을 추가하는 방법은 일반적으로 다음 두 가지다.

- 하위 클래스를 생성해 상속^{inheritance}으로 클래스 확장
- 하나 이상의 다른 클래스로부터 새 클래스 구성^{composition}

일반적으로 항상 위와 같은 선택지가 있다. 모든 객체지향 디자인 결정은 상속이냐 구성이냐이다.

더 미묘한 결정을 내릴 수 있도록 파이썬은 다중 상속^{multiple inheritance}을 허용한다. 다수의 클래스를 조합하는 것은 부분적으로 볼 때 일종의 상속이지만 더욱 근본적으로는 구성에 가깝다.

리스코프 치환 원칙을 따르면 상속을 피하고 구성을 지향한다. 일반적으로 자식 클래스가 완벽하게 부모 클래스를 대신할 수 있다면 상속을 남겨두는 방식을 추천한다. 기능을 바꾸기 위해서 부모를 대신할 수 없는 자식을 생성해야 한다면 구성이 더 적절할 것이다.

앞서 봤던 Hand 클래스에 기능을 추가한 결과를 살펴보자. 두 가지 예를 들겠다.

- Hand3 하위 클래스는 메서드를 추가해 Hand 클래스를 확장했다. 이 확장은 상위 클래스와 호환되고 Hand 대신 Hand3를 사용할 수 있다. 상속을 통한 합리적인 확장이다.
- FancyDealer4 클래스는 DominoBoneYard3 클래스를 사용하는 새 메서드로 구성된 새 클래스다. 이 클래스는 hand_iter() 메서드를 대폭 수정했는데, 이러한 변경은 상위 클래스와 간단히 호환되지 않는다.

파이썬에는 다른 구성 기법도 있다. 9장에서 두 가지 구성 기법을 다뤘었다. 이어지는 절에서 또 다른 클래스 구성 패턴을 살펴보겠다.

고급 구성 패턴

디자인 패턴의 고전 중 하나인 "디자인 패턴: 재사용 가능한 객체지향 소프트웨어의 핵심 요소Design Pattern: Elements of Reusable Object-Oriented Software"에는 여러 가지 일반적인 객체 구성 패턴이 나온다. 어떤 패턴은 C++이나 자바 프로그래밍에 더 적합하고 파이썬 프로그래밍과는 거리가 멀다. 예를 들어 싱글턴 패턴은 파이썬 모듈과 파이썬 클래스 정의의 최상위 클래스의 특징이므로 이 패턴을 구현하는 데 자바 정적 변수의 복잡도는 필요 없다.

파이썬 디자인 패턴은 https://python-patterns.guide에 자세히 나와 있다. 이 웹사이트에서는 파이썬에 초점을 맞춰 패턴을 설명한다. 객체지향 디자인 패턴을 설명한 자료가 다소 복잡한 까닭은 아주 엄격한 컴파일 타임 검사가 이뤄질 때 런타임 동작을 수행할 정교한 방식을 고안해야 하기 때문임을 알아 두자. 파이썬에는 이러한 종류의 타입 관리 이슈가 없으므로 파이썬 프로그래밍이 더 간단하다.

파이썬의 핵심 개념은 덕 타이핑이다. 덕 타이핑 개념은 다음의 인용문에 기초한다.

> "오리처럼 걷고 오리처럼 수영하고 오리처럼 꽥꽥거리는 새를 보면 그 새를 오리라고 부른다."

파이썬에서는 메서드와 속성이 필요한 프로토콜에 부합하면 그 객체를 사용할 수 있다. 실제 기반 타입은 중요하지 않다. 특정 맥락에 맞게 클래스의 적합성을 정의하면 그 메서드를 사용할 수 있다.

예를 들어 다음 코드처럼 비슷해 보이는 두 클래스를 정의해보자. 첫 번째 클래스는 `typing.NamedTuple`을 기반 클래스로 사용한다.

```
from typing import NamedTuple
from dataclasses import dataclass

class Domino_1(NamedTuple):
  v1: int
  v2: int

  @property
  def double(self):
    return self.v1 == self.v2
```

또 다른 버전은 @dataclass 장식자를 사용해 튜플과 비슷한 프로즌 객체를 생성한다.

```
from dataclasses import dataclass

@dataclass(frozen=True, eq=True, order=True)
class Domino_2:
  v1: int
  v2: int

  @property
  def double(self):
    return self.v1 == self.v2
```

두 클래스는 거의 동일하게 동작한다. 공통 클래스는 모든 객체의 상위 클래스인 object 클래스뿐이다. 그럼에도 두 클래스를 기능적으로 대체할 수 있고 자유롭게 치환할 수 있다.

공통 상위 클래스 없이 동등한 타입을 갖게 하는 이 기능은 매우 유연하지만 mypy로 타입을 검사하기가 쉽지 않다. 오로지 별개의 구현들이 공통 기능을 제공함을 보장하기 위해 추상 상위 클래스를 정의해야 할 수 있다. 다음과 같은 타입 힌트를 추가해야 할 수도 있다.

```
Domino = Union[Domino_1, Domino_2]
```

위 정의는 두 구체 구현을 포함하는 타입명인 Domino를 정의한다. 복잡하게 추상 상위 클래스를 생성할 필요 없이 mypy가 소프트웨어를 검증할 수 있는 정보를 제공한다. 상속에 구애 받지 않고 이 Union 타입에 새 클래스를 넣을 수 있다. 위 코드가 동작하기 위한 유일한 요구 사항은 애플리케이션에서 실제로 사용할 메서드를 클래스가 지원하는 것이다.

이제 다음과 같은 종류의 팩토리 메서드를 사용해 Domino 인스턴스를 만든다.

```
class DominoBoneYard:

  domino_class: Type[Domino] = Domino_1

  def __init__(self, limit: int = 6) -> None:
    self._dominoes: List[Domino] = [
      self.domino_class(x, y)
      for x in range(limit + 1)
        for y in range(x + 1)
    ]
    random.shuffle(self._dominoes)
```

__init__() 메서드는 List[Domino]라는 타입 힌트를 갖는 self._dominoes 객체를 생성한다. 이 힌트는 Domino라는 타입명에 Union[] 타입 힌트 속 모든 클래스를 수용한다.

위 클래스를 사용하며 심각한 실수를 저질렀고 DominoBoneYard.domino_class = tuple 같은 코드로 tuple 객체를 생성하려 했다면 mypy 프로그램은 타입 간 호환되지 않음을 알아차리고 Incompatible types in assignment (expression has type "Type[Tuple[Any, ...]]", variable has type "Union[Type[Domino_1], Type[Domino_2]]") 같은 메시지로 오류를 보고할 것이다. 이 메시지는 튜플 설정 방식이 올바르게 동작하지 않을 것임을 사용자에게 알린다.

⠿ 파이썬과 libstdc++ 간 유사성

C++ 표준 템플릿 라이브러리는 클래스 템플릿으로 구현되는 많은 디자인 패턴을 제공한다. C++ 컴파일러의 요구 사항을 충족하려면 이러한 템플릿을 특정 타입으로 채워야 한다. 이 라이브러리를 공통 디자인 패턴으로 활용해볼 수 있다. GNU libstdc++ 구현에 포함된 몇 가지 요소를 살펴보겠다. https://en.cppreference.com/w/에서 상세한 참고 자료를 제공한다.

- 지원Support은 원자 데이터 타입을 포함해 기초 기능을 설명한다. 여기에 정의된 타입은 파이썬의 int, float, str과 비슷하다.

- 진단Diagnostics은 C++ 구현으로 구현된 예외와 오류 처리를 설명한다.

- 유틸리티Utilities는 Functor와 Pair를 설명하는데, 각각 파이썬의 함수와 2튜플에 해당한다. 파이썬은 좀 더 일반적인 tuple과 NamedTuple로 Pair 개념을 확장한다.

- 문자열Strings은 더 많은 문자열 기능을 설명한다. 이 중 일부가 str 타입, string 모듈, shlex 모듈에 해당한다.

- 지역화Localizations는 지역화를 지원하는 C++ 라이브러리의 추가 기능을 설명한다. 파이썬의 locale 모듈에 해당한다.

- 컨테이너Containers는 다양한 C++ 컨테이너 클래스 템플릿을 설명한다. 다음 절에서 자세히 다루겠다.

- 반복자Iterators는 파이썬 반복자와 비슷한 C++ 기능을 설명한다. C++ 구현에는 다양한 반복자 카테고리가 있다. 예를 들어 임의 접근random access 반복자는 리스트의 정수 인덱스 값과 비슷하다. 포워드forward 반복자는 파이썬 반복자 구현과 거의 비슷하다. C++의 입력input이나 출력output 반복자는 파이썬의 파일 같은 이터러블 객체와 비슷하다. 파이썬에서는 이터러블iterable 클래스가 __iter__() 메서드를 제공한다. 반복자iterator 객체가 __next__() 메서드를 제공한다. C++에는 양방향bidirectional 반복자도 있다. 중요성을 따지기 어려우나 엄연히 클래스 계층 구조 내에 존재한다.

- 알고리듬^{Algorithms}은 클래스를 설명하면서 반복자 절의 기능을 확장한다. 알고리듬을 병렬화하는 도구도 제공한다. 더욱 중요하게는 많은 공통 연산을 포함한다. 어떤 연산은 파이썬 collections에 속하고, 어떤 연산은 itertools에 속하고, 어떤 연산은 파이썬 내장함수다.

- 수^{Numerics}는 좀 더 고급 수 타입을 설명한다. 파이썬에서는 complex 타입과 numbers 모듈에서 이러한 기능을 제공한다. array 모듈을 비롯해 numpy와 pandas 같은 패키지가 이러한 핵심 기능을 확장한다.

- 입력과 출력^{Input/Output}은 C++의 I/O 클래스를 설명한다. 파이썬 io 모듈에서 이러한 C++ 기능과 동등한 요소를 정의한다.

- 원자^{Atomic}는 다른 스레드가 메모리를 읽기 전에 메모리 쓰기를 완료하는 스레드 안전 객체를 어떻게 정의하는지 설명한다. 파이썬에서는 threading 라이브러리로 동일하게 동작하는 객체를 만든다.

- 동시 실행^{Concurrency}은 애플리케이션에서 스레드를 처리하는 방법을 추가로 설명한다. 마찬가지로 파이썬 threading 라이브러리에 해당한다.

C++의 컨테이너 라이브러리는 다음과 같은 카테고리 유형과 컨테이너 클래스 정의를 포함한다.

- 시퀀스^{sequence}는 다음을 포함한다.

  - **배열^{array}**: 고정된 크기의 배열이다. 내장 list나 array 모듈, 심지어 numpy 패키지까지 사용할 수 있다.

  - **벡터^{vector}**: 파이썬 list 클래스에 해당한다.

  - **디큐^{deque}**: list 클래스에서 디큐 기능을 지원하지만 Collections.deque 클래스의 성능이 더 좋다.

  - **리스트^{list}**: 마찬가지로 파이썬 list 클래스에 해당한다.

  - **포워드 리스트^{forward list}**: 리스트를 순회하면서 원소를 제거할 수 있는 리스트의 확

장이다. 파이썬에서 바로 사용할 수 없으므로 대개 list(filter(rule, data))를 사용해 기존 리스트의 부분집합인 새 리스트를 생성한다.

- **연관**associative: 뒤에 나오는 정렬되지 않은 연관과 근본적으로 동일하다. C++ 구현에서는 연관을 사용해 트리 자료 구조의 키를 순서대로 유지한다. 파이썬에서는 키에 sorted()를 사용해 동등한 기능 집합을 만든다.

- 정렬되지 않은 연관unordered associative은 다음을 포함한다.

  - **셋**set: 파이썬 set 클래스와 거의 일치한다.

  - **멀티셋**multiset: 파이썬 collections.Counter 클래스에 해당한다.

  - **맵**map: 파이썬 dict 클래스에 해당한다.

  - **멀티맵**multimap: defaultdict(list)로 만들 수 있다. 일부 애드온add-on 패키지에서 해당 구현을 제공한다. 한 가지 예로 http://werkzeug.pocoo.org/docs/0.14/data structures/의 MultiDict 클래스를 참고한다.

C++ 라이브러리를 일종의 벤치마크로 삼으니 파이썬도 비슷한 기능을 제공하는 듯 보인다. 이는 파이썬 디자인 패턴의 완성도를 판단하는 한 가지 방법이다. C++의 클래스 구성을 활용해 파이썬에 존재하는 다양한 구현 패턴을 시각화할 수 있다.

░ 요약

15장에서는 파이썬의 세부적인 요소들에서 한 발짝 벗어나 SOLID 디자인 원칙을 살펴봤다. 이러한 고려 사항은 스테이트풀 객체를 디자인하는 핵심이다. SOLID 원칙은 객체지향 디자인을 구조화할 수 있는 유용한 아이디어 집합을 제공한다. 다음 순서대로 고려하는 것이 가장 좋다.

- 인터페이스 분리 원칙

- 리스코프 치환 원칙

- 개방 폐쇄 원칙

- 의존 관계 역전 원칙

- 단일 책임 원칙

위 원칙들은 나머지 장들에서 암묵적으로 쓰인다. 16장에서는 logging과 warning 모듈로 디버깅과 감사 정보를 생성하는 법을 알아본다. 테스트 가능한 디자인, unittest와 doctest를 사용하는 법은 17장에서 다룬다. 18장부터는 애플리케이션 디자인과 패키지, 고품질 소프트웨어를 만드는 일반적인 개념을 살펴본다.

16

로깅과 경고 모듈

내부 객체 상태와 상태 전이transition를 더욱 가시적으로 드러내야 할 때가 있다. 일반적으로 다음 세 가지 경우에 가시성이 높아진다.

- 애플리케이션 감사를 위해 객체 상태 변경 히스토리를 추적해야 하는 경우

- 애플리케이션의 안전한 연산을 추적하면서 누가 민감한 동작을 수행하는지 알아내야 하는 경우

- 사용 중에 발생한 디버그 문제를 해결해야 하는 경우

파이썬 로거는 유연하게 내부 객체 상태와 상태 전이를 가시적으로 표현한다.

어떤 경우에는 서로 다른 종류의 정보를 여러 개의 로그로 나타낸다. 보안, 감사, 디버깅을 별개의 로그로 흘어 놓아야 할 수 있다. 어떤 경우에는 통합 로그가 필요하다. logging 모듈에서 다양한 설정을 허용한다.

어떤 사용자는 프로그램이 생각한 대로 동작하는지 확인하기 위해 상세verbose 출력을 원한다. 상세 수준을 설정할 수 있도록 함으로써 사용자 요구에 맞는 다양한 로그 세부

정보가 생성된다.

또한 warnings 모듈은 사용자뿐만 아니라 개발자에게도 유용한 정보를 생성한다.

- 개발자에게는 warnings를 사용해 더 이상 사용되지 않는 API임을 알린다.

- 사용자에게는 결과가 미심쩍긴 하지만 엄밀히 말해 오류는 아님을 보인다.

사용자에게 꼭 알려야 할 미심쩍은 가정이나 헷갈리는 기본값이 있을 수 있다.

소프트웨어 관리자는 선택적으로 로깅을 활성화해서 유용한 디버깅을 수행해야 한다. 화면이 온통 디버깅 출력으로 뒤덮이기를 원하지는 않을 것이다. 결과 로그가 너무 빽빽하면 읽기 어렵다. 특정 클래스나 모듈에 발생한 어떤 문제를 집중적으로 디버깅해서 추적해야 할 수 있다. 단일 핸들러에서 다수의 로그를 보내 어떤 곳에는 자세한 로깅을, 또 어떤 곳에는 간략한 로깅을 활성화할 수 있다. 파이썬 3.7.2 표준 라이브러리에 들어 있는 로깅 패키지에는 타입 힌트가 완전하지 않다. 그래서 16장 예제에 나오는 타입도 자세하지 않다. 16장에서 다룰 주제는 다음과 같다.

- 기본 로그 생성

- 설정 주의 사항

- 제어와 디버그, 감사, 보안을 위한 특수 로깅

- warnings 모듈 사용

- 고급 로깅: 최신 메시지와 네트워크 데스티네이션

기술 요구 사항

16장의 코드 파일은 https://git.io/fj2U1에 있다.

기본 로그 생성

로그는 세 단계에 걸쳐 생성된다. 그중 다음 두 단계는 필수다.

1. logger=logging.getLogger("demo") 등의 코드로 logging.getLogger() 함수를 포함하는 logging.Logger 인스턴스를 생성한다.

2. Logger로 메시지를 생성한다. warn()과 info(), debug(), error(), fatal() 같은 이름의 메서드에서 중요도별로 다양한 메시지를 생성한다. logger.info("hello world") 처럼 수행한다.

하지만 위 두 단계만으로는 출력되지 않는다. 로깅된 메시지를 보려면 세 번째 단계를 따라야 한다. 세 번째 단계를 따로 분리한 이유는 로그를 꼭 보지 않아도 되기 때문이다. 일반적으로 디버깅 로그는 활성화하지 않는다. 세 번째 단계에서는 logging 모듈의 핸들러, 필터, 포매터를 설정한다. logging.basicConfig(stream=sys.stderr, level=logging.INFO)처럼 logging.basicConfig() 함수를 이용한다.

엄밀히 말해 첫 번째 단계를 수행하지 않을 수 있다. logging 모듈의 최상단 함수 중 하나인 기본 로거를 사용하면 된다. 로깅보다 장식에 중점을 뒀기에 9장에서 설명했다. 기본 루트 로거는 쓰지 않는 편이 좋으며, 루트 로거의 자식 로거를 명명해서 사용하는 편이 일반적으로 더 설정하기 쉽다.

Logger 클래스의 인스턴스는 이름 속성으로 식별한다. 이름은 마침표(.)로 구분된 문자열이며, 계층 구조를 형성한다. 루트 로거의 이름은 빈 문자열인 ""다. 나머지 Logger 인스턴스는 이 루트 Logger 인스턴스의 자식이다. foo라는 복잡한 애플리케이션에 services라는 내부 패키지가 있고 그 안에 persistence라는 모듈과 SQLStore라는 클래스가 있다고 하자. "", "foo", "foo.services", "foo.services.persistence", "foo.services.persistence.SQLStore"라는 로거가 존재할 수 있다.

주로 루트 Logger로 전체 Logger 인스턴스 트리를 설정한다. 적절한 계층 구조를 형성할 이름을 고르면 적절한 부모 Logger 객체를 설정함으로써 연관된 인스터스들의 하위 트리 전체를 활성화하거나 비활성화할 수 있다. 방금 전 예에서 "foo.services.persis tence"의 디버깅을 활성화하면 로거 이름이 해당 접두사로 시작하는 모든 클래스의 메시지를 확인할 수 있다.

이름뿐 아니라 메시지를 작성할 위치를 결정하는 Handler 인스턴스와 어떤 종류의 메시지를 전달하거나 거절할지 결정하는 Filter 객체 리스트로도 각 Logger 객체를 설정할 수 있다. 이러한 Logger 인스턴스는 로깅에 꼭 필요한 기본 API를 포함하므로 Logger 객체로 LogRecord 인스턴스를 생성한다. 이어서 레코드는 Filter와 Handler 객체로 전송된다. 전송된 레코드는 포매팅 후 최종적으로 로컬 파일에 저장되거나 네트워크를 통해 전송된다.

각 클래스나 모듈마다 별도의 로거를 두는 것이 가장 좋은 관례다. Logger 객체명은 마침표로 구분된 문자열이므로 Logger 인스턴스명은 클래스나 모듈명에 대응한다. 즉, 애플리케이션 컴포넌트를 정의한 계층 구조와 로거의 계층 구조가 서로 대응한다. 다음 코드처럼 시작하는 클래스를 생각해보자.

```python
import logging
class Player:

    def __init__(self, bet: str, strategy: str, stake: int) -> None:
        self.logger = logging.getLogger(
            self.__class__.__qualname__)
        self.logger.debug(
            "init bet %r, strategy %r, stake %r",
            bet, strategy, stake
        )
```

고유한 self.__class__.__qualname__ 값은 클래스에 쓰이는 Logger 객체에 클래스 한정자와 일치하는 이름을 부여한다.

일반적으로 위 방식처럼 로깅을 수행하며 문제없이 동작한다. 유일한 단점은 각 로거 인스턴스가 객체의 일부로 생성된다는 점이다. 아주 사소하지만 불필요한 반복이다. 클래스의 각 인스턴스 대신 클래스의 일부로 로거를 생성하면 메모리를 조금 더 효율적으로 활용할 수 있다.

이어지는 절에서는 모든 클래스 인스턴스가 공유하는 클래스단 로거를 생성하는 방법을 알아본다.

클래스단 로거 생성

9장에서 설명했듯이 클래스단 로거는 장식자로 생성할 수 있다. 이렇게 하면 로거를 생성하는 부분과 클래스 나머지 부분이 분리된다. 일반적인 장식자 개념은 아주 간단하나 숨겨진 문제가 하나 있다. 다음 장식자를 예로 들어 보겠다.

```
def logged(cls: Type) -> Type:
  cls.logger = logging.getLogger(cls.__qualname__)
  return cls
```

@logged 장식자는 클래스의 한 요소로 logger 속성을 생성한다. 이로써 모든 인스턴스가 logger를 공유한다. 위 장식자로 다음과 같은 클래스를 정의할 수 있다.

```
@logged
class Player_1:

  def __init__(self, bet: str, strategy: str, stake: int) -> None:
    self.logger.debug("init bet %s, strategy %s, stake %d", bet,
strategy, stake)
```

이제 Player_1 클래스는 예상대로 logger라는 이름의 로거를 포함한다. 위 클래스의 여러 메서드에서 self.logger를 사용할 수 있다.

위 디자인의 문제점은 mypy가 logger 인스턴스 변수의 존재를 감지할 수 없다는 것이다. 이러한 틈이 생기면서 mypy가 잠재적 문제를 보고하게 된다. 더 나은 방식으로 로거를 생성할 수 있다.

다음과 같은 코드로 클래스단 디버거를 생성할 수 있다.

```
class Player_2:
```

```
    logger = logging.getLogger("Player_2")

    def __init__(self, bet: str, strategy: str, stake: int) -> None:
      self.logger.debug("init bet %s, strategy %s, stake %d", bet,
  strategy, stake)
```

단순하고 아주 명확하다. 하지만 작은 DRY^{Don't Repeat Yourself} 문제가 발생한다. 클래스
단 로거를 생성할 때 클래스명이 반복된다. 이는 파이썬에서 클래스를 생성하는 방식에
서 비롯되는 문제로서 클래스가 존재하기 전에 생성된 객체에는 클래스명을 쉽게 제공
할 방법이 없다. 클래스 정의를 종결^{finalization}시키는 것은 메타클래스의 역할이다. 이때
클래스명을 내부 객체에 제공한다.

다음의 디자인을 채택함으로써 연관된 다양한 클래스 내에 일관된 로깅 속성을 만들 수
있다.

```
  class LoggedClassMeta(type):

    def __new__(cls, name, bases, namespace, **kwds):
      result = type.__new__(cls, name, bases, dict(namespace))
      result.logger = logging.getLogger(result.__qualname__)
      return result

  class LoggedClass(metaclass=LoggedClassMeta):
    logger: logging.Logger
```

위 메타클래스는 __new__() 메서드로 결과 객체를 생성하고 로거를 그 클래스에 추가
한다. C라는 클래스는 C.logger 객체를 가질 것이다. LoggedClass를 믹스인 클래스로 사
용하면 가시적인 logger 속성명을 제공함과 동시에 적절한 초기화를 보장할 수 있다.

위 클래스를 다음 예제처럼 사용한다.

```
  class Player_3(LoggedClass):

    def __init__(self, bet: str, strategy: str, stake: int) -> None:
      self.logger.debug("init bet %s, strategy %s, stake %d", bet,
  strategy, stake)
```

Player_3의 인스턴스를 생성하며 logger 속성을 연습해보겠다. LoggedClass의 메타클래스에서 이 속성을 설정하므로 Player_3 클래스의 인스턴스마다 확실하게 설정된다.

메타클래스와 상위 클래스를 하나로 묶는 방식이 겉으로는 복잡해보인다. 인스턴스마다 공유 클래스단 로거가 생성된다. 클래스명이 코드에서 반복되지 않는다. 클라이언트는 LoggedClass를 믹스인으로 포함시키기만 하면 된다.

기본적으로 위와 같은 정의로는 어떤 출력도 나오지 않는다. 초기 logging 모듈 설정에는 출력을 생성하는 핸들러나 수준이 들어 있지 않다. 출력을 보기 위해서는 logging 설정도 변경해야 한다.

logging 모듈이 동작하는 방식의 가장 중요한 이점은 전체 설정에 신경 쓰지 않고 로깅 요소를 클래스와 모듈에 포함시킬 수 있다는 점이다. 기본 동작 자체는 로그를 남기지 않으며 오버헤드가 거의 없다. 따라서 정의하는 모든 클래스에 항상 로깅 요소를 넣을 수 있다.

로거 설정

로그에서 출력을 보려면 다음의 두 가지 세부 설정을 제공해야 한다.

- 뚜렷한 출력을 생성할 최소 하나 이상의 핸들러를 사용 중인 로거에 연결시켜야 한다.
- 로깅 메시지를 전달할 로깅 수준을 핸들러에 설정한다.

logging 패키지에는 다양한 설정 메서드가 있다. 이 가운데 logging.basicConfig()를 보이겠다. logging.config.dictConfig()는 따로 살펴보겠다.

logging.basicConfig() 메서드는 매개변수 몇 개를 받아 출력을 로깅할 하나의 logging.handlers.StreamHandler를 생성한다. 대개 다음 코드 정도면 충분하다.

```
>>> import logging
```

```
>>> import sys
>>> logging.basicConfig(stream=sys.stderr, level=logging.DEBUG)
```

sys.stderr에 작성하도록 StreamHandler 인스턴스를 설정했다. 주어진 수준보다 같거나 큰 수준의 메시지를 전달한다. logging.DEBUG를 사용하면 모든 메시지를 볼 수 있다. 기본 수준은 logging.WARN이다.

기본 설정을 수행하면 클래스를 생성할 때 다음과 같은 디버깅 메시지가 나온다.

```
>>> pc3 = Player_3("Bet3", "Strategy3", 3)
DEBUG:Player_3:init bet Bet3, strategy Strategy3, stake 3
```

기본 로그 포맷은 수준(DEBUG)과 로거명(Player_3), 생성된 문자열을 보여준다. LogRecord에는 출력에 덧붙일 수 있는 속성이 더 있다. 보통은 위와 같은 기본 포맷이면 충분하다.

로깅 시스템 가동과 중지

logging 모듈은 전역 상태 정보를 수동으로 관리하지 않도록 정의된다. 전역 상태는 logging 모듈 내부에서 처리한다. 애플리케이션을 여러 부분으로 나눠 작성하고 컴포넌트끼리 logging 인터페이스를 통해 적절히 협력하게 할 수 있다. 예를 들어 호환성이나 설정에 대한 우려 없이 어떤 모듈에는 logging을 포함시키고 다른 모듈에서는 완전히 배제한다.

더욱 중요한 것은 애플리케이션 곳곳에 로깅 요청을 넣으면 어떤 핸들러도 설정하지 않아도 된다는 점이다. 최상단 메인 스크립트에서 import logging을 아예 빼도 된다. 이때 로깅은 디버깅이 필요하면 언제든 사용할 수 있는 예비 기능이다.

로깅의 분산성decentralized nature을 고려해 애플리케이션 최상단에서 한 번만 설정하는 것이 가장 좋다. 애플리케이션의 if __name__ == "__main__": 안에서만 logging을 설정해야 한다. 18장에서 자세히 살펴보겠다.

대부분의 로깅 핸들러는 버퍼링을 포함한다. 대개 데이터는 버퍼에서 자연히 사라진다. 로깅이 어떻게 중지되든 상관없지만 `logging.shutdown()`을 사용해 모든 버퍼를 장치에서 완전히 비우는 편이 조금 더 안정적이다.

최상단 오류와 예외를 처리할 때 두 가지 명쾌한 기법으로 모든 버퍼를 비울 수 있다. 그중 하나가 try: 블록에 finally절을 사용하는 것이다.

```python
import sys

if __name__ == "__main__":
  logging.config.dictConfig(yaml.load("log_config.yaml"))
  try:
    application = Main()
    status = application.run()
  except Exception as e:
    logging.exception(e)
    status = 1
  finally:
    logging.shutdown()
  sys.exit(status)
```

위 예제는 최대한 빨리 `logging`을 설정하고 최대한 늦게 `logging`을 중지하는 방법을 보여준다. 이렇게 해야 올바르게 설정된 로거가 최대한 많은 애플리케이션을 올바르게 닫는다. 예제에서는 예외 로거를 사용했지만 main() 함수에서 예외를 처리하는 애플리케이션도 있다. 이 경우 예제의 except절은 없어도 된다.

atexit 핸들러를 넣어 `logging`을 중지시키는 방법도 있다.

```python
import atexit
import sys
if __name__ == "__main__":
  logging.config.dictConfig(yaml.load("log_config.yaml"))
  atexit.register(logging.shutdown)
  try:
    application = Main()
    status = application.run()
  except Exception as e:
    logging.exception(e)
```

```
        status = 2
    sys.exit(status)
```

위 코드는 atexit 핸들러로 logging.shutdown()을 호출하는 방법을 보여준다. 애플리케이션이 종료되면서 주어진 함수가 호출된다. main() 함수에서 예외를 적절히 처리한다면 훨씬 간단한 status = main(); sys.exit(status)로 try: 블록을 대체할 수 있다.

세 번째는 컨텍스트 매니저로 로깅을 제어하는 방법이다. 18장에서 살펴본다.

로거 명명

logging.getLogger()로 Loggers를 명명하는 일반적인 유스 케이스 네 가지를 알아보자. 다음 예제처럼 주로 애플리케이션 아키텍처에 대응하는 이름을 고른다.

- **모듈명**: 다수의 작은 함수나 클래스로 대량의 객체를 생성하는 모듈이라면 모듈에 전역 Logger 인스턴스를 생성한다. 가령 tuple을 확장하는 경우에는 인스턴스마다 Logger를 참조하게 하지 않는다. 전역으로 만들어 최대한 모듈 앞부분에서 로거를 생성한다.

```
import logging
logger = logging.getLogger(__name__)
```

- **객체 인스턴스**: 앞서 보였듯이 __init__() 메서드에서 Logger를 생성하는 경우다. 이때 Logger는 인스턴스마다 고유하다. 클래스 인스턴스가 여러 개이므로 클래스 한정자만 사용하면 헷갈릴 수 있다. 로거명에 고유한 인스턴스 식별자를 넣는 디자인이 더 알맞다.

```
def __init__(self, player_name)
    self.name = player_name
    self.logger = logging.getLogger(
        f"{self.__class__.__qualname__}.{player_name}")
```

- **클래스명**: 앞서 보였듯이 간단한 장식자를 정의하는 경우다. `__class__.__qualname__`을 Logger명으로 사용해 클래스 전체에 Logger를 할당한다. 클래스의 모든 인스턴스가 Logger를 공유한다.

- **함수명**: 자주 쓰이는 작은 함수에는 앞서 보였던 모듈단 로그를 사용한다. 잘 쓰이지 않는 큰 함수에는 다음처럼 함수 안에서 로그를 생성한다.

```
def main():
    log = logging.getLogger("main")
```

Logger명과 소프트웨어 아키텍처를 대응시키는 것이 핵심이다. 이렇게 해야 로깅이 가장 명료하고 디버깅도 쉽다.

하지만 더 복잡한 Loggers 컬렉션이라면 이야기가 다르다. 클래스로부터 서로 다른 타입의 정보 메시지를 받는 경우다. 일반적인 두 예가 회계 감사 로그와 보안 접근 로그다. 비슷한 Loggers 계층 구조가 필요한데, 하나는 이름이 audit로 시작하고, 다른 하나는 security로 시작한다. 아래 예제에서 보듯이 audit.module.Class나 security.module.Class 등의 이름을 갖는 좀 더 특수한 Loggers가 클래스에 존재할 수 있다.

```
self.audit_log = logging.getLogger(
    f"audit.{self.__class__.__qualname__}")
```

클래스 내에서 다수의 로거 객체를 사용함으로써 출력 유형을 세밀하게 제어할 수 있다. Logger마다 서로 다른 handlers를 설정할 수 있다. 다음 절에서는 좀 더 고급 설정으로 출력을 여러 목적지로 보내 보겠다.

로거 수준 확장

logging 모듈에는 다섯 가지 중요도 수준이 미리 정의돼 있다. (하나 또는 둘의) 전역변수에 각 수준의 번호가 저장된다. 중요도 수준은 디버깅 메시지(표시하지 않아도 될 만큼의 중요도)부터 심각하거나 치명적인 오류(항상 중요하다)에 이르기까지 여러 선택 범위를 나타낸다.

로깅 모듈 변수	값
DEBUG	10
INFO	20
WARNING 또는 WARN	30
ERROR	40
CRITICAL 또는 FATAL	50

수준을 새로 추가해 어떤 메시지를 전달할지 혹은 거절할지 더 세밀하게 제어할 수 있다. 예를 들어 어떤 애플리케이션은 여러 개의 로깅 수준을 지원한다. 유사하게 어떤 애플리케이션은 여러 개의 디버깅 상세 수준을 지원한다. 값이 15인 상세 출력 수준을 추가하고 싶을 수도 있다. 이 수준은 정보와 디버깅 사이에 알맞다. 자세한 디버깅 로그 정도는 아니면서 정보를 전달하는 메시지 패턴을 따른다.

일반적인 출력에는 로깅 수준을 logging.WARNING으로 설정해 경고와 오류만 표시한다. 가장 낮은 수준으로는 logging.INFO를 설정해 정보 메시지를 확인한다. 두 번째 낮은 수준으로는 값이 15인 수준을 추가해 루트 로거에 설정한다.

새 상세 수준은 다음과 같이 정의한다.

```
logging.addLevelName(15, "VERBOSE")
logging.VERBOSE = 15
```

로거 설정 전에 위 코드부터 작성해야 한다. 위 코드는 최상단 메인 스크립트에 속한다. 수준 값을 인자로 받는 Logger.log() 메서드를 통해 새 수준을 사용할 수 있다.

```
self.logger.log(logging.VERBOSE, "Some Message")
```

수준을 추가하는 데 오버헤드는 거의 없으나 남용될 위험이 있다. 여러 가지 개념(가시성과 오류 통적)을 하나의 숫자 코드로 절묘하게 합쳐야 한다. 단순한 가시성이나 오류 범위로 수준을 국한해야 한다. 더 복잡한 경우라면 Logger명이나 실제 Filter 객체를 통한다.

다수의 목적지를 지원하는 핸들러 정의

다음과 같은 유스 케이스에서는 로그 출력을 여러 목적지로 전송한다.

- 운영 안정성 향상을 위해 로그를 복사한다.

- 정교한 Filter 객체를 사용해 메시지의 부분집합을 따로 생성한다.

- 각 목적지마다 다른 수준을 부여한다. 디버깅 수준으로 디버깅 메시지와 정보 메시지를 분리할 수 있다.

- 서로 다른 목적을 나타내는 Logger명에 기반해 각각 핸들러를 만든다.

물론 위 유스 케이스를 조합해 상당히 복잡한 시나리오를 만들 수도 있다. 다수의 목적지를 생성하려면 다수의 Handler 인스턴스를 생성해야 한다. 각 Handler는 맞춤화된 Formatter를 포함할 수 있다. 즉, 수준과 적용할 필터 리스트를 선택적으로 포함할 수 있다.

다수의 Handler 인스턴스를 생성했다면 하나 이상의 Logger 객체와 원하는 Handler 인스턴스와 연결할 수 있다. Handler 객체에는 수준 필터^{level filter}가 있어서 이를 사용해 다수의 핸들러 인스턴스를 만들 수 있으며, 각 인스턴스는 서로 다른 필터를 사용해 수준에 맞게 서로 다른 메시지 그룹을 표시한다. 내장 필터보다 훨씬 정교한 필터가 필요하다면 심각도^{severity level}만 검사하는 Filter 객체를 명시적으로 생성할 수도 있다.

logging 모듈 API로 위와 같이 설정할 수 있으나 별도의 설정 파일에 로깅 상세를 정의하는 편이 더 명확하다. 한 가지 명쾌한 방법은 설정 딕셔너리에 **YAML** 표기를 사용하는 것이다. 이렇게 하면 비교적 직관적으로 logging.config.dictConfig(yaml.load(some file))을 사용해 딕셔너리를 로드할 수 있다.

YAML 표기는 configparser가 허용하는 표기보다 좀 더 간결하다. 파이썬 표준 라이브러리의 logging.config 문서 역시 이러한 명확성 때문에 **YAML** 예제를 사용한다. 이 패턴을 따르겠다.

다음은 두 핸들러와 두 로거 패밀리를 포함하는 설정 파일 예제다.

```
version: 1
handlers:
  console:
    class: logging.StreamHandler
    stream: ext://sys.stderr
    formatter: basic
  audit_file:
    class: logging.FileHandler
    filename: p3_c14_audit.log
    encoding: utf-8
    formatter: basic
formatters:
  basic:
    style: "{"
    format: "{levelname:s}:{name:s}:{message:s}"
loggers:
  verbose:
    handlers: [console]
    level: INFO
  audit:
    handlers: [audit_file]
    level: INFO
```

console과 audit_file이라는 두 핸들러를 정의했다. console은 sys.stderr로 전송되는 StreamHandler다. 외부 파이썬 소스는 URI 스타일의 문법인 ext://sys.stderr로 명명해야 한다. 이때 외부란 설정 파일 외부를 의미한다. 이 복잡한 문자열은 sys.stderr 객체와 매핑된다. audit_file은 주어진 파일에 쓰기를 수행하는 FileHandler다. 기본적으로 파일은 덧붙이기 모드인 a 모드로 열린다.

또한 basic이라는 포매터도 정의했는데, 여기에 쓰인 포맷은 basicConfig()로 로깅을 설정할 때 생성되는 메시지와 일치하는 메시지를 생성한다. 이 포매터를 사용하지 않으면 dictConfig()는 메시지 텍스트만 포함하는 기본 포맷을 사용한다.

끝으로 verbose와 audit라는 최상단 로거 두 개를 정의했다. verbose 인스턴스는 verbose라는 최상단 이름을 갖는 모든 로거에 쓰인다. 이렇게 해야 verbose.example.SomeClass

같은 Logger명을 사용해 verbose의 자식 인스턴스를 생성할 수 있다. 각 로거는 핸들러 리스트를 포함하는데, 위 예제에서는 각 리스트에 원소가 하나뿐이다. 또한 각 로거의 로깅 수준도 명시했다.

다음과 같이 설정 파일을 로드한다.

```
import logging.config
import yaml
config_dict = yaml.load(config)
logging.config.dictConfig(config_dict)
```

YAML 텍스트를 dict로 파싱한 후 dictConfig() 함수를 사용해 주어진 딕셔너리로 로깅을 설정했다. 다음은 로거를 생성해 메시지를 작성하는 예제다.

```
verbose = logging.getLogger("verbose.example.SomeClass")
audit = logging.getLogger("audit.example.SomeClass")
verbose.info("Verbose information")
audit.info("Audit record with before and after")
```

Logger 객체를 두 개 생성했다. 하나는 verbose 패밀리 트리에 속하고, 다른 하나는 audit 패밀리 트리에 속한다. verbose 로거에 작성하면 콘솔에 출력된다. 반면 audit 로거에 작성하면 콘솔에 아무것도 출력되지 않는다. 이때 레코드는 설정에서 명명한 파일에 기록된다.

logging.handlers 모듈을 보면 활용 가능한 핸들러가 많다. 기본적으로 logging 모듈은 % 스타일의 오래된 포매팅 명세를 사용한다. str.format() 메서드에 쓰이는 포맷 명세와는 다르다. 포매터 매개변수를 정의했을 때는 str.format()과 일치하는 { 스타일의 포매팅을 사용했었다.

전파 규칙 관리

기본적으로 Loggers는 로깅 레코드를 명명된 Logger에서 모든 부모단 Logger 인스턴스를 거쳐 루트 Logger 인스턴스까지 전파시킨다. 이때 특수한 동작을 수행하는 하단 Loggers 와 모든 Loggers의 기본 동작을 정의하는 루트 Logger가 있을 수 있다.

로깅 레코드를 전파시키므로 루트단 로거 역시 하단 Loggers에서 오는 모든 로그 레코드를 처리해야 한다. 자식 로거에서 전파를 허용할 경우 중복 출력이 생긴다. 자식이 먼저 출력하고, 부모로 전파된 로그 레코드를 부모가 출력한다. 핸들러가 몇 단계에 걸쳐 존재할 때 중복을 피하려면 하단 로거에서 전파를 비활성화해야 한다.

앞선 예제는 루트단 Logger를 설정하지 않았다. 애플리케이션의 어떤 부분에서 audit. 나 verbose.로 시작하지 않는 이름의 로거를 생성하면 이러한 로거는 Handler와 연결되지 못한다. 최상단 이름을 추가하거나 전부 포괄하는 루트단 로거를 설정해야 한다.

루트단 로거를 추가해 나머지 이름까지 모두 포괄할 때는 전파 규칙에 주의하자. 다음과 같이 설정 파일을 수정한다.

```
loggers:
  verbose:
    handlers: [console]
    level: INFO
    propagate: False # 추가
  audit:
    handlers: [audit_file]
    level: INFO
    propagate: False # 추가
  root: # 추가
    handlers: [console]
    level: INFO
```

하단 로거인 verbose와 audit의 전달을 비활성화했다. 새 루트단 로거를 추가했다. 이름이 없는 로거이므로 loggers:의 다른 항목과 같은 수준에 넣어 root:라는 별도의 최상단 딕셔너리로 만들었다.

두 하단 로거의 전파를 비활성화하지 않으면 각 verbose나 audit 레코드가 두 번씩 처리된다. 감사 로그라면 중복 처리가 바람직할 수 있다. 감사 데이터는 콘솔뿐만 아니라 감사 파일에도 기록된다.

logging 모듈의 핵심은 로깅을 정제하거나 제어하기 위해 애플리케이션을 전혀 변경하지 않아도 된다는 점이다. 설정 파일로 거의 대부분 할 수 있다. YAML은 상당히 훌륭한 표기이므로 다양한 기능을 아주 간단하게 인코딩할 수 있다.

설정 주의 사항

basicConfig() 메서드를 사용해 로깅하면 설정 전에 생성된 모든 로거를 최대한 보존한다. 하지만 logging.config.dictConfig() 메서드는 설정 전에 생성된 모든 로거를 기본적으로 비활성화한다.

크고 복잡한 애플리케이션에서는 import 프로세스 중에 모듈단 로거를 생성할 수 있다. 메인 스크립트에서 임포트한 모듈은 logging.config가 생성되기도 전에 로거를 생성할 수 있다. 또한 모든 전역 객체나 클래스 정의에도 설정 전에 생성된 로거가 있을 수 있다.

보통은 설정 파일에 다음 행을 추가해야 한다.

```
disable_existing_loggers: False
```

이렇게 하면 설정 전에 생성된 모든 로거를 설정에서 생성한 루트 로거에 전파한다.

제어와 디버깅, 감사, 보안을 위한 특수 로깅

로깅 유형은 매우 다양하나 다음의 네 유형을 주로 다루겠다.

- **오류와 제어**: 애플리케이션에 가장 기본적인 오류와 제어는 프로그램이 기대대로 동작하고 있는지 확인할 때 쓰이는 메인 로그다. 사용자가 문제를 수정하고 애플리케이션을 다시 실행시킬 수 있는 오류 정보가 들어 있다. 사용자가 상세 로깅을 활성화하면 사용자에게 필요한 세부 사항을 추가해 더욱 자세한 메인 오류와 제어를 생성한다.

- **디버깅**: 개발자와 관리자가 사용한다. 훨씬 더 복잡한 구현 정보를 포함한다. 빽빽한 blanket 디버깅을 활성화할 일은 거의 없으나 특정 모듈이나 클래스의 디버깅을 활성화해야 할 때가 있다.

- **감사**: 데이터 변경을 추적해 프로세싱이 올바르게 이뤄졌는지 공식적으로 확인한다.

- **보안**: 누가 인증했는지, 권한 규칙을 잘 지키고 있는지 확인한다. 반복된 비밀번호 실패 같은 공격을 감지하는 데 쓰이기도 한다.

일반적으로 로그 유형에 따라 포매팅과 처리 요구 사항이 다르다. 또한 동적으로 유형 일부를 활성화하고 비활성화하기도 한다. 메인 오류와 제어 로그는 주로 디버그가 아닌 메시지로 만든다. 다음 같은 구조의 애플리케이션을 생각해보자.

```python
from collections import Counter
from Chapter_16.ch16_ex1 import LoggedClass

class Main(LoggedClass):

    def __init__(self) -> None:
        self.counts: Counter[str] = collections.Counter()

    def run(self) -> None:
        self.logger.info("Start")

        # 카운터 증가와 그 주변 프로세싱
        self.counts["input"] += 2000
        self.counts["reject"] += 500
        self.counts["output"] += 1500

        self.logger.info("Counts %s", self.counts)
```

LoggedClass 클래스로 클래스 한정자(Main)와 일치하는 이름의 로그를 생성했다. 애플리케이션이 정상적으로 구동됐고 종료됐음을 보여주는 정보 메시지를 로거에 남긴다. 이때 적절한 양의 데이터를 처리했는지 확인할 수 있도록 Counter를 사용해 밸런스 정보를 누적했다.

프로세싱 마지막에 좀 더 형식적인 밸런스 정보를 표시할 수도 있다. 다음과 같이 출력하면 읽기 쉽다.

```
for k in self.counts:
  self.logger.info(
    f"{k:.<16s} {self.counts[k]:>6,d}")
```

위 버전은 로그에서 키와 값을 서로 다른 행에 표시한다. 오류와 제어 로그에는 주로 가장 간단한 포맷을 사용한다. 즉, 주변 맥락 정보 없이 메시지 텍스트만 표시한다. 다음과 같은 formatter를 사용한다.

```
formatters:
  control:
    style: "{"
    format: "{levelname:s}:{message:s}"
```

수준 이름(INFO, WARNING, ERROR, CRITICAL)과 메시지 텍스트를 표시하도록 formatter를 설정했다. 세부 사항은 제거하고 사용자에게 도움이 되는 필수 사실만 제공했다. 이 포매터를 control이라 명했다.

다음 코드는 control 포매터와 핸들러를 연결한다.

```
handlers:
  console:
    class: logging.StreamHandler
    stream: ext://sys.stderr
    formatter: control
```

이렇게 하면 console 핸들러에서 control 포매터를 사용한다.

로거는 Main 클래스가 생성될 때 만들어진다는 점을 꼭 기억하자. 이는 로깅 설정을 적용하기 한참 전이다. 로거를 클래스의 일부로 정의하려면 설정에 다음을 포함시켜야 한다.

```
    disable_existing_loggers: False
```

클래스 정의의 일부로 생성한 로거는 logging.config.dictConfig()를 사용해 설정하더라도 보존된다.

디버깅 로그 생성

개발자는 주로 개발 중인 프로그램을 감시할 목적으로 디버깅을 활성화한다. 이때 특정 기능이나 모듈, 클래스에 한정되는 경우가 많다. 따라서 대개 이름으로 로거를 활성화하고 비활성화한다. 몇몇 로거의 수준은 DEBUG로, 어떤 로거는 INFO나 WARNING으로 설정 파일에서 설정할 수 있다.

디버깅 정보는 주로 클래스로 디자인한다. 실제로 디버깅 기능을 클래스 디자인의 특정 품질 요소로 보기도 한다. 다시 말해, 풍부한 로깅 요청이 생겨난다. 예를 들어 어떤 복잡한 계산에 클래스 상태 정보가 꼭 필요할 수 있다.

```python
from Chapter_16.ch16_ex1 import LoggedClass

class BettingStrategy(LoggedClass):
  def bet(self) -> int:
    raise NotImplementedError("No bet method")

  def record_win(self) -> None:
    pass

  def record_loss(self) -> None:
    pass

class OneThreeTwoSix(BettingStrategy):
  def __init__(self) -> None:
    self.wins = 0

  def _state(self) -> Dict[str, int]:
    return dict(wins=self.wins)
```

```
    def bet(self) -> int:
      bet = {0: 1, 1: 3, 2: 2, 3: 6}[self.wins % 4]
      self.logger.debug(f"Bet {self._state()}; based on {bet}")
      return bet

    def record_win(self) -> None:
      self.wins += 1
      self.logger.debug(f"Win: {self._state()}")

    def record_loss(self) -> None:
      self.wins = 0
      self.logger.debug(f"Loss: {self._state()}")
```

베팅 전략의 부분적인 기능을 제공하는 상위 클래스인 BettingStrategy를 정의했다. 구체적으로 이 클래스는 베팅금을 가져오고 승패를 기록하는 메서드를 정의한다. 베팅을 바꾸면 어떻게든 게임에서 손실을 줄일 수 있을 것이라는 잘못된 생각에서 비롯된 클래스다.

OneThreeTwoSix라는 구체 구현에서는 관련된 내부 상태를 보여주는 _state() 메서드를 생성했다. 이 메서드는 디버깅 지원에만 쓰인다. self.__dict__는 정보가 너무 많아 오히려 유용하지 못하므로 쓰지 않는다. 이제 메서드함수 곳곳에서 self._state 정보의 변경을 감사할 수 있다.

앞선 많은 예제에서 로거에 %r과 %s 포매팅을 사용했다. 예를 들면 self.logger.info("template with %r and %r", some_item, another_variable)와 같은 행이다. 이 행은 필드를 포함하는 메시지를 제공하고, 포매터는 필터를 통해 전달된 필드를 처리한다. 이렇게 하면 행을 상당히 제어할 수 있다.

위 예제에서는 f 문자열을 사용하는 self.logger.debug(f"Win: {self._state()}")를 사용했다. 로깅 패키지의 필터와 포매터는 출력을 세밀하게 제어하지 못한다. 감사와 보안 로그에는 로거에서 제어하는 % 스타일 포매팅 로깅이 더 적합하다. 로그 필터에서 민감한 정보를 일관되게 삭제하기 위해서다. 약식의 로그 항목에는 f 문자열이 편리하다. 하지만 어떤 정보를 f 문자열을 사용해 로그에 남길지 무척 신중하게 결정해야 한다.

특정 위치에서 디버깅을 활성화하고 비활성화하려면 보통 설정 파일을 편집해 디버깅 출력을 선택적으로 활성화한다. 로깅 설정 파일을 다음과 같이 변경한다.

```
loggers:
  betting.OneThreeTwoSix:
    handlers: [console]
    level: DEBUG
    propagate: False
```

클래스 한정자로 특정 클래스의 로거를 식별했다. 위 예제는 미리 정의된 console이라는 핸들러가 있다고 가정했다. 또한 루트 로거에서 디버깅 메시지가 중복되지 않도록 전파를 비활성화했다.

이렇게 디자인한 이유는 단순히 -D나 --DEBUG 옵션으로 명령줄에서 디버깅을 활성화하고 싶지 않아서다. 효과적으로 디버깅을 수행하려면 설정 파일을 통해 선택적으로 로거를 활성화해야 한다. 명령줄 이슈는 18장에서 살펴보겠다.

감사와 보안 로그 생성

감사와 보안 로그는 두 핸들러에 중복될 때가 많다. 메인 제어^{main control} 핸들러와 파일^(file) 핸들러 둘 다 감사와 보안 리뷰에 쓰이기 때문이다. 따라서 다음과 같이 해야 한다.

- 감사와 보안을 위한 추가 로거를 정의한다.

- 정의한 로거에 다수의 핸들러를 정의한다.

- 필요에 따라 감사 핸들러에 포맷을 추가로 정의한다.

앞서 봤듯이 일반적으로 audit나 security 로그에는 별도의 계층 구조를 생성한다. 감사나 보안을 위해 새 로깅 수준을 추가하는 것보다 별도의 로거 계층 구조를 생성하는 편이 훨씬 간단하다. 메시지가 기본적으로 INFO 메시지여야 하므로 수준을 새로 추가하기 쉽지 않다. 새 수준은 오류가 아니므로 INFO의 WARNING에 속하지 않고, 선택 사항이 아니므로 INFO의 DEBUG에 속하지도 않는다.

이제 앞서 봤던 메타클래스를 확장해보겠다. 새로운 메타클래스는 기존의 제어나 디버깅 로거 외에 특수한 감사 로거까지 포함하는 클래스를 생성한다.

```python
from Chapter_16.ch16_ex1 import LoggedClassMeta

class AuditedClassMeta(LoggedClassMeta):

  def __new__(cls, name, bases, namespace, **kwds):
    result = LoggedClassMeta.__new__(cls, name, bases,
dict(namespace))
    for item, type_ref in result.__annotations__.items():
      if issubclass(type_ref, logging.Logger):
        prefix = "" if item == "logger" else f"{item}."
        logger = logging.getLogger(
          f"{prefix}{result.__qualname__}")
        setattr(result, item, logger)
    return result

class AuditedClass(LoggedClass, metaclass=AuditedClassMeta):
  audit: logging.Logger
  pass
```

AuditedClassMeta 정의는 LoggedClassMeta를 확장한다. 기반 메타클래스에서는 클래스명에 기반해 특정 로거 인스턴스로 로깅 속성을 초기화했었다. 위 확장도 비슷하게 동작한다. 우선 logging.Logger 타입을 참조하는 모든 타입 표기를 찾는다. 이러한 모든 참조가 속성명과 클래스 한정자명에 기반한 이름의 클래스단 로거로 자동으로 초기화된다. 이러한 방식으로 감사 로거나 평범한 타입 표기를 갖는 특수 로거를 생성할 수 있다.

AuditedClass 정의는 LoggedClass 정의를 확장해 클래스의 logger 속성을 위한 정의를 제공한다. AuditedClass 클래스는 LoggedClass 클래스에 audit 속성을 추가한다. 모든 하위 클래스는 두 로거로 생성된다. 한 로거의 이름은 단순히 클래스 한정자명을 따른다. 나머지 로거는 한정자명뿐만 아니라 audit 계층 구조 내 해당 로거의 접두사까지 함께 사용한다. 위 클래스는 다음과 같이 사용한다.

```
class Table(AuditedClass):

    def bet(self, bet: str, amount: int) -> None:
        self.logger.info("Betting %d on %s", amount, bet)
        self.audit.info("Bet:%r, Amount:%r", bet, amount):
```

위 클래스는 접두사가 'audit.'인 로거에 레코드를 기록한다. 애플리케이션의 로그 레코드를 두 스트림으로 따로 분리시키는 것이 핵심이다. 메인 콘솔 로그에는 다음과 같이 단순한 형태의 레코드를 표시한다.

```
INFO:Table:Betting 1 on Black
INFO:audit.Table:Bet:'Black', Amount:1
```

반면 상세 감사 파일에는 다음과 같이 더 자세한 정보를 표시한다.

```
INFO:audit.Table:2019-03-19 07:34:58:Bet:'Black', Amount:1
INFO:audit.Table:2019-03-19 07:36:06:Bet:'Black', Amount:1
```

audit.Table 레코드에 쓰이는 핸들러는 두 가지다. 핸들러마다 포맷이 다르다. 이처럼 또 다른 로거 계층 구조를 처리하도록 로깅을 설정할 수 있다. 다음과 같은 두 핸들러가 필요하다.

```
handlers:
  console:
    class: logging.StreamHandler
    stream: ext://sys.stderr
    formatter: basic
  audit_file:
    class: logging.FileHandler
    filename: data/ch16_audit.log
    encoding: utf-8
    formatter: detailed
```

console 핸들러는 basic 포맷을 사용하는 사용자 지향적인 로그 항목을 포함한다. audit_file 핸들러는 detailed라는 더 복잡한 포매터를 사용한다. 두 handlers가 참조하는 두

formatters는 다음과 같다.

```
formatters:
  basic:
    style: "{"
    format: "{levelname:s}:{name:s}:{message:s}"
  detailed:
    style: "{"
    format: "{levelname:s}:{name:s}:{asctime:s}:{message:s}"
    datefmt: "%Y-%m-%d %H:%M:%S"
```

basic 포맷은 메시지 속성만 보여준다. detailed 포맷 규칙은 날짜 포매팅과 나머지 메시지 포매팅을 따로 처리하므로 조금 더 복잡하다. datetime 모듈은 % 스타일의 포매팅을 사용한다. 전체 메시지에는 { 스타일의 포매팅을 사용했다. 다음은 두 Logger의 정의이다.

```
loggers:
  audit:
    handlers: [console,audit_file]
    level: INFO
    propagate: True
  root:
    handlers: [console]
    level: INFO
```

audit 계층 구조에 로거를 정의했다. audit의 모든 자식은 console Handler와 audit_file Handler 둘 다에 메시지를 작성한다. 루트 로거는 콘솔만 사용하는 나머지 로거를 정의한다. 이로써 두 가지 형태의 감사 메시지가 표시된다.

중복 핸들러는 메인 콘솔 로그에 감사 정보를 제공할 뿐만 아니라 향후 분석을 위해 별도 로그에 저장되는 특수 감사 추적을 제공한다.

⠿ warnings 모듈 사용

객체지향 개발에서는 종종 클래스나 모듈에 중대한 리팩터링을 수행한다. 처음 애플리케이션을 작성할 때는 API를 정확히 이해하기 힘들다. API를 명확히 이해하느라 디자인 시간을 낭비할 수도 있다. 문제 도메인과 사용자 요구 사항을 깊이 이해할수록 파이썬의 유연함을 발판 삼아 자유자재로 변경할 수 있다.

디자인 진화^{design evolution}를 지원하는 도구 중 하나가 warnings 모듈이다. warnings의 두 가지 명확한 유스 케이스와 한 가지 애매한 유스 케이스를 알아보자.

- 개발자에게 API의 변경을 알린다. 주로 더 이상 지원하지 않거나 곧 지원하지 않게 될 기능이다. 기본적으로는 지원하지 않거나 곧 지원하지 않을 기능에 대한 경고는 표시하지 않는다. unittest 모듈을 실행할 때 이러한 메시지를 표시한다. 그래야 업그레이드된 라이브러리 패키지를 올바르게 사용할 수 있다.

- 사용자에게 설정 문제를 알린다. 예를 들어 여러 가지 모듈 구현이 있는데, 원하는 구현을 사용할 수 없었을 경우 최적의 구현이 쓰이지 않았다고 경고한다.

- 경고의 한계를 넘어서 계산 결과에 문제가 있을 수 있음을 경고를 통해 사용자에게 알린다. 파이썬 환경 밖에서는 "서비스를 일부 수행했으나 요청된 함수를 전부 수행하지 않았을 수 있음"으로 경고를 정의하기도 한다. 불완전한^{incomplete} 결과가 경고로 이어진다는 개념에는 논쟁의 소지가 있다. 잠재적으로 불완전한 결과보다 아예 결과를 내보내지 않는 편이 나을 수 있다.

처음 두 유스 케이스에는 주로 파이썬 warnings 모듈을 사용해 수정 가능한 문제가 있음을 알린다. 세 번째 모호한 유스 케이스에는 logger.warn() 메서드로 사용자에게 잠재적 문제를 알린다. warnings 모듈은 기본적으로 경고를 한 번만 표시하므로 사용하지 말아야 한다.

warnings 모듈은 최적화와 호환성, 일부 런타임 문제를 겨냥한 선택적인 메시지를 제공할 때 유용하다. 가령 복잡한 라이브러리나 패키지의 실험적인 기능을 사용할 때 경고가 필요할 수 있다.

경고로 API 변경 알림

모듈이나 패키지, 클래스의 API를 변경하는 경우 warnings 모듈을 통해 편리한 표식을 제공할 수 있다. warnings 모듈은 다음과 같이 더 이상 지원하지 않거나 지원하지 않을 메서드에서 경고를 발생시킨다.

```
import warnings

class Player:
    """version 2.1"""

    def bet(self) -> None:
        warnings.warn(
            "bet is deprecated, use place_bet",
            DeprecationWarning, stacklevel=2)
        pass
```

이렇게 정의하면 애플리케이션에서 Player.bet()을 사용하는 부분이 Deprecation Warning을 받는다. 기본적으로 이러한 경고는 표시되지 않는다. 하지만 warnings 필터를 조정하면 다음과 같은 메시지를 볼 수 있다.

```
>>> warnings.simplefilter("always", category=DeprecationWarning)
>>> p2= Player()
>>> p2.bet()
__main__:4: DeprecationWarning: bet is deprecated, use place_bet
```

이 기법을 사용하면 API 변경으로 애플리케이션에서 바꿔야 하는 부분을 전부 찾아낼 수 있다. 100%에 가까운 코드 커버리지의 단위 테스트 케이스만 있으면 이렇게 간단한 기법으로 더 이상 지원하지 않는 메서드가 쓰인 부분을 쉽게 찾는다.

어떤 통합 개발 환경IDE, Integrated Development Environment에서는 경고가 쓰인 부분을 찾아내 더 이상 지원하지 않는 코드임을 강조한다. 예를 들어 파이참PyCharm은 더 이상 지원하지 않는 bet() 메서드가 쓰인 부분에 작은 선을 긋는다.

이 기법은 소프트웨어 변경을 계획하고 운영하는 데 있어 매우 중요하므로 다음의 세 가지 방법으로 애플리케이션 내 모든 경고를 확인할 수 있다.

- 명령줄에서 -Wd 옵션을 사용해 모든 경고를 default 액션으로 설정한다. 일반적으로는 표시하지 않는 디프리케이션deprecation 경고를 활성화한다. python3.7 -Wd를 실행하면 모든 디프리케이션 경고를 볼 수 있다.

- 항상 warnings.simplefilter('default') 모드로 실행되는 unittest를 사용한다.

- 애플리케이션 프로그램에 warnings.simplefilter('default')를 인클루드한다. 이로써 모든 경고에 default 액션을 적용한다. 즉, -Wd 명령줄 옵션과 동일하다.

경고로 설정 문제 알림

어떤 클래스나 모듈에 여러 가지 구현이 있을 수 있다. 보통은 설정 파일 매개변수로 적절한 구현을 결정한다. 이러한 기법에 대한 자세한 정보는 14장을 참고하자.

하지만 파이썬 설치에 어떤 패키지가 들어 있느냐에 따라 암묵적으로 애플리케이션이 달라지기도 한다. 어떤 구현은 최적이고 어떤 구현은 차선일 수 있다. 많은 파이썬 라이브러리 모듈이 이러한 기준에 따라 최적화된 이진 모듈과 순수 파이썬 모듈 사이에서 선택한다.

일반적인 방법은 여러 import문을 시도해 설치된 패키지를 찾아보는 것이다. 설정에서 생기는 문제를 경고를 통해 보여줄 수도 있다. 다음과 같은 방법으로 여러 구현을 임포트해본다.

```
import warnings

try:
    import simulation_model_1 as model
except ImportError as e:
    warnings.warn(repr(e))
if 'model' not in globals():
```

```
    try:
        import simulation_model_2 as model
    except ImportError as e:
        warnings.warn(repr(e))
if 'model' not in globals():
    raise ImportError("Missing simulation_model_1 and
simulation_model_2")
```

모듈마다 한 번씩 임포트했다. 실패하면 다른 임포트를 시도했다. if문을 사용해 예외가 중첩되지 않게 막았다. 구현이 둘 이상이면 예외가 중첩돼 매우 복잡해 보일 수 있다. if문을 더 추가해 긴 구현 대안들을 평평하게 만들어야 예외가 중첩되지 않는다.

메시지의 클래스를 변경하면 경고 메시지를 처리하기 더 수월하다. 앞선 코드에는 UserWarning을 사용한다. 기본적으로 메시지를 표시하면서 최적의 설정이 아니라는 증거를 사용자에게 제시한다.

클래스를 ImportWarning으로 바꾸면 기본적으로 표시하지 않는다. 보통 때는 표시하지 않는 이 연산은 어떤 패키지를 쓰든 사용자에게 중요하지 않을 때 사용한다. 개발자가 흔히 쓰는 -Wd 옵션이 ImportWarning 메시지를 표시한다.

warnings.warn()을 호출해 다음과 같이 경고 클래스를 변경한다.

```
warnings.warn(e, ImportWarning)
```

기본적으로 표시하지 않는 클래스로 경고를 변경했다. -Wd 옵션을 사용하는 개발자라면 메시지를 볼 수 있다.

경고로 가능한 소프트웨어 문제 알림

최종 사용자에게 경고는 다소 모호한 개념이다. 애플리케이션이 제대로 동작했는가 아니면 실패했는가? 경고가 의미하는 것이 무엇인가? 사용자가 달리 해야 할 일이 있는가?

이러한 잠재적 모호성을 고려해 사용자 인터페이스에는 경고를 사용하지 않는 편이 좋다. 경고가 정말 유용하려면 프로그램이 올바르게 동작하든지 혹은 전혀 동작하지 않아야 한다. 오류가 발생했다면 오류 메시지는 사용자의 문제 해결을 돕는 조언을 제공해야 한다. 사용자가 알아서 출력의 품질과 목적과의 부합성을 판단하게 하는 부담을 지워서는 안 된다. 이 점을 강조하겠다.

최종 사용자에게 잠재적으로 모호할 수 있는 경고 중 하나는 출력이 불완전하다고 알리는 것이다. 가령 애플리케이션에 네트워크 연결 문제가 있었을 수 있다. 기본적으로 결과는 정확했으나 데이터 소스 중 하나가 적절히 동작하지 않았다.

애플리케이션에서 사용자가 요청하지 않은 액션을 취했는데 출력이 유효하고 유용할 때가 있다. 네트워크 문제라면 네트워크 문제에도 불구하고 기본 동작을 수행할 수 있다. 결함이 있는 부분을 정확히 사용자가 요청한 대로는 아니지만 올바른 동작으로 대체하는 방식이 일반적으로 경고에 적합하다. 이러한 종류의 경고에는 warnings 모듈이 아니라 WARN 수준의 logging을 사용해야 가장 알맞다. warnings 모듈은 메시지를 한 번만 생성하는데, 사용자에게 더 자세한 정보를 제공하기 위해서다. 다음은 간단한 Logger.warn() 메시지로 로그에 문제를 기술하는 방법이다.

```
try:
  with urllib.request.urlopen("http://host/resource/", timeout=30)
as resource:
  content = json.load(resource)
except socket.timeout as e:
  self.log.warn(
    "Missing information from http://host/resource")
  content = []
```

타임아웃이 발생하면 경고 메시지를 로그에 기록한 후 프로그램을 계속 실행한다. 자원의 content에는 빈 리스트를 할당한다. 로그 메시지는 매번 작성한다. 대개 warnings 모듈 경고는 프로그램 내 주어진 위치에 한 번만 표시되고 이후로는 감춰진다.

⸬ 고급 로깅: 최근 메시지와 네트워크 목적지

유용한 디버깅 정보를 제공하는 두 가지 고급 기법을 알아보자. 첫째는 로그 테일[log tail] 이다. 로그 테일이란 중요한 이벤트 전 최근 로그 메시지들의 버퍼다. 작은 파일을 남겨 애플리케이션이 왜 중지됐는지 읽을 수 있도록 한다. 전체 로그 출력에 운영체제의 tail 명령을 자동으로 적용하는 것과 비슷하다.

두 번째 기법은 네트워크를 통해 로그 메시지를 중앙 로그 처리 서버로 전송하는 로깅 프레임워크 기능을 사용하는 것이다. 다수의 병렬 웹 서버가 남긴 로그를 통합할 때 유용하다. 로그의 센더와 리시버를 모두 생성해야 한다.

자동 테일 버퍼 생성

로그 테일 버퍼는 logging 프레임워크의 확장이다. MemoryHandler의 동작을 조금 수정해 확장해보겠다. 내부적으로 MemoryHandler는 다음 세 유스 케이스로 동작한다. 용량이 가득 차면 다른 Handler에 기록하고, logging이 중지되면 버퍼링된 메시지를 기록한다. 어떤 수준의 메시지가 로깅되면 전체 버퍼를 기록한다.

첫 번째 유스 케이스를 살짝 바꾸겠다. 버퍼가 가득 차면 출력 파일에 기록하는 대신 가장 오래된 메시지만 삭제하고 나머지는 그대로 둔다. 중지 시에 기록하거나 심각도가 큰 레코드를 기록하는 나머지 두 유스 케이스는 바꾸지 않겠다. 이렇게 해야 중지 전 최근 메시지와 오류 전 최근 메시지를 덤프하는 효과를 낳는다.

MemoryHandler 인스턴스의 기본 설정은 ERROR 수준보다 같거나 큰 메시지가 로깅될 때까지 메시지를 버퍼링하는 것이다. 이로써 오류를 로깅할 때 버퍼를 덤프하게 된다. 오류에 직접적인 영향을 미치지 않는 평상시와 다름없는 메시지는 되도록 표시하지 않는다.

앞서 설명한 예제를 이해하려면 파이썬 설치에 들어 있는 `logging.handlers` 모듈을 다시 자세히 들여다봐야 한다.

이렇게 확장한 `MemoryHandler`는 `TailHandler` 클래스를 생성할 때 정의한 용량만큼 최근 메시지를 보관한다.

```python
class TailHandler(logging.handlers.MemoryHandler):
  def shouldFlush(self, record: logging.LogRecord) -> bool:
    """
    버퍼가 가득 찼는지 혹은
    flushLevel과 같거나 높은 수준의 레코드인지 확인한다.
    """
    if record.levelno >= self.flushLevel:
      return True
    while len(self.buffer) > self.capacity:
      self.acquire()
      try:
        del self.buffer[0]
      finally:
        self.release()
    return False
```

로그 메시지를 주어진 용량까지 기록하도록 `MemoryHandler`를 확장했다. 용량에 다다르면 오래된 메시지는 제거하고, 새 메시지를 추가한다. 멀티스레드 로깅을 허용하려면 반드시 데이터 구조를 락킹해야 한다.

적절한 수준의 메시지를 받으면 전체 데이터 구조를 타깃 핸들러로 전송한다. 대개 타깃은 디버깅과 지원을 목적으로 테일 파일에 로그를 기록하는 `FileHandler`이다.

또한 `logging`이 중지될 때도 최근 메시지를 테일 파일에 기록한다. 이 경우는 디버깅이나 지원이 필요 없는 정상적인 종료를 뜻한다.

일반적으로 이러한 핸들러에는 고장 상황에서 아주 상세한 정보를 얻을 수 있도록 DEBUG 수준의 메시지를 전송한다. 기본 수준이 쓰이지 않도록 설정에서 명시적으로 레벨을 DEBUG로 할당해야 한다.

다음은 TailHandler를 사용하는 설정이다.

```
version: 1
disable_existing_loggers: False
handlers:
  console:
    class: logging.StreamHandler
    stream: ext://sys.stderr
    formatter: basic
  tail:
    (): __main__.TailHandler
    target: cfg://handlers.console
    capacity: 5
formatters:
  basic:
    style: "{"
    format: "{levelname:s}:{name:s}:{message:s}"
loggers:
  test:
    handlers: [tail]
    level: DEBUG
    propagate: False
root:
  handlers: [console]
  level: INFO
```

TailHandler의 정의를 보면 logging 설정에 추가된 기능을 알 수 있다. 클래스 참조뿐만
아니라 설정 파일의 다양한 요소를 보여준다.

위 설정에서는 맞춤형 클래스 정의를 참조했다. () 표시는 값을 모듈과 클래스명으로 해
석해야 함을 뜻한다. 위 예제에서 값은 __main__.TailHandler 클래스의 인스턴스다. ()
대신 class 표기를 쓰면 logging 패키지에 속한 모듈과 클래스를 사용한다.

설정에 정의한 다른 로거도 참조했다. cfg://handlers.console은 같은 설정 파일 내
handlers 영역에 정의한 console 핸들러를 참조한다. 데모를 위해 sys.stderr를 사용하
는 StreamHandler 테일 타깃을 사용했다. 이전에 언급했듯이 FileHandler를 사용해 디버
깅 파일에 로그를 남기는 디자인이 더 나을 수 있다.

앞서 정의한 tail 핸들러를 사용하는 로거들의 test 계층 구조를 생성했었다. 이러한 로거에 기록된 메시지는 버퍼링되고 오류나 중지 시에만 보인다.

다음은 데모 스크립트다.

```
logging.config.dictConfig(yaml.load(config8))
log = logging.getLogger("test.demo8")

log.info("Last 5 before error")
for i in range(20):
  log.debug(f"Message {i:d}")
log.error("Error causes dump of last 5")

log.info("Last 5 before shutdown")
for i in range(20, 40):
  log.debug(f"Message {i:d}")
log.info("Shutdown causes dump of last 5")

logging.shutdown()
```

오류 전에 메시지 20개를 생성했다. 이어서 로깅을 중지하고 버퍼를 플러시하기 전에 메시지 20개를 더 생성했다. 이때 출력은 다음과 같다.

```
DEBUG:test.demo8:Message 15
DEBUG:test.demo8:Message 16
DEBUG:test.demo8:Message 17
DEBUG:test.demo8:Message 18
DEBUG:test.demo8:Message 19
ERROR:test.demo8:Error causes dump of last 5
DEBUG:test.demo8:Message 36
DEBUG:test.demo8:Message 37
DEBUG:test.demo8:Message 38
DEBUG:test.demo8:Message 39
INFO:test.demo8:Shutdown causes dump of last 5
```

중간에 생성된 메시지는 TailHandler 객체가 알아서 삭제한다. 용량을 5로 설정했으므로 오류(나 중지) 전 마지막 메시지 5개만 표시된다. 마지막 5개 메시지는 디버그 메시지 4개와 최종 정보 메시지 1개를 포함한다.

원격 프로세스에 로깅 메시지 전송

고성능 디자인 패턴 중에 어떤 문제 하나를 프로세스 클러스터로 해결하는 방법이 있다. 애플리케이션 하나가 다수의 애플리케이션 서버나 다수의 데이터베이스 클라이언트에 퍼져 있을 수 있다. 이러한 아키텍처에는 여러 프로세스를 모두 아우르는 중앙 로그가 필요한 법이다.

통합 로그를 생성하는 한 가지 기법은 정확한 타임스탬프를 넣어 여러 로그 파일의 레코드를 하나의 로그로 정렬하는 것이다. 정렬과 병합에 들어가는 추가적인 처리는 얼마든지 피할 수 있다. 더 민감하게 대응하는 기법은 다수의 동시 실행 프로듀서 프로세스의 로그 메시지를 하나의 컨슈머 프로세스로 보내는 방식이다.

예제의 공유 로깅 방법은 `multiprocessing` 모듈의 공유 큐를 사용한다. 멀티프로세싱에 관한 자세한 내용은 13장을 참고한다.

다음은 멀티프로세싱 애플리케이션을 만드는 세 단계 과정이다.

- 첫째, 프로듀서와 컨슈머가 공유하는 큐 객체를 생성한다.

- 둘째, 큐에서 로깅 레코드를 가져오는 컨슈머 프로세스를 생성한다. 로깅 컨슈머는 메시지에 필터를 적용해 통합 파일에 기록한다.

- 셋째, 애플리케이션의 실제 작업을 수행하고 컨슈머와 공유하는 큐에 로깅 레코드를 생성할 프로듀서 프로세스 풀을 생성한다.

추가 기능으로 ERROR와 FATAL 메시지는 SMS나 이메일을 통해 관심 있는 사용자에게 중간 알림을 제공할 수 있다. 또한 컨슈머는 로그 파일을 주기적으로 순환시키는 (비교적) 느린 처리를 수행할 수도 있다.

다음은 컨슈머 프로세스의 정의다.

```
import collections
import logging
import multiprocessing
```

```
class Log_Consumer_1(multiprocessing.Process):

    def __init__(self, queue):
        self.source = queue
        super().__init__()
        logging.config.dictConfig(yaml.load(consumer_config))
        self.combined =
logging.getLogger(f"combined.{self.__class__.__qualname__}")
        self.log = logging.getLogger(self.__class__.__qualname__)
        self.counts = collections.Counter()

    def run(self):
        self.log.info("Consumer Started")
        while True:
            log_record = self.source.get()
            if log_record == None:
                break
            self.combined.handle(log_record)
            self.counts[log_record.getMessage()] += 1
        self.log.info("Consumer Finished")
        self.log.info(self.counts)
```

위 프로세스는 multiprocessing.Process의 하위 클래스다. multiprocessing.Process 클래스는 자식 프로세스를 포크하고 run() 메서드를 실행할 start() 메서드를 제공한다.

self.counts 객체는 프로듀서가 생성한 개개 메시지를 추적한다. 어떤 유형의 메시지를 받았는지 요약해서 보여주기 위해서다. 일반적인 사례는 아니지만 데모가 어떻게 처리되는지 보는 데 유용하다.

프로세스가 실행 중인 동안 이 객체는 Queue.get() 메서드를 사용해 큐에서 로그 레코드를 가져온다. 이후 로거 인스턴스로 메시지를 전달한다. 여기서는 combined.라는 부모의 이름을 딴 특수 로거를 생성하겠다. 소스 프로세스의 각 레코드마다 이 이름이 주어진다.

센티넬 객체인 None은 프로세싱 종료를 알리는 데 쓰인다. 이 객체를 받으면 while문을 종료하고 최종 로그 메시지를 기록한다. self.counts 객체는 얼마나 많은 메시지를 받았는지 보여준다. 이로써 큐 오버런으로 인해 유실되는 메시지가 생기지 않도록 큐 크기를 조정할 수 있다.

다음은 앞서 언급한 프로세스의 logging 설정 파일이다.

```
version: 1
disable_existing_loggers: False
handlers:
  console:
    class: logging.StreamHandler
    stream: ext://sys.stderr
    formatter: basic
formatters:
  basic:
    style: "{"
    format: "{levelname:s}:{name:s}:{message:s}"
loggers:
  combined:
    handlers: [ console ]
    formatter: detail
    level: INFO
    propagate: False
root:
  handlers: [ console ]
  level: INFO
```

기본 포맷으로 간단한 콘솔 Logger를 정의했다. 이름이 combined.으로 시작하는 로거들의 최상단의 계층 구조도 정의했다. 이러한 로거는 여러 프로듀서의 출력을 합쳐서 표시할 때 쓰인다.

다음은 로깅 프로듀서다.

```
import multiprocessing
import time
import logging
import logging.handlers


class Log_Producer(multiprocessing.Process):
    handler_class = logging.handlers.QueueHandler
```

```python
    def __init__(self, proc_id, queue):
        self.proc_id = proc_id
        self.destination = queue
        super().__init__()
        self.log = logging.getLogger(
            f"{self.__class__.__qualname__}.{self.proc_id}")
        self.log.handlers = [self.handler_class(self.destination)]
        self.log.setLevel(logging.INFO)

    def run(self):
        self.log.info(f"Started")
        for i in range(100):
            self.log.info(f"Message {i:d}")
            time.sleep(0.001)
        self.log.info(f"Finished")
```

프로듀서에는 설정이라 할 만한 것이 거의 없다. 클래스명 한정자와 인스턴스 식별자(self.proc_id)를 사용하기 위해 로거를 가져온다. 핸들러 리스트에는 단순히 목적지인 Queue 인스턴스를 래핑하는 QueueHandler를 할당한다. 로거의 수준은 INFO로 설정한다.

handler_class는 변경할 예정이니 클래스 정의에 속성으로 넣었다. 첫 번째 예제에서는 logging.handlers.QueueHandler다. 이렇게 해야 다른 종류의 핸들러에 프로듀서를 재사용할 수 있다.

실제 작업을 수행하는 프로세스에서 로거를 사용해 로그 메시지를 생성한다. 메시지는 큐에서 대기하면서 중앙 컨슈머의 처리를 기다린다. 프로세스는 그저 102개의 메시지를 최대한 빨리 큐에 넣을 뿐이다.

이제 컨슈머와 프로듀서를 어떻게 구동하는지 보이겠다. 몇 가지 단계로 설명하겠다. 먼저 다음과 같이 큐를 생성한다.

```python
import multiprocessing
queue= multiprocessing.Queue(10)
```

큐가 너무 작아 102개의 메시지를 순식간에 밀어넣는 프로듀서 10개를 감당하기 어렵다. 큐를 작게 만든 이유는 메시지를 유실했을 때 어떤 일이 일어나는지 보기 위해서다. 다음과 같이 컨슈머 프로세스를 구동한다.

```
consumer = Log_Consumer_1(queue)
consumer.start()
```

다음과 같이 프로듀서 프로세스들의 배열을 구동한다.

```
producers = []
for i in range(10):
  proc= Log_Producer(i, queue)
  proc.start()
  producers.append(proc)
```

예상대로 동시 실행 프로듀서 10개는 큐를 초과한다. 각 프로듀서는 메시지를 유실했다는 예외로 가득 찬 수많은 큐를 받는다.

프로세싱을 깔끔하게 종료하는 방법은 다음과 같다.

```
for p in producers:
  p.join()
queue.put(None)
consumer.join()
```

먼저 각 프로듀서 프로세스가 종료돼 부모 프로세스에게 다시 조인하기를 기다린다. 이후 센티넬 객체를 큐에 넣어 컨슈머를 깨끗하게 종료시킨다. 끝으로 컨슈머 프로세스가 종료돼 부모 프로세스에게 조인하기를 기다린다.

큐 오버런 방지

로깅 모듈은 기본적으로 Queue.put_nowait()이라는 메서드를 사용해 메시지를 큐에 넣는다. 이 동작 방식에는 로깅으로 인한 지연 없이 프로듀서를 실행할 수 있다는 장점이 있다. 하지만 큐가 너무 작을 경우 넘쳐나는 로깅 메시지를 감당하지 못해 메시지를 잃어버릴 수도 있다.

메시지가 지나치게 많으면 다음의 두 방법으로 적절하게 처리한다.

- Queue를 SimpleQueue로 바꾼다. SimpleQueue는 크기가 무한이다. API가 조금 다르므로 Queue.put_nowait() 대신 Queue.put()을 사용하도록 QueueHandler를 확장해야 한다.

- 매우 드물게 큐가 가득 찬 경우에 한해 프로듀서를 지연시킬 수 있다. Queue.put_nowait() 대신 Queue.put()을 사용하도록 QueueHandler를 살짝 변형한다.

흥미롭게도 똑같은 API 변경이 Queue와 SimpleQueue 모두에 동작한다. 다음과 같이 변경한다.

```
class WaitQueueHandler(logging.handlers.QueueHandler):

  def enqueue(self, record):
    self.queue.put(record)
```

Queue의 다른 메서드를 사용하도록 enqueue() 본문을 바꿨다. 이제 SimpleQueue나 Queue를 사용할 수 있다. Queue를 사용하면 큐가 찰 때까지 기다린다. 로깅 메시지가 유실되지 않는다. SimpleQueue를 사용하면 모든 메시지를 담을 수 있게 알아서 큐를 확장한다.

이제 프로듀서 클래스를 다음과 같이 수정한다.

```
class Log_Producer_2(Log_Producer):
  handler_class = WaitQueueHandler
```

위 클래스는 새로 정의한 WaitQueueHandler를 사용한다. 그 외에 프로듀서는 이전 버전과 동일하다.

Queue를 생성하고 컨슈머를 시작시키는 나머지 스크립트는 동일하다. 프로듀서는 Log_

Producer_2의 인스턴스이지만, 그 밖에 구동하고 조인하는 스크립트는 첫 번째 예제와 동일하다.

위 변형이 조금 더 느리지만 메시지는 유실하지 않는다. 큐 용량을 늘리면 성능이 더 좋아진다. 메시지가 최대 1,020개까지 들어올 수 있으니 용량이 1,020인 큐를 생성하면 성능이 극대화된다. 최적의 큐 용량을 찾기 위해서는 약간의 실험이 필요하다. 운영체제에 따라 적합한 크기가 다르겠으나 가령 크기가 30이면 메시지를 그다지 많이 유실하지 않는다. 프로듀서와 컨슈머의 상대적 성능도 중요하다. 영향을 관찰하려면 프로듀서의 슬립 타임을 더 작거나 큰 수로 바꿔보자. 프로듀서 개수를 10개에서 100개로 바꾸며 실험해보는 것도 좋다.

⫶ 요약

좀 더 고급 객체지향 디자인 기법으로 로깅 모듈을 사용하는 법을 알아봤다. 모듈과 클래스, 인스턴스, 함수와 관련된 로그를 생성했다. 로깅은 여러 클래스 정의에 걸치는 일관된 횡단 관심사이므로 장식자를 사용해 로깅을 생성했다.

warnings 모듈을 사용해 설정 문제나 지원하지 않는 메서드를 보여주는 방법도 알아봤다. 경고를 다른 목적으로 사용할 수도 있으나 남용할 우려가 있고, 애플리케이션이 제대로 동작했는지 알 수 없는 모호한 상황이 생기기도 하니 신중히 다루자.

디자인 고려 사항과 트레이드오프

logging 모듈은 감사와 디버깅 기능, 일부 보안 요구 사항을 지원한다. 로깅을 통해 프로세싱 단계별로 간단히 레코드를 저장하기도 한다. 로깅을 선택적으로 활성화하거나 비활성화함으로써 현실의 데이터를 처리할 때 코드가 실제로 동작하는지 알아내려는 개발자도 지원한다.

warnings 모듈은 디버깅 기능과 더불어 유지 보수 기능을 지원한다. 경고를 사용해 개발자에게 API 문제와 설정 문제, 그 밖에 잠재적인 버그 소스를 알릴 수 있다.

일반적으로 logging 모듈을 사용하면 소수의 handlers에 로깅하는 수많은 로거를 생성하게 된다. Logger명의 계층적 특징을 바탕으로 새로운 또는 특수한 로깅 메시지 컬렉션을 만들 수 있다. 클래스는 감사 목적의 로거와 좀 더 일반적인 디버깅 목적의 로거를 포함할 수 있다.

새로운 로깅 수준 번호도 추가할 수 있는데 꼭 필요할 때만 해야 한다. 수준은 개발자의 관심사(디버그, 정보, 경고)와 사용자의 관심사(정보, 오류, 치명적 오류)를 뒤섞는 경향이 있다. 디버그 메시지에는 넓은 선택성optionality이 존재한다. 반면 반드시 표시해야 하는 치명적 오류 메시지에는 이러한 선택성이 불필요하다. 상세 정보 혹은 최대한 상세한 디버깅을 위한 수준을 추가할 수 있으며, 딱 여기까지만 해야 한다.

logging 모듈을 사용해 다양한 목적의 설정 파일을 제공할 수 있다. 개발자라면 로깅 수준이 DEBUG이고 개발 중인 모듈을 위한 로거만 활성화하는 설정 파일을 사용할 것이다. 최종 배포 시에는 로깅 수준이 INFO이고 다양한 핸들러로 좀 더 형식적인 감사나 보안 리뷰 요구를 지원하는 설정 파일을 제공할 것이다.

'파이썬의 선The Zen of Python(https://www.python.org/dev/peps/pep-0020/)'에는 다음과 같은 구절이 나온다.

> "오류는 절대 조용히 지나가지 않는다.
> 명시적으로 감추지 않는 한."

warnings와 logging 모듈이 바로 이러한 개념을 지지한다.

두 모듈은 문제의 특정 해결책보다는 전반적인 품질과 관련이 있다. 아주 간단한 프로그래밍만으로 일관성을 제공하게 해준다. 객체지향 디자인이 커지고 복잡해질 때 인프라 고려 사항에 시간을 낭비하는 일 없이 풀어야 할 문제에 더 집중할 수 있다. 또한 출력을 조정해 개발자나 사용자에게 필요한 정보를 제공할 수 있다.

예고

17장에서는 테스트 가능한 디자인과 unittest와 doctest, pytest 패키지로 테스트하는 법을 살펴본다. 자동 테스트는 필수다. 즉, 충분한 증거로 코드가 올바르게 동작하는지 보여주는 자동 단위 테스트가 있기 전까지는 어떤 프로그래밍도 완전하지 않다. 소프트웨어를 더 쉽게 테스트할 수 있는 객체지향 디자인 기법도 알아보겠다.

17

테스트 가능한 디자인

고품질 프로그램은 자동화된 테스트를 포함한다. 소프트웨어가 정말로 동작하는지 알려면 모든 기능을 사용해봐야 한다. 제품이 되려면 각 기능마다 반드시 자동화된 단위 테스트[unit test]가 있어야 한다는 것이 황금률이다.

자동 단위 테스트 없이는 그 기능이 동작한다고 신뢰할 수 없으며 사용해서도 안 된다. 다음은 켄트 벡[Kent Back]의 『익스트림 프로그래밍』(인사이트, 2006)에 나오는 한 구절이다.

> "자동 테스트가 없는 프로그램 기능은 존재하지 않는 것이나 다름없다."

프로그램 기능을 자동으로 테스트한다는 것은 기본적으로 다음과 같다.

- **자동**[automated]: 인간의 판단이 개입하지 않는다는 뜻이다. 테스트는 실제 응답과 예상 응답을 비교하는 스크립트를 포함한다.
- **기능**[features]: 소프트웨어 요소를 독립적으로 테스트해서 별개로 동작하는지 확인한다. 어떤 맥락에서는 기능이 사용자가 바라보는 기능을 포함하는 꽤 넓은 개념

이다. 단위 테스트를 수행할 때의 기능은 일반적으로 훨씬 더 작으며 소프트웨어 컴포넌트 하나의 동작을 말한다. 각 단위unit는 주어진 기능을 충분히 구현하는 소프트웨어다. 이상적으로는 파이썬 클래스다. 하지만 모듈이나 패키지처럼 더 큰 단위도 가능하다.

파이썬에는 자동 단위 테스트 작성을 돕는 두 개의 내장 테스트 프레임워크가 있다. 자동 테스트에 쓰이는 doctest와 unittest의 사용법을 알아보겠다. doctest를 사용하면 아주 간단하게 테스트를 작성할 수 있다. unittest 패키지는 훨씬 더 정교하다.

잘 알려진 프레임워크인 pytest도 알아보겠다. pytest는 unittest보다 사용하기 간편하다. 일단 unittest.TestCase 클래스로 테스트를 작성했다가 pytest로 정교하게 테스트를 찾아내 실행하는 경우가 있다. 어떤 때는 거의 전부 pytest로 하기도 한다.

실용적인 테스트로 만들기 위한 디자인 고려 사항도 살펴본다. 일반적으로 테스트가 가능하려면 복잡한 클래스를 분해해야 한다. 15장에서 언급했듯이 디자인이 유연하려면 의존 관계가 드러나야 한다. 의존 관계 역전 원칙도 테스트 가능한 클래스로 만드는 데 도움이 된다.

오팅거Ottinger와 랭Langr이 쓴 〈단위 테스트의 **FIRST** 원칙: 신속성과 독립성, 반복성, 자기 검증성, 적시성FIRST unit test properties—Fast, Isolated, Repeatable, Self-Validating, and Timely〉을 읽어본다. 반복성과 자기 검증성에는 대개 자동 테스트 프레임워크가 필요하다. 적시성은 테스트 중인 코드를 작성하기 전에 테스트를 먼저 작성하라는 의미다. 자세한 정보는 http://pragprog.com/magazines/2012-01/unit-tests-are-first를 참고한다.

17장에서 다룰 주제는 다음과 같다.

- 테스트 단위 정의와 분리
- doctest로 테스트 케이스 정의
- 설정과 해제 사용
- TestCase 클래스 계층 구조

- 외부에서 정의한 예상 결과 사용

- pytest와 fixtures

- 자동 통합 테스트 혹은 자동 성능 테스트

기술 요구 사항

17장의 코드 파일은 https://git.io/fj2UM에 있다.

테스트 단위 정의와 분리

테스트는 필수로 여겨지므로 테스트 가능성testability은 객체지향 프로그래밍에서 중요한 디자인 고려 사항이다. 동작할 것처럼 보이는 클래스만으로는 전혀 가치가 없으므로 디자인은 테스트와 디버깅도 지원해야 한다. 동작한다는 증거가 있는 클래스가 훨씬 더 가치 있다.

다양한 테스트 유형은 일종의 계층 구조를 형성한다. 계층 구조의 기반은 단위 테스트다. 여기서 각 클래스나 함수를 독립적으로 테스트해 API에 부여된 의무를 충족하는지 확인한다. 각 클래스나 함수는 테스트를 수행할 독립된 단위다. 단위 테스트 계층 다음은 통합 테스트다. 각 클래스와 함수가 별개로 동작하는지 확인했으니 클래스 그룹과 클러스터를 테스트할 수 있다. 전체 모듈과 전체 패키지도 테스트할 수 있다. 통합 테스트를 통과했다면 다음 계층은 전체 애플리케이션의 자동 테스트다. 또 다른 테스트 유형도 있다. 성능 테스트나 보안 취약성 테스트도 가능하다.

17장에서는 모든 애플리케이션의 핵심인 자동 단위 테스트에만 집중하겠다. 이러한 테스트 계층 구조는 복잡도가 매우 크다. 개개 클래스나 클래스 그룹을 위한 테스트 케이스는 매우 좁게 정의할 수 있다. 더 많은 단위를 통합 테스트에 넣을수록 입력 도메인이 커진다. 전체 애플리케이션을 테스트하는 경우 사람이 수행할 수 있는 모든 행위가 후보 입력이다. 더 넓게 보면 테스트 중에 장치를 끄거나 플러그를 뽑는 행위, 심지어 3피트 높이의 나무 바닥에 떨어뜨려도 동작하는지 보기 위해 탁자에서 물건을 밀어 떨어뜨리는 행위까지 포함이다. 이처럼 행위의 범위가 커지면 애플리케이션 테스트를 완벽히 자동화하기 어려워진다. 자동으로 테스트하기 가장 쉬운 입력에만 초점을 맞추겠다. 단위 테스트가 동작하면 더 큰 전체 시스템도 동작할 가능성이 높다.

의존 관계 최소화

클래스를 디자인할 때 클래스를 둘러싼 의존 관계 네트워크도 고려해야 한다. 즉, 클래스가 종속된 클래스, 그 클래스에 종속된 클래스도 살펴봐야 한다. 클래스 정의 테스트를 단순화하려면 주변 클래스로부터 독립시켜야 한다. 자세한 내용은 15장을 참고한다.

Card 클래스에 종속된 Deck 클래스를 예로 들겠다. Card는 쉽게 독립적으로 테스트할 수 있지만 Deck 클래스를 테스트하려면 Card 정의로부터 분리해야 한다.

앞서 (여러 번) 정의했던 Card 중 하나를 살펴보겠다.

```python
import enum

class Suit(enum.Enum):
    CLUB = "♣"
    DIAMOND = "♦"
    HEART = "♥"
    SPADE = "♠"

class Card:
    def __init__(
        self, rank: int, suit: Suit, hard: int = None, soft: int =
None
    ) -> None:
        self.rank = rank
        self.suit = suit
        self.hard = hard or int(rank)
        self.soft = soft or int(rank)
    def __str__(self) -> str:
        return f"{self.rank!s}{self.suit.value!s}"
    class AceCard(Card):
```

```
    def __init__(self, rank: int, suit: Suit) -> None:
      super().__init__(rank, suit, 1, 11)
  class FaceCard(Card):
    def __init__(self, rank: int, suit: Suit) -> None:
      super().__init__(rank, suit, 10, 10)
```

보다시피 각 클래스의 상속 의존 관계가 상당히 간단하다. 속성 4개에 메서드 2개뿐이므로 각 클래스를 독립적으로 테스트할 수 있다.

Deck 클래스를 다음과 같이 _(잘못) 디자인하면 의존 관계에 문제가 생긴다.

```
import random

class Deck1(list):

  def __init__(self, size: int=1) -> None:
    super().__init__()
    self.rng = random.Random()
    for d in range(size):
      for s in iter(Suit):
        cards: List[Card] = (
          [cast(Card, AceCard(1, s))]
          + [Card(r, s) for r in range(2, 12)]
          + [FaceCard(r, s) for r in range(12, 14)]
        )
        super().extend(cards)
    self.rng.shuffle(self)
```

위 디자인에는 두 가지 의존 관계가 존재한다. 첫째, Card 클래스 계층 구조 내 세 클래스와 직접적으로 연관이 있다. 다시 말해 Card로부터 Deck을 분리해 단위 테스트를 독립적으로 수행할 수 없다. 둘째, 난수 생성기를 사용하므로 반복 가능한 테스트를 만들기 어렵다. 15장에서 봤던 의존 관계 역전 원칙을 따르지 못하는 문제가 발생한다.

Card는 한편으로 꽤 간단한 클래스다. Card를 변경하지 않고도 위 Deck을 테스트할 수 있다. 또 한편으로는 블랙잭 카드와 다르게 동작하는 포커^{poker} 카드나 피노클^{pinochle} 카드에도 Deck을 재사용할 수 있다.

Deck을 모든 Card 구현과 독립적으로 만드는 것이 가장 이상적이다. 그래야 모든 Card
구현으로부터 Deck을 독립적으로 테스트할 수 있고, Card와 Deck의 어떤 조합이든 사용
할 수 있다.

다음 방법처럼 의존 관계를 분리하는 것이 좋다. 다음 예제는 의존 관계를 팩토리함수
에 넣는다.

```python
class LogicError(Exception):
    pass

def card(rank: int, suit: Suit) -> Card:
    if rank == 1:
        return AceCard(rank, suit)
    elif 2 <= rank < 11:
        return Card(rank, suit)
    elif 11 <= rank < 14:
        return FaceCard(rank, suit)
    else:
        raise Exception(f"Rank {rank} invalid")
```

card() 함수는 요청받은 랭크에 따라 적절한 Card 하위 클래스를 만든다. 이렇게 디자인
하면 Deck 클래스는 직접 Card 클래스의 인스턴스를 만들 필요 없이 위 함수를 사용하면
된다. 중간 함수를 하나 삽입해 두 클래스 정의를 분리시켰다.

다른 기법으로도 Card 클래스를 Deck 클래스로부터 분리시킬 수 있다. 먼저 팩토리함수
를 Deck의 메서드로 리팩터링할 수 있다. 또는 클래스단 속성이나 초기화 메서드 매개변
수를 사용해 클래스명을 별도의 바인딩으로 만들 수도 있다.

다음 예제처럼 초기화 메서드에 좀 더 복잡한 바인딩을 사용하면 팩토리함수를 사용하
지 않아도 된다.

```python
class Deck2(list):

    def __init__(
```

```
        self,
        size: int=1,
        random: random.Random=random.Random(),
        ace_class: Type[Card]=AceCard,
        card_class: Type[Card]=Card,
        face_class: Type[Card]=FaceCard,
    ) -> None:
        super().__init__()
        self.rng = random
        for d in range(size):
            for s in iter(Suit):
                cards = (
                    [ace_class(1, s)]
                    + [card_class(r, s) for r in range(2, 12)]
                    + [face_class(r, s) for r in range(12, 14)]
                )
                super().extend(cards)
        self.rng.shuffle(self)
```

초기화가 너무 장황하지만 이제 Deck 클래스는 Card 클래스 계층 구조나 특정 난수 생성기와 직접적으로 연관되지 않는다. 알려진 시드를 사용하는 난수 생성기를 테스트용으로 쓸 수 있다. 또한 다양한 Card 클래스 정의를 (tuple 같은) 다른 클래스로 대체해서 테스트를 간소화할 수도 있다.

위 클래스에 제공된 기본값의 타입 힌트에 주목하자. random 매개변수에 제공된 객체는 random.Random 타입의 인스턴스여야 하며 기본값은 정확히 그 타입의 객체다. 비슷하게 세 카드 클래스는 각각 Type이고 Card 클래스의 하위 클래스여야 한다. 이렇게 해야 mypy에서 오버라이드가 제대로 동작하는지 검사할 수 있다. 현재 pytest 3.8.2버전에는 완벽한 타입 힌트 스텁이 없으므로 테스트 모듈 내 타입 힌트 검사가 어려울 수 있다.

이어지는 절에서는 Deck 클래스의 다른 변형을 살펴보겠다. 이 변형은 card() 팩토리함수를 사용한다. 이 팩토리함수는 Card 계층 구조 바인딩과 랭크에 따라 카드 클래스를 하나의 테스트 가능한 위치로 분리시키는 규칙을 캡슐화한다.

간단한 단위 테스트 생성

Card 클래스 계층 구조를 테스트하는 간단한 단위 테스트와 card() 팩토리함수를 만들어보겠다.

Card 클래스는 매우 간단해서 너무 정교하게 테스트하지 않아도 된다. 쓸데없는 문제를 지나치게 다루는 꼴이 되기 쉽다. 테스트 주도 개발 프로세스에 무분별하게 매달리는 것은 속성과 메서드가 거의 없는 클래스에 별로 흥미롭지도 않은 단위 테스트를 상당량 작성해야 하는 듯이 보인다.

테스트 주도 개발은 하나의 조언일 뿐 질량 보존의 법칙 같은 자연 법칙이 아니다. 무분별하게 따라야 하는 의식도 아니다.

테스트 메서드를 명명하는 여러 관점이 있다. 테스트 조건과 예상 결과를 묘사하는 방식을 중점적으로 살펴보겠다. 다음 세 가지 변형이 주로 쓰인다.

- StateUnderTest_should_ExpectedBehavior

- when_StateUnderTest_should_ExpectedBehavior

- UnitOfWork_StateUnderTest_ExpectedBehavior

자세한 내용은 http://osherove.com/blog/2005/4/3/naming-standards-for-unit-tests.html을 참고한다.

이름의 StateUnderTest 부분은 대개 테스트가 포함된 클래스로 분명히 알 수 있으며 메서드명에서는 생략할 수 있다. 다시 말해 개개 테스트 케이스에서 should_ExpectedBehavior 부분을 강조할 수 있다. unittest.TestCase 클래스가 동작하는 방식에 부합하려면 각 테스트 동작은 test_로 시작해야 한다. 따라서 unittest.TestCase 하위 클래스의 개개 테스트 메서드를 사용할 때는 테스트 케이스명에 test_should_ExpectedBehavior 패턴을 사용하도록 하자. pytest 함수는 다른 패턴으로 명명하겠다.

테스트 메서드 명명에 다른 패턴을 사용하도록 unittest 모듈을 설정할 수도 있다. test_ 대신 when_을 찾도록 바꿀 수 있다. 명명이 개선돼도 그 수고만큼의 효과는 없다.

Card 클래스 테스트를 예로 들어 보겠다.

```python
class TestCard(unittest.TestCase):

  def setUp(self) -> None:
    self.three_clubs = Card(3, Suit.CLUB)

  def test_should_returnStr(self) -> None:
    self.assertEqual("3♣", str(self.three_clubs))

  def test_should_getAttrValues(self) -> None:
    self.assertEqual(3, self.three_clubs.rank)
    self.assertEqual(Suit.CLUB, self.three_clubs.suit)
    self.assertEqual(3, self.three_clubs.hard)
    self.assertEqual(3, self.three_clubs.soft)
```

테스트 중인 클래스의 객체를 생성하는 테스트 메서드 setUp()을 정의했다. 또한 이 객체에 두 가지 테스트를 정의했다. 실제 인터랙션이 없으므로 테스트명에 StateUnder Test를 넣지 않았다. 이 테스트는 항상 동작해야 하는 단순한 기본 동작이다.

아주 간단한 클래스 정의인데도 테스트 코드가 꽤 많다. 테스트 코드의 양이 과하진 않은지 의문이 든다. 정답은 당연히 아니다. 전혀 지나치지 않다. 테스트 코드보다 애플리케이션 코드가 꼭 많아야 한다는 법은 없다. 오히려 테스트 코드와 애플리케이션 코드의 양을 비교한다는 것 자체가 말이 되지 않는다. 더욱 중요한 것은 심지어 아주 작은 클래스 정의에도 버그가 있을 수 있고, 버그가 없음을 보장하기 위해 복잡한 테스트가 필요할 수도 있다는 점이다.

단순히 속성값을 테스트한다고 위 클래스의 처리를 테스트할 수 있는 것은 아니다. 속성값 테스트에는 두 가지 관점이 있다.

- 블랙박스 관점은 구현을 무시한다. 이때는 모든 속성을 테스트해야 한다. 가령 속성이 프로퍼티라면 반드시 테스트해야 한다.

- 화이트박스 관점은 상세 구현을 검사한다. 화이트박스 방식의 테스트를 수행할 때는 어떤 속성을 테스트할지 조금 더 신중해야 한다. 이를테면 suit 속성에는 테스트가

거의 필요 없다. 하지만 hard와 soft 속성에는 꼭 테스트가 필요하다.

자세한 정보는 http://en.wikipedia.org/wiki/White-box_testing과 http://en.wiki pedia.org/wiki/Black-box_testing을 참고하자.

물론 나머지 Card 클래스 계층 구조에도 테스트가 필요하다. 여기서는 AceCard의 테스트 케이스만 보이겠다. 다음 예제를 보고 나면 FaceCard의 테스트 케이스도 어렵지 않다.

```python
class TestAceCard(unittest.TestCase):

    def setUp(self) -> None:
        self.ace_spades = AceCard(1, Suit.SPADE)

    @unittest.expectedFailure
    def test_should_returnStr(self) -> None:
        self.assertEqual("A♠", str(self.ace_spades))

    def test_should_getAttrValues(self) -> None:
        self.assertEqual(1, self.ace_spades.rank)
        self.assertEqual(Suit.SPADE, self.ace_spades.suit)
        self.assertEqual(1, self.ace_spades.hard)
        self.assertEqual(11, self.ace_spades.soft)
```

위 테스트 케이스 역시 특정 Card 인스턴스를 할당해 문자열 출력을 테스트한다. 이렇게 카드를 하나로 고정해 다양한 속성을 검사한다.

여기서 하나, test_should_returnStr() 테스트는 실패할 것이다. AceCard 클래스 정의는 위 테스트 정의에 있는 값을 표시하지 못한다. 테스트가 잘못됐거나 클래스 정의가 잘못됐다. 단위 테스트로 클래스 디자인 내 결함을 알아냈다.

FaceCard 클래스도 비슷하게 테스트해야 한다. AceCard 클래스의 테스트와 비슷할 것이다. 이는 숙제로 남겨두겠다.

테스트가 많을 때는 하나의 테스트 스위트로 합치는 것이 좋다. 다음 절에서 알아보겠다.

테스트 스위트 생성

형식적인 테스트 스위트를 정의하면 대체로 유용하다. unittest 패키지는 기본적으로 테스트를 찾아낸다. 여러 테스트 모듈의 테스트를 통합할 때는 모든 테스트 모듈 안에 테스트 스위트를 생성하는 것이 좋다. 각 모듈에 suite() 함수를 정의해 두면 테스트를 찾을 필요 없이 각 모듈의 suite() 함수를 임포트하면 된다. 또한 TestRunner를 맞춤화할 때도 스위트를 사용해야 한다. 다음과 같이 테스트를 실행한다.

```
def suite2() -> unittest.TestSuite:
  s = unittest.TestSuite()
  load_from=  unittest.defaultTestLoader.loadTestsFromTestCase
  s.addTests(load_from(TestCard))
  s.addTests(load_from(TestAceCard))
  s.addTests(load_from(TestFaceCard))
  return s
```

TestCase 클래스 정의 3개를 합쳐 스위트를 만들고 그 스위트를 unittest.TextTestRunner 인스턴스에 제공했다. unittest 내 기본 TestLoader를 사용했다. 이 TestLoader는 Test Case 클래스를 검사해 모든 테스트 메서드를 찾는다. TestLoader.testMethodPrefix의 값은 test로서 이렇게 클래스 내에서 테스트를 식별한다. 로더는 각 메서드명을 사용해 별도의 테스트 객체를 생성한다.

TestCase는 두 가지 방법으로 사용할 수 있는데, 그중 하나가 TestLoader를 사용해 올바르게 명명된 TestCase의 메서드로부터 테스트 인스턴스를 만드는 것이다. 이어지는 절에서는 TestLoader를 사용하지 않고 수동으로 TestCase 인스턴스를 생성하는 방법을 알아본다. 다음 코드처럼 위 스위트를 실행한다.

```
if __name__ == "__main__":
  t = unittest.TextTestRunner()
  t.run(suite2())
```

출력은 다음과 같다.

```
...F.F
```

```
================================================================
FAIL: test_should_returnStr (__main__.TestAceCard)
----------------------------------------------------------------
Traceback (most recent call last):
  File "p3_c15.py", line 80, in test_should_returnStr
    self.assertEqual("A♠", str(self.ace_spades))
AssertionError: 'A♠' != '1♠'
- A♠
+ 1♠


================================================================
FAIL: test_should_returnStr (__main__.TestFaceCard)
----------------------------------------------------------------
Traceback (most recent call last):
  File "p3_c15.py", line 91, in test_should_returnStr
    self.assertEqual("Q♥", str(self.queen_hearts))
AssertionError: 'Q♥' != '12♥'
- Q♥
+ 12♥


----------------------------------------------------------------
Ran 6 tests in 0.001s

FAILED (failures=2)
```

TestLoader 클래스는 각 TestCase 클래스로부터 두 개의 테스트를 생성했다. 이로써 총 6개의 테스트가 만들어진다. 테스트명은 test로 시작하는 메서드명 이다.

보다시피 문제가 생겼다. 예상했듯이 테스트는 클래스 정의를 만족하지 못한다는 결과를 제공하고 있다. 위의 간단한 단위 테스트 스위트를 통과하려면 Card 클래스를 좀 더 다듬어야 한다. 올바르게 고치는 것은 숙제로 남겨두겠다.

테스트 디자인을 시작하면 처음에는 벅차게 느껴질 수 있다. 도움이 될 만한 가이드라인이 얼마 없어서다. 이어지는 절에서는 더 훌륭한 테스트를 디자인하는 데 필요한 에지 케이스(보통은 제한)와 코너 케이스(보통은 컴포넌트 간 인터페이스)를 설명하겠다.

에지 케이스와 코너 케이스 넣기

Deck 클래스를 전체적으로 테스트하기에 앞서 다음 두 가지를 확실히 해 둬야 한다. 필요한 Cards 클래스를 모두 만들어야 하고 실제로 올바르게 셔플해야 한다. 카드를 배분할 때는 list와 list.pop() 메서드를 사용하므로 올바르게 배분하는지는 테스트하지 않아도 된다. 둘 다 파이썬의 고급 기능이므로 추가 테스트가 필요 없다.

Deck 클래스의 생성과 셔플링을 특정 Card 클래스 계층 구조와 독립적으로 테스트하고 싶다. 이전에 언급했듯이 팩토리함수를 사용하면 두 Deck과 Card 정의를 독립적으로 만들 수 있다. 팩토리함수를 넣으면 테스트가 더 필요하지만 Card 클래스 계층 구조에서 드러났던 버그를 생각하면 그렇게 나쁘지만도 않다.

다음은 팩토리함수의 테스트다.

```python
class TestCardFactory(unittest.TestCase):

    def test_rank1_should_createAceCard(self) -> None:
        c = card(1, Suit.CLUB)
        self.assertIsInstance(c, AceCard)

    def test_rank2_should_createCard(self) -> None:
        c = card(2, Suit.DIAMOND)
        self.assertIsInstance(c, Card)

    def test_rank10_should_createCard(self) -> None:
        c = card(10, Suit.HEART)
        self.assertIsInstance(c, Card)

    def test_rank10_should_createFaceCard(self) -> None:
        c = card(11, Suit.SPADE)
        self.assertIsInstance(c, Card)

    def test_rank13_should_createFaceCard(self) -> None:
        c = card(13, Suit.CLUB)
        self.assertIsInstance(c, Card)

    def test_otherRank_should_exception(self) -> None:
        with self.assertRaises(LogicError):
            c = card(14, Suit.DIAMOND)
```

```
        with self.assertRaises(LogicError):
            c = card(0, Suit.DIAMOND)
```

2부터 10까지 모두 동일하므로 랭크 13개를 전부 테스트하지는 않았다. 대신 보리스 바이저Boris Beizer의 책인 『Software Testing Techniques』(Itp Media, 1990)에 나오는 다음 충고를 따랐다.

> "버그는 모퉁이corners에 도사리고, 경계boundaries에서 모인다."

테스트 케이스는 각 카드 범위의 에지 값을 포함한다. 따라서 1과 2, 10, 11, 13 값, 그리고 유효하지 않은 값인 0과 14로 테스트 케이스를 만들었다. 최솟값과 최댓값, 최솟값보다 하나 작은 값, 최댓값보다 하나 큰 값으로 각 범위를 감쌌다.

테스트 명명 패턴도 바꿨다. 위 예제에서는 테스트 중인 상태가 여러 개다. test_StateUnderTest_should_ExpectedBehavior 패턴을 따르도록 좀 더 간단한 이름으로 수정했다. 테스트 중인 상태를 분해하기 위해 테스트를 별도의 클래스로 나눌 만큼 설득력 있는 이유는 찾기 어렵다.

이어지는 절에서는 종속된 객체를 처리하는 법을 알아본다. 이로써 각 단위를 독립적으로 테스트할 수 있다.

목 객체로 의존 관계 제거

Deck을 테스트하려면 다음 두 방법 중 하나로 Card 클래스 계층 구조 내 의존 관계를 처리한다.

- **모킹**Mocking: Card 클래스의 목mock 클래스(또는 대리stand-in 클래스)와 목 클래스의 인스턴스를 생성하는 목 card() 팩토리함수를 생성한다. 목 객체를 사용하면 한 클래스 안에는 테스트 중인 단위에 대한 다른 차선책이 없다는 확신이 생기므로 또 다른 클래스 내 버그를 바로잡을 수 있다. 드물게 발생하는 잠재적 불이익은 실제 클래스의 유효

한 대리 클래스인지 알기 위해 아주 복잡한 목 클래스의 동작을 디버깅해야 할 수도 있다는 점이다.

- **통합**Integrating: Card 클래스 계층 구조와 card() 팩토리함수가 올바르게 동작한다고 어느 정도 신뢰할 수 있으면 이를 활용해 Deck을 테스트할 수 있다. 테스트를 위해 모든 의존 관계를 제거하는 순수한 단위 테스트와는 거리가 멀다. 단점은 고장난 기반 클래스로 인해 그 클래스에 종속된 모든 클래스에서 대량의 테스트 실패가 발생할 수 있다는 점이다. 뿐만 아니라 목 클래스가 아닌 클래스로는 API 적합성을 자세히 테스트하기 어렵다. 목 클래스는 호출 이력을 추적함으로써 목 객체에 대한 자세한 호출 내용을 추적할 수 있다.

unittest 패키지의 unittest.mock 모듈로 테스트를 위해 기존 클래스를 패치할 수 있다. 이 모듈은 완전한 목 클래스 정의를 제공하는 데 쓰기도 한다. 나중에 pytest를 살펴볼 때 unittest.mock 객체를 pytest 테스트 프레임워크와 합치겠다.

이 절의 예제에서는 테스트에 장황한 타입 힌트를 사용하지 않는다. 웬만해서 테스트는 수월하게 mypy를 통과해야 한다. 앞서 언급했듯이 pytest 버전 3.8.2에는 완전한 타입 스텁 집합이 없으므로 --ignore-missing-imports 옵션으로 mypy를 실행해야 한다. 일반 적으로 목 객체는 타입 힌트를 제공하며, 이로써 mypy는 목 객체가 올바르게 쓰이는지 확인할 수 있다.

클래스를 디자인할 때 단위 테스트를 위해 반드시 모킹해야 하는 의존 관계를 고려해야 한다. Deck에는 다음의 세 가지 의존 관계를 모킹해야 한다.

- **Card 클래스**: 너무 간단한 클래스라 기존 구현에 신경 쓰지 않고 목을 생성할 수 있다. Deck 클래스의 동작은 Card의 어떤 특정 요소와도 관련이 없으므로 목 객체가 매우 간단하다.

- **card() 팩토리**: Deck에서 이 함수를 올바르게 호출했는지 확인할 수 있도록 목 함수로 대체해야 한다.

- **random.Random.shuffle() 메서드**: 실제 셔플링 없이 사용성을 추적하는 목을 제공해 메서드가 올바른 인자값으로 호출됐는지 알아내야 한다.

다음은 card() 팩토리함수를 사용하는 Deck이다.

```python
class DeckEmpty(Exception):
    pass

class Deck3(list):

    def __init__(
        self,
        size: int=1,
        random: random.Random=random.Random(),
        card_factory: Callable[[int, Suit], Card]=card
    ) -> None:
        super().__init__()
        self.rng = random
        for d in range(size):
            super().extend(
                [card_factory(r, s)
                for r in range(1,14)
                for s in iter(Suit)])
        self.rng.shuffle(self)

    def deal(self) -> Card:
        try:
            return self.pop(0)
        except IndexError:
            raise DeckEmpty()
```

위 정의에서는 두 가지 의존 관계를 __init__() 메서드의 인자로 명시적으로 호출한다. 즉 난수 생성기인 random과 카드 팩토리인 card_factory가 필요하다. 애플리케이션에서 간단하게 사용할 수 있도록 적절한 기본값을 포함한다. 기본 객체 대신 목 객체를 제공해 테스트할 수도 있다.

deal() 메서드에서는 pop()을 사용해 컬렉션에서 Card 인스턴스를 제거함으로써 객체를 변경한다. 덱이 비면 deal() 메서드는 DeckEmpty 예외를 일으킨다.

다음은 덱이 올바르게 생성됐는지 확인하는 테스트 케이스다.

```python
import unittest
```

```
import unittest.mock

class TestDeckBuid(unittest.TestCase):

    def setUp(self) -> None:
        self.mock_card =
unittest.mock.Mock(return_value=unittest.mock.sentinel.card)
        self.mock_rng = unittest.mock.Mock(wraps=random.Random())
        self.mock_rng.shuffle = unittest.mock.Mock()

    def test_Deck3_should_build(self) -> None:
        d = Deck3(size=1, random=self.mock_rng,
card_factory=self.mock_card)
        self.assertEqual(52 * [unittest.mock.sentinel.card], d)
        self.mock_rng.shuffle.assert_called_with(d)
        self.assertEqual(52, len(self.mock_card.mock_calls))
        expected = [
            unittest.mock.call(r, s)
            for r in range(1, 14)
            for s in (Suit.CLUB, Suit.DIAMOND, Suit.HEART, Suit.SPADE)
        ]
        self.assertEqual(expected, self.mock_card.mock_calls)
```

테스트 케이스의 setUp() 메서드는 목 객체 두 개를 생성한다. 카드 팩토리의 목 함수인 mock_card는 Mock 함수다. 정의된 반환값은 Card 인스턴스가 아니라 mock.sentinel이라는 하나의 card 객체다. mock.sentinel 객체의 속성을 mock.sentinel.card 같은 표현식으로 참조하면 필요에 따라 새 객체를 생성하거나 기존 객체를 추출한다. 주어진 이름의 sentinel 객체가 딱 하나뿐인 싱글턴 디자인 패턴을 구현한다. 이 객체는 인스턴스 개수를 딱 맞게 생성해주는 고유 객체다. sentinel은 다른 파이썬 객체와 다르므로 None을 반환하는 적절한 return문 없이도 함수를 구분할 수 있다.

random.Random() 생성기의 인스턴스를 래핑하는 목 객체인 mock.rng도 생성했다. 이 Mock 객체는 딱 한 가지만 제외하고는 적절한 랜덤 객체로 동작한다. shuffle() 메서드는 None을 반환하는 함수로서 동작하는 Mock으로 대체했다. 이로써 메서드로부터 적절한 반환값을 얻어 shuffle() 메서드가 올바른 인자값으로 호출됐는지 알 수 있다.

테스트는 두 개의 목 객체로 Deck3 인스턴스를 생성한다. 이어서 Deck3 인스턴스인 d에 대해 다음의 어서션을 실행한다.

- 객체 52개를 생성했다. 객체 52개는 mock.sentinel의 복사본으로서 팩토리함수만으로 객체를 생성했음을 보여준다. 모든 객체는 목이 생성한 센티넬이다.
- Deck 인스턴스를 인자로 넣어 shuffle() 메서드를 호출했다. 이러한 방법으로 목 객체의 호출을 추적한다. assert_called_with()를 사용해 인자값이 shuffle()을 호출했을 때 필요했던 인자값과 같았는지 확인한다.
- 팩토리함수를 52번 호출했다. 목 객체의 mock_calls 속성은 객체를 사용한 기록이다. 이어지는 테스트가 같은 조건을 내포하므로 이 어서션은 엄밀히 말해 중복이다.
- 예상 랭크와 스위트 값의 리스트로 팩토리함수를 호출했다.

목 객체는 호출된 메서드 시퀀스를 기록한다. 이어지는 절에서는 다른 단위에서도 목 객체를 올바르게 사용하고 있는지 검사하는 법을 알아본다.

목 객체로 동작 관찰

앞 절에서는 목 객체로 Deck 클래스의 생성 과정을 테스트했다. 하지만 똑같은 센티넬 52개로는 Deck이 올바르게 배분하는지 확인하기 어렵다. 새로운 목 객체를 정의해 배분 기능을 테스트해보자.

다음은 Deck 클래스가 올바르게 배분하는지 확인하는 두 번째 테스트 케이스다.

```
class TestDeckDeal(unittest.TestCase):

  def setUp(self) -> None:
    self.mock_deck = [
      getattr(unittest.mock.sentinel, str(x)) for x in range(52)
    ]
    self.mock_card = unittest.mock.Mock(
      side_effect=self.mock_deck)
```

```
      self.mock_rng = unittest.mock.Mock(
        wraps=random.Random())
      self.mock_rng.shuffle = unittest.mock.Mock()

  def test_Deck3_should_deal(self) -> None:
    d = Deck3(size=1, random=self.mock_rng,
card_factory=self.mock_card)
    dealt = []
    for i in range(52):
      card = d.deal()
      dealt.append(card)
    self.assertEqual(dealt, self.mock_deck)

  def test_empty_deck_should_exception(self) -> None:
    d = Deck3(size=1, random=self.mock_rng,
card_factory=self.mock_card)
    for i in range(52):
      card = d.deal()
    self.assertRaises(DeckEmpty, d.deal)
```

카드 팩토리함수의 위 목은 Mock()에 side_effect를 인자를 사용한다. 이터러블을 쓸 경우 side_effect는 호출할 때마다 다른 이터러블 값을 반환한다.

위 예제에서는 sentinel 객체로 52개의 서로 다른 sentinel 객체를 생성했다. 이 객체를 Card 객체 대신 사용함으로써 Deck3 클래스를 Card 클래스 계층 구조와 분리시켰다. getattr(unittest.mock.sentinel, str(x)) 표현식에서 숫자 x의 문자열 버전으로 52개의 고유한 sentinel 객체를 생성한다.

또한 shuffle0 메서드를 모킹해 카드가 실제로 다시 배열되지 않게 했다. 이 래퍼는 Random 클래스의 요소에 대부분 접근할 수 있다는 의미이다. 하지만 shuffle 메서드는 대체했다. sentinel 객체가 원래의 순서를 유지해야 테스트에서 예상한 기댓값을 얻을 수 있기 때문이다.

첫 번째 테스트인 test_Deck3_should_deal은 카드 52개를 배분한 결과를 변수 dealt에 넣는다. 이후 dealt 변수가 원래 목 카드 팩토리에 있던 52개의 기댓값을 포함하는지 검증한다. 카드 팩토리가 목 객체였으므로 Mock의 side_effect 요소를 통해 다양한 sentinel 객체를 반환했다.

두 번째 테스트인 test_empty_deck_should_exception은 Deck 인스턴스의 모든 카드를 배분한다. 하지만 API 요청을 한 번 더 한다. 모든 카드를 배분한 후 Deck.deal() 메서드가 적절한 예외를 일으키는지 검증한다.

Deck 클래스는 비교적 단순하므로 TestDeckBuild와 TestDeckDeal을 하나의 좀 더 정교한 목으로 합칠 수 있다. 위 예제에서도 가능하지만 테스트 케이스를 리팩터링해 굳이 더 간단하게 만들 필요는 없으며 바람직하지도 않다. 테스트를 지나치게 간소화하면 오히려 API 요소를 적절히 테스트하지 못할 수도 있다.

⁙ doctest로 테스트 케이스 정의

doctest 모듈은 문서화 문자열을 검증하는 한 가지 방법이다. doctest는 코드 내 문서화 문자열(docstring) 말고도 파이썬 REPL 스타일 응답 형식의 모든 문서를 테스트한다. doctest는 클래스와 함수, 테스트 케이스의 설명서를 하나의 작은 패키지로 합친다.

doctest 케이스는 문서화 문자열로 작성한다. doctest 케이스는 인터랙티브 파이썬 프롬프트인 >>>문과 예상 응답을 나타낸다. doctest 모듈은 문서화 문자열에서 이러한 예제를 찾는 애플리케이션도 포함한다. 이 애플리케이션은 주어진 예제를 실행해 문서화 문자열에 있는 예상 결과와 실제 출력을 비교한다.

API를 신중하게 디자인하면 인터랙티브한 클래스를 생성할 수 있다. 인터랙티브한 클래스라면 그 인터랙션의 예상 결과를 나타내는 doctest 예제를 만들 수 있다.

실제로 클래스가 인터랙티브한지, 문서화 문자열에 doctest 예제를 포함하는지는 훌륭한 디자인을 가르는 두 가지 특징이다. 내장 모듈은 대부분 API의 doctest 예제를 포함한다. 다운로드할 그 밖의 많은 패키지도 doctest 예제를 포함한다.

간단한 함수에는 다음과 같은 설명서를 제공할 수 있다.

```python
def ackermann(m: int, n: int) -> int:
    """Ackermann's Function
    ackermann(m, n) = $2 \\uparrow^{m-2} (n+3) - 3$
```

```
http://en.wikipedia.org/wiki/Ackermann_function과
http://en.wikipedia.org/wiki/Knuth%27s_up-arrow_notation을 참고한다.

>>> from Chapter_17.ch17_ex1 import ackermann
>>> ackermann(2,4)
11
>>> ackermann(0,4)
5
>>> ackermann(1,0)
2
>>> ackermann(1,1)
3


"""
if m == 0:
  return n + 1
elif m > 0 and n == 0:
  return ackermann(m - 1, 1)
elif m > 0 and n > 0:
  return ackermann(m - 1, ackermann(m, n - 1))
else:
  raise LogicError()
```

애커만 함수를 정의해봤다. 위 함수는 상당히 복잡한 데다 기이한 수학 표기도 일부 포함한다. 형식적인 정의는 다음 두 가지 방법으로 나타낼 수 있다.

- $\mathbf{A}(m,n) = 2 \uparrow^{m-2} (n + 3) - 3$. 이 정의는 확장 윗화살표[extended up-arrow] 표기법을 사용한다.

- $\mathbf{A}(m,n) = \begin{cases} n+1 & \text{if } m = 0 \\ \mathbf{A}(m-1, 1) & \text{if } m > 0 \text{ and } n = 0 \\ \mathbf{A}(m-1, \mathbf{A}(m, n-1)) & \text{if } m > 0 \text{ and } n > 0 \end{cases}$. 이 정의는 앞서 구현했던 재귀 정의다.

위 정의에는 인터랙티브 파이썬에서 수행한 다섯 가지 예제 응답의 문서화 문자열 주석이 들어 있다. 첫 번째 예제 출력은 출력이 없는 import문이다. 나머지 예제 출력은 함수를 다양하게 호출한 값을 보여준다.

doctest 모듈로 이러한 테스트를 실행할 수 있다. doctest 모듈을 프로그램으로 실행할 경우 명령줄 인자로 테스트할 파일을 넣는다. doctest 프로그램은 문서화 문자열을 찾은 후 문자열 내에서 인터랙티브 파이썬 예제를 찾는다. 문자열을 찾는 데 필요한 자세한 정규식을 doctest 설명서에서 제공한다는 점에 주목하자. 위 예제를 보면 마지막 doctest 예제 뒤에 눈에 잘 띄지 않는 빈 행이 있는데, doctest 파서는 이 행을 통해 구분한다.

명령줄에서 다음과 같이 doctest를 실행한다.

```
$ python3 -m doctest Chapter_17/ch17_ex1.py
```

전부 올바르다면 무엇도 출력하지 않는다. -v 옵션을 추가해 상세 정보를 확인해보자.

```
$ python3 -m doctest -v Chapter_17/ch17_ex1.py
```

파싱한 각 문서화 문자열과 문서화 문자열에서 수집한 각 테스트 케이스를 자세히 보여준다.

출력은 다음과 같을 것이다.

```
Trying:
    from Chapter_17.ch17_ex1 import ackermann
Expecting nothing
ok
Trying:
    ackermann(2,4)
Expecting:
    11
ok
Trying:
    ackermann(0,4)
Expecting:
    5
ok
Trying:
    ackermann(1,0)
```

```
Expecting:
    2
ok
Trying:
    ackermann(1,1)
Expecting:
    3
ok
```

Trying: 절은 >>> 예제 속 명령문을 보여준다. Expecting: 절은 그 결과 행을 보여준다. 마지막에 나오는 ok는 예제가 예상대로 동작했음을 말해준다. -v 옵션으로 출력하면 테스트를 포함하는 컴포넌트뿐만 아니라 테스트가 없는 클래스와 함수, 메서드도 보여준다. 출력을 통해 문서화 문자열에서 테스트를 적절히 포매팅했는지 어느 정도 확인할 수 있다.

어떤 경우에는 출력을 인터랙티브 파이썬으로 만들기 쉽지 않다. 이럴 때는 테스트 케이스와 예상 결과를 파싱하는 방식이 어떻게 바뀌는지 문서화 문자열에 주석을 단다.

더욱 복잡한 출력에 사용하는 특수한 주석 문자열도 있다. 다음의 두 명령어 중 하나를 추가해 다양한 종류의 디렉티브^{directive}를 활성화(또는 비활성화)할 수 있다. 다음은 첫 번째 명령어다.

```
# doctest: +DIRECTIVE
```

다음은 두 번째 명령어다.

```
# doctest: -DIRECTIVE
```

예상 결과를 처리하는 방법을 아주 다양하게 수정할 수 있다. 바꾸는 경우가 드물지만 대부분 공백 처리와 실제 값과 기댓값을 어떻게 비교해야 하는지에 대한 것이다.

doctest 설명서는 다음과 같은 완전 일치 원칙^{Exact Match Principle}을 강조한다.

> "doctest는 예상 결과와 완전히 일치해야 한다."

다음은 doctest의 기댓값과 실제 값을 일치시키기 어려운 특별한 상황들이다.

- 객체의 id()와 기본 repr()은 물리 메모리 주소를 포함한다. 파이썬은 주소의 일관성을 보장하지 않는다. id()나 repr()을 사용할 때는 #doctest: +ELLIPSIS 디렉티브를 사용한 후 예제 출력에서 해당 ID나 주소를 생략 부호(...)로 대체한다.

- 부동소수점 결과는 플랫폼에 따라 다를 수 있다. 포매팅한 부동소수점을 사용하든지 반올림으로 의미 있는 자릿수만 남기자. "{:4f}".format(value)나 round (value,4)처럼 중요하지 않은 자릿수는 무시한다.

- 파이썬은 딕셔너리 키를 정렬하지만 집합 순서는 보장하지 않는다. some_set 대신 sorted(some_ set)과 같은 구조체를 사용하자.

- 현재 날짜나 시간도 일관되지 않으므로 사용할 수 없다. 시간이나 날짜를 포함하는 테스트는 일반적으로 time이나 datetime을 모킹함으로써 정해진 날짜나 시간을 사용해야 한다.

- 파일 크기나 타임스탬프처럼 운영체제와 관련된 세부 사항은 상황에 따라 달라지기 쉬우므로 생략 부호 없이 사용해서는 안 된다. OS 자원을 관리하기 위해 스크립트 내에 자원 설정이나 해제를 집어넣기도 한다. 그 밖의 경우에는 os 모듈을 모킹하는 편이 좋다.

위와 같은 고려 사항은 doctest 모듈이 단순히 API에 속하지 않은 처리도 수행할 수 있음을 보여준다. 인터랙티브 파이썬 프롬프트에서 다음과 같은 작업도 할 수 있다.

```
>>> sum(values)/len(values)
3.142857142857143
```

앞의 구현은 완전한 출력을 보여준다. 이러한 출력을 단순히 문서화 문자열에 복사하고 붙여넣기할 수는 없다. 부동소수점 결과가 다를 수 있기 때문이다. 따라서 다음 코드처럼 해야 한다.

```
>>> round(sum(values)/len(values), 4)
3.1429
```

이렇게 반올림한 값은 구현에 따라 달라서는 안 된다.

때로는 doctest와 단위 테스트를 포괄적인 테스트 패키지로 합치는 편이 좋다. 이어지는 절에서 unittest 테스트 케이스와 doctest 케이스를 함께 포함시키는 방법을 알아보겠다.

doctest와 unittest 결합

doctest 모듈에는 문서화 문자열 주석으로부터 적절한 unittest.TestSuite를 생성하는 후크가 들어 있다. 이러한 후크를 사용해 대규모 애플리케이션에서 doctest와 unittest를 함께 사용할 수 있다.

doctest.DocTestSuite()의 인스턴스만 생성하면 된다. 이렇게 하면 모듈의 문서화 문자열로부터 스위트가 만들어진다. 모듈을 명시하지 않으면 현재 실행 중인 모듈로 스위트를 만든다. 다음과 같이 모듈을 사용한다.

```
import doctest
suite5 = doctest.DocTestSuite()
t = unittest.TextTestRunner(verbosity=2)
t.run(suite5)
```

현재 모듈의 doctest 문자열로부터 suite5라는 스위트를 만들었다. 이 스위트에 unittest.TextTestRunner를 수행했다. doctest 스위트를 다른 TestCase와 합쳐 더 크고 완전한 스위트를 생성할 수도 있다.

테스트가 복잡해지면 테스트 모듈을 구조화해야 한다. 이어지는 절에서는 이를 더 확장해 파이썬 프로젝트 내에 tests 폴더를 생성하는 방법을 알아보겠다.

더욱 완전한 테스트 패키지 생성

더 큰 애플리케이션에는 각 애플리케이션 모듈마다 그 모듈의 TestCase를 포함하는 병렬 모듈이 있을 수 있다. 이는 두 개의 병렬 패키지 구조를 형성하는데, 하나는 애플리케이션 모듈을 포함하는 src 구조이고 다른 하나는 테스트 모듈을 포함하는 test 구조다. 다음은 모듈 컬렉션을 보여주는 두 개의 병렬 디렉터리 트리다.

```
src
    __init__.py
    __main__.py
    module1.py
    module2.py
    setup.py
tests
    __init__.py
    module1.py
    module2.py
    all.py
```

딱 봐도 병렬화가 꼭 맞진 않는다. setup.py의 자동 단위 테스트는 일반적으로 거의 필요 없다. 제대로 디자인한 __main__.py라면 코드가 많지 않을 테니 별도의 단위 테스트가 필요 없을 것이다. __main__.py를 디자인하는 방법은 18장에서 살펴본다.

다음과 같이 모든 테스트를 하나의 스위트로 만드는 최상단 모듈인 test/all.py 모듈을 생성한다.

```
import module1
import module2
import unittest
import doctest
all_tests = unittest.TestSuite()
```

```
for mod in module1, module2:
  all_tests.addTests(mod.suite())
  all_tests.addTests(doctest.DocTestSuite(mod))
t = unittest.TextTestRunner()
t.run(all_tests)
```

다른 테스트 모듈에 있는 스위트까지 모두 모아 하나의 스위트인 `all_tests`를 만들었다. 배포판에 포함될 모든 테스트를 실행하는 편리한 스크립트가 만들어졌다.

위 방법 외에도 unittest 모듈의 테스트 검색 기능을 사용할 수 있다. 다음 코드처럼 명령줄에서 패키지 전체에 걸쳐 테스트를 수행한다.

```
python3 -m unittest test/*.py
```

위 명령어는 unittest의 기본 테스트 검색 기능을 사용해 주어진 파일 내에서 TestCase를 찾는다. 문제는 순수한 파이썬 기능이 아닌 셸 스크립트의 기능에 의존한다는 점이다. 또한 와일드카드 파일 명세로 인해 불완전한 모듈까지 테스트할 수 있어 개발이 더욱 복잡하다.

⠿ 설정과 해제 사용

unittest 모듈로 세 단계의 설정과 해제를 사용할 수 있다. 메서드와 클래스, 모듈이라는 세 종류의 테스트 범위를 정의한다.

- **테스트 케이스 setUp()과 tearDown() 메서드**: 두 메서드는 TestCase 클래스 내 각 테스트 메서드에 적절한 컨텍스트를 부여한다. 주로 setUp() 메서드를 사용해 테스트 중인 단위와 필요한 목 객체를 생성한다.

- **테스트 케이스 setUpClass()와 tearDownClass() 메서드**: 두 메서드는 TestCase 클래스 내 모든 테스트에 일회성 설정(과 해제)을 수행한다. 두 메서드는 각 메서드의 setUp()-testMethod()-tearDown() 과정을 하나로 묶는다. 이러한 방법으로 데이터베이스 내

에 테스트에 필요한 데이터를 삽입하고 삭제하면 좋다.

- **모듈 `setUpModule()`과 `tearDownModule()` 함수**: 두 독립형 함수는 모듈 내 어떤 Test Case 클래스보다 먼저 일회성 설정을 수행한다. 일련의 TestCase 클래스를 실행하기 전에 테스트 데이터베이스 전체를 생성하고 삭제할 좋은 방법이다.

위에 나열한 모든 `setUp()`과 `tearDown()` 메서드는 사실 거의 정의하지 않아도 된다. 테스트 가능한 디자인에 속하는 몇 가지 테스트 시나리오가 있다. 이러한 시나리오 간 본질적 차이는 통합의 정도다. 앞서 설명했듯이 테스트 계층 구조에는 독립된 단위 테스트와 통합 테스트, 전체 애플리케이션 테스트라는 세 계층이 존재한다. 다음과 같은 방법으로 각 테스트 계층에 다양한 설정과 해제 기능을 동작시킨다.

- 독립된 단위, 통합 없음, 의존 관계 없음. 어떤 클래스나 함수에는 외부 의존 관계가 없어서 파일이나 장치, 다른 프로세스, 다른 호스트에 의존하지 않는다. 어떤 클래스는 모킹할 수 있는 외부 자원을 사용한다. `TestCase.setUp()` 메서드의 비용과 복잡도가 작다면 바로 필요한 객체를 생성한다. 목 객체가 꽤 복잡하면 다수의 테스트 메서드마다 목 객체를 다시 생성하니 클래스단 `TestCase.setUpClass()`가 더 적절하다.

- **내부 통합, 약간의 의존 관계**: 클래스나 모듈 간 자동 통합 테스트에는 주로 더 복잡한 설정이 필요하다. 통합 테스트 컨텍스트를 마련하려면 복잡한 `setUpClass()`, 심지어 모듈단 `setUpModule()`이 필요할 수도 있다. 11장과 12장에서 살펴본 데이터베이스 접근 계층을 다룰 때는 대개 클래스 정의와 더불어 접근 계층까지 포함하는 통합 테스트를 수행한다. 이때 테스트 데이터베이스나 셸브에 테스트에 적절한 데이터를 넣어야 할 수도 있다.

- **외부 통합**: 더 크고 복잡한 애플리케이션에는 자동 통합 테스트를 수행할 수 있다. 때로는 외부 프로세스를 만들거나 데이터베이스를 생성해 데이터를 넣어야 한다. 이때 `setUpModule()`로 모듈의 모든 TestCase 클래스에서 사용할 빈 데이터베이스를 준비한다. 13장에서 살펴본 RESTful 웹 서비스를 다룰 때나 19장에 나오는 전체적 프로그래밍^{PITL, Programming In The Large}을 테스트할 때 이러한 방식이 유용하다.

단위 테스트 개념에서는 테스트 중인 단위가 무엇인지 정의하지 않는다. 단위^{unit}는 클래스나 모듈, 패키지, 심지어 소프트웨어 컴포넌트를 통합한 컬렉션일 수 있다. 집중적으로 테스트하려면 해당 단위를 주변 환경으로부터 독립시켜야 한다.

자동 통합 테스트를 디자인하기 위해서는 테스트할 컴포넌트를 골라야 한다. 파이썬 라이브러리에는 이미 테스트가 있으니 따로 테스트하지 않아도 된다. 유사하게 OS도 테스트할 필요가 없다. 예를 들어 소프트웨어에서 파일을 삭제했다면 파일 삭제 후 파일 시스템 무결성 검사는 하지 않아도 된다. 즉, 공간을 원래대로 돌려놨는지 확인하지 않아도 된다. 라이브러리와 운영체제에는 일반적으로 올바르게 동작할 것이라는 믿음이 있어야 한다. 인프라에 의심이 들면 OS나 라이브러리에 테스트 스위트를 실행할 수 있으나 새로 만들 필요는 없다. 통합 테스트는 다운로드하고 설치한 코드가 아니라 작성한 코드에 집중돼야 한다.

OS 자원에 설정과 해제 사용

테스트 케이스에 특정 OS 환경이 필요한 경우가 많다. 파일이나 디렉터리, 프로세스 같은 외부 자원을 다루려면 테스트 전에 미리 생성하거나 초기화해야 한다. 혹은 테스트 전에 자원을 제거하거나 테스트 이후 자원을 해제해야 할 수도 있다.

rounds_final()이라는 함수에서 주어진 파일을 처리한다고 가정하자. 아주 드물게 파일이 존재하지 않는 경우 함수가 어떻게 동작하는지 테스트해야 한다. 다음과 같은 구조의 TestCase가 일반적이다.

```
import os

class Test_Missing(unittest.TestCase):

  def setUp(self) -> None:
    try:
      (Path.cwd() / "data" / "ch17_sample.csv").unlink()
    except OSError as e:
      pass.  # 파일이 존재하지 않았으면 상관 없다
```

```
    def test_missingFile_should_returnDefault(self) -> None:
        self.assertRaises(
            FileNotFoundError, rounds_final, (Path.cwd() / "data" /
    "ch17_sample.csv")
        )
```

애초에 존재하지 않는 파일을 삭제하려 할 때 발생할 예외를 처리해야 한다. 위 테스트 케이스의 setUp() 메서드는 요청받은 파일이 존재하지 않는지 확인한다. setUp() 메서드는 파일이 정말 사라졌는지 확인한 후 없어진 파일인 "ch17_sample.csv"를 인자로 rounds_final() 함수를 호출한다. 이때 FileNotFoundError 오류가 발생해야 한다.

한 가지 주목할 점은 파이썬 open() 메서드가 기본적으로 FileNotFoundError를 일으킨다는 점이다. 테스트가 사실상 불필요할 수 있다. 그렇다면 왜 내장 기능을 테스트하는지 진지하게 생각해봐야 한다. 블랙박스 테스트를 수행할 경우 예상 기본 동작을 포함해 외부 인터페이스의 모든 요소를 테스트해야 한다. 화이트박스 테스트를 수행한다면 rounds_final() 함수 본문 내 예외 처리 try:문을 테스트해야 할 수도 있다.

ch17_sample.csv라는 파일명이 테스트 본문에서 반복된다. 일부에서는 중복 금지DRY, Don't Repeat Yourself 규칙을 테스트 코드에도 적용해야 한다고 주장한다. 테스트를 작성할 때는 이러한 유형의 최적화에 큰 의미가 없다.

TIP

> 테스트 코드는 취약해도 괜찮다. 사소한 애플리케이션 변경이 테스트 실패로 이어진다면 정말 반가운 일이다. 테스트는 견고함과 안정성 대신 단순성과 명확성을 중시해야 한다.

이어지는 절에서는 데이터베이스에 setUp()과 tearDown()을 사용하는 예제를 알아보겠다.

데이터베이스에 설정과 해제 사용

데이터베이스와 ORM 계층을 다루려면 주로 테스트 데이터베이스나 파일, 디렉터리, 서버 프로세스를 생성해야 한다. 테스트에 통과했다면 다른 테스트를 실행할 수 있게 테스트 데이터베이스를 해제해야 할 수 있다. 테스트에 실패했다면 데이터베이스를 해제하고 싶지 않을 수 있다. 데이터베이스를 그대로 둬야 결과 행을 검사해서 테스트 실패를 진단할 수 있기 때문이다.

복잡한 다중 계층 아키텍처라면 테스트 범위를 신중히 선택해야 한다. 12장에서 살펴봤듯이 SQLAlchemy ORM 계층이나 SQLite 데이터베이스는 따로 테스트하지 않아도 된다. 이러한 컴포넌트에는 내부 테스트 프로시저가 있어 사용자의 애플리케이션 테스트가 필요 없다. 하지만 ORM 계층이 데이터베이스 정의와 SQL문, 사용자 코드의 파이썬 객체를 생성하는 방식으로 인해 SQLAlchemy를 모킹하기 어려울 수 있고, 그저 올바르게 사용했기를 바라는 수밖에 없다. ORM 계층 자체를 테스트하느라 주의를 흩트리지 말고, 애플리케이션이 ORM 계층을 사용하는 방식을 테스트해야 한다.

더 복잡한 테스트 케이스 설정 상황 중 하나는 데이터베이스를 생성하고 주어진 테스트에 맞는 적절한 예제 데이터로 데이터베이스를 채우는 것이다. SQL을 쓰다 보면 상당히 복잡한 SQL DDL 스크립트로 필요한 테이블을 생성하거나 SQL DML 스크립트를 실행해 테이블에 데이터를 삽입해야 할 수 있다. 이를 해제하려면 또 다른 복잡한 SQL DDL 스크립트가 필요하다.

이러한 유형의 테스트 케이스는 너무 길어질 수 있으므로 세 영역으로 나누겠다. 먼저 데이터베이스와 스키마를 생성하는 유용한 함수 그리고 setUpClass() 메서드와 나머지 단위 테스트다.

다음은 데이터베이스 생성함수다.

```python
from Chapter_12.ch12_ex4 import Base, Blog, Post, Tag, assoc_post_tag
import datetime
import sqlalchemy.exc
from sqlalchemy import create_engine

def build_test_db(name="sqlite:///./data/ch17_blog.db"):
    """
    테스트 데이터베이스와 스키마를 생성한다
    """
    engine = create_engine(name, echo=True)
    Base.metadata.drop_all(engine)
```

```
Base.metadata.create_all(engine)
return engine
```

ORM 클래스와 연관된 모든 테이블을 삭제한 다음 다시 생성함으로써 새로운 데이터베이스를 생성한다. 마지막으로 단위 테스트를 실행한 이후 얼마나 많이 디자인을 변경했든 새로운 빈 데이터베이스는 현재의 디자인을 따라야 한다.

위 예제에서는 파일을 사용해 SQLite 데이터베이스를 만들었다. 인메모리[in-memory] SQLite 데이터베이스 기능을 사용해 테스트를 좀 더 빠르게 실행할 수 있다. 인메모리 데이터베이스의 문제는 실패한 테스트를 디버깅할 때 사용할 데이터베이스가 없다는 점이다.

이제 앞서 생성한 데이터베이스를 TestCase 하위 클래스 내에서 사용해보자.

```
from sqlalchemy.orm import sessionmaker

class Test_Blog_Queries(unittest.TestCase):

  @staticmethod
  def setUpClass():
    engine = build_test_db()
    Test_Blog_Queries.Session = sessionmaker(bind=engine)
    session= Test_Blog_Queries.Session()

    tag_rr = Tag(phrase="#RedRanger")
    session.add(tag_rr)
    tag_w42 = Tag(phrase="#Whitby42")
    session.add(tag_w42)
    tag_icw = Tag(phrase="#ICW")
    session.add(tag_icw)
    tag_mis = Tag(phrase="#Mistakes")
    session.add(tag_mis)

    blog1 = Blog(title="Travel 2013")
    session.add(blog1)
    b1p1 = Post(
      date=datetime.datetime(2013, 11, 14, 17, 25),
      title="Hard Aground",
```

```
          rst_text="""Some embarrassing revelation. Including ☺ and ⚓""",
          blog=blog1,
          tags=[tag_rr, tag_w42, tag_icw],
      )
      session.add(b1p1)
      b1p2 = Post(
          date=datetime.datetime(2013, 11, 18, 15, 30),
          title="Anchor Follies",
          rst_text="""Some witty epigram. Including ☺ and ☀""",
          blog=blog1,
          tags=[tag_rr, tag_w42, tag_mis],
      )
      session.add(b1p2)

      blog2 = Blog(title="Travel 2014")
      session.add(blog2)
      session.commit()
```

위 클래스의 테스트를 실행하기 전에 데이터베이스가 먼저 생성되도록 setUpClass()를
정의했다. 이로써 공통 데이터베이스 설정을 공유하는 여러 테스트 메서드를 정의할 수
있다. 데이터베이스가 만들어지면 세션을 생성하고 데이터를 추가할 수 있다.

Test_Blog_Queries.Session = sessionmaker(bind=engine)에서 보듯이 세션 생성 객체를
클래스단 속성으로서 클래스에 넣었다. 이제 이 클래스단 객체를 setUp()과 독립 테스
트 메서드에서 쓸 수 있다.

다음은 setUp()과 두 개의 테스트 메서드다.

```
  def setUp(self):
    self.session = Test_Blog_Queries.Session()

  def test_query_eqTitle_should_return1Blog(self):
    results = self.session.query(Blog).filter(Blog.title == "Travel
2013").all()
    self.assertEqual(1, len(results))
    self.assertEqual(2, len(results[0].entries))

  def test_query_likeTitle_should_return2Blog(self):
    results = self.session.query(Blog).filter(Blog.title.like("Travel
```

```
%") ).all()
  self.assertEqual(2, len(results))
```

setUp() 메서드는 클래스단 sessionmaker 인스턴스로부터 새 빈 세션 객체를 생성한다. 이 객체를 통해 모든 쿼리는 올바르게 SQL을 생성할 수 있으며 SQLAlchemy 세션을 사용해 데이터베이스에서 데이터를 가져올 수 있다.

query_eqTitle_should_return1Blog() 테스트는 요청받은 Blog 인스턴스를 찾아서 entries 관계를 이용해 Post 인스턴스를 탐색한다. 요청의 filter() 부분은 실제로 애플리케이션 정의를 테스트하는 것이 아니라 SQLAlchemy와 SQLite를 수행한다. 마지막 어서션 내 results[0].entries 테스트는 클래스 정의에서 중요한 테스트다.

query_likeTitle_should_return2Blog() 테스트는 대부분 SQLAlchemy와 SQLite 테스트다. Blog의 title 속성을 제외하고는 애플리케이션의 어떤 요소도 의미 있게 사용하지 않는다. 이러한 종류의 테스트는 보통 초기 기술 스파이크를 생성할 때부터 남아 있는 것들이다. 테스트 케이스로서 그다지 가치는 없으나 큰 애플리케이션의 API가 명확해진다.

다음은 또 다른 두 테스트 메서드다.

```
def test_query_eqW42_tag_should_return2Post(self):
  results =
self.session.query(Post).join(assoc_post_tag).join(Tag).filter(
    Tag.phrase == "#Whitby42"
  ).all()
  self.assertEqual(2, len(results))

def test_query_eqICW_tag_should_return1Post(self):
  results =
self.session.query(Post).join(assoc_post_tag).join(Tag).filter(
    Tag.phrase == "#ICW"
  ).all()
  self.assertEqual(1, len(results))
  self.assertEqual("Hard Aground", results[0].title)
  self.assertEqual("Travel 2013", results[0].blog.title)
  self.assertEqual(
```

```
        set(["#RedRanger", "#Whitby42", "#ICW"]),
        set(t.phrase for t in results[0].tags)
    )
```

query_eqW42_tag_should_return2Post() 테스트는 주어진 태그를 포함하는 포스트를 찾는 좀 더 복잡한 쿼리를 수행한다. 클래스 내에 정의된 많은 관계를 사용한다.

유사하게 query_eqICW_tag_should_return1Post() 테스트도 복잡한 쿼리를 수행한다. results[0].blog.title을 통해 Post에서 시작해 Post를 포함하는 Blog 인스턴스를 탐색하는 과정을 테스트한다. 또한 set(t.phrase for t in results[0].tags)를 통해 Post에서 시작해 연관된 Tags 컬렉션을 탐색하는 과정을 테스트한다. SQL은 결과의 순서를 보장하지 않으므로 명시적으로 set()을 사용해야 한다.

TestCase의 하위 클래스인 Test_Blog_Queries에서 중요한 부분은 setUpClass()로 데이터베이스 스키마와 정의된 특정 행 집합을 생성하는 것이다. 이렇게 테스트를 설정하면 데이터베이스 애플리케이션에 도움이 된다. 상당히 복잡해질 수 있으므로 보통은 파이썬으로 행을 코딩하는 대신 파일이나 JSON 문서로부터 예제 행을 로드해 추가한다.

⁞⁞ TestCase 클래스 계층 구조

TestCase 클래스 간에도 상속이 이뤄진다. 이상적으로 각 TestCase는 고유하다. 하지만 실제로는 케이스 간 공통 기능이 있을 수 있다. 일반적으로 TestCase 클래스는 다음의 세 부분에서 겹친다.

- **공통 setUp()**: 다수의 TestCase에 쓰이는 데이터가 있을 수 있다. 데이터를 중복시킬 이유가 없다. 테스트 메서드 없이 setUp()이나 tearDown()만 정의한 TestCase 클래스가 문제가 되진 않지만 테스트가 없으므로 로그가 혼란스러울 수 있다.

- **공통 tearDown()**: OS 자원을 포함하는 테스트라면 공통 제거를 해주는 것이 일반적이다. 파일과 디렉터리를 삭제하거나 하위 프로세스를 죽여야 할 수도 있다.

- **공통 결과 검사**: 알고리듬적으로 복잡한 테스트일 경우 결과 검사 메서드를 사용해 결과의 몇 가지 속성을 증명해야 할 수 있다.

예를 들어 3장의 RateTimeDistance 클래스를 떠올려보자. 이 클래스는 딕셔너리 내에 비어 있는 값을 두 개의 다른 값을 사용해 채운다.

```python
@dataclass
class RateTimeDistance:

  rate: Optional[float] = None
  time: Optional[float] = None
  distance: Optional[float] = None

  def __post_init__(self) -> None:
    if self.rate is not None and self.time is not None:
      self.distance = self.rate * self.time
    elif self.rate is not None and self.distance is not None:
      self.time = self.distance / self.rate
    elif self.time is not None and self.distance is not None:
      self.rate = self.distance / self.time
```

RateTimeDistance 클래스의 각 단위 테스트 메서드는 다음과 같은 코드를 포함할 수 있다.

```python
self.assertAlmostEqual(
  self.rtd.distance, self.rtd.rate * self.rtd.time, places=2
)
```

TestCase의 하위 클래스를 여러 개 사용할 때는 다음과 같이 별도의 메서드로 유효성 검사를 상속한다.

```python
def validate(self, object):
  self.assertAlmostEqual(
    self.rtd.distance, self.rtd.rate * self.rtd.time, places=2
  )
```

이제 모든 테스트에서 정확성을 판단하는 일관된 정의를 제공하도록 각 테스트에 self.validate(object)를 포함시킨다.

unittest 모듈 정의의 중요한 특징은 테스트 케이스가 적절히 상속받은 적절한 클래스라는 점이다. 애플리케이션 클래스에 깊은 주의와 관심을 쏟듯이 TestCase 클래스 계층 구조를 디자인한다.

⠿ 외부에서 정의한 예상 결과 사용

어떤 애플리케이션에서는 사용자가 소프트웨어의 동작을 묘사하는 처리 규칙을 분명하게 표현한다. 어떤 경우에는 분석가나 디자이너가 사용자의 요구를 소프트웨어의 절차적 표현으로 변환하기도 한다.

구체적인 예제로 예상 결과를 제공하는 방법이 일반적으로 가장 간단하다. 최종 사용자나 중간 분석가에게는 예제 입력과 예상 결과를 보여주는 스프레드시트를 생성하는 방식이 유용하다. 사용자가 제공한 구체적인 예제 데이터를 사용하면 소프트웨어 개발이 단순해진다.

최대한 실제 사용자에게 결과가 올바른 구체적인 예제를 얻도록 하자. 절차적 표현이나 소프트웨어 명세를 생성하기는 몹시 어렵다. 구체적인 예제를 생성하고 그 예제로부터 소프트웨어 명세를 일반화하는 편이 덜 복잡하고 덜 혼란스럽다. 뿐만 아니라 테스트 케이스에 의해 주도되는 개발 스타일을 지원하게 된다. 테스트 케이스 스위트는 개발자에게 완료(done)에 대한 구체적인 정의를 제공한다. 소프트웨어 개발 프로젝트 상태를 추적할 때는 현재 얼마나 많은 테스트 케이스가 있으며 그중 얼마나 통과했는지로 판단한다.

구체적인 예제로 이뤄진 스프레드시트가 주어지면 각 행을 TestCase 인스턴스로 변환해야 한다. 이어서 이러한 객체로 스위트를 만든다.

17장에 나왔던 예제들은 TestCase 기반의 클래스로부터 테스트 케이스를 로드했다. unittest.defaultTestLoader.loadTestsFromTestCase를 사용해 이름이 test로 시작하는 메서드를 찾았다. 로더는 적절한 접두사를 갖는 각 메서드로부터 테스트 객체를 생성해 하나의 테스트 스위트로 합친다.

하지만 다른 방법도 있다. 이번 예제에서는 테스트 케이스 인스턴스를 개별적으로 만들어 보겠다. runTest() 메서드 하나만 포함하는 클래스를 정의하면 된다. 이 클래스의 여러 인스턴스를 하나의 스위트로 로드하겠다. 이렇게 동작하려면 TestCase 클래스에 이름이 runTest()인 테스트 하나만 정의해야 한다. 테스트 객체를 생성할 때 로더를 사용하지 않고, 외부에서 제공된 데이터 행으로 직접 생성하겠다.

테스트해야 하는 구체함수를 하나 살펴보자. 4장에 나왔던 함수다.

```
from Chapter_4.ch04_ex3 import RateTimeDistance
```

위 클래스는 다수의 속성을 초기화 시에 즉시 계산하는 클래스다. 이 간단한 함수의 사용자는 CSV 파일에서 추출한 스프레드시트로 테스트 케이스를 제공한다. CSV 파일에 대한 자세한 정보는 10장을 참고한다. 각 행을 TestCase로 변환해야 한다. CSV 파일에는 다음과 같은 데이터가 들어 있다.

```
rate_in,time_in,distance_in,rate_out,time_out,distance_out
2,3,,2,3,6
5,,7,5,1.4,7
,11,13,1.18,11,13
```

단순히 로더로 클래스를 찾지 않으므로 test로 시작하는 클래스를 정의하지 않겠다. 대신 인스턴스들을 더 큰 테스트 스위트로 만드는 클래스를 사용하겠다. 다음은 CSV 파일의 각 행으로부터 테스트 인스턴스를 생성할 때 사용할 테스트 케이스 템플릿이다.

```
class Test_RTD(unittest.TestCase):

  def runTest(self) -> None:
    with (Path.cwd() / "data" / "ch17_data.csv").open() as source:
      rdr = csv.DictReader(source)
      for row in rdr:
        self.example(**row)
```

```
    def example(
        self,
        rate_in: str,
        time_in: str,
        distance_in: str,
        rate_out: str,
        time_out: str,
        distance_out: str
    ) -> None:
        args = dict(
            rate=float_or_none(rate_in),
            time=float_or_none(time_in),
            distance=float_or_none(distance_in)
        )
        expected = dict(
            rate=float_or_none(rate_out),
            time=float_or_none(time_out),
            distance=float_or_none(distance_out)
        )
        rtd = RateTimeDistance(**args)
        assert rtd.distance and rtd.rate and rtd.time
        self.assertAlmostEqual(rtd.distance, rtd.rate * rtd.time,
places=2)
        self.assertAlmostEqual(rtd.rate, expected["rate"], places=2)
        self.assertAlmostEqual(rtd.time, expected["time"], places=2)
        self.assertAlmostEqual(rtd.distance, expected["distance"],
places=2)
```

위 클래스의 runTest() 메서드에 테스트를 넣었다. 앞선 예제에서는 _test로 시작하는 메서드명으로 테스트 케이스 동작을 제공했다. 여기서는 다수의 test_ 메서드명 대신 하나의 runTest() 메서드를 제공했다. 곧 알아보겠지만 이렇게 하면 테스트 스위트가 만들어지는 방식도 바뀐다.

위 메서드는 스프레드시트의 행을 딕셔너리로 파싱한다. 올바르게 동작하려면 예제 데이터열의 헤딩과 example() 메서드명에서 요구하는 매개변수명이 일치해야 한다. 입력값은 args라는 딕셔너리에 들어 있다. 마찬가지로 예상 결괏값은 expected라는 딕셔너리에 들어 있다.

None 값이 빈 문자열을 뜻한다면 float_or_none() 함수로 CSV 소스 데이터를 처리하는 것이 좋다. 이 함수는 셀의 텍스트를 float 값이나 None으로 변환한다. 다음과 같이 함수를 정의한다.

```
def float_or_none(text: str) -> Optional[float]:
  if len(text) == 0:
    return None
  return float(text)
```

example() 메서드로 스프레드시트의 각 행을 처리한다. 이러한 방법으로 비교적 유연하게 테스트할 수 있다. 사용자나 비즈니스 분석가는 올바른 연산이 무엇인지 명확하게 보여주는 예제를 생성할 수 있다.

Test_RTD 클래스는 다음과 같은 세 가지 일을 한다.

위 테스트 객체로부터 다음과 같이 스위트를 만든다.

```
def suite9():
  suite = unittest.TestSuite()
  suite.addTest(Test_RTD())
  return suite
```

test_로 시작하는 메서드를 찾을 때 loadTestsFromTestCase 메서드를 사용하지 않았다. 대신 테스트 스위트에 쉽게 추가할 수 있는 테스트 케이스 인스턴스를 생성했다.

앞서 봤던 스크립트 종류로 스위트를 실행한다. 예를 들면 다음과 같다.

```
if __name__ == "__main__":
  t = unittest.TextTestRunner()
  t.run(suite9())
```

출력은 다음과 같다.

```
..F
================================================================
```

```
FAIL: runTest (__main__.Test_RTD)
{'rate': None, 'distance': 13.0, 'time': 11.0} -> {'rate': 1.18,
'distance': 13.0, 'time': 11.0}
----------------------------------------------------------------------
Traceback (most recent call last):
  File "p3_c15.py", line 504, in runTest
    self.assertAlmostEqual( self.rtd.rate, self.result['rate'] )
AssertionError: 1.1818181818181819 != 1.18 within 7 places


----------------------------------------------------------------------
Ran 3 tests in 0.000s

FAILED (failures=1)
```

사용자가 제공한 데이터에 작은 문제가 있다. 사용자는 소수점 둘째 자리까지 반올림한 값을 제공했다. 예제 데이터에서 자릿수를 더 제공하든지, 테스트 어서션에서 반올림 문제를 처리해야 한다.

unittest 테스트 검색을 사용해 명령줄에서 실행하는 방법도 있다. unittest 모듈의 내장 테스트 검색 기능을 사용하려면 다음 명령어를 실행한다.

```
python3 -m unittest Chapter_17/ch17_ex1.py
```

위 명령은 17장의 많은 테스트 예제들의 요약 출력을 생성한다. 다음과 같다.

```
.x............x..Run time 0.931446542
..
----------------------------------------------------------------------
Ran 19 tests in 0.939s
```

각 .은 통과한 테스트다. x 표시는 실패할 것 같은 테스트다. 앞서 언급했듯이 일부 테스트는 정의된 클래스의 문제를 드러내며 그러한 테스트는 클래스를 고치지 않는 한 실패한다.

테스트 내 print()문에서 Run time 0.931446542 부분을 출력한다. 표준 출력은 아니다.

출력을 어떻게 구성하느냐에 따라 테스트 케이스의 그 밖에 디버깅이나 성능 데이터를 출력하기 어려울 수 있다. 앞서 쓰인 예제에서 보듯이 마침표로 된 줄 하나로 테스트 진행 과정을 보여줄 때는 중간에 출력하면 혼란이 생길 수 있다.

pytest와 픽스처

unittest 실행자^{runner} 대신 pytest 테스트 실행자를 사용할 수도 있다. pytest 프레임워크는 unittest 도구의 검색 기능을 뛰어넘는 훌륭한 테스트 검색 기능을 지원한다.

unittest 실행자는 다음의 두 방법으로 사용한다.

- 테스트 스위트 객체를 작성한다. 앞선 예제에서 주로 다뤘던 방법이다.

- unittest.TestCase의 확장 클래스를 찾기 위해 클래스로부터 테스트 스위트를 만든 후 그 스위트를 실행한다. 이렇게 하면 상당히 유연해진다. 테스트 스위트 생성 코드를 업데이트하지 않고도 테스트 케이스를 추가할 수 있다.

또한 pytest 도구는 unittest.TestCase 클래스 정의를 찾아 테스트 스위트를 만든 후 그 테스트를 실행할 수도 있다. 여기에 더해 test_로 시작하는 모듈에서 test_로 시작하는 함수도 찾는다. 복잡한 unittest.TestCase 클래스 정의 대신 간단한 함수를 사용하면 약간의 이점이 있다.

별도의 함수를 사용할 경우 주된 이점은 테스트 모듈이 간단해진다는 점이다. 특히 앞서 봤던 TestCardFactory 예제를 보면 테스트에 필요한 setUp() 메서드가 클래스에 없다. 메서드가 서로 독립적이므로 메서드를 하나의 클래스 정의로 묶지 않아도 된다. 비록 이 책의 주제가 객체지향 파이썬이긴 하지만 코드에 도움이 되지 않는데 클래스 정의를 사용할 이유가 없다. 대개 클래스 지향 테스트 케이스 정의는 별로 쓸모가 없으며 pytest로 별도의 함수를 실행하는 편이 더 낫다.

또한 pytest 방식은 다음과 같은 영향을 미친다.

- self.assert...() 메서드를 사용할 수 없다. pytest를 사용하려면 파이썬 assert문으로 예상 결과와 실제 결과를 비교한다.

- setUp()과 tearDown()에 쓰이는 스테이트풀 변수를 사용할 수 없다. pytest @fixture 함수로 테스트 컨텍스트를 설정하고 해제한다.

어떻게 단순화하는지 구체적인 예를 들기 위해 앞서 봤던 몇 가지 예제를 다시 살펴보겠다. 먼저 Card 클래스 테스트부터 보자. 다음은 pytest 버전이다.

```
def test_card():
    three_clubs = Card(3, Suit.CLUB)
    assert "3♣" == str(three_clubs)
    assert 3 == three_clubs.rank
    assert Suit.CLUB == three_clubs.suit
    assert 3 == three_clubs.hard
    assert 3 == three_clubs.soft
```

함수명이 test_로 시작해야 pytest에서 검색할 수 있다. 테스트 설정에서 card 인스턴스를 생성한 후 다수의 assert문으로 예상대로 동작하는지 확인한다. assert문으로 된 함수를 사용하면 unittest.TestCase 하위 클래스를 사용할 때만큼 오버헤드가 크지 않다.

어서션 검사

테스트에서 발생한 예외는 unittest.TestCase 클래스의 assertRaises() 같은 메서드로 확인한다. pytest를 사용하면 이러한 기능을 별도로 테스트할 수 있다. pytest 패키지는 raises라는 컨텍스트 매니저를 통해 어떤 예외가 발생했는지 감지한다. 다음의 예제로 raises 컨텍스트를 알아보자.

```
from pytest import raises

def test_card_factory():

    c1 = card(1, Suit.CLUB)
```

```
    assert isinstance(c1, AceCard)

    c2 = card(2, Suit.DIAMOND)
    assert isinstance(c1, Card)

    c10 = card(10, Suit.HEART)
    assert isinstance(c10, Card)

    cj = card(11, Suit.SPADE)
    assert isinstance(cj, FaceCard)

    ck = card(13, Suit.CLUB)
    assert isinstance(ck, FaceCard)

    with raises(LogicError):
        c14 = card(14, Suit.DIAMOND)

    with raises(LogicError):
        c0 = card(0, Suit.DIAMOND)
```

pytest.raises를 컨텍스트 매니저로 사용했다. 클래스 정의에 pytest.raises를 포함시켰으니 컨텍스트 안 명령문에서 명명한 예외를 일으킬 것이다. 예외가 발생해야 테스트를 통과하고 예외가 발생하지 않으면 테스트는 실패다.

픽스처로 테스트 설정

pytest의 테스트 설정과 해제 기능은 주로 @fixture 함수에서 담당한다. 이 함수는 테스트와 연결된 단위를 픽스처로 만든다. 하드웨어 테스트 분야에서는 테스트 하네스harness 혹은 테스트 벤치bench라고도 부른다.

픽스처는 테스트와 관련된 모든 종류의 설정이나 해제에 쓰인다. pytest가 테스트를 호출하는 방식으로 인해 테스트는 픽스처 함수를 암묵적으로 호출하고 이로써 테스트 코드가 상당히 단순해진다. 픽스처는 다른 픽스처를 참조할 수 있으며 테스트 중인 단위를 독립시킬 수 있는 복합 객체를 생성하게 해준다.

앞서 TestDeckBuild와 TestDeckDeal이라는 테스트 케이스의 복잡한 두 하위 클래스를 살펴봤다. 두 테스트 케이스는 Deck3 클래스 정의의 기능을 서로 분리해서 다룬다. 공통 픽스처를 사용하면 유사한 테스트 케이스를 만들 수 있다. 다음은 픽스처 정의이다.

```python
import unittest.mock
from types import SimpleNamespace
from pytest import fixture

@fixture
def deck_context():
  mock_deck = [
    getattr(unittest.mock.sentinel, str(x))
    for x in range(52)
  ]
  mock_card = unittest.mock.Mock(side_effect=mock_deck)
  mock_rng = unittest.mock.Mock(
    wraps=random.Random,
    shuffle=unittest.mock.Mock(return_value=None)
  )
  return SimpleNamespace(**locals())
```

deck_context() 함수는 목 객체 세 개를 생성한다.

- mock_deck 객체는 mock.sentinel 객체 52개를 포함하는 리스트다. sentinel의 고유한 속성을 가져와 각 sentinel 객체를 맞춤화한다. 속성명은 범위가 range(52) 내인 정수 값으로 만든 문자열이다. 객체 이름은 mock.sentinel.0과 같을 것이다. 이러한 문법은 소스 코드 내 단순 파이썬 속성 참조로는 유효하지 않으나 어쨌든 sentinel은 반드시 고유해야 한다.

- mock_card 객체는 side_effect를 포함하는 목이다. 함수처럼 동작한다. 호출할 때마다 side_effect 매개변수로 제공된 리스트에서 이전과 다른 값을 반환한다. 파일이나 네트워크 연결에서 값을 읽는 함수를 시뮬레이션할 때 사용한다.

- mock_rng 객체는 random.Random 클래스를 래핑한 버전이다. 두 가지 기능을 제외하고는 랜덤 객체처럼 동작한다. 먼저 shuffle() 메서드는 아무 일도 하지 않는다. 또 하

나, Mock 래퍼에서 이 객체의 메서드 호출을 일일이 추적하므로 테스트 중인 단위에 의해 올바르게 쓰이고 있는지 알아낼 수 있다.

return문에서 모든 로컬 변수를 하나의 SimpleNamespace 객체로 패키징했다. 이렇게 하면 deck_context.mock_card 같은 문법으로 Mock 함수를 참조할 수 있다. 이제 위 픽스처를 test 함수에 사용한다. 다음은 그 예다.

```python
def test_deck_build(deck_context):
    d = Deck3(
        size=1,
        random=deck_context.mock_rng,
        card_factory=deck_context.mock_card
    )
    deck_context.mock_rng.shuffle.assert_called_once_with(d)
    assert 52 == len(deck_context.mock_card.mock_calls)
    expected = [
        unittest.mock.call(r, s) for r in range(1, 14) for s in
iter(Suit)
    ]
    assert expected == deck_context.mock_card.mock_calls
```

위 테스트는 deck_context 픽스처를 참조한다. 코드는 특별한 작업을 수행하지 않는다. pytest는 암묵적으로 함수를 평가하고, 그 결과 SimpleNamespace 객체가 deck_context 매개변수의 값이 된다. 매개변수와 픽스처 간 매핑은 아주 간단하다. 모든 매개변수명이 픽스처함수의 이름이어야 하고, 그래야 함수가 자동으로 평가된다.

위 테스트는 random 매개변수와 card_factory 매개변수의 목 객체로 Deck3 인스턴스를 만든다. Deck3 인스턴스가 만들어지면 목 객체를 검사해, 예상한 인자값과 적절한 횟수로 호출했는지 알 수 있다.

픽스처로 설정과 해제

픽스처함수는 설정 외에 해제 기능도 제공한다. 이때 생성자함수의 지연 동작 방식에 의존한다. 다음은 설정과 해제를 수행하는 픽스처 예제 코드다.

```
@fixture
def damaged_file_path():
  file_path = Path.cwd() / "data" / "ch17_sample.csv"
  with file_path.open("w", newline="") as target:
    print("not_player,bet,rounds,final", file=target)
    print("data,1,1,1", file=target)
  yield file_path
  file_path.unlink()
```

damaged_file_path() 함수는 상대 경로인 data/ch17_sample.csv라는 파일을 생성한다.
그리고 데이터 몇 줄을 그 파일에 작성한다.

yield문은 초기 결괏값을 제공한다. 테스트 함수는 이 값을 사용한다. 테스트를 완료하
면 두 번째 값을 픽스처에서 추출한다. 이 두 번째 결과를 요청하면 픽스처함수는 필요
한 해제 작업을 전부 수행할 수 있다. 위 예제의 해제 단계에서는 생성했던 테스트 파일
을 삭제한다.

픽스처함수는 테스트가 실행될 때 암묵적으로 호출된다. 다음과 같이 위 픽스처를 사용
한다.

```
def test_damaged(damaged_file_path):
  with raises(AssertionError):
    stats = rounds_final(Path.cwd()/"data"/"ch17_sample.csv")
```

위 테스트는 rounds_final() 함수에 예제 파일이 주어졌을 때 AssertionError를 일으키
는지 확인한다. damaged_file_path 픽스처에서 yield를 사용하므로 테스트 컨텍스트를
해제하면서 파일을 제거할 수 있다.

매개변수화한 픽스처 생성

일반적으로 테스트 케이스 하나에 많은 비슷한 예제를 둔다. 지금까지 사용자나 분석가
가 입출력 예제를 포함하는 스프레드시트를 생성하는 방식을 논했다. 이 방식은 소프트

웨어 개발 프로세스에 직접 입력을 넣을 수 있을 때 유용할 것이다. CSV 예제 파일을 최대한 직접적으로 처리하는 테스트 도구가 필요하다.

pytest를 사용하면 픽스처에 매개변수를 사용할 수 있다. pytest 실행자는 매개변수 컬렉션의 각 객체를 사용해 테스트 함수를 반복적으로 실행한다. 매개변수화한 픽스처를 만들려면 다음 예제 같은 코드를 사용한다.

```python
import csv

with (Path.cwd() / "Chapter_17" / "ch17_data.csv").open() as source:
    rdr = csv.DictReader(source)
    rtd_cases = list(rdr)


@fixture(params=rtd_cases)
def rtd_example(request):
    yield request.param
```

컨텍스트 매니저로 CSV 파일을 열었다. 이 파일로 리더를 만들어 각 데이터 행을 딕셔너리로 변환했다. 이때 키는 열 제목이고 값은 주어진 행 내 각 셀의 문자열이다. 최종 rtd_cases 변수는 딕셔너리 리스트다. List[Dict[str, str]]이라는 타입 힌트가 구조를 나타낸다.

params= 인자로 rtd_example 픽스처를 만들었다. params 컬렉션의 각 항목이 테스트 중인 함수에 컨텍스트로 제공된다. 이는 테스트를 여러 번 실행하고 매번 params 시퀀스로부터 다른 값을 사용할 것이라는 뜻이다. 위 픽스처를 사용하는 테스트 케이스 예제를 살펴보자.

```python
from pytest import approx

def test_rtd(rtd_example):
    args = dict(
        rate=float_or_none(rtd_example['rate_in']),
        time=float_or_none(rtd_example['time_in']),
        distance=float_or_none(rtd_example['distance_in']),
    )
    result = dict(
```

```
    rate=float_or_none(rtd_example['rate_out']),
    time=float_or_none(rtd_example['time_out']),
    distance=float_or_none(rtd_example['distance_out']),
)

rtd = RateTimeDistance(**args)

assert rtd.distance == approx(rtd.rate * rtd.time)
assert rtd.rate == approx(result["rate"], abs=1E-2)
assert rtd.time == approx(result["time"])
assert rtd.distance == approx(result["distance"])
```

위 케이스는 rtd_example 픽스처를 사용한다. 픽스처가 params 값 리스트를 포함했으니 이 케이스는 여러 번 호출되고 매번 값 시퀀스의 다른 행이 rtd_example 값이 된다. 이로써 다양한 입력 값에 대한 공통 테스트를 작성하기 수월하다.

또한 위 테스트는 pytest.approx 객체를 사용한다. __eq__() 메서드는 단순한 완전 동등 exact equality 테스트가 아닌 근사 동등approximately equal 알고리듬이므로 이 객체로 부동 소수점 값을 래핑한다. 수의 이진 표현을 절삭할 때 생기는 사소한 부동 소수점 차이를 무시할 수 있는 아주 편리한 방법이다.

⁝⁝⁝ 자동 통합 또는 성능 테스트

unittest 패키지를 사용하면 하나의 독립된 클래스 정의에 대한 테스트가 아니어도 수행할 수 있다. 앞서 언급했듯이 unittest 자동화를 사용해 여러 컴포넌트를 통합한 단위를 테스트할 수 있다. 이러한 종류의 테스트는 독립된 컴포넌트에 대한 단위 테스트를 통과한 소프트웨어에만 수행할 수 있다. 컴포넌트의 단위 테스트가 정상적으로 동작하지 않는데 실패한 통합 테스트를 디버깅할 의미가 없다.

성능 테스트는 몇몇 통합 단계에서 이뤄진다. 규모가 큰 애플리케이션이라면 전체 빌드에 대한 성능 테스트가 전혀 도움이 되지 않을 수 있다. 한 가지 전통적인 관점에 따르면 프로그램은 코드의 10%를 실행하느라 실행 시간의 90%를 쓴다. 따라서 전체 애플리케이션을 최적화할 필요는 거의 없고, 프로그램의 어떤 부분이 실제 성능 병목인지 찾아야 한다.

때로는 어떤 데이터 구조가 아주 분명하게 검색을 포함한다. 검색을 없애면 당연히 성능이 크게 향상된다. 6장에서 봤듯이 메모이제이션 구현으로 재계산을 피하면 극적으로 성능이 개선된다.

올바른 성능 테스트를 수행하려면 다음의 세 단계 사이클을 따라야 한다.

1. 디자인 리뷰와 코드 프로파일링을 조합해 애플리케이션의 어떤 부분에서 성능 문제가 발생하는지 찾는다. 파이썬 표준 라이브러리는 두 개의 프로파일링 모듈을 제공한다. 아주 복잡한 요구 사항이 없는 한, cProfile이 주의를 요하는 애플리케이션 위치를 찾아낸다.

2. unittest로 자동 테스트 시나리오를 생성해 실제 성능 문제를 입증한다. timeit이나 time.perf_counter()로 성능 데이터를 수집한다.

3. 허용 가능한 성능이 될 때까지 선별한 테스트 케이스 코드를 최적화한다.

핵심은 최대한 최적화하되 성능을 향상시키려는 욕심에 모호한 변경을 하지 않는 것이다. 대개 중앙 데이터 구조나 알고리듬(또는 둘 다)은 반드시 교체해야 하며 여기에는 광범위한 리팩터링이 필요하다. 자동 단위 테스트는 실제로 대량의 리팩터링으로 이어진다.

성능 테스트에 정해진 통과-실패 기준이 없으면 모호한 상황이 발생할 수 있다. 어느 정도 빨라야 하는지 구체적인 정의도 없이 더 빠르게 만들어야 할 수도 있다. 측정 가능한 성능 목표가 있어야 훨씬 간단해진다. 구체적인 목표가 주어지면 형식적이고 자동화된 테스트를 사용해 결과가 올바른지, 그 결과를 허용 가능한 시간 내에 얻었는지 모두 분명히 할 수 있다.

다음 코드처럼 성능을 테스트한다.

```
import unittest
import timeit
```

```
class Test_Performance(unittest.TestCase):

  def test_simpleCalc_shouldbe_fastEnough(self):
    t = timeit.timeit(
      stmt="""RateTimeDistance(rate=1, time=2)""",
      setup="""from Chapter_4.ch04_ex3 import
RateTimeDistance""",
      )
    print("Run time", t)
    self.assertLess(t, 10, f"run time {t} >= 10")
```

이렇게 unittest를 사용해 자동 성능 테스트를 생성할 수 있다. timeit 모듈이 주어진 명령문을 1백만 번 실행하므로 테스트를 수행 중인 컴퓨터의 백그라운드 작업으로 인해 발생하는 측정의 가변성을 최소화해야 한다.

위 예제에서 매 RTD 생성자의 실행은 10만 분의 1초보다 적게 걸려야 한다. 1백만 번 실행은 10초보다 적게 걸려야 한다.

⁘ 요약

unittest와 doctest로 자동 단위 테스트를 생성하는 법을 알아봤다. 또한 자동 테스트 검색 프로세스 없이도 테스트 스위트를 생성해 재사용과 집계를 위해 더 큰 범위의 스위트로 테스트 컬렉션을 패키징하는 법도 살펴봤다.

목 객체를 생성해 소프트웨어 단위를 독립적으로 테스트하는 법도 관찰했다. 또한 다양한 종류의 설정과 해제 기능도 알아봤다. 이로써 복잡한 초기 상태나 지속된 결과를 갖는 테스트를 작성할 수 있다.

doctest와 unittest 모두 단위 테스트의 FIRST 속성에 잘 부합한다. FIRST 속성은 다음과 같다.

- **신속성**Fast: 터무니없이 형편없는 테스트를 작성한 것이 아니라면 doctest와 unittest의 성능은 매우 빨라야 한다.

- **독립성**[Isolated]: unittest 패키지는 클래스 정의를 독립시킬 수 있는 목 모듈을 제공한다. 컴포넌트를 서로 독립적으로 디자인하는 데 주의를 기울여야 한다.

- **반복성**[Repeatable]: 자동 테스트에 쓰이는 doctest와 unittest는 반복 사용할 수 있어야 한다.

- **자기 검증성**[Self-validating]: doctest와 unittest 모두 어떤 주관적인 판단도 테스트에 개입되지 않도록 테스트 결과와 테스트 케이스 조건을 하나로 묶는다.

- **적시성**[Timely]: 클래스나 함수, 모듈의 스켈레톤만 있으면 바로 테스트 케이스를 작성하고 실행할 수 있다. 본문이 pass뿐인 클래스에도 충분히 테스트 스크립트를 실행할 수 있다.

프로젝트 관리가 목적이라면 작성한 테스트 개수와 통과한 테스트 개수가 때로는 매우 유용한 상태 보고다.

디자인 고려 사항과 트레이드오프

소프트웨어를 작성할 때 테스트 케이스도 함께 제공해야 한다. 자동 테스트가 없는 기능은 존재하지 않는 것과 마찬가지다. 테스트가 없으면 그 기능이 제대로 동작한다고 신뢰할 수 없다. 신뢰할 수 없으면 사용해서는 안 된다.

실제로 유일한 트레이드 오프 문제는 doctest를 쓸지 unittest를 쓸지 혹은 둘 다를 쓸지 여부다. 간단한 프로그래밍에는 doctest가 가장 적합하다. 복잡한 상황에는 unittest가 필요하다. API 설명서에 예제를 포함시켜야 하는 프레임워크라면 두 모듈을 조합해야 잘 동작한다.

어떤 경우에는 TestCase 클래스 정의로만 이뤄진 모듈만 생성해도 충분하다. TestLoader 클래스와 테스트 검색 기능만으로 테스트를 전부 찾기도 한다.

더욱 일반적으로 말해 unittest는 TestLoader를 사용해 각 TestCase 하위 클래스로부터 여러 테스트 메서드를 추출한다. 그리고 클래스단 setUp()과 가능하다면 setUpClass() 메서드의 공유 여부에 따라 테스트 메서드를 하나의 클래스로 패키징한다.

TestLoader 없이 TestCase 인스턴스를 생성할 수도 있다. 이때는 기본 runTest() 메서드를 정의해 테스트 케이스 어서션을 포함시킨다. 이러한 종류의 클래스의 인스턴스로 스위트를 생성할 수 있다.

가장 어려운 부분은 테스트 가능한 디자인이다. 단위를 독립적으로 테스트할 수 있도록 의존 관계를 제거하는 것이 어떤 때는 소프트웨어 디자인의 복잡도를 높이는 것처럼 느껴진다. 하지만 의존 관계를 찾는 데 쏟은 시간은 대부분 더 유지 가능하고 더 유연한 소프트웨어를 생성하는 데 투자한 시간이다.

일반적인 규칙은 다음과 같다. 클래스 간 암묵적 의존 관계는 좋지 못한 디자인이다.

테스트 가능한 디자인은 의존 관계가 명시적이다. 즉, 목 객체로 대체하기 쉽다. pytest 프레임워크는 monkeypatch 픽스처를 제공한다. 이 픽스처는 의존 관계를 패치해 테스트 중인 단위를 독립시키는 테스트를 작성할 수 있게 한다. 편리할 뿐만 아니라 더 간단하고 더 안정적으로 단순하고 가시적인 의존 관계를 넣을 수 있다.

예고

18장에서는 명령줄로 완전한 애플리케이션을 작성하는 방법을 알아본다. 파이썬 애플리케이션의 시작 옵션과 환경변수, 설정 파일을 처리하는 방법도 살펴본다.

19장에서는 애플리케이션 디자인을 확장한다. 애플리케이션을 보다 큰 애플리케이션으로 구성하는 방법과 애플리케이션을 더 작은 모듈이나 패키지로 분해하는 방법도 살펴본다.

18

명령줄 처리

명령줄의 시작 옵션과 환경변수, 설정 파일은 많은 애플리케이션에, 특히 서버 구현에 있어 중요하다. 다양한 방법으로 프로그램의 시작과 객체 생성을 처리한다. 18장에서는 인자 파싱과 전체 애플리케이션 아키텍처를 살펴본다.

18장은 14장에서 다뤘던 설정 파일 처리를 명령줄 프로그램과 최상단 서버에 필요한 기법으로 확장한다. 어떤 규모의 애플리케이션을 디자인하든 15장의 핵심 디자인 원칙은 필수다. 또한 18장에서는 16장에서 다뤘던 로깅 디자인 요소도 확장한다.

19장에서는 이러한 원칙들을 확장해 전체적 프로그래밍programming in the large이라 부르는 아키텍처 디자인을 살펴본다. 명령 디자인 패턴Command design pattern을 사용해 셸 스크립트 없이도 통합 가능한 소프트웨어 컴포넌트를 정의한다. 이 패턴은 애플리케이션 서버가 사용할 백그라운드 처리 컴포넌트를 만들 때 특히 유용하다.

⁝⦂ 기술 요구 사항

18장의 코드 파일은 https://git.io/fj2UD에 있다.

⁙ OS 인터페이스와 명령줄

일반적으로 운영체제의 셸은 OS API를 구성하는 몇몇 정보를 갖고 애플리케이션을 구동시킨다.

- 셸은 각 애플리케이션에 환경변수 컬렉션을 제공한다. 파이썬은 os.environ을 통해 환경변수에 접근한다.

- 셸은 세 가지 표준 파일을 준비한다. 파이썬에서는 각각 sys.stdin과 sys.stdout, sys.stderr이다. sys.stdin에 접근할 수 있는 fileinput 같은 모듈도 있다.

- 셸은 명령줄을 단어들로 파싱한다. 명령줄 일부를 sys.argv에서 사용할 수 있다. POSIX 운영체제에서 셸은 셸 환경변수와 글로브 와일드카드 파일명을 치환한다. 윈도우의 간단한 cmd.exe 셸에서는 파일명에 와일드카드를 쓸 수 없다.

- 또한 OS는 무엇보다도 현재 작업 디렉터리와 사용자 ID, 사용자 그룹 정보 같은 컨텍스트 설정을 유지한다. 모두 os 모듈을 통해 사용할 수 있다. 명령줄 인자로는 제공되지 않는다.

OS는 애플리케이션이 종료될 때 숫자로 된 상태 코드를 받으려 한다. 특정 숫자 코드를 반환하려면 애플리케이션에서 sys.exit()를 사용한다. OS 모듈은 os.EX_OK 같은 숫자 값을 정의해 공통 의미를 가진 코드를 반환하도록 돕는다. 파이썬은 프로그램이 정상적으로 종료되면 0을, 처리되지 않은 예외로 종료되면 1을, 명령줄 인자가 유효하지 않으면 2를 반환한다.

셸 연산은 OS API에서 매우 중요한 부분이다. 입력 행이 주어지면 셸은 (상당히 복잡한) 인용 규칙과 치환 옵션에 따라 여러 가지 치환을 수행한다. 이어서 공백을 구분자로 사용해 결과 행을 단어들로 파싱한다. 첫 번째 단어는 (cd나 set 같은) 내장 셸 명령어 또는 python3 같은 파일명이어야 한다. 셸은 셸에 정의된 PATH에서 이 파일을 찾는다.

실행 파일을 실질적으로 사용할 수 있으려면 그 파일의 디렉터리를 PATH 환경변수에 명명해야 한다. 대부분의 OS에서는 콜론(:)에 이어 스크립트의 디렉터리를 덧붙인다. 윈도우에서는 세미콜론(;)에 이어 스크립트의 디렉터리를 덧붙인다.

명령문의 첫 번째 단어인 파일명에는 실행 권한(x)이 있어야 한다. 셸 명령어인 chmod +x somefile.py를 실행하면 파일을 실행할 수 있다. 실행할 수 없는 파일명이면 OS 권한 없음Permission Denied 오류가 발생한다. 운영체제 명령어인 ls -l(윈도우에서는 해당하는 명령어)로 파일 권한을 확인하자.

실행 가능한 파일의 맨 앞 바이트들은 셸에게 파일 실행 방법을 알려주는 일종의 매직 넘버다. 어떤 매직 넘버는 파일이 이진 실행 파일임을 가리키고, 이때 셸은 하위 셸을 포크해서 실행할 수 있다. b'#!' 같은 매직 넘버는 파일이 올바른 텍스트 스크립트이고, 인터프리터가 필요하다는 뜻이다. 이때 파일 첫 행의 나머지 부분이 인터프리터명이다.

파이썬 파일의 첫 행은 주로 다음과 같다.

```
#!/usr/bin/env python3
```

파이썬 파일을 실행할 권한이 있고 첫 행이 위와 같으면 셸은 env 프로그램을 실행한다. env 프로그램의 인자(python3)는 환경을 설정한 후 첫 번째 위치 인자에 해당 파이썬 파일을 넣어 Python3 프로그램을 실행한다.

PATH를 올바르게 설정한 후 명령줄에 ch18_demo.py -s someinput.csv를 입력하면 어떻게 될까? OS 셸에서부터 실행 가능한 파이썬 스크립트를 거쳐 파이썬까지 프로그램이 동작하는 단계는 다음과 같다.

1. 셸은 ch18_demo.py -s someinput.csv 행을 파싱한다. 첫 번째 단어는 ch18_demo.py 이다. 이 파일은 셸의 PATH에 있으며 실행 권한 x가 있다. 셸은 파일을 열어 #! 바이트를 찾는다. 셸은 이 행의 나머지 부분을 읽어 /usr/bin/env python3 명령을 찾는다.

2. 셸은 새 명령어인 /usr/bin/env를 파싱한다. 이 파일은 이진 실행 파일이다. 셸은 env 프로그램을 시작시킨다. 이어서 env 프로그램은 python3을 시작시킨다. 셸이 파싱한 원래 명령줄의 단어 시퀀스인 ['ch18_demo.py', '-s', 'someinput.csv']를 파이썬에 제공한다.

3. 파이썬은 첫 번째 인자 앞에 있는 모든 옵션을 추출한다. 옵션 앞에는 하이픈(-)이 붙으므로 인지와 쉽게 구별된다. 이 첫 번째 옵션들은 파이썬 스타트업 중에 쓰인다. 위 예제에는 옵션이 없다. 첫 번째 인자는 실행할 파이썬 파일명이어야 한다. 파일명 인자와 그 행의 나머지 모든 단어는 sys.argv에 할당된다.

4. 파이썬 스타트업은 찾아낸 옵션에 따라 달라진다. -s 옵션이 있으면 site 모듈로 임포트 경로인 sys.path를 설정한다. -m 옵션을 사용했으면 파이썬은 runpy 모듈로 애플리케이션을 시작시킨다. 주어진 스크립트 파일을 바이트 코드로 (다시) 컴파일할 수도 있다. -v 옵션은 수행 중인 임포트를 표시한다.

5. 애플리케이션은 sys.argv를 사용해 argparse 모듈로 옵션과 인자를 파싱한다. 애플리케이션은 os.environ 내 환경변수를 사용할 수 있다. 또한 설정 파일을 파싱할 수도 있는데 자세한 내용은 14장을 참고한다.

파일명이 없으면 파이썬 인터프리터는 표준 입력을 읽는다. 표준 입력이 (리눅스 용어로 TTY라고 부르는) 콘솔이면 파이썬은 대화형 인터프리터(REPL, Read-Execute- Print Loop)로 들어가서 >>> 프롬프트를 띄운다. 개발자로서 이 모드를 사용할 뿐, 일반적으로 완료된 애플리케이션에는 이 모드를 사용하지 않는다.

파이썬의 유연함 덕분에 다른 식으로 파이썬 런타임에 입력을 제공할 수도 있다. python <some_file이나 some_app | python처럼 표준 입력이 리다이렉트 파일인 경우도 있다. 둘 다 파이썬에서 유효하지만 애플리케이션 소스가 확실하지 않아 혼란이 생길 수 있다.

인자와 옵션

프로그램을 실행하려면 셸은 명령줄을 각 단어별로 파싱해야 한다. 이러한 단어에는 옵션과 인자가 섞여 있다. 다음은 몇 가지 필수 가이드라인이다.

- 옵션이 가장 먼저 나온다. -나 --로 시작한다. 포맷은 -1와 --word 두 가지다. 옵션에는 인자가 있는 옵션과 인자가 없는 옵션 두 종류가 있다. 인자가 없는 옵션의 예는

버전을 표시하는 -V 혹은 --version이다. 인자가 있는 옵션의 예는 -m module로서 -m 옵션 뒤에 반드시 모듈명이 나와야 한다.

- 인자가 없는 짧은 포맷(한 글자)의 옵션은 하나의 하이픈(-) 뒤에 모두 묶을 수 있다. 편의 상 -b -q -v 옵션을 합쳐서 -bqv로 쓴다.

- 일반적으로 인자는 옵션 뒤에 나오고 -나 --로 시작하지 않는다(어떤 리눅스 애플리케이션은 이 규칙을 따르지 않는다). 일반적으로 인자는 크게 다음 두 종류다.

  ○ **위치 인자**: 의미상 순서가 중요하다. 가령 위치 인자가 입력 파일명과 출력 파일명 일 수 있다. 출력 파일은 수정될 수 있으니 순서가 중요하다. 파일을 오버라이딩하 는 경우라면 간단한 위치 구분에도 신중을 기해야 혼란을 막는다. cp, mv, ln 명령 은 순서가 중요한 드문 위치 인자들이다. -o output.csv처럼 출력 파일을 명시하 는 옵션을 사용하면 좀 더 명확하다.

  ○ **인자 리스트**: 의미상 모든 인자가 동등하다. 가령 입력 파일명을 인자로 전부 나열 할 수 있다. 셸이 파일명 글로빙globbing을 수행하는 방식에 부합한다. process.py *.html을 실행하면 셸은 *.html 명령어를 위치 매개변수가 되는 파일명으로 확장 한다(윈도우에서는 동작하지 않으니 반드시 glob 모듈을 사용해야 한다).

명령줄 옵션에 관한 자세한 정보는 http://pubs.opengroup.org/onlinepubs/969991 9799/basedefs/V1_chap12.html#tag_12_02를 참고하자.

파이썬 명령줄에는 파이썬 동작을 세부적으로 제어하는 12개 정도의 옵션이 있다. 각 옵 션별 자세한 정보는 '파이썬 설치와 사용Python Setup and Usage' 설명서를 참고한다. 파이썬 명령줄의 위치 인자는 실행할 스크립트명으로서 애플리케이션의 최상위 파일이다.

⁝⁝⁝ pathlib 모듈 사용하기

운영체제와 상호작용을 이루는 요소 중 하나가 파일 처리다. 이때 pathlib 모듈을 사용 하면 좀 더 유연하다. 운영체제는 파일 경로를 문자열로 표현할 수 있지만 그러한 문자열은 구문적 의미가 상당히 미묘하다. 문자열을 직접 파싱하기보다 Path 객체를 생성하는 편이 훨씬 낫다. Path를 사용하면 각 구성 요소로부터 경로를 구성하고 다시 분해할 수 있다.

경로를 구성할 때는 / 연산자를 사용해 시작 Path와 str 객체로 Path를 조합한다. / 연산자는 리눅스와 맥OS처럼 POSIX를 준수하는 운영체제뿐만 아니라 인도우에서도 동작한다. 연산자 하나만으로 정확한 경로를 생성하기 때문에 모든 파일시스템 접근에 Path 객체를 사용하는 것이 가장 좋다.

다음은 Path 객체를 생성하는 몇 가지 예다.

- Path.home() / "some_file.dat": 사용자 홈 디렉터리에 주어진 파일을 명명한다.

- Path.cwd() / "data" / "simulation.csv": 현재 작업 디렉터리를 기준으로 파일을 명명한다.

- Path("/etc") / "profile": 파일시스템 루트에서 시작하도록 파일을 명명한다.

Path 객체를 다양하게 검사해 자세한 정보를 알아낼 수 있다. 어떤 때는 해당 경로의 부모 디렉터리나 파일명 확장자가 궁금하다. 예로 살펴보자.

```
p = Path.cwd() / "data" / "simulation.csv
>>> p.parent
PosixPath('/Users/slott/mastering-oo-python-2e/data')
>>> p.name
'simulation.csv'
>>> p.suffix
'.csv'
>>> p.exists()
False
```

Path 객체에 다양한 쿼리를 던졌는데 알고 보니 파일시스템 내 실제 객체를 표현한 경로가 아니었다. 실제 존재하지 않는 파일인데도 parent와 name, suffix 같은 다양한 속성을 올바르게 보고한다. 이러한 특징 덕분에 입력 파일로 출력 파일명을 생성하기에 매우 유용하다.

예를 들어 다음과 같이 할 수 있다.

```
>>> results = p.with_suffix('.json')
>>> results
PosixPath('/Users/slott/mastering-oo-python-2e/data/simulation.json')
```

입력 Path 객체 p를 받아 출력 Path 객체 results를 생성했다. 결과 객체는 이름만 같고 접미사가 다르다. Path의 with_suffix() 메서드로 새 이름을 만들었다. ^(비교적) 복잡한 경로명을 파싱하지 않고도 연관된 파일을 생성한 것이다.

6장에서 언급했듯이 파일을 컨텍스트 매니저로 사용해야 올바르게 닫힌다. Path 객체는 파일을 직접 열기 때문에 프로그램이 다음 예제처럼 동작한다.

```
output = Path("directory") / "file.dat"
with output.open('w') as output_file:
  output_file.write("sample data\n")
```

Path 객체를 생성했다. 운영체제는 현재 작업 디렉터리인 경우 앞에 /를 붙이지 않는 경로를 사용한다. Path의 open() 메서드는 읽거나 쓸 수 있는 파일 객체를 생성한다. 위 예에서는 상수 문자열을 파일에 작성했다.

Path 객체로 파일뿐만 아니라 디렉터리도 처리할 수 있다. 주로 다음과 같은 코드로 작업 디렉터리를 생성한다.

```
>>> target = Path("data")/"ch18_directory"
>>> target.mkdir(exist_ok=True, parents=True)
```

data 디렉터리와 특정 하위 디렉터리인 ch18_directory에 대한 상대 참조를 사용해 Path 객체를 조합했다. 위 Path 객체의 mkdir() 메서드는 요청한 디렉터리 구조를 파일시스템에 생성한다. 이때 일반적인 옵션 두 가지를 제공했다. exists_ok 옵션은 파일이 이미 존재할 때 발생하는 FileExistsError 예외를 숨긴다. parents 옵션은 필요한 모든 부모 디렉터리를 생성한다. 복잡하고 중첩된 디렉터리 트리를 만들 때 유용하다.

웹 로그를 처리한다면 날짜에 따라 로그를 구분하는 유스 케이스가 일반적이다. 다음 예제 같은 코드로 날짜별 디렉터리를 생성한다.

```
>>> import datetime
>>> today = datetime.datetime.today()
>>> target = Path("data")/today.strftime("%Y%m%d")
>>> target.mkdir(exists_ok=True)
```

먼저 현재 날짜를 계산했다. 이후 data 하위 디렉터리와 현재 날짜의 연, 월, 일을 사용해 디렉터리 경로를 생성했다. 이미 존재하는 디렉터리는 그대로 쓰기 위해 예외를 숨겼다. 위와 같은 옵션에서는 부모 디렉터리를 생성하지 않고, 데이터 디렉터리가 존재하지 않으면 FileNotFoundError 예외가 발생한다.

argparse로 명령줄 파싱

일반적으로 argparse는 다음 네 단계로 쓰인다.

1. 먼저 ArgumentParser 인스턴스를 생성한다. 이 객체에 명령줄 인터페이스에 대한 전반적인 정보를 제공할 수 있다. 즉, 설명, 표시 옵션과 인자의 포맷 변경, -h가 'help' 옵션인지 여부 등을 포함시킨다. 일반적으로 설명만 제공하면 된다. 나머지 옵션에는 적당한 기본값이 있다.

2. 이어서 명령줄 옵션과 인자를 정의한다. ArgumentParser.add_argument() 메서드함수로 인자를 추가한다.

3. 다음으로 sys.argv 명령줄을 파싱해서 옵션과 옵션 인자, 전체 명령줄 인자를 상세히 열거하는 namespace 객체를 생성한다.

4. 끝으로 namespace 객체를 사용해 애플리케이션을 설정하고 인자를 처리한다. 다르게 적절히 처리할 방법도 많다. 명령줄 옵션 외에 설정 파일을 파싱할 수도 있다. 곧 몇 가지 디자인을 알아보겠다.

argparse의 중요한 특징은 옵션과 인자를 동일한 관점에서 취급하는 것이다. 원칙적으로 옵션과 인자 간 차이는 출현 횟수다. 옵션은 선택적이므로 0번 이상 출현할 수 있다. 인자는 일반적으로 한 번 이상 출현한다.

다음 코드처럼 파서를 생성할 수 있다.

```
parser = argparse.ArgumentParser(
    description="Simulate Blackjack")
```

적당한 기본값이 없으므로 설명을 제공했다. 다음은 애플리케이션의 명령줄 API를 정의할 때 일반적으로 쓰이는 패턴이다.

- **단순 온오프**^{on-off} **옵션**: -v나 --version 옵션이 자주 쓰인다.

- **인자가 있는 옵션**: -s ','나 -separator '|' 옵션 등이다.

- **위치 인자**: 입력 파일과 출력 파일을 명령줄 인자로 사용할 때 쓰인다. 정확히 어떤 순서여야 하는지 완벽히 알 수 없으므로 잘 쓰이지도 않고 쓰여서도 안 된다.

- **그 밖에 인자**: 입력 파일 리스트에 쓰인다.

- --version: 버전 번호를 표시한 후 종료하는 특수 옵션이다.

- --help: 도움말을 표시한 후 종료하는 옵션이다. 기본 동작이므로 다른 추가 작업은 필요 없다.

인자를 정의했으면 파싱해서 사용할 수 있다. 다음과 같이 파싱한다.

```
config = parser.parse_args()
```

config 객체는 argparse.Namespace 객체로서 이 클래스는 types.SimpleNamespace와 유사하다. 다양한 속성을 포함하며 객체에 속성을 추가하기 쉽다.

앞서 나열할 여섯 가지 종류의 인자를 하나씩 살펴보겠다. ArgumentParser 클래스에는 기발하고 정교한 옵션들이 많다. 그중 대부분은 명령줄 인자 처리에 일반적으로 쓰이는 단순한 가이드라인으로 처리하기 어렵다. find처럼 프로그램을 특징짓는 지나치게 복잡한 옵션은 피하는 것이 바람직하다. 옵션이 너무 복잡하면 파이썬 위에 도메인에 특정된 언어를 하나 더 얹는 꼴이다. 애플리케이션을 만드는 것이 아니라 일종의 프레임워크를 만드는 것과 다름없다.

단순 온오프 옵션

한 글자짜리 짧은 이름 혹은 더 긴 이름을 갖는 단순한 온오프^{on-off} 옵션을 정의하겠다. 명시적인 액션도 제공해야 한다. 긴 이름을 생략하거나 긴 이름이 파이썬 변수로서 알맞지 않으면 목적지^{destination} 변수를 제공할 수도 있다.

```
parser.add_argument(
    '-v', '--verbose', action='store_true', default=False)
```

위 코드는 긴 버전과 짧은 버전의 명령줄 옵션을 정의한다. 옵션을 명시하면 verbose 옵션은 True로 설정된다. 옵션이 없으면 verbose 옵션은 기본값인 False다. 일반적으로 다음과 같이 변형한다.

- 기본값을 True로 바꾸고 액션을 'store_false'로 변경할 수 있다.

- True나 False 대신 기본값이 None일 수 있다.

- const=라는 인자를 추가해서 'store_const'라는 액션을 사용할 수 있다. 단순한 불리언 값이 아닌 로깅 수준이나 다른 객체 등을 저장할 수도 있다.

- 숫자를 늘리면서 옵션을 반복하는 'count'라는 액션도 가능하다. 이때 기본값은 주로 0이다.

긴 이름을 사용한다면 다음 코드와 같은 디버깅 옵션을 정의할 수 있다.

```
parser.add_argument(
    '--debug', action='store_const', const=logging.DEBUG,
```

```
    default=logging.INFO, dest="logging_level")
```

상수 값을 저장하고 logging.DEBUG라는 특정 상수 값을 제공하도록 액션을 store_const
로 바꿨다. 즉 결과 옵션 객체가 루트 로거 설정에 필요한 값을 직접 제공한다. 이렇게
하면 매핑이나 조건부 처리를 추가하지 않고 config.logging_level을 사용해 간단히 로
거를 설정할 수 있다.

인자가 있는 옵션

인자가 있는 긴 이름(짧은 이름도 가질 수 있다)의 옵션을 정의하겠다. 인자로 제공된 값을 저장하
는 액션을 제공하겠다. 문자열 대신 float나 int 값이 필요하면 타입 변환도 제공할 수
있다. 다음의 코드로 설정해보자.

```
parser.add_argument(
  "-b", "--bet", action="store", default="Flat",
  choices=["Flat", "Martingale", "OneThreeTwoSix"],
  dest='betting_rule')
parser.add_argument(
  "-s", "--stake", action="store", default=50, type=int)
```

첫 번째 예제는 긴 이름과 짧은 이름을 모두 사용하는 두 가지 버전의 명령줄 문법을 정
의한다. 명령줄 인자값을 파싱할 때 문자열 값은 옵션 뒤에 나와야 하며, 선택 옵션 중
하나여야 한다. 목적지 이름인 betting_rule은 옵션의 인자 문자열을 받는다.

두 번째 예제도 두 가지 버전의 명령줄 문법을 정의한다. 타입 변환도 포함한다. 인자값
을 파싱할 때 옵션 뒤에 나오는 정수 값을 저장한다. 긴 이름인 stake는 파서가 생성한
옵션 객체의 값이 된다.

값 리스트를 인자로 받을 때가 있다. 이때는 nargs="+" 옵션을 제공해서 공백으로 구분
된 다수의 값을 리스트로 모은다.

위치 인자

위치 인자는 '-' 장식이 없는 이름으로 정의한다. 위치 인자의 수가 정해져 있으면 다음 코드처럼 적절히 파서에 추가한다.

```
parser.add_argument("input_filename", action="store")
parser.add_argument("output_filename", action="store")
```

인자값을 파싱할 때 두 위치 인자 문자열은 최종 네임스페이스 객체에 저장된다. config.input_filename과 config.output_filename을 사용해 이러한 인자값을 처리한다.

앞서 지적했듯이 단순히 위치 인자로 출력 파일을 구분하면 사용자에게 문제가 될 수 있다. GNU/리눅스의 cp와 mv, ln 프로그램은 파일이 덮어쓰기될 수 있는 예외적인 exceptional 경우를 고려해야 한다. 사라질 수 있는 파일이라면 명시적으로 옵션에 값을 넣어 사용하는 것이 좋다. 사용자에게 -o name.csv 같은 옵션을 사용하게 함으로써 출력 파일명을 명확히 하는 편이 대부분 더 안전하다.

> **TIP**
>
> 인자의 순서가 중요한 명령은 정의하지 말자.

그 밖에 인자

인자 리스트는 nargs= 매개변수로 받은 값을 사용해 '-' 장식이 없는 이름으로 정의한다. 인자값이 하나 이상이면 nargs="+"로 명시한다. 인자값이 0개 이상이면 다음 예제처럼 nargs="*"로 명시한다. 선택적이면 nargs="?"로 명시한다. 이렇게 해서 모든 인자값을 결과 네임스페이스 내에 하나의 시퀀스로 수집한다.

```
parser.add_argument(
    "filenames", action="store", nargs="*", metavar="file...")
```

파일명 리스트가 선택 옵션이면 특정 파일명이 제공되지 않는 한 일반적으로 STDIN이나 STDOUT을 사용한다.

nargs= 값을 명시하면 결과는 리스트다. nargs=1을 명시하면 결과 객체는 원소 하나짜리 리스트로서 nargs='+'로 바꿔도 매끄럽게 일반화된다. 특수한 경우로서 nargs를 생략하면 결과는 단순히 값 하나이며 일반화하기 어렵다.

인자를 다음과 같이 처리하므로 리스트(심지어 원소 하나짜리 리스트라도)를 생성해야 편하다.

```
for filename in config.filenames:
    process(filename)
```

STDIN을 포함하는 입력 파일 시퀀스를 제공하고 싶을 때가 있다. 일반적인 관례는 인자에서 파일명을 -로 쓰는 것이다. 애플리케이션에서 다음과 같은 코드로 처리해야 한다.

```
for filename in config.filenames:
    if filename == '-':
        process(sys.stdin)
    else:
        with open(filename) as input:
            process(input)
```

위 예제는 잠재적으로 -를 포함할 수 있는 여러 파일명을 처리하는 루프를 보여줌으로써 파일 리스트 중간에 들어 있는 표준 입력도 올바르게 처리할 수 있음을 보인다. with문 주변에 try: 블록을 사용하는 것이 좋다.

--version 표시와 종료

버전 번호를 표시하는 옵션은 워낙 일반적이라 버전 정보를 손쉽게 보이는 특수한 방법이 있다.

```
parser.add_argument(
    "-V", "--version", action="version", version=__version__)
```

앞서 선보인 예제는 전역 모듈인 __version__ = "3.3.2"가 파일 내 어딘가에 있다고 가정한다. 특수 액션인 action="version"에는 버전 정보 표시 후 프로그램을 종료시키는 부수 효과가 있다.

--help 표시와 종료

도움말^{help} 표시 옵션은 argparse의 기본 기능이다. 특수한 경우에 help 옵션을 기본값에서 -h나 -help로 바꿀 수 있다. 두 가지 작업을 해야 한다. 첫째, add_help=False로 파서를 생성해야 한다. 이렇게 하면 내장 -h와 --help의 기능을 정지시킨다. 둘째, 사용하려는 인자(가령 '-?')를 action="help"와 함께 추가한다. 이렇게 하면 도움말 텍스트를 표시한 후 종료한다.

⁛ 명령줄 옵션과 환경변수 통합

환경변수는 명령줄 옵션이나 인자처럼 일반적으로 설정 입력을 제공하는 수단이다. 보통은 거의 바뀌지 않을 설정에 대해 환경변수를 사용한다. 일반적으로 .bashrc나 .bash_profile 파일로 설정한 후 로그인할 때마다 값을 적용한다. 환경변수를 모든 사용자에게 적용하려면 더욱 전역적으로 /etc/bashrc 파일에서 설정한다. 명령줄에서 환경변수를 설정할 수도 있으나 이러한 설정은 실행 중인 프로그램에만 적용된다.

어떤 경우에는 모든 설정을 명령줄에서 제공한다. 이때 환경변수는 잘 바뀌지 않는 변수를 위한 일종의 백업 문법처럼 쓰인다.

또 어떤 경우에는 환경변수에서 제공한 설정 값과 명령줄 옵션으로 수행한 설정 값이 서로 분리될 때가 있다. 환경변수에서 값을 일부 가져와 명령줄에서 얻은 값과 병합해야 할 수도 있다.

환경변수를 사용해 설정 객체의 기본값을 할당할 수 있다. 명령줄 인자를 파싱하기 전에 환경변수 값부터 가져온다. 이렇게 명령줄 인자로 환경변수를 오버라이딩한다. 다음의 두 방식이 일반적이다.

- **명령줄 옵션을 정의할 때 명시적으로 값 설정**: 이렇게 하면 도움말 메시지에 기본값을 표시할 수 있다. 단, 명령줄 옵션과 겹치는 환경변수에 한한다. 다음과 같은 코드로 오버라이딩할 수 있는 기본값을 제공하는 SIM_SAMPLES 환경변수를 사용한다.

```
parser.add_argument(
    "--samples",
    action="store",
    default=int(os.environ.get("SIM_SAMPLES", 100)),
    type=int,
    help="Samples to generate")
```

- **파싱 중에 암묵적으로 값 설정**: 환경변수와 명령줄 옵션을 하나의 설정으로 합치는 간단한 방법이다. 기본값을 포함하는 네임스페이스를 만든 후 명령줄에서 파싱한 값으로 덮어쓴다. 다음 코드처럼 파싱에 정의된 기본값, 네임스페이스에 넣어진 오버라이드 값, 끝으로 명령줄에서 제공한 오버라이드 값이라는 세 단계의 옵션 값을 제공한다.

```
config4 = argparse.Namespace()
config4.samples = int(os.environ.get("SIM_SAMPLES", 100))
config4a = parser.parse_args(sys.argv[1:], namespace=config4)
```

NOTE

> 인자 파서는 단순 문자열이 아닌 값에 대해 타입 변환을 수행할 수 있다. 하지만 환경변수를 가져올 때는 자동으로 타입 변환을 수행하지 않는다. 옵션에 문자열이 아닌 값이 들어 있으면 애플리케이션에서 타입 변환을 수행해야 한다.

더 설정 가능한 기본값 제공

환경변수와 명령줄 옵션을 설정 파일과 통합할 수 있다. 즉 애플리케이션 프로그램에 설정을 제공하는 방법은 총 세 가지이다.

- 설정 파일의 계층 구조가 기본값을 제공할 수 있다. 14장의 예제에 다양한 방식이 나오니 참고한다.

- 환경변수는 설정 파일을 오버라이딩할 수 있다. 즉, 환경변수 네임스페이스를 설정 네임스페이스로 변환할 수 있다.

- 명령줄 옵션에서 최종 오버라이드를 정의한다.

세 가지를 모두 사용하는 것은 좋지 않다. 검색할 위치가 너무 많으면 설정을 관리하기 어렵다. 애플리케이션과 프레임워크의 전반적인 컬렉션과 일관성을 유지하는 방향으로 설정 방법을 결정한다. 프로그래밍은 다른 컴포넌트와 매끄럽게 어울려야 한다.

환경변수로 설정 파일 값 오버라이딩

세 단계 프로세스로 환경변수를 통합하겠다. 이러한 애플리케이션에서는 환경변수로 설정 파일 값을 오버라이딩한다. 첫 번째 단계에서는 다양한 파일로부터 기본값을 모은다. 14장에서 보였던 예제를 사용하겠다. 다음과 같은 코드를 사용한다.

```
config_locations = (
  Path.cwd(),
  Path.home(),
  Path.cwd() / "opt",  # Path("/opt")를 대신할 테스트 위치
  Path(__file__) / "config",
  # 그 외 일반적인 위치...
  # Path("~someapp").expanduser(),
)

candidate_paths = (dir / "ch18app.yaml" for dir in config_locations)
config_paths = (path for path in candidate_paths if path.exists())
files_values = [yaml.load(str(path)) for path in config_paths]
```

중요도 순으로 위치를 나열했다. 현재 작업 디렉터리 내 값이 가장 최우선 설정이다. 여기서 설정하지 않는 일반적인 설정 값은 사용자 홈 디렉터리에서 관리한다. 현재 작업 디렉터리의 하위 opt 디렉터리인 Path.cwd() / "opt"를 사용해야 한다. 이 위치는 Path

("/etc")나 Path("/opt")를 대신한다. 이렇게 다양한 디렉터리 경로 뒤에 표준 이름인 "ch18app.yaml"을 넣어 여러 설정 파일의 실제 경로를 생성하고 candidate_paths 변수에 할당했다. config_paths에 할당된 생성자 표현식은 실제 존재하는 경로들의 이터러블 시퀀스를 생성한다.

최종적으로 files_values는 존재하는 파일로부터 가져온 설정 값 시퀀스다. 각 파일은 매개변수 이름과 매개변숫값을 매핑하는 딕셔너리를 생성해야 한다. 이 리스트는 최종 ChainMap 객체의 일부로 쓰인다.

두 번째 단계는 사용자 환경에 기반한 설정 생성이다. 다음과 같은 코드로 설정한다.

```
env_settings = [
  ("samples", nint(os.environ.get("SIM_SAMPLES", None))),
  ("stake", nint(os.environ.get("SIM_STAKE", None))),
  ("rounds", nint(os.environ.get("SIM_ROUNDS", None))),
]
env_values = {k: v for k, v in env_settings if v is not None}
```

이렇게 매핑을 생성하면 SIM_SAMPLES 같은 외부 환경변수명을 samples 같은 내부 설정 명으로 다시 작성하는 효과를 낳는다. 내부 이름은 애플리케이션의 설정 속성과 일치한다. 외부 이름은 주로 복잡한 환경에서 고유하게 정의된다.

정의되지 않은 환경변수에 대해 뒤이어 나올 코드의 nint() 함수는 환경변수가 정의되지 않았으면 기본값으로 None을 제공한다. env_values를 생성할 때 초기 환경 값 컬렉션에서 None 객체는 제거된다.

딕셔너리가 여러 개이면 ChainMap을 사용해 다음 코드처럼 합칠 수 있다.

```
defaults = argparse.Namespace(
  **ChainMap(
    env_values,  # 환경변수 먼저 검색
    *files_values  # 모든 파일을 차례대로 검색
  )
)
```

다양한 매핑을 하나의 ChainMap으로 합쳤다. 환경변수부터 검색한다. 값이 있으면 사용자 설정 파일에서 먼저 값을 찾고, 사용자 설정 파일에서 값을 제공하지 않으면 다른 설정에서 찾는다.

*files_values를 사용해 값 리스트를 위치 인자값 시퀀스로 제공했다. 이로써 하나의 시퀀스(혹은 이터러블)가 다수의 위치 매개변숫값을 제공할 수 있다. **ChainMap은 딕셔너리를 명명된 여러 매개변숫값으로 변환한다. 각 키가 딕셔너리의 값에 연계된 매개변수의 이름이 된다. 다음 예제로 동작 방식을 살펴보자.

```
>>> argparse.Namespace(a=1, b=2)
Namespace(a=1, b=2)
>>> argparse.Namespace(**{'a': 1, 'b': 2})
Namespace(a=1, b=2)
```

명령줄 인자를 파싱할 때 결과 Namespace 객체로 기본값을 제공할 수 있다. 다음 코드로 명령줄 인자를 파싱하고 이러한 기본값을 업데이트한다.

```
config = parser.parse_args(sys.argv[1:], namespace=defaults)
```

설정 파일 값의 ChainMap을 argparse.Namespace 객체로 변환했다. 이어서 명령줄 옵션을 파싱해 네임스페이스 객체를 업데이트했다. 환경변수가 ChainMap에 먼저 나오므로 모든 설정 파일을 오버라이딩한다.

설정에 None 값 활용

앞선 세 단계 프로세스로 환경변수를 설정할 때는 여러 가지 일반적인 매개변수와 설정 값 소스를 사용한다. 환경변수와 설정 파일, 명령줄 옵션이 항상 필요한 것은 아니다. 이 기법 중 일부만 필요한 애플리케이션도 있다.

보통은 타입 변환 시 None 값을 보존해야 한다. None 값을 그대로 둠으로써 환경변수가 할당되지 않았음을 알린다. 다음은 None-aware라는 좀 더 정교한 타입 변환이다.

```
from typing import Optional

def nint(x: Optional[str]) -> Optional[int]:
  if x is None:
    return x
  return int(x)
```

환경변숫값을 정수로 변환할 때 위 코드를 사용한다. 환경변수에 할당된 값이 없으면 기본값인 None을 사용한다. 환경변수가 할당됐으면 그 값을 정수로 변환한다. 향후 처리 단계에서 이 None 값을 바탕으로 None이 아닌 적절한 값으로만 딕셔너리를 생성한다.

float 값 처리에도 비슷한 None-aware 변환을 사용할 수 있다. 문자열에는 변환이 필요 없으며, os.environ.get("SIM_NAME")이 환경변숫값이나 None을 제공한다.

⠿ 도움말 출력 맞춤화

다음은 argparse.print_help() 코드가 기본적으로 생성하는 전형적인 출력이다.

```
usage: p3_c16.py [-v] [--debug] [--dealerhit {Hit17,Stand17}]
                 [--resplit {ReSplit,NoReSplit,NoReSplitAces}]
                 [--decks DECKS] [--limit LIMIT] [--payout PAYOUT]
                 [-p {SomeStrategy,AnotherStrategy}]
                 [-b {Flat,Martingale,OneThreeTwoSix}] [-r ROUNDS]
                 [-s STAKE] [--samples SAMPLES] [-V] [-?]
                 output

Simulate Blackjack

positional arguments:
  output

optional arguments:
  -v, --verbose
  --debug
  --dealerhit {Hit17,Stand17}
  --resplit {ReSplit,NoReSplit,NoReSplitAces}
```

```
--decks DECKS Decks to deal (default: 6)
--limit LIMIT
--payout PAYOUT
-p {SomeStrategy,AnotherStrategy}, --playerstrategy
{SomeStrategy,AnotherStrategy}
-b {Flat,Martingale,OneThreeTwoSix}, --bet
{Flat,Martingale,OneThreeTwoSix}
-r ROUNDS, --rounds ROUNDS
-s STAKE, --stake STAKE
--samples SAMPLES Samples to generate (default: 100)
-V, --version show program's version number and exit
-?, --help
```

기본 도움말 텍스트는 파서 정의에 들어 있는 네 가지 요소로 만들어진다.

- usage: 행은 옵션을 요약해서 보여준다. 잘 쓰이지 않는 옵션은 생략하고 사용자만의 용법 텍스트로 기본 출력을 대체할 수도 있다.

- 뒤이어 설명description이 나온다. 기본적으로 사용자가 제공한 텍스트를 약간 다듬는다. 위 예제에서는 간단히 두 단어로 Simulate Blackjack이라고 제공했으니 그대로 표시된다.

- 이어서 인자가 나온다. 다음 두 그룹으로 나뉘어 나온다.

  ○ 위치 인자

  ○ 사용자가 정의한 순서대로의 옵션

- 이어서 선택적으로 에필로그 텍스트가 나온다. 위 정의에서는 제공하지 않았다.

위와 같은 종류의 간결한 메모로 충분할 때가 있다. 하지만 어떤 경우에는 더 자세히 제공해야 한다. 다음의 세 계층으로 더욱 상세한 도움말을 지원한다.

- **인자 정의에** help= **추가**: 세부 도움말을 맞춤화할 때 이 방법으로 시작한다. 더욱 의미 있는 세부 사항을 넣어 옵션 설명을 보충한다.

- **다른 도움말 포매터 클래스 사용**: ArgumentParser를 만들 때 formatter_class= 인자를

이용하면 된다. `ArgumentDefaultsHelpFormatter`를 사용하려면 각 인자 정의에 `help=` 값이 필요하다.

- **`ArgumentParser` 클래스 확장과 `print_usage()`와 `print_help()` 메서드 오버라이딩**: 아주 정교한 출력을 작성하는 방법이다. 아무 때나 사용해서는 안 된다. 옵션이 너무 복잡해서 원래의 도움말 기능만으로 부족하다면 도가 지나친 것이다.

목적은 사용성 향상이다. 프로그램이 올바르게 동작할지라도 프로그램을 더 쉽게 사용할 수 있는 명령줄 지원을 제공함으로써 신뢰를 구축한다.

⁖ 최상위 main() 함수 생성

다음은 14장에서 제안했던 두 가지 애플리케이션 설정 디자인 패턴이다.

- **전역 프로퍼티 맵**: 앞선 예제들에서는 `ArgumentParser`가 생성한 `Namespace` 객체로 전역 프로퍼티 맵을 구현했다.
- **객체 생성자**: 객체 생성의 기본 개념은 설정 매개변수로 필요한 객체 인스턴스를 만드는 것이었다. 사실상 전역 프로퍼티 맵을 `main()` 함수 내 지역 프로퍼티 맵으로 강등하면서 프로퍼티를 저장하지 않는다.

앞 절에서는 모든 매개변수를 모은 로컬 `Namespace` 객체를 사용했다. 이 객체로부터 애플리케이션의 실제 작업을 수행하는 데 필요한 애플리케이션 객체를 만들 수 있다. 두 디자인 패턴은 양분되는 것이 아니라 상호 보완적이다. `Namespace`를 사용해 일관된 값 집합을 모은 후 네임스페이스 내 값을 사용해 다양한 객체를 만들었다.

이 방법에는 최상위 함수^{top-level function} 디자인이 필요하다. 구현을 살펴보기 전에 이 함수의 적절한 이름부터 고민해야 한다. 함수를 명명하는 방식은 두 가지다.

- 애플리케이션 전체의 시작점을 가리키는 일반적인 용어인 `main()`으로 명명한다. 모두가 예상하는 이름이다.

- main()은 장기적으로 의미를 갖기에는 너무 모호하고 재사용을 제한하므로 main()으로 명명하지 않는다. 이 방식을 따르면 연산을 잘 설명하는 verb_noun() 형태로 명명해 의미 있는 최상단 함수를 만들 수 있다. 또한 main = verb_noun이라는 행을 추가해 main()의 별명alias을 제공할 수도 있다.

두 부분으로 이뤄진 두 번째 구현을 사용하면 확장으로 main()의 정의를 바꿀 수 있다. 새 함수를 추가하고 main이라는 이름을 새 함수에 다시 할당할 수 있다. 기존 함수명은 안정적으로 진화하는 API의 일부로 그대로 둔다.

다음은 설정 객체인 Namespace로 객체를 생성하는 최상위 애플리케이션 스크립트다.

```python
import ast
import csv
import argparse

def simulate_blackjack(config: argparse.Namespace) -> None:
    dealer_classes = {"Hit17": Hit17, "Stand17": Stand17}
    dealer_rule = dealer_classes[config.dealer_rule]()
    split_classes = {
        "ReSplit": ReSplit, "NoReSplit": NoReSplit, "NoReSplitAces":
NoReSplitAces
    }
    split_rule = split_classes[config.split_rule]()
    try:
        payout = ast.literal_eval(config.payout)
        assert len(payout) == 2
    except Exception as ex:
        raise ValueError(f"Invalid payout {config.payout}") from ex
    table = Table(
        decks=config.decks,
        limit=config.limit,
        dealer=dealer_rule,
        split=split_rule,
        payout=payout
    )
    player_classes = {"SomeStrategy": SomeStrategy, "AnotherStrategy":
AnotherStrategy}
    player_rule = player_classes[config.player_rule]()
    betting_classes = {
```

```
    "Flat":Flat, "Martingale": Martingale, "OneThreeTwoSix":
OneThreeTwoSix
  }
  betting_rule = betting_classes[config.betting_rule]()
  player = Player(
    play=player_rule,
    betting=betting_rule,
    max_rounds=config.rounds,
    init_stake=config.stake
  )
  simulate = Simulate(table, player, config.samples)
  with Path(config.outputfile).open("w", newline="") as target:
    wtr = csv.writer(target)
    wtr.writerows(simulate)

main = simulate_blackjack
```

simulate_blackjack 함수는 설정 속성이 포함된 Namespace 객체를 외부로부터 받아 사용한다. main()으로 명명하지 않았으므로 향후 추가하고 변경할 수 있다. 이 함수를 대체하거나 확장할 새 함수에 main을 다시 할당할 수 있다.

위 함수는 Table과 Player, Simulate 같은 다양한 객체를 만든다. 제공된 설정 매개변수에 따라 이러한 객체를 설정한다.

실제 작업을 수행할 객체를 준비했다. 객체 생성 후 실제 작업이 이뤄지는 행은 굵게 표시한 행인 wtr.writerows(simulate)다. 프로그램 실행 시간의 약 90%가 여기에 쓰인다. 예제를 생성하고 요청받은 파일에 작성한다.

GUI 애플리케이션도 비슷하게 처리한다. 메인 루프에 들어가 GUI 이벤트를 처리한다. 메인 루프에 들어가 요청을 처리하는 서버도 마찬가지다.

지금까지는 설정 객체를 인자로 받았다. 의존 관계 최소화라는 테스트 전략을 따른 것이다. 최상위 함수인 simulate_blackjack()은 설정을 어떻게 생성했는지에 좌우되지 않는다. 이제 이 함수를 다음과 같이 애플리케이션 스크립트에서 사용할 수 있다.

```
if __name__ == "__main__":
  logging.config.dictConfig(yaml.load("logging.config"))
```

```
config5 = get_options_2(sys.argv[1:])
simulate_blackjack(config5)
logging.shutdown()
```

보다시피 관심사를 나눴다. 애플리케이션 작업을 세 부분으로 분리했다.

- 바깥 단계는 로깅에서 정의한다. 다른 모든 애플리케이션 컴포넌트 외부에서 로깅을 설정함으로써 로깅을 설정하려는 최상위 패키지 간 충돌을 막았다. 여러 애플리케이션을 합쳐 더 크게 복합적으로 처리할 때는 조합하려는 애플리케이션 간 로깅 설정이 충돌하지 않아야 한다.

- 안쪽 단계는 애플리케이션 설정에서 정의한다. 애플리케이션 컴포넌트 간 충돌을 막아야 한다. 하나의 명령줄 API는 애플리케이션 구현과 별개로 진화해 나가야 한다. multiprocessing이나 RESTful 웹 서버가 정의하는 별도의 환경 속에 애플리케이션을 포함시킬 수 있어야 한다.

- 마지막 부분은 simulate_blackjack() 함수다. 이 부분을 로깅과 설정 이슈와 분리했다. 이로써 다양한 기법으로 매개변수 설정을 제공할 수 있다. 뿐만 아니라 다른 처리와 합칠 때에도 로깅과 설정의 분리가 유용하다.

설정의 DRY 원칙

인자 파서^{argument parser}를 생성할 때 그리고 인자로 애플리케이션을 설정할 때 잠재적으로 DRY^{Don't Repeat Yourself} 이슈가 발생한다. 일부 키를 반복 사용해 인자를 만든다.

이러한 반복을 없애려면 외부에 보여지는 값과 매핑되는 내부 설정을 생성한다. 예를 들어 다음과 같이 전역변수를 정의한다.

```
dealer_rule_map = {"Hit17": Hit17, "Stand17", Stand17}
```

앞서 나온 정의를 사용해 다음과 같이 인자 파서를 생성한다.

```
parser.add_argument(
    "--dealerhit", action="store", default="Hit17",
    choices=dealer_rule_map.keys(),
    dest='dealer_rule')
```

위 정의를 사용해 동작하는 객체를 생성한다.

```
dealer_rule = dealer_rule_map[config.dealer_rule]()
```

이렇게 하면 반복이 사라진다. 애플리케이션이 진화할 때 새 클래스 정의와 매개변수 키 매핑을 한꺼번에 추가할 수 있다. 또한 다음과 같이 외부 API를 축약하거나 다시 작성할 수도 있다.

```
dealer_rule_map = {"H17": Hit17, "S17": Stand17}
```

명령줄(또는 설정 파일) 문자열과 애플리케이션 클래스 간에는 총 네 개의 매핑이 있다. 이러한 내부 매핑을 사용해 simulate_blackjack() 함수를 간소화한다.

중첩 설정 컨텍스트 관리

어떤 면에서 중첩 컨텍스트^{nested context}란 최상위 스크립트가 다음과 같은 형태여야 함을 뜻한다.

```
if __name__ == "__main__":
    with Setup_Logging():
        with Build_Config(arguments) as config_3:
            simulate_blackjack_betting(config_3)
```

두 개의 컨텍스트 매니저를 추가해 작업 컨텍스트의 형식을 갖췄다. 자세한 내용은 6장을 참고한다. 다음은 로깅에 쓰이는 컨텍스트 매니저다.

```python
class Setup_Logging:
  def __enter__(self, filename="logging.config") -> "Setup_Logging":
    logging.config.dictConfig(yaml.load(filename))

  def __exit__(self, *exc) -> None:
    logging.shutdown()
```

위 코드의 핵심은 애플리케이션을 실행할 때 로깅 프로세스를 올바르게 설정하고 종료 시키는 것이다. 최종 버퍼를 저장했는지, 로그 파일이 올바르게 닫혔는지 전혀 신경 쓰지 않아도 된다.

비슷하게 컨텍스트 매니저를 정의해 애플리케이션 실행에 필요한 설정을 생성할 수 있다. 이때 컨텍스트 매니저는 앞서 봤던 get_options_2() 함수를 감싸는 아주 얇은 래퍼. 컨텍스트 매니저는 다음과 같다.

```python
from typing import List

class Build_Config:

  def __init__(self, argv: List[str]) -> None:
    self.options = get_options_2(argv)

  def __enter__(self) -> argparse.Namespace:
    return self.options

  def __exit__(self, *exc) -> None:
    return
```

Build_Config 컨텍스트 매니저는 명령줄 인자뿐만 아니라 다수의 파일에서 설정을 가져온다. 위 예제에는 컨텍스트 매니저가 없어도 되지만 설정이 더 복잡해졌을 때 확장의 여지가 생긴다.

이러한 디자인 패턴은 애플리케이션의 시작과 종료에 따른 다양한 우려를 명확히 해준다. 대부분의 애플리케이션에서 다소 과할 수 있으나 애플리케이션 규모가 커지고 확장될수록 파이썬 컨텍스트 매니저와 잘 들어맞아야 유리하다.

커지고 확장되는 애플리케이션을 개발할 때는 결국 더 큰 규모의 프로그래밍을 수행하기 마련이다. 이때 변화하기 쉬운 애플리케이션 처리와 변동성이 적은 처리 컨텍스트를 분리해야 한다.

⁚⁚⁚▶ 전체적 프로그래밍

블랙잭 시뮬레이션에 결과 분석 기능을 추가해보자. 구현하는 방법은 여러 가지다. 두 가지 차원의 고려 사항에 따라 무수한 조합이 탄생한다. 첫 번째 차원은 새로운 기능을 어떻게 디자인할 것이냐.

- 함수를 추가하고 그 함수를 전체에 통합시킬 방법을 찾는다.
- 명령Command 디자인 패턴을 사용하고 명령 계층 구조를 생성한다. 어떤 명령은 단일 함수이고 어떤 명령은 함수 시퀀스다.

고려해야 할 또 다른 차원은 새 기능을 어떻게 패키징할 것이냐.

- 새 최상위top-level 스크립트 파일을 작성한다. 주로 파일명에 기반한 명령을 만든다. simulate.py와 analyze.py 같은 명령으로 시작할 수 있다.
- 한 스크립트에서 시뮬레이션이나 분석을 수행할 수 있도록 애플리케이션에 매개변수를 추가한다. 명령은 app.py simulate나 app.py analyze와 같을 것이다.

총 네 가지의 구현 조합이 나온다. 이중 명령 디자인 패턴을 주로 사용해보겠다. 먼저 명령 디자인 패턴을 사용하도록 기존 애플리케이션을 변경하겠다. 이어서 새 명령 하위 클래스 형태로 기능을 추가해 애플리케이션을 확장하겠다.

명령 클래스 디자인

많은 애플리케이션이 암묵적으로 명령 디자인 패턴을 사용한다. 즉, 데이터를 처리하고 있다. 이렇게 하려면 애플리케이션이 데이터를 어떻게 변형하고 생성하고 소비할지 정의하는 최소한 하나의 능동사$^{active-voice\ verb}$ 또는 명령이 있어야 한다. 간단한 애플리케이션에는 함수로 구현된 동사 하나만 있을 수 있다. 이러한 애플리케이션에는 명령 클래스 디자인 패턴이 별로 도움이 되지 않는다.

좀 더 복잡한 애플리케이션에는 다수의 연관된 동사가 있을 수 있다. GUI와 웹 서버의 핵심 기능 중 하나는 다수의 작업, 즉 다수의 명령을 수행하는 것이다. 대개 GUI 메뉴 옵션은 애플리케이션의 동사 도메인을 정의한다.

때로는 크고 복잡한 동사를 분해하며 애플리케이션 디자인이 만들어지기도 한다. 전체 처리를 몇 개의 작은 명령 단계로 나눌 수 있고, 이 단계가 최종 애플리케이션으로 합쳐진다.

애플리케이션의 진화를 살펴보면 새로운 기능이 허용되는 패턴이 보인다. 각 새로운 기능은 애플리케이션 클래스 계층 구조에 추가되는 별도의 명령 하위 클래스다.

다음은 명령에 쓰이는 추상 상위 클래스 디자인이다.

```python
class Command:

    def __init__(self) -> None:
        self.config: Dict[str, Any] = {}

    def configure(self, namespace: argparse.Namespace) -> None:
        self.config.update(vars(namespace))

    def run(self) -> None:
        """하위 클래스에서 오버라이딩한다"""
        pass
```

config 프로퍼티에 argparse.Namespace를 할당해 Command 클래스를 설정했다. 이렇게 하면 주어진 namespace 객체로부터 인스턴스 변수가 만들어진다.

객체를 설정했으면 run() 메서드를 호출해 명령 작업을 수행하게 할 수 있다. Command 클래스가 구현하는 유스 케이스는 다음 코드처럼 비교적 간단하다.

```
main = SomeCommand()
main.configure = some_config
main.run()
```

객체를 생성하고 설정하고 설정대로 작업을 수행하게 하는 일반적 특징을 정확히 보여준다. 명령 하위 클래스 정의에 기능을 추가함으로써 이러한 개념을 확장할 수 있다.

다음은 블랙잭 시뮬레이션을 구현한 구체 하위 클래스다.

```python
class Simulate_Command(Command):
  dealer_rule_map = {
    "Hit17": Hit17, "Stand17": Stand17}
  split_rule_map = {
    "ReSplit": ReSplit, "NoReSplit": NoReSplit, "NoReSplitAces":
NoReSplitAces}
  player_rule_map = {
    "SomeStrategy": SomeStrategy, "AnotherStrategy'"
AnotherStrategy}
  betting_rule_map = {
    "Flat": Flat, "Martingale": Martingale, "OneThreeTwoSix":
OneThreeTwoSix}

  def run(self) -> None:
    dealer_rule =
self.dealer_rule_map[self.config["dealer_rule"]]()
    split_rule = self.split_rule_map[self.config["split_rule"]]()
    payout: Tuple[int, int]
    try:
      payout = ast.literal_eval(self.config["payout"])
      assert len(payout) == 2
    except Exception as e:
      raise Exception(f"Invalid payout
{self.config['payout']!r}") from e
    table = Table(
      decks=self.config["decks"],
      limit=self.config["limit"],
      dealer=dealer_rule,
```

```
        split=split_rule,
        payout=payout
    )
    player_rule =
self.player_rule_map[self.config["player_rule"]]()
    betting_rule =
self.betting_rule_map[self.config["betting_rule"]]()
    player = Player(
        play=player_rule,
        betting=betting_rule,
        max_rounds=self.config["rounds"],
        init_stake=self.config["stake"],
    )
    simulate = Simulate(table, player, self.config["samples"])
    with Path(self.config["outputfile"]).open("w", newline="") as
target:
        wtr = csv.writer(target)
        wtr.writerows(simulate)
```

위 클래스는 다양한 객체를 설정한 후 시뮬레이션을 실행하는 기본적인 최상위 함수를 구현한다. 앞서 봤던 simulate_blackjack() 함수를 리팩터링해서 Command 클래스의 구체 확장을 생성한다. 다음 코드처럼 메인 스크립트 내에서 사용한다.

```
if __name__ == "__main__":
    with Setup_Logging():
        with Build_Config(sys.argv[1:]) as config:
            main = Simulate_Command()
            main.configure(config)
            main.run()
```

위 명령을 Callable로 만들어 main.run() 대신 main()을 사용할 수도 있으나 콜러블을 사용하면 모호할 수 있다. 이 책에서는 다음의 세 디자인 이슈를 명시적으로 분리하고 있다.

- **생성**: 초기화는 명시적으로 비워뒀다. 다음 절에서 작은 컴포넌트 명령으로 더 큰 복합 명령을 만드는 몇 가지 전체적 프로그래밍PITL 예제를 살펴본다.

- **설정**: property 세터를 통해 설정을 넣음으로써 생성과 제어로부터 분리시켰다.

- **제어**: 생성하고 설정한 후 실제 명령 작업을 수행한다.

콜러블이나 함수에서는 생성이 정의의 일환이다. 설정과 제어는 함수 호출 자체로 합쳐진다. 콜러블을 정의하면 유연성이 다소 떨어진다.

분석 명령 하위 클래스 추가

분석 기능을 추가해 애플리케이션을 확장하겠다. 명령 디자인 패턴을 사용 중이므로 분석을 수행할 또 다른 하위 클래스를 추가할 수 있다.

다음의 분석 기능 역시 Command 클래스의 하위 클래스로 디자인했다.

```python
class Analyze_Command(Command):

    def run(self) -> None:
        with Path(self.config["outputfile"]).open() as target:
            rdr = csv.reader(target)
            outcomes = (float(row[10]) for row in rdr)
            first = next(outcomes)
            sum_0, sum_1 = 1, first
            value_min = value_max = first
            for value in outcomes:
                sum_0 += 1 # value**0
                sum_1 += value # value**1
                value_min = min(value_min, value)
                value_max = max(value_max, value)
            mean = sum_1 / sum_0
            print(
                f"{self.config['outputfile']}\n"
                f"Mean = {mean:.1f}\n"
                f"House Edge = {1 - mean / 50:.1%}\n"
                f"Range = {value_min:.1f} {value_max:.1f}"
            )
```

Analyze_Command 클래스는 Command 클래스의 일반적인 기능을 상속 받는다. 예제에서는 설정 정보를 저장하는 작은 속성 하나뿐이다. run() 메서드가 수행하는 작업이 사실 통계적으로 크게 의미는 없으나 설정 네임스페이스로 시뮬레이션과 관련된 작업을 수행하는 두 번째 명령을 보이고자 했다. 통계 분석을 수행할 때 읽을 파일은 outputfile 설정 매개변수로 명명했다.

애플리케이션에 기능 추가와 패키징

앞서 다수의 기능을 지원하는 한 가지 일반적인 방식을 논했었다. 어떤 애플리케이션은 각각 별도의 .py 스크립트 파일에 들어 있는 다수의 최상위 메인 프로그램을 사용한다. 이때 별도의 파일에 들어 있는 명령을 합치려면 셸 스크립트를 작성할 수밖에 없다. 전체적 프로그래밍을 위해 또 다른 도구와 언어를 쓰는 것은 그다지 좋은 방법이 아니다.

별개의 스크립트 파일을 생성하는 좀 더 유연한 방법은 위치 매개변수를 사용해 특정 최상위 Command 객체를 선택하는 것이다. 예제에서는 시뮬레이션이나 분석 명령 중 하나를 선택하고 싶다. 이렇게 하려면 다음 코드처럼 명령줄 인자 파싱에 매개변수를 추가한다.

```
parser.add_argument(
    "command", action="store", default='simulate',
    choices=['simulate', 'analyze'])
parser.add_argument("outputfile", action="store", metavar="output")
```

이제 명령줄에 최상위 동사가 추가돼 명령줄 API가 바뀐다. 다음과 같이 인자값과 원하는 명령을 구현하는 클래스명을 매핑한다.

```
command_map = {
    'simulate': Simulate_Command,
    'analyze': Analyze_Command
}
command = command_map[options.command]
command.configure(options)
```

```
command.run()
```

이러한 방법으로 더 상위의 복합 기능도 생성할 수 있다. 예를 들어 시뮬레이션과 분석을 하나의 전체적인 프로그램으로 합칠 수 있다. 또한 이때 셸을 사용하지 않아도 된다.

좀 더 상위의 복합 명령 디자인

여러 명령어로 구성되는 복합 명령도 디자인할 수 있다. 객체 구성과 클래스 구성이라는 두 가지 디자인 전략을 따른다.

객체 구성을 사용할 경우 복합 명령은 내장 list나 tuple에 기반한다. 기존 시퀀스 중 하나를 확장하거나 래핑할 수 있다. 복합 Command 객체를 다른 Command 객체의 인스턴스 컬렉션으로서 생성해보겠다. 다음 코드처럼 작성해보자.

```
simulate_and_analyze = [Simulate(), Analyze()]
```

문제는 고유한 복합 명령에 쓰일 새 클래스를 생성하지 않았다는 점이다. 제네릭 복합 명령을 생성해 인스턴스를 채워 넣었다. 좀 더 상위의 복합 명령을 만들려면 하단의 Command 클래스와 내장 시퀀스 클래스에 기반한 상단의 복합 Command 객체 간 비대칭을 해소해야 한다.

복합 명령 역시 명령의 하위 클래스로 만드는 것이 좋다. 클래스 구성을 사용하면 하단의 명령과 상단의 복합 명령 간 더욱 일관된 구조가 만들어진다.

다음은 다른 명령어들의 시퀀스를 구현한 클래스다.

```
class Command_Sequence(Command):
  steps: List[Type[Command]] = []

  def __init__(self) -> None:
    self._sequence = [class_() for class_ in self.steps]
```

```
def configure(self, config: argparse.Namespace) -> None:
  for step in self._sequence:
    step.configure(config)

def run(self) -> None:
  for step in self._sequence:
    step.run()
```

명령 클래스들의 시퀀스를 포함하는 클래스단 변수인 steps를 정의했다. 객체 초기화 시 __init__()은 self.steps 내 명명된 클래스의 객체로, 내부 인스턴스 변수인 _sequence를 생성한다.

설정이 끝나면 각 객체에 설정을 넣는다. run()을 통해 복합 명령을 실행하면 설정은 복합 명령 내 각 컴포넌트로 위임된다.

다음은 두 Command 하위 클래스로 만든 또 다른 Command 하위 클래스다.

```
class Simulate_and_Analyze(Command_Sequence):
  steps = [Simulate_Command, Analyze_Command]
```

Simulate_and_Analyze 클래스는 코드 한 줄로 단계들의 시퀀스를 정의한다. 위 클래스도 Command 클래스의 하위 클래스이므로 다형성 API를 포함한다. 다른 모든 Command 하위 클래스와 호환 가능하므로 이제 위 클래스로 복합 명령을 생성할 수 있다.

다음처럼 인자 파싱을 약간 수정해 기능을 애플리케이션에 추가한다.

```
parser.add_argument(
  "command", action="store", default='simulate',
  choices=['simulate', 'analyze', 'simulate_analyze']
)
```

단순히 인자 옵션 값 하나를 더 추가했다. 인자 옵션 문자열과 클래스 간 매핑도 다음과 같이 수정해야 한다.

```
command_map = {
```

```
    'simulate': Simulate_Command,
    'analyze': Analyze_Command,
    'simulate_analyze': Simulate_and_Analyze}
```

두 명령을 합칠 때 both같이 모호한 이름을 사용해서는 안 된다. 모호하지 않아야 애플리케이션을 확장하거나 개선할 여지가 생긴다. 명령 디자인 패턴을 사용하면 기능을 추가하기 편리하다. 복합 명령을 정의하거나 큰 명령을 작은 하위 명령으로 분해할 수 있다.

패키징과 구현에 옵션과 더불어 그 옵션과 연관된 클래스명 간 매핑이 추가되기도 한다. 더 정교한 설정 파일(14장 참고)을 사용하면 클래스명을 설정 파일에 직접 제공함으로써 옵션 문자열과 클래스 간 매핑을 저장할 수 있다.

⠶ 또 다른 복합 명령 디자인 패턴

이 밖에 많은 복합 디자인 패턴이 쓰인다. 이전 예제에서는 연산 시퀀스를 구현한 복합 객체를 디자인했다. 배시 셸에는 그룹핑에 쓰이는 ()를 비롯해 복합 연산자인 ;, &, | 등이 있다. 이 밖에도 셸에는 if, for, while 루프도 있다.

Command_Sequence 클래스 정의에서는 셸 시퀀스 연산자인 ;과 의미적으로 등등한 연산을 살펴봤다. 이러한 시퀀스 개념은 매우 보편적이라 (셸과 파이썬 같은) 많은 프로그래밍 언어는 명시적인 연산자를 요구하지 않는다. 셸 문법은 단순히 라인 종단 부호^{EOL, End-Of-Line}를 암묵적인 시퀀스 연사자로 사용한다.

셸의 & 연산자는 순차적으로 실행되지 않고 동시에 실행되는 두 명령을 생성한다. multiprocessing으로 두 하위 클래스를 생성하고 서로 간에 종료를 기다리는 run() 메서드를 넣으면 Command_Concurrent 클래스 정의를 생성할 수 있다.

셸의 | 연산자는 파이프라인을 생성한다. 한 명령의 출력 버퍼가 다른 명령의 입력 버퍼가 되고, 명령은 동시에 실행된다. 파이썬에서는 두 프로세스뿐만 아니라 두 프로세스가 읽고 쓸 큐도 생성해야 한다. 상황이 훨씬 복잡하다. 큐 객체를 여러 자식의 설정에

각각 넣어야 한다. 13장에서 큐와 `multiprocessing`을 사용해 동시 실행 프로세스 간 객체를 전송하는 예제를 살펴봤었다.

셸의 `if` 명령은 여러 유스 케이스로 쓰인다. 하지만 `Command`의 하위 클래스 내 메서드로 네이티브 파이썬 구현 이상을 제공할 이유가 전혀 없다. 파이썬의 `if-elif-else` 처리를 모방하는 복잡한 `Command` 클래스도 생성해봤자 쓸모가 없다. 직접 파이썬을 쓸 수 있고 또 써야 한다.

셸의 `while`과 `for` 명령도 마찬가지로 더 상위의 `Command` 하위 클래스 안에 정의하지 않아도 된다. 파이썬 메서드 안에 작성할 수 있다.

다음은 컬렉션 내 모든 값에 기존 명령을 적용하는 `for-all` 클래스 정의 예제다.

```
class ForAllBets_Simulate(Command):

    def run(self) -> None:
        for bet_class in "Flat", "Martingale", "OneThreeTwoSix":
            self.config["betting_rule"] = bet_class
            self.config["outputfile"] =
    Path("data")/f"ch18_simulation7_{bet_class}.dat"
            sim = Simulate_Command()
            sim.configure(argparse.Namespace(**self.config))
            sim.run()
```

시뮬레이션의 베팅 클래스 세 개를 나열했다. 각 클래스마다 설정을 변경하고 시뮬레이션을 생성한 후 실행했다.

위 `for-all` 클래스는 앞서 정의한 `Analyze_Command` 클래스와는 동작하지 않는다. 작업 범위가 서로 다른 복합 명령은 절대 생성할 수 없다. `Analyze_Command` 클래스는 하나의 시뮬레이션을 실행하지만 `ForAllBets_Simulate` 클래스는 시뮬레이션 컬렉션을 실행한다. 호환 가능하도록 작업 범위를 생성하려면 `Analyze_All` 명령이나 `ForAllBets_Sim_and_Analyze` 명령을 생성한다. 디자인은 사용자의 요구에 맞게 결정한다.

⁑ 다른 애플리케이션과의 통합

몇 가지 방법으로 파이썬을 다른 애플리케이션과 통합할 수 있다. 다만 애플리케이션이 너무 많은데다 저마다 고유하고 뚜렷한 기능을 수행하기 때문에 포괄적인 개요는 제공하기 어렵다. 널리 쓰이는 디자인 패턴을 보이겠다.

- 파이썬이 애플리케이션의 스크립트 언어일 수 있다. https://wiki.python.org/moin/AppsWithPythonScripting에 보면 파이썬을 주요 메서드로 넣어 기능을 추가하는 애플리케이션 목록이 나와 있다.

- 파이썬 모듈이 애플리케이션의 API를 구현할 수 있다. 파이썬 모듈로 애플리케이션 API와의 바인딩을 제공하는 애플리케이션이 많다. 언어 하나로 개발하는 애플리케이션 개발자는 주로 파이썬 같은 다른 언어를 위한 API 라이브러리를 제공한다.

- ctypes 모듈을 사용해 또 다른 애플리케이션의 API를 바로 파이썬으로 구현할 수 있다. C나 C++를 주로 사용하는 애플리케이션 라이브러리에 잘 동작한다.

- sys.stdin과 sys.stdout을 사용해 사용자와 또 다른 애플리케이션을 연결하는 셸 단 파이프라인을 생성한다. 셸과 호환 가능한 애플리케이션을 만든다면 fileinput 모듈도 살펴봐야 한다.

- subprocess 모듈을 사용해 애플리케이션의 명령줄 인터페이스에 접근할 수 있다. 또한 애플리케이션과 올바르게 상호작용하기 위해 애플리케이션의 stdin과 stdout에 연결할 수도 있다.

- C나 C++로 파이썬과 호환 가능한 사용자만의 모듈을 작성할 수도 있다. 이때 외래 애플리케이션의 API를 C로 구현하며 파이썬 애플리케이션이 활용할 수 있는 클래스나 함수를 제공할 수 있다. ctypes API를 사용하는 것보다 성능이 더 뛰어나다. 또한 C나 C++를 컴파일해야 하므로 도구에 더 주의를 기울여야 한다.

이처럼 높은 유연성 덕분에 파이썬은 작은 애플리케이션으로부터 더 큰 복합 애플리케이션을 생성하는 통합 프레임워크나 접합점으로 자주 쓰인다. 일반적으로 파이썬을 사용해 통합할 때는 다른 애플리케이션 내 정의를 반영하는 파이썬 클래스나 객체를 둔다.

19장에서는 아직 살펴보지 않은 디자인 고려 사항을 알아본다. 명령줄 처리를 뛰어넘는 좀 더 고급 아키텍처 디자인 고려 사항이다.

⁝⁚ 요약

18장에서는 argparse와 os.environ을 사용해 명령줄 인자와 설정 매개변수를 모으는 방법을 알아봤다. 14장에서 살펴본 기법들에 기반했다.

argparse를 사용해 흔히 쓰이는 다양한 명령줄 기능을 구현하는 방법도 배웠다. 버전 번호 표시 후 종료나 도움말 텍스트 표시 후 종료 같은 일반적인 기능도 다뤘다.

명령 디자인 패턴을 사용해 확장이나 리팩터링으로 새 기능을 제공할 수 있는 애플리케이션을 생성하는 방법도 알아봤다. 최상위 메인 함수의 본문을 명시적으로 최대한 작게 유지해야 한다.

디자인 고려 사항과 트레이드오프

명령줄 API는 완성된 애플리케이션에 꼭 필요한 요소다. 대부분의 디자인 노력은 프로그램이 실행 중에 무엇을 하느냐에 집중되지만, 시작과 종료라는 두 가지 경계 상태도 다뤄야 한다. 애플리케이션은 시작시킬 때 쉽게 설정할 수 있어야 한다. 또한 모든 출력 버퍼를 올바르게 플러시하고 모든 OS 자원을 해제하면서 적절하게 종료돼야 한다.

공개 API를 만들 때는 스키마 진화 문제의 변형을 다뤄야 한다. 애플리케이션이 진화하면서(그리고 사용자의 지식이 진화하면서) 명령줄 API도 바뀐다. 바꿔 말해 레거시 기능이나 레거시 문법이 생긴다는 뜻이다. 또한 레거시 명령줄 디자인과의 호환을 중단해야 할 수도 있다.

대부분의 경우 메이저 버전 번호를 애플리케이션명에 포함시켜야 한다. someapp이라는 최상위 모듈을 작성해서는 안 된다. 두 번째 메이저 배포판과 호환되는 세 번째 메이저 배포를 수행할 때 애플리케이션명이 someapp3로 바뀌었다고 하면 부자연스러울 수 있다. 애플리케이션명이 항상 번호를 포함하도록 처음부터 someapp1처럼 시작해야 한다.

예고

19장에서는 최상위 디자인 개념을 확장하고 모듈과 패키지 디자인을 알아보겠다. 작은 파이썬 애플리케이션은 하나의 모듈이 될 수 있고, 더 큰 애플리케이션에 임포트될 수 있다. 복잡한 파이썬 애플리케이션은 패키지가 될 수 있다. 혹은 다른 애플리케이션 모듈을 포함하거나 더 큰 규모의 애플리케이션에 포함될 수도 있다.

19

모듈과 패키지 디자인

파이썬은 소프트웨어를 분류하고 조직하는 몇 가지 구조를 제공한다. 1부에서는 클래스 정의를 사용해 데이터 구조와 동작을 하나로 합친 후 구조와 동작으로 정의되는 별개의 객체를 생성하는 기법을 알아봤다. 19장에서는 클래스와 함수 정의를 캡슐화하는 모듈과 공유 객체를 관찰해본다. 또한 연관된 모듈별로 분류하는 패키지도 디자인 패턴의 하나로 살펴본다.

파이썬에서는 간단한 모듈을 생성하기 매우 쉽다. 파이썬 파일을 생성하는 것이 곧 모듈을 생성하는 것이다. 디자인 범위가 크고 복잡해질수록 패키지를 사용해 모듈 간 명확한 구조를 유지하는 것이 더욱 중요하다. 19장에서는 모듈 디자인 패턴을 제안한다.

어떤 언어는 파일 하나에 클래스 하나를 넣을 것을 권장한다. 파이썬에는 해당되지 않는 규칙이다. 파이썬다운 관례는 전체 모듈을 하나의 재사용 가능한 단위로 보는 것이다. 일반적으로 밀접히 관련된 다수의 클래스와 함수 정의를 모듈 하나에 둔다.

파이썬에는 특수하게 예약된 모듈명이 있다. 규모가 큰 애플리케이션이라면 __main__ 모듈을 구현할 수 있다. __main__ 모듈은 복잡한 애플리케이션의 OS 명령줄 인터페이스를 노출하도록 디자인해야 한다. 또한 애플리케이션과 연관된 모듈을 설치하는 데에도 약간의 유연성이 있다. 기본 작업 디렉터리나 환경변수 설정, 파이썬의 lib/site-packages 디렉터리를 사용할 수 있다. 각 방식마다 장단점이 다르다.

한 가지 일반적인 방식은 단일 모듈이다. 전반적인 구성은 대체로 다음과 같다.

```
module.py
├─ class A:
│     └─ def method(self): ...
├─ class B:
│     └─ def method(self): ...
└─ def function(): ...
```

위 예제는 여러 클래스와 함수로 된 하나의 모듈을 보여준다. 모듈 디자인 절에서 다시 알아보겠다.

더 복잡한 방식은 다음과 같이 구성되는 모듈 패키지이다.

```
package
├─ __init__.py
├─ module1.py
│     ├─ class A:
│     │     └─ def method(self): ...
│     └─ def function(): …
└─ module2.py
└─ ...
```

위 예제는 두 개의 모듈로 된 하나의 패키지를 보여준다. 모듈마다 클래스와 함수를 포함한다. '패키지 디자인' 절에서 다시 알아보겠다.

파이썬 코드 배포 같은 더 복잡한 문제는 다루지 않겠다. 파이썬 프로젝트의 소스 배포판을 만드는 여러 기법이 있다. 다양한 배포 기술은 이 책의 범위를 넘어선다. 파이썬 표준 라이브러리의 '소프트웨어 패키징과 배포' 절에서 물리 파일 패키징 이슈를 다룬다. 파이썬 모듈 배포 문서에서 코드 배포판을 만드는 방법을 설명한다.

19장에서 다룰 주제는 다음과 같다.

- 모듈 디자인

- 전체적 모듈 대 모듈 항목

- 패키지 디자인

- 메인 스크립트와 __main__ 모듈 디자인

- 장기 실행 애플리케이션 디자인

- src와 scripts, tests, docs로 코드 조직

- 파이썬 모듈 설치

기술 요구 사항

19장의 코드 파일은 https://git.io/fj2US에 있다.

모듈 디자인

2장부터 9장에 이르기까지 객체지향 디자인과 프로그래밍의 기초인 클래스 디자인 기법을 다양하게 알아봤다. 모듈은 클래스들의 컬렉션으로서 연관된 클래스와 함수를 더 높은 수준에서 분류한 것이다. 클래스 하나를 독립적으로 재사용하는 경우는 드물다.

따라서 모듈은 파이썬 구현과 재사용의 기초 컴포넌트다. 올바르게 디자인한 모듈은 필요한 클래스와 함수가 한데 모여 있으니 재사용할 수 있다. 모든 파이썬 프로그래밍은 모듈 단위로 제공된다.

파이썬 모듈은 파일이다. 파일의 확장자는 반드시 .py여야 한다. .py 앞의 파일명은 유효한 파이썬 이름이어야 한다. 파이썬 언어 레퍼런스 2.3절에서 이름에 대한 완전한 정의를 제공한다. 다음은 정의 중 일부다.

"ASCII 범위(U+0001..U+007F) 내에서 식별자로서 유효한 문자는 A부터 Z까지의 대소문자와 아래 밑줄인 _, 숫자 0부터 9까지(첫 글자로는 쓸 수 없음)다."

운영체제 파일명은 파이썬 이름보다 더 넓은 ASCII 범위 내 문자를 허용한다. 운영체제의 추가적인 복잡도는 고려하지 말자. 특히 하이픈을 파이썬 모듈명에 사용하면 잠재적으로 문제가 된다. 복잡한 파일명에는 아래 밑줄을 대신 사용하자. 파일명의 어간(.py 확장자를 제외한 부분)이 모듈명이므로 이 이름도 유효한 파이썬 식별자여야 한다.

TIP

> 내부적인 목적으로 파이썬에서 추가로 .pyc와 .pyo 파일을 생성할 수도 있다. 이러한 파일은 그저 무시하는 것이 가장 좋다. 일반적으로 모듈 로딩 시간을 줄이기 위해 코드 객체를 캐싱한 복사본이다. 이러한 파일을 무시해야 한다.

.py 파일을 생성할 때마다 모듈이 하나 생성된다. 보통은 별다른 디자인 없이 파이썬 파일을 생성한다. 이러한 단순성이 파이썬을 사용하는 이점이다. 19장에서는 재사용 가능한 모듈을 생성하는 몇 가지 디자인 고려 사항을 살펴본다.

이제 파이썬 모듈을 위한 디자인 패턴을 알아보자.

모듈 디자인 패턴

다음은 파이썬 모듈에서 자주 보이는 세 가지 디자인 패턴이다.

- **임포트 가능한 라이브러리 모듈**: 임포트하려고 만든 모듈이다. 클래스와 함수를 비롯해 전역변수 몇 개를 생성하는 할당문 정의까지 포함할 수 있다. 실제 하는 일은 없으므로 임포트 연산에 따른 부수 효과를 신경 쓰지 않고 임포트할 수 있다. 두 가지 유스 케이스를 살펴보겠다.

  - **전체적 모듈**: 어떤 모듈은 모든 항목을 포함하는 모듈 네임스페이스를 생성하며 전체적으로 임포트되도록 디자인된다.

- ○ **항목 컬렉션**: 어떤 모듈은 모듈 객체를 생성하지 않고 개별 항목으로 임포트되도록 디자인된다. 이러한 디자인의 주된 예가 `math` 모듈이다.
- **실행 가능한 스크립트 모듈**: 명령줄에서 실행하려고 만든 모듈이다. 클래스와 함수 정의만 포함하지 않는다. 실제 작업을 수행하는 할당문을 포함한다.
- **조건부 스크립트 모듈**: 앞서 언급한 두 유스 케이스의 하이브리드다. 임포트도 할 수 있고 명령줄에서 실행할 수도 있다. 이러한 모듈은 파이썬 표준 라이브러리의 '__main__: 최상단 스크립트 환경' 절에서 설명하는 메인-임포트 스위치를 포함한다.

다음은 라이브러리 설명서에 나오는 조건부 스크립트 스위치이다.

```
if __name__ == "__main__":
    main()
```

스크립트의 실제 작업을 수행할 `main()` 함수가 필요하다. 위 디자인은 실행 가능하고 runnable 임포트 가능한 importable 두 가지 유스 케이스를 지원한다. 명령줄에서 모듈을 실행하면 `main()`을 실행하고 예상된 작업을 수행한다. 모듈을 임포트하면 함수는 실행되지 않으며, 임포트는 실제 작업을 수행하지 않고 단순히 다양한 정의만 생성한다.

18장에서 보였던 좀 더 정교한 버전을 사용하자.

```
if __name__ == "__main__":
    with Setup_Logging():
        with Build_Config() as config:
            main = Simulate_Command()
            main.configure(config)
            main.run()
```

다음의 기본적인 디자인 팁을 기억하자.

TIP

모듈 임포트에 따른 부수 효과가 거의 없어야 한다.

소수의 모듈단 변수 생성은 임포트의 허용 가능한 부수 효과다. 모듈을 임포트 할 때 네트워크 자원 접근과 출력 인쇄, 파일 업데이트, 여타 유형의 처리 같은 실제 작업이 일어나서는 안 된다.

`__name__ == "__main__"` 영역이 없는 메인 스크립트 모듈은 임포트와 재사용이 불가능하므로 쓰지 않는 것이 좋다. 뿐만 아니라 문서 도구에서 메인 스크립트 모듈을 다루거나 테스트하기 어렵다. 문서 도구가 예상치 못한 방향으로 수행되며 모듈을 임포트하기 쉽다. 유사하게 테스트 과정에서 테스트를 설정할 때에도 모듈을 임포트하지 않도록 주의해야 한다.

이어지는 절에서는 모듈과 클래스 정의를 비교하겠다. 두 개념은 여러 가지 면에서 비슷하다.

모듈과 클래스 비교

모듈과 클래스 정의에는 다음과 같은 많은 유사점이 있다.

- 모듈과 클래스 모두 파이썬 문법 규칙에 따라 정의된 이름을 갖는다. 쉽게 구분할 방법은 모듈은 대개 첫 글자가 소문자이고, 클래스는 대개 대문자라는 점이다.

- 모듈과 클래스 정의는 다른 객체를 포함하는 네임스페이스다.

- 모듈은 전역 네임스페이스인 `sys.modules` 내 싱글턴 객체다. 클래스 정의는 전역 네임스페이스든 `__main__`이든 다른 지역 네임스페이스든 한 네임스페이스 내에서 고유하다. 클래스 정의는 대체할 수 있다는 점에서 모듈 싱글턴과 조금 다르다. 모듈은 한 번 임포트하면 `importlib.reload()` 같은 특수한 함수를 사용하지 않는 한 다시 임포트할 수 없다.

- 클래스와 모듈의 정의는 한 네임스페이스 내에서 연속된 명령문으로 실행된다.

- 모듈에 정의된 함수는 클래스 정의 내 정적 메서드와 비슷하다.

- 모듈에 정의된 클래스는 다른 클래스 내에 정의된 클래스와 비슷하다.

모듈과 클래스 간에는 다음과 같은 두 가지 중요한 차이점이 있다.

- 모듈은 항상 싱글턴이므로 모듈의 인스턴스는 생성할 수 없다. 클래스로는 다수의 인스턴스를 생성할 수 있다.

- 모듈 내 할당문은 그 모듈의 네임스페이스 내에 전역인 변수를 생성한다. 즉, 모듈명을 해당 네임스페이스의 한정자로 사용하지 않아도 다른 함수에서 사용할 수 있다. 하지만 클래스 정의 내 할당문은 클래스 네임스페이스에 속하는 변수를 생성한다. 이러한 변수를 클래스 외부의 전역변수와 구분하려면 한정자가 필요하다.

모듈과 클래스는 서로 비슷하므로 둘 중 하나를 고르는 디자인 결정에는 트레이드오프와 대안이 따른다. 대부분은 상태가 다른 다수의 인스턴스가 필요한지 여부로 결정한다. 모듈은 싱글턴이라서 별개의 인스턴스를 가질 수 없다.

모듈의 싱글턴 패턴이란 모듈(또는 패키지)을 사용해 클래스와 함수 정의를 포함시킨다는 뜻이다. 이러한 정의를 import문에서 여러 번 언급하더라도 딱 한 번만 생성된다. 이처럼 놀라운 단순화로 다양한 맥락에서 import문을 반복할 수 있다.

예를 들어 logging 모듈은 일반적으로 다수의 모듈에서 임포트된다. 싱글턴 패턴이므로 로깅 설정이 한 번 이뤄지고 나머지 모듈에 모두 적용된다. 비슷하게 설정 모듈도 여러 위치에서 임포트될 수 있다. 모듈의 싱글턴 성질로 인해 어떤 모듈에서든 설정을 임포트할 수 있으나 사실상 전역이다.

하나의 데이터베이스와 연결해서 동작하는 애플리케이션을 작성할 때 접근 함수가 여러 개인 모듈이 싱글턴 클래스와 유사하다. 데이터베이스 접근 계층을 애플리케이션 도처에서 임포트할 수 있지만 하나의 공유 전역 객체다.

모듈에 사용할 일반적인 디자인 패턴을 정했으니 다음 고려 사항은 그 모듈에 흔히 예상하는 내용을 전부 넣는 것이다.

이어지는 절에서는 모듈에 들어갈 내용을 알아보겠다.

모듈 속 들여다보기

파이썬 모듈에는 전형적인 구조가 있다. PEP8(http://www.python.org/dev/peps/pep-0008/)에서 부분적으로 정의하고 있다.

모듈의 첫 행은 #! 주석으로 시작할 수 있으며 일반적으로 다음과 같다.

```
#!/usr/bin/env python3
```

위 코드는 bash 같은 OS 도구가 실행 가능한 스크립트 파일을 위한 파이썬 인터프리터를 찾게 돕는다. 윈도우에서는 #!C:\Python3\python.exe라고 쓴다.

구 파이썬 2 모듈은 나머지 텍스트의 인코딩을 명시하는 코딩 주석을 포함하기도 한다. 다음 코드와 같다.

```
# -*- coding: utf-8 -*-
```

파이썬 3에는 코딩 주석을 쓰지 않는다. OS 인코딩 정보로 충분하다.

이어지는 행은 따옴표 세 개로 감싼 모듈 문서화 문자열이어야 한다. 이 행에서 모듈 파일의 내용을 정의한다. 다른 파이썬 문서화 문자열처럼 텍스트의 첫 문단은 요약본이어야 한다. 이어서 모듈의 내용과 목적, 용법에 대한 좀 더 완전한 정의가 뒤따라야 한다. RST 마크업을 넣으면 문서 도구가 문서화 문자열로부터 잘 정리된 결과를 만들어낸다. 20장에서 알아보겠다.

문서화 문자열에 이어 버전 제어 정보를 넣을 수 있다. 가령 다음 코드와 같다.

```
__version__ = "2.7.18"
```

위는 모듈 전역변수로서 애플리케이션의 다른 위치에서 모듈의 버전 번호를 알아낼 때 사용한다. 문서화 문자열과 모듈의 본문 사이에 넣는다. 아래로는 모듈의 import문을 모두 넣는다. 관례상 버전과 import문은 모듈 앞 큰 문단에 넣는다.

import문 다음에는 모듈의 다양한 클래스와 함수 정의가 나온다. 올바르게 동작할 수 있도록 그리고 코드를 읽는 사용자가 잘 이해할 수 있도록 순서대로 나열한다.

파일에 클래스가 많으면 모듈을 이해하기 다소 힘들 수 있다. 빌보드^{billboard} 주석 블록을 사용해 모듈을 영역별로 나누었다면 그냥 모듈 하나가 아닌 더 복잡한 코드를 작성하고 있다는 뜻이다. 틀림없이 모듈이 여러 개이고, 하나의 패키지일 것이다.

다음은 빌보드 주석의 예다.

```
#################################
# FUNCTIONS RELATED TO API USE #
#################################
```

빌보드 스타일의 주석을 사용하기보다는 모듈을 여러 모듈로 쪼개는 편이 낫다. 이때 빌보드 주석이 새 모듈의 문서화 문자열이어야 한다. 때로는 클래스 정의가 복잡한 모듈을 분해하는 좋은 방법일 수 있다.

모듈 내 전역변수가 편리할 때가 있다. logging 모듈은 전역변수를 사용해 애플리케이션이 생성하는 모든 로거를 추적한다. 또 다른 예는 random 모듈이 Random 클래스의 기본 인스턴스를 생성하는 방식이다. 이렇게 하면 여러 모듈단 함수에서 난수를 생성하는 간단한 API를 제공할 수 있다. random.Random 인스턴스를 생성하지 않아도 된다.

PEP-8 관례에서는 이러한 모듈 전역이 눈에 잘 띄도록 전부 대문자(ALL_CAPS)로 명명하라고 제안한다. pylint 같은 도구로 코드 품질을 검사하면 전역변수에 관해 같은 제안을 내놓는다.

이어지는 절에서는 전체적 모듈과 모듈 항목을 비교한다.

전체적 모듈 대 모듈 항목

라이브러리 모듈의 내용은 두 가지 방식으로 디자인한다. 어떤 모듈들은 전체로서 통합되고, 어떤 모듈들은 연관이 적은 항목들의 컬렉션을 이룬다. 전체로서 모듈을 디자인할 때는 일부 클래스나 함수가 모듈의 공개 API가 된다. 연관성이 적은 항목들의 컬렉션으로 모듈을 디자인할 때는 개개 클래스나 함수가 주로 독립적이다.

이러한 차이가 모듈을 임포트하고 사용하는 방식에서 종종 드러난다. 세 가지 변형을 살펴보자.

- `import some_module` **명령 사용**: `some_module.py` 모듈 파일을 실행하고 결과 객체를 `some_module`이라는 하나의 네임스페이스로 모은다. 이때 모듈의 객체에 `some_module.this`와 `some_module.that`처럼 한정자를 사용해야 한다. 이렇게 한정자를 사용함으로써 모듈을 전체로 통합시킨다.

- `from some_module import this, that` **명령 사용**: `some_module.py` 모듈 파일을 실행하고 명명된 객체만 현재 지역 네임스페이스에 생성한다. 이렇게 하면 한정자로 모듈 네임스페이스를 쓰지 않고도 `this`나 `that`을 사용할 수 있다. 이렇게 한정자 없이 사용하면 모듈이 별개 객체들의 컬렉션처럼 보인다. 수학 함수를 임포트하는 `from math import sqrt, sin, cos` 명령문이 일반적인 예다.

- `from some_module import *` **명령 사용**: 모듈을 임포트해서 프라이빗이 아닌 네임스페이스 내 모든 이름에 대해 임포트를 수행한다. 프라이빗명은 `_`으로 시작하고 임포트할 이름에 속하지 않는다. 모듈 내에 `__all__` 리스트를 제공해 모듈이 임포트할 이름 수를 명시적으로 제한할 수 있다. `__all__`은 문자열로 된 객체명 리스트로서 `import *` 문에 나열될 이름들이다. 보통은 `__all__` 변수를 사용해 유틸리티 함수를 숨긴다. 유틸리티 함수는 모듈을 생성할 때는 존재하나 모듈의 클라이언트에게 제공하는 API에는 들어가지 않는다.

카드 덱 디자인으로 다시 돌아가 스위트 상세 구현을 기본적으로 임포트하지 않도록 바꿔보자. `cards.py` 모듈에 다음 코드를 포함시킨다.

```
from enum import Enum

__all__ = ["Deck", "Shoe"]

class Suit(str, Enum):
  Club = "\N{BLACK CLUB SUIT}"
  Diamond = "\N{BLACK DIAMOND SUIT}"
  Heart = "\N{BLACK HEART SUIT}"
  Spade = "\N{BLACK SPADE SUIT}"

class Card: …

def card(rank: int, suit: Suit) -> Card: ...

class Deck: ...

class Shoe(Deck): ...
```

__all__ 변수를 사용해 Suit와 Card명을 드러냈다. card() 함수와 Suit 클래스, Deck 클래스는 기본적으로 임포트되지 않는 상세 구현으로 남겼다. 다음과 같은 코드를 실행한다고 하자.

```
from cards import *
```

위 명령문은 애플리케이션 스크립트 내에 Deck과 Shoe만 생성한다. __all__ 변수에 명시적으로 주어진 이름이 이 둘뿐이기 때문이다.

다음의 명령어를 실행하면 어떤 이름도 전역 네임스페이스에 넣지 않고 모듈을 임포트한다.

```
import cards
```

네임스페이스로는 임포트하지 않았으나 여전히 한정 메서드인 cards.card()로 접근해 Card 인스턴스를 생성할 수 있다.

각 방법마다 장단점이 다르다. 전체적 모듈은 한정자로 모듈명을 사용해야 하지만, 대신 객체의 소속이 명확해진다. 모듈에서 항목을 임포트하면 모듈명이 짧아지기 때문에 복잡한 프로그래밍이 더욱 간결하고 이해하기 쉽게 바뀐다.

∷ 패키지 디자인

패키지 디자인에서 중요한 고려 사항 하나는 금지don't다. '파이썬의 선'(import this라고도 부른다)에는 다음과 같은 구절이 나온다.

> "수평이 중첩보다 낫다."

파이썬 표준 라이브러리로도 확인할 수 있다. 라이브러리의 구조는 비교적 수평적이고 중첩 모듈이 거의 없다. 깊이 중첩된 패키지는 남용되기 쉽다. 지나친 중첩은 멀리해야 한다.

파이썬 패키지는 __init__.py라는 파일을 추가로 포함하는 디렉터리이다. 디렉터리명은 올바른 파이썬 이름이어야 한다. 운영체제 이름은 파이썬 이름에 허용되지 않는 많은 문자를 포함한다.

보통은 다음의 세 가지 패키지 디자인 패턴을 사용한다.

- 단순 패키지는 빈 __init__.py 파일을 갖는 디렉터리이다. 패키지명이 곧 패키지 내 모듈 컬렉션의 한정자다. 다음의 코드로 패키지 내 모듈 하나를 사용한다.

```
import package.module
```

- 모듈과 패키지의 하이브리드는 실제 모듈 정의를 포함하는 __init__.py 파일을 사용한다. 이 최상단 모듈은 패키지 내 모듈에 있는 요소를 임포트해 __init__ 모듈을 통해 드러낸다. 다음의 코드로 전체 패키지를 하나의 모듈처럼 임포트한다.

```
import package
```

- 또 다른 모듈과 패키지의 하이브리드는 __init__.py를 사용해 여러 구현 중 하나를 선택한다. 다음 예제처럼 코드를 통해 패키지를 하나의 모듈처럼 사용한다.

```
import package
```

첫 번째 유형의 패키지는 비교적 단순하다. 디렉터리에 __init__.py 파일만 추가하면 패키지 생성이 끝난다. 나머지 두 유형은 조금 더 복잡하다. 지금부터 자세히 알아보자.

모듈과 패키지 하이브리드를 어떻게 디자인하는지 알아보겠다.

모듈-패키지 하이브리드 디자인

매우 복잡한 모듈로 디자인이 진화하게 되면 파일 하나로는 부족하다. 모듈에 빌보드 주석을 넣기 시작했다면 복잡한 모듈을 더 작은 모듈로 구성된 하나의 패키지로 리팩터링하는 방향을 고려해야 한다.

앞선 예제의 패키지를 다음 구조처럼 간소화할 수 있다. blackjack이라는 디렉터리를 생성하고 그 안에 다음과 같은 __init__.py 파일을 넣는다.

```
"""Blackjack package"""
from blackjack.cards import Shoe
from blackjack.player import Strategy_1, Strategy_2
from blackjack.casino import ReSplit, NoReSplit, NoReSplitAces,
Hit17, Stand17
from blackjack.simulator import Table, Player, Simulate
from betting import Flat, Martingale, OneThreeTwoSix
```

위와 같은 방법으로 모듈과 비슷한 패키지를 만들 수 있다. 실제로는 종속된 모듈로부터 임포트한 요소들의 조합이다. 전체 애플리케이션은 simulate.py로 명명할 수 있고 아마 다음 코드와 같을 것이다.

```
from blackjack import *
table = Table(
```

```
  decks=6, limit=500, dealer=Hit17(), split=NoReSplitAces(),
  payout=(3,2))
player = Player(
  play=Strategy_1(), betting=Martingale(), rounds=100,
  stake=100)
simulate = Simulate(table, player, 100)
for result in simulate:
  print(result)
```

위 코드처럼 from blackjack import *를 사용해 blackjack 패키지 내 여러 모듈에 들어 있는 다양한 클래스 정의를 생성할 수 있다. 구체적으로 전체 blackjack 패키지는 다음과 같은 모듈을 포함한다.

- blackjack.cards 패키지는 Card와 Deck, Shoe 정의를 포함한다.

- blackjack.player 패키지는 다양한 게임 전략을 포함한다.

- blackjack.casino 패키지는 카지노 규칙을 맞춤화하는 많은 클래스를 포함한다.

- blackjack.simulator 패키지는 최상위 시뮬레이션 도구를 포함한다.

- betting 패키지도 애플리케이션이 다양한 베팅 전략을 정의할 때 사용한다. 이때 베팅 전략은 블랙잭에만 해당되는 것이 아니라 모든 카지노 게임에 적용된다.

이러한 패키지 아키텍처는 디자인 업그레이드나 확장을 간소화해준다. 각 모듈이 더 작고 더 특화될수록 읽고 이해하기 쉽다. 각 모듈을 독립적으로 업데이트하기에 편리하다.

여러 대안 구현으로 패키지를 디자인하는 법을 알아보자.

여러 대안 구현을 포함하는 패키지 디자인

최상위 __init__.py 파일에서 패키지 디렉터리 내 여러 대안 구현 중 하나를 선택할 때가 있다. 플랫폼이나 CPU 아키텍처, OS 라이브러리의 사용 가능성 등에 따라 구현을 결정한다.

두 가지 일반적인 디자인 패턴과 하나의 덜 일반적인 디자인 패턴으로 여러 구현을 포함하는 패키지를 디자인한다.

- platform이나 sys를 검사해 상세 구현을 결정하고, if문으로 무엇을 임포트할지 정한다.

- import를 시도하고, try 블록 예외 처리를 사용해 상세 설정을 처리한다.

- 덜 일반적인 방법으로서 애플리케이션에서 설정 매개변수를 검사해 무엇을 임포트해야 할지 정한다. 조금 더 복잡하다. 애플리케이션 설정을 임포트하는 것과 설정에 따라 다른 애플리케이션 모듈을 임포트하는 것 간에 순서를 정해야 한다. 이렇게 잠재적으로 복잡한 단계를 따르지 않아도 되는 임포트가 훨씬 더 간단하다.

some_algorithm이라는 가상의 패키지 구조를 보이겠다. 따라서 최상단 디렉터리의 이름은 some_algorithm이다. 복잡한 패키지를 생성하기 위해 some_algorithm 디렉터리에 다음과 같은 많은 파일을 포함시키겠다.

- __init__.py 모듈은 두 구현 중 무엇을 임포트할지 결정한다. 패키지를 정의하려면 이 이름이 필요하다. 모듈 내용은 다음 코드 블록에서 보이겠다.

- abstraction.py는 두 구현에 필요한 추상 정의를 제공한다. mypy 검사에 대비해 일관된 타입 힌트를 제공하려면 단일 공통 모듈을 사용하는 것이 좋다.

- 각 구현은 패키지 내 또 다른 모듈이 된다. short_module.py와 long_module.py라는 두 구현 대안을 간략히 보이겠다. 두 모듈명 모두 패키지 외부에는 노출되지 않는다.

다음은 some_algorithm 패키지의 __init__.py 파일이다. 이 모듈은 플랫폼 정보에 따라 구현을 선택한다. 코드는 대략 다음과 같다.

```
import sys
from typing import Type

from Chapter_19.some_algorithm.abstraction import
```

```
AbstractSomeAlgorithm

SomeAlgorithm: Type[AbstractSomeAlgorithm]

if sys.platform.endswith("32"):
  from Chapter_19.some_algorithm.short_version import *
  SomeAlgorithm = Implementation_Short
else:
  from Chapter_19.some_algorithm.long_version import *
  SomeAlgorithm = Implementation_Long
```

위 모듈은 두 구현 모듈 중 하나에 기반해 SomeAlgorithm 클래스를 정의한다. 32비트 플랫폼이면 short_version.py 모듈에서 제공하는 Implementation_Short라는 클래스를 사용한다. 64비트 플랫폼이면 long_version.py 모듈에서 Implementation_Long 클래스를 제공한다.

또한 some_algorithm 패키지 내에도 두 모듈을 제공해야 한다. long_version.py 모듈은 64비트 아키텍처에 맞는 구현을 제공하고, short_version 모듈은 대안 구현을 제공한다. 이러한 디자인에 있어 클래스 동형이성과 유사한 모듈 동형이성isomorphism을 갖춰야 한다. 두 모듈이 같은 이름과 같은 API로 된 클래스와 함수를 포함해야 한다.

두 파일에서 모두 SomeClass라는 클래스를 정의하면 애플리케이션에 다음과 같은 코드를 작성할 수 있다.

```
from Chapter_19 import some_algorithm
x = some_algorithm.SomeAlgorithm()
```

some_algorithm 패키지를 모듈처럼 임포트할 수 있다. 위 코드는 some_algorithm/__init__.py 모듈을 임포트한다. 이 모듈은 적절한 구현을 찾아 필요한 클래스 정의를 제공한다.

두 파일은 구현이 비슷하다. 둘 다 추상 클래스를 사용함으로써 mypy 같은 도구에게 두 구현이 동일함을 명확히 알린다. 다음은 short_implementation.py 모듈의 내용이다.

```
from .abstraction import AbstractSomeAlgorithm

class Implementation_Short(AbstractSomeAlgorithm):

  def value(self) -> int:
    return 42
```

위 모듈은 추상 클래스 정의를 임포트한다. 이어서 적절한 하위 클래스를 정의한다. 이러한 오버헤드 덕분에 mypy는 정의된 클래스가 추상 클래스 정의를 완전히 구현했는지 확인할 수 있다.

복잡한 애플리케이션이라면 이러한 종류의 대안 구현 전략이 아주 유용하다. 전체 배포 단계에서 설정이 최대한 늦게 바뀌는 다양한 환경에서 하나의 코드 기반을 동작시킨다.

이어지는 절에서는 ImportError 예외를 사용하는 법을 보인다.

ImportError 예외 사용하기

if문 대신 try문을 사용해 후보 구현을 찾는 방법도 있다. 배포판이 여러 개일 때 적합한 기법이다. 보통 플랫폼에 특정된 배포판은 그 플랫폼에서만 동작하는 파일을 포함한다.

16장에서 설정 오류나 문제가 발생했을 때 경고를 제공하면서 이러한 디자인 패턴을 보였다. 어떤 때는 설정 변형 자체가 디자인의 한 요소라 설정 변형을 추적하며 경고하지 않아도 된다.

다음은 some_algorithm 패키지의 __init__.py다. 패키지 내에서 해당 모듈 파일을 사용할 수 있느냐에 따라 구현을 고른다.

```
try:
  from some_algorithm.long_version import *
except ImportError as e:
  from some_algorithm.short_version import *
```

some_algorithm/long_version.py 파일이나 some_algorithm/short_version.py 파일 중하나를 포함하는 두 배포판이 있다고 가정한다. some_algorithm.long_version 모듈을 찾을 수 없으면 some_algorithm.short_version을 임포트한다. 구현 모듈 안의 내용은 위코드 블록을 어떻게 구현하든 바뀌지 않는다. __init__.py 모듈만 바뀐다.

배포판 변형은 이 책의 범위 밖이다. PyPA^Python Packaging Authority의 설명서에 보면 플랫폼에 특정된 wheel과 egg 파일을 생성하는 방법이 나온다.

try/except 기법은 대안 구현이 둘 또는 셋보다 많아지면 확장할 수 없다. 선택지가 많아질수록 except 블록은 더욱 깊이 중첩된다.

이제 메인 스크립트와 main 모듈을 디자인하는 법을 알아보자.

메인 스크립트와 __main__ 모듈 디자인

최상위 메인 스크립트는 애플리케이션은 실행한다. 애플리케이션이 하는 일이 여러 개면 메인 스크립트도 여러 개다. 일반적으로 다음의 세 방법으로 최상위 메인 스크립트를 작성한다.

- 아주 작은 애플리케이션이면 python3 some_script.py로 애플리케이션을 실행한다. 대부분의 예제에서 사용했던 방식이다.

- 조금 더 큰 애플리케이션에는 OS의 chmod +x 명령어로 실행 가능하다고 표시한 하나 이상의 파일이 있다. 이 실행 파일을 setup.py 설치 파일과 함께 파이썬의 scripts 디렉터리에 넣는다. 명령줄에서 some_script.py로 애플리케이션을 실행한다.

- 복잡한 애플리케이션이면 애플리케이션의 패키지에 __main__.py 모듈을 추가한다. 깔끔한 인터페이스를 제공하기 위해 표준 라이브러리는 runpy 모듈과 특별히 명명한 이 모듈을 사용하기 위한 -m 명령줄 옵션을 제공한다. python3 -m some_app으로 실행한다.

마지막 두 방법을 자세히 알아보자.

실행 가능한 스크립트 파일 생성

실행 가능한 스크립트 파일을 사용하려면 두 단계 구현이 필요하다. 먼저 실행 가능하게 만든 후 #!(샵뱅sharp-bang 또는 셔뱅shebang) 행을 포함시킨다. 좀 더 자세히 알아보자.

다음은 실행 가능한 스크립트임을 표시하는 리눅스 명령어다.

```
chmod +x some_script.py
```

셔뱅 행은 주로 다음과 같은 형태다.

```
#!/usr/bin/env python3
```

위 행은 운영체제에게 명명된 프로그램을 사용해 스크립트 파일을 실행하라고 지시한다. 예제에서는 /usr/bin/env 프로그램을 사용해 스크립트를 실행할 python3 프로그램을 찾았다. Python3 프로그램에 스크립트 파일을 입력으로 넣는다.

실행 가능한 스크립트 파일이라 표시하고 #! 행을 포함시키면 명령줄에서 some_script.py를 사용해 스크립트를 실행할 수 있다.

더욱 복잡한 애플리케이션에서는 이러한 최상위 스크립트가 다른 모듈과 패키지를 임포트할 수 있다. 이때 최상위 실행 스크립트 파일을 최대한 단순하게 만들어야 다양한 컴포넌트에서 재사용할 수 있다. 핵심 디자인 원칙은 다음과 같다.

* 스크립트 모듈은 최대한 작게 유지한다. 복잡도는 임포트할 모듈에 포함시키자.

* 스크립트 모듈에는 새롭거나 특별한 코드가 없어야 한다. 다른 모듈의 코드를 임포트하고 사용하는 데 집중해야 한다.

* 결국에는 어떤 프로그램도 독립적이지 못하다. 가치 있는 소프트웨어는 확장되고 다른 용도에 맞게 수정된다. 애플리케이션의 최상위 스크립트도 더 큰 래퍼로 통합될 수 있다.

디자인 목표에는 항상 복합적이고 더 큰 규모의 프로그래밍 개념을 고려해야 한다. 메인 스크립트 파일은 최대한 짧아야 한다. 예제로 살펴보자.

```
import simulation

if __name__ == "__main__":
  with simulation.Setup_Logging():
    with simulation.Build_Config() as config:
      main = simulation.Simulate_Command()
      main.configure = config
      main.run()
```

연관된 작업 코드를 전부 simulation이라는 모듈로부터 임포트한다. 위 모듈에만 통하거나 특별히 새로운 코드는 넣지 않았다.

이어지는 절에서는 __main__ 모듈을 어떻게 생성하는지 알아보겠다.

__main__ 모듈 생성

runpy 인터페이스를 사용하려면 애플리케이션의 최상위 패키지에 작은 __main__.py 모듈을 추가해야 한다. 계속해서 최상위 실행 스크립트 파일 디자인을 강조하고 있다.

더 크고 정교한 복합 애플리케이션을 만들려면 애플리케이션의 리팩터링이 항상 가능해야 한다. __main__.py 내 기능을 명확하고 의미 있는 이름으로 된 모듈로 분리해야 다른 애플리케이션에서 사용할 수 있다.

__main__.py 모듈은 이전 절에서 보였던 코드와 크게 다르지 않다. 유일한 차이점은 특수한 이름인 __main__.py를 사용하므로 파이썬 런타임이 패키지의 메인 모듈을 찾기 더 쉽다는 점이다. 또한 다른 사람들도 패키지의 핵심 처리부를 찾기 쉽다.

파이썬 프로그래밍의 주요 고려 사항 하나는 다수의 작은 프로그램을 유용하고 큰 프로그램으로 합치는 것이다. 이어지는 절에서는 통합, 다른 말로 전체적 프로그래밍 programming in large을 살펴보겠다.

전체적 프로그래밍

왜 __main__.py 모듈에 그 모듈에서만 동작하는 코드를 넣으면 안 되는지 예제를 통해 알아보자. 기존 패키지를 확장하는 간단한 가상의 예제도 보이겠다.

최상위 __main__.py 모듈과 analysis라는 제네릭 통계 패키지가 있다고 가정하자. 이 패키지는 주어진 CSV 파일의 기술 통계를 계산하는 명령줄 인터페이스를 구현한다. 애플리케이션의 명령줄 API는 다음과 같다.

```
python3 -m analysis -c 10 some_file.csv
```

위 명령은 -c 옵션을 사용해 어떤 열을 분석할지 명시한다. 입력 파일명은 명령줄에서 위치 인자로 제공한다.

한 발 더 나아가 디자인에 심각한 결함이 있다고 가정해보자. analysis/__main__.py 모듈에 analyze()라는 고급함수를 정의했다. __main__.py 모듈은 다음과 같다.

```python
import argparse
from analysis import some_algorithm

def analyze(config: argparse.Namespace) -> None: ...

def main(argv: List[str] = sys.argv[1:]) -> None: ...

if __name__ == "__main__":
  main(sys.argv[1:])
```

analysis 패키지는 __main__.py 모듈을 포함한다. 이 모듈은 다른 데서 정의된 함수와 클래스를 실행하는 일만 하지 않는다. analyze()라는 고유하고 재사용 가능한 함수 정의를 포함한다. 물론 analysis 패키지의 요소를 재사용하지 않는 한 문제는 없다.

이제 블랙잭 시뮬레이션과 합쳐보자. 디자인 오류가 있으므로 제대로 동작하지 않을 것이다. 아마 다음과 같이 할 수 있다고 생각할 것이다.

```
import analysis
import simulation
import types

def sim_and_analyze():
  with simulation.Build_Config() as config_sim:
    config_sim.outputfile = "some_file.csv"
    s = simulation.Simulate()
    s.configure(config_sim)
    s.run()
  config_stats = types.SimpleNamespace(column=10, input="some_ file.csv")
  analysis.analyze(config_stats)
```

유용한 analyze() 함수가 단순 모듈에 속한다고 가정하고 analysis.analyze()를 사용했다. 파이썬 명명 규칙은 analysis가 analyze()라는 함수를 갖는 모듈처럼 보이게 한다. 대개 모듈과 패키지 구조의 세부 구현과 올바르게 이용하는 것과는 크게 상관이 없다. 하지만 위 코드는 구조가 명백해야 하는 재사용과 전체적 프로그래밍Programming In The Large의 예다.

이처럼 간단한 구성이 __main__에 함수를 정의함으로써 쓸데없이 복잡해졌다. 다음과 같이 하고 싶지 않다.

```
def analyze(column, filename):
  import subprocess
  subprocess.run(
    ["python3", "-m", "stats", "-c", column, filename])
```

명령줄 API로 복잡한 파이썬 애플리케이션을 생성해서는 안 된다. 기존 애플리케이션을 타당하게 조합하려면 analysis/__main__.py를 리팩터링해서 이 모듈의 모든 정의를 제거한 후 일률적으로 패키지에 넣어야 할 수 있다.

이어지는 절에서는 오랜 기간 실행되는 애플리케이션을 어떻게 디자인하는지 보인다.

⫶ 장기 실행 애플리케이션 디자인

장기 실행long-running 애플리케이션 서버는 큐에서 요청을 읽어 요청의 응답을 만든다. 대개 HTTP 프로토콜을 활용하며, 애플리케이션 서버를 웹 서버 프레임 워크로 만든다. 웹 서버 게이트웨이 인터페이스WSGI, Web Server Gateway Interface 디자인 패턴에 따라 RESTful 웹 서비스를 구현하는 방법은 13장을 참고한다.

데스크톱 GUI 애플리케이션에는 서버와 공통적인 기능이 많다. 큐에서 마우스와 키보드 액션 같은 이벤트를 읽는다. 각 이벤트를 처리해 GUI 응답을 제공한다. 작게 텍스트 위젯을 업데이트하는 응답도 있다. 파일이 열리거나 닫히고, 메뉴 항목의 상태가 바뀌기도 한다.

데스크톱과 서버 모두 애플리케이션의 핵심 기능은 이벤트나 요청을 처리하는 무한 수행 루프다. 루프가 단순해서 보통은 프레임워크에 들어 있다. 가령 GUI 애플리케이션의 루프는 다음 코드와 같다.

```
root = Tkinter.Tk()
app = Application(root)
root.mainloop()
```

위 Tkinter 애플리케이션에서 최상위 위젯의 mainloop()는 각 GUI 이벤트를 받아 적절한 프레임워크 컴포넌트에게 처리를 넘긴다. 객체 처리 이벤트(예제에서는 최상위 위젯인 root)가 quit() 메서드를 실행하면 루프는 깔끔하게 종료된다.

WSGI 기반 웹 서버 프레임워크의 루프는 다음 코드와 같다.

```
httpd = make_server('', 8080, debug)
httpd.serve_forever()
```

서버의 serve_forever() 메서드는 각 요청을 가져와 애플리케이션(예제에서는 debug)에게 처리를 넘긴다. 애플리케이션이 서버의 shutdown() 메서드를 실행하면 루프는 깔끔하게 종료된다.

다음은 장기 실행 애플리케이션에만 필요한 추가적인 요구 사항이다.

- **견고성**: 외부 OS나 네트워크 자원을 다룰 때는 반드시 타임아웃과 기타 오류를 해결해야 한다. 플러그인과 확장을 허용하는 애플리케이션 프레임워크는 확장 컴포넌트가 오류를 숨길 가능성을 고려해 전체 프레임워크를 깔끔하게 처리할 수 있어야 한다. 파이썬의 기본 예외 처리로 충분히 견고한 서버를 작성할 수 있다. 15장에서 높은 수준의 고려 사항 몇 가지를 다뤘었다.

- **감사 가능성**: 단순한 중앙 로그만으로 부족할 때가 있다. 16장에서 다수의 로그를 생성해 보안이나 재무 감사 요구 사항을 지원하는 기법을 다뤘다.

- **디버깅 가능성**: 기본 단위 테스트와 통합 테스트만 있어도 복잡한 디버깅 도구는 크게 필요하지 않다. 하지만 외부 자원과 소프트웨어 플러그인 또는 확장은 복잡도가 높으므로 디버깅 지원 없이 해결하기 어렵다. 더욱 정교한 로깅이 필요하다.

- **설정 가능성**: 간단한 기술 스파이크가 아니라면 애플리케이션의 기능을 활성화 또는 비활성화할 수 있어야 한다. 디버깅 로그의 활성화나 비활성화는 흔한 설정 변경이다. 어떤 경우에는 애플리케이션을 완전히 중지하거나 재시작시키지 않고 변경해야 한다. 14장에서 애플리케이션을 설정하는 기법을 알아봤다. 18장에서는 이러한 기법을 확장했다.

- **제어 가능성**: 간단한 장기 실행 서버는 종료하고 다른 설정으로 재시작할 수 있다. 버퍼를 올바르게 플러시하고, OS 자원을 올바르게 해제하려면 SIGKILL보다는 신호를 사용해 종료하는 편이 좋다. 파이썬의 signal 모듈이 신호 처리 기능을 지원한다.

동적 설정과 깔끔한 서버 종료라는 마지막 두 요구 사항은 기본 입력 스트림과 부수적인 제어 입력을 구분하게 해준다. 제어 입력은 설정이나 종료를 추가로 요청한다.

다양한 방법으로 추가적인 채널을 통해 비동기식 입력을 제공할 수 있다.

- 가장 간단한 방법 중 하나는 multiprocessing 모듈을 사용해 큐를 만드는 것이다. 이때 간단한 관리용 클라이언트는 큐와 상호작용해 서버 또는 GUI를 제어하거나 정보

를 얻는다. `multiprocessing` 예제는 13장을 참고한다. 관리용 클라이언트와 서버 간에 제어나 상태 객체를 전송할 수 있다.

- 좀 더 낮은 수준의 방법은 파이썬 표준 라이브러리의 '네트워킹과 프로세스 간 커뮤니케이션' 절에서 정의하고 있다. 여기서 정의하는 모듈을 장기 실행 서버나 GUI 애플리케이션을 조정할 때도 사용한다.

- 장기 실행 프로세스를 종료하고 다른 설정으로 시작할 수 있도록 지속된persistent 상태 저장소를 사용한다. 10장과 11장, 12장에서 지속 기법을 알아봤다. 어떤 기법을 사용하든 서버 상태를 저장해 매끄럽게 재시작할 수 있다.

다음은 웹 기반 서버의 일반적인 두 유스 케이스다.

- 어떤 서버는 **RESTful API**를 제공한다.
- 어떤 서버는 사용자 경험UX, User Experience에 초점을 맞춘다.

RESTful API 서버는 주로 모바일 애플리케이션에 쓰이고, UX는 별도로 패키징된다. **RESTful API** 서버는 일반적으로 지속 데이터베이스에 상태를 보관한다. 서버 안정성 기술의 일환으로 작업 부하workload를 공유하는 다수의 서버 복사본이 있을 수 있다. 주로 새 릴리스가 나오거나 작업 부하를 기존 서버에서 새 서버로 옮길 때 소프트웨어를 업그레이드한다. 서버 복사본이 여러 개이고 사용자의 각 요청이 서로 다른 서버에서 처리될 수 있으면 공유 지속 저장소로 사용자 트랜잭션의 상태를 기록해야 한다. 새 서버에서 작업을 처리할 수 있도록 동적 설정과 제어는 작업 부하를 옮기고 기존 서버를 중지시킨다.

웹 서버로부터 UX를 제공하려면 대개 서버에 세션 상태를 유지해야 한다. 이러한 경우 서버를 중지시키면 사용자 세션 상태를 잃어버리게 된다. 서버를 재설정하느라 장바구니가 빈 사용자가 분노한 모습은 보고 싶지 않다. 세션 정보를 데이터베이스에 캐싱하고 사용자에게 그저 데이터베이스 키만 쿠키로 전송하면 아주 강력한 웹 서버를 생성할 수 있다. 플라스크세션FlaskSession 프로젝트(자세한 정보는 https://pythonhosted.org/Flask-Session 참고)는 서버를 중지하거나 재시작할 수 있도록 캐시에 세션 정보를 저장하는 다양한 방법을 제공한다.

이어지는 절에서는 코드를 src과 scripts, tests, docs로 조직하는 법을 보인다.

src와 scripts, tests, docs로 코드 조직

앞 절에서 설명했듯이 파이썬 프로젝트에 꼭 복잡한 디렉터리 구조가 필요한 것은 아니다. 이상적인 구조는 표준 라이브러리를 따르며 비교적 수평적인 모듈 리스트다. setup.py와 README 파일 등을 추가로 포함할 수 있다. 매우 간단하고 다루기 쉬운 구조다.

하지만 모듈과 패키지가 복잡해질수록 대개 좀 더 구조화해야 한다. 복잡한 애플리케이션에 쓰이는 한 가지 공통적인 방법은 파이썬 코드를 몇 가지 묶음으로 나누는 것이다. 구체적인 예로 my_app이라는 애플리케이션을 가정해보자.

- my_app/src: 이 디렉터리는 동작하는 모든 애플리케이션 코드를 포함한다. 다양한 모듈과 패키지가 전부 여기에 있다. 어떤 경우에는 이 src 디렉터리에 최상위 패키지명 하나만 있다. 어떤 경우에는 src 아래에 많은 모듈이나 패키지가 있다. src 디렉터리의 이점은 mypy나 pylint, pyflakesfh 간단히 정적 분석을 수행할 수 있다는 것이다.

- my_app/scripts 또는 my_app/bin: 이 디렉터리는 OS단 명령줄 API를 이루는 모든 스크립트를 포함한다. setup.py로 이러한 스크립트를 파이썬 scripts 디렉터리에 복사할 수 있다. 이전에 설명했듯이 __main__.py 모듈처럼 매우 짧아야 하며, 파이썬 코드를 위한 OS 파일명 앨리어스로 쓰일 수 있다.

- my_app/tests: 이 디렉터리는 다양한 테스트 모듈을 포함한다. pytest에서 자동으로 찾을 수 있도록 모듈명 대부분이 test_로 시작한다.

- my_app/docs: 이 디렉터리는 설명서를 포함한다. 20장에서 설명하겠다.

최상위 디렉터리명인 my_app에 버전 번호를 붙여 최상위 디렉터리명으로 my_app-v1.1처럼 다수의 브랜치나 버전을 사용할 수 있다. 더 나은 전략은 git 같은 정교한 버전 제어 도구를 사용하는 것이다. 하나의 디렉터리 구조에 다수의 소프트웨어 버전을 관리할 수 있다. git 명령으로 브랜치를 바꾸는 것이 인접 디렉터리에 다수의 브랜치를 두는 것보다 훨씬 낫다.

최상위 디렉터리에는 애플리케이션을 파이썬 표준 라이브러리 구조에 설치하는 setup.py 파일이 있다. 자세한 정보는 파이썬 모듈 배포(https://docs.python.org/3/distributing/index.html)를 참고한다. 물론 README 파일도 이 디렉터리에 넣을 수 있다. 그 밖에 다른 공통 파일로는 전체 테스트 환경을 설정하는 tox.ini 파일과 애플리케이션 사용을 위한 콘다 환경을 생성하는 environment.yaml 등이 있다.

애플리케이션 모듈과 테스트 모듈이 별개의 디렉터리에 있으면 테스트 실행 시 애플리케이션을 설치된 모듈로서 참조해야 한다. 이때 PYTHONPATH 환경변수를 사용한다. 테스트 스위트를 다음 코드처럼 실행한다.

```
PYTHONPATH=my_app/src python3 -m test
```

명령을 실행하는 행에서 바로 환경변수를 설정했다. 이상해 보일 수 있지만 bash 셸의 고급 기능이다. 이렇게 하면 PYTHONPATH 환경변수에 매우 지역화된 오버라이드를 수행할 수 있다.

이어지는 절에서는 파이썬 모듈을 설치하는 법을 보인다.

⁝⁝⁝ 파이썬 모듈 설치

다음은 파이썬 모듈 또는 패키지를 설치하는 몇 가지 기법이다.

- setup.py를 작성하고, 배포 유틸리티 모듈인 distutils를 사용해 파이썬의 lib/site-packages 디렉터리에 패키지를 설치한다. PyPA 설명서에서 자세히 설명하고 있다.

https://www.pypa.io/en/latest/를 참고한다. 다른 사람이 설치할 수 있도록 소프트웨어를 개발하기가 쉽지 않은데다 환경을 만들고 테스트를 실행하고 배포 키트를 생성하려면 대개 tox 도구로 정교한 테스트 케이스를 만들어야 한다. 자세한 정보는 https://tox.readthedocs.io/en/latest/를 참고한다.

- 패키지와 모듈을 포함하도록 PYTHONPATH 환경변수를 설정한다. 임시로 셸에 설정하거나 사용자의 ~/.bash_profile 혹은 시스템의 /etc/profile을 편집해 더욱 영구적으로 설정한다. 잠시 뒤에 알아보겠다.

- 현재 작업 디렉터리도 패키지다. 항상 sys.path 목록 첫 번째에 위치한다. 모듈 하나로 된 간단한 파이썬 애플리케이션을 다룰 때는 이 방법이 매우 편리하다.

단기적으로 혹은 영구적으로 환경변수를 설정할 수 있다. 인터랙티브 세션에서는 다음과 같은 명령으로 설정한다.

```
export PYTHONPATH=~/my_app-v1.2/src
```

모듈을 찾을 때 명명한 디렉터리도 포함하도록 PYTHONPATH를 설정했다. 사실상 이 간단한 변경으로 모듈이 환경에 설치된다. 파이썬의 lib/site-packages에는 아무것도 작성되지 않는다.

위 코드는 터미널 세션이 끝나면 사라지는 임시 설정이다. 사용자의 ~/.bash_profile를 업데이트해서 좀 더 영구적으로 환경을 변경하는 방법도 있다. 로그인할 때마다 패키지를 사용하도록 export 행에 .bash_profile만 추가하면 된다.

웹 서버 애플리케이션이라면 필요한 파이썬 모듈에 접근할 수 있게 아파치, NGINX, uWSGI 설정을 업데이트해야 할 수 있다. 다음의 두 방식으로 웹 서버를 생성한다.

- 전부 설치한다. 파이썬 패키지 설치를 사용해 전체 웹 서버를 생성한다. 맞춤화한 애플리케이션 요소에는 로컬 패키지 인덱스를 사용한다. 지속적 통합/지속적 배포[CI/CD, Continuous Integration/Continuous Deployment]의 통합 단계에서 더 많은 작업이 이뤄진다.

- 오픈소스만 설치한다. 파이썬 패키지 설치를 사용해 오픈소스 컴포넌트를 설치한다. 맞춤화한 애플리케이션 요소에는 깃^{Git} 체크아웃과 PATHONPATH를 사용한다. 지속적 통합/지속적 배포의 배포 단계에서 더 많은 작업이 이뤄진다.

두 방식 모두 문제없이 잘 동작한다. 전부 설치하는 방식은 언뜻 간단해 보이지만 맞춤 화한 모든 애플리케이션 소프트웨어의 설치 가능한 버전을 생성해야 한다. 오픈소스로 출시되지 않을 소유권이 있는 소프트웨어에 대해서는 설치 가능한 버전을 생성하는 것 이 불필요한 통합 작업이다.

오픈소스 컴포넌트만 설치하는 경우에는 애플리케이션 배포가 더 복잡하다. 오픈소스 컴포넌트의 conda(또는 pip) 설치를 수행하면서 소유권이 있는 컴포넌트의 깃 체크아웃도 해야 한다.

⁝⁝· 요약

모듈과 패키지 디자인에 수반되는 많은 고려 사항을 살펴봤다. 모듈과 싱글턴 클래스는 깊이 연관돼 있다. 모듈을 디자인할 때 구조와 처리를 캡슐화하며 던지는 기본적인 질 문은 클래스를 디자인할 때 던지는 질문과 관련이 있다.

패키지를 디자인할 때는 구조를 깊이 중첩시키지 말아야 한다. 다양한 구현이 존재할 때는 패키지를 사용해야 한다. 이러한 가변성에 대처하는 여러 방법을 살펴봤다. 또한 여러 모듈을 하나의 모듈 같은 패키지로 정의해야 할 수도 있다. __init__.py가 패키지 안에서 임포트하는 법도 알아봤다.

디자인 고려 사항과 트레이드오프

패키징 기법은 깊은 계층 구조를 형성한다. 단순히 함수를 정의해 기능을 구조화할 수 있다. 정의된 함수와 연관된 데이터를 하나의 클래스로 합칠 수 있다. 연관된 클래스를 하나의 모듈로 합칠 수 있다. 끝으로 연관된 모듈은 패키지로 합칠 수 있다.

소프트웨어를 지식과 표현을 담아내는 하나의 언어로 본다면 클래스와 모듈의 의미를 생각해봐야 한다. 모듈은 파이썬 소프트웨어의 구조와 배포, 사용, 재사용의 단위다. 드물게 예외는 있으나 모듈은 재사용성을 염두에 두고 디자인해야 한다.

일반적으로 클래스의 인스턴스인 여러 객체가 필요하므로 클래스를 사용한다. 종종 (일반적이진 않지만) 클래스는 스테이트풀 인스턴스 변수를 포함한다.

인스턴스 하나만 포함하는 클래스라면 클래스가 정말로 필요한지 생각해봐야 한다. 독립형standalone 함수가 단일 인스턴스 클래스만큼 의미 있을 수 있다. 모듈은 기본적으로 싱글턴이므로 어떤 인스턴스에 대해서는 별개 함수로 이뤄진 모듈로 디자인하는 편이 적절하다.

일반적으로는 정의들의 단순 스테이트풀 컬렉션을 바란다. 모듈은 지역변수도 포함할 수 있는 네임스페이스다. 클래스 정의와 유사하나 인스턴스를 생성하는 기능이 없다.

(__slots__ 사용이나 NamedTuple 확장, 프로즌 @dataclass 사용, 속성 세터 메서드 오버라이드를 통해) 불변 클래스는 생성할 수 있으나 불변 모듈은 생성하기 어렵다. 불변 모듈 객체를 사용하는 유스 케이스는 매우 드물다.

작은 애플리케이션은 하나의 모듈일 수 있다. 큰 애플리케이션은 주로 패키지이다. 모듈을 디자인할 때처럼 패키지도 재사용 가능하도록 디자인해야 한다. 큰 애플리케이션 패키지는 __main__ 모듈을 적절히 포함해야 한다.

예고

20장에서는 지금까지 살펴본 많은 객체지향 디자인 기법을 견고히 한다. 디자인과 구현의 전반적인 품질을 살펴본다. 한 가지 고려 사항은 신뢰할 수 있는 소프트웨어임을 보장하는 것이다. 신뢰할 수 있는 소프트웨어의 한 가지 특징은 일관되고 사용하기 쉬운 설명서다.

20

품질과 설명서

소프트웨어가 가치를 발휘하려면 신뢰할 수 있어야 한다. 다양한 소프트웨어 품질 속성을 달성하는 것이 신뢰성을 확보하는 일반적 방법이다. 자세한 정보는 https://s-cube-network.eu/km/qrm/index.html의 'S큐브 품질 참조 모델^{S-Cube Quality Reference Model}' 절을 참고한다. 다양한 품질 속성을 충족했음을 입증하는 근본적인 기법이 바로 훌륭한 설명서다.

20장에서는 코드로부터 설명서를 만드는 두 도구인 파이독^{pydoc}과 스핑크스^{Sphinx}를 살펴본다. 파이독 도구는 파이썬 코드에서 설명서를 추출한 후 유용한 문서화 문자열 뷰를 생성한다. 스핑크스 도구는 소스 코드와 결합된 경량^{lightweight} 마크업 언어를 사용해 완벽하고 정교한 설명서를 만들어준다. 설명서를 더 읽기 쉽게 해줄 RST^{ReStructured Text}의 몇 가지 요소도 설명하겠다.

자세한 내용은 https://www.python.org/dev/peps/pep-0257/의 PEP 257을 참고한다. 이 문서는 문서화 문자열의 최소 기준을 설명한다. RST 같은 포매팅 마크업을 사용해 기본 제안을 확장한다.

고품질 소프트웨어의 또 다른 측면은 완전한 테스트 케이스다. doctest 모듈로 테스트 케이스를 실행할 수 있다. 이렇게 하면 하나의 도구로 두 가지 품질 요소인 설명서와 테스트를 모두 충족시킨다.

문학적 프로그래밍literate programming 기법도 간단히 살펴보겠다. 방법은 소스 코드 본문 전체와 이를 설명하는 주석 그리고 디자인 세부 사항을 포함하는 보기 좋고 이해하기 쉬운 문서를 작성하는 것이다. 문학적 프로그래밍을 수행하기가 간단하지는 않지만 매우 명쾌하고 완벽한 결과 문서를 갖춘 좋은 코드를 만들 수 있다.

20장에서 다룰 주제는 다음과 같다.

- help() 함수에 쓰일 문서화 문자열 작성

- 파이독을 사용한 설명서

- RST 마크업을 통한 출력 개선

- 효과적인 문서화 문자열 작성

- 모듈과 패키지를 포함하는 파일단 문서화 문자열 작성

- 더욱 정교한 마크업 기법

- 스핑크스를 사용한 설명서 생성

- 설명서 작성

- 문학적 프로그래밍

⁂ 기술 요구 사항

20장의 코드 파일은 https://git.io/fj2U9에 있다.

⠿ help() 함수에 쓰일 문서화 문자열 작성

파이썬에는 설명서를 넣을 위치가 많다. 패키지나 모듈, 클래스, 함수 정의에 정의하고 있는 객체를 설명하는 문자열을 넣을 수 있다.

이 책은 개발 중인 소프트웨어 제품 전반이 아닌 세부적인 파이썬 프로그래밍에 초점을 맞추므로 예제마다 장황한 문서화 문자열을 넣지 않았다.

고급 객체지향 디자인 단계를 넘어 전반적인 제품을 살펴볼 때 문서화 문자열은 제품의 매우 중요한 요소다. 문서화 문자열은 다음과 같은 중요한 정보를 제공한다.

- API: 매개변수와 반환 값, 발생할 예외

- 예상 동작 설명

- 필요한 경우 doctest 테스트 결과. 자세한 정보는 17장을 참고한다.

물론 더 많은 내용을 문서화 문자열에 작성할 수 있다. 디자인과 아키텍처, 요구 사항을 더 상세히 제공할 수 있다. 이처럼 좀 더 추상적이고 높은 수준의 고려 사항은 어떤 시점부터 파이썬 코드와 직접적으로 연관되지 않는다. 코드나 문서화 문자열은 더 높은 수준의 디자인과 요구 사항을 제대로 반영하지 못한다.

help() 함수는 문서화 문자열을 추출하고 표시한다. 또한 텍스트에 최소한의 포매팅을 수행한다. site 패키지는 인터랙티브 파이썬 환경에 help() 함수를 설치한다. 함수는 실제로 pydoc 패키지 내에 정의된다. 이론적으로는 pydoc 패키지를 임포트하고 확장해서 help() 출력을 맞춤화할 수 있다.

help() 함수에 맞는 설명서는 비교적 작성하기 쉽다. 다음은 help(round)의 전형적인 출력 예다.

```
Help on built-in function round in module builtins:
round(number, ndigits=None)
    Round a number to a given precision in decimal digits.

    The return value is an integer if ndigits is omitted or None.
```

```
Otherwise
   the return value has the same type as the number. ndigits may be
negative.
```

요약과 API, 설명이라는 필수 요소를 보여준다. API와 요약은 첫 행인 round(number, ndigits=None)이다.

설명 텍스트는 함수의 역할을 정의한다. 더 복잡한 함수라면 중요하거나 특별한 예외 혹은 에지 케이스를 설명한다. 예를 들어 round() 함수는 발생 가능한 오류인 TypeError 같은 세부 사항은 설명하지 않는다.

help()에 쓰일 문서화 문자열은 마크업이 없는 순수한 텍스트여야 한다. RST 마크업을 추가할 수 있으나 help()에는 쓰이지 않는다.

문서화 문자열만 제공하면 help()가 동작한다. 너무 간단해서 못할 이유가 없다. help()로 유용한 정보를 확인할 수 있도록 모든 함수나 클래스에는 문서화 문자열이 필요하다.

이제 파이독으로 설명서를 만드는 법을 알아보자.

파이독을 사용한 설명서

라이브러리 모듈인 pydoc을 사용해 파이썬 코드로부터 HTML 설명서를 만든다. 실제로 인터랙티브 파이썬에서 help() 함수를 실행할 때 pydoc을 사용한다. help() 함수는 마크업이 없는 텍스트 모드text mode 설명서를 만든다.

pydoc을 사용해 설명서를 만들 때 다음의 세 방법 중 하나를 사용한다.

- 텍스트 모드 설명서 파일을 준비해 more나 less 같은 명령줄 도구로 보여준다.

- HTTP 서버를 실행한 후 바로 설명서를 탐색한다.

814

다음의 명령줄 도구를 실행해 모듈의 텍스트 기반 설명서를 만든다.

```
pydoc somemodule
```

다음 코드처럼 할 수도 있다.

```
python3 -m pydoc somemodule
```

두 명령어 모두 파이썬 코드에 기반한 텍스트 설명서를 생성한다. 출력을 표시할 때는 긴 출력 스트림을 페이징할 수 있는 less(리눅스 또는 맥OS X)나 more(윈도우) 같은 프로그램을 사용한다.

기본적으로 pydoc은 사용자가 임포트할 모듈명을 제공한다고 가정한다. 즉, 일반적인 임포트 시 모듈이 반드시 파이썬 경로에 있어야 한다. 혹은 물리적인 파일명을 명시하는 방법도 있다. pydoc ./mymodule.py 같은 명령은 모듈 대신 파일에 동작한다.

특수 목적의 웹 서버를 구동해 패키지나 모듈의 설명서를 찾는 방법도 있다. 단순히 서버만 구동하는 것이 아니라 서버와 기본 브라우저를 같이 구동할 수도 있다. -b 옵션은 브라우저를 구동한다. 다음은 서버와 브라우저를 동시에 구동하는 방법이다.

```
python3 -m pydoc -b
```

위 명령은 사용되지 않는 포트를 찾아 서버를 구동하고 해당 서버를 바라보는 기본 브라우저를 구동한다.

pydoc 출력은 맞춤화하기 어렵다. 다양한 스타일과 색깔이 클래스 정의에 하드코딩돼 있어서다. 외부 CSS 스타일을 사용하도록 pydoc을 수정하고 확장해보는 것도 재미있는 연습이 될 것이다.

다음 스크린샷은 기본 스타일을 보여준다.

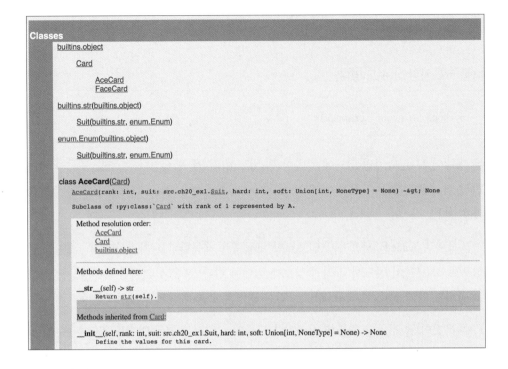

이제 RST 마크업으로 더 나은 출력을 만드는 법을 알아보자.

:: RST 마크업을 통한 출력 개선

좀 더 정교한 도구셋을 사용하면 설명서가 훨씬 보기 좋아진다.

다음과 같이 하고 싶다.

- 굵은꼴, 기울임꼴, 색깔 같은 강조를 넣어 표현을 세밀하게 조정한다.

- 매개변수와 반환 값, 예외, 파이썬 객체 간 교차 참조를 위한 시맨틱 마크업을 제공
  한다.

- 소스 코드를 볼 수 있는 링크를 제공한다.

- 포함시키거나 제외하도록 코드를 필터링한다. 표준 라이브러리 모듈이나 __로 시작하는 프라이빗 객체, __로 시작하는 시스템 객체, 상위 클래스 멤버를 포함시키거나 제외하도록 세밀하게 조정한다.

- CSS를 조정해 결과 HTML 페이지에 다양한 스타일을 제공한다.

처음 두 요구 사항은 문서화 문자열에 좀 더 정교한 마크업을 넣어 해결할 수 있다. 이때 RST 마크업 언어를 사용해야 한다. 나머지 세 가지 요구 사항에는 다른 도구가 추가로 필요하다.

더욱 정교한 마크업을 사용하기 시작하면 $\LaTeX$를 포함시켜 HTML보다 더 보기 좋은 설명서를 만들도록 확장할 수 있다. 하나의 소스로부터 HTML뿐만 아니라 포스트스크립트^{PostScript}나 PDF 출력도 만들 수 있다.

RST는 간단한 경량 마크업이다. 파이썬 docutils 프로젝트와 관련된 훌륭한 튜토리얼과 요약이 매우 많다. 자세한 내용은 http://docutils.sourceforge.net을 참고한다.

http://docutils.sourceforge.net/docs/user/rst/quickstart.html에서 간단한 개요를 확인할 수 있다.

docutils 도구셋의 핵심은 매우 간단한 마크업을 사용할 수 있게 해주는 아주 똑똑한 파서다. HTML과 XML은 상대적으로 정교하지 않은 파서를 사용하며, 사용자(또는 편집 도구)가 복잡한 마크업을 만들어야 하는 부담이 있다. XML과 HTML은 매우 다양한 유스 케이스를 허용하는 반면, docutils 파서는 자연어 텍스트라는 좀 더 좁은 범위에 초점을 맞춘다. 범위가 좁으므로 docutils는 사용자가 공백 행과 ASCII 구두점 문자를 사용한 의도를 추론할 수 있다.

예제의 docutils 파서는 다음과 같은 세 가지 기본 요소를 이해한다.

- 텍스트 블록: 문단과 헤딩, 리스트, 인용 블록, 코드 예제, doctest 블록. 모두 공백 행으로 구분한다.

- 텍스트 블록에 인라인^{inline} 마크업이 나타날 수 있다. 인라인 마크업은 간단한 구두점

을 사용해 텍스트 블록 내 문자들을 표시한다. 이어지는 절에서 두 종류의 마크업을 자세히 알아보겠다.

- 디렉티브^{directive} 역시 텍스트 블록이지만 행의 첫 두 문자가 ..으로 시작한다. 디렉티브는 확장이 가능하므로 확장해서 docutils에 기능을 추가할 수 있다.

보기 편한 문서로 변환할 수 있는 텍스트를 작성하려면 반드시 텍스트 블록을 명확히 구분해야 한다. 이어지는 절에서는 다양한 종류의 텍스트 블록을 살펴보겠다.

텍스트 블록

텍스트 블록은 단순히 문단으로서 공백 행으로 다른 문단들과 구분된다. RST 마크업의 기본 단위이다. RST는 다음의 패턴에 기반해 다양한 종류의 문단을 구분한다. 다음은 헤딩 예제다.

```
This Is A Heading
=================
```

특수 문자를 수차례 반복한 문자열로 밑줄을 그어 헤딩으로 인식시킨다.

docutils 파서는 온전히 용법에 기반해 제목 밑줄의 계층 구조를 추론한다. 헤딩과 그 속에 중첩된 헤딩이 일관돼야 한다. 그래야 기준을 정해 따를 수 있다. 또한 복잡하고 중첩된 헤딩 없이 문서를 상당히 수평적으로 유지할 수 있다. 주로 세 단계가 필요하다. 세 단계는 ====와 ----, ~~~~로 표현한다.

글머리 기호 목록 항목은 특수 문자로 시작한다. 내용은 들여쓰기해야 한다. 파이썬은 공백 4개로 된 들여쓰기를 사용하므로 RST에서도 마찬가지다. 하지만 들여쓰기가 일관되면 거의 대부분 동작한다.

```
Bullet Lists

- Leading Special Character.
```

```
    - Consistent Indent.
```

문단 사이에 공백 행을 넣었다. 간단한 글머리 기호 목록에는 공백 행이 필요 없다. 일반적으로는 공백 행을 쓰는 것이 좋다.

숫자 목록은 숫자나 문자, 로마 숫자로 시작한다. 숫자를 자동으로 생성하려면 목록 항목으로 #을 사용한다.

```
Number Lists

1. Leading digit or letter.

#. Auto-numbering with #.

#. Looks like this.
```

들여쓰기 규칙을 사용해 목록 안에 목록을 만들 수 있다. 복잡할 수 있으나 docutils RST 파서는 대개 사용자가 뜻하는 바를 알아낸다.

인용 블록은 단순히 들여쓰기된 텍스트다.

```
Here's a paragraph with a cool quote.

  Cool quotes might include a tip.

Here's another paragraph.
```

더블 콜론인 ::는 코드 예제를 뜻한다. 들여쓰기되고, 공백 행으로 끝난다. ::를 행 끝에 둘 수도 있고 행 자체로 쓸 수도 있지만, 별도의 행에 ::를 둬야 코드 예제를 찾기 좀 더 쉽다.

다음은 코드 예제다.

```
Here's an example:
```

```
::

  x = Deck()
  first_card = x.pop()

This shows two lines of code. It will be distinguished from
surrounding text.
```

docutils 파서는 doctest도 찾아 코드 블록처럼 특수한 포매팅을 위해 저장해둔다. Doctest는 >>>로 시작해 공백 행으로 끝난다.

다음은 doctest의 출력 예제다.

```
Here's an example:
::

  >>> x = Unsorted_Deck()
  >>> x.pop()
  'A♣'

This shows how the :class:`Unsorted_Deck` class works.
```

테스트 출력 맨 끝에 공백 행이 반드시 들어가야 하는데, 쉽게 간과된다. doctest 오류 메시지가 주변 텍스트를 포함하면 공백 행을 또 넣어야 한다.

텍스트에 표기하는 또 한 가지 방법은 인라인 마크업으로 다르게 강조해야 하는 요소를 표시하는 것이다. 코드일 수도, 중요한 단어일 수도, 교차 참조일 수도 있다. 이어지는 절에서는 RST에 인라인 마크업을 사용하는 방법을 보인다.

RST 인라인 마크업

대부분의 텍스트 블록에 인라인 마크업을 넣을 수 있다. 코드 예제나 doctest 블록에는 인라인 마크업을 넣을 수 없다. 또한 인라인 마크업은 중첩시킬 수 없다.

RST 인라인 마크업에는 여러 종류의 일반적인 ASCII 텍스트 처리가 들어간다. 예를 들어 *emphasis*와 **strong emphasis**는 각각 기울임꼴과 굵은꼴을 생성한다. 텍스트 블록 내 코드 영역을 강조하고 싶을 때는 `literal`을 써서 고정폭 글꼴을 만든다.

인라인 마크업으로 교차 참조도 넣을 수 있다. _로 끝나면 참조를 뜻하며, 앞서 나온 다른 단어를 가리킨다. _로 시작하면 타깃을 뜻하며, 가리켜진 대상이다. 예를 들어 `some phrase`_라는 참조가 있다고 하자. 해당 참조의 타깃으로 _`some phrase`를 쓸 수 있다. 섹션명은 이미 타깃으로 정의돼 있으므로 섹션명의 타깃은 명시적으로 제공하지 않아도 된다. 즉, `This Is A Heading`_으로 참조할 수 있다. HTML 출력에서는 알다시피 <a> 태그를 생성한다. PDF 출력에서는 인텍스트^{in-text} 링크가 생성된다.

인라인 마크업은 중첩시킬 수 없다. 중첩 인라인 마크업은 거의 필요하지 않다. 글씨체 기법이 너무 많으면 시각적으로 어수선하다. 글씨체를 신중히 골라야 한다면 그냥 LaTeX를 사용하자.

인라인 마크업은 명시적인 역할 지시자^{role indicator}도 포함한다. `text` 앞에 나오는 :role:이 바로 역할 지시자다. 간단한 RST에는 역할이 별로 없다. :code:`some code`를 사용해 텍스트 블록 내 코드 예제의 존재를 부각시킬 수 있다. 스핑크스에는 역할 지시자가 많다. 역할을 명시적으로 사용함으로써 수많은 시맨틱 정보를 제공한다.

더 복잡한 수학을 사용할 때는 LaTeX 수학의 타입셋팅^{typesetting} 기능을 사용한다. 이때 :math:`a=\pi r^2`처럼 :math:라는 역할을 사용한다.

역할은 무궁무진하다. 새로운 규칙을 추가하도록 docutils에 설정을 제공할 수 있다. 스핑크스 같은 도구로 가능하다.

인라인 역할 정의 외에도 RST는 많은 디렉티브를 제공한다. 이어지는 절에서 이러한 디렉티브를 알아본다.

RST 디렉티브

RST는 디렉티브도 포함한다. 디렉티브는 ..으로 시작하는 블록 안에 작성한다. 내용은 들여쓰기한다. 매개변수도 포함할 수 있다. RST의 다양한 디렉티브로 더욱 정교한 문서를 생성할 수 있다. 문서화 문자열은 몇 가지 디렉티브만으로 만든다. 하지만 디렉티브에는 제한이 없어서 스핑크스 같은 도구는 디렉티브를 추가해 더욱 정교한 설명서를 만든다.

일반적으로 image와 csv-table, math라는 세 디렉티브가 자주 쓰인다. 문서에 들어갈 이미지는 다음과 같은 방법으로 포함시킨다.

```
.. image:: media/some_file.png
   :width: 6in
```

media/some_file.png라는 파일을 명명했다. 파일에 width 매개변수도 제공해 이미지를 문서 페이지 레이아웃에 맞췄다. 이외에도 다음과 같은 매개변수로 이미지 표시를 조정한다.

- :align:: top과 middle, bottom, left, center, right 같은 키워드를 제공할 수 있다. 이 값은 HTML <img> 태그의 align 속성에 제공된다.

- :alt:: 이미지에 쓰이는 또 다른 텍스트다. 이 값은 HTML <img> 태그의 alt 속성에 제공된다.

- :height:: 이미지의 높이다.

- :scale:: 높이와 너비 대신 제공하는 환산 계수다.

- :width:: 이미지의 너비다.

- :target:: 이미지의 타깃 하이퍼링크다. 완전한 URI나 name`_ 형태의 RST 참조일 수 있다.

높이와 너비에는 CSS에서 쓰이는 모든 길이 단위를 쓸 수 있다. em(글꼴의 높이)과 ex(문자 x의 높이), px(픽셀) 그리고 절대 크기인 in, cm, mm, pt(포인트)와 pc(파이카)도 가능하다.

다음과 같은 방법으로 문서에 표를 넣는다.

```
.. csv-table:: Suits
   :header: symbol, name
   "'♣'", Clubs
   "'♦'", Diamonds
   "'♥'", Hearts
   "'♠'", Spades
```

간단한 CSV 표기로 복잡한 HTML 테이블이 될 데이터를 준비했다. 더 복잡한 공식은 math 디렉티브로 표현한다.

```
.. math::

   \textbf{O}(2^n)
```

위와 같은 방법으로 별개의 방정식을 생성하는 더 복잡한 LaTeX 수학도 작성할 수 있다. 번호도 매길 수 있고 교차 참조도 가능하다. 공식을 둘러싼 공백 행과 들여쓰기에 주목하자. 이렇게 해야 RST 도구에서 연관된 텍스트를 하나의 수학 표기로 볼 수 있다.

이 밖에도 많은 RST 마크업 기법이 있다. 이어지는 절에서 제안할 몇 가지 방식을 활용해 어떻게 적절하게 포매팅되고 인덱싱될 수 있도록 텍스트에 표기하는지 익히자.

RST 익히기

RST 실력을 쌓는 한 가지 방법은 docutils를 설치한 후 RST 문서를 파싱하고 HTML 페이지로 변환해주는 rst2html.py 스크립트를 사용해보는 것이다. 간단한 연습 문서로 다양한 RST 요소를 쉽게 확인할 수 있다.

프로젝트의 모든 요구 사항과 아키텍처, 설명서는 RST로 작성한 후 HTML이나 LaTeX로 변환 가능하다. 사용자 스토리를 다듬어 개발에 들어가고 구현하기 때문에 사용자 스토리부터 RST로 작성한 후 그 파일을 구성과 재구성을 반복할 수 있는 디렉터리에 넣는 것이 비교적 비용이 적다. 도구가 복잡하다고 해서 docutils보다 꼭 뛰어난 것은 아니다.

순수한 텍스트 파일과 RST 마크업을 사용하면 소스 코드와 더불어 설명서까지 함께 쉽게 관리할 수 있다는 이점이 생긴다. 소유권이 있는 워드 프로세싱 파일 포맷을 쓰지 않아도 된다. 실용적으로 요약해야 하는 장황하고 긴 HTML이나 XML 마크업을 쓰지 않아도 된다. 그냥 더 많은 텍스트를 소스 코드와 함께 저장할 뿐이다.

RST를 사용해 설명서를 생성하면 rst2latex.py 스크립트로 .tex 파일도 생성할 수 있고 LaTeX 도구셋으로 이 파일을 실행해 포스트스크립트나 PDF 문서를 만들 수도 있다. 이때 LaTeX 도구셋과 함께 주로 TeXLive 배포판을 사용한다. TeX를 보기 좋은 최종 문서로 변환해주는 포괄적인 도구셋은 http://www.tug.org/texlive/를 참고한다. TeXLive는 LaTeX 출력을 PDF 파일로 변환해주는 pdfTeX 도구를 포함한다.

이어지는 절에서는 효과적인 문서화 문자열을 작성하는 법을 알아본다.

⠶ 효과적인 문서화 문자열 작성

문서화 문자열을 작성할 때 고객에게 필요한 필수 정보에 초점을 맞춰야 한다. 라이브러리 모듈을 사용하려면 무엇을 알아야 하는가? 개발자 스스로 물어볼 질문은 다른 프로그래머 역시 궁금할 질문이다. 다음 두 경계 내에서 문서화 문자열을 작성해야 한다.

- 추상적인 개요, 높은 수준의 요구 사항, 사용자 스토리나 코드와 직접 연관되지 않은 배경지식은 언급하지 말자. 배경지식은 별도의 문서에 제공해야 한다. 스핑크스 같은 도구는 배경지식 자료와 코드를 하나의 문서로 합친다.

- 동작 방식을 설명할 때 일반적인 구현 상식을 지나치게 자세히 설명하지 말자. 코드를 쉽게 사용할 수 있으면 설명서에 코드를 개괄하지 않아도 된다. 너무 이해하기 힘든 코드라면 더 명확하게 다시 작성하자.

개발자가 원할 단 한 가지는 파이썬 객체의 용법을 보여주는 동작하는 예제일 것이다. RST의 :: 리터럴 블록이 이러한 예제의 근간이다.

주로 다음과 같이 RST 코드 예제를 작성한다.

```
Here's an example::

  d = Deck()
  c = d.pop()
```

더블 콜론인 ::이 들여쓰기된 블록보다 앞에 온다. RST 파서는 들여쓰기된 블록을 코드로 인식하고 최종 문서에 문자 그대로 출력한다.

예제 외에도 형식적인 API가 중요하다. 이어지는 절에서 몇 가지 API 정의 기법을 살펴보겠다. 각 기법은 RST 필드 리스트^{field list} 문법을 사용한다. 매우 간단하며, 다시 말해 매우 유연하다.

예제와 API를 설명했으면 나머지는 중요도가 비슷하다. 맥락에 따라 작성해야 할 것이 다르다. 다음의 세 가지 경우로 나뉜다.

- **패키지와 모듈을 포함하는 파일**: 모듈이나 클래스, 함수 정의 컬렉션에 대한 개요나 소개를 제공한다. 파일에 있는 다양한 요소들의 간단한 로드맵이나 개요를 제공해야 한다. 모듈이 비교적 작으면 파일 수준에서 doctest와 코드 예제를 제공한다.

- **메서드함수를 포함하는 클래스**: 클래스 API를 설명하는 코드 예제와 doctest 블록을 제공한다. 클래스는 상태가 있고 상당히 복잡한 API를 가질 수 있으므로 훨씬 장황한 설명서를 제공해야 할 수 있다. 보통은 각 메서드함수마다 상세한 설명서를 제공한다.

- **함수**: 함수를 설명하는 코드 예제와 doctest 블록을 제공한다. 대개 함수는 상태가 없으므로 비교적 간단한 API를 갖는다. 어떤 경우에는 더 복잡한 RST 마크업은 피하고 help() 함수의 설명서에 초점을 맞춘다.

광범위하고 모호한 세 가지 경우의 설명서를 하나씩 자세히 살펴보자.

모듈과 패키지를 포함하는 파일단 문서화 문자열 작성

패키지나 모듈은 여러 요소를 포함하기 위해 만들어진다. 패키지는 클래스와 전역변수, 함수뿐만 아니라 모듈을 포함할 수 있다. 모듈은 클래스와 전역변수, 함수를 포함할 수 있다. 이러한 컨테이너의 최상위 문서화 문자열은 패키지나 모듈의 일반적인 기능을 설명하는 로드맵 역할을 한다. 세부 사항은 개개 클래스나 함수에 위임된다.

모듈 문서화 문자열은 다음 코드와 같을 것이다.

```
Blackjack Cards and Decks
=========================

This module contains a definition of :class:`Card`, :class:`Deck` and
:class:`Shoe` suitable for Blackjack.

The :class:`Card` class hierarchy
---------------------------

The :class:`Card` class hierarchy includes the following class
definitions.

:class:`Card` is the superclass as well as being the class for number
cards.
:class:`FaceCard` defines face cards: J, Q and K.
:class:`AceCard` defines the Ace. This is special in Blackjack because
it creates a soft total for a hand.

We create cards using the :func:`card` factory function to create the
proper
:class:`Card` subclass instances from a rank and suit.

The :class:`Suit` enumeration has all of the Suit instances.

::

    >>> from ch20_ex1 import cards
    >>> ace_clubs= cards.card( 1, cards.suits[0] )
    >>> ace_clubs
    'A♣'
    >>> ace_diamonds= cards.card( 1, cards.suits[1] )
```

```
    >>> ace_clubs.rank == ace_diamonds.rank
    True

The :class:`Deck` and :class:`Shoe` class hierarchy
---------------------------------------------------

The basic :class:`Deck` creates a single 52-card deck.
The :class:`Shoe` subclass creates a given number of decks.
A :class:`Deck` can be shuffled before the cards can be
extracted with the :meth:`pop` method.
A :class:`Shoe` must be shuffled and
*burned*. The burn operation sequesters a random number of cards
based on a mean and standard deviation. The mean is a number of
cards (52 is the default.)
The standard deviation for the burn is
also given as a number of cards (2 is the default.)
```

위 문서화 문자열의 텍스트 대부분은 모듈 속 내용에 대한 로드맵을 제공한다. 연관된 클래스를 좀 더 쉽게 찾을 수 있도록 클래스 계층 구조도 설명한다. 클래스 참조에는 RST 인라인 마크업을 사용한다. 이때 참조 앞에는 역할 접두사가 나온다. 예를 들어 :class:`Card는 Card 클래스 정의로의 하이퍼링크로 쓰일 텍스트를 생성한다. 참조는 잠시 뒤에 알아보겠다. 파이썬만 사용하는 환경에서는 이와 같은 단순 참조가 잘 동작한다. 여러 언어를 사용하는 환경이나 파이썬 외부에서 스핑크스를 사용할 때는 역할명에 몇 가지 중요한 변화가 있다.

위 문서화 문자열은 doctest에 기반한 간단한 card() 팩토리함수 예제를 포함한다. 이를 통해 card() 함수가 모듈 전체로 봤을 때 중요한 기능임을 강조한다. 모듈의 가장 중요한 부분은 Shoe 클래스이므로 Shoe 클래스의 doctest 설명도 제공해야 할 것이다.

위 문서화 문자열은 클래스명을 고정폭 글꼴로 넣는 인라인 RST 마크업도 포함한다. 섹션명에 ===와 --- 행으로 밑줄을 그었다. RST 파서는 ===로 밑줄 그은 헤딩을 ---로 밑줄 그은 헤딩의 부모라고 판단한다.

이어지는 절에서는 스핑크스를 사용해 설명서를 만드는 방법을 살펴보겠다. 스핑크스는 RST 마크업을 활용해 보기 좋은 HTML 설명서를 만든다.

이제 RST 마크업으로 상세 API를 작성하는 법을 알아보자.

RST 마크업으로 상세 API 작성

RST 마크업을 사용하는 이점 중 하나는 형식적인 API 설명서를 제공할 수 있다는 점이다. RST 필드 리스트^{field list}를 사용해 API 매개변수와 반환 값을 포매팅한다. 일반적으로 필드 리스트는 다음과 같은 형태다.

```
:field1: some value
:field2: another value
```

필드 리스트는 (:label:과 같은) 필드 라벨과 그 라벨에 연관된 값의 시퀀스다. 라벨은 일반적으로 짧으며, 값에는 길이 제한이 없다. 디렉티브에 매개변수를 제공할 때도 필드 리스트를 사용한다.

RST 필드 리스트 문법을 확장한 형태로 API 설명서를 작성해보겠다. 필드명을 여러 항목을 포함하도록 확장하겠다. param이나 type 같은 키워드를 접두사로 추가하겠다. 이러한 접두사 뒤에는 매개변수명이 나온다.

몇 가지 필드 접두사가 있다. param과 parameter, arg, argument, key, keyword 중 아무거나 써도 된다. 예를 들어 다음 코드처럼 작성한다.

```
:param rank: Numeric rank of the card
:param suit: Suit of the card
```

일반적으로 위치 인자에는 param(이나 parameter)을 사용하고, 키워드 매개변 수에는 key(또는 keyword)를 사용한다. 이러한 필드 리스트 정의를 들여쓰기한 섹션에 넣는다. 또한 스핑크스 도구는 설명서 내 이름과 함수 인자 리스트 내 이름을 비교해 일치하는지 확인한다.

접두사로 type을 사용해 매개변수의 타입을 정의할 수도 있다.

```
:type rank: integer in the range 1-13.
```

유연하긴 하지만 함수와 메서드 정의에 적절한 타입 힌트를 사용하는 편이 훨씬 낫다. 스핑크스 외 많은 도구에서 타입 힌트를 사용한다. mypy도 타입 힌트를 검사한다.

값을 반환하는 함수라면 결과를 설명해야 한다. returns나 return이라는 필드 라벨로 반환 값을 요약한다.

```
:returns: soft total for this card
```

함수마다 고유한 예외 정보도 포함시켜야 한다. 예외 필드에는 raises와 raise, except, exception이라는 네 개의 앨리어스가 있다. 다음 코드처럼 작성한다.

```
:raises TypeError: rank value not in range(1, 14).
```

클래스의 속성도 설명할 수 있다. var나 ivar, cvar를 사용한다. 다음 코드처럼 작성한다.

```
:ivar soft: soft points for this card; usually hard points, except for
aces.
:ivar hard: hard points for this card; usually the rank, except for face
cards.
```

인스턴스 변수에는 ivar를, 클래스 변수에는 cvar를 써야 한다. 하지만 최종 HTML 출력에서는 시각적으로 차이가 없다.

이러한 필드 리스트 구조체로 클래스와 클래스 메서드, 독립형 함수의 문서화 문자열을 생성한다. 이어지는 절에서 각 케이스를 살펴보겠다.

이제 클래스와 메서드함수 문서화 문자열을 어떻게 작성하는지 알아보자.

클래스와 메서드함수의 문서화 문자열 작성

클래스는 주로 속성과 메서드함수 같은 다양한 요소를 포함한다. 스테이트풀 클래스는 상당히 복잡한 API를 포함하기도 한다. 객체는 생성되고 상태가 바뀌고 생명주기 마지막에 가비지 컬렉션된다. 클래스 문서화 문자열이나 메서드함수 문서화 문자열에서 이러한 상태 변화의 일부(혹은 전부)를 설명해야 할 수 있다.

필드 리스트 기법을 사용해 전체 클래스 문서화 문자열에서 클래스 변수를 설명하겠다. 대개 :ivar variable:과 :cvar variable:, :var variable: 필드 리스트 항목을 중점적으로 사용한다.

개개 메서드함수도 필드 리스트를 사용해 매개변수와 반환 값, 각 메서드함수가 일으키는 예외를 정의할 수 있다. 클래스와 메서드함수의 문서화 문자열을 포함하는 클래스는 다음과 같이 시작한다.

```python
class Card:
    """
    Definition of a numeric rank playing card.
    Subclasses will define :py:class:`FaceCard` and
:py:class:`AceCard`.

    :ivar rank: int rank of the card
    :ivar suit: Suit suit of the card
    :ivar hard: int Hard point total for a card
    :ivar soft: int Soft total; same as hard for all cards except
Aces.
    """

    def __init__(
        self, rank: int, suit: Suit, hard: int, soft: Optional[int] = None
    ) -> None:
        """Define the values for this card.

        :param rank: Numeric rank in the range 1-13.
        :param suit: Suit object from :class:`Suits`
        :param hard: Hard point total (or 10 for FaceCard or 1 for
AceCard)
        :param soft: The soft total for AceCard, otherwise defaults to hard.
        """
        self.rank = rank
        self.suit = suit
        self.hard = hard
        self.soft = soft if soft is not None else hard
```

```
    def __str__(self) -> str:
      return f"{self.rank}{self.suit}"

    def __repr__(self) -> str:
      return f"{self.__class__.__name__}(rank={self.rank},
  suit={self.suit})"
```

위와 같은 유형의 RST 마크업을 문서화 문자열에 넣으면 스핑크스 같은 도구에서 아주
보기 편한 HTML 출력으로 포매팅한다. 위 코드는 인스턴스 변수의 클래스단 설명서
뿐만 아니라 메서드함수 중 하나의 매개변수에 대한 메서드단 설명서를 제공한다.

위 예제는 :py:class:`Card`라는 텍스트로 클래스 카드에 대한 참조를 생성한다. 이 마
크업에서 역할명은 파이썬 언어 도메인을 구분시켜주는 복잡해 보이는 :py:class:다.
복잡한 프로젝트에는 다수의 언어 도메인이 있을 수 있고 역할명이 다양한 도메인을 반
영한다.

help(Card)로 위 문서화 문자열을 확인하면 RST 마크업이 그대로 보인다. 의미상 중요
하므로 그다지 부적당하지는 않다. help() 텍스트와 스핑크스 문서 간 맞춰야 할 균형을
지적한다.

함수 문서화 문자열 작성

함수 문서화 문자열은 매개변수와 반환 값, 발생할 예외를 정의하는 필드 리스트로 포
매팅할 수 있다. 다음은 문서화 문자열을 포함하는 함수 예제다.

```
def card(rank: int, suit: Suit) -> Card:
  """
  Create a :py:class:`Card` instance from rank and suit.

  :param suit: Suit object
  :param rank: Numeric rank in the range 1-13
  :returns: :py:class:`Card` instance
  :raises TypeError: rank out of range
```

```
>>> from Chapter_20.ch20_ex1 import card
>>> str(card(3, Suit.Heart))
'3♥'
>>> str(card(1, Suit.Heart))
'A♥'
"""
if rank == 1:
    return AceCard(rank, suit, 1, 11)
elif 2 <= rank < 11:
    return Card(rank, suit, rank)
elif 11 <= rank < 14:
    return FaceCard(rank, suit, 10)
else:
    raise TypeError
```

위 함수의 문서화 문자열은 매개변수 정의와 반환 값, 발생할 예외를 포함한다. 네 개의 필드 리스트 항목으로 API를 형식화한다. doctest 시퀀스도 넣었다. 스핑크스로 위 모듈을 실행하면 아주 보기 좋은 HTML 출력이 생성된다. 뿐만 아니라 doctest 도구로 함수가 간단한 테스트 케이스에 부합하는지 확인할 수 있다.

스핑크스는 타입 힌트를 약간 확장한다. 앞선 코드는 card(rank: int, suit: Suit) -> Card:라는 타입 힌트를 사용했다. 스핑크스가 생성하는 HTML 페이지에서는 ch20_ex1.card(rank: int, suit: ch20_ex1.Suit) -> ch20_ex1.Card로 확장된다. 소프트웨어에 대한 독자의 이해를 돕기 위해 클래스명에 접두사를 추가한다.

더욱 정교한 마크업 기법

추가적인 마크업 기법으로 문서를 읽기 쉽게 바꿀 수 있다. 특히 클래스 정의 간에는 주로 유용한 교차 참조가 필요하다. 문서 내 섹션과 주제 간에 교차 참조도 필요하다.

순수한 RST(즉, 스핑크스가 없는 RST)에서는 문서 내 서로 다른 섹션을 참조하는 적절한 URL을 제공해야 한다. 참조는 다음 세 종류다.

- **섹션명으로의 암묵적 참조**: Some Heading`_을 사용해 Some Heading 절을 참조한다.

docutils가 식별할 수 있는 모든 헤딩에 대해 동작한다.

- **타깃으로의 명시적 참조**: target_을 사용해 문서 내에서 _target의 위치를 참조한다.

- **문서 간 참조**: 명시적으로 섹션명을 참조하는 전체 URL을 생성해야 한다. docutils는 섹션명을 모두 소문자로 변환하고 구두점은 -으로 바꾼다. 이렇게 하면 Design `<file:build.py.html#design>`_처럼 외부 문서 내 섹션명 참조를 생성할 수 있다.

스핑크스에는 문서 간 교차 참조 기능이 훨씬 많다. 기본 RST를 이렇게 확장하면 상세한 URL을 작성하느라 애쓰지 않아도 된다. 예제에서는 헤딩 앞에 타깃 라벨을 넣은 후 :ref:`label 문법으로 해당 라벨을 참조하겠다.

다음 코드처럼 RST를 일부 포함하는 문서 하나가 있다고 하자.

```
.. _user_stories:
   User Stories
   ============

   The user generally has three tasks: customize the simulation's
   parameters, run a simulation, and analyze the results of a simulation.
```

보다시피 _로 시작하는 라벨로 타깃임을 보이고 _ 뒤에 라벨을 붙였다. ..으로 행을 시작하고 행 끝에 :을 붙여 RST로의 디렉티브로 만들었다. RST 프로세스의 규칙은 알려지지 않은 디렉티브를 무시하라고 명시적으로 규정하고 있다. RST는 여러 도구에서 처리될 수 있고 도구에 특화된 디렉티브가 흔하다. 한 도구는 다른 도구를 위해 만들어진 디렉티브를 조용히 무시한다. 이러한 이유로 디렉티브로서의 라벨 label-as-directive 기법은 아주 정확하게 동작한다.

별개의 문서에 :ref:`user_stories`가 있을 수 있다. 라벨 정의를 참조하는 것이 아니라 라벨을 참조하는 것이니 앞에 _를 붙이지 않았다. 스핑크스는 모든 라벨과 연관된 제목을 추적해 적절한 HTML 참조를 생성한다.

스핑크스로 설명서를 생성하는 법을 알아보자.

스핑크스를 사용한 설명서 생성

스핑크스 도구는 다양한 포맷으로 된 매우 보기 좋은 설명서를 생성한다. 소스코드로부터 만든 설명서를 비롯해 추가적인 디자인 주석이나 요구 사항, 배경지식이 포함된 외부 파일을 쉽게 통합한다.

스핑크스 도구는 http://sphinx-doc.org에서 찾을 수 있다. 스핑크스는 다른 프로젝트도 사용하므로 다운로드가 복잡하다. 스핑크스의 튜토리얼은 정말 훌륭하다.

대부분의 프로젝트는 sphinx-quickstart로 초기 파일 집합을 먼저 생성한다. 파일을 사용할 수 있게 되면 세부적인 것들을 추가한다. 설명서를 완성할 때는 sphinx-build 프로그램을 사용한다.

sphinx-build는 주로 make 프로그램을 통해 실행한다. 이렇게 하면 조금 더 간단하게 명령줄에서 스핑크스를 사용할 수 있다.

- 맥OS에서는 기본적으로 make를 사용할 수 없다. 애플의 개발자 도구 중 XCode 패키지에 들어 있다. XCode 도구는 다운로드 용량이 매우 크지만 설치하고 사용하기 쉽다. XCode 대신 홈브루^{Homebrew}로 make를 설치하기도 한다. 홈브루 도구에 관한 정보는 https://brew.sh를 참고한다. brew install make라고 명령하면 맥OS를 위한 유용한 make 유틸리티를 생성한다.

- 윈도우 사용자의 경우, sphinx-quickstart로 make 유틸리티처럼 동작하는 make.bat 스크립트를 생성할 수 있다.

make 유틸리티가 없어도 되지만 있으면 편리하다. 언제든 sphinx-build를 바로 사용할 수 있다.

이어지는 절에서는 스핑크스 퀵스타트를 어떻게 사용하는지 알아보자.

스핑크스 퀵스타트 사용

sphinx-quickstart를 사용하면 인터랙티브 질의응답 세션을 통해 상당히 복잡한 config. py 파일을 편리하게 생성할 수 있다. 다이얼로그가 어떻게 이뤄지는지 세션 일부를 보이겠다. 기본값이 최선이 아닐 수 있는 몇몇 응답은 굵게 표시했다.

더 복잡한 프로젝트라면 설명서와 작업 코드를 분리하는 편이 장기적으로 더 간단하다. 전체 프로젝트 트리 내에 doc 디렉터리를 생성하는 방법이 좋다.

```
Enter the root path for documentation.
> Root path for the documentation [.]: doc
```

아주 작은 문서라면 소스 사이에 HTML이 들어가도 괜찮다. 더 큰 문서, 특히 LaTeX과 PDF를 생성해야 하는 문서라면 HTML로 된 설명서와 문서 파일을 따로 분리하는 편이 낫다.

```
You have two options for placing the build directory for Sphinx
output.
Either, you use a directory "_build" within the root path, or you
separate
"source" and "build" directories within the root path.
> Separate source and build directories (y/N) [n]: y?
```

이어지는 질문들은 특정한 추가 기능add-on을 확인한다. 다음과 같은 주석으로 시작한다.

```
Please indicate if you want to use one of the following Sphinx
extensions:
```

지금부터 일반적인 파이썬 개발에 가장 유용할 추가 기능 집합을 제안하겠다. 스핑크스를 처음 사용해 본 사용자라면 이 정도로만 시작해도 충분하며 훌륭한 설명서를 만들 수 있다. 물론 프로젝트별 요구와 목표에 따라 이러한 일반적인 제안이 바뀔 수 있다.

대부분은 autodoc 기능을 넣어 문서화 문자열로부터 설명서를 만든다. 파이썬 프로그래밍에서 벗어나 스핑크스로 설명서를 만들 때는 autodoc 기능을 비활성화할 수 있다.

```
> autodoc: automatically insert docstrings from modules (y/N) [n]: y
```

doctest 예제가 있으면 스핑크스가 doctest를 실행한다. 대부분의 테스트를 doctest로 수행하는 작은 프로젝트라면 이 방법이 매우 편리하다. 더 큰 프로젝트에는 대개 doctest를 포함하는 단위 테스트 스크립트를 사용한다. 형식적인 단위 테스트와 함께 스핑크스를 통한 doctest를 수행하는 것도 좋다.

```
> doctest : automatically test code snippets in doctest blocks (y/N)
[n]: y
```

개발이 무르익으면 서로 깊이 연관된 프로젝트가 늘어난다. 즉, 밀접히 관련된 프로젝트에 서로 연관된 여러 스핑크스 설명서 디렉터리가 있을 수 있다.

```
> intersphinx: link between Sphinx documentation of different projects
(y/N) [n]:
```

todo 확장판으로 문서화 문자열에 .. todo:: 디렉티브를 넣을 수 있다. 이어서 .. todo list::라는 특수 디렉티브를 추가해 설명서 내에 공식적인 할 일 목록을 생성할 수 있다.

```
> todo: write "todo" entries that can be shown or hidden on build
(y/N) [n]:
```

커버리지 보고는 간단한 품질 보증 지표다.

```
> coverage: checks for documentation coverage (y/N) [n]:
```

수학이 필요한 프로젝트에서는 LaTeX 도구셋을 사용해 수학 공식을 그래픽 이미지로서 타입셋팅한 다음 HTML 내에 포함시킨다. 또한 가공하지 않은 수학 공식은 LaTeX

출력에 그대로 유지한다. 매스잭스^{MathJax}는 다음과 같은 방법으로도 동작하는 웹 기반 자바스크립트 라이브러리다.

```
> pngmath: include math, rendered as PNG images (y/N) [n]: y
> mathjax: include math, rendered in the browser by MathJax (y/N) [n]:
```

아주 복잡한 프로젝트에서는 설명서를 변형해 생성해야 할 수 있다.

```
> ifconfig: conditional inclusion of content based on config values
(y/N) [n]:
```

애플리케이션 설명서는 대부분 API를 설명한다. autodoc과 viewcode 기능을 모두 포함시켜야 한다. 구현을 상세히 이해하려면 viewcode 옵션으로 소스를 확인해야 한다.

```
> viewcode: include links to the source code of documented Python objects
(y/N) [n]: y
```

끝으로 깃허브를 함께 사용할 때는 특수한 파일을 포함시켜 지킬^{Jekyll} 도구가 페이지를 렌더링하지 못하게 한다.

```
> githubpages: create .nojekyll file to publish the document on GitHub
pages (y/n) [n]: y
```

autodoc과 doctest 기능 덕분에 코드 내에 문서화 문자열만 작성하면 된다. 즉, 문서화 문자열 정보를 추출할 수 있는 아주 작은 스핑크스 설명서 파일만 작성하면 된다. 어떤 개발자에게는 코드에 집중하는 것만으로도 설명서 작성에 수반되는 불안 요인이 감소한다.

이어지는 절에서는 스핑크스 설명서를 작성하는 법을 알아보겠다.

스핑크스 설명서 작성

플레이스홀더placeholder로 설명서 개요를 만든 뒤 소프트웨어 개발을 진행하며 채워 가면 좋다. 4+1 뷰 아키텍처에 기반을 둔 구조가 유용하다. 자세한 정보는 팩트출판사에서 출간한 『The Software Architects Handbook』(2018)을 참고한다.

index.html 루트 아래에 다섯 개의 최상위 문서인 user_stories와 logical, process, implementation, physical을 생성할 수 있다. 각각에 RST 제목 문단이 필요하고 다른 것은 없어도 된다.

이어서 스핑크스의 index.rst 파일 안에 기본적으로 생성된 .. toctree:: 디렉티브를 업데이트한다.

```
.. Mastering OO Python documentation master file, created by
   sphinx-quickstart on Fri Jan 31 09:21:55 2014.
   You can adapt this file completely to your liking, but it should at
least
   contain the root `toctree` directive.

Welcome to Mastering OO Python's documentation!
===============================================

Contents:

.. toctree::
   :maxdepth: 2

   user_stories
   logical
   process
   implementation
   physical

Indices and tables
==================

* :ref:`genindex`
* :ref:`modindex`
* :ref:`search`
```

최상위 구조를 생성했으면 make 명령으로 설명서를 만들 수 있다.

```
make doctest html
```

위 명령은 doctest를 실행하고, 모든 테스트를 통과하면 HTML 설명서를 생성한다.

이어지는 절에서는 애플리케이션 소프트웨어의 다양한 관점을 세부적으로 작성해보자.

설명서를 위한 4+1 뷰 작성

개발을 진행하면서 4+1 뷰를 바탕으로 세부 사항을 점차 구성해 나간다. 방법은 좁은 범위의 코드 내 문서화 문자열에 속하지 않는 정보를 모으는 것이다.

user_stories.rst 문서에는 사용자 스토리와 요구 사항, 기타 고급 배경지식 주석을 모은다. 사용자 스토리가 복잡해지면 디렉터리 트리로 진화할 수 있다.

logical.rst 문서는 클래스와 모듈, 패키지의 초기 객체지향 디자인을 모은다. 이 문서는 디자인 사고의 원천이다. 다양한 대안과 주석, 수학적 배경지식, 정확성 검증, 논리적 소프트웨어 디자인 다이어그램을 포함한다. 디자인이 상당히 명확한 비교적 간단한 프로젝트라면 비어 있을 수 있다. 복잡한 프로젝트라면 구현의 배경지식이나 타당함을 보이는 더욱 정교한 분석과 디자인을 설명한다.

최종 객체지향 디자인은 implementation.rst 파일에 들어 있는 파이썬 모듈과 클래스다. 이 파일이 곧 API 설명서가 되므로 좀 더 자세히 살펴보겠다. 이 부분은 파이썬 코드와 RST 마크업 문서화 문자열에 직접적으로 기반한다.

process.rst 문서는 동적 실시간 동작에 대한 정보를 모은다. 동시 실행과 배포, 통합 같은 주제를 포함한다. 또한 성능과 확장성에 대한 정보도 포함할 수 있다. 사용한 네트워크 디자인과 프로토콜도 이 문서에서 설명한다.

애플리케이션 규모가 작으면 어떤 자료를 프로세스 문서에 넣어야 할지 명확하지 않다. 프로세스 문서 안에서 논리 디자인과 전체 아키텍처 정보가 겹칠 수 있다. 애매할 때는 고객의 정보 요구에 기반해 경계를 명확히 한다. 어떤 사용자는 작은 문서 여러 개가 유용하다고 여긴다. 어떤 사용자는 하나의 큰 문서를 선호한다.

physical.rst 파일은 상세 배포 내용을 기록한다. 환경변수와 상세 설정 파일 포맷, 사용가능한 로거명, 그 밖에 관리자와 지원에 필요한 정보 등 세부 설정에 대한 설명을 포함한다. 또한 서버명과 IP 주소, 계정명, 디렉터리 경로, 관련 주석도 포함할 수 있다. 어떤조직의 관리자는 이러한 세부 사항이 일반적인 소프트웨어 설명서에 적합하지 않다고생각한다.

이어지는 절에서는 구현 문서를 작성하는 법을 알아보겠다.

구현 문서 작성

implementation.rst 문서는 automodule을 사용해 생성하는 설명서다. implementation.rst 문서는 다음과 같이 시작한다.

```
Implementation
================

Here's a reference to the `inception document
<_static/inception_doc/ index.html>`_

Here's a reference to the :ref:`user_story`

The ch20_ex1 module
-------------------

.. automodule:: ch20_ex1
  :members:
  :undoc-members:
  :special-members:

Some Other Module
-----------------

We'd have an ``.. automodule::`` directive here, too.
```

최상위 헤딩 하나와 하위 헤딩 두 개, 두 종류의 RST 헤딩을 사용했다. RST는 부모와 자식 관계를 추론한다. 위 예제는 부모 헤딩(제목)에 "==="을, 하위 헤딩에 "---"을 사용했다.

_static 디렉터리 안에 inception_doc이라는 이름으로 복사했던 문서로의 명시적인 참조도 제공했다. inception document라는 단어로 실제 문서인 index.html 파일로의 RST 링크를 생성했다.

:ref:`user_story`는 다른 섹션으로의 내부 교차 참조다. 스핑크스는 라벨로 쓰인 디렉티브 앞에 나오는 모든 제목과 헤딩을 추적한다. 예제에서는 제목 앞에 .. _user_story: 로 된 제목 행이 있을 것이다. _user_story는 RST 타깃이므로 _로 시작해야 한다. 타깃 뒤에 나올 제목은 :ref:`user_story 링크로 참조된다. 제목을 바꾸면 HTML이 올바르게 업데이트된다.

두 하위 헤딩 아래에서는 스핑크스의 .. automodule:: 디렉티브를 사용해 두 모듈로부터 문서화 문자열을 추출했다. automodule 디렉티브에 세 개의 매개변수를 제공했다.

- :members:: 모듈의 모든 멤버를 포함한다. 모든 멤버를 나열하는 대신 명시적인 멤버 클래스와 함수를 나열할 수 있다.

- :undoc-members:: 적절한 문서화 문자열이 없는 멤버를 포함한다. 최소한의 API 정보를 얻을 수 있어 개발을 시작할 때 유용하다.

- :undocspecial-members:: 기본적으로 스핑크스 설명서에 포함되지 않은 스페셜 메서드명 멤버를 포함한다.

이렇게 하면 상당히 완전한 뷰가 만들어진다. :undoc-members:와 :special-members: 매개변수를 제외하면 더 작고 특화된 문서가 만들어진다.

프로젝트가 진화할 때마다 implementation.rst 파일도 진화할 수 있다. 모듈을 완성해 automodule 참조에 추가하자.

.. automodule:: 디렉티브를 구성하면 복잡한 모듈이나 패키지 컬렉션에 대한 유용한 로드맵이나 개요를 얻을 수 있다. 장황한 설명보다는 시간을 조금만 투자해 소프트웨어

컴포넌트가 어떻게 맞물려 동작하는지 구성을 보여주는 것이 더 의미가 있다. 핵심은 훌륭한 서술 문서를 생성하는 것이 아니라 다른 개발자에게 가이드를 제공하는 것이다.

스핑크스 교차 참조 생성

스핑크스는 RST를 통해 사용 가능한 교차 참조 기법을 확장한다. 가장 중요한 교차 참조 기능 집합은 특정 파이썬 코드 요소를 직접 참조하는 기능이 다. `:role:`text`` 문법으로 인라인 RST 마크업을 사용한다. 스핑크스는 수많은 역할을 추가로 지원한다.

다음과 같은 종류의 교차 참조 역할을 사용할 수 있다.

- `:py:mod:`some_module` 문법은 모듈이나 패키지 정의로의 링크를 생성한다.

- `:py:func:`some_function` 문법은 함수 정의로의 링크를 생성한다. `module.function`이나 `package.module.function`을 한정자로 사용할 수 있다.

- `:py:data:`variable`` 과 `:py:const:`variable` 문법은 `.. py:data:: variable` 디렉티브로 정의된 모듈 변수로의 링크를 생성한다. 상수constant는 변경할 수 없는 변수다.

- `:py:class:`some_class` 문법은 클래스 정의로의 링크를 생성한다. `module.class`와 같은 한정자를 사용할 수 있다.

- `:py:meth:`class.method` 문법은 메서드 정의로의 링크를 생성한다.

- `:py:attr:`class.attribute` 문법은 `.. py:attribute:: name` 디렉티브로 정의된 속성으로의 링크를 생성한다.

- `:py:exc:`exception` 문법은 정의된 예외로의 링크를 생성한다.

- `:py:obj:`some_object`` 문법은 객체로의 제네릭 링크를 생성한다.

문서화 문자열에서 `` SomeClass`` ``를 사용하면 고정폭 글꼴의 클래스명을 얻는다. `:py:class:`SomeClass``를 사용하면 훨씬 더 유용한 클래스 정의로의 적절한 링크를 얻는다.

각 역할에 :py: 접두사를 쓴 까닭은 스핑크스가 파이썬 말고도 다른 언어에 대한 설명서를 작성할 수 있기 때문이다. 각 역할에 :py: 접두사를 사용함으로써 스핑크스는 올바르게 문법을 추가하고 강조할 수 있다.

다음은 다른 클래스와 예외로의 명시적인 교차 참조를 포함하는 문서화 문자열이다.

```
def card(rank: int, suit: Suit) -> Card:
    """
    Create a :py:class:`Card` instance from rank and suit.
    Can raise :py:exc:`TypeError` for ranks out of the range 1 to 13,
inclusive.

    :param suit: Suit object
    :param rank: Numeric rank in the range 1-13
    :returns: :py:class:`Card` instance
    :raises TypeError: rank out of range
    """
```

Card`` 대신 :py:class:`Card`를 사용해 주석 블록과 Card 클래스 정의 간 명시적인 링크를 생성할 수 있다. 역할 접두사를 넣느라 타이핑을 조금 더 해야 하지만 최종 교차 참조 웹은 아주 유용한 설명서가 된다.

프로젝트가 점점 커지면 디렉티브로 파일을 구성해야 한다. 이어지는 절에서는 다수의 파일을 그저 나열하는 대신 디렉터리로 리팩터링함으로써 구조와 조직을 갖추는 법을 알아본다.

스핑크스 파일을 디렉터리로 리팩터링

더 큰 프로젝트에는 단순한 파일 대신 디렉터리를 사용해야 한다. 프로젝트는 흔히 간단한 파일 몇 개로 시작해 디렉터리로 교체되면서 좀 더 복잡한 구조로 확장된다. 이때 다음과 같은 단계를 수행해 RST 파일을 포함하는 디렉터리로 리팩터링한다.

1. 예를 들어 implementation 같은 디렉터리를 추가한다.

2. 원래의 implementation.rst 파일을 implementation/index.rst로 옮긴다.

3. 원래의 index.rst 파일을 수정한다. `.. toctree::` 디렉티브 참조를 `implementation`에서 `implementation/index`로 변경한다.

이렇게 하면 `implementation` 디렉터리 안에서 작업하면서 implementation/index.rst 파일의 `.. toctree::` 디렉티브를 사용해 이 디렉터리의 다른 파일을 포함할 수 있다.

설명서를 단순 텍스트 파일들을 포함하는 간단한 디렉터리들로 분해하면 작게 특화된 파일을 편집할 수 있다. 워드프로세싱 문서를 편집하려 할 때 발생하는 파일 공유 충돌 문제 없이 개개 개발자가 중요한 기여를 할 수 있다.

레거시 문서 다루기

소프트웨어 개발 프로젝트는 보통 프로젝트의 목적을 설명하는 문서 컬렉션으로 시작한다. 프로젝트를 개시inception할 때 설명하는 문서라 인셉션inception 문서라고도 부른다. 이러한 문서는 프로젝트를 정당화하는 메모나 프리젠테이션을 포함할 수 있다. 대개 가장 기본적인 사용자 스토리를 설명한다.

이상적으로 이러한 인셉션 문서는 텍스트 파일이어야 한다. 실질적으로는 대부분 텍스트가 아니다. 보통 인셉션 문서는 마이크로소프트 파워포인트나 애플 키노트, 구글 슬라이드 같은 슬라이드쇼 포맷이다. 이러한 문서에는 텍스트와 도표가 섞여 있어 다루기 어렵다.

RST 기반 설명서에 속할 텍스트 파일을 생성해야 한다. 일례로 다수의 워드 프로세서는 문서를 텍스트로 저장한다. 어떤 워드 프로세서는 마크다운Markdown 마크업을 생성하고, 이는 RST로 변환하기 쉽다. 어떤 경우에는 원본 문서에서 RST 마크업을 추출하는 판독Pandoc 같은 도구를 사용하기도 한다. 이 도구는 문서를 프로젝트에 임포트import해서 스핑크스 도구로 처리한다. 판독에 관한 자세한 정보는 https://pandoc.org를 참고한다.

가장 까다로운 경우 중 하나가 인셉션 설명서 일부가 슬라이드쇼인 프로젝트다. 도표와 그림이 내용의 주를 이루고 손쉬운 텍스트 표현이 없다. 이럴 때는 프리젠테이션을 HTML 문서로 익스포트^{export}해서 스핑크스의 doc/source/_static 디렉터리에 넣는 방법이 최선이다. 이렇게 하면 Inception <_static/inception_doc/index.html>`_ 같은 간단한 RST 링크 형태로 원본 자료를 스핑크스에 통합시킬 수 있다.

트렐로^{Trello} 같은 인터랙티브 웹 기반 도구로 프로젝트나 사용자 스토리를 관리할 때도 있다. 이 도구에서는 인셉션과 배경지식 문서를 Background <http://someservice/path/to/page.html>`_ 같은 형태의 간단한 URL 참조로 처리한다.

이어지는 절에서는 설명서를 작성하는 법을 알아본다.

설명서 작성

소프트웨어 개발의 최종 제품이 단순히 코드만이 아님을 알리는 것이 소프트웨어 품질에서 중요한 부분이다. 17장에서 언급했듯이 신뢰할 수 없는 코드는 사용할 수 없다. 17장에서는 신뢰를 구축하려면 테스트가 필수임을 강조했다. 이를 좀 더 일반화하겠다. 사용 가능한 코드가 되려면 상세한 테스트 외에도 몇 가지 품질 속성을 갖춰야 한다. 이 중 하나가 신뢰성이다.

신뢰할 수 있는 코드는 다음과 같은 특징을 지닌다.

- 사용자가 유스 케이스를 이해한다.
- 사용자가 데이터 모델과 처리 모델을 이해한다.
- 사용자가 테스트 케이스를 이해한다.

더 기술적인 품질 속성을 들여다보면 품질이란 곧 이해를 뜻함을 알게 된다. 예를 들어 디버깅은 애플리케이션의 동작 방식을 제대로 이해하는지 확인하는 과정이다. 감사 가능성 역시 예상대로 동작하는지 보여주는 특정 예제를 살펴봄으로써 처리 과정을 이해하는지 확인하는 것이다.

설명서는 신뢰를 형성한다. 소프트웨어 품질에 관한 자세한 정보를 얻으려면 https://s-cube-network.eu/km/qrm/index.html부터 살펴보자. 소프트웨어 품질에는 배울 내용이 정말 많고 매우 큰 주제이며, 여기서는 아주 작은 측면만 다룬다.

상세한 설명서를 만드는 한 가지 방법은 최종적으로 사람이 읽을 수 있는 문서와 그 문서대로 동작하는 소스 코드를 모두 생성하는 것이다. 이것이 이어지는 절에서 다룰 문학적 프로그래밍의 개념이다.

⠿ 문학적 프로그래밍

설명서documentation와 코드code를 분리한다는 개념이 인위적인 구분처럼 보일 수 있다. 프로그래밍 언어는 상당히 이해하기 어렵고, 명확한 설명보다는 효율적인 편집에 치우쳐 있으므로 전통적으로 설명서는 코드와 분리해 작성해왔다. 동작하는 코드와 그 코드와 관련된 설명서 간 거리를 좁히려는 여러 가지 기술 시도가 있었다. 예를 들어 더욱 정교한 주석을 넣어 코드와 주석 간 거리를 좁히는 오랜 전통이 있다. 파이썬은 패키지와 모듈, 클래스, 함수 안에 형식적인 문서화 문자열을 넣음으로써 한 단계 더 나아간다.

문학적 프로그래밍 방식의 소프트웨어 개발은 돈 커누스Don Knuth가 개척했다. 하나의 소스 문서로 효율적인 코드뿐만 아니라 보기 좋은 설명서도 만들 수 있다는 개념이다. 기계 지향 어셈블러 언어와 C 같은 언어의 경우, 소스 언어(번역을 강조하는 표기법)에서 탈피해 명확한 설명을 강조하는 문서로 바꾸면 부수적인 이점이 있다. 게다가 어떤 문학적 프로그래밍 언어는 더욱 고급 프로그래밍 언어의 역할도 한다. 단, C나 파스칼에는 적합할 수 있으나 파이썬에는 전혀 도움이 되지 않는다.

문학적 프로그래밍의 목표는 코드에 대한 이해를 더욱 높이는 것이다. 파이썬 소스는 아주 읽기 쉽다. 파이썬 프로그램을 이해하는 데 복잡한 문학적 프로그래밍은 필요 없다. 실제로 파이썬에서 문학적 프로그래밍이 안겨주는 가장 중요한 이점은 간단한 유니코드 텍스트보다 더 읽기 쉬운 형태로 더 깊이 있는 디자인과 유스 케이스 정보를 전달할 수 있다는 점이다.

자세한 내용은 http://www.literateprogramming.com과 http://xml.coverpages.org/xmlLitProg.html을 참고한다. 돈 커누스가 쓴 『Literate Programming』(Stanford Univ., 1992)은 이 분야의 권위 있는 책이다.

문학적 프로그래밍 유스 케이스

문학적 프로그램을 생성할 때 목표는 기본적으로 두 가지다.

- **동작하는 프로그램**: 소스 문서(들)로부터 추출해 컴파일러나 인터프리터를 위해 만든 코드다.

- **읽기 쉬운 설명서**: 설명과 코드, 표현을 만드는 데 쓰일 마크업이다. 읽을 수 있게 HTML 문서로 만들 수도 있고, RST로 만들 수도 있고, 다시 docutils의 rst2html.py를 사용해 HTML로 변환할 수도 있다. 또는 LaTeX으로 작성한 후 LaTeX 프로세서로 실행해 PDF 문서를 생성할 수도 있다.

동작하는 프로그램이라는 목표는 문학적 프로그래밍 문서가 전체 소스코드 파일 집합을 모두 아우른다는 뜻이다. 너무 많아 보여도 잘 구성된 코드라면 복잡한 주석이 필요 없다는 점을 기억하자. 파이썬은 코드 자체로 명확하고 의미가 있다.

읽기 쉬운 설명서라는 목표는 글꼴을 하나 이상 사용하는 문서를 생성하겠다는 뜻이다. 코드는 대부분 고정폭 글꼴로 작성하는데, 가장 보기 편한 형태는 아니다. 기본적인 유니코드 문자셋은 굵은꼴이나 기울임꼴 같은 유용한 글꼴 변형을 지원하지 않는다. 수 세기에 걸쳐 문서를 읽기 쉽게 만드는 여러 세부 표시(글꼴 변경, 크기 변경, 스타일 변경)들이 진화해 왔다.

일반적으로 파이썬 IDE는 파이썬 소스를 색깔로 구분한다. 이 역시 도움이 된다. 글로 작성된 커뮤니케이션 기록에는 가독성을 높일 수 있는 요소가 많다. 글꼴 하나만 사용하는 단순한 파이썬 소스에는 어떤 요소도 없다.

또한 문서를 문제와 해결책 위주로 구성해야 한다. 많은 언어에서 코드 자체는 기술적인 문법 고려 사항과 편집 순서만 강요받다 보니 명확한 구성을 따르지 못한다.

위 두 가지 목표는 다음의 두 가지 기술적인 유스 케이스로 압축된다.

- 원본 소스 텍스트를 코드로 변환한다.

- 원본 소스 텍스트를 최종 설명서로 변환한다.

두 유스 케이스 모두 다소 난해한 방법으로 어느 정도 리팩터링할 수 있다. 예를 들어 코드로부터 설명서를 추출할 수 있다. pydoc으로 할 수 있는데 마크업은 잘 처리하지 못한다.

코드와 최종 문서를 동일한 형태로 만들 수 있다. PyLit 프로젝트가 이러한 방식을 따른다. 문서화 문자열과 # 주석을 사용해 최종 설명서 전부를 파이썬 코드에 넣을 수 있다. 전체 코드를 :: 리터럴 블록을 사용해 RST 문서에 넣을 수 있다.

이어지는 절에서는 문학적 프로그래밍 도구를 다루는 법을 선보인다.

문학적 프로그래밍 도구 다루기

여러 문학적 프로그래밍LP, Literate Programming 도구를 사용할 수 있다. 기본 요소(도구에 따라 다르다)는 코드로부터 설명을 분리하는 고급 마크업 언어다.

작성할 소스 파일은 다음 세 가지를 포함한다.

- 설명과 묘사를 구성하는 마크업으로 된 텍스트

- 동작하는 파이썬 코드

- 코드로부터 텍스트(마크업 포함)를 분리하는 고급 마크업

XML은 유연하므로 문학적 프로그래밍을 위한 고급 마크업 언어로 쓰일 수 있다. 하지만 작성하기 쉽지 않다. 기본 웹(과 이후의 CWeb) 도구에 기반한 LaTeX 같은 마크업을 다루는 도구도 있다. RST를 고급 마크업으로 다루는 도구도 있다.

도구를 고를 때 필수적인 단계는 어떤 고급 마크업 언어를 사용하는지 보는 것이다. 작성하기 쉬운 마크업이어야 편하게 소스 문서를 생성할 수 있다.

파이썬은 흥미로운 도전 과제를 제시한다. 스핑크스 같은 RST 기반 도구가 있으므로 매우 문학적인 문서화 문자열을 만들 수 있다. 설명서는 다음의 두 계층으로 이뤄진다.

- 설명과 배경지식. 코드와 분리된다. 코드 구성을 뒷받침했던 디자인 결정에 대한 정보를 제공한다.

- 참조와 API. 파이썬 문서화 문자열에 포함된다.

위 계층에 기반해 문학적 프로그래밍에 다음과 같이 점진적 방식으로 접근한다.

- 최초에는 문서화 문자열에 RST 마크업을 넣어 시작한다. 이렇게 하면 스핑크스가 보기 좋은 문서를 생성하면서 구현 결정도 깔끔하게 설명한다.

- 문서화 문자열을 넘어 배경지식 문서를 생성한다. 디자인 결정과 아키텍처, 요구 사항, 사용자 스토리에 대한 정보를 포함할 수 있다. 특히 기능과 관련이 없는 품질 요구 사항은 코드와 분리해서 설명한다.

- 이렇게 높은 수준의 디자인 설명서로 형식화하면 문학적 프로그래밍 도구를 고르기 훨씬 쉽다. 도구의 선택은 설명서와 코드를 하나의 전체 설명서 구조로 합치는 방법에 영향을 준다. 문학적 프로그래밍 도구를 사용해 코드를 추출하고 설명서를 만들 수 있다. 어떤 도구는 테스트 스위트도 실행한다.

목표는 훌륭한 디자인만이 아니라 신뢰할 수 있는 소프트웨어를 생성하는 것이다. 이전에 말했듯이 깔끔하고 명확한 디자인 설명 외에도 신뢰를 쌓는 방법은 많다.

PyLit3을 활용한 예제를 보이겠다. 자세한 정보는 https://pypi.org/project/pylit3/3.1.1/을 참고한다. 파이썬 docutils의 rst2html.py 스크립트를 사용해 RST에서 HTML로 변환할 수 있다. 수학 타입셋팅은 매스잭스나 Tex 도구 중 하나로 처리한다. https://www.mathjax.org나 https://www.tug.org/texlive/를 참고한다.

PyLit3 같은 도구를 사용하면 다음 코드와 같은 RST 파일을 생성할 수 있다.

```
#############
Combinations
#############

.. contents::

Definition
==========

For some deeper statistical calculations,
we need the number of combinations of *n* things
taken *k* at a time, :math:`\binom{n}{k}`.

.. math::

  \binom{n}{k} = \dfrac{n!}{k!(n-k)!}

The function will use an internal ``fact()`` function because
we don't need factorial anywhere else in the application.

We'll rely on a simplistic factorial function without memoization.

Test Case
=========

Here are two simple unit tests for this function provided
as doctest examples.

>>> from combo import combinations
>>> combinations(4,2)
6
>>> combinations(8,4)
70

Implementation
==============

Here's the essential function definition, with docstring:
::

  def combinations(n: int, k: int) -> int:
```

```
    """Compute :math:`\binom{n}{k}`, the number of
    combinations of *n* things taken *k* at a time.

    :param n: integer size of population
    :param k: groups within the population
    :returns: :math:`\binom{n}{k}`
    """

An important consideration here is that someone hasn't confused
the two argument values.
::

  assert k <= n

Here's the embedded factorial function. It's recursive. The Python
stack limit is a limitation on the size of numbers we can use.
::

  def fact(a):
    if a == 0: return 1
    return a*fact(a-1)

Here's the final calculation. Note that we're using integer division.
Otherwise, we'd get an unexpected conversion to float.
::

  return fact(n)//( fact(k)*fact(n-k) )
```

전부 RST 마크업으로 작성한 파일이다. 설명 텍스트와 수학 공식, 심지어 테스트 케이스도 포함한다. 관련된 코드 섹션을 지원하기 위한 세부 사항도 추가로 제공한다. PyLit의 동작 방식으로 인해 파일을 combo.py.txt라 명명했다. 이 파일로 다음과 같은 세 가지 처리를 할 수 있다.

- PyLit3을 사용해 위 텍스트 파일로부터 다음과 같이 코드를 추출할 수 있다.

```
python3 -m pylit combo.py.txt
```

위 코드는 combo.py.txt로부터 combo.py를 생성한다. 사용 가능한 파이썬 모듈이다.

- docutils를 사용해 위 RST를 HTML 페이지로 포매팅할 수 있다. HTML 페이지는 원래의 단일 글꼴 텍스트보다 좀 더 읽기 쉬운 형태로 설명서와 코드를 제공한다.

```
rst2html.py combo.py.txt combo.py.html
```

위 코드는 브라우징이 가능한 combo.py.html을 생성한다. docutils의 mathjax 패키지를 사용해 수학 공식을 타입셋팅하면 훨씬 보기 좋은 출력이 만들어진다.

- 또한 PyLit으로 doctest를 실행해 프로그램이 정말로 동작하는지 확인할 수 있다.

```
python3 -m pylit --doctest combo.py.txt
```

코드로부터 doctest 블록을 추출해 doctest 도구로 실행한다. 세 가지 테스트_{(임포트와 두 함}수 실행) 모두 예상된 결과를 생성하는지 확인한다.

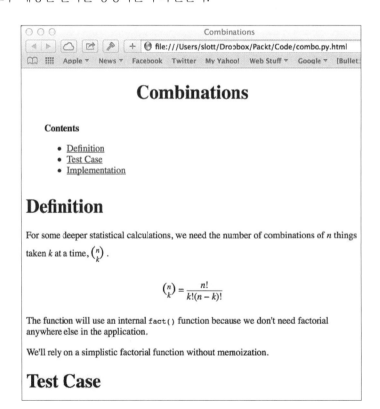

생성된 최종 웹 페이지는 앞 화면과 같다.

세부적인 HTML은 RST에서 HTML로 변환하는 도구에서 매끄럽게 처리하므로, 간단한 마크업과 올바른 소프트웨어에만 집중하면 된다.

목표는 신뢰할 수 있는 소프트웨어를 생성하는 것이다. 왜 훌륭한 디자인인지 깔끔하고 명확하게 설명하는 것이 신뢰를 이루는 핵심이다. 소프트웨어와 설명서를 하나의 소스 텍스트에 나란히 작성함으로써 설명서가 완전한지, 디자인 결정과 소프트웨어의 전반적인 품질에 대해 타당한 리뷰를 제공하는지 확인할 수 있다. 소프트웨어와 설명서를 쉽게 생성하게 해주는 간단한 도구를 사용해 하나의 소스로부터 동작하는 코드와 설명서를 추출할 수 있다.

⠶ 요약

20장에서는 사용 가능한 설명서를 생성하는 네 가지 방법을 알아봤다. 정보를 소프트웨어 안에 문서화 문자열로 포함시킬 수 있다. pydoc을 사용해 소프트웨어로부터 API 참조 정보를 추출할 수 있다. 스핑크스를 사용해 더욱 정교하고 복잡한 설명서를 생성할 수 있다. 이 밖에도 문학적 프로그래밍 도구로 더욱 깊이 있고 의미 있는 설명서를 생성할 수 있다.

디자인 고려 사항과 트레이드오프

문서화 문자열은 파이썬 소스의 모든 부분에서 필수적으로 고려돼야 한다. 이렇게 해야 help() 함수와 pydoc이 올바르게 동작한다. 단위 테스트 케이스처럼 소프트웨어의 의무적인 요소로 봐야 한다.

스핑크스가 생성하는 설명서는 매우 보기 좋다. 파이썬 설명서와 유사하다. 파이썬 기능과의 매끄러운 통합을 항상 목표로 해야 한다. 스핑크스를 사용함으로써 설명서 소스와 빌드에 디렉터리 구조가 추가로 생겨난다.

클래스를 디자인할 때 디자인을 어떻게 설명하느냐가 결과 디자인 그 자체만큼 중요하다. 간단하고 명확하게 설명할 수 없는 소프트웨어는 신뢰하기 어렵다.

설명서 작성에 시간을 투자하면 숨겨진 복잡도나 이상irregularity을 찾을 수 있다. 이때 버그를 고치거나 성능을 향상시키는 대신, 좀 더 쉽게 설명할 수 있도록 디자인을 리팩터링할 수 있다. 소프트웨어를 설명하는 능력은 엄청난 가치를 갖는 품질 요소다.

찾아보기

기호

숫자

객체지향 파이썬 프로그래밍 2/e

객체지향 디자인 패턴을 활용한 파이썬 코드 재사용

발 행 | 2023년 5월 31일

옮긴이 | 심 지 현
지은이 | 스티븐 로트

펴낸이 | 권 성 준
편집장 | 황 영 주
편 집 | 김 진 아
          임 지 원
디자인 | 윤 서 빈

에이콘출판주식회사
서울특별시 양천구 국회대로 287 (목동)
전화 02-2653-7600, 팩스 02-2653-0433
www.acornpub.co.kr / editor@acornpub.co.kr